▲ 1928年清华大学校园留影

▲ 1930年赴德国途中，在轮船上

▲ 1930年8月17日王淦昌24岁时在清华大学

▲ 1931年在德国留学与老师叶企孙（中）和曾炯之（左）在一起

▲ 1932年在柏林王淦昌（右）与欧阳予倩合影 　▲ 1932年王淦昌在德国

◀ 1932年王淦昌在德国留学

▲ 1933年王淦昌（左2）及中国留学生游览德国莱茵河在Wuppertal车站合影

▲ 1934年王淦昌（右4）与山东大学物理系全体人员合影

▲ 1934 年任山东大学教授时留影

▲ 1935 年王淦昌在青岛

▲ 1935 年王淦昌（左 2）在山东大学

▲ 1935年9月王淦昌（后右1）与浙江大学物理系同事游览杭州水乐洞

▲ 1935年在山东大学任教时与好友任之恭（左）在青岛留影

▲ 1936年在杭州钱塘江观潮处

▲ 1944年10月英国著名学者李约瑟贵州湄潭访问过程中在浙江大学演讲时给听众照的照片。
前排正面右起：贝时璋、王葆仁、王淦昌、丁绪宝

▲ 1936年在杭州

▲ 1944年全家摄于贵州湄潭县

▲ 20世纪50年代末王淦昌在苏联

▲ 1951年中年时代的王淦昌

▲ 1951年王淦昌（右3）、吴有训（右4）、恽子强（左1）参观波兰华沙大学实验室

▲ 1951年9月参加中央土改工作第一团川北队时留影。前排左起：王淦昌（2）、朱洪元（8），二排左起：严济慈（6）、胡愈之（9）、胡耀邦（10）

◀ 1952年夏王淦昌（右）与吴恒兴在朝鲜

▶ 20世纪50年代在苏联杜布纳联合原子核研究所左起：赵忠尧（1），胡宁（3），周光召（4），王淦昌（5）

◀ 1955年周恩来总理、中科院院长郭沫若等会见苏联专家阿尔齐莫维奇（前排左2）、格鲁谢林（前排右2），后排左起王淦昌、宋任穷

▲ 1957年王淦昌（左）与苏联杜布纳联合原子核研究所所长布洛欣采夫（右），罗马尼亚科学院院长在一起

▲ 1959年9月王淦昌（中）、唐孝威（左1）、力一（右1）参加在日内瓦召开的国际高能加速器会议

▲ 20世纪60年代与夫人吴月琴在中关村宿舍区花园

▲ 20世纪60年代王淦昌、聂荣臻（中）、朱光亚（右）在核试验基地

▲ 1963年9月中国科学院院部领导和原子能研究所学术委员会参加会议人员合影
第一排左起：王淦昌　李毅　张文裕　邓照明　钱三强　李四光　吴有训　叶企孙　饶毓泰　周培源　施汝为　赵忠尧
第二排左起：刘书林　戴传曾　朱培基　肖健　忻贤杰　张家骅　吴姬廉　何泽慧　力一　彭桓武　梅镇岳　汪家鼎
　　　　　　徐光宪　汪德熙　刘静宜　汪敏熙　彭士禄
第三排左起：宋少章　连培生　王承书　吴乾章　李德平　周光召　李林　黄祖洽　杨承宗　丁渝　关肇直　曹本熹
　　　　　　吴征铠　张沛霖　朱洪元
第四排左起：李寿楠　谢曦　苏振芳　蒋本沂　朱光亚　陆祖荫　屈志潜　钱皋韵　郑林生　胡济民　陈国珍　于敏
　　　　　　陈维敬　金星南　范玉庭

▲ 1964年参加核试验的科学家和解放军指战员合影。前排左起：王汝芝、张蕴玉、程开甲、郭永怀、彭桓武、王淦昌、朱光亚、张爱萍、刘西尧、李觉、吴际霖、陈能宽、邓稼先

◀ 1967年在新疆核试验场 王淦昌（左1）、郭永怀（左3）、邓稼先（右2）

▶ 1978年9月20日王淦昌（后排左3）全家与来访的海外亲戚相聚在北京友谊宾馆

◀ 1979年4月11日中国核学会代表团访问美国劳伦斯伯克利实验室与该所诺贝尔奖获得者G.Seaborg教授合影（前排右3），前排左3为团长王淦昌教授

▲ 1981年3月10日与罗马尼亚物理学家访华团合影孙祖训（左3）、王淦昌（左5）

▲ 1983年9月10日飞往加拿大参加第四届太平洋国际核能会议途中

▲ 1984年5月9日柏林自由大学授予王淦昌荣誉证书，以纪念王老在柏林大学获博士学位50周年仍站在科研第一线

▶ 1984年7月在日本原子工业讨论会第十七届年会上作报告

▼ 1984年8月胡克实（前左3）、王淦昌（前左5）与英国上院科技代表团会谈后合影

◀ 1985年3月17日美国哈佛大学科学史系主任、国际科学史学会主席希伯特教授访问王淦昌，了解核物理早期发展情况

▲ 1985年6月王淦昌（前排左2）与姜圣阶（前排左3）赴德国考察核能

▲ 1985年6月在德国伽兴等离子体研究所参观，Witosui所长讲解

▲1985年在中国原子能科学研究院

◀ 王淦昌与于敏院士讨论工作

▲ 王淦昌（右3）与姜圣阶（左4），接待美国核学会代表团

◀ 王淦昌向外国科学家介绍我国的核工业

▶ 与周光召（左2）、彭桓武（右1）讨论问题

◀ 1986年3月向中央提出发展高技术建议（即"863"计划）的4位科学家。右起：王淦昌、杨嘉墀、王大珩、陈芳允

▲ 1986年4月10日王淦昌（左1）随四川省人大代表团部分代表拜见聂荣臻元帅（左2）

▲ 1986年5月王淦昌（右5）、于敏（右1）、王大珩（右3）与其他获国家科学技术进步奖获奖者合影

◀ 1986年6月在串列物理会上与外国代表交谈

◀ 1986年11月11日为中国原子能科学研究院子弟中学题词

◀ 1986年12月著名电影导演谢晋在北京与王淦昌先生及其女儿王遵明畅谈

▶ 1986年中央领导同志接见核工业部专家，前排右2为王淦昌

▶ 1987年5月28日祝贺王淦昌八十寿辰学术报告会后的留影。前排左起：周光召、伍绍祖、周培源、严济慈、王淦昌、赵忠尧、钱学森

▲ 1987年6月在上海看望浦东中学英语老师崔雁冰先生

▲ 1987年5月28日在北京科学会堂花圃

▲ 祖孙弈乐

▲ 1987年9月19日在美国访问时与著名美籍物理学家任之恭教授夫妇合影

▲ 1987年9月韩叙大使（右1）在华盛顿会见王淦昌及外孙女李末言

◀ 1987年访美期间与在美国的亲戚合影

▶ 1987年访问美国马里兰大学向校长Todd教授赠送礼品

纪念核物理学家 王淦昌 文集

◀ 1988年在中国科学院高能物理研究所王淦昌（后右3）与其他科学家聆听邓小平同志关于发展高科技的讲话

▲ 1988年3月12日张劲夫（左6）、王淦昌（左4）招待美国副总统蒙戴尔先生（左5）

▲ 1988年7月王淦昌参加在意大利召开的世界战争与和平国际会议

▲ 1989年8月王淦昌与丁大钊（左2）访问俄罗斯高能物理研究所与Logohob院士（左3）、Cypocab博士（左1）合影

◀ 1988年参观中国科学院正负电子对撞机装置，王淦昌（中）

◀ 1988年在山东烟台蓬莱阁海滨。左起：周培源、严济慈、王淦昌

▲ 1979年王淦昌教授率中国核能代表团访美、在华盛顿各界华人欢迎宴会上讲话

▲ 1989年王淦昌第三次视察秦山核电站

◀ 在疗养院打太极拳

▲ 1989年在中国原子能科学研究院氟化氪激光装制前指导工作。左起：王乃彦、洪润生、王淦昌、单玉生

▲ 1989年王淦昌重返杜布纳原子核研究所，并在该所作学术报告

▲ 1990 年在中国科学院数理学部学术讨论会上做 KrF 激光在我国的进展情况报告

▶ 1990 年 10 月 3 日莫斯科大学授予王淦昌名誉博士学位的证书

▲ 1990 年 10 月 3 日莫斯科大学授予王淦昌（中）名誉博士学位

▲ 1990年11月王淦昌与胡仁宇（左1）、杜祥琬（右1）参加冲击波爆轰物理实验室评审后返京途中在成都机场合影

▲ 1991年2月25日参加胡刚复、饶毓泰、叶企孙、吴有训物理奖颁奖大会与授奖者合影。
前排左起：李寿楠、谢希德、黄昆、王淦昌、彭桓武、朱洪元

▲1991年王淦昌访问日本横滨电气技术实验室，右2为实验室主任Owadano教授

▲1991年12月王淦昌（前左4）主持国家同步辐射加速器和光束线实验站鉴定会

◀ 1992年4月20日在京西宾馆召开学部大会时与钱三强、何泽慧夫妇合影

▶ 1992年5月25日朱光亚院士祝贺王淦昌85寿辰

◀ 1992年5月31日在中国物理学家联谊会上,王淦昌与著名物理学家吴大猷亲切会见

▲1992年5月31日出席海内外华裔物理学家联谊会时与党和国家领导人合影
前排左起：任之恭、杨振宁、赵忠尧、李鹏、周培源、江泽民、严济慈、杨尚昆、吴大猷、宋平、李政道、吴健雄
后排左起：温家宝、朱光亚、王淦昌、汪德昭、张劲夫、王兆国、王佛松

◀1992年5月31日在中国物理学家联谊会上，王淦昌与美籍著名物理学家朱经武（中）、中国科学院副院长王佛松（左）合影

▶1992年10月10日于杭州满觉陇

▲ 1992 年回到阔别 50 年的故乡江苏常熟受到家乡人民的热烈欢迎

▲ 1993 年 5 月 25 日与外孙女等在一起

◀ 1993年5月29日中国科学院数理学部主任吴文俊院士（左），向王淦昌先生敬贺86华诞

▶ 1993年6月9日与周培源院士亲切交谈

▶ 1994年2月王淦昌与著名画家黄胄（右）相聚

◀ 1994年7月何松、李末言夫妇回国看望外公

◀ 1994年8月17日王淦昌、王大珩（右1）宴请日本大阪大学激光工程研究所所长Nakai教授（中）

▲ 1994年10月中、日、美三国惯性约束聚变研讨会上王淦昌（前排左5）与三国有关科学家合影

▶ 1995年与家人欢聚一堂

▲ 1995年王淦昌（左7）参加彭桓武院士（左8）80寿辰活动

◀ 1995年俄罗斯核工业部长米哈伊洛夫（左1）访华时与朱光亚（左2）、王淦昌（左3）、陈肇博会谈

◀ 1995年8月27日在北京国际核物理会议欢迎宴会上致词，左为孙祖训

◀ 1997年1月17日贺贤土（右1）、蔡诗东（左1）陪同美国马里兰大学物理系主任刘全生（左2）拜访王淦昌

▶ 1997年4月王淦昌在香港会见亲友：杰出华人企业家、香港积华集团董事局主席刘友波（右1），陈庆明（右2）夫妇

▶ 1997年4月2日王淦昌回到浙江大学作报告,受到物理系师生的欢迎

◀ 1997年4月18日在香港做惯性约束核聚变演讲

▶ 1997年5月28日纪念王淦昌90寿辰暨学术报告会上温家宝向王淦昌祝贺

▲ 1997年5月27日统战部长王兆国（前排右3）、副部长刘延东（前排左1）宴请王淦昌全家，庆祝王老90华诞

▲ 1997年5月王淦昌（右3）与李政道（右2）、常书鸿（右4）在一起

▲ 1997年5月31日全家人祝贺王淦昌90寿辰

▲ 1997年世纪老人庆贺香港回归祖国。左起：王艮仲、王淦昌、杨显东、倪征燠、李文杰

▲ 1997年在家中会见杨振宁教授

▲ 1998年1月11日总装备部政治部主任李继耐中将看望王淦昌

▲ 老骥伏枥，志在千里，烈士暮年，壮心不已（1998年3月摄于家中）

▲ 1998年5月28日王淦昌在家人陪同下最后一次赴中国原子能科学研究院听取工作汇报

▲ 20世纪90年代王淦昌夫妇在家中

▲ 国防科工委主任丁衡高（左2）、副主任聂力（左1）向王淦昌拜年

▲美国洛斯阿拉莫斯国家实验室原所长
Agnew 访华时合影
前排左起：杨福家、陈能宽、王淦昌、Agnew
程开甲、吕敏、陶祖聪

▲严济慈院士与王淦昌在一起

▶参观"863"成果展览

▲在寒山寺很有兴趣地撞响了古钟

◀考察美国核电站

▼与诺贝尔物理奖获得者李政道教授亲切交谈

▲与中国科学院原院长卢嘉锡院士合影

▲二机部老领导久别重逢，前排左起：刘伟、刘杰、宋任穷、王淦昌、姜圣阶

▲王淦昌宴请袁家骝（左6）、吴健雄（左4）夫妇

▶与诺贝尔物理奖获得者丁肇中（左）在讨论问题

▼九三学社主席吴阶平与副主席赵伟之（左1）拜访王淦昌

◀ 国际小行星中心和国际小行星命名委员会于 2003 年批准将国家天文台 1997 年 11 月 19 日发现的国际永久编号为 14558 号小行星正式命名为王淦昌星

▶ 2007 年 5 月 28 日中国核工业集团公司在人民大会堂举行"王淦昌院士学术思想座谈会"

▼ 2007 年 5 月中国科学院等单位举办"王淦昌院士百年诞辰纪念活动"

▶ 竖立在中国原子能科学研究院的王淦昌铜像

▲ 2008年5月27日诺贝尔物理奖获得者杨振宁参观"王淦昌院士百年回顾展"

纪念核物理学家王淦昌文集

杜祥琬 主编

中国科学技术出版社
·北京·

图书在版编目(CIP)数据

纪念核物理学家王淦昌文集/杜祥琬主编. —北京：中国科学技术出版社，2010.1(2010.9重印)
ISBN 978-7-5046-5571-4

Ⅰ.①纪… Ⅱ.①杜… Ⅲ.①王淦昌(1907～1998)—纪念文集 Ⅳ.①K826.11-53

中国版本图书馆CIP数据核字(2010)第008051号

本社图书贴有防伪标志，未贴为盗版

责任编辑：许 英 叶 犟
封面设计：俄狄史卓
责任校对：赵丽英
责任印制：王 沛

中国科学技术出版社出版
北京市海淀区中关村南大街16号 邮政编码：100081
电话：010-62173865 传真：010-62179148
http://www.kjpbooks.com.cn
科学普及出版社发行部发行
北京东海印刷有限公司印刷

*

开本：787毫米×1092毫米 1/16 印张：33.25 插页：24 字数：670千字
2010年1月第1版 2010年9月第2次印刷
印数：2501—5500册 定价：98.00元
ISBN 978-7-5046-5571-4/K·67

（凡购买本社的图书，如有缺页、倒页、脱页者，本社发行部负责调换）

编 委 会

主　　编　杜祥琬

编　　委　（按汉语拼音顺序）

　　　　　陈能宽　程开甲　贺贤土　胡成海　胡仁宇　吕建华
　　　　　吕　敏　唐孝威　田佳树　王乃彦　杨国桢　于　敏
　　　　　赵志祥

编 辑 组　李瑞芝　常甲辰　袁之尚　王遵明

庆贺 王淦昌同志 八十寿辰

无私奉献 以身许国
核弹先驱 后人楷模

张劲夫
一九八七年五月廿八日

祝贺老科学家
滕昌同志八十寿辰

料原子弹氢弹苦战刚
首次核试验凯歌奏
科技园丁勤耕耘
蒙蒙桃李满神洲

聂荣臻
九八四年五月廿日

两弹元勋 一代楷模

纪念王淦昌院士诞辰一百周年
丁亥年仲春吴诠敏书于京

两弹元勋

王淦昌教授

张爱萍题

王淦昌老师
实事求是
创新不已

程开甲
一九九九年三月九日

爲昌先生百年誕辰

萬世立師表

物理垂青史

李政道

二〇〇八年七月

序

　　王淦昌院士是我国杰出的核物理学家,是新中国核科学和核武器研制的开拓者和奠基者之一,是德高望重、成就斐然、享誉海内外的核物理学家。在他逝世十周年的时候,中国科学技术协会组织编辑出版纪念王淦昌文集,缅怀他对核事业发展所建立的历史功勋,弘扬他的科学精神和高尚品德,这对于激励广大科技工作者和教育后人,具有重要的意义。

　　王淦昌院士1933年在德国柏林大学获得博士学位后,怀着一颗拳拳报国之心于次年回到祖国。1941年,他独具卓见地提出了验证中微子存在的实验方案,并为实验所证实。1953年到1956年,他领导建立了云南落雪山宇宙线实验站,利用多板云室和磁云室研究粒子及其相互作用,获得了一大批奇异粒子事例,使我国宇宙线研究走在当时国际先进行列。1956年,王淦昌赴苏联杜布纳联合原子核研究所任高级研究员。他领导一个小组于1959年发现了世界上第一个荷电负超子——反西格马负超子,把人类对微观世界的认识向前推进了一大步。在联合所,王淦昌还亲自主持了中国学者业余讨论班。在这个班上,大家互相辩诘,互相启发,提高知识水平与科研素质。我当时作为青年学者,参加了一些科学问题讨论并讲过几次课,深感这种讨论班是促进工作、培养人才,寓科学研究于自由漫议之中的好形式。

　　1961年4月,王淦昌受命投身核武器的研究、试验和技术指导工作。他毫不犹豫地表示"愿以身许国",并隐姓埋名17年,战斗在戈壁荒原,深入试验现场,精心组织指导,为我国原子弹、氢弹的研制以及地下核试验做出了重大贡献。他在爆轰实验、固体炸药工艺和新型炸药、高功率脉冲技术以及核武器试验诊断等方面进行了奠基性研究,指导解决了一系列关键技术问题。他花费巨大精力和时间研究与改进核武器试验测试方法,使我国仅用很少次数的试验,就掌握了地下核试验测试关键技术。1999年9月18日,中共中央、国务院、中央军委追授他"两弹一星功勋奖章"。

1964年，王淦昌独立地提出了用激光打氘靶出中子以实现核聚变的科学设想，在此后直至去世前的30多年间，他为在我国开展这项具有深远意义的研究，殚精竭虑多方奔走做了大量的宣传、组织和指导工作。他是我国惯性约束核聚变研究的创始者与奠基人，也是世界上这项研究的奠基人之一。

王淦昌十分重视核能的开发和利用。早在1954年，他就著文宣传建立核电站的重大意义。在担任二机部（核工业部）副部长和科技委副主任以后，他以极大的热忱推动我国核电建设，为核电事业迈出艰难的第一步起到了重要作用。

王淦昌非常关心我国科学技术事业的发展。他曾任中国科学技术协会副主席和中国核学会理事长，为促进与发展国际、国内的学术交流，增进科学家之间的友谊与合作，提高我国科学技术研究水平，做了大量工作。1986年3月，他与王大珩、杨嘉墀、陈芳允一起提出了对我国高技术发展具有战略意义的"863"计划建议。

王淦昌学识渊博，思想活跃，治学严谨，善于学习新知识，始终站在科学研究前沿，具有不可多得的杰出科学家的优秀品质。同时，他以身许国、甘于奉献的赤子情怀，坚持真理、淡泊名利的高贵品格，谦逊质朴、平易近人的优良作风，为我国广大科技工作者留下了宝贵的精神财富。

我们已经进入21世纪。全面建设小康社会，实现全面、协调、可持续发展，越来越需要强大的科学技术作为支撑。我们今天纪念王淦昌院士，就要以他为榜样，努力提高创新能力，促进科技进步，为建设创新型国家，为实现富强、民主、文明、和谐的现代化目标而不懈奋斗。

周光召

2009年12月25日

目 录

序 ··· 周光召

第一部分　祝贺八十寿辰

王淦昌的科学贡献和高尚品德 ·· 周培源（3）
（以下文章按作者的姓氏笔画排序）
反西格马负超子（$\tilde{\Sigma}^-$）的发现
　　——记王淦昌教授在杜布纳联合原子核研究所 ··············· 丁大钊（6）
我国惯性约束聚变的创始人与奠基人——王淦昌教授 ············ 王乃彦（16）
王淦昌的实验工作之一
　　——反西格马负超子（$\tilde{\Sigma}^-$）的发现 ····························· 王祝翔（23）
激光惯性约束聚变研究的倡导者，我们的好导师——王淦昌 ····· 邓锡铭（26）
我的论文启蒙老师王淦昌先生 ··· 叶笃正（30）
一晃四十年 ··· 冯平观（31）
学习王淦昌老师为科学事业献身的崇高品德 ·························· 吕　敏（33）
学习王淦昌先生的高尚品德 ·· 朱福炘（39）
恩师王淦昌先生对我的启迪和爱护 ······································· 许良英（42）
王淦昌教授同志八十大庆 ··· 苏步青（53）
杰出的核科学家，光荣的共产主义战士
　　——庆祝王淦昌同志八十寿辰 ··· 李　毅（54）
一个才华横溢的科学家和教育家
　　——当代师表王淦昌先生二三事 ····································· 李天庆（59）
我国核科学事业永不停顿的开拓者
　　——庆祝王老师八十寿辰 ······························· 李寿枏　孙汉城（61）
对称性与非对称性
　　——为祝贺王淦昌教授八十寿辰而作 ······························· 李政道（66）
王淦昌先生与中微子 ······································· 李炳安　杨振宁（79）
记王淦昌先生 ··· 李整武　孙　湘（86）
王淦昌同志与核电 ·· 连培生（89）

回忆在湄潭时的王老师	杨士林（92）
祝贺王淦昌先生八十寿辰有感	吴京生（93）
青山不老	
——寿王淦昌老师	忻贤杰（94）
王老对发展我国核聚变研究的重大贡献	邱厉俭（99）
一位献身于科学的正直真诚的老师	
——祝贺王淦昌教授八十寿辰	汪　容（101）
辛勤躬耕	
——中青年科研工作者的良师益友王淦昌先生	张　奇（105）
为人师表	周光召（107）
记王淦昌先生的一些往事	周志成（109）
在山东大学时的王淦昌先生	金有巽（114）
原子核物理发展的几个特点	
——为庆祝王淦昌老师八十寿辰而作	胡济民（116）
在杭部分浙大老校友关于王淦昌先生回忆的片断	（赵佳苓整理）（125）
从核物理黄金时代谈起	
——为祝贺王淦昌八十寿辰而作	施士元（127）
一代师表	顾迈南　朱继功（131）
人老心不老	顾德欢（136）
回忆王淦昌老师二三事	钱人元（139）
重大的贡献　学习的榜样	钱三强（141）
一位实验与理论兼长的物理学家	钱临照（145）
咏王淦昌老师（七绝）	黄祖洽（148）
在王老身边的回忆	康力新　种培基　柴玉松（149）
朝夕耕耘为科学，栽培桃李费辛勤	
——王淦昌老师是我们尊敬的引路人	梁仙翠（157）
在王淦昌老师身边工作的一段回忆	蒋泰龙（161）
抗战期间内迁中的浙江大学物理系与王淦昌先生	程开甲（164）
王淦昌老师的言教和身教	解俊民（168）
王淦昌印象	静　泊（170）
记王淦昌教授在我国第一次地下核试验和核试验总结工作中的回忆片断	戴林森（173）
核弹先驱王淦昌	《瞭望》记者（178）

第二部分　庆贺九十华诞

一代师表,风范长存 …………………………………… 蒋心雄（185）
（以下文章按作者的姓氏笔画排序）
执著的追求　殷切的期望 ………………………………… 王乃彦（188）
王淦昌与我国的核武器和高技术事业 …………………… 杜祥琬（191）
从一名普通青年到优秀科学家的道路
　　——访核物理学家王淦昌院士 ………… 张　凭　斯　露（194）
王老与张爱萍上将的战斗友谊 …………………………… 贺茂之（201）
沉甸甸的果实
　　——记杰出的核物理学家王淦昌院士 ………… 常甲辰（203）
"科学研究是硬碰硬的事情"
　　——王淦昌实事求是两例 ……………………… 常甲辰（208）
恭祝王淦昌先生九十寿辰 ………………………………… 彭桓武（210）
中国核科学功臣
　　——热烈祝贺王淦昌院士九十寿辰 ……虞　昊　应兴国　江小明（211）

第三部分　悼念文章

献身祖国　一代师表
　　——深切缅怀王淦昌同志 ……………………… 吴阶平（221）
王老：功德双全的核科学家 ………………………………… 刘　杰（226）
（以下文章按作者的姓氏笔画排序）
学称一代宗　德为百年师
　　——纪念王淦昌老师 …………………………… 丁大钊（229）
学习王淦昌教授的高尚品格 ……………………………… 丁大钊（235）
缅怀敬爱的王淦昌老师 …………………………………… 王乃彦（237）
在王老最后的日子里 ………………………… 王国光　谭德峰（240）
怀念敬爱的王淦昌老师 …………………………………… 吕　敏（243）
王淦昌辞世　留名近代科学史 …………………………… 江才健（247）
以身许国的科学家
　　——送别我国物理学界的一代宗师王淦昌 ……… 刘敬智（249）
科学泰斗　良师益友
　　——深切悼念王淦昌先生 ……………………… 杜祥琬（253）

怀念淦昌公公 …………………………………… 陈继贤（257）
痛别"一代师表"
　　——追记王淦昌教授 …………………………… 孟东明（260）
永远的遗憾 ………………………………………… 钟志清（263）
黄金有价情无价
　　——忆王淦昌教授与湄潭的情缘 ……………… 洪　星（271）
王淦昌与我国惯性约束聚变研究 ………………… 贺贤土（273）

第四部分　纪念百年诞辰

学习王淦昌　发展核工业
　　——在王淦昌院士诞辰百年学术思想座谈会上的讲话
　（摘编）……………………………………… 曾培炎（279）
献身科学　生命永恒 ……………………………… 孙　勤（282）
王老，我们永远怀念您 …………………………… 李静海（284）
中国知识分子的杰出代表 ………………………… 邵　鸿（286）
功德满中华 ………………………………………… 黄淑和（288）
卓越成就　高尚风范 ……………………………… 卢锡城（290）
学界泰斗　精神楷模 ……………………………… 朱祖良（291）
缅怀元勋业绩　为创建世界一流大学而努力奋斗 … 顾秉林（293）
（以下文章按作者的姓氏笔画排序）
邻居王伯伯 ………………………………………… 丁辽生（295）
勇攀科学高峰的王淦昌老师
　　——纪念王淦昌先生诞辰100周年 …………… 王乃彦（297）
难忘与王淦昌先生的合作 ………………………… 王大珩（302）
淦昌先生诞辰百年赋 ……………………………… 王传珂（304）
他永远活在我们心中
　　——纪念王淦昌理事长诞辰100周年 ………… 中国核学会（306）
学界泰斗　科学大师 …………………… 中国工程物理研究院党委（313）
王淦昌先生永远是我最崇敬的老师
　　——王老与我国高能加速器事业 ……………… 方守贤（319）
科学泰斗　以德感人 ……………………………… 华欣生（322）
大师之风　山高水长 ……………………………… 刘　蕾（327）
忆王公的一件小事 ………………………………… 刘文翰（329）
心　愿

——记1993年王老的黄山之游 …………………… 刘锡三（330）
王老与准分子激光研究 ……………………………………… 汤秀章（333）
忆王老 ……………………………………………………………… 孙汉城（335）
王淦昌和国家"863"计划
　　——为王淦昌先生百年诞辰而作 …………………… 杜祥琬（337）
怀念杰出的物理学家王淦昌 ……………………………… 杜祥琬（343）
恩于启蒙 ………………………………………………………… 李政道（346）
忆拜访王伯伯 …………………………………………………… 李海沧（348）
王老指导我们搞"炸药聚焦" ……………………………… 李辉荣（351）
崇高风范　永载史册 ………………………………………… 杨长利（353）
一代宗师　桃李满天 ………………………………………… 杨国桢（355）
心中永怀感激情
　　——忆王淦昌先生对我父亲一生的鼎力相助 …… 束美新（357）
伟大的人格 ……………………………………………………… 吴　翔（361）
科学家爱国的伟大典范
　　——追忆王淦昌院士 ………………………………… 吴水清（362）
追忆王老 ………………………………………………………… 宋占京（367）
一代师表　风范永存 ………………………………………… 宋炳耀（370）
平凡的"王老头"，不平凡的王老
　　——王淦昌之女王遵明忆父亲二三事 ……………… 张　欣（374）
舐犊情深 ………………………………………………………… 张仲沄（377）
高风亮节　令人景仰
　　——采访核事业开拓者王淦昌追忆 ………………… 张何平（384）
以身许国　世人楷模 ………………………………………… 张昌明（387）
王淦昌先生与核物理基础研究 …………………………… 张焕乔（391）
怀念王淦昌先生
　　——我的一个承诺 …………………………………… 陈　骝（393）
时时想着国家 …………………………………………………… 陈祖甲（395）
学习王淦昌老师的崇高品德和敬业精神 ……………… 林传骝（397）
王老非常关心核电发展 ……………………………………… 欧阳予（400）
王老与氢弹
　　——纪念王淦昌院长诞辰100周年暨我国氢弹成功40周年 … 周创志（401）
一代宗师　世人楷模 ………………………………………… 季燮荣（404）
怀念王淦昌先生 ………………………………………………… 冼鼎昌（406）
缅怀王老 ………………………………………………………… 郑福星（408）

回忆王淦昌院士	经福谦	（410）
怀念王淦昌老师	赵文彦	（412）
殚精竭虑　一代先驱	赵志祥	（414）
王淦昌老师——我国惯性约束聚变研究的开创者与奠基人		
——纪念王淦昌老师诞辰100周年	胡仁宇	（421）
条件愈苦，意志愈坚		
——记王淦昌早年的科研活动	姚立澄	（426）
学者王老　师者王老	顾迈南	（437）
求是精神的典范		
——在纪念王淦昌先生诞辰100周年座谈会上的讲话	倪明江	（439）
王老寄语勉励南华人	凌　球	（441）
回忆王淦昌先生	唐孝威	（443）
为了那一声巨响，你十七年隐姓埋名		
——给王淦昌	郭曰方	（447）
品节卓异　峙于中天		
——略述王淦昌先生的谦虚品德与创新思想	常甲辰	（450）
精神　财富　动力	崔建华	（452）
回忆王公点滴	葛墨林	（456）
我所认识的王老	谢家麟	（459）
我的外公	李末言	（461）
纪念亲爱的父亲	王韫明　王遵明	（464）
活在人心即永生		
——纪念父亲王淦昌百年诞辰	王慧明　曾仲康　王韫明　王适存	（472）

第五部分　附录

王淦昌传略	常甲辰	（477）
王淦昌年谱		（499）
编　后		（512）

第一部分

祝贺八十寿辰

王淦昌的科学贡献和高尚品德

周培源

王淦昌同志从青年时代起就立下雄心壮志,要献身发展我国的科学技术事业。他忠心耿耿地先后为国家培养物理人才、开展科学研究、从事国防建设几十年如一日。他今年已达八十岁高龄,但依旧积极奋斗在科学实验的最前线。他是我们科技工作者学习的光辉典范。

我和淦昌同志既是先后同学又是同事。从1929年开始相识以来已有近六十年的历史。他是清华大学物理系第一届毕业生,1929年毕业后留校任助教。我于1924年在清华学校毕业后被派往美国留学,1929年回清华物理系任教。1930年,他去德国留学,在迈特纳教授指导下研究 β 衰变能谱。从此,他一直在物理学的前沿——核物理学和粒子物理学领域工作,并取得了巨大成就,是我国这两个领域的主要奠基人之一,为国家培养了大批人才,对我国基础研究的发展和国防建设都做出了杰出的贡献。

淦昌同志专长实验,但对理论也极为重视。他对物理学的第一个引人注目的贡献,是在1941年提出的验证中微子存在的实验方案。当时正值抗日战争最艰苦的时期,他随浙江大学理学院,经过五次搬迁,最后到达贵州山区,在遵义和湄潭的小破庙里落脚,在极为简陋的条件下,坚持教学和科学研究工作。由于那时在国内不可能有必要的实验设备,所以,他只好把他关于验证中微子存在的实验方案写成论文寄往美国《物理评论》。此文发表后,立即有人据此进行实验,成为1942年国际物理学的重要成就之一。

他的第二个突出贡献是在1959年发现的反西格马负超子($\tilde{\Sigma}^{-}$)。当时他代表我国在苏联杜布纳联合原子核研究所任副所长。这个研究所拥有当时世界上最大的加速器。但由于缺乏终端设备,未曾取得值得称道的成果。在他领导下的小组(其中,有中国、苏联、东欧各国和朝鲜、越南的物理学工作者)设计出一个丙烷气泡室,终于在四万张泡室底片中发现了这个反粒子,这也是该联合原子核研究所自成立以来所取得的最重大成果。为此,1982年国家授予他和他的同事们自然科学一等奖。这是我国物理学家迄今所获得的最高自然科学奖。

为了自力更生地建立我国的核工业和核国防,他于1960年回国,接受党中央

王淦昌(右)与周培源院士合影

的委托,参加试制核弹的研究和组织领导工作。在他和彭桓武、郭永怀、周光召、邓稼先等同志的共同努力下,我国于1964年和1967年先后成功地爆炸了原子弹和氢弹。他一连八年生活在海拔三千多米的缺氧的青海高原上,条件十分艰苦,但他不仅不以此为苦,反而事事带头,作同志们的表率,鼓励大家奋勇前进。

淦昌同志对祖国的社会主义建设事业高瞻远瞩,极为关心与重视国家将来所必需的新能源——聚变能。为了实现受控热核反应的远大理想,他于1964年提出激光惯性约束核聚变的创议,并组织力量开展这一项有深远意义的研究。目前,他正在积极从事带电粒子和激光惯性约束核聚变的实验工作。

淦昌同志能作出这些突出贡献,除他自己的才能和勤奋努力外,也和他在清华大学时期所受到的教育与训练分不开,堪为我们今天培养青年工作的参考与借鉴。1925年,他进入清华物理系学习时,全系只有一位叶企孙教授,到他1929年毕业,才增加了吴有训与萨本栋,一共才三位教授。那时全系学生人数虽少,但三位教授要担负四个年级从普通物理(本系与外系的)到近代物理的全部物理课程。系中的仪器设备尤为缺乏,于是教师们就带领学生自己动手制造。在教授热力学时,叶企孙教授就要求学生每人各做一个温度计。淦昌同志任助教期间,吴有训教授曾指导他研究北京上空大气层的放射性。清华物理系第一届毕业的四人中,三人的成绩都很优秀,其中,淦昌同志在离校后经过多年的努力,取得更为突出的成就。那个时期清华物理系鼓励青年学生自己动手、动脑筋,形成了一种学风,因此培养了一批人才。

淦昌同志的成就虽然在我国当代的科学家中显得十分突出,但他从不以此自满自诩,始终谦逊质朴、坦率真诚、平易近人。他以科学为生命,尽管他曾长期承担领导责任,并当过副部长,但从不以此自认高人一等,始终站在科学研究第一线,从不脱离实验室的工作。

在我和他多年的接触中,我感到,他思想活跃敏捷,兴趣广泛,富有创造性,同时又勤奋好学,实事求是,不畏难怕苦,这就使他能够在极端困难的条件下取得如此卓越的成就。

淦昌同志热爱祖国,热爱人民,富有正义感和社会责任感,常以范仲淹的名言"先天下之忧而忧,后天下之乐而乐"自勉。他在学生时代就积极参加爱国民主运动,抗日战争时期和1976年的天安门事件中,他的表现都令人钦佩。1970年,陈伯达鼓动批判相对论时,他拒绝附和。他待人热情诚恳,助人为乐,甘冒风险救人于危难之中,对青年后进更为热心鼓励奖掖。因此,同事和学生们对他的为人无不赞颂。他的这些高尚品德,是我国科学事业中的宝贵精神财富,值得我们学习与大力发扬,并以此教育青少年一代。

这个文集所收各篇文章的作者,大多是对淦昌同志有较深了解的友好、同事或学生。他们从各方面来反映他的科学贡献和为人品德。这不仅为我国现代科学史提供了有价值的史料,而且更有意义的是,也必将有助于当前我国现代化精神文明的建设。

注:本文作者系物理学家、教育家,中国科学院院士,曾任中国科协主席。原载《王淦昌和他的科学贡献》,科学出版社1987年出版。

反西格马负超子($\widetilde{\Sigma}^-$)的发现

——记王淦昌教授在杜布纳联合原子核研究所

丁大钊

  1960年年初，王淦昌教授领导的研究小组宣布，在联合原子核研究所的10GeV质子同步稳相加速器上，通过高能π^-介子与核相互作用，发现了一个荷电反超子——反西格马负超子($\widetilde{\Sigma}^-$)的事例，从而进一步丰富了人们对粒子—反粒子对称性的认识。这一发现，是联合所少数几个重要的发现之一，也是10GeV质子同步稳相加速器开发历史上最重要的成果，因而为人们所称颂。当时，苏联《真理报》和我国《人民日报》都为此分别发表了消息。分析该事例的科学论文登载在苏联的《实验与理论物理》杂志上，并全文译出在中国《物理学报》上发表[1]。

  王淦昌教授于1956年秋后到联合原子核研究所工作，进行基本粒子物理的研究。他领导的研究组，起初由两位苏联籍和两位中国青年科技工作者及一位苏联籍技术员组成，后发展到1960年由中、苏、朝、罗、波兰、民主德国、捷克、越南等二十多位科技工作者，四位技术员及十余位实验员组成的庞大研究集体。在基本粒子性质及其与核作用研究方面取得了广泛的成果，是该同步稳相加速器开发早期最富有成果的国际合作研究集体。

丁大钊院士(右)向王淦昌老师祝贺生日

笔者在那时是一个刚从学校毕业的学生,在王淦昌教授耳提面命的领导下,做了一点工作。多年相处,使我深切地体会到王老师活跃丰富的科学思想、严谨细致的科学作风、谦虚豁达的合作精神以及对后学青年的爱护培养。所有这些,都一直深深地印在我的脑海中。王淦昌老师的道德、学问,永远是我学习的榜样。

一、反西格马负超子($\overline{\Sigma}^-$)的发现

20世纪50年代正是第一代高能加速器陆续建成投入运行的时期。实验者可以运用加速器进行设计来优选研究基本粒子的各种性质,寻找新的基本粒子,其广泛、深入与精确的程度,将使以往利用宇宙射线作为粒子源的研究工作根本改观。美国、苏联以及西欧,不仅在加速器的建造上相互竞赛,而且都希望在各自建设的加速器上取得最有贡献的成果。

美国的6.3GeV质子同步稳相加速器建成后于1955年由张伯伦(Chamberlain)、塞格雷(Segrè)等领导的小组,通过分析初级束打靶产生的带负电粒子的动量及飞行时间,发现了反质子[2]。随后通过反质子与核的电荷交换,发现了反中子。这成为质子同步稳相加速器早期对基本粒子研究的最重要贡献。1956年秋,联合原子核研究所的10GeV质子同步稳相加速器即将建成,设在日内瓦的欧洲原子核研究中心的30GeV质子同步加速器正在建设中。因此联合所的加速器在能量上仅占几年的优势,亟须选择一批有可能突破的研究课题,选择有利的技术路线,争取时间作出符合该加速器能量优势的成果。

在20世纪50年代中期,基本粒子的研究面临着的一些前沿课题是:

(1)已发现了十余种基本粒子,并由盖尔曼(Gell-Mann)等引入奇异量子数,建立了一个基本粒子分类系。这理论预言,除已发现的各种介子及超子外,还应存在Ξ^0超子。人们自然会问,这一种分类系统学是否正确地描写了基本粒子系?是否还有其他新奇粒子存在?如果有新奇粒子存在,则将促进人们对基本粒子认识的发展。

(2)自从狄拉克(Dirac)从相对论性量子力学预言电子的反粒子——正电子的存在,并于1932年由安德逊(Anderson)在云雾室中发现这一粒子后,实验工作者一直在寻找各种粒子的反粒子,以确定电荷对称性的普适性。各种介子反粒子的存在是早已确证了的。自从反质子及反中子发现以后,在基本粒子实验工作者面前的一个挑战性课题是发现超子族粒子的反粒子。

(3)自从李政道—杨振宁提出弱作用中宇称不守恒的原理后[3],从实验上寻找证据的工作遍及核衰变记录[4]以及基本粒子的衰变现象。大量的$\pi-\mu-e$衰变链的测量及$\Lambda^0 \rightarrow p+\pi^-$衰变测量表示宇称不守恒原理的普适性。这类基本粒子衰变的研究工作,要求衰变粒子在能量较低条件下进行测量。显然这个研究

领域不是最高能量的加速器所应争取的。

（4）基本粒子与核相互作用及其转化的规律性的认识。在美国 3GeV 的质子同步加速器上曾确定过奇异粒子的协同产生,确证了以往通过宇宙线研究所提出的假定。至于入射粒子能量更高时,各种次级粒子（包括奇异粒子）的产生有什么新规律,是个尚未深入、系统研究的课题。

王淦昌教授从 20 世纪 40 年代开始基本粒子的研究,提出了众所周知的验证中微子存在的实验方案[5],探讨过反质子的存在问题[6],利用宇宙线研究过 μ 介子的特性[7]。在 20 世纪 50 年代,他和他的合作者创建了高山宇宙线站,利用多板云雾室研究过基本粒子及其相互作用,取得了多方面的成果[8]。

利用高能加速器产生的各种粒子,可设计各类实验来多方面地探讨基本粒子的性质。王淦昌教授以其明确的科学判断力,根据当时面临的各类前沿课题,结合联合所高能加速器的特点,提出了两个研究方向：① 寻找新奇粒子——包括各种超子反粒子的发现；② 系统地研究高能核作用下各种基本粒子（π、Λ^0、$K^0\cdots$）产生的规律性。

工作分成三个小组并列进行,即新粒子研究、奇异粒子产生特性研究和 π 介子多重产生研究。

在联合所加紧进行 10GeV 高能加速器建设的时候,相形之下,各种探测器的建设工作没有及时跟上。到 1956 年秋季时只具备一套确定次级粒子及其飞行方向的闪烁望远镜系统,一台大型扩散云雾室和一台膨胀式云雾室。这些探测器固然有一定的用处,但不能发挥高能加速器的优势来进行前沿课题的研究。利用高能加速器进行基本粒子研究的优势在于选择有利的反应系统,全面观察所要研究粒子的产生、飞行、相互作用（或衰变）的全过程。根据这一特点,选择放置在磁场内可进行动量分析的大型气泡室作为主探测器将是合适的。气泡室的工作介质既是高能核作用的靶物质,又是基本粒子的探测器。气泡室是 1953 年由格拉泽（Glaser）发明的一新型高密度粒子探测器,当时在联合所已积累了研制小型丙烷气泡室的经验。为了争取时间,王淦昌教授提出抓紧建立一台长度为 55 厘米、容积为 24 升的丙烷气泡室。它富集氢原子核,技术又比较简单,有可能在短期内建成,可以放入现成的为放置膨胀云雾室所准备的磁场中,以便与加速器调试进程相互匹配地进入所要研究的课题。如果选用氢气泡室的路子,则在探测器的研制上将会花费很多时间,势必损失掉仅有的几年加速器能量的优势。

选择什么反应系统来研究新奇粒子及基本粒子的特性？从要发现反超子的角度讲,利用反质子束的 $\tilde{p}+p\rightarrow\tilde{Y}+Y$ 反应是非常有利的。1957 年,王淦昌教授与萧健教授的私人通信中即谈到这一想法。但是要得到比较"纯净"的反质子束,必须用复杂的电磁分离系统,把比反质子多几千万倍的 π^- 介子、比反质子多几千倍的 K^- 介子在同样动量的次级负粒子束中剔除掉,这种系统非常复杂,在联合所不是短时间内能建成的。因此,王淦昌教授于1957年夏天提出利用高能π^-介子引起核反应来进行研究。这条技术路线从寻找反超子角度讲,有不利的一面——本底大,但有其确切意义的一面,即在原始反应系统中没有反重子,如果发现反超子,那么这个反粒子就是"真正"被产生出来的,并且为研究其他新奇粒子及基本粒子产生的系统性质,提供了更广泛的机会。

由于技术路线选择得当,24升丙烷气泡室于1958年春建成。1958年秋即开始了第一批6.8GeV/c π^-介子与核作用数据的采集;1959年春又建立了8.3GeV/c的π^-介子束,开始新一轮的数据采集。前后总共得到了近十万张气泡室照片,包括几十万个高能π^-介子核反应事例。

王淦昌教授把握着研究课题进程的每一个环节。在大批实验资料开始积累之初,他即根据各种超子的特性,提出了在扫描气泡室照片时选择"有意义"事例(即可能的反超子候补事例)的视觉标准:

(1) 要在气泡室有良好照明的区域内看到该粒子的产生和衰变;

(2) 衰变产物与该粒子在视觉内应是"同平面"的,且衰变产物径迹有足够的长度,以便进行动量和游离度的分析;

(3) 要观察到衰变重产物的核作用(湮没)星。因为反超子衰变的重产物,一定是反质子或反中子,湮没星(其总能量大于该粒子的功能)是鉴别其存在确切无疑的标准。

根据这些"标准"画出了$\tilde{\Lambda}^0$、$\tilde{\Sigma}$存在的可能图像。每一位科技工作者在扫描照片时都十分注意与"图像"吻合的事例。在1959年秋后发现,并于1960年春发表的第一个反西格马负超子($\tilde{\Sigma}^-$)事例的全部图像正与预期的一致,而且是一个十分完整的反超子"产生"的事例。

这一事例的照片及概图如下图所示。

首先分析A点的运动学。粒子2及粒子3与沿AB方向飞行的中性粒子同平面,正好符合Σ粒子衰变运动学。粒子3被确认为π^+介子,根据粒子2、3的动量可以算出AB粒子的动量为(1628 ± 100)MeV/c,如果AB为中子(或反中子),其相应的动能为(940 ± 100)MeV,并根据A点处发生Σ粒子衰变,推算得$M_2=(1182\pm14)$MeV。在B点星的性质的确定是关键的。经分析检定各次级粒子的动量及粒子品种,尤其是通过游离度的分析,判定粒子8为π^+介子,推算出B点星的总能量为2336MeV,它比AB粒子具有的动能(940 ± 100)MeV要大得多,假定AB为$\tilde{n}$,则B点"湮没"星的总能量应为(2818 ± 100)MeV,与实测数据推算值相符。因此,确定B点星为

$$\tilde{n}+c \longrightarrow {}^4He+4p+3n+\pi^++\pi^-+n\pi^0$$

因此,确定A点为$\tilde{\Sigma}^- \longrightarrow \tilde{n}+\pi^+$衰变,而粒子2为$\tilde{\Sigma}^-$。进一步对$O$点星的各径迹

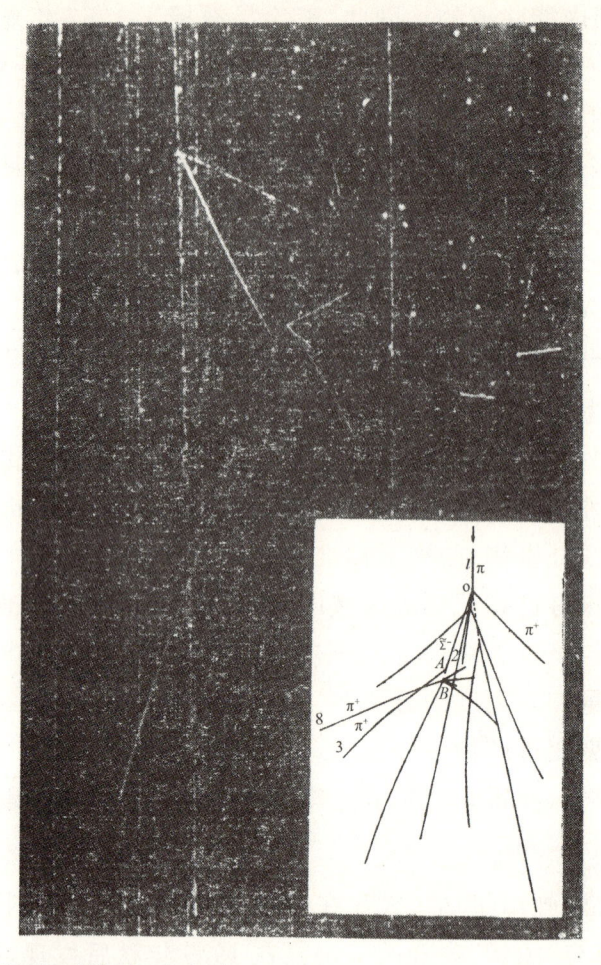

的运动学分析表明其可能的反应为

$$\pi^- + c \longrightarrow \widetilde{\Sigma}^- + K^0 + \widetilde{K}^0 + K^- + p + n + \pi^+ + \pi^- + 反冲核$$

与已知的奇异量子数守恒要求不相违背。这样，一个 $\widetilde{\Sigma}^-$ 粒子的产生、衰变、湮没的完整事例就被确定了。

  王淦昌教授严谨细密的治学作风，为反西格马负超子的发现打下了坚实的基础。从1957年到1958年年末，他抓紧气泡室的稳定可靠运行，而且指导我们要正确掌握数据分析处理的技术。他指导改进了气泡室的膨胀机构，使这个仪器能长期稳定运行；他指导制作的气泡室照片立体扫描仪简便、实用；他指导我们建立了一整套气泡室数据分析方法，并且在几个研究课题中考验确认了其可靠性。在 $\widetilde{\Sigma}^-$ 事例的分析中，王淦昌教授特别重视中性粒子 AB 引起反应星的能量平衡分析，这对确定 $\widetilde{\Sigma}^-$ 是至关重要的。除了进一步分析 $\widetilde{\Sigma}^-$ 产生点 O 的可能反应以证实与已知的奇异量子数守恒规律相符外，他还特别重视该反应产物的单径迹反应（或次级粒子衰变）事例与中性粒子反应造成的偶然符合的几率。因为我们的事例是在很大的核反应本底上选取出来的。我们请对物理内容不很清楚的几位技术员扫描了一部分照片——模拟无规选择,确定各种事例在我们实验的运动学及同平面性误差范围内偶然符合的几率为 10^{-9},从而进一步确证 $\tilde{\Sigma}^-$ 事例的可靠性。

反西格马负超子的发现扩充了人们对于反粒子的认识,是王淦昌研究组的众多成果中最突出的一个。在发现反西格马负超子的同时,还发现了几个高能 π^- 介子产生反质子及低能反质子在泡室内湮没的图像[9],据笔者所知,这是第一次发现的反质子从"产生"到"死亡"的完整记录。此外还发现了几个反兰姆达超子($\tilde{\Lambda}^0$)事例[10]。1959 年,第九次国际高能物理会议上,美国阿瓦雷兹(Alvarez)研究组的工作人员在发言中展示了一张

$$\tilde{p}+p \longrightarrow \tilde{\Lambda}^0+\Lambda^0$$

的照片,我们则报告了 $\tilde{\Sigma}^-$ 事例。正是因为有这一重大成果,使联合所的 10GeV 加速器成为有创造性贡献的设备。当 1962 年春在欧洲原子核研究中心(CERN)的 30GeV 加速器上通过

$$\tilde{p}+p \longrightarrow \tilde{\Xi}^-+\Xi^-$$

反应,发现一个最重的反超子 $\tilde{\Xi}^-$ 时,该所在其刊物《CERN 快报》上声称:"This new discovery is a proof that in our field Europe is now on a par with the United States and the U. S. S. R."[11]。这一评价的含义显然是指反质子和反西格马负超子的发现而言。

二、丰富、活跃的学术思想

王淦昌教授在上节所述的两个研究方面踏实进行工作的同时,对于基本粒子的系统学及结构提出了一些为当时基本粒子物理学界都在探索的新概念。例如,设想当时发现的那些强子并不都是"基本"的,而是由某几个更为"基本"的粒子所构成。沿着这方面探索的理论工作者有很多,其中最著名的是坂田昌一模型[12],他假定所有强子都是由 N 和 Λ 及其反粒子所构成。作为一个实验学家,王淦昌教授在 1957 年联合所高能实验室的一次学术报告会上提出了基本粒子的强子族是由 N、K 介子及其反粒子所构成的设想及其可能的系统学。在分析高能 π^- 介子产生 Λ^0 及 K^0 介子的特性时,发现 Λ^0 角分布明显后倾,向后飞出的 Λ^0 的产物动量为 1.1~1.2GeV/c,而向前飞出的 Λ^0 的产物动量要低一倍;K^0 角分布基本各向同性而略有前倾,前、后飞出的 K^0 的产物动量基本一样[13]。这些特性与 π 介子多重产生中,质子、π 介子的行为类似。王淦昌教授指出,这似乎表明重子内部有结构,有一个核心,即使在这样高的能量下,虽然可以交换外围的介子云,成为一种新的粒子,但其基本物质(重子数所荷载的物质)并没有改变。这种迹象表明,基本粒子在内部空间上也是有结构的。

这些讨论虽然是初步的,这些探索虽然也未成功,但从概念上讲却启迪了基本粒子并不基本的新概念。正是这一被当时基本粒子学界许多学者探索着的新概念,成为20世纪60年代第三代基本粒子理论及实验发展的先河①。

特别要提到的是,王淦昌教授在指导我们进行奇异粒子产生特性研究时,于1959年年末曾指出,当时所有的研究工作都是单举地研究次级粒子的能谱、角分布、多重性等,很少研究各种粒子在产生时的能量关联,虽然这类研究工作量很大(要分析每一个核反应事件的所有次级粒子,并用运动学关系,一对一对地研究其能量关联),但会有可能发现前人所没有预期过的现象。由于当时我们没有自动化或半自动化的测量仪器,也没有大型计算机对核反应事件进行各种大统计的关联分析,这一工作没有取得及时进展。20世纪60年代初,美国一些研究小组陆续发表了许多共振态存在的实验[14]。我们小组即在已有的资料中分析得到了相验证的实验结果[15]。正是这一类共振态的发现及后来在美国AGS高能加速器上发现Ω^-超子[16],促进了20世纪60年代中期基本粒子观的发展。我们的研究组没能在共振态研究上做出前列的成果,一方面固然与当时的技术条件比较简陋有关,但更重要的是我们年轻工作人员没有认真领会王淦昌教授提出的研究方向的重要意义,而把当时一部分精力放在其他方向的不成功的探索上[17]。

回忆上述一些往事,使我认识到一位在科学上有远见的学者的形象。他不拘泥于根据当前科学发展的分析上确定的研究课题和方案,不囿于当时大多数科学工作者所公认的概念,敢于突破常规,探索新概念、新领域。正是因为有许多这样的学者的探索、研究,才使基本粒子研究从20世纪50年代认为是"基本"而发展到20世纪60年代认为"不基本",使人们对物质结构的认识发展到更深入的层次。自然科学的发展就是要归功于这些有丰富、活跃科学思想的学者的创造性劳动。王淦昌教授的许多具有创造性的研究成果也是在这种突破"常规"的科学思维中实现的。

三、对青年科技工作者的教导和一个国际合作集体的形成

那时,在王淦昌教授研究组内工作的各国科技人员以及在联合所工作的中国同志都是20～30岁之间的青年人,他们朝气蓬勃、工作热情、积极努力。王淦昌教授根据他们不同的特点,在工作安排中使他们发挥各自的特长;同时经常组织各类学术活动,启发他们科学思想的发展。

其中一个重要环节是结合研究工作进展的交流讨论。王淦昌教授亲自主持

---

① 如果以宇宙线研究基本粒子算作第一代研究,20世纪50年代三台加速器上的工作算作第二代,那么20世纪60年代的实验上"共振态"的发现和理论上提出"夸克"模型应该算作第三代了。

气泡室照片扫描中所发现的"新现象候选图像"的讨论会,经常对一些有意义的事例进行探讨,不仅开阔了青年科技工作者的视野,同时也有利于有意义事例的选取。在探讨中还经常请其他研究组的苏联中、青年科学家一起来研究,得到了启发。同时,王淦昌教授宽阔的胸襟、活跃的思想也赢得了联合所内许多外籍科学家的尊敬。笔者回忆,我们发现的 $\widetilde{\Sigma}^-$ 事例,第一次是由一位在我们组实习的波兰同事扫描时观察到的,经王淦昌教授组织大家研究后认为该事件"条件"很好,然后经反复扫描、测量、分析而确定的。

扫描气泡室的立体照片是一项很辛苦与繁杂的工作。王淦昌教授虽然那时已五十多岁,又是近视眼,戴了眼镜用立体扫描仪工作,因焦距不对很不方便,摘了眼镜则又很伤视力。但他每天坚持扫描大量的照片,并告诫青年人要认真注意扫描中发现的现象,尽可能分辨真象与假象。例如,一位民主德国的大学生来我们组实习,初期经常把高能正负电子对当做 V^0 粒子记录下来,王淦昌教授教导他如何运用已知的物理知识来区分这两者,使"本底"大大地降低。正因为王淦昌教授的言传、身教,我们研究组的年轻同志在积累气泡室照片的同时,另一方面又都能抓紧时间扫描照片,并相互认真校验,以便减少"漏计数"。即使头一天晚上在气泡室运行上值班后,第二天也能认真地投入扫描工作,而长期乐此不疲,使我们的研究工作能以较快的进度开展。

1958 年正式开展高能 π^- 介子与核相互作用研究之前,在准备仪器、束流输运线及测量分析方法的同时,王淦昌教授特别重视培养青年人对基本粒子物理学基础知识的了解。他组织了在联合所工作的中国实验及理论工作者的业余讨论班,晚上借当地小学的教室,每周由理论工作者向实验工作者讲课。王老师本人每课必到。这对实验工作者较快地了解基本粒子物理有很大的帮助,同时对理论工作者也是很大的促进。记得周光召同志曾对我讲过:"这是考验我对问题了解程度的一种方法,如果我讲后你们能懂,那说明我自己对该问题的了解是较透彻了。"这类活动从 1957 年一直坚持到 1959 年,使年轻科学工作者得益匪浅。

随着科研工作的进展以及我国发展高能加速器方案的深入研讨,我们业余讨论会的内容与形式也随之发展。记得 1959 年后我国决定要建造一台中能强流的回旋加速器(后在三年困难时期下马),王淦昌教授积极支持这一设想,并与朱洪元教授一起组织在联合所的部分中国工作人员一起探讨在这台加速器上可能开展的重要课题,每星期天上午举行讨论会。在讨论会上提出各种设想,研讨已知的知识。经过讨论,大家认识到虽然 π 介子已发现了十多年,但还有不少关于 π 介子、μ 介子衰变方面的基本认识有待深入研究。虽然当时我们没有提到"介子工厂"的名称,但是认识到这类加速器在介子物理方面的重要作用,将可能成为一代新的加速器。事实上,20 世纪 60 年代末 70 年代初,美国、加拿大、瑞士先后有三台"介子工厂"投入运行,开创了 π 介子物理学及中能核物理学。其中,两台即是我们曾经探讨过的那种强流等时性回旋加速器类型。

  王淦昌教授在工作中了解到年轻人有一些值得研究的有价值的设想时，立即积极支持，并创造条件使之有所发展。记得我们刚在建立 24 升气泡室时，曾学习过气泡室的工作原理。格拉泽在发明气泡室时曾套用云雾室的工作原理，认为带电粒子所产生的正、负离子形成气泡生长的核心。这种解释是有缺陷的。我曾大胆地提过，可否设想，是带电粒子所产生的 δ 电子在过热液体中形成的局部加热汽化，成为气泡生长的中心的过程。王淦昌教授为我找到了一些参考文献，让我学习热力学知识，希望我能把这种想法进一步数量化；同时支持我从测量粒子径迹的游离度—气泡密度方面考察，究竟是 δ 电子机制还是正、负离子的电离机制。在 1958 年取得第一批实验资料后，我们与一位捷克同事讨论了一种确定相对径迹密度的方法，并做了初步的工作。这种测量方法，在 $\overline{\Sigma^-}$ 事例分析中，确定径迹 δ 的粒子属性时起了作用。但我们一直没有能在气泡室工作原理研究方面取得数量研究的进展。直到 1962 年，那时王淦昌教授和我都已回国，并在别的研究领域内工作，在国外《核仪器与方法》杂志上出现了一篇以 δ 电子局部加热观点分析气泡室工作原理的论文。王淦昌教授特意派人给我送来，要我学习并节译在《原子能参考资料》上发表。

  王淦昌教授对年轻科技工作者的建议总是积极支持。我们组的一位苏联同事曾研制过小型丙烷气泡室，并与王淦昌教授一起主持了 24 升丙烷气泡室的研制工作。1960 年，他提出要发展一台长 2 米的巨型丙烷气泡室。从任何角度讲这都是一个挑战性的任务，对于下一步开展高能核作用及基本粒子研究确是有价值的倡议。那时王淦昌教授不仅负责我们研究组的工作，而且还担任联合所的副所长，他积极支持这一倡议，为 2 米大气泡室的研制打开了局面。这一大型设备的建成，不仅帮助这位苏联同事直接取得了博士学位，并且也成为联合所与苏联谢尔布霍夫 76GeV 高能加速器中心科技合作的主要设备。

  在联合所 10GeV 质子同步稳相加速器刚开始运行时，除了一个乳胶组外，我们这个研究组是最富成果的。有许多实验资料待深入分析、研究。王淦昌教授本着团结一切有志于科技工作的同事、加速进行分析、及早取得与该加速器相匹配的领先科研成果的急切精神，吸收了不同国籍的许多青年科技工作者。不论长期的工作或是短期的实习，他都一样分配任务，使他们的才智和积极性得到发挥，形成了一个团结、融洽、工作紧张的国际研究集体。这种精神在后来高能物理的研究中成为一种传统。上面提到了 2 米大气泡室建成后，其实验资料分发给各社会主义国家研究中心参加的小组，其成果发表时即署名为"合作"，俄文为 Сотрудничество。

  正是王淦昌教授这种博大的胸怀、活跃的科学思想、严谨的科研作风和具有远见的科学判断力，赢得了联合所各国科技工作者的尊敬。记得在 20 世纪 70 年代中期,我国有些基本粒子物理学家赴国外参加国际会议,遇到联合所的苏联同事时,他们还殷切问候王淦昌教授,并自我介绍是王淦昌教授的学生。

从联合所回国工作已经二十多年了,我与王老师在不同的领域内进行工作。但这二十多年中我总是直接、间接地得到王老师的指导、推动、督促与帮助。二十多年里王老师在许多领域为我国的原子核科技事业作出了里程碑式的巨大贡献,且至今还活跃地在新的研究领域里进取。我敬祝他身体健康,永葆科学青春。

参考文献

[1] Ван Ган-чан и др., *ЖЭТФ*, 38, 1356(1960); 王淦昌, 等. 物理学报, 16, 365(1960).

[2] O. Chamberlain et al., *Phys. Rev.*, 100, 947(1955).

[3] T. D. Lee and C. N. Yang, *Phys. Rev.*, 104, 254(1956).

[4] C. S. Wu et al., *Phys. Rev.*, 105, 1413(1957).

[5] K. C. Wang, *Phys. Rev.*, 61, 97(1942).

[6] K. C. Wang, *Nature*, 157, 549(1946).

[7] K. C. Wang and S. B. Jones, *Phys. Rev.*, 74, 1547(1948).

[8] 王淦昌, 等. 物理学报, 11, 421(1955).

[9] Ван Ган-чан и др., *ЖЭТФ*, 38, 1010(1960).

[10] В. А. Беляков и др., *ЖЭТФ*, 45, 88(1963).

[11] *CERN Courier*, Vol. 2, N. 3, P. 4(1962).

[12] S. Sakata, *Prog. Theor. Phys*., 16, 686(1956).

[13] Ван Ган-чан и др., *ЖЭТФ*, 40, 464(1961).

[14] M. Alston et al., *Phys. Rev. Lett.*, 5, 520(1960); E. Erwin et al., *Phys. Rev. Lett.*, 6, 628(1961).

[15] Ван Ган-чан и др., *ЖЭТФ*, 43, 815(1962); В. А. Беляков и др., *ЖЭТФ*, 44, 1474(1963).

[16] V. E. Barnes et al., *Phys. Rev. Lett.*, 12, 204(1964).

[17] Ван Ган-чан и др., *ЖЭТФ*, 39, 1854(1960).

注:本文作者系中国科学院院士,中国原子能科学研究院研究员。原载《王淦昌和他的科学贡献》,科学出版社1987年出版。

我国惯性约束聚变的创始人与奠基人——王淦昌教授

王乃彦

1978年夏天,王淦昌教授调任核工业部副部长,兼原子能研究所所长。繁重的领导工作占去了他的大量时间,当时他已年过七旬,但仍以极其充沛的精力,始终坚持在科研工作的第一线,热情地为原子能科学事业忘我地工作。他是原子能研究所粒子束惯性约束聚变和强激光研究的创始人,为我国惯性约束聚变的研究做出了重大贡献,并培养和锻炼了一支具有一定水平和优良科研作风的科研队伍。

早在20世纪60年代初,他就意识到惯性约束聚变研究在军事和核能开发中的重要意义。他与苏联巴索夫(Басов)院士几乎同时独立地提出了利用激光打靶产生核聚变的设想。在他的倡议下,经国务院同意,开始筹建中国科学院上海光学精密机械研究所的激光聚变研究工作。20世纪60年代中期,他又敏锐地注意到国际上刚刚开始发展的强流电子脉冲加速器在科学研究上的重要意义和巨大潜力。当时加速的电子能量只有1~2 MeV,脉冲电流为几万安培,脉冲宽度约为100 ns。就在这种强流脉冲电子束加速器发展的幼年时期,他高瞻远瞩地指出,这种加速器将提供一种极高强度的脉冲中子源、γ射线源和X射线源,在军事研究、聚变研究、泵浦气体激光和分离同位素方面都将有广泛的应用前景和发展前途。为了推动这一学科在我国的发展,他积极地向核工业部领导人宣传解释开展这一工作的重要意义。在他的直接领导和授意下,我们向部领导呈交了开展功率脉冲技术和建造这种类型加速器的书面报告。为了促进这门学科的发展,王淦昌教授大声疾呼,遇到有关领导就进行宣传,说明工作的意义。与此同时,他还亲自领导这些装置的设计和调试工作,并和同志们一起做实验,研究解决工作中出现的问题。目前,国内已建成的一些较大型的这种加速器装置,都是与他的辛勤劳动及大力支持分不开的。由于他的努力,我国在这一科研领域中起步得比较早,而且现在已经建立了在国际上具有一定水平的实验装置,培养了自己的科研队伍。目前,世界上强流脉冲粒子束加速器的粒子能量已达十几兆电子伏,脉冲电流已达几个兆安培,脉冲时间宽度为几十纳秒,在军事、科研和工业方面早已有了广泛的应用,充分证实了王淦昌教授的科学预见。他不愧为我国激光聚变和粒子束聚变研究工作的先驱者和奠基人,他的名字将光荣地载入我国惯性约束聚变的史册。21世纪将是核聚变与等离子体世纪,当聚变发电站发出的电能送进我们的工厂农村时,人们将会铭记王淦昌教授的这些重大贡献。

我十分幸运地在20世纪70年代初期,就在王淦昌教授的指导下从事功率脉冲技术和粒子束惯性约束聚变的研究工作。作为他的学生和助手,我从他身上看到了一个品德高尚、学识渊博、学术思想活跃而又谦虚谨慎、平易近人的科学家的形象。他是那样的酷爱科学,永远不满足于自己在科学上的成就,永不停息地带领着我们去攀登科学高峰。在将近六十年的科学研究生涯中,他一直是站在世界科学发展的前沿,并引导我们去研究和探索当今国际上科学发展中的一些重大课题。虽然年事已高,他仍然大量地阅读最新的国内外科学文献资料,始终使自己保持着极其敏感的科学洞察力和对新鲜事物的敏锐性,永葆自己的科学青春。虽然学识渊博,但他从不以权威自居,而是善于把年轻的科学工作者团结在自己的周围,热情地帮助和关怀他们的成长,形成一个团结合作、富有朝气的集体。所有这些都极其深刻地教育了我,并将永远铭记在我的心中,鼓舞我不断前进。

1985年王淦昌(右)与王乃彦在中国原子能科学研究院实验室

一、开创原子能研究所惯性约束聚变的研究工作

1978年9月的一天,在原子能研究所的阶梯教室里,七八百名同志聚精会神地倾听着王淦昌教授关于粒子束惯性约束聚变的学术报告。他以极其深刻的分析,全面地阐述了国际上粒子束聚变发展的概况和存在问题。随着脉冲功率技术的迅速发展,粒子束聚变已经成为一个有希望的惯性约束聚变的途径。当时,日本大阪大学激光工程研究所的粒子束聚变研究小组曾提出,强流电子束在靶

物质上的能量沉积,由于束流和靶中等离子体相互作用的双流不稳定性,导致能量沉积值可以比经典的电子能量沉积值增强一百倍,这自然是一项相当引人注意的结论。如果该结论是正确的,得失相当的电子束功率密度值就可以从 10^{14} 瓦/厘米^2 下降到 10^{12} 瓦/厘米^2。为了尽快地从实验上检验日本大阪大学研究组的实验结果,弄清楚强流电子束和物质相互作用的物理机制,从而进一步探明电子束作为惯性约束聚变驱动器的发展前景,王淦昌教授提出必须用最快的速度,即在 1～2 年的时间内,建立一台 1 兆伏、80 千安、70 纳秒的强流脉冲电子加速器,并开展这方面的研究工作。王淦昌教授对国际粒子束聚变发展状况清楚而透彻的了解,对发展中的问题准确而深刻的分析,深深地吸引了听众。会后,许多人自动报名要求参加这项有着深远意义的研究工作。就这样,惯性约束聚变研究组的筹备工作立即着手进行。王淦昌教授找自动报名者一一面谈,了解他们参加这一研究工作的动机,并向他们进一步地解释工作的重要意义。我也是在这时接受了他的邀请,参加这一项目的研究,并作为他的助手,协助他开展工作直至今天。

由 18 位自愿报名参加者组成的粒子束惯性约束聚变研究组建成后,立即投入加速器的物理设计工作。王淦昌教授亲自领导并参加物理设计的全过程。他极力支持采取全部由外触发火花球隙组成的冲击电压发生器的线路,而这种线路当时只在美国陆军戴蒙德(Diamond)实验室中的大型强流脉冲电子束加速器奥罗拉(Aurora)装置上采用过,但具体的触发方式也和我们不同,他们只用了部分的外触发球隙。这一先进技术的采用,使得该加速器可以在比较大的充电电压范围内工作。当电容器的充电电压达到火花球隙自击穿电压的 50% 时,在串联放电的过程中,火花球隙即能串联起来,并输出电压,达到国际上的先进水平,并使得冲击电压发生器过早点火的几率减少到千分之几,而且工作非常稳定可靠。1982 年,王淦昌教授参观美国粒子束惯性约束聚变的中心桑迪亚(Sandia)实验室的 PBFA-I 加速器时,美国粒子束聚变计划的负责人德文德(P. Van Devender)博士十分友好地向王淦昌教授询问他一年前参观时我们正在建造中的这一台加速器的工作是否稳定。王淦昌教授告诉他加速器工作得十分稳定,主要是由于采用了先进的触发方式。德文德博士笑着说:"我们也是用了这种方法。"王淦昌教授极力支持采用计算机模拟的方法对加速器中的三同轴水介质传输线、大有机玻璃板及二极管和火花球隙中的电场进行设计,从而使得这些部分的物理设计比较合理,耐压性能比较好。同时,还用电子计算机做了选择加速器最佳物理参数的研究,摸索出一套能够在许多复杂而相互制约的物理要求中进行最优化的设计方法,比以前国外这种类型的加速器设计中常用的简化处理方法更加准确有效,后来推广到国内其他的兄弟单位。

加速器的物理设计和工程设计完成后,王淦昌教授亲自带领我们去实验工厂,向工厂负责人和工人师傅说明加工要求和商讨加工中的问题。由于工人师傅对加工中的物理要求了解得比较清楚,所以能千方百计地想办法满足物理工程设计的需要,使得三个半径分别为63厘米、45厘米和24厘米,而厚度为5毫米,长度约2米的同心圆筒的非同心度小于2毫米。实验工厂的工人师傅以自己高超的加工技术和高度的主人翁责任感,在不到半年左右的时间内,就高质量地完成了加速器主要部件的加工。1981年夏天,上海、北京国际激光会议期间,有好几位来自美国洛斯·阿拉莫斯(Los Alamos)实验室和桑迪亚实验室的科学家参观了刚刚加工好的加速器部件后,都十分赞赏地说:"你们研究所的实验工厂能在这么短的时间内,加工出这样高质量的加速器,真是了不起。即使在美国,这也不是一件容易的事情。"王淦昌教授给我们树立了设计者和加工者团结合作的典范,他总是那样地尊敬工人,从不以专家自居;工人也就更加尊敬他,总是把加速器加工得又快又好。

为了实现王淦昌教授提出的要在两年内建成加速器的要求,从国内订购高压电容器显然是来不及了。怎么办呢?只能自己动手改装。我们建议把原来西安电容器厂出产的MY-504电容器(50千伏、4微法)改装成100千伏、0.7微法的电容器。王淦昌教授非常赞成这一想法,因为这会给我们赢得一年多的宝贵时间。于是,我们立即和北京电力电容器厂联系,由我们进行改装设计,他们厂负责改装的工艺操作。但当工厂发现原MY-504电容器中所用的绝缘油含有毒性较大的三氯联苯时,就拒绝了原来协议中已经规定清楚的由他们承担工艺改装的责任,全部的担子就落在了我们自己的肩上。尽管三氯联苯的毒性大,尽管我们18名"志愿兵"中大多数都是学核物理出身的,对于电力电容器的改装工艺都不熟悉,但这些并没有使我们畏惧和后退。王淦昌教授积极支持我们自己动手改装电容器,同时,也要求我们对三氯联苯的毒性及其劳动保护措施进行深入细致的了解。遵照他的要求,我们采取了必要的劳动安全保护措施,加强了操作现场的通风排气,确保了工作人员的安全。18名"志愿兵"以极大的工作干劲和热情,自己用手推车从煤厂运来煤,自己烧锅炉,通过几个工序来清洗从工厂加工来的电容器外壳上的油污,用手推车送往电容器改装的现场,把原MY-504电容器的芯子进行拆装,抽出原来用的有毒性的油,运送到专门的地方保存起来。大家从清早一直工作到深夜。王淦昌教授也亲临现场来检查劳动安全措施,鼓励大家努力把工作做好。整整奋战了两个星期,我们才完成了这项工作。吃馒头要从自己种小麦开始,自然并不是值得提倡的,但我想通过这件事可以说明,为了实现科学上的一些美好愿望和想法,有时真不知道要付出多少的劳动和代价啊!

由于加速器的物理工程设计比较完善,工厂加工的质量又比较好,加速器的安装和调整都进行得顺利。1981年年底,加速器的总调胜利完成,并引出了束流。最后在1982年调整达到了设计指标。我们在王淦昌教授的领导下取得的成就和进展，获得了国际同行科学家的高度评价。1982年，美国海军实验室粒子束聚变研究室的负责人库珀斯坦（G. Cooperstein）博士参观我们实验室时，听了我们在加速器的物理和工程设计方面所做的工作，并在实验现场观看了我们电子束打靶的结果，称赞我们在加速器物理设计中考虑得比较周到细致，并且把计算机的模拟计算方法也用于加速器的设计。他说，美国虽然建造了许多台比我们规模大的加速器，但在物理设计方面所作的分析和计算不如我们全面和深刻。日本名古屋大学等离子体物理研究所副所长宫原（Miyahara，译音）教授在参观后，也对我们所取得的进展感到惊讶。他要求实地观看我们加速器引出电子束打靶的实验，并在取得打靶实验数据和波形后作了仔细的分析和研究，最后得出结论是：中国和日本水平差不多。

电子束引出后，我们立即开始了强流电子束和物质相互作用的物理机制的研究工作。在王淦昌教授的直接领导下，开展的工作包括：

(1) 用X射线二极管测量电子束加热靶物质所形成的等离子体的温度；

(2) 通过离子能谱测量电子在靶中的能量沉积值；

(3) 用等离子体光谱测量法测定等离子体的温度；

(4) 用激光阴影照相法测薄靶后表面的等离子体膨胀速度；

(5) 用激光反射法测靶后表面的飞散速度，计算冲击波在靶中的平均传播速度。

通过这一系列的物理测量，基本上弄清了强流相对论性电子束在靶物质上能量沉积的物理图像，原来，在高原子序数的物质中，电子能量沉积基本上符合经典的能量沉积规律，而在低原子序数的物质中，实验上测到的能量沉积要比经典值高出几倍，但并没有观察到一百倍左右的增强。那种一百倍的增强是很难用电子束和等离子体相互作用中的双流不稳定性来解释的。这种测量的结果基本上和美、苏、法等国的结果相一致，但和日本的结果相差甚大。

美国桑迪亚实验室电子束打靶的温度约在几十电子伏，而我们自己的实验结果则约几个电子伏。这些结果使得王淦昌教授对电子束惯性约束聚变的前景产生了深切的忧虑。他密切地关注着国际上一些大型强流电子束加速器打靶的温度是否得到提高，是否有什么新的进展。但事实的发展使人愈来愈明显地看出，电子束聚变的前景是不乐观的。国际上的同行目前的努力方向是用原有的电子束加速器改装成离子束加速器和内爆套筒，从事轻离子束聚变和内爆等离子体的研究工作。我们该朝哪个方向努力？已经成为摆在面前的严肃问题。

二、向新的高峰攀登

正值决定我们研究工作方向的紧要关头，王淦昌教授提出要开展强流电子束泵浦氟化氪激光的研究工作,用氟化氪激光作为惯性约束聚变的驱动器。这原理上有很大的优越性,因为氟化氪激光波长短,在靶上的能量耦合效率高,不产生热电子加热中心热接材料的问题。而且激光的产生效率高,可以达到5%～10%,造价也较便宜。但是,激光的产生和激光聚变同粒子束的产生和粒子束聚变,毕竟是两个不同的学科,它们之间的差异相当大。我们以前虽然也知道氟化氪激光对聚变研究有巨大优越性,但一直不敢下决心往这方向转。就在这个紧要关头,王淦昌教授向我们指出了要把工作的重点从粒子束聚变转变到氟化氪激光聚变的方向上来。他的决心是那么大,科学上的洞察力是那么深刻,实在使我钦佩。他亲自去图书馆查阅大量的氟化氪激光的发展情况,对电子束的品质要求、准分子激光产生的动力学过程、激光的引出和测试诊断,都作了深入的分析和研究。为了把此项研究开展起来,他还决定从我们的七名研究生中抽出三名来研究大面积低电流密度电子束的产生与引出、激光腔的设计、激光束的诊断与测试。

王淦昌教授非常重视培养研究生工作,每次来原子能研究所都要把研究生一个个叫来汇报工作进展情况。他一面听着,一面不时地提问,最后还指出应该注意的问题和应该阅读的参考文献。他经常谆谆教导我们要努力学习,发奋图强,为祖国的现代化多做贡献。在他的精心培养下,研究生的政治思想和业务水平提高很快。1984年秋天,他因病住院,医生嘱咐他要好好休息。他虽然人在医院,心里却惦记着我们的科研进展和研究生的培养工作。他要我带研究生去医院向他汇报和讨论工作。和平常一样,他总是那样认真地听着,不断提出自己的分析、看法和建议,花了整整一个下午的时间。当护士发现前来干涉,并埋怨我们影响了他的休息时,他微笑地向护士解释说:"今天下午我非常高兴,这对我的身体健康不但没坏处,而且是大有好处,它比吃药的好处还大。"我和学生们听了都深为感动。王淦昌教授就是这样以工作为乐。他的事业心是那么强,真正是做到工作第一。他在日常的生活中没有什么特殊的嗜好,为祖国的科学事业勤奋工作、多做贡献就是他的嗜好。

还记得早在1978年3月全国科学大会召开期间,我和他在一个组里。一天晚上我们看完苏联生理学家巴甫洛夫的电影后,他非常高兴地对我说:"巴甫洛夫活了九十多岁还能坚持搞科研,实在太好了,我还可以搞科研好多年呀!"他多次对我说:"活着就要工作,为人民服务,否则,活着不干活就没有意义。"这就是王淦昌教授的人生哲学。

氟化氪的研究工作取得了很好的进展,一个面积为4厘米×38厘米、电流为50千安的电子束,从强流相对论性电子束加速器中顺利地引出;通过电子束泵浦而产生氟化氪激光,则引出了2焦耳左右的能量。这比国内以前获得的30毫焦耳约大70倍。而且,通过和铁的标准光谱线的对比,确认了它的波长为2480埃;

又通过激光光谱和荧光光谱的分析测量,证实了所测到的确是激光,它比荧光的强度要高出好几百倍。王淦昌教授和我们都为工作中的成就和进展感到由衷的高兴。但他并没有满足,他要求我们进一步提高激光能量和完善激光参数的测试工作。为此,我们探索了影响激光输出能量的几种主要因素,并把激光的输出能量提高到了17.5焦耳,继续增加输出能量也是完全有可能的。这时,他又要求我们注意改善激光的光学品质和探索激光脉宽的压缩问题。王淦昌教授就是这样对科研上的成就永不感到满足,对科学探索崎岖道路上的新高峰永不停步地攀登。他不仅这样严格要求我们,而且自己带头身体力行。现在,他又开始大量地查阅、研究文献资料,探索、思考压缩脉冲的方法了。他经常对我们说:"我们应该要求自己站在世界科学发展的前列,只有这样,才能带领青年人去发展我们的科学事业。"

值此王淦昌教授八十寿辰之际,我衷心地祝愿他健康长寿,继续带领我们在强激光技术和惯性约束聚变方面做出更大的贡献。

注:本文作者系中国科学院院士,中国原子能科学研究院研究员。原载《王淦昌和他的科学贡献》,科学出版社1987年出版。

王淦昌的实验工作之一

——反西格马负超子($\widetilde{\Sigma}^-$)的发现

王祝翔

1956年秋,王淦昌先生作为中国的代表前往苏联杜布纳联合原子核研究所担任高级研究员,后任副所长,同时作为一名实验物理学家,他又亲自领导并参加高能实验物理研究工作。实际上,在联合所4年多的时间内,他几乎把全部时间和精力都用在实验工作上。他到联合所不久,就开始组建一个实验小组。该小组主要由中、苏两国科研人员组成,王淦昌担任组长,在他领导下积极开展高能物理实验的准备工作。

王淦昌先生是空手去联合所的,没有带任何仪器设备。当时的联合所,除了正在建造10GeV的高能加速器(那时候这能量算是全世界最高的)以外,其他的高能探测器等实验条件基本上是空白的。因此,王淦昌先生面临着很大的困难,从物理选题到准备实验设备、测量条件等,一切都要从头开始。

开展实验物理工作,首先要选准、选好物理课题,这是最重要的也是最关键的。既要考虑到所选物理问题的重要性,又要考虑到实验条件的可能性和现实性,包括高能加速器、探测器及附属设备等各个方面。当时,在高能基本粒子物理领域确有许多重要课题尚未解决,而其中之一就是反粒子的存在是否是普遍规律?要证实这一点,需要有更多的实验证据。

在长期的科学活动中,科学家们揭示出了微观世界中一个极为重要的现象,这就是在我们生存的物质世界里,可以人工制造出一种反物质。什么是反物质?在微观世界中,任何一种粒子都存在着相应的反粒子。反粒子具有与粒子完全相同的静止质量和相等的荷电量,但其他性质,如电荷符号、量子数等则正好相反。当反粒子和粒子碰撞在一起时,就会产生"湮没"(即二者都消失,全部能量转变为其他粒子及动能)。同样,如果两个粒子发生高能碰撞,只要能量足够大,也能产生反粒子。

反粒子的存在首先是从理论上预言的。1930年,英国科学家狄拉克在他自己提出的描述电子的方程式的基础上,从理论上预言应该存在着电子的反粒子——正电子,而且电子—正电子对能够由大能量光子(γ)产生出来。反之,当电子与正电子碰撞时,也能湮没而变成几个光子。1932年,安德逊利用云雾室,在宇宙线中发现了正电子。与此同时,实验还证明,在γ射线作用下,正电子和电子确实能成对地产生,这项实验有力地证实了狄拉克理论预言的正确性。正电子的发现部分地回答了电荷对称性的问题,然而,这种电荷对称性是不是普遍规律?既然电子存在着它的反粒子,那么,质子、中子是否也有反粒子,既是否存在反质子、反中子?特别是自1947年陆续发现了π介子、K介子和Λ超子、Σ超子和Ξ超子等粒子以后,人们更进一步提出,是否所有粒子都有反粒子?如果所有粒子都有相应的反粒子,那么,反粒子的存在就是普遍规律,这将揭示物质世界的一个基本对称性,即粒子与反粒子——正与反——的对称性。这显然是微观世界中的一个极为重要的规律。然而,要证明这一普遍规律,关键就在于必须用实验方法把这些粒子的反粒子一个个地找出来。

当时在已经知道的许多粒子中,电子和介子等都已发现了相应的反粒子,那么,质子、中子、超子等是否也有反粒子呢?

1955年,美国建成了6.2GeV的高能质子同步加速器,1957年,苏联联合原子核研究所也建成了10GeV的高能质子加速器,与此同时还陆续地出现了一些比较理想的粒子探测设备,如快电子学计数器及尺寸较大的气泡室等。这就为在实验上发现其他质量较大的反粒子提供了条件。1955年,美国塞格雷和张伯伦利用电子学计数器的飞行时间方法,在6.2GeV加速器上首先发现了反质子,他们也因此而获得1959年物理学诺贝尔奖。1956年,他们又发现了反中子,使反粒子的存在进一步得到了证实。接着,从1957年开始,寻找反超子就成了实验物理学家们着重注意的重大物理课题。正是在这个时候,王淦昌选择了寻找反超子作为自己的主要课题。他要争取利用当时联合所在加速器能量上的优势,抢在美国之前找到反超子。在与美国具有很优越的实验条件相竞争的情况下,王淦昌带领实验小组经历了一个很艰难的历程。

当时联合原子核研究所已经建成10GeV的质子同步加速器。从能量上来说,这是当时世界上能量最高的加速器,对于产生反超子,在能量上稍占优势。然而在其他方面,像粒子探测器、测量仪、计算机等实验条件却一无所有。首先一个问题是选择什么样的探测器?考虑到反超子是不稳定粒子,寿命在10^{-10}秒的数量级,从产生到衰变只飞行很短的距离。因此,要想可靠地找到这类粒子,利用能显现粒子径迹的探测器是比较理想的。为此,王淦昌选择了尺寸相对比较大,足以同时看到反超子的产生和衰变、技术难度较小、建造周期较短的丙烷气泡室。长度为55厘米,容积为24升。为测定高能次级粒子径迹的动量,把泡室放在重量达200吨,磁场强度为13700高斯[①]的强磁场中。当时所用的其他设

---

① 1高斯=10^{-4}特斯拉。

备,如扫描、测量和计算等工具,也都是最简陋的。寻找 π^- 的相互作用事例是用简单的立体看片器,测量一对底片上相应径迹的坐标点是利用万能工具显微镜。当时并没有电子计算机,所有的数据都只能用手摇计算机或电动计算机来计算。从目前的技术水平看,效率真是太低了。然而,正是在这样简陋的条件下,最后终于得出了与美国利用先进设备,如大型氢气泡室、自动扫描测量仪和电子计算机等技术得到反拉姆达($\tilde{\Lambda}$)超子同样重要的结果。

王淦昌小组用 8.3GeV 的 π^- 介子束作为入射粒子照射丙烷气泡室,在扫描了 40000 对泡室底片中,找到了一个产生反西格马负超子($\tilde{\Sigma}^-$)的事例。在事例照片中,有关的径迹表明,由入射粒子 π^- 介子与氢原子核的 p 质子相互作用产生的反西格马负超子($\tilde{\Sigma}^-$),是根据 $\tilde{\Sigma}^-$ 衰变成 π^+ 介子和反中子 $\tilde{n}$ 而鉴定出来的,反中子 $\tilde{n}$ 则是根据它在与一个碳原子核发生湮没作用而产生一大能量的事例而鉴别出来的。这样,终于发现了反超子——反西格马负超子($\tilde{\Sigma}^-$)。

1960 年,王淦昌先生宣布了反西格马负超子($\tilde{\Sigma}^-$)的发现。1959 年,美国阿尔瓦莱茨小组也宣布发现了另一种反超子——反拉姆达超子。这两项发现对证实反粒子的普遍存在提供了有力的证据。因此受到各国物理学家的赞扬和重视。1960 年后,又相继发现了多种反粒子,甚至反氢原子、反氘核也都被发现了。至此,人们几乎发现了所有已知粒子的反粒子,使反粒子世界存在的预见得到了完全证实。"凡粒子必定存在着相应的反粒子"是微观世界的一条普遍规律。此规律的被证实是粒子物理研究中极重大的成就。

王淦昌先生在联合所工作四年多时间内,除了进行发现反西格马负超子($\tilde{\Sigma}^-$)的工作外,还发表了大量的其他工作的论文,如奇异粒子的产生,高能 π^-p 弹性散射的研究等。

"反西格马负超子($\tilde{\Sigma}^-$)的发现"于 1982 年荣获国家颁发的自然科学一等奖,这是自从中华人民共和国成立三十多年来我国物理学家所获得的最高奖。这也是对王淦昌先生学术贡献的最高评价。

注:本文作者系中国科学院高能物理研究所研究员。原载《王淦昌和他的科学贡献》,科学出版社 1987 年出版。

激光惯性约束聚变研究的倡导者，我们的好导师——王淦昌

邓锡铭

记得第一次认识王老是在莫斯科北京饭店，那是 1959 年 5 月，他带着唐孝威。当时，还不到 30 岁的我，在著名科学家前辈面前，开始说起话来总不那么自然，但王老平易近人、热情亲切的态度，顿时打消了我的拘谨。几天之后，我有机会跟随吴有训副院长前往位于莫斯科远郊的杜布纳联合原子核研究所参观。见到王老正在向张闻天同志介绍情况，他回过头来对我们说："从气泡室拍下了一批基本粒子径迹照片，初步看来，可能有新东西，正在进行整理和分析。"（不久之后得知，在王老领导下的一个科学家小组，发现了反西格马负超子）作为一个年轻人，我第一次看到百亿电子伏的大型回旋加速器，又听到前辈说可能有新发现，无比激动。但是，怎么也不会想到，在往后的二十多年里，由于几门学科的巧合，王老就成了我们衷心爱戴的良师，我们科研集体里每一个人都为此而感到莫大的荣幸。

认识王老两年以后，在科学研究的另一个领域——光学，出现了突破性的发展。继美国发明激光器之后 14 个月，1961 年 9 月，中国科学院长春光机所制成国内第一台激光器，随后（1963 年）又做出兆瓦级 Q 开关高功率激光器，1964 年，在上海光机所把高功率玻璃激光器的输出提高到 10^8 瓦，在激光束的聚焦点上，空气被击穿，光轴上出现一连串火球。正当大家兴致勃勃试图去解释这个令人迷惑的物理现象的时候，传来了王老的倡议："利用高功率激光驱动核聚变反应"。随后，又收到王老亲笔写的近 20 页稿纸的一份学术报告，王老在报告中对用激光驱动热核反应作了基本分析和定量估算，这已不是一个朦胧的科学设想了。遗憾的是，十年动乱一开始，我的办公室就被查封，至今这份开创性的珍贵报告仍下落不明。

王老给我们指了路，大家兴奋极了，都憧憬着未来。1964 年年底，当我把王老这个倡议向张劲夫（当时任科学院副院长、党组书记）汇报时，立即得到他的赞赏和支持。

在王老的倡导下，激光惯性约束聚变领域的预研工作就这样开始向前迈步

了,而当时的英、法、德、日都还没有动手呢!

1965年冬,我和余文炎等几个人专程来京汇报实验进展。当听到激光功率达 10^9 瓦;激光等离子体发出的 X 射线透过铝箔引起了照片曝光时,王老非常高兴,询问了实验的每一个细节。一连几个夜晚,他冒着风雪,一个人骑自行车到友谊宾馆来找我们几个年轻人,嘱咐我们要加倍努力,开辟这个新领域,要有我们自己的新创造。其实,王老当时已经是花甲之年,他的治学精神和为开辟一项新的科学事业的坚强意志深深地教育了我们。对王老自己熟识的科学领域,他从不以长者自居,而是平等地和我们讨论,启发、诱导我们;而对自己不完全熟识的科学领域,他则以极其谦虚的态度,向周围的每个同志讨教,他不止一次地要我准确讲解什么是 Q 开关,什么是锁模,什么是非稳腔,什么是 ASE 这样一些属于激光科学技术范畴的事情。对于实验结果,他从不只听结果,而是要了解实验中的每个细节之后才相信实验结果的真实性。王老的这些好学风、好品德,永远是我们晚辈学习的榜样。

在王老的带领下,1965年冬,在友谊宾馆召开的激光聚变小型座谈会上,大家都很活跃,提出了不少好设想。用几十路激光束沿 4π 立体角均匀照射靶丸的概念就是在那次座谈会上提出的。并提出了建造大型激光系统的设想。

1985年8月邓锡铭(左)与刘全生(右)拜访王淦昌

现在回想起来,在当时,搞激光的人对核物理、核聚变是那样陌生;而搞核物理、核聚变的人对激光是那样不了解。而王老以他对一个新科学技术领域的预见和他巨大的影响力,终于把这两方面的科学队伍汇合起来,同时引起了领导的重视,变成了大家的行动。经历二十多年,打下了今天的基础,实在不易。

动乱年代把王老和我们隔开了整整七个年头,外国科学家也在这期间把我们抛到了后头。1973年,当我们带着用 10^{10} 瓦高功率激光加热氘冰靶在国内首次获得中子的实验记录来京向王老汇报时,他高兴极了,对我们说:"我们这边情况还不正常,你们那边好一些,希望抓紧工作。"

动乱年代结束不久,王老和光学界老前辈王大珩很自然就汇合到一起。近七八年来,两位王老不仅是这个新科学技术领域的学术带头人、深受大家爱戴的导师,而且是几方面队伍汇合、团结的象征,推动整个工作发展的后盾。

如果说,头十年几乎全部工作都集中在激光驱动器的发展上,那么,近十年来,王老不辞劳苦,亲自带领核科学方面和激光方面的队伍,作了全面的部署,在国内奠定了激光等离子体理论、激光等离子体诊断以及靶的设计、制造的理论、实验和技术基础。他经常告诫我们:建激光装置,就要做物理实验,拿到物理成果才是最终目的。尤其是近几年,他一直强调深入做等离子体物理实验的重要性。在他的指导与影响下,六路激光装置建成的五六年来,实验一直排得满满的,年年做几百次实验。每年都有一批激光等离子体物理实验结果在国际学术会议或国际重要学术刊物上发表。另一方面,近几年来,两位王老一起,直接指导我们,在研制输出功率为 10^{12} 瓦的大型激光装置工作上,也费了很大的心血。当中,有两件事情是很值得提出的。这个大型装置之所以能在短短的三年半时间内基本建成,关键性的一点是对当初的研制方案没有作过任何重大的修改,实践证明了方案的科学性和完善性,这是非常不容易的,也是时间上、投资上最大的节约。之所以能做到这一点,首先要归功于两位王老当初从严、从难要求,强调预研,亲自主持装置的物理概念设计方案、技术设计方案等一系列论证会,以集思广益,并亲自把关。用现在通用的语言来说,就是技术路线决策的民主化、科学化。我们研制集体的每个成员永远都不会忘记两位前辈这种一丝不苟的严格的指导和所作出的贡献。

另一点是王老经常启发诱导我们:"我们在规模上、数量上没法和美国比,但我们希望在质量上、在创新上有自己的创造。你们方案中有哪些是新东西?"在他的启发与鼓励下,我们的研制方案中采用了十种新技术、新方法,并已一一实现。虽然不能说全都是自己的独创,但可以说至今仍属于先进的技术与方法。

王老不仅学识渊博,在科学上做出了杰出的贡献,而且由于他为人高尚,以德感人,在他周围很自然地汇集了一大批科学工作者;同时,王老也汇集了他们的学术思想。我认为,这对科学技术发展的指导力量是巨大的,特别是对当代一些综合性的大型科学实验研究更是如此。

王老为人师表,发自内心地爱护晚辈。我想举一件具体的事情。前两年我们所一位中年助理研究员卢仁祥同志,不幸得了肝癌,住院治疗时已是晚期。王老知道后,亲自来信向我了解小卢的病情,又亲自去信安慰小卢。随后王老出差上海,提出一定要亲自去医院看望小卢。到了医院,院长、党委书记向他报告,已是病危,没有办法了。王老心里也明白,但还是说:"怎么行呢?没办法也得想办法啊!"他坐在小卢病床边,安慰他,鼓励他战胜疾病,重返科研岗位,并邀请小卢到401所报告近来X光光谱的研究结果。王老亲自把香蕉皮剥开送到小卢嘴里,那种真诚、热切而又悲伤的场面令人落泪。几天后,小卢自知不行了,叫我把录音机带去,把自己对王老的真诚爱戴和无限感激的话录在了磁带上。

王老永不停顿地从事科学工作,学到老,研究到老。七十多岁高龄还亲自指导相对论性电子束激励准分子激光的发展工作。他经常和我们讨论准分子激光的一些具体技术,有时风趣地对我们说:"不要叫我王老,叫我王青,好吗?"他的思想永远是年轻的。我们祝愿王老健康长寿,带领大家在科学大道上继续前进。

注:本文作者系光学专家,中国科学院院士,上海高功率激光物理联合实验室原主任。原载《王淦昌和他的科学贡献》,科学出版社1987年出版。

我的论文启蒙老师王淦昌先生

叶笃正

  王淦昌先生是指导我如何作研究和写论文的启蒙老师。那是四十五年前的事了。1940年年底,我考取了浙江大学研究生,导师是涂长望先生。涂先生要发展中国的大气电学,把我介绍给了王淦昌先生。王先生当时已是我国知名的物理学教授。这样,我就从贵州的遵义到了湄潭(浙大理学院)。王先生说要使大气电学在中国生根,首先要在中国开展观测,于是就给了我"湄潭近地层大气电位的观测研究"这个课题。当时正值抗战,仪器非常缺乏,王先生在系里找了个损坏了的电位计,指导我进行修复。之后,又帮我选择观测场地,建立了虽然简陋但能工作的场地。我每天从清晨到太阳升高(10时左右)这段时间内观测湄潭1米高的大气电位变化,记录各种天气变化对它的影响。王先生经常和我一起观测,进行现场指导。有了比较长时期的观测记录,我就有了硕士论文的基础材料。王先生对这份观测资料是很喜欢的。他几次向我说,这是第一手的资料。王先生这个教导在我脑子里生了根,后来我也是这样教导我的学生的。

  有了第一手的观测资料,王先生又教我如何查阅文献、分析材料和如何写一篇科学论文。我的第一篇可供发表的论文,也就是我的硕士论文,就是王先生手把手教出来的。

  从和王先生第一天见面到写出论文,这段时期虽然不算太长,但他的严肃认真、一丝不苟的科学态度深深感染着我,在我脑子中留下了不能忘记的印象。后来我能在科研上有点成就,与王先生对我启蒙式的指导是不可分割的。在科学上王先生严格认真,一是一,二是二,绝无半点含糊。平时却非常和蔼可亲,态度热诚,待学生总是那么热情,有问必答。王先生这种对待他人的态度也同样深深地感染着我。

  注:本文作者系著名大气物理学家,中国科学院院士,曾任中国科学院副院长。原载《王淦昌和他的科学贡献》,科学出版社1987年出版。

一晃四十年

冯平观

我在浙江大学物理系就读时(1941—1945年),深受淦昌师教益。最后一年跟他做毕业论文,毕业后留校任助教,可算是受提携的学生。1947年,与他同船赴美,我去芝加哥大学读书,他去加州大学作研究,翌年回国。其后三十年无接触。这期间他的学问事业自有其他与他接近的师友执笔评述。我虽脱节,但从一特殊眺望点出发,也多少能补充一鳞半爪。

淦昌师非常谦虚,从不提自己对科学的贡献。在国内时我并不知道他对检验中微子提出了重要的建议。1947年到芝加哥后,我才听杨振宁说起,淦昌师早于1941年就提议做K俘获反冲实验来验证中微子是否存在,而且这个建议在1942年发表后就受到了美国学者的重视。

其后不久,我的毕业论文在中央研究院的《科学记录》上发表。刊物寄到芝加哥,葛庭燧(回国后在金属研究所工作)看到后,当面夸赞了我几句,认为我大学刚毕业就在专业学术刊物上发表论文,很不错。我非但没有受宠若惊,反觉小题大做。当时人小气大,认为不是相对论那样的宏文就没有什么道理。后来自己在事业中经历多了,就知事情没有那么简单。当初自己并不经心,论文成功发表自是淦昌师扶持的结果,颇使我有"合上眼睛搭便车"的感觉。

十几年无音讯,尔后,原子弹爆炸突然打破了罗布泊的沉寂。淦昌师大名出现在西方报章,被称作中国的奥本海默,是原子计划的总领导人。《纽约时报》上还刊出了他的长篇传略,说他以前在杜布纳作过粒子物理研究,发现了反西格马负超子,曾任杜布纳联合原子核研究所副所长,回国后从事原子弹研究工作,不多久就成功了云云。西方人按照他们自己的经验,认为要知此事底细,就得找出个奥本海默来。找到了就心满意足,于是就一知半解地不再追究了。至今海外一般人士都认为原子弹是淦昌师亲手搞出来的。

又过了十几年,"文革"之后中美复交。1979年,淦昌师率团访美,过华府时有机缘重聚,我把历年出版的书和论文送给他,证明当初他的眷念没有白费。回顾十多年前,他和我都关注过核裂变问题。"文革"初期,《物理学报》停刊前最后一期,还有论文根据我的统计理论讨论了裂片动能的分布。但时过境迁,他已从核裂变转到核聚变;我当时"前炉"所"急煎"的,是地球物理上的冰期问题,有论文请他转交叶笃正先生,核裂变已移到"后炉"上文火"慢烹"了。

正事说完后聊天,我不禁问起,奥本海默的事怎会落到他肩上。他大惊,说:"你怎么会知道?"到那时为止,他虽已接触了不少西方核学界人士,但并不知道国外都把他看作中国的奥本海默。我说明原委后,他半晌无语,话题就转开了。

撇开原子弹对国际政治、世界和平的影响不谈,就科学、工程、企业、组织来看,原子弹的研制确是一件了不起的大事。尤其在孤立无援时,竟能够在这么短的时间内完成,真是值得大书特书,可为后人努力从业的榜样。过去因为保密,大众只看到前台的烟花灿烂,对后台的辛勤努力一无所知。其实其中肯定有一大宗精神文化的遗产,希望今后能够让世人知道,千万不可埋没。

如今对外开放,容易使人产生依赖外力的心理,外人之长,固应吸取,但基本上还应以自己为主。今值师友同庆淦昌师八秩大寿,愿将此点提出,并大声疾呼:当年淦昌师自力更生、排除万难、完成任务的努力,应作为今后现代化中一切经济建设、科技研究、文教发展的典范。

注:本文作者系美国埃默里大学教授。原载《王淦昌和他的科学贡献》,科学出版社1987年出版。

学习王淦昌老师为科学事业献身的崇高品德

吕　敏

新中国成立之初在浙江大学物理系学习期间,我有幸成为王淦昌老师的学生,听他讲授电磁学。20世纪50年代在近代物理研究所时,我曾在王老师手下从事宇宙线和基本粒子的研究工作。20世纪60年代以后虽然没有在王老师直接领导下工作,但还常有接触,不断得到他的教诲和支持。

从王老师那里我学习了许多具体的科学技术知识和工作方法,但是对自己影响更深刻的是王老师崇高的科学家精神。他那热爱祖国、为发展祖国科学事业奋斗的献身精神,他那活跃敏锐、永不停顿的创新精神,他那刻苦学习、谦虚勤奋的钻研精神,他那以身作则、平易近人、诲人不倦、爱护后辈的高尚风格使我深受感动、铭记不忘。

明年是王老师80寿辰,作为一个学生晚辈,不敢对王老师在科学技术工作中的成就妄加评议。愿借此机会谈一点对王老师的科学精神和高尚品格的体会,作为祝贺也表达自己学习这种科学家精神的决心。

1979年王淦昌访问美国、加拿大与吕敏(左)合影

一、热爱祖国，献身祖国的科学事业

王淦昌老师自20世纪30年代从德国学习归来，就在大学教授物理学。新中国成立后中国科学院成立，王老师调到近代物理研究所工作，后来又到核工业部从事核科学的研究工作。无论在哪里工作，不管工作条件如何，王老师都始终坚持开展科学研究工作，始终兢兢业业，活跃在科学研究工作的第一线。五十多年来他为发展祖国的科学研究事业，特别是原子能科学事业作出了重要贡献，为祖国培养了许多物理学人才。

记得1953年中国物理界老前辈、科学院副院长吴有训先生在科学院的一次大会上，回忆起新中国成立前的艰难环境，表扬了几位顽强坚持科学研究工作的科学家，提到了在抗日战争期间赵忠尧先生逃空袭警报时把做实验用的电子管放在手提包中随身携带。他还着重提到，最难能可贵的是王淦昌先生在抗日战争时期的困难条件下，始终坚持在国内开展近代物理实验研究工作，对王老师这种艰苦奋斗精神给予很高的评价。

每一个科学研究人员都很清楚，国家科学技术水平在很大程度上取决于国家的经济实力、工业水平、仪器制造水平。一个科学家、一个从事科学研究的人员的成就大小，除了他本人的主观因素外，还取决于客观上的各种保障条件。对一个实验科学家来说条件尤其重要。因此，许多人愿意搞理论研究，或者到国外去从事研究工作。但是，要发展祖国的科学事业，必须在国内开展科学研究工作；一个中国科学家应该尽自己最大的努力去促进中国科学的发展。王老师就是这样做的。王老师曾经在德国、美国、苏联从事核物理和基本粒子的研究工作。在莫斯科附近的杜布纳联合原子核研究所他曾两次被推举为副所长。他领导的研究工作取得很高的成就，发现反西格马负超子就是其中突出的一项。王老师的学术水平、工作成绩和他的高尚品格，得到各国科学家的一致赞扬，外国同行都表示希望他继续留在联合原子核研究所工作。而当时国内正值"困难时期"，科研经费和生活条件都很困难，但王老师还是毅然放弃国外优越的工作和生活条件，返回祖国，投入到了祖国的核科学研究工作中。

20世纪60年代初，苏联撕毁合同，撤退专家，中国原子能事业遇到了很大困难。当党中央决定独立自主、自力更生、依靠自己的力量发展我国的核武器时，王淦昌老师改变了几十年一直从事基础研究的方向，满怀豪情地投入到这项关系祖国国防、民族威望的艰巨科学技术事业中去。他奔走于各个实验室之间，置身于各种科学技术讨论会之中，在各个物理学领域中出主意、想办法，指导帮助年轻的同志克服一个又一个的技术难题。他多次来到艰苦、荒凉的试验场，和青年同志一样住帐篷，喝苦水，顶酷日，战风沙，颠簸在戈壁"搓板路"上，来回于岩石坑道之中。在工号中、在仪器车里、在帐篷内，哪里有技术难题，他就出现在哪里。在那些关键的或有危险的岗位上,他常常坚持到最后撤离。在那动乱的年代里,"四人帮"搞极"左",捕风捉影,大搞冤假错案,弄得科技人员人人自危。王老师不畏强暴,敢于直言,坚决反对"四人帮"对科技人员的迫害。他顽强坚持工作,给大家以极大的安慰和鼓励。十几年中,王老师对我国独立自主地发展核武器做出了重要贡献。

王淦昌老师到过许多国家,参加过许多国际会议,参观过许多世界著名的实验室,接触过许多外国科学家,见过许多大型设备和精密仪器。对比起来,我国的科学研究设备条件、工作条件与发达国家的差距是很大的,短期内也无法改变这种状况。但王老师始终相信中国自己的专家绝不比外国专家笨,我们的专家更加勤奋,在相同的条件下还可以比他们干得更好。虽然今天比较落后,但我们是能够赶上去的。王老师在与国际学者交往中,始终保持着中国科学家的自尊,又虚心向外国学者请教。这种精神尤其值得我们这些学生晚辈和当今青年科技人员学习。

二、不断创新,永不停步

科学家有什么特点?科学家与普通人有什么不同?科学家作为社会的一分子,也和其他职业的人一样,有不同的性格、气质和爱好。有的深居简出,有的却是积极的社会活动家;有的衣冠楚楚,有的不修边幅;有的手无缚鸡之力,有的却是运动场上的健儿……但是,他们又有共同的特点。科学家从事科学研究,科学研究就是不断发现客观世界的新现象,认识其中的新规律,寻找利用这些规律的新途径。科学家的特点就在于创新,没有创新也就没有科学研究。王老师就是一个不断探索、不断创新、永不停步的科学家。

王老师在几十年的教育科研生涯中,始终坚持科学研究工作。科学研究工作已经成为他生活中不可缺少的部分。他始终关注世界科学发展的动态,紧跟日新月异的物理学发展步伐,努力在学科的前沿上选择科研工作的方向和课题。他总在考虑什么样的课题需要研究,值得研究,如何去研究。青年时代王老师就努力研究当时物理学发展中的最新课题。20世纪50年代,他又把注意力集中到当时正蓬勃发展的粒子物理,寻找各种奇异粒子。国内没有高能加速器,就利用高山宇宙线实验室,到联合原子核研究所就利用高能加速器进行实验工作。20世纪60年代,他已年过花甲,当文献中初次出现相对论性电子加速器(REB),我们向他报告请教时,他立即对这种新型加速器表现了很大的兴趣,并努力促进建造中国的REB。后来,王老师在原子能所亲自领导建立了这样的加速器,并在这台设备上做了许多研究工作。近年来,王老虽已年过古稀,仍领导开展了国际上十分热门、发展十分迅速的准分子激光研究,取得了可喜的进展。

王老师不但在科研课题的选择上刻意创新,在平时研究工作中也特别提倡有"新意",鼓励新的概念和新的思想。我们凡有一点新的思想,有一些聪敏的点子或一些诀窍,总会得到王老师的赞赏和鼓励。十几年前我们在工作中曾设计并使用了一种简单移动云母片记录裂变碎片的方法,来测量中子通量随时间的变化情况。设备很简单,却很符合实验的需要,这样的工作就得到了他的称赞。

三、醉心事业,争分夺秒

真正的科学家都十分热爱自己的研究工作,把科学研究工作看得比生活中一切其他事情都重要。卓越的科学家没有一个人不是废寝忘食、夜以继日地工作的。王淦昌老师就是典型的代表。他自己就曾说过,对搞科学研究工作的人,没有什么八小时工作制,我从早上一醒来就要考虑科研工作。实验工作是否顺利,直接影响他的情绪,我们甚至可以从他的表情来判断他最近的实验是否成功。记得在1950年王老师有一次在讲授电磁学课时,有些心神不定,黑板上画的圆没有平时那么完整,平时他总是把圆画得十分规整,推导公式时把正负号写错了。同学们有些诧异,今天老师怎么了?过了一会儿,他叹了一口气,突然说了一句:"电容器又击穿了。"当时王老师正在做宇宙线实验,新中国成立初期,器材设备十分缺乏,没有合格的高压电容器,只能用代用品串起来工作,电容器一旦击穿,实验又将停顿,因此把王老师愁得心烦意乱。

王老师对他所领导的各项工作抓得特别紧,希望尽快地拿出成果。平时王老师对学生、部下都很客气,总是鼓励表扬多,很难得发脾气。但在工作进度上我还没有一次听到他对自己或其他同志表示过满意。相反,常常听他批评我们:"太慢了!""怎么那么慢?""怎么要那么长时间?""不能快点吗?"王老师今天布置的工作,明天就可能来检查询问有什么进展。我们在他手下工作的人常常是希望他来,又怕他来实验室;希望他来指导、讨论科学技术问题,但又怕他来催得太急,受不了。20世纪50年代我们从云南落雪高山宇宙线实验室拍回了几万张云雾室照片,需要一张张观察判读,根据照片上径迹情况分析其中的核反应事例,并且找出异常的奇异粒子事例。王老师几乎每天都来询问我们看到什么新的事例,焦急的心情比我们直接分析判读的青年人还迫切。三十年过去了,王老已年近八十,但仍充满着朝气,对研究工作仍然抓得很紧,一刻也不放松,还是常听见他批评科研工作进展"太慢,太慢了"。

王老师从不满足于在办公室听取汇报,总是亲临第一线,了解研究工作的第一手资料,实验室里、外场测试车上、大小讨论会上都经常能见到他,随时可以向他请教,和他一起讨论具体的科学技术问题。王老师这种深入实际的工作作风深得同志们的爱戴与敬佩。

四、勤奋刻苦，谦虚好学

王老师学习勤奋刻苦，不但年轻时如此，在成为大学教授、知名科学家以后仍然如此。到近八十岁高龄，外出参加核学会会议时，白天开一天会，晚上还要在房间里阅读最新的文献。他的勤奋学习的精神为我们这些学生晚辈所不及。

他多次教育我们这些学生说："脑子里应该存放着各式各样的问题，有机会就去思考，去请教别人，这样才能进步快。"王老师身体力行，他兴趣广泛，知识面广，求知欲特别强。由于脑子里总想着各式各样的问题，思想特别活跃，在各种大小讨论会上，在各种讨论科学技术问题的场合，在实验室或在餐厅，途中相遇，不管是对青年后辈或老科学家、外国专家，他总能提出各种问题，发表许多见解，总是兴致勃勃地参与讨论。只要他在场，学术氛围总是很活跃，大家畅所欲言。这样，既使别人受到教益，他也从中了解了新的情况、学到了新的知识。

1979年，王老师率领核学会代表团访问美国、加拿大，参观了许多实验室。王老师虽已年过古稀，但每到一处都仔细观看、提问、讨论，务求了解更多的具体科学技术知识。他反对走马观花，把出国访问的时间精力用到科技活动以外的事情上去。每到一个实验室他都十分认真，总嫌时间太短，感觉看得不够仔细，许多问题来不及讨论。有一次，我随王老师到圣地亚哥实验室参观电子束加速器，那天上午还在洛斯·阿拉莫斯参观激光实验室，从实验室出来就到机场，乘十余座位的小飞机到阿伯奎克接着参观，日程安排十分紧凑。圣地亚哥实验室的PBF-2装置当时刚开始建造，实验室还在施工，部件放在各个角落，杂乱无章。王老师不顾疲劳，在那里沿着摇摇摆摆的铁梯子爬上爬下，对每一种部件都仔细观看，询问、听取对方介绍。兴致之高，精神之好超过青年同志，使陪同参观的华裔科学家赞叹不已，说国内的老科学家这样深入实际，真不多见，实在令人佩服。还有一次在加拿大乔克河实验室参观，到加速器实验室，看到他们正在设计改造一个串列加速器与超导磁铁加速器相连接的实验室，王老师兴趣正浓，准备仔细询问一些技术问题，代表团有些同志几次催他快走，王老师大为不满，一下坐在椅子上说："我们就是参观学习才来，正有兴趣就叫走，我不走了。"充分表现出他急切想多了解情况、多掌握新技术的心情。王老师是代表团团长，年纪最大，参观学习的劲头也最大，即使一天都用于参观活动，他也不感到疲倦。在参观美国橡树岭国立实验室(ORNL)那天，晚上临时增加活动，参观了ORTEC公司，看到了一些电子仪器和半导体探测器的制造车间，王老十分高兴，说这样安排才好。

五、胸怀开阔，平易近人，爱护晚辈

王淦昌老师胸怀开阔，平易近人。与王老师接触过的同志无不称赞他的工作作风和为人品德。他在工作中从不争功诿过，从不为小事与人发生龃龉、产生

成见隔阂,总是能团结同志一起工作。他从来不摆大科学家、老前辈的架子。即使和他的学生、和青年同志一起讨论问题时,也总是诚恳热情,平等待人。他总是高高兴兴地把自己的看法提出来一起讨论,一起争论,从不保留,决不采取那种不轻易表示自己看法的所谓稳重态度。这种热情坦率的态度,使晚辈青年更加尊重他,更加愿意和他一起讨论问题。

王老师十分爱护学生和晚辈,十分热情地帮助他们迅速成长。他对手下的同志不但布置科研课题,指导他们解决研究工作中遇到的困难,而且督促他们努力学习基础理论和基本的实验技术,掌握最新学科发展动态,亲自介绍应该阅读的书籍期刊,并且督促他们抓紧进度。他的学生和在他手下工作过的同志对王老师这样的关怀帮助都十分感激。

王老师不但在业务上关心青年,在生活上也很关心他们,很愿意和学生们一起谈心。我们去看望王老师时,他总喜欢请我们一起吃顿饭,聚一聚。丁大钊同志生病住院时,王老师亲自去探望。今年我自己生病住院,王老师不但亲笔写信慰问,还不顾近八十岁高龄,冒着酷暑来到传染病院看望我。我十分感激,也十分惭愧。王老师就是这样对自己的学生关怀帮助的。

时代在前进,科学在发展,当前世界正处在科技革命的时代。我们亲爱的祖国正欣欣向荣、蓬勃发展。形势要求我们中国科学技术工作者献出全部身心,为祖国现代化的事业奋斗。我们应该比老一辈的科学家更努力,更勤奋,应该作出更大的贡献。在庆贺王淦昌老师八十寿辰的时候,我们这些晚辈学生一定努力学习王淦昌老师的高尚科学家品德,继承发扬老一辈科学家的优良传统,投身于祖国现代化的建设中去!

注:作者系中国科学院院士,中国人民解放军总装备部研究员。原载《王淦昌和他的科学贡献》,科学出版社1987年出版。

学习王淦昌先生的高尚品德

朱福炘

我和王淦昌先生初次见面是在1936年秋天。当时张绍忠先生和我从南开大学回到浙江大学，束星北先生从暨南大学回来，何增禄先生从山东大学回来。旧友重聚，欢畅无比。最欣喜的是，何先生把王淦昌先生请到了浙大，增添了王先生这样热情友好而又有些天真的同事，我们大家都很高兴。

1936年秋，王先生先我携眷到杭，租赁刀茅巷内一所民房居住。这屋为一排五间平房，我到杭州觅住处时，王先生第一次见面即约我和他同住。他原来租两间(前后分隔成四小间)，余下三间让我居住。王先生代我与经租人商议，说这三间房与他的两间算同样的房租。经租人最初不同意，由于王先生坚持，经租人才说："这样的租价只有你王先生自己说出来才能成事，否则我(指经租人自己)便欺负你了。"就这样我便和王先生同住一个院落了。当时王先生一家六口，而我家只有三人(两家都包括保姆在内)。王先生住得太挤，我不好意思占这样的便宜，就建议两家互换房屋，王先生坚决不同意。就这样，我们两家便和睦地同住下去了。

我们两家相处得很和谐，可惜好景不长，第二年秋天就发生了日本侵华战争。杭州首遭敌机轰炸，天天放警报。学校预计到新生入学无法安心读书，如基础不牢，则深造难冀，因此竺校长决定新生集中到天目山开学，我就被派往天目山分校上课。因无法预测何日能返杭州，我只得携眷同去天目山，与王先生全家不得不暂时分开。两个月后，杭州军事告急，浙大校本部向建德迁移，王先生全家亦随校离杭。天目山分校不久也只得去建德会合，与校本部共命运。杭州告急后，建德也不能安居，因此浙大决定向江西迁移，教职员工只能自己设法租用运输工具。物理系张、束、何、王和我同租到一只运邮包小船，除张绍忠先生负责全校事务，不能同行外，五家大小同船向兰溪出发，再由兰溪去金华。学校打算从金华上火车去樟树镇。在兵荒马乱中，这种计划当然不能实现，只好改为去衢州上火车。多数教职工包用的民船立即掉头回兰溪再去衢州，而我们的运邮包船，任务未了，不能开行。经过多方设法，我们才觅得另一船退回兰溪。这时兰溪店铺都已关闭不营业，和几天前的热闹情况完全不同。我们上街搜购食物，只留张绍忠先生的夫人及其孩子在船舱中看守。不料风吹船摆，舱内照明的油纸灯着火，将燃及舱顶竹席。幸而张师母不顾危险，拉下纸灯，王先生闻声赶到，跳入舱内，掀去竹席，扑灭余火，一场大火总算幸免。但张师母两手却被烧伤，痛不可忍，王先生乃和其他人一起把张师母送往医院，上药包扎后再回船。王先生在危险时刻表现得勇敢机智，且视友情重于一切，为此给我留下了深刻的印象。

次日船抵衢州，尚未泊定即遇敌机空袭，我们扶老携幼，急奔防空洞方免受害。空袭停止后，王先生又奔走觅食，肩负整桶米粽回船，各人方得充饥。待我等赶往火车站，只见站台上人山人海，过往火车根本不停。学校无法交涉，只好通告去江山再试上火车。从衢州至江山无直达船路，只能乘船先至常山，再换汽车去江山。我们船到常山时，教职工及家属几已走尽，适学校的破汽车尚未开去，照应老弱。王先生赶忙把张师母及孩子塞上汽车，送往江山，我们等候搭公共汽车再去，终于同舟共济，安全抵达江山火车站。

1991年王淦昌重返浙江大学与老友朱福炘教授（左）亲切会见

此后浙大辗转跋涉，经江西吉安、泰和至广西宜山，最后于1940年到达贵州遵义。1941年，理学院又迁到湄潭，王、何、束皆在此处。1940年，我在贵阳南的青岩镇一年级分部工作。不久，一年级搬到离湄潭20千米的永兴场。

1942年夏季，我被调往湄潭，此时湄潭空屋已被全部租出，我多方租房不着，只得借住旅店，一面先付钱资助正在建新房的房东，希望提早完工，好让我搬进去。但奸恶的房东一面收钱，一面却停工不建。我交涉无效，又是王先生多次耐心说服他自己的年老房东，使其以长辈的身份责备我的房东，将已完工的房屋收拾出来，我们得以早日安居。王先生把我的困难视作自己的困难，反复向房东交涉，终于解决了我的居住问题，我为此非常感激。

浙大在遵义、湄潭、永兴三地留驻时间较久，直至抗战胜利后一年（1946年）才陆续迁回杭州。此时我去重庆办理出国手续，我家又新来了一个姨甥女读初中，王先生承担起照顾我家和姨甥女读书的重担。搬回杭州时，诸如家具出让、托人沿途照顾等，无不是由王先生一手安排的，我在重庆不必操心。王先生先人后己、乐于助人的义举真使我终生难忘。

新中国成立后不久，王先生调到中国科学院筹建近代物理研究所。1952年春，浙江院系调整，我被分配到新成立的浙江师范学院。次年我爱人患面部红斑狼疮，这是一种极难医治的皮肤病，虽经上海、杭州许多医院诊治，均无效果。最后不得已，趁我去北京出差之便，偕同爱人去北京协和医院求治。但我有公事要办，又需集体行动，无法可想，只好请王先生去车站接我爱人到他家居住。当时王先生工作很忙，宿舍住房不过三四间，儿女又多，王先生却一点不推诿，欣然接受我的委托。次日我爱人去协和医院看病，医生说如有住处即医，否则就不必医治（因无病床，无法住院），王先生和王师母立刻承担膳宿。这一医治历时3个月方告一段落，而我已早回到杭州，爱人全靠王先生一家照顾。这样的友谊，这样的无私援助，怎能不使我不时刻铭记在心。

时间过得真快，到如今，王先生与我交往已50年了。昔日少年，今已两鬓斑白。欣逢王先生八秩大寿，提笔回忆我与王先生交往中的点滴小事，以表达我对王先生高尚品德的崇敬之心。

（赵佳苓整理）

注：本文作者曾任杭州大学副校长。原载《王淦昌和他的科学贡献》，科学出版社1987年出版。

恩师王淦昌先生对我的启迪和爱护

许良英

　　王淦昌先生是我一生最尊敬的老师,也是多次解救我于危难之中的恩师。每当回忆起青年时代跟随王先生学习时的情景,总感到无比温暖,无比舒畅。他教给我们基础的和前沿的科学知识,更教给我们执著地探索真理的科学精神。同时,他的诚实严谨、谦虚好学的治学精神,他的开朗坦荡、质朴纯真的心地,他的诚挚热情、平等的待人态度,他的忧国忧民、强烈的正义感和社会责任感,都深深地感染着我们。这对我的治学、做人,都是终生享用不尽的精神财富。

一

　　我第一次见到王先生是在1937年5月下旬,也就是抗日战争爆发前的一个多月。那时我在浙江大学代办杭州高工电机科二年级学习。一天从铅印的《浙大日报》上看到物理学泰斗玻尔(Niels Bohr)访华,要来浙大作学术报告。那天下年我慕名到新教室楼(后名为"阳明馆")三楼的大教室里去听讲。玻尔由王先生等陪着,用英语讲原子核,没有翻译,还同时由省广播电台向全省直接实况转播。可惜我那时仅是个高中二年级学生,只学过高中物理、化学,虽然有关电机工程的教科书全是英文的,但未受过英语听、说训练,因此,整个演讲我只听懂一句"Hangzhou is a beautiful city"。好在旁边有玻尔的儿子汉斯·玻尔(Hans Bohr)放的幻灯,从幻灯片上我懵懵懂懂地了解到核衰变的迹象和宇宙线产生的簇射。几天后,我从《浙大日报》上得知,王先生同玻尔讨论得很热烈,玻尔离开杭州时,他还送到40千米外的长安站。

　　"七·七"事变后4个月,日本侵略军在杭州湾北岸登陆,浙大沿钱塘江西迁到建德。但高工到建德后1个月,就被浙江省教育厅解散了,我回故乡过了一年多的自学生活。1938年春天,我读了十几本介绍20世纪物理学新发展的通俗著作和爱因斯坦的《我的世界观》,为物理学这奇妙、美丽的新境界感到狂热的喜爱,那年秋天就以同等学力报考了浙大物理系。同年1月,浙大从建德搬往江西吉安,2月又迁至泰和,7月九江沦陷,不得不再迁到广西宜山。我在1939年2月8日才赶到宜山入学,第一学期已过了一大半。当时日军飞机经常来轰炸,就在我到校前三天，18架敌机向浙大标营校舍（全是茅草盖的）投了118颗炸弹。但浙大师生并没有被吓倒，在我到校那天已经恢复上课了。当时王先生教的是四年级课程，主要是近世物理（20世纪物理学）。由于空袭警报，我有幸在入学后一个月左右，同王先生开始了直接接触。那时三日两头有空袭，每当龙江对岸山上挂起了报警的灯笼，大家就纷纷往龙江两岸河谷或山脚的石灰岩溶洞里躲避。一次空袭时，我在岩洞里看汤姆孙（G. P. Thomson）的通俗著作 The Atom。碰巧王先生也来到这个洞里，发现我在读一本物理小书，就问我是哪一系、哪一年级的，对我说了不少鼓励的话，并希望我随时找他谈谈。我那时是个在长辈面前说不出话来的羞怯的小青年，不敢主动找教授谈话。这种羞怯心理不久就被物理系教授们的淳朴、坦率、活跃的学风逐渐冲淡了。我是从旁听物理讨论课发现这种学风的。

物理讨论是为四年级同学开设的课程，分甲乙两种。物理讨论甲是由全系教师和四年级同学轮流作学术报告，物理讨论乙主要是王先生和束星北先生就物理学的前沿作系统的报告。两者都每周一次，每次报告前几天都在教室门口张贴小布告，写明报告人和题目。我出于好奇和对物理学这门科学的爱好，也壮着胆子常站在门外旁听。讨论时最活跃的是王先生和束先生。他们两人同岁，一个擅长实验，一个擅长理论，性格都开朗坦诚。别人报告时，他们常插话或提问，两人之间又常发生争论，常常争得面红耳赤，声音很大。束先生有时还坐在讲台上或课桌上大发宏论。大教授竟像小孩吵架那样地争论科学问题，初见这种场面，我感到十分惊奇和有趣，以后才慢慢领会到这种学风的可贵，只有这种真诚的态度，才能探索出科学真理。受物理讨论这种学术氛围的影响，我联合了物理系、电机系几个一年级同学，也搞起一个定期的读书报告会。

给我印象最深刻的是1939年7月的一次物理讨论，那是由王先生讲"Fisson of Uranium"。"Fisson"我不知是何意义，但还是去旁听了。出人意料的是，王先生报告的是1939年1月底玻尔在美国宣布的一个划时代的发现：1938年12月和1939年1月间，哈恩（Otto Hahn）和迈特纳（Lise Meitner）发现了铀原子核裂变（当时译为"分裂"）现象；迈特纳估算出一个铀核裂变时会释放出200MeV的能量，比同等重量的煤燃烧时释放的能量大几百万倍。当时教室里的气氛十分热烈，我更感到震惊和兴奋。很久以后我才知道，著名女科学家迈特纳原来就是王先生博士论文的指导教师，可是王先生当时并没有谈迈特纳同他个人的关系，丝毫没有以老师的光荣来炫耀自己。自从听了王先生这次鼓舞人心的报告后，我就经常阅读 Science 等科学刊物，跟踪物理学的新发展。

我还从1939年10月同理学院院长胡刚复先生的一次谈话中，深切感受到浙大物理系教授的朴实无华和平易近人。那是二年级第一学期开始，我拿着选课单到院长办公室请他签字，顺便问他一句："听说又要准备迁校了，是否事实？"他一连不停地同我讲了三个多小时,从下午四五点一直讲到八点左右,吃晚饭时间都被耽误了,我肚子饿得发慌,也只好耐心听着。天黑了,办公室里没有灯,他依然娓娓而谈。胡刚复先生是开创我国物理学的元老,1936年随竺可桢校长来浙大后,是校长最得力的助手,每次迁校都由他提出周密的方案。像我这样一个没有活动能力而又幼稚的低年级学生,随便向他提一个问题,竟得到了如此详尽的回答。不久,我还在校门口看见他同一个校工站在路上长谈。这种真挚平等的人与人的关系和浙大传统的"求是"校风,陶冶着我们这些青年学生。

二

我们在宜山上课到1939年12月底被迫停止了,因为11月日寇在北海登陆,不久南宁沦陷,浙大不得不进行第五次搬迁。1940年2月,我们到达贵州北部的遵义,开始过安定而又激荡的新生活。到遵义后,学校宣布实行"导师制",要每个学生自己选定一位教授为导师,导师要经常找他谈话,从治学、做人等方面给以指导。我就选王先生为导师,这样,同他的接触就多起来了。他常约我到他家里谈心。每学期他还要请我们几位"导生"吃一顿饭,由师母亲自做几个常熟的家乡菜,为我们这些远离家乡的游子增加营养,共享人间温暖。

到遵义后不久,有一次在王先生家里谈到抗战形势。他说,1936年以前他曾在山东大学教书,抗战爆发了,有些学生留在山东打游击,有作为的人都去参加抗战工作,"只有我们这些没出息的人,才躲在大后方"!语气很严肃,并带有内疚。我听着,心里感到十分惭愧。两人沉默了很久,说不出话来。以后我了解到,王先生在中学和大学读书时,积极参加爱国民主学生运动,1925年上海的"五卅"运动和1926年北京的"三一八"惨案他都亲身经历过。1937年"七七"事变后,他同浙大物理系实验室管理员任仲英先生在杭州沿街挨门挨户地向人募捐废铜烂铁,以支援抗日战争。当时,他自己还把家里的金银首饰全部捐献出来。为了使学生能为抗战效劳,他先后四次开设军用物理课。对比之下,我这个学生实在太差劲了。虽然我从"九一八"事变(当时是小学六年级学生)以后就天天看报,关心祖国命运,但由于胆小怕死,而又一心想当科学家,对现实斗争既无能又胆怯。

就在这个时候,我的人生观开始急剧变化。这主要是由于目睹了当地劳动人民牛马般的苦难生活、国民党政府的腐败和倒行逆施以及受到了五年前红军长征留下的精神影响。上述王先生用以自责的话,也给了我启发和鼓励。在遵义一年半,我的课余时间几乎全部用来读马列著作和有关中国革命的书籍。有一次偶尔同王先生谈起自己对社会现实问题的一些看法,想不到他大声地对我说:"在这方面你可以做我的导师了。导师本来就可以对换来做嘛。"这种虚怀若谷的精神实在令我钦佩。

王先生这种极端谦逊的态度,不仅表现在他的专业以外的领域,就是在物理科学问题上,他也一贯如此。到遵义后,他教我们电磁学。一开始他对我们说,为了使自己对整个物理学有一个全面坚实的理论基础,他除了经常教"近世物理"以外,还要把物理系每一门课都至少教一遍。听他的课,是一种精神享受。他讲课爱用启迪、讨论的方式,常要我们提问题,有时上课就成了对话。当我们提出的问题需要花点时间加以考虑后才能回答,或者发现他在黑板上的演算有错时,他总是要说一声"Pardon me!"(原谅我!)他没有一点教授架子,同学生的关系完全像知心朋友。

我入学时,物理系一年级同学共有21人。到二年级,只剩下5人,绝大部分转到工学院去了,因为工学院毕业后出路有保障,而物理系只能过和尚庙里的淡泊生活。我为那些同学未能分享追求科学真理的乐趣而惋惜。那时蒋介石用"国家至上,军事第一"的口号来压制民主进步力量,为了抵制这种压力,也为了表达我们学习物理科学的自豪感,我在遵义老城北门外洗马滩对岸山坡小龙山(现在是红军烈士墓墓道的右侧)物理实验室(原是一个小破庙)的门口,用粉笔写上一副对联:"科学至上,物理第一"。王先生第一个发现,当即表示赞赏。这副对联也就保留了下来。

在浙大物理系,束星北先生的课也是非常吸引人的。他早年在英国爱丁堡大学专攻理论物理,研究相对论,曾担任爱因斯坦的助教。我们二年级时,他教我们理论力学,开头一个月,专门讲牛顿运动三定律,把力学的基本概念和基本原理阐述得如此透彻,如此生动,使我十分神往。这也使我醒悟到,在此以前,自己并没有真正懂得什么叫理论,什么叫原理。三年级时,他教我们热力学,同样用一个月时间讲"熵"概念和热力学第二定律。他的理论思考富有哲学意义,我很受启发。但有些观点我不同意,如说电子似乎有"自由意志",我就同他争论。他并不生气,而是耐心地同我论辩。有时整整一堂课就这样争论过去。现在回想起来,我当时实在幼稚可笑,但教授同学生之间为探求真理而进行的这种平等的争论,是永远值得怀念的。对比一下20世纪50年代以来我国大学中的师生关系,真是有天壤之别。

1941年暑假,浙大理学院搬到遵义东面75千米的小县城湄潭。这是抗战五年内第六次迁移。物理系安顿在西门外湄江对岸的破庙双修寺里,并在寺内盖了一座两层小楼,条件比宜山、遵义时稍有改善。

王先生离开遵义到湄潭前,在他多年探索的原子核 β 衰变问题上作出了突破性的贡献。这就是他于1941年10月13日寄给美国《物理评论》的信件《关于中微子探测的建议》。当时他没有告诉我们,因为我们还没有学过核物理(这是他开的四年级近世物理课的主要内容)。这件事,物理系教师中当时也很少有人知道。同他经常讨论问题的束先生在这以前回江苏奔父丧,直至次年5月才回校。

我是1942年4月才听王先生自己说起的。那时四年级最后一个学期过了将近一半，要准备毕业论文了，王先生指定给我的论文题目是《β衰变和中微子存在问题》（当时disintegration译作"蜕变"，neutrino译作"微中子"）。他说，这是理论上和实验上都一直未解决的重大问题，他自己已探索了多年，最近想出一个验证中微子存在的简单方法，这就是观测Be^7原子核俘获K电子时的反冲动量。但由于战时物质条件困难，国内根本无法实现，只好先送国外发表，让别人去做。他希望我同他长期合作，从事这项研究，并说这个问题如果解决了，可能得诺贝尔奖。如果在1939年或更早的年代，我一定会欣然听从王先生的安排。可是，经过两年多对中国现实、国家命运以及哲学理论和人生观问题的探索思考，我深切体会到，在中国，不推翻半殖民地、半封建的反动统治，根本谈不上发展科学。特别是1941年1月"皖南事变"后的严重白色恐怖，激起了我强烈的革命义愤，于是一心想找党的组织，以便更有力地开展革命斗争。那时，我打算毕业后回家乡，利用家乡的山区搞武装斗争。因此，我不得不辜负王先生对我的厚望，草草地完成毕业论文，以期早日跨出校门。

为了做论文，王先生指定我阅读有关β衰变的实验和理论的大量文献。那时适逢倒孔（祥熙）运动（爆发于1942年1月中旬）后的恐怖窒息时期，我课余的主要精力用于秘密的革命活动，但是β衰变的文献还是引起了我很大兴趣。两个月后，我就自己查阅过的将近70篇文献在物理讨论课上作了综述性报告，并写了一个论文提纲。这时毕业考试已全部完毕，而正式论文还没有下笔，我急于要投身广阔的现实世界，于是只能花一个月时间匆匆写出前面一半，原来准备着重探讨的关于中微子存在问题的各种实验分析就未能进行。论文交给王先生时，我就向他告别，并于第二天离开了湄潭。这篇论文远没有达到王先生所要求于我的，我很内疚。但没想到王先生浏览后却给予好评，并鼓励了我一番。

我们同班毕业的共4人，其中，3人（梅镇安、陈维昆和我）是宜山入学的；另一位胡济民，原高我们一个年级，因眼疾去上海治疗，到四年级才回浙大。梅镇安化学课成绩非常好，四年级时王先生建议她将来研究生物物理学，说这是一门大有前途的新学科。毕业后不久，她就去考清华大学生物研究所，以后又去美国进修生物物理，是我国从物理学转到生物学领域的第一人。毕业前，王先生要胡济民和我留校当助教，我婉言谢绝。王先生还是再三找我谈话，要我留下来。为了说服我，他说我做学问有三个特点：①诚实，②理解力强，③有创造性才能。因此，研究物理是很有前途的。我当时体会到，这三点实际上就是王先生自己治学的特点，他用来称赞我，表明他对我是何等信任，为此，我十分感激。可是，在当时严峻的革命斗争环境下，为了保密，我不能向王先生直率地讲明自己的去向，只是抽象地说，我要走向社会，学习做一个人。要离开王先生这样一位我所景仰的老师，要离开浙大这样一个有民主、科学传统的学府和并肩战斗过的同学，从内心里实在是有点留恋不舍的。

临别前三天，胡济民突然找我，说他也不想留校，要同我一起走。原来他以为我要去延安或抗日根据地，而他有个妹妹已在新四军。我告诉他，去延安的路不通，在大后方可做的工作不少，我自己的去向尚未确定，希望他还是留校当助教，继续研究物理。我随便说一声"五年后再见"，他却郑重其事地说，用不着五年，理由是，他估计蒋介石统治不出五年必然垮台，看来这个估计实在是太乐观了。

毕业前另一件使我难忘的事是邹国兴撕奖状。邹国兴原是同我在宜山一起入学的，他在机械系，专心读书，沉默寡言。晚饭后我和他、梁允奇等几个工学院同学常一道散步。他在机械系读了两年后转到物理系，比我迟一年毕业。我最后一个学期和他同住一个宿舍。那时国民党当局对学生运动采用镇压和分化诱两面政策，一面在湄潭和遵义逮捕了五位同学，一面又宣布要给各大学学习成绩最好的学生颁发由教育部长签署的奖状。一次"纪念周"上，胡刚复院长宣布湄潭获奖的仅邹国兴一人。邹国兴事先已经知道，故意不去参加"纪念周"，胡院长就要我把奖状带给他。想不到他一接过去，连看也不看，就把它撕得粉碎，一边连声自言自语："可耻！可耻！"一个平日埋头于功课、从不高谈阔论的好学生，对接受教育部长的奖状，不但不以为荣，反而认为是自己的耻辱，这个场面实在令人感动。这时我才完全明白，我们早已是心心相印了。

现在回想起来，当时浙大物理系之所以能培养出这样一批品学兼优的学生，很大程度上要归功于王先生的诚实执著的求是学风和真挚感人的高尚品德。

三

1942年7月底，我跨出校门后就奔向桂林，找一位初中时的同学。我估计他是个共产党员，准备同他回浙东打游击。他说他同党组织已失了联系，回浙东更难恢复联系，要我在桂林暂时待下来。于是我就在中学里教书，并参加《科学知识》月刊的编辑工作。第二年周志成毕业了，他不听我劝他留校当助教的建议，执意赶到桂林要同我在一起。1944年湘桂战事起，桂林沦陷，我只身流浪到桂黔边境山区榕江。在那边待了三个多月，生活十分困难。就在这个时候，王先生给我来信，要我即回浙大。以后获悉，王先生已于1943年接替体弱多病的何增禄先生，出任物理系主任。1945年2月，我步行了二十多天，终于回到了王先生身边。路过遵义，有同学告诉我，王先生曾登报寻找我和周志成。当我在图书馆查阅几个月前的贵阳报纸，看到这个召我们回母校的广告时，感到无限温暖和激动。不仅如此，我回湄潭后一个月左右，王先生还曾为我和卢鹤绂教授（从广西大学聘请来，比我早一个多月到校）的工资补贴问题，同兼管总务的体育主任吵起来，结果被打了一拳，在家养伤一个星期。竺校长闻讯，即从遵义赶来调解。

回湄潭后不久，从美国寄来的缩微胶卷上，读到一期1943年出版的物理学期刊，有一篇综述1942年国际物理学重大成就的长文，其中，有一节专门介绍中微子存在的实验验证。由此我才知道，王先生1941年10月提出的建议发表于1942年1月的《物理评论》上，几个月后，美国物理学家阿伦（J. S. Allen）即按照王先生的建议做了实验，使中微子的存在得到了肯定的验证。这一信息使我深受鼓舞。

王先生登报召我回浙大工作，希望我能安心钻研物理。可是当时第二次世界大战正处于最后阶段，整个革命形势和浙大学生运动开始走向高潮，我不可能把主要精力用于物理，这使我又一次辜负了他的期望。但他还是尽量鼓励我钻研物理。一次我听他的原子核物理课，当他讲到原子核的敛集（Packing）曲线时，我问他："在敛集曲线顶上的那些原子核（质量数在30～120之间）是不是也像α粒子（敛集系数很高）那样，可以从较大的原子核中崩裂出来？"这本来是凭直觉从敛集曲线的形状偶尔联想到的一个极其简单的问题，王先生却惊奇地大喊起来，说："这是了不起的创见，如果早几年提出，重原子核的裂变就该是你发现的了。"经他这样一提，我才恍然大悟这个简单问题确有深一层的意义，而在这以前还没有人从这个角度来阐明重核裂变现象。5个月后，美国在日本丢了两颗原子弹，王先生立即在湄潭和遵义向全校师生作了关于原子弹和原子能问题的学术报告，报告开头他还郑重其事地提到我这个简单的想法。

我回校后一个月，周志成也回来了。我们都经历了半年的流浪生活，初到时，蓬头垢面，满身生虱，不久就听到一些流言，说回来了两个"共产党"。可以想见，当时王先生是为我们顶住了一定的政治压力的。1945年10月，王先生派我们两人到湄潭东面20千米的永兴场一年级分部工作。在我们的帮助下，一年级的进步同学很快团结起来。1946年2月，国民党发动"反苏运动"，遵义、湄潭也搞起了反苏游行，唯独永兴搞不起来。热衷于这次运动的永兴分部主任迁怒于我们，要求校方解聘我和周志成。由于王先生的保护，我们才得以继续留在浙大。

1946年5月，浙大开始复员回杭州，6月间王先生还主动为我们几个走得较晚的助教讲了一个月的电动力学理论。他那时一心希望饱经战乱的祖国有一个和平建设的环境，使他多年来思索的解决物理学前沿问题的一系列设想能够逐步实现。可是事与愿违，苦难的八年抗战刚胜利结束，大规模的内战却迫在眉睫。7月，我离开湄潭，经重庆沿长江回杭州，目的是去重庆《新华日报》馆解决多年向往的入党问题。这样，到杭州后，我肩头的担子是更重了。特别是，原来分处贵州遵义、湄潭、永兴和浙东龙泉四地的两千学生、四百教师汇集一起，内战公开爆发了，形势险恶，情况复杂。由于条件和任务的改变，此后两年半，直至1949年杭州解放，我不得不尽全力从事完全秘密的地下革命活动，物理系助教仅是一个掩蔽的公开职业而已。那时物理系学生少、教师多,助教的工作很清闲,每星期花上三四个半天就可以应付过去了,剩下这么多时间不去钻研业务是说不过去的。为了隐蔽,我在办公室里放了几本康德、黑格尔的哲学著作。有一次王先生走进我的办公室,看见桌上一本康德的《纯粹理性批判》,带有惋惜的语气说了一句:"原来你在研究哲学!"我很觉惭愧,却又不能告以真情。但我深信,一旦王先生了解到真情,他是会谅解、同情和支持我的。

1947年秋,王先生去美国伯克利工作一年,1949年1月回国,带回他自己在那边制造的云雾室。回校时,物理系开了一个热烈的欢迎会。会上王先生谈了访美观感和物理学前沿的一些情况。会后,在"舜水馆"物理实验室门前摄影留念。这是新中国成立前浙大物理系全体教职员仅有的一张照片。这张照片,对浙大地下党组织也是一个珍贵的纪念。因为左侧的办公室和里面的实验室,1948年7月以后一直是浙大地下党组织的主要活动场所。而在当时浙大7个学院30个系中,物理系是地下党员最多的。我们在"舜水馆"的频繁活动,物理系教师不会不有所觉察,但是他们在默默地保护着我们。解放战争时期,浙大的爱国民主学生运动空前高涨,特别是1947年因浙大学生自治会主席于子三被杀而爆发的"于子三运动",浙大在全国反迫害斗争中走在最前列。浙大的学生运动所以能愈来愈强大,应归功于"五四"、"九一八"和"一二·九"以来浙大学生的爱国民主革命斗争传统、竺可桢校长所倡导的"求是"校风以及竺校长、费巩教授(1945年被国民党特务秘密杀害)、蔡邦华院长(农学院院长)、王先生等一批崇尚科学和民主、有强烈正义感的教授对青年学生的爱护。没有师长们的爱护和支持,像我这样在未入党前就被人说成是共产党的人,是难以见到解放的,至少是无法在浙大生存的。每当回忆起这段历史,我不禁热泪盈眶,衷心感激王先生和其他师长在为中国人民的解放而进行的生死搏斗中对我们的保护。

四

1949年5月3日杭州解放了,我调离浙大。由于工作性质的变化和忙碌,同王先生就很少接触了。1950年他调到中国科学院,筹建近代物理研究所。1952年,我也调到科学院,负责全院出版物的政治把关和《科学通报》工作。那时我有严重的"左倾"幼稚病,满脑子是"革命"和工作,从不串门聊天,不去拜访任何一位师长、同学和亲友,对我尊敬的王先生和竺可桢副院长也不例外。到北京后知道王先生已去朝鲜前线探测美军投掷物的放射性。这是一项要冒生命危险的军事任务,王先生毅然接受了,作为学生的我也感到自豪。

1954年,苏联第一个原子能发电站建成,在当时一边倒和"向苏联学习"的政治口号下,我这个共产党员立即为《科学通报》写了一篇社论,并请王先生写了一篇文章(题为《苏联原子能电力站建成的伟大意义》,发表于《科学通报》1954年8

月号)。现在看来,这两篇文章虽然对战后冷战年代的国际形势和对苏联社会实质的看法都有很大片面性,但对王先生同我的师生关系来说,很值得纪念。那时王先生向我表示,他一心想做研究工作,不愿意担任领导职务,在近代物理研究所担任常务副所长,费了他不少精力,很觉苦闷。有些尊崇儒家传统的人,本着"学而优则仕"的古训,一心想当官,当了官后就以为高人一等,学术研究也就此终了。因此人们论断:在中国,官职是学者的坟墓。这个论断对王先生完全不适用,因为他根本不想当官,更不以当官为荣。他永远保持着淳朴、正直的学者本色。

1956年,王先生去苏联杜布纳联合原子核研究所以后,我同他中断了联系达17年。这是由于1957年"反右派斗争"的风暴,使我在几天之内变成了"反党反社会主义"的阶级敌人——"资产阶级右派分子",并被列为"极右",结果我不得不回故乡当农民,靠劳动工分来养活自己和母亲。1960年,在报上看到王先生发现反西格马负超子的消息,我这个当农民的学生也很为他高兴。几年后,连续传来我国成功地爆炸原子弹和氢弹的喜讯,我估计王先生一定在这方面作出了重大贡献,而且设想,如果我一直跟着王先生钻研物理,大概也会从事这方面工作;如今却竟成了"阶级敌人"和"专政对象",自己实在无法理解。但我并不后悔自己所作的抉择,因为我是把自己的一颗心和整个生命奉献给了中国人民解放事业,至少王先生是会理解我的。

1973年11月,我终于又在北京同王先生见了面。那时我为《爱因斯坦文集》的编译和出版来到北京,见面时他还是那样热情,对我这个摘了"右派"帽子的农民,不但毫无歧视,反而以同志相称。当我告诉他上海市"革命委员会"写作组强占并公开盗印我们的译稿时,他勃然大怒,说:"上海就是霸!"凭这句话,在当时就可定为"炮打无产阶级司令部"的"反革命"。我在北京时,商务印书馆发给我每月50元生活费,但"批林批孔"运动中商务印书馆换了领导班子,他们赶我回农村,欺骗我说会继续给我寄生活费。我一回故乡,他们就停发生活费。王先生获悉后,即给我写信,说以后我的生活费由他包下来,并要我安心完成三卷本《爱因斯坦文集》的编译工作。王先生身处极机密的国防科研领导岗位,几年前又挨过批斗和凌辱,当时竟要包下一个在农村"改造"的"阶级敌人"的生活费,这要担当何等的风险!他从四川用"王京"的名字按月寄给我30元,一连寄了将近半年。1975年5月,商务印书馆恢复了发给我的生活费,他还要寄,直到知道了我的生活费确实已有着落,他才放心。

"四人帮"覆灭后,我们准备写文章对"文革"时期搞的批判相对论和爱因斯坦运动进行反批判,1977年3月19日,他从四川给我来信,信中说:"对所谓'相对论批判'和'爱因斯坦批判'的反批判,我很赞成,希望你们写得好些,要有力量,对一些反科学的混蛋,给以致命的打击。"以后周培源先生告诉我:1969年10

月中国科学院工宣队、军宣队和革命委员会召集当时在京的知名科学家开座谈会,专门批判相对论和爱因斯坦,王先生就抵制出席。在当时是极少有人敢于这样做的。

1978年,他回北京任二机部副部长,我也结束了20年的农民生活回科学院工作。这样,见面机会比以前多了,每年春节或新年我总要约一些老同学去看望他。1979年,我们几个同学倡议请几百个20世纪40年代的同学联名写信给浙江省委和浙大,建议隆重纪念费巩烈士。那年10月在浙大开了纪念会,王先生也从北京赶去参加,并在大会上讲了话。1981年冬,浙大准备为85周年校庆开展大规模活动,我把这一信息告诉王先生,希望他也去参加。想不到他断然拒绝,说:"同乡、同学关系,校友会、校庆这类活动,都是'自由主义'的一种表现,毛主席反对过,我也反对。"我说,别的学校可能有这个问题,浙大情况就不同了。浙江本是文物之邦,南宋以来800年,浙江人才之众在全国名列前茅,但三十年来由于受"左"的毒害的摧残,如今浙江在科学、教育、文化等方面都已大大落后了,我们应该利用浙大校庆来活跃浙江的学术空气。他同意我的看法,说:"好!那我一定去!"可惜1982年4月校庆来临时,二机部(核工业部)领导班子新老交替,他无法分身,于是写了一封热情洋溢的贺信,希望在校师生"继承浙大传统,发扬'求是'精神";希望"学生们在新的历史时期有当年爱国运动时期所体现的激情,学习费巩先生那样立场坚定、爱憎分明、热爱祖国、为中华民族的强大而献身的精神。"

1985年1月,我有幸有五天时间同王先生一起参加讨论科技体制改革决定草案的座谈会,并同在一个小组。在会上,我提出,不可把科学和技术混为一谈,科学通过技术固然可转化为生产力,但科学不仅是生产力;不可把商品概念套用在科学知识上,不可急功近利,看不见发展基础科学的重要性。王先生进一步强调,科委应向有关领导人讲清楚这个问题,否则就是失职。以后我患眼疾,他来看我,谈到基础研究经费被削减,严重影响工作的开展,他曾为此四处奔走,而未见效,因而感到忧心忡忡。他一向是"先天下之忧而忧,后天下之乐而乐",急国家、人民之所急,忧国家、人民之所忧。1986年1月,在党中央领导人会见核科学家时,他就坦率陈言,申述基础研究的不可忽视。1986年3月,他又会同王大珩、陈芳允、杨嘉墀等三位科学家联名上书中央,提出跟踪高技术发展的迫切性,已引起国务院的重视。

王淦昌先生已80高龄了,但他的身体还是那么壮健,精力还是那么充沛,思维还是那么敏捷活跃,声音还是那么爽朗洪亮,心地还是那么纯真坦荡。他永远保持着一颗为科学、为真理而献身的赤子之心。在王先生面前我永远是一个孩子,是一个无知的小学生,但王先生长期来却把我当做同志和知心朋友。因此,我们之间从来不存在什么"代沟"。受了这种亲密无间的师生关系的熏陶,我也努力使自己同青年学生之间的关系做到既是师生,也是同学,更是同志。王先生这一品格,在当前的伟大变革时期显得格外可贵。他所以能够人老心不老,永远同时代同步前进,是因为他始终奋战在科学前沿,始终关心祖国和人类的命运,始终以青年人为知心朋友。80岁,对王先生来说只是生活道路上的一个中间站,他一定还可以继续高效率地工作20年!到那时,他倾注心血的我国的现代化将初步实现,受控热核聚变所开拓的新的原子能时代也必将到来!到那时,我们再来祝贺他的百岁大寿!庆祝科学和民主在我们这块古老大地上的胜利!

注:本文作者系自然科学史家,中国科学院自然科学史研究所研究员。原载《王淦昌和他的科学贡献》,科学出版社1987年出版。

王淦昌教授同志八十大庆

苏步青

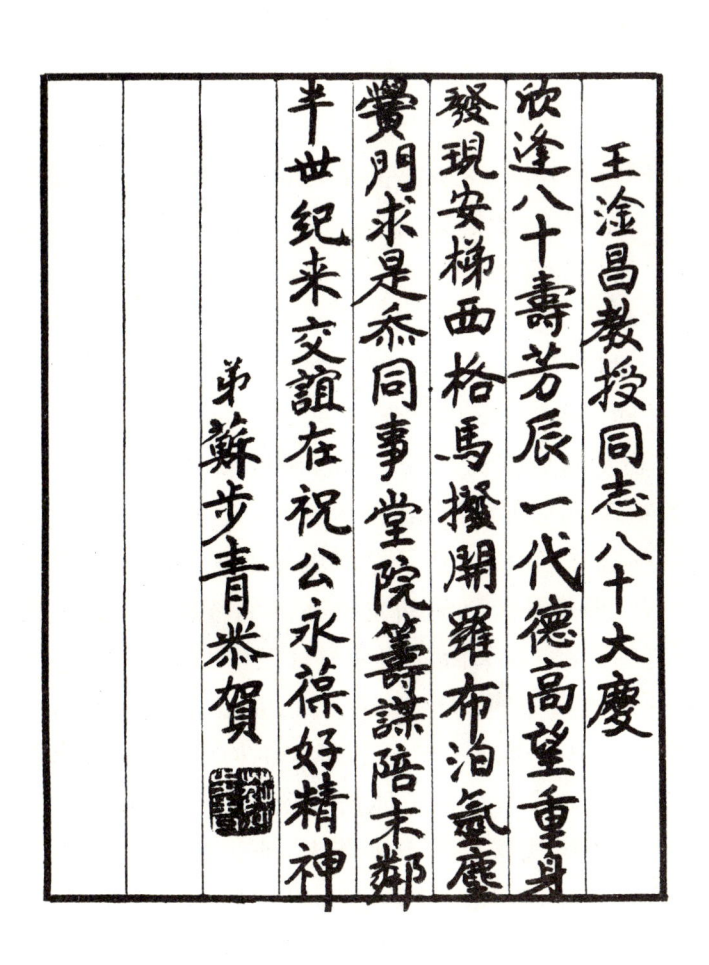

> 王淦昌教授同志八十大庆
> 欣逢八十寿芳辰 一代德高望重身
> 发现安梯西格马 撬开罗布泊氢尘
> 黉门求是忝同事 堂院筹谋陪末邻
> 半世纪来交谊在 祝公永葆好精神
> 弟苏步青恭贺

注：本字幅作者是教育家、数学家，中国科学院院士，曾任复旦大学校长。

杰出的核科学家,光荣的共产主义战士

——庆祝王淦昌同志八十寿辰

李 毅

　　1979年10月20日,是杰出的核科学家王淦昌同志光荣地加入中国共产党的日子。

　　当时,王淦昌同志已经是72岁高龄了,他是二机部副部长兼中国原子能研究所所长,同时还担任全国人大常委、全国科协副主席、科学院学部委员等许多重要职务,但是,他仍然一如既往,始终工作在科研第一线,经常深入基层,亲自指导由他倡议开创的粒子束惯性约束聚变的研究工作。

　　核化工专家、二机部副部长姜圣阶同志和我是他的入党介绍人。我能够介绍像王淦昌这样的同志入党,感到十分荣幸。

　　1955年,我奉命从解放军调到原子能科研战线,在中国科学院近代物理研究所(当时已改名为物理研究所)当一名科研后勤兵。从此和王淦昌同志在一起工作,他成为我的良师益友,我们建立了深厚的革命友谊。三十多年虽然由于工作需要,我们有时分开,但都是为创建和发展我国的核科学、核工业而共同奋战,我们的心是连在一起的,我们的革命友谊是与日俱增的。

　　淦昌同志是一位德高望重的核物理学家,是我国核物理科学研究工作的主要奠基人之一,是我国第一个原子能科学研究机构(开始是中国科学院近代物理研究所,1958年改为中国科学院原子能研究所,现名中国原子能科学研究院)的主要创始人之一。新中国成立后三十多年来,他为核科学在中国生根,为培养一代又一代核科学研究人才,为我国核科学取得世界先进水平的成果呕心沥血;为自力更生,突破原子弹、氢弹科学技术关,发扬国威,作出了重大贡献,建立了功勋。

　　淦昌同志年逾古稀,贡献卓著,荣誉很高,为什么在十年浩劫之后,在十一届三中全会之后,申请加入中国共产党呢?这绝不是偶然的。正如他申请入党时说的:"我亲身体会到,在帝国主义蹂躏下,灾难深重的中华民族,没有中国共产党,就没有新中国。我们是一个十亿人民、八亿农民的大国,这样一个大的国家,没有共产党的坚强领导,要建设社会主义强国是不可能的。经过了十年动乱的曲折和十一届三中全会的召开，我更加深信中国共产党能够依靠自己的力量，纠正错误，端正航向，团结带领全国人民建设社会主义、走向共产主义。因此，我决心申请加入中国共产党，为社会主义现代化建设，为共产主义事业奋斗终生。"

我之所以十分高兴地介绍淦昌同志入党，不仅仅因为他在学术上有突出成就和贡献，对国防现代化建设建立了重大功勋，更因为他具有高尚的道德情操，具有热爱社会主义祖国、热爱共产党的赤诚之心；特别是在历史的关键时刻，在大是大非问题上，他表现出政治立场坚定、爱憎分明、态度明朗、无私无畏、正气凛然的英雄气概，经受过严峻的考验。这些都是难能可贵的，都是每一个共产主义者应当具备的品质。

淦昌同志20世纪30年代留学德国，27岁获博士学位后，怀着报效祖国的一片赤诚，回到满目疮痍、民族危亡的祖国，在山东大学、浙江大学任教。在这期间，他同情青年学生的爱国活动，曾掩护过进步青年，使他们免遭反动当局的毒手。

新中国成立后，淦昌同志怀着无比兴奋的心情，来到中国科学院近代物理所，协助所长吴有训、钱三强，与彭桓武等同志一起，为聚集人才、创造科研条件、培养干部、创建我国第一个核科学研究机构而艰苦奋斗。

1951年5月，王淦昌、朱洪元等科学家，响应党的号召，前往西南大区参加土地改革。亲自体会到广大贫苦农民的悲惨生活不是命中注定的，而是由于封建地主阶级的残酷剥削和压迫，从而认识到党领导农民翻身分田、反封建斗争的必要性和迫切性。

1952年抗美援朝战争中，为了探测美军是否在战场上投掷放射性物质，王淦昌和所里一些同志遵照上级指示，做了许多准备工作，然后与吴桓兴、林传骝同志跨过鸭绿江，深入一片焦土的朝鲜战场，冒着生命危险，在十分艰苦的条件下工作了四个多月，胜利完成了国家交给他们的艰巨任务。

从1952年起，王淦昌和萧健同志领导设计建造了磁云室。1954年，在云南省落雪山海拔3180米处建成了中国第一个高山宇宙线实验室，先后安装了多板云室和磁云室，开始了奇异粒子和高能核作用的研究工作，培养了成批的青年科学人才。

从1955年起，我们在一起工作。由于所长钱三强同志忙于国家原子能事业的筹备工作，所里日常的学术工作经常是由王淦昌同志主持，我直接配合和保证他的工作。时间虽不太长，但我们之间很快地建立了深厚的友谊。我发现他具有许多优点：他生活艰苦朴素，胸襟坦荡，诚恳，敢于说真心话，敢于开展批评，也能听取别人的批评和不同意见；他富有民主精神，善于集中大家的智慧，发挥众人的才干；他热情宽厚，平等待人，从不妒贤嫉能，从不凭个人好恶而埋没人才；他在研究工作上惯于亲临科研第一线，亲自动手，对年轻人耐心培养；他对党政干部、后勤人员也平等相待，一视同仁，从不以权威科学家自居，不盛气凌人，不鄙视别人的劳动。他树立了知识分子、科学家与党政干部、后勤人员同志式团结合作的典范。

1956年9月，淦昌同志和我作为国家的全权代表到莫斯科参加联合原子核研究所成立会议。会后，遵照上级决定，他留在联合所工作，先任高级研究员，后担任副所长，直到1960年年底回国。他在联合所工作期间，刻苦钻研业务，热心培养中国的和苏联、东欧国家的年轻科研人员，表现出了崇高的爱国主义和国际主义精神。四年多的时间里，他身在联合所，时刻关心着国内的经济建设和科学发展。国内同志到联合所参加各种会议时，他都非常热情地询问各种情况，并邀请他们向在联合所工作、实习的中国同志们介绍国内情况，以鼓舞大家不畏艰险，勇攀科学高峰的斗志。在他领导的研究组（组内有中国的年轻科学工作者丁大钊、王祝翔同志，还有苏联、东欧和朝鲜、越南的青年科学工作者），在10GeV的高能加速器上，取得了国际水平的科学成果——发现了反西格马负超子。

1960年年底，淦昌同志在联合所任期届满返回国内，正遇上国家暂时经济困难时期。淦昌同志在国外一贯生活俭朴，这时他把从工资中节省下来的14万卢布（旧币，合14 000新卢布），全部捐献给国家，以分担国家的暂时困难。

苏联政府背信弃义撕毁协定，撤走专家后，我国在党中央的领导下，决心自力更生建设核工业，尽快掌握原子弹、氢弹技术，以打破国际核垄断和核讹诈。1961年4月，二机部刘杰部长约王淦昌同志谈话，拟请他去核武器研究所担任领导工作，并到青海高原从事"两弹"攻关任务。淦昌同志慨然应允，响亮回答："以身许国！"这是多么感人的豪言壮语啊！

淦昌同志在海拔三千多米以上的青海高原，昼夜奋战，与其他科学家、工程技术人员一起，接连攻破了原子弹、氢弹科学技术关，为国家争了光，为民族争了气，立下了重大功勋。但在十年浩劫期间，那里却成了重灾区，连王淦昌这样忠心耿耿的著名科学家也成了批判斗争的对象。在那些暗无天日的岁月里，淦昌同志对林彪、江青反革命集团的倒行逆施，用无言的沉默表示坚决的抵制和蔑视。每次批判大会后，他都是一回到住地，就继续投入科学研究和解决技术关键的工作中去。

严峻的考验一个接着一个。"四人帮"刮起所谓"反击右倾翻案风"时，王淦昌同志从来没有举过手表示同意。在北京开会期间，有一天要中断会议，叫到会全体人员去清华大学看大字报，王淦昌同志无私无畏，当场表示不赞成这样的做法。

全国人民敬爱的周恩来总理逝世了，举国哀痛。但"四人帮"不允许悼念总理。清明节前，淦昌同志带头和五位同志把准备好的花圈，亲自送到天安门人民英雄纪念碑前，表示对总理的沉痛哀悼，对"四人帮"的强烈抗议。"天安门事件"

后，有人找王淦昌同志追查："是谁让你送花圈的？"淦昌同志理直气壮地回答："是我自己要送的，因为我怀念敬爱的周总理。"在那是非颠倒、邪恶横行的日子里，这样正气凛然的回答，要冒何等的风险啊！

粉碎"四人帮"之后的1978年，王淦昌同志调任二机部副部长兼原子能所所长。不久，我也重获解放，恢复了"文革"前在原子能所的职务。我们两人在不同的岗位上为了共同的目标，奋战了二十余年，共同经历了十年浩劫，不仅都活了过来，而且又在一起工作了。

他虽已年逾古稀，但仍然和二十多年前一样，不知疲倦，不分昼夜地辛勤操劳，为发展原子能科学事业，继续呕心沥血。他亲自出马邀请戴传曾、梅镇岳、黄祖洽、王乃彦等科学家回所（或来所）工作。他除了抓全所的科研方向和重大科研攻关项目，抓重大设备的更新改造、人才培养工作之外，还倡议开辟粒子束惯性约束聚变和氟化氪激光的研究工作。这项工作是在他直接领导和亲自参加下开展起来的。他经常深入实验室，始终不脱离科研工作第一线，为全所科技人员树立了榜样。

1979年10月入党以后，淦昌同志显得更年轻、干劲更足了，联系群众、听取群众意见更加虚心了……1980年，中国新闻社记者来所采访，曾看到王老在一份文件上批示："依我看，时间就是生命，我们上了年纪的人对此深有感觉……要来个'拼命工作'，把科研搞上去！"这表达了他搞科研工作争分夺秒，一分钟也不能耽误的急切心情。

为贯彻落实中央工作会议和全国科学技术工作会议精神，使我所科研生产等各项工作适应经济建设的需要，淦昌同志召开了一系列会议，启发大家座谈讨论，充分发扬民主，畅所欲言。他在1981年1月15日召开的所学术委员会扩大会议上，提出了我所科研方针、方向的建议，供大家讨论。他的建议是：

"重应用，固基础；利民生，挖潜力；发扬民主，集思广益；加强团结，为国出力。"

他的思路和建议，启发和教育了全所科技人员，为以后具体贯彻"科学技术要面向经济建设"和核工业"保军转民"方针，指出了正确的道路。

1981年10月30日，淦昌同志在所第四次党代表大会的讲话中说："我对原子能事业有深厚的感情，对原子能所有深厚的感情，总希望把它搞得更好一些……"他还说："今天把我选进新的党委会，我年龄最大，党龄最短，内心有愧。我决心作为党委的一分子贡献自己的力量……团结就是力量……把'两弹'过关时齐心协力、团结合作的优良传统继承和发扬起来，我国原子能科学事业是大有希望的。"

淦昌同志的讲话，语重心长，感人至深。他高尚的道德情操，他的模范表率作用,他的谆谆教导,激励着我们不畏艰险,奋勇前进!

在庆祝他八十寿辰的日子里,恭祝他健康长寿,老当益壮,为我国的原子能事业,为社会主义现代化建设再立新的功勋!

注:本文作者系中国原子能科学研究院代理党委书记。原载《王淦昌和他的科学贡献》,科学出版社1987年出版。

一个才华横溢的科学家和教育家

——当代师表王淦昌先生二三事

李天庆

王淦昌先生是我一生所遇到的两三个最好的老师之一。他对学生循循善诱,爱护备至。对他所从事的工作——教学与科研表现了无比的热忱,赢得了学生的爱戴,物理系的同学昵称他为王老板。

我在贵州浙大读书四年(1942—1946)。报考前虽然喜爱物理,但怕毕业后出路不好,故填报了电机系。读了两年,终于为物理科学的奥妙所吸引,于是转入物理系,所以,我在物理系只待了两年,跨读二、三、四年级的课程,因此,得以和两个不同年级的同学同堂上课,其中佼佼者有李政道等。王淦昌先生是系主任,主持全系工作,也是物理系教学工作量最重的一位教授。我两年当中共选修了先生四门课程:电磁学、热力学与统计物理、近代物理、核物理。先生上课时着重于引导同学去深刻理解物理意义,而不是埋头于冗长的数学推导。他随时随地提出问题,引导同学去思考钻研。有一次先生讲完离子迁移率的几种测量方法之后,接着提出,"大家想想,设计一种新的测量方法",引起了同学很大的兴趣,后来程嘉钧果然以此作为毕业论文的题目。学生每在课堂提出疑问,先生必表现出极大的喜悦,并即展开师生间的讨论,课堂气氛至为活跃。当时的忻贤杰、丁儆(高一年级的化学系同学,来旁听热力学课程)就比较喜欢提问,深得先生赏识。由于先生始终在科学的前沿从事研究工作,因此,他的讲课就能够抓住本质,高屋建瓴,而且题材新颖,涉及本学科正在研究中的问题。他在1946年年初核物理课程中所讲的内容,许多就是20世纪30年代末、40年代初物理学界积极研究的问题。这些问题,也是1947年出版的贝特(H. Bethe)所著《核理论基础》(Elementary Nuclear Theory)一书所涉及的问题。

贵州气候潮湿,天无三日晴。为了给学生做静电学的演示实验,先生不惮麻烦,等到晴朗干爽天气,事先把仪器搬到室外,让阳光照射,确保无剩余湿气,才带领同学前往观看演示。这反映了先生重视实验和对教学工作认真负责一丝不苟的精神。

先生的教学,是真正的启发式教学。在填鸭式、满堂灌已经盛行了30多年,有点积重难返的今天，先生当年的教学思想和教学方法尤其值得怀念和提倡。

抗战时期的浙大，地处僻壤，交通不便，物资匮乏，图书设备都不齐全，研究工作的条件自然十分困难，但是先生仍然因陋就简，创造条件，不间断地进行研究工作，而且思想活跃，想象力丰富，大家都说他"full of ideas"。研究每有所得，真是欣然忘食。记得当时先生正在进行发光体的研究，有一次在实验室外空地，先生忽然张开西装衣襟，仿如临时的暗室，让学生往内窥看他的研究成果。先生喜悦之形，甚至有点孩童稚气了，表现了对科学着迷般的热爱。我们一进物理系，同学们就窃窃私语，说先生曾提出了用核反冲来验证中微子的存在。这不是物理学还没有解决的重大问题吗？对于一群打算进入物理王国的青年学生，有什么能比这个事实给予更大的激励和鼓舞？

在先生的主持下，浙大物理系办得有声有色，真正成为一个教学中心和科研中心，不仅教授、副教授们在国际著名物理杂志上发表论文，青年教师如邹国兴等，也发表了很有水平的论文。1946年，国民党政府教育部在全国九大城市举行公费留学生公开考试。全国物理学科取六名，天文学科取两名。浙大物理系的助教和应届毕业生被录取了三名，占全国的3/8。抗战后期在中国工作的英国科学家李约瑟，美誉浙大为"东方剑桥"。对此，物理系是功不可没的。

令人欣慰和钦佩的是，八十岁高龄的先生，仍然奋战在科学的前沿，并且亲自制定研究计划和具体方案。

愿先生的教学风范和研究精神永远发扬光大！

祝先生健康长寿！

注：本文作者曾任澳门大学校长。原载《王淦昌和他的科学贡献》，科学出版社1987年出版。

我国核科学事业永不停顿的开拓者

——庆祝王老师八十寿辰

李寿枬　孙汉城

作为王老的学生,作为在王老直接、间接领导下工作了三十几年的晚辈,我们从他的身教言教中受到极大的教育。他学术思想十分活跃,永葆青春,在科学的前沿领域驰骋,几十年如一日。他深入实际,无论组织领导工作如何繁忙,始终坚持在科研第一线。长期支持他的是一腔炽热的爱国热情和事业心。他与党一心一德,与群众打成一片。对同辈真诚团结,对后辈诲人不倦。他以杰出的科学成就和自己的模范行动赢得了我国核科学技术界的爱戴和尊敬。

1950年,中国科学院近代物理研究所刚成立,王老就来到了这个新中国核科学研究的第一个基地。因为所内很多同志是他的学生,大家都称他王老师。

1951年,他参加土改,与农民同吃、同住、同劳动。1952年,在极为艰险的条件下,他用自己做的计数管探测器到抗美援朝前线检测放射性。艰苦的锻炼使他更加热爱自己的祖国,更加紧密地将自己的事业和祖国的命运融合在一起。

王老是新中国成立以后我国核科学技术发展的重要奠基人之一。1952年,王老担任中国科学院近代物理研究所副所长后,开始主持所里的日常工作。新中国成立初期,对于确定办所方向与目标起决定性作用的1951年的工作会议和1952年制定第一个五年计划的讨论,王老都做了很多组织领导工作。五年计划就是在他具体领导下发动全所科研人员制定的。起初,大家对于办所方向等重大问题的认识不一致。对于核科学研究要不要和能不能理论联系实际,要不要和能不能订计划,如何打破框框,根据事业发展需要加速培养人才等,都是有争议的。经过反复讨论,大家统一了认识,明确了以发展核科学研究促进我国原子能应用为主要目标的方向。第一个五年计划要求以发展核物理为重点,在核科学技术上打下基础,并为第二个五年计划开展核物理实验研究和建造原子反应堆创造条件。核物理方面,要求五年内研究成功高压倍加器、质子静电加速器,争取建成回旋加速器,研制各种探测器和核电子仪器。化学方面,要求开展铀的提炼,石墨和重水的制备研究,为建造反应堆准备条件。计划还规定,相应开展核理论和宇宙线研究。这样,新中国成立后不久,我们就有了发展我国核科学的第一个蓝图。

从1953年起,王老在彭桓武副所长协同下,勤勤恳恳,任劳任怨,领导全所同志按照这个计划(第一个五年计划),自力更生,艰苦奋斗,在不长的时间内逐个地攻克了各项实验技术关,胜利完成了第一个五年计划所规定的各项主要指标,成长了新中国第一代核科技人才,为我国核科学事业奠定了坚实的基础,迎来了后来的大发展。

王老不仅主持所内的日常工作,而且直接领导开创了我国宇宙线的研究。在萧健同志的协同下,经青年同志共同努力和有关方面支持,在不到一年多的时间里,于1954年建成了海拔3180米的云南落雪山宇宙线实验站。这是一个世界上少有的海拔高而气候好的高山站。在王老领导下,利用自建的多板磁云室,很快开展了奇异粒子与高能核作用的研究。王老尽管很忙,还是坚持对大量事例进行观察、分析和讨论。到1957年奇异粒子事例已积累到700多个,取得了一批有价值的成果。在当时世界上各个宇宙线实验室中还从来没有得到过这样多的奇异粒子的信息,因而受到了国际上的重视。

1953年,我们有一批核乳胶送上高山记录宇宙线后取回北京。王老每天都挤出一小时用显微镜观察乳胶片。他就是这样带头工作在第一线的。勤奋不懈是王老在科学上永葆青春和不断创新的基石。

1956年秋,王老去苏联杜布纳联合所,后任副所长,对该所的建设作出了重要贡献。他从利用宇宙线研究粒子物理,进入到利用高能加速器研究粒子物理,真是如虎添翼。他的卓越科学才能得到了充分发挥。他活跃在高能物理前沿,发现了反西格马负超子,载入了基本粒子发现史册,大长了中国人的志气。

正当他利用联合所的优越条件继续作出贡献的时候,1960年年底,由于我国发展原子能事业的急需,王老回到国内。1961年春,投入到了核武器的研制工作中。他当时已年过半百,为了祖国的需要,奔赴西北荒原,在十分艰苦的条件下开始了新的创业,为祖国、为人民建立了卓越的功勋。

王老对科学上新生事物的敏感是一贯的,对我国原子能事业作出巨大功绩也不是偶然的。早在1945年,美国先后在日本广岛和长崎掷了两颗原子弹,轰动了全世界。当时王老在贵州湄潭任浙大物理系教授,原子弹的消息一传到,学生们就去找王老师请教。平时大家都喜欢听他的课,他上课时,课堂上好讨论问题,同学们思想也比较活跃。那时,王老师当即答应为他们做原子弹原理的学术报告。他事前画了原子弹原理示意图,精辟地、简单明了地讲清了原子弹的原理、威力、可能的危害和防护方法。大家听了心里就亮堂,原来原子弹也不神秘。没有想到十五年以后,王老居然亲自参加和领导了我国核武器发展的攻坚战。

作为一名杰出的科学家,即使在工作任务十分繁忙时,他仍然睁着眼睛,注视着世界科学的新生事物。20世纪60年代初,当一了解到刚刚出世的激光这一天之骄子,他就思索着如何扩大它的应用。他从核试验的模拟,一直考虑到利用激光惯性约束实现受控核聚变——人类能源的长远希望所在。在全国人民代表大会期间,他给周恩来总理写信,提出了激光核聚变的建议。周总理采纳了这一建议,并部署了这一领域的工作。王老是世界上同时独立地提出激光核聚变的两名科学家之一(另一名为苏联的巴索夫)。

1978年,王老回到原子能研究所任所长。为使原子能所各方面工作走上轨道,王老费了很大心血。

他十分关心知识分子积极性的调动。他常找一些业务骨干谈心,鼓励他们开拓新的工作方向,对他们说:"现在第一线工作靠你们,你们有什么新的方向提出来,我支持。"

为了改变当时学术空气沉闷的局面,他大力支持学术活动,首先要求在物理战线坚持定期的学术讨论会。他不但经常参加,而且积极地提出问题,发表见解。几十年来,他一直有个很好的习惯,学术上有问题不清楚就问,对的坚持,错了马上改正。年轻时如此,学术上卓有成就后仍然如此,毫无架子。浙大的校风"求是"在王老身上体现得非常明显,贯穿在他工作、生活等各个方面。

在所内他极力提倡技术改造,引进新技术,一再强调和支持引进计算机和普及计算机应用。他多次指出,一个研究所没有激光和低温技术就不能算现代化。他提出"不浪费一个中子",积极支持中子散射应用工作。

他支持在原子能所建立串列加速器实验室,并且一再带头向上级领导呼吁支持这个实验室,使它成为我国核物理研究的主要中心之一。

在原子能所,他还直接领导开辟了惯性约束核聚变的研究。这是他的科研方向的又一次战略转移。他以一个战略家的高瞻远瞩和宏伟气魄,敢于开拓这个人类有史以来最艰巨的系统工程之一。同时,他又清醒地分析形势,规定了在小型装置上开展基础研究的现实的有限目标。对这项工作,他抓得非常紧,经常亲临一线,与年轻同志战斗在一起。有时他在城里开会,晚上还打电话了解实验进展情况,指挥战斗。在他的领导下,工作进展很快。只用了一年多时间就建成了实验装置相对论电子加速器,开展了物理实验研究。

氟化氪激光是当前激光核聚变和武器应用中很有前途的新方向。王老抓住这个方向不放,利用已建成的电子加速器开展了氟化氪准分子激光器的研究,很快取得成效,其成果在国内遥遥领先,并向国际水平冲击。

1980年5月,美国洛斯·阿拉莫斯实验室物理部主任基沃什来北京访问。他告诉王老,苏联柳比莫夫小组宣布中微子静止质量不等于零。王老马上转告我们,要我们考虑开展这方面工作。他亲自考虑方案,并且请已经退休的梅镇岳先生出山来原子能所指导这方面工作。当时,有同志估计国外很快会有新的结果发表,我们怎么也赶不上。但是王老充分估计到这一工作的难度,一开始就指出，这是一项长期的工作，要准备奋斗十年。在王老的关怀和支持下，原子能所的中微子质量测定工作一步一步地前进。他为这项工作争取经费，组织力量，保证条件，费了很多心血。他每次回原子能所时总要了解这项工作的进展情况，督促检查我们以更高的质量将工作向前推进。

王老对工作抓得很紧，对干部培养也抓得很紧。他经常与年轻同志讨论学术问题，启发指点年轻人。对于年轻人的外语水平，他注意从使用中提高。丁大钊同志的英语较好，我们问他是怎么学的？他告诉我们，当年在苏联杜布纳联合所时，王老规定他所领导的小组每周有一天是英语日，这一天只许讲英语，就这样英语水平就提高了。

王老对青少年的成长也十分关心。早在1953年，他就兼任职工夜校（当时叫"文化班"）校长，组织全所青年工人和见习员提高文化水平。1978年，他刚重返原子能所任所长，就到职工子弟中学向全校学生作报告，谆谆教导青少年努力学习。后来，他荣获国家自然科学一等奖，把他的奖金全部捐赠给原子能所职工子弟中学作奖学金，体现了老一辈科学家对建设祖国未来栋梁的殷切期望。

作为一位有声望、有影响的科学家，王老很注意团结全国的同行，很关心全国科学技术事业的发展。1978年，在庐山召开物理学会会员代表大会期间，他支持成立高能物理和核物理两个分支学会的动议。会后他分别参加了这两个学会的筹备工作，并任核物理学会筹备组组长，为团结全国核物理界做了很多工作。而当中国核物理学会正式成立时，他又建议比较年轻的同志担任理事长。为推动我国核能事业，他积极支持成立中国核学会，并担任第一任理事长。他为自力更生发展我国核电事业大声疾呼，向中央报告，为中央领导同志讲课，为我国核电事业起了重要的推动作用。作为国家科委核聚变研究专业组组长，这几年来，他对全国磁约束和惯性约束聚变研究给予了很大的鼓励和支持。为开展核聚变研究，他在全国人民代表大会上带头提出提案。为发展我国的加速器研制和核仪器仪表研制，他又积极地向领导同志反映意见。最近，他又上书中央，对我国的高科技发展起了重要的促进作用。

王老十分重视应用研究工作，同时也很关心基础研究，从不搞片面性。他的提法是"重应用，固基础"。在核工业贯彻"保军转民"方针中，他始终把注意的重点放在当前和长远核能开发上，他关心核技术的应用，非常关心我国自己设计建造的核电站的建设。年近八十的老人最近还亲自到核电站现场视察检查工作，提出了中肯的意见。他从不随风倒，对那种盲目转民的做法，他是不赞成的。对那种不重视基础研究的现象也经常提出批评。最近在一次科技战略讨论会上，他强调指出，搞科技发展战略，不考虑基础研究是不对的。王老以他敏锐的眼光，关注着当前国际上自由电子激光的发展。他语重心长地又一次强调指出，不搞自由电子激光研究，是要犯错误的。

"国家兴亡,匹夫有责"。王老总是为我国科技事业的发展而操心。他哪里是一位八旬老翁,在他胸膛中跳动的仍是一颗年轻的心,一颗与祖国、与人民同命运、共呼吸的赤子之心。

注:本文作者李寿枬系中国原子能科学研究院副院长,孙汉城系中国原子能科学研究院研究员。原载《王淦昌和他的科学贡献》,科学出版社1987年出版。

对称性与非对称性

——为祝贺王淦昌教授八十寿辰而作

李政道

我第一次见到王淦昌教授是在1943年浙江大学物理系,当时由于抗日战争,浙江大学迁到贵州湄潭。那时候与现在一样,浙江大学是中国最好的大学之一。除了王教授以外,物理系还有许多其他著名物理学家,其中包括束星北教授。

这是我第一次见到国际知名的物理学家,这种早期的接触给我留下了深刻印象。直到现在我还能记得我们曾有过的讨论以及他们使我激起的对物理的热情。王淦昌与束星北两位教授还特别慷慨地给予我关心与指导,尽管当时我只是一个一年级学生。

王淦昌会见李政道教授
(右起:王淦昌,李政道,蒋心雄,陈能宽)

王淦昌教授对核物理学和粒子物理学有几项重大贡献,包括 Σ^- 超子的发现。他一直受到世界科学界的高度尊重。在中国物理学的发展以及对几代物理学家的教育培养上,他所起的巨大作用,已经是历史事实。

下面的文章是为我的老师王淦昌教授八十寿辰而作的。

一、不可观察量

物理学中所有对称性原理的根源在于假定有些基本量是不可能观察到的,

这些基本量都称为"不可观察量"。举例如下。有两物体,比如地球和太阳(分别标以 1 和 2),现考虑它们之间的相互作用位能 V,可想象一任意选择的参考点 O,相对于 O 点,地球与太阳的位置用矢量 r_1 及 r_2 表示。每个矢量既表示距离,又表示方向,如图 1 实线所示。

图 1

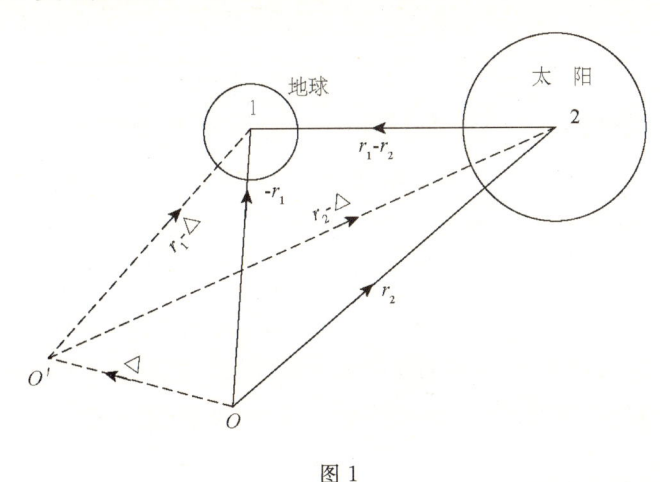

现在我们这样假定:任何物体的绝对位置是一个不可观察量。当然,任何两物体的相对位置是能被测量的。因而,相互作用位能 V 只依赖于相对位置,换句话说,V 与参考点 O 无关。假如我们将参考点 O 移动一位移矢量 Δ 至 O',由于 V 与参考点无关,V 必须保持不变。但在这一过程中,1 与 2 的位置矢量变化了,如图 1 虚线所示。

$$r_1 \to r_1 - \Delta, r_2 \to r_2 - \Delta \tag{1}$$

因此,V 必须只依赖于差量 $r_1 - r_2$,即 1 对 2 的相对位置

$$V = V(r_1 - r_2) \tag{2}$$

其次,设想地球的位置移动了一个小量,作用在地球上的力正比于能量变化梯度,太阳移动时也是这样。现在让我们把地球与太阳移动相同的小量。显然,这样没有改变它们的相对位置 $r_1 - r_2$。从方程(2),可以看到 V 也没有变化。由于整个系统没有能量变化,总的力必然为零。这就是说,作用在地球上的力与作用在太阳上的力相互抵消了。这样,我们就从绝对位置是一个不可观察量的简单假设推出了牛顿第三定律。

此外,因为任何系统的动量变化率等于作用在系统上的总力,总力的不存在意味着总动量是守恒(不变)的。动量守恒定律也从绝对位置是一个不可观察量推导出来了。

回顾上面所说的,我们将发现上述推断存在着三个明显阶段。首先,作出绝对位置是一不可观察量这一物理假设,导致了由方程(1)所示的数学变换后相互作用位能保持不变,最后得到动量守恒定律这一物理结论。反过来,我们又可以

用动量守恒定律去检验到底绝对位置是不是一个不可观察量。用数学术语来说,方程(1)代表的变换称为空间平移。相互作用能量 V 不变的性质常常称为"空间平移不变性"。

用完全相同的方法,我们可以假定绝对时间是一个不可观察量。因此,物理定律在时间变换

$$t \to t + \tau$$

下必须是对称(不变)的,这导致能量守恒。假定绝对空间方向是一个不可观察量,就导致转动的对称性,并得到角动量守恒定律等。这一串逻辑推理可推广到所有用于物理学中(从相对论到量子理论)的对称性原理。它在我们对自然界的理论分析中成为一个强有力的工具。从很简单的不可观察量的假定出发,我们可以得到与所考虑的特殊系统结构细节无关的普遍而深远的结论。对称性原理及其广泛的普遍性与优美的简单性,在任何理性追求的领域中,也只有少数几个原理可以与之媲美(感兴趣的读者可以参考附录中更详细的叙述)。

二、左—右非对称性

由于对称性的基础在于不可观察量的假定,所设的这些不可观察量中的一个一旦成为实际可观察的,非对称性就出现了。这种发现的著名例子是在右左镜像变换下,粒子与反粒子的变换下,以及时间流方向的变化(过去变将来,将来变过去)下,物理规律的非对称性。让我们首先考虑右↔左非对称性的情况,即通常了解的宇称不守恒。

当然,在日常生活中人们都已熟知,右与左是彼此不同的。例如,我们的心脏不是在右边的。英文中,右(right)字也表示正确、公正的意思!英文"sinister"(不幸或灾难)的拉丁语根的意思是左;在意大利文中,左就是"不幸"。在英文中,人们说"右—左";但在中文中却说"左右",左传统地在右前面。然而,日常生活中的这种非对称性,被归因于我们环境的偶然非对称性或初始条件。在1956年年末宇称不守恒发现以前,认为自然规律在右↔左变换下是对称的,这是理所当然的。

人们可以问,尽管在日常生活中右与左的差别很明显,为什么在1956年以前,几乎所有物理学家都相信物理定律是右—左对称呢?

假定有两辆小汽车,除了一辆是另一辆的镜像以外,造得完全相似,如图2所示。α 汽车有一驾驶员在左前座位上,踏板靠近他的右脚,而汽车 α 有一驾驶员在右前座位上,踏板靠近他的左脚。两辆汽车都充满了等量的汽油,并假设没有杂质,而且是右—左对称的。现在,假定 α 汽车的驾驶员沿顺时针转动起火键,并用右脚踩踏板,使汽车以一定的速度——就说每小时 50 千米吧——向前移动。另一驾驶员做同样的事情,除了右与左交换一下,即他沿逆时针方向转动起火键,

并用左脚踩踏板，但保持踏板具有相同的倾斜角度。汽车α该如何运动呢？读者最好来猜测一下。

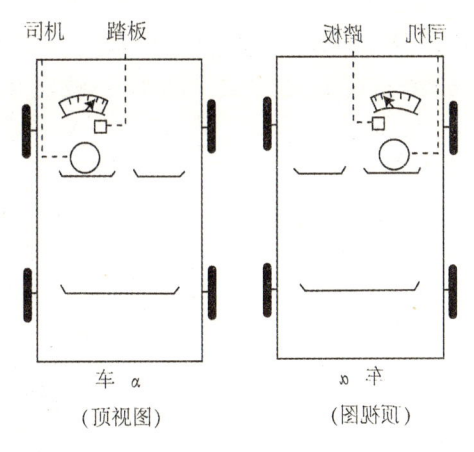

图 2

也许你的常识将告诉你，很明显，两辆汽车将完全以相同速率向前运动。这样你就刚好与1956年以前的物理学者一样了。这结论似乎是合理的，因两种安排除了一个是另一个的镜像以外，完全相同，从而以后的行为除了原来的右－左不同外，都应相同。令人吃惊的是，却发现并不是这样。这里不去讨论技术细节，在原则上，任何β衰变源可以作为引火装置的一部分，这就有可能（虽然可能不经济）把两辆汽车造成彼此互成镜像，但却可以以完全不同方式运动；汽车α以一定速率向前运动，而汽车α却以完全不同的速率运动，甚至向后运动。这就是右－左非对称，即宇称不守恒的本质。

大约30年以前，吴健雄、安布勒（Ambler）、海沃德（Hayward）、霍普斯（Hoppes）、赫德森（Hudson）等证实了不但存在右－左非对称性，还存在着电子电荷正与负的非对称性。用物理学的标准术语来说，右－左的非对称叫做 P 违反或宇称不守恒。相反电荷的符号的非对称性叫做 C 违反，或粒子－反粒子的非对称性，有时也叫做电荷共轭违反。

三、非对称性和不可观察量

既然不可观察量意味着对称性，那么，非对称性的发现必定意味着可观察量。人们会问，与这些对称性被破坏现象联系着的可观察量是什么呢？我们回想，在日常生活中，电荷的符号只是一个约定而已。电子被认为具有负电荷，只是因为我们碰巧规定了质子带有正电荷，反之亦然。但现在，发现了非对称性，那么，对电荷的符号有可能给一个绝对定义吗？我们能在电荷符号的正与负之间找到绝对的不同，或在左与右之间找到绝对的不同吗？

作为范例，让我们考虑这样一个例子。设想两个高度文明区域 A 和 B（见图

3),这两个文明区域在空间上是完全隔开的,尽管如此,他们仍能设法互通信息,但只能通过电中性和不极化的信号,如非极化的光束互通信息。经过多少年这样的交往后,这两个文明区域决定扩大他们的接触。由于高度发展,他们意识到首先应在①电荷的符号和②右螺旋的定义上取得一致意见。

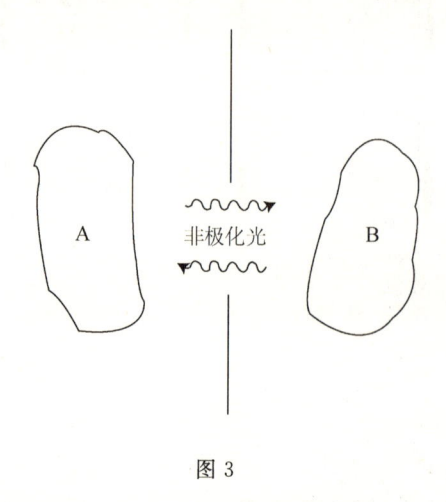

图 3

第一条对建立到底 A 区域的质子是相当于 B 区域的质子还是反质子,是很重要的。如果质子在 A 区域与 B 区域是一样的,那么更接近的接触是可能的。右螺旋的定义是重要的,只要这两区域决定作进一步接触,如进行机械贸易。商品实际到达前,螺旋的约定必须取得一致(读者也许会提出疑问,为什么 A 区域不简单地直接送一双"手"到 B 区域去呢? 这是不允许的,因为若 A 为物质而 B 为反物质,这样直接交换将导致湮没,因而这种尝试即使不危险也是够恼人的)。总而言之,我们所关心的这个纯学术问题是:究竟能否只用中性的非极化信号来传递这两方面的信息。要是没有过去 30 年来关于对称性破坏的发现,这将是不能实现的。现在,假定这两个文明区域已进步得与我们一样,在原则上他们就能在这两方面获得一致的意见。

首先,两个文明区域都必须建立高能物理实验室,能产生长寿命的中性 K 介子 K_L^0。K_L^0 不带电荷,呈球对称,质量比电子约大 1000 倍。K_L^0 不稳定,既能衰变成一个电子 e^-,一个反中微子 $\tilde{\nu}$ 和一个正 π 介子 π^+;也能衰变成它们的反粒子,即一个正电子 e^+,一个中微子 ν,一个负 π 介子 π^-。这两种不同的衰变方式很易区别,这只要用磁场把 e^- 和 e^+ 分开。在两文明区域中的物理学家将发现,尽管母粒子 K_L^0 是电中性的,然而这两种衰变的速率还是不同。

$$\frac{(K_L^0 \to e^+ + \pi^- + \nu)速率}{(K_L^0 \to e^- + \pi^+ + \tilde{\nu})速率} = 1.00648 \pm 0.00035 \qquad (3)$$

这确实是引人注目的,因为它表明借助于速率计数,人们可以区分 e^- 和 e^+。因此,在相反的电荷符号之间存在着绝对的差别。现在,每个文明区域只需要去考察比较快的那种衰变方式,并将最后的 e 与自己的"质子"作比较。如果两个文明区域具有相同的相对符号,那就意味着它们是由相同物质构成的。

现在我们进行第二个任务:关于右螺旋的定义。这只要测量一下上述的 K 介子衰变中的中微子或反中微子的自旋和动量的方向就行了(中微子以及它们的反粒子——反中微子,不带电荷,质量为零,因而它们总是以光速运动,它们的能量等于 c 乘它们的动量)。中微子与反中微子都具有自旋角动量。对于中微子,如果把左拇指与其动量方向平行,那么弯曲四个手指的方向就是其自旋方向。因而,中微子的自旋与动量方向定义了完全的左螺旋。同样,反中微子的自旋与动量方向定义了完全的右螺旋。中微子与反中微子的这种性质是普遍的,与它们如何产生无关(见图 4)。

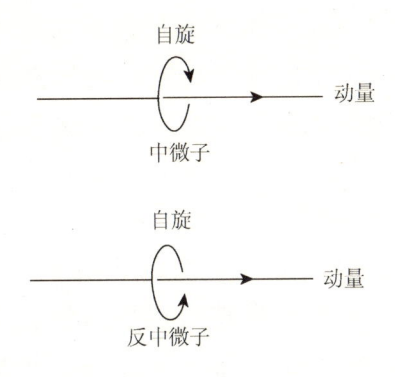

图 4

回到两个文明区域的问题上来,我们看到借助于两种 K_L^0 的衰变速度的测定以及用中微子定义的螺旋方向,两个文明区域是可以通过中性非极化的信号得到电荷正负号与左右螺旋的绝对定义的。

通过一镜面反射,一个静止的 K 介子仍是 K 介子,因为它没有自旋而呈球对称。然而,对于如方程(3)所示的衰变产物却不是这样。想象一个平面镜与中微子的动量平行放置,看镜子中的像,我们会发现动量没有变化,但自旋的方向相反了。这就是说,镜像中中微子的动量与自旋形成了右螺旋,而自然界中所有的中微子都是左螺旋。因此,K_L^0 衰变成一个中微子(加上一个正电子和一个负 π 介子)的过程违反了镜对称 P。

现在我们变换一下粒子与反粒子,但不变化它们的动量和自旋。一个左旋的中微子该变成一个左旋的反中微子。既然左旋的反中微子在自然界中是不存在的,粒子—反粒子的对称 C 就被破坏了。在粒子—反粒子变换下,电子变成正电子,正的 π 介子变成负的 π 介子等。因此,我们必须改变电荷的符号。如前面所讨论的,C 对称破坏也可以通过测量方程(3)所描述的 K_L^0 两种衰变速率而得到证实。

我们再来研究联合的作用 **CP**，即既交换了粒子与反粒子，又变换了左与右。一个左旋的中微子 ν 变成了一右旋的反中微子 $\tilde{\nu}$，同时，衰变 $K_L^0 \to e^+ + \pi^- + \nu$ 变成了 $K_L^0 \to e^- + \pi^+ + \tilde{\nu}$。由于已经明确论证这两种衰变应该具有不同的速率，所以 **CP** 对称也被破坏了。

经过对 K 介子衰变的进一步分析，可以证明时间反逆对称 **T** 也是被破坏了的。直到现在，联合对称 **CPT** 还没有被触动。也就是说，就我们现在所知，所有自然规律对同时作下述交换是对称的：

$$\text{粒子} \rightleftharpoons \text{反粒子}, \text{右} \rightleftharpoons \text{左}, \text{过去} \rightleftharpoons \text{将来}$$

四、时间的反演

时间反演对称 **T** 是指任何运动的时间反向的序列也是一种可能的运动。你们当中有人可能会想这是荒谬的，因为我们总是越来越老，绝不会越活越年轻。物理学家怎么会设想出自然界的规律会是时间反演对称的呢？

在这儿，我们必须分清一个小系统与一个大系统在进展上的不同。让我举一个例子。图 5(a) 中每一个圆圈代表一个飞机场，每一条线代表航线。我们假定在任何两个飞机场之间沿任何路线飞行的班机数目是相同的（这性质相当于微观可逆性）。这样，一个人在呼和浩特可以旅行到北京，然后经过北京到上海，再到旧金山等，且可以同样容易地回到呼和浩特。但是，如果设想，在每一个飞机场我们都去掉所有的标志和飞行信息，同时严格保持相同数目的班机，如图 5(b) 所示。一个人从呼和浩特出发仍到了北京，因北京是唯一与呼和浩特联系的飞机场。可是，没有标志去指导他，要在具有很多通道的北京飞机场找到回呼和浩特的班机，会非常困难。他上去的飞机也许是飞向东京的。假如，在东京，他又在没有任何指导下试上另一架飞机，也许就飞到了台北。对他来说，要回呼和浩特就很困难了。在这例子中，我们可以看到，微观可逆性是严格被保持的。当所有的飞机场以及航空路线都清楚地标志出时，宏观也是可逆的。另一方面，如若存在着大量无标志的飞机场和航空路线，那么整个宏观过程呈现了不可逆。由此可见，宏观不可逆性与微观可逆性并不矛盾。

时间反演对称在物理学中指的是在所有分子、原子、原子核以及亚原子核反应中的微观可逆性。由于这些分子、原子、原子核、亚原子核等粒子没有一个是能容易加以标志的，因而在自然界中任何宏观系统总是呈现出不可逆性。这结果与微观可逆性无关。在任何宏观过程中，我们不得不对大量无标志的原子、分子等微观单元（像没有标志的飞机场与航线那样）进行平均。这就是在这种统计意义上熵总是增加（无序）的，为我们定义了宏观时间的流逝方向。我们不妨回忆一下皮纳弗（H. M. S. Pinafore）的诗句：

(a) 微观及宏观可逆性　　　　　(b) 微观可逆但宏观不可逆

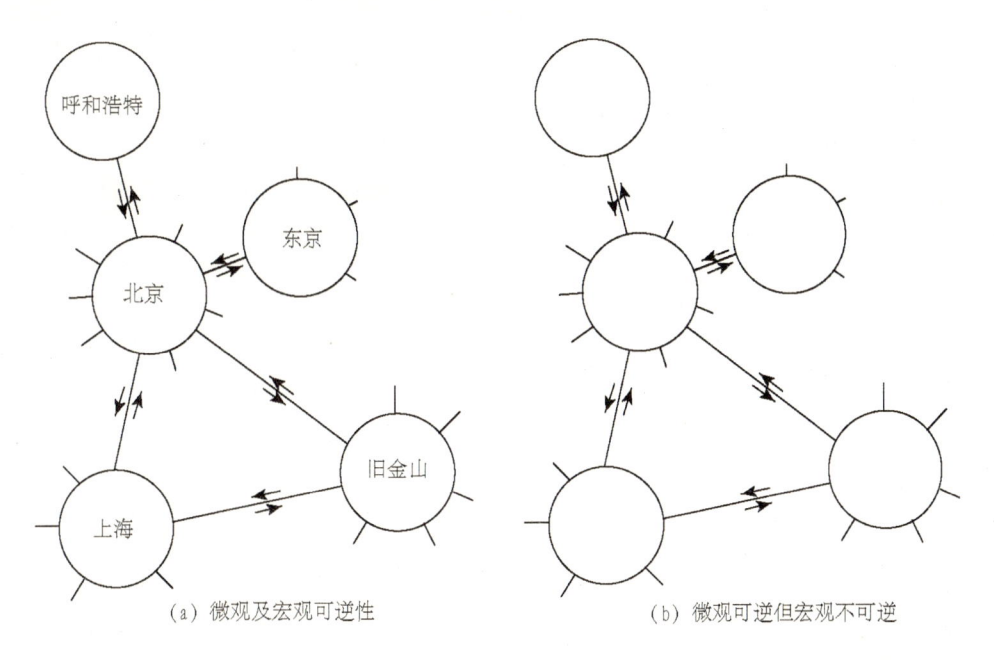

图 5

"什么是从来没有过的?
是永远不会发生的!
什么是从来没有过的?
是几乎很难实现的!"

宏观时间方向的存在于是留下了一个重要问题:时间反演对称或微观可逆性究竟是不是真的。自从 1964 年以来,克里斯坦森(Christenson)、克罗宁(Cronin)、菲奇(Fitch)和特莱(Turlay)通过包括 K 介子在内的一系列著名的实验发现了 *CP* 破坏以后,人们发现,微观可逆性的确被破坏了。自然界看来不遵守时间反演对称。

五、是非对称的自然规律还是非对称的世界?

在某种意义上,"对称性破坏"的发现并不出人意料,如我们已经讨论过的,所有对称性原理的有效性都依据于不可观察量的理论假设。在这些"不可观察量"中有些的确是根本不能观察的,但有些只是由于目前测量能力的限制。只要改进了我们的实验技术,我们观察自然的范围就会扩大,并不完全出于意外,我们在某个时候能成功地观测到这些假定的"不可观察量"中的某一个量,这就产生了对称性破坏。然而,当这样一种破坏出现时,进一步的问题是,我们如何能够断定这不是表明世界范围内的非对称性? 是不是自然界的基本定律还可能仍然是完全对称的?

这两种观点的分歧在于:究竟是非对称的自然规律?还是非对称的世界?如果我们承认自然界的基本规律是不变和永恒的观点,同时世界明显地经历着连续的变化,那这两种可能性虽然不相互排斥,也存在着明显的差别。一个非对称性的定律意味着非对称的世界,但反过来却不是这样。也许我们更习惯于世界有某些不对称,因而去探讨这样的问题看来至少是有意义的:所有近期发现的对称性破坏,同完全对称的物理基本定律究竟是否相容。

也许必须强调一下,在前面的讨论中,我们把所有这些非对称性都归因于物理定律的对称性破坏。理由是:所有这些非对称的反应(β衰变、K衰变等)都能在真空中发生。每一个衰变看来只是涉及一个由几个粒子组成的孤立系统。这种非对称性的实验可以重复,有些已经被重复了上千次。它们的结果在目前已完全能预言,非对称性的结果是非常准确地与我们所确切知道的一系列对称性破坏的物理定律相一致的。鉴于这些,人们也许会感到奇怪,怎么还会有人去认真思考相反的观点:自然界的基本规律依然可以保持对称的。为了正视这样一个似乎难以置信的可能性,必须引进一些附加的新观念。我们现在将涉及所谓"自发对称破缺"(在物理文献中的称谓)的机制的基础。在这机制中,人们假定所有非对称性的根源在于物理真空状态。

六、真空作为一种物理介质

什么是真空?举个例子,我们知道地球有大气层,如果我们抽掉所有空气以及所有物质,留下来的就是真空。但是由于总是不可能去掉物理的相互作用,真空还可以具有很大的复杂性。我们将看到,粒子—反粒子的虚产生与湮没能不断地在真空状态中发生。因此,真空类似一种物理介质。

在19世纪,为了了解电磁力以及后来的电磁波能在空间中传播,真空被看做一种名为"以太"的介质。法拉第在他的实验研究记录第3075项写着:

> 对我来说,考虑到真空与磁力以及磁铁以外磁现象的一般性质的关系,我更倾向于这样的想法:这种作用力的传播是在磁铁以外的一种作用,而不仅仅是超距的吸引与排斥。这种作用可能是以太的功能,因为,如果有以太存在,它该不单单传播辐射,而还会有其他效用,这并非完全不可能的。

然而,当时认为以太提供一个绝对静止的框架。只有在这框架中,人们才能测量光的真速率;在任何运动的框架中,光速将因运动而变化。大家都知道,实验证明这是不对的,它导致了以太论的失败和相对论的出现。

由于相对论所要求的对称性,在任何运动的框架中测出的光速是一样的,与观察者的速度无关。一个观察者不能靠转一个圈子来变化光的速率(相对于他自己),也不能激发真空。然而,相对论不变性并非一切,并不意味着真空是不复杂的。可设想我们能给真空拍一张"照片"。如果进行一次很长很长时间的曝光,那么,真空就会呈现出如图6(a)所示的虚假的简单。虽然真空不包含任何物质,但它仍保留着所有的物理相互作用。因此,如果曝光足够短,而能抓住由相互作用所产生的虚激发引起的起伏,那么,真空就会"看起来像"图6(b)所示。这些起伏经足够长时间间隔的平均将趋于零。由于真空的复杂性,像任何物理介质一样,真空可以想象为非对称的;它也可以有种种对称量子数,如宇称、超荷等。

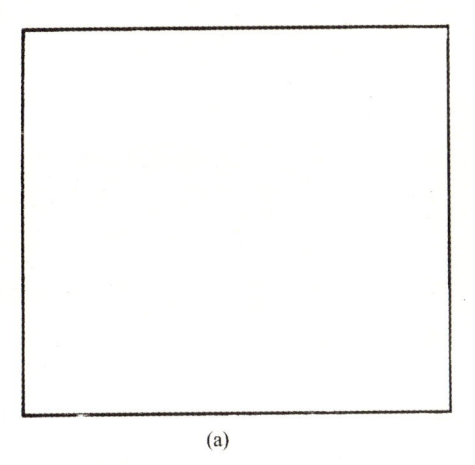

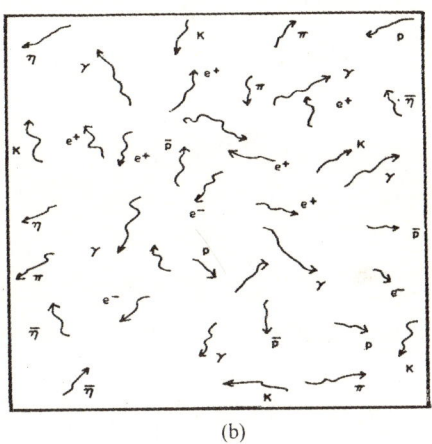

图 6

七、失踪的对称性

如果把所有物质的对称量子数如宇称、超荷、同位旋……加起来,我们就会发现这些数目经常发生变化:

$$\left.\begin{array}{l}\text{宇称}\\ \text{超荷}\\ \text{同位旋}\\ \cdots\\ \cdots\\ \cdots\end{array}\right\}\text{的变化}\neq 0 \quad \text{物质} \tag{4}$$

从美学观点看,这可能显得有些混乱。为什么自然界要放弃完美的对称性?从物理学上讲,这似乎也是不可思议的。这些失踪了的量子数发生什么事了?它们上哪儿去了?在前面提到的自发对称破缺机制中,我们假定物质单独并不形成一个闭合系统。假如把真空也包括在内,对称性就能恢复。换句话说,方程(4)应代之以:

$$\left.\begin{array}{l}\text{宇称}\\ \text{超荷}\\ \text{同位旋}\\ \cdots\\ \cdots\\ \cdots\end{array}\right\}\begin{array}{l}\text{的变化}=0\\ \\ \\ \text{物质}+\text{真空}\end{array} \qquad (5)$$

作为一种记账的措施,这显然是可能的。然而,除非有了物质与真空的另外联系,我们怎么能确信这种想法是正确的,而不仅是同语反复。

这情况有点类似于从人们的月薪中扣除退休金。一个人如何能知道所扣除的款项真的是作为他将来的退休金呢？能否把全部钱如数拿回？但不管怎样,到了退休的时候,如果有人没有拿回什么退休金,他就会对账目是否可靠发生怀疑了。对于失去的对称性也是这样。我们常常可以假定,无论物质失去了多少对称性,总可以认为它们是跑到真空中去了。关键问题是,是否可能把真空改变一下而使某些失去了的对称性又回到物质中去。如果真空的确像一种物理介质,那么,必定可以靠变化外界条件来改变它的性质。这种探讨将导致关键性的检验,来判断是否可以在方程(5)的意义下保持对称原理。

八、相对论性重离子碰撞(RHIC)

由于真空充满宇宙,去改变全部真空(在人力范围内)实际上是不可能的。然而,大多数基本粒子的线性大小只有约 10^{-13} cm(1fm)。假如我们用提供高能的办法来改变线度比1飞米大得多的真空区域,那么,对在此区域中粒子的物理性质来说,就和整个真空都已改变一样。促成这种变化的最有效方法是相对论性重离子碰撞。比方说,加速两束铀原子核至很高能量,就可以使相碰撞的原子核加热,同时改变其背景真空的性质。改变后的真空在短时间内表现得像一个"气泡",一直到相撞的原子核互相飞开以后。用这种方法,我们可以在不同真空中检验物理规律并由此验证我们的某些理论概念。

这就是布鲁克海文(Brookhaven)国立实验室的RHIC计划(总计划图7,图8),现在正处在研究与开发阶段。其内容是让每个核子能量100GeV的铀核(即每个铀核约为30TeV)进行对撞。通过这种对撞,我们一方面可以研究两个原子核熔合后可能产生的物质新形式,另一方面也可以研究碰撞核飞过去后背景真空的性质。这些实验没有一个是容易的。但如果发现真空的行为的确像一种物理介质,并且通过物理的手段我们真的能够改变真空的性质,那么,粒子物理的微观世界必将通过无所不在的真空与宏观世界不可分解地联系在一起。很可能通过研究真空性质会导致比我们已经碰到过的更激动人心的发现。

图 7

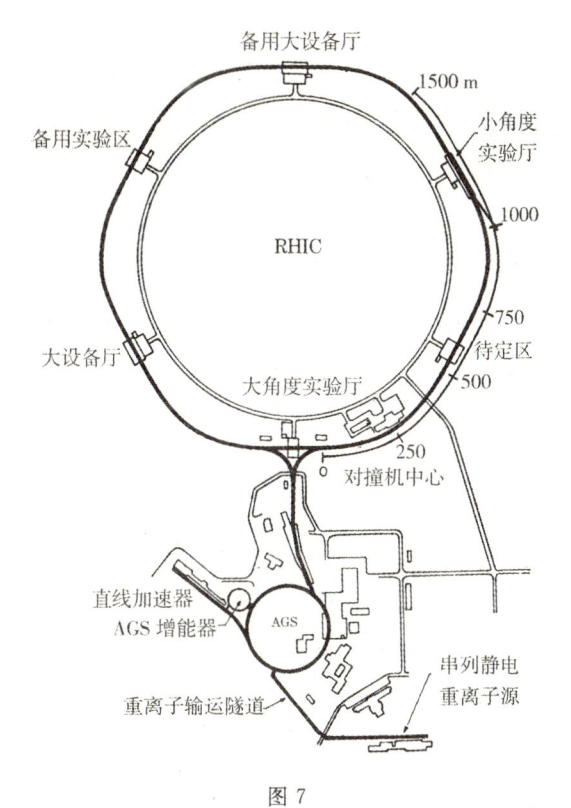

RHIC 为相对论性重离子对撞机；AGS 为交变梯度同步加速器

图 8

附录

对称的四种类型

对于物理学有重要意义的主要有四种对称性或对称性破缺。

(1)交换对称。玻色—爱因斯坦统计或费米—狄拉克统计。

(2)连续的时空变换。移动,转动,加速度,等。

(3)离散变换。空间反射 P,时间反演 T,粒子反粒子共轭 C,G 宇称,等。

(4)幺正变换。包括 U_1 对称:电荷 Q,重子数 N,轻子数 L_e、L_μ 和 L_τ 的守恒律;SU_2(同位旋)对称;SU_3(色和味)对称。

在它们当中,与前两类变换联系的对称性目前被认为是严格的。第三类中只有乘积 **CPT** 也许是严格的,但与每一种离散对称运算联系的对称性则并不严格。第四类中只有某些 U_1 和色 SU_3 对称被认为是严格的;这种类型常常被称为酉对称,因为它们密切联系着数学中的酉矩阵。

同一个主题——不可观察量,某种数学变换下的不变性,以及守恒律——贯穿着这里说的每一个对称性原理。下表是一些范例。

不可观察量	数学变换	守恒定律或选择规则
绝对空间位置	空间平移 $r \to r + \Delta$	动量
绝对时间	时间平移 $t \to t + C$	能量
绝对空间方向	转动 $\hat{r} \to \hat{r}'$	角动量
绝对右(或左)	$r \to -r$	宇称
电荷的绝对符号	$e \to -e$	电荷共轭
绝对时间方向	$t \to -t$	时间反演
全同粒子间的区别	交换	玻色—爱因斯坦统计 费米—狄拉克统计
不同电荷 Q 状态之间的相对位相	$\psi \to e^{iQ\theta}\psi$	电荷

注:本文作者系著名物理学家,诺贝尔物理奖获得者。原载《王淦昌和他的科学贡献》,科学出版社1987年出版。

王淦昌先生与中微子

李炳安　杨振宁

在粒子物理的历史中,中微子是"基本"粒子家族中特别神奇的一员。从泡利(Pauli)[1]1930年提出中微子可能存在的假说和费米(Fermi)[2]1934年提出划时代的β衰变理论以后,环绕着它的理论和实验工作很多,其中一个中心问题是如何直接验证它的存在。关于这个问题,在1934—1941年间文章很多,可是都没有找到关键,这是因为中微子没有电荷,不易直接用探测器发现,而且它几乎完全不与物质碰撞[3](譬如,可以自由地穿过地球),很难抓到其踪迹。1941年10月,王淦昌先生在浙江大学(那时正值抗日战争,浙江大学避难在贵州遵义)写了一篇短文[4],提出用K电子俘获的办法寻找中微子。这是一篇极有创造性的文章,在确认中微子存在的物理工作中,此文一语道破了问题的关键。此后的十余年间,陆续有实验物理学者按照这一建议做了许多实验,终于在20世纪50年代初成功地证实了中微子的存在。本文将对这一系列的发展作一介绍。

一、中微子假设和费米理论(1930—1934年)

卢瑟福(Rutherford)于1898年在卡文迪许(Cavendish)实验室研究放射性时,命名放射物质辐射出的两种射线分别为α射线和β射线。布赫勒(Bucherer)和纽曼(Neumann)分别于1909年和1914年用测量荷质比$\left(\frac{e}{m}\right)$的办法确认β射线是电子束。查德威克(Chadwick)在1914年发现α射线和γ射线的谱是分立的,而β射线的谱却是连续的。这似乎与原子核处于分立的量子状态的事实不一致,产生了所谓能量危机——即能量似不守恒。为了解决此问题,玻尔(N.Bohr)认为在放射β射线时,能量仅在统计的意义下守恒,对于单个的反应并不守恒。可是泡利持有另一种看法,1930年他提出,在原子核内部除存在质子和电子外(当时认为原子核是由质子和电子构成),还存在一种自旋为$\frac{1}{2}$的电中性粒子(当时泡利称它为中子),它带有磁矩。在β衰变过程中,它与电子同时被放射出来,由此可以解释β谱的连续性,而能量守恒依然保持。但是,泡利对于自己的猜想的可靠性并不是信心十足。1931 年,泡利访问普林斯顿(Princeton),在纽约的一个中国饭馆吃饭,与拉比(Rabi)聊天,谈到他的"中子"假说时说[5]:

"我认为我比狄拉克(Dirac)聪明。我不认为我将发表它。"(当时,真正相信狄拉克理论的人很少。)在 1931 年的帕萨迪那(Pasadena)会议上,泡利重申了他的新粒子假说,并指出,按照这一假说,可以预言,电子的能谱有一个尖锐的上限(按照玻尔的能量不守恒看法,β 谱将有一个强度逐渐衰减的长尾巴)。

1934 年费米提出了划时代的 β 衰变理论。他依据以下三点:

(1)泡利的"中子"假说(费米改称为中微子)。

(2)海森堡(Heisenberg)的原子核由质子和中子构成的结构模型[6]。

(3)与原子的光辐射理论相类似[7],在 β 衰变中,电子和中微子被产生出来。

费米理论的基本过程是

$$n \longrightarrow p + e^- + \tilde{\nu}$$

费米算出了 β 衰变的连续谱,与 1933 年测到的 RaE 的 β 谱比较,十分吻合。据此,费米断言中微子质量是零,至少比电子质量小得多。费米理论推翻了在 β 衰变过程中能量不守恒的观点,为一类新型的相互作用——弱相互作用的研究奠定了基础。不仅如此,在费米理论中第一次使用了费米子的产生、湮没算符,这给当时的理论界造成极大的冲击,开始了现代场论研究的新时代[8,9]。塞格雷(Segrè)回忆费米创建这一理论后说[10]:

"按照费米自己的估价,这是他在理论方面最重要的工作。他告诉我,由于这一发现,他将留在人们的记忆中。"

在费米理论提出后不久,居里(I. Curie)和约里奥(Joliot)[11]发现了放射正电子的反 β 衰变。维克(Wick)[12]指出,在费米理论中存在

$$p \longrightarrow n + e^+ + \nu \text{(当时维克称 } \nu \text{ 为反中微子)}$$

这种反 β 衰变过程。维克及稍后贝特(Bethe)和派尔斯(Peierls)[13]由费米理论又预言了轨道电子俘获过程

$$p + e^- \longrightarrow n + \nu$$

的存在。这一重要过程由阿瓦雷兹(Alvarez)[14]于 1938 年观察到了。

二、1941 年之前寻找中微子的实验

费米理论为中微子的存在奠定了坚实的理论基础。当时的重要问题是,如何从实验上确认中微子的存在。由于中微子不带电,这类实验在当时相当难。1941 年以前,已经有许多这方面的实验。现在罗列如下:

1. β 衰变中的能量关系

埃里斯(Ellis)和莫特(Mott)[15]于 1933 年分析了下面的两个过程

$$\text{ThC} \xrightarrow{\beta} \text{ThC}' \xrightarrow{\alpha} \text{ThD}$$

$$\text{ThC} \xrightarrow{\alpha} \text{ThC}'' \xrightarrow{\beta} \text{ThD}$$

他们指出,在考虑了放射α和β粒子之后放射的γ射线的能量后,ThC和ThD的能量差,恰恰是这两个过程中α粒子能量和β粒子能量最大值的和。

2. β谱的上限

亨德森(Henderson)[16]于1934年发现ThC和ThC′β谱的上限确实如泡利所预言的那样是尖锐中断的,不是按玻尔的能量不守恒的观点所预言的,是一个强度逐渐衰减的长尾巴。实验支持了中微子假说。

哈克斯拜(Haxby)、肖普(Shoupp)和威尔斯(Wells)[17]于1940年研究了下面两个循环过程。

$$p + B^{11} \longrightarrow C^{11} + n; \quad C^{11} \longrightarrow B^{11} + e^+ + \nu$$

$$p + C^{13} \longrightarrow N^{13} + n; \quad N^{13} \longrightarrow C^{13} + e^+ + \nu$$

他们测量了这两个β衰变过程中反应前原子核质量(m_i)和反应后原子核质量(m_f)的差

$$m_i - m_f = \begin{cases} 0.95 \pm 0.02 \text{MeV} & C^{11} - B^{11} \\ 1.20 \pm 0.04 \text{MeV} & N^{13} - C^{13} \end{cases}$$

而这两个过程β谱的上限分别由德尔沙索(Delsasso,1940)[18]等和莱曼(Lyman,1939)[19]测得为

$$0.95 \pm 0.05 \text{MeV} \quad C^{11} \text{ β谱上限}$$

$$1.198 \pm 0.006 \text{MeV} \quad N^{13} \text{ β谱上限}$$

可以看到这些β谱的上限与相应衰变前后原子核的质量差符合得很好。

这些实验证实,在β衰变过程中,衰变前后原子核的能量差等于β谱的最大能量。从而用实验证明,在β衰变过程中,能量守恒仅在统计意义下成立是不正确的。

3. β衰变中的动量守恒

在1938年10月第7届索尔维(Solvay)会议上,泡利报告了他的中微子假说,并指出,在β衰变中动量平衡的研究将对中微子假说提供一个重要的检验。按照β衰变的费米理论,在β衰变中存在动量守恒是很显然的。

莱蓬斯基(Leipunski)[20]于1936年做了第一个测量β衰变中原子核反冲的实验。反应过程是

$$C^{11} \longrightarrow B^{11} + e^+ + \nu$$

由于实验精度不高,这个实验不能构成对中微子假说的真正检验。

1938—1939年期间,克瑞恩(Crane)和海尔帕恩(Halpern)[21]对过程

$$Cl^{38} \longrightarrow A^{38} + e^+ + \nu$$

中的反冲效应进行了研究,他们观察了正电子在磁场中的偏转和原子核在云雾室中的射程。结论是,如果这个反应系统仅由原子核和正电子构成,没有中微子的话,那么,动量是不守恒的。

从以上的这些实验可以看到,实验支持中微子的存在,但没有一个能确凿地证实中微子存在。

三、王淦昌先生的建议(1941年)

从以上的介绍可以看到,从1930年年底到1941年这十多年间,围绕中微子问题的理论和实验工作十分活跃,许多物理学家对这一问题作出了杰出的贡献。这一问题如此重要,是因为当时α、β、γ放射现象中最神秘的是β放射,而β放射与中微子有不可分割的基本关系。

环绕中微子的工作虽然多,但是没有人能提出简单而有决定性意义的实验来证实中微子的存在。1941年,王淦昌先生自贵州寄给美国《物理评论》一篇文稿,于1942年年初发表。文章开始就说:

"众所周知,不能用中微子的电离效应来探测它的存在。测量放射性元素的反冲能量和动量是能够获得中微子存在的证据的唯一希望。"

王先生在分析了克瑞恩和海尔帕恩的反冲实验后指出,在他们的实验中,反冲元素的电离效应太小,需要用不同的方法来探测中微子。他建议用K电子俘获的办法探测中微子的存在。他指出:

当一个β$^+$类的放射元素,不放射一个正电子,而是俘获一个K层电子时,反应后的元素的反冲能量和动量仅仅依赖于所放射的中微子……

只要测量反应后元素的反冲能量和动量,就很容易找到放射出的中微子的质量和能量。

由于没有连续的β射线被放射出来,这种反冲效应对所有的元素都是相同的。

以上的三段引文是王先生建议的三个关键点。换一句话说,他指出普通β衰变末态有三体,如

$$A \longrightarrow B + e^+ + \nu$$

但在K俘获过程中

$$A + e^- \longrightarrow B + \nu$$

末态只有二体,所以,B的反冲能量是单能的,而且测量B的能量即可得到关于中微子的知识。譬如,从这个反冲核能量的测量,可以测量中微子质量。王先生同

时指出，这种反冲能量的单能性质对于所有这类反应（不同的反应元素）都存在。

王先生在文中作为例子建议用 Be^7 的 K 电子俘获过程去探测中微子的存在，Be^7 的 K 电子俘获过程由罗伯兹（Roberts）、海登伯格（Heydenburg）和洛赫尔（Locher）[22] 以及龙堡（Rumbaugh）、罗伯兹和哈夫斯塔德（Hafstad）[23] 分别在 1938 年进行了研究。Be^7 是在下面的反应中形成的

$$Li^6 + D^2 \longrightarrow Be^7 + n$$

它的寿命是 43 天。Be^7 有下面两种 K 电子俘获过程

$$Be^7 + e_K \longrightarrow Li^7 + \nu$$

$$Be^7 + e_K \longrightarrow (Li^7)^* + \nu$$
$$ \longmapsto Li^7 + h\nu$$

第一种反应占 90%，第二种反应占 10%。上述两组人测得这两个反应的初末态原子核的质量差分别为

$$M_{Be^7} - M_{Li^7} = 1 \text{MeV}$$
$$M_{Be^7} - M_{Li^{7*}} = 0.55 \text{MeV}$$
$$M_{Li^{7*}} - M_{Li^7} = 0.45 \text{MeV}$$

王先生假定中微子质量为零，用 Be^7 和 Li^7 的质量差算出第一个反应中 Li^7 的反冲能量为 77eV，而第二个反应中 Li^7 的反冲能量是这个数值的 1/3。

大家知道，1941 年正值中国人民抗日战争的艰苦时期，王先生又在地处偏僻的贵州遵义，消息十分闭塞，闭塞的程度可以由下面的事实推测出来。王先生显然不知道哈克斯拜[24] 于 1940 年就已得到 Be^7 和 Li^7 的质量差为 0.87MeV，比王先生采用的 1MeV 精确。

四、王先生建议的实现（1941—1952 年）

从 1941 年开始到 20 世纪 50 年代初，实验物理学家按照王先生的建议进行了一系列的工作，最终确认了中微子的存在。现介绍如下：

1. 阿伦（Allen）[25] 的 Be^7 K 电子俘获实验

王先生的文章发表刚几个月，阿伦就按照这一建议做了 Be^7 的 K 电子俘获实验，在这个实验中测量到 Li^7 的反冲能量。但由于用的样品较厚及孔径效应，没能观察到单能的 Li^7 反冲。

十分可惜，阿伦的实验因为当时条件不够，没能测到单能反冲，没有能够完全实现王先生的建议。战时实验条件不够理想，所以，单能反冲至战后 1952 年才被实验证实（见后面 4、5 二节）。假如单能反冲在 1942 年观测到，一定会在物理学界产生很大的冲击。

2. 莱特（Wright）[26] 的 Cd^{107} 的 K 电子俘获实验

莱特在 1947 年做了 Cd^{107} 的 K 电子俘获实验。这里共有三种反应

$$Cd^{107} + e_K \longrightarrow Ag^{107*} + \nu, 占 99.27\%$$
$$Cd^{107} + e_K \longrightarrow Ag^{107**} + \nu$$
$$\longrightarrow Ag^{107*} + \gamma, 占 0.42\%$$
$$Cd^{107} \longrightarrow Ag^{107*} + e^+ + \nu, 占 0.31\%$$

在这个实验中确实观测到由 K 电子俘获产生的 Ag^{107*} 的反冲,但也没有发现单能的 Ag^{107*}。

3. 施密斯(Smith)[27]和阿伦的 Be^7 的 K 电子俘获实验

施密斯和阿伦在 1950 年重新做了 Be^7 的 K 电子俘获实验,得到 Li^7 的最大反冲能量为 (56.6 ± 1.0) eV,与理论预言值相符,但仍不是单能反冲。

4. 罗德拜克(Rodeback)和阿伦[28]的 A^{37} K 电子俘获实验

罗德拜克和阿伦在 1952 年用气体样品飞行时间法做了 A^{37} 的轨道电子俘获实验

$$A^{37} + e_K \longrightarrow Cl^{37} + \nu \quad 占 93\%$$
$$A^{37} + e_L \longrightarrow Cl^{37} + \nu \quad 占 7\%$$

这个实验在世界上第一次发现单能的反冲核。Cl^{37} 反冲能量的实验值与理论预言值完全符合。预言 Cl^{37} 的飞行速度为 (0.711 ± 0.04) cm/μs (1μs $=10^{-6}$ s),测到速度峰值为 0.714 cm/μs。

5. 戴维斯(Davis)[29]的 Be^7 K 电子俘获实验(1952 年)

在罗德拜克和阿伦的实验结果发表一个多月之后,戴维斯发表了他的 Be^7 K 电子俘获实验结果。他测到 Li^7 的反冲能量为 (55.9 ± 1.0) eV,理论预言为 (57.3 ± 0.5) eV,实验值与理论值完全符合。

从 1941 年王先生提出在 K 电子俘获过程中测量反冲核的单值能量的办法后,历经十年,到 1952 年实验最后成功。

参考文献和附注

[1] 关于泡利提出中微子假说的前前后后可以参考 L. M. Brown 写的"The Idea of the Neutrino", *Phys. Today.*, 31(1978), 23.

[2] E. Fermi, *Ric. Scient.*, 4(2), 491-495; *Nuovo Cimento*, 11(1934), 1-19; *Zeit. f. Phy.*, 88(1934).

[3] 贝特和派尔斯在 1934 年估计中微子的俘获过程 $\nu+(A,Z)\longrightarrow(A,Z\pm1)+e^{\mp}$ 的截面为 10^{-44} cm^2,使得在相当长时间内无法用中微子反应的方法证实中微子的存在。*Nature*(London), 133(1934), 532.

[4] Kan Chang Wang, *Phys. Rev.*, 61(1942), 97.

[5] D. F. Moyer, "Evaluations of Dirac's Electron 1928—1932", *A. J. Physics*, 49(11)(1981), 1055.

[6] 关于海森堡提出原子核结构模型的历史可参照文献 E. Amalti, *Beta Decay Opens the Way to Weak Interactions*, Inter. Coll. on the History of Particle physics., Paris(8-261).

[7] E. Fermi, *Rev. Mod. Physics*, 4(1932), 87-132.

[8] 韦斯可夫(V. Weisskopf)说费米理论是"现代场论的第一个例子"见参考文献 1。

[9] 维格纳(Wigner)曾告诉杨振宁说:1934年他看到费米关于β衰变的文章后,觉得费米使用产生算符是很神奇的一步。杨说:"可是产生算符是你和约旦(Jordan)发现的。"维格纳说:"是的,是的,可是我们做梦也没有想到可以用它去解释物理现象。"

[10] D. F. Moyer, "Vindication of Dirac's Electron 1932—1934", *A. J. Phys.*, 49(12)(1981), 1120.

[11] I. Curie and F. Joliot, *C. R. Acad Sci. Paris*, 198(1934), 254-256.

[12] G. C. Wick, *Rend. Lincei*, 19(1934), 319-324.

[13] H. Bethe and R. Peierls, *Nature*(London), 133(1934), 689-690.

[14] L. W. Alvarez, *Phy. Rev.*, 54(1938), 486-496.

[15] C. D. Ellis and N. E. Mott, *Proc. Roy. Soc.*, A141(1933), 50-511.

[16] W. J. Henderson, *Proc. Roy. Soc.*, A147(1934), 572-582.

[17] R. O. Haxby, W. E. Shoupp, W. E. Stephens and W. H. Wells, *Phys. Rev.*, 58(1940), 1035.

[18] L. A. Delsasso, M. G. White, W. Barkes and E. C. Creutz, *Phys. Rev.*, 58(1940), 586.

[19] E. M. Lyman, *Phys. Rev.*, 55(1939), 234.

[20] Leipunski, *Proc. Camb. Phil. Soc.*, 32(1936), 301.

[21] H. R. Crane and J. Halpern, *Phys. Rev.*, 53(1938), 789; *Phys. Rev.*, 56(1939)232.

[22] R. B. Roberts, N. P. Heydenburg and G. L. Locher, *Phys. Rev.*, 53(1938), 106.

[23] L. H. Rumbaugh, R. B. Roberts and L. R. Hafstad, *Phys. Rev.*, 54(1938), 657.

[24] Haxby, Shoupp, Stephen and Wells, *Phys. Rev.*, 58(1940), 1035.

[25] J. S. Allen, *Phys. Rev.*, 61(1942), 692.

[26] B. T. Wright, *Phys. Rev.*, 71(1947), 839.

[27] P. B. Smith and J. S. Allen, *Phys. Rev.*, 81(1951), 381.

[28] G. W. Rodeback and J. S. Allen, *Phys. Rev.*, 86(1952), 446.

[29] R. Davis Jr., *Phys. Rev.*, 86(1952), 976.

注:本文作者李炳安系美国肯塔基大学物理系教授,杨振宁系著名物理学家、诺贝尔物理奖获得者。原载《王淦昌和他的科学贡献》,科学出版社1987年出版。

记王淦昌先生

李整武 孙 湘

王淦昌先生是清华学堂改为四年制大学后,于 1929 年夏在物理系第一级毕业的;当时和他同班的,只有施士元、周同庆和钟间,一共四人。我们是物理系第十级的。在"十年树人"的现代,王先生实际上是我们的老师一辈,因此,我们常称他王老师。不过,这是新中国成立以后的事了。新中国成立以前,对大学里的教师,一般都称先生。

第一次见到王先生,是在 1948 年的初夏。抗战胜利后他在美国伯克利加州大学,做宇宙线方面的研究。一次,他来到加利福尼亚州南部帕萨地那的加利福尼亚理工学院,李整武当时在那里,萧健也在那里从事宇宙线研究。短暂的相遇,王先生给人留下了一个爽朗、热情的印象。临行匆匆,没有时间吃饭,我们就在市场的停车场上,各以冰淇淋一磅暂充午餐,即此告别。王先生当时已经是知名的教授,十分平易近人。

过了几个月,他就回到了新中国成立前夕的祖国。王先生这次回国,开始了他同新中国和中国人民的命运紧密结合、持续地作出重要贡献、在科学事业上达到高峰的新时期。

同王先生一别七年,1955 年,我们由美回国,经广州、上海于 10 月 24 日抵京。王先生来前门火车站接我们。从此,我们和王先生的很多学生和后学同事一样,在工作上、生活上各方面,得到了他长期的热情支持和帮助。

这一年末,科学院开始酝酿十二年科学远景规划。钱三强先生去了苏联,近代物理研究所工作由王先生主持。记得一天晚上,在赵忠尧先生住处客厅,有几位同志一起,开始酝酿讨论。这次会上,作者之一提出了可控热核反应的研究课题。当时说的是氢动力,并以"大能量"为名,强调了它的目的性。这一建议,立即得到了王先生的支持、采纳,后来列入了十二年科学技术发展规划中原子能方面的规划。此后,这个项目就成为他所热心赞助并不时加以推动的许多领域中的一个。在各个不同的时期,王先生总是把握住当时前沿发展中的重要课题,热心地支持和持续地给以推进。对于核科学技术及其应用的各个方面,他都充分注意。例如对于放射性安全问题,我们曾有机会随同王先生参观,每发现有操作或设备不合规程时,他的态度就变得极其严肃认真,毫不客气地把它指出来,并再三告诫,要加以改进。

自20世纪60年代以来,王先生对高能物理和受控核聚变,都有很大兴趣。对于前者,众所周知,他进行了多年的研究工作,取得了卓越的成就。对于后者,他认为,在我国当时的情况下,应优先着重,因为它的应用前景更为接近。王先生从没有把基础科学研究和有应用前景的研究开发对立起来,而总是认为,宏观地并历史地看,两者是相辅相成的。

在1959—1960年间,有一次,作者之一随同王先生为当时拟议中的高能加速器(55号工程),在房山县一带踏勘地基,他对地下水的剖面分布情况以至深入地下几十千米可以成为稳固基础的整块花岗岩的地质构造,都进行了细致的了解。

激光问世后,王先生在1963—1964年间,提出在我国开展激光核聚变研究的具体设想。这时期他正投身于我国核能国防应用开发的百忙中。说明了他的科学思想仍然十分活跃。在惯性约束这一方面,一定还会有不少同志加以记述。

1974年10月9日,王先生应邀参加在成都举行的全国受控热核反应会议。在这之前,当时二机部的领导已指示,要请王先生和彭桓武先生指导五八五所的工作。会后,王先生首次去四川乐山的五八五所(西南物理研究所)视察。他着重看了当时作为所内重点的大型超导磁镜装置。他说,根据自己的经验,实验装置的建造,应该是由小到大,逐步取得经验,这样才能及早接触实验,掌握事物的本质,培养科技人员;反之,如果一下就想搞成技术新型、复杂的大装置,就会遇到各种原先意想不到的困难,而旷日持久,不能进入实验阶段。对该所后来研制的托卡马克环流器一号装置,他也亲自视察了多次;碰见正在工作的同志时,还要多方面询问情况,叮嘱一定要多做实验,多出研究成果;并几次主持了有关的讨论。他语重心长地指出,很好地展开实验研究,作出成绩,就自然会吸引人才,这是稳定这一研究所的根本措施。

王先生对全国的受控核聚变工作和有关同志,普遍地十分关心,得到了同志们的崇敬和国外同行的赞扬;1980年11月起,王先生担任了国家科委核聚变专业组组长;同年12月,中国核聚变与等离子体物理学会成立时,他和王承书先生被推举为这一学会仅有的两位名誉理事。1985年4月,在第六届全国人民代表大会第三次会议上,王先生领衔,与几十位代表联名提出提案,建议将受控核聚变研究项目列入国家能源开发长远规划。同年9月后,直至最近,又几次向国家领导机关作了进一步的建议。

在我国受控核聚变研究中的磁约束和惯性约束两个方面,王先生都进行了持续有力的推动,作出了重要的贡献。当前,受控核聚变正在世界范围内逐渐成为现实,开辟着它通向 21 世纪新能源的道路。我们祝愿王老师健康长寿,愿他和他所长期热心关注并为之献身的科学事业,同步进入下一个新的世纪,亲眼看到它在我国大地上开出更好的花,结出更多的果!

  注:本文作者李整武系核物理学家、中国科学院院士、曾任第二机械工业部西南物理研究所所长,孙湘系西南物理研究所研究员。原载《王淦昌和他的科学贡献》,科学出版社 1987 年出版。

王淦昌同志与核电

连培生

王淦昌同志是杰出的核物理学家。在我初认识他时,他已是名人。但他是那样谦虚、实在,对自己不懂的问题,总是虚心学习,一定要问个水落石出,毫不含糊,从不怕人家笑话他"连这个都不懂"。

王老特别关心和努力促进中国核电的发展,我认为这一点集中地表现了他对国家经济发展以摆脱贫穷落后状态的高度责任感。因为核电站的建设和运行是工程技术,而王老是搞基础研究的,他不管是无可厚非的。然而,他不仅要管,而且管得十分执拗,过问得十分仔细。记得那时我在核电局任副局长,有时他晚上打电话提醒我:"可得把核电站赶快搞上去啊!"王老可不是那种不懂装懂、随意发号施令的人。他从不干预我们的具体事务,只是一个劲儿地敦促、鼓励,使人感到他那颗火热的心。

1978年,王老刚从西北调回北京。我们几个同志深感我国有发展核电的必要,但由于缺少长远规划和部门之间的意见分歧,工作难以开展。和王老一谈,他就立刻主张写信向中央领导同志反映。在他的积极倡导下,利用国庆节假日,几个人聚集在部大楼值班室起草信稿。这封由王淦昌等五人署名写给邓小平副主席的信,于10月2日就发出去了。邓小平同志很重视,派人找写信人座谈。这封信对我国核电的发展起了推动作用。

从此以后,王老就对核电抓住不放了。1979年3月,王老率领我国第一个核能考察代表团访问美国、加拿大,跑遍了两国的东、西海岸各研究机构和开发公司,同许多同行的学者和工程师建立了联系。在40天访问期间,王老不顾年高和旅行劳累,精神饱满地参加一切活动,胜过一些青年人。1979年国庆三十周年前夕,王老在《自然》杂志上发表了题为《勇攀原子能科学技术的新高峰》的文章,指出:"从长远看,核能必然成为能源的主要来源……我们一定要把核电站建设起来,让原子能造福于人民。"

1980年,王老听说中央书记处和国务院领导同志要听关于能源的讲课,主动与中国科学院联系,提出应增加核能内容。核工业部推荐王老去讲。王老作了充分的准备,收集了大量资料,反复地修改讲稿,仔细地审查每一个幻灯片,并进行认真的预演。针对美国三里岛核电站事故后,我国有些领导同志对发展核电的疑虑,他和同志们专门准备了一段汇报内容,其中有一张幻灯片证明核电站可以建在大城市附近。那年8月14日在中南海由胡耀邦同志主持的会议上,王老向135位部长以上领导干部讲了核电站的安全性与经济性,提出我国发展核电是解决能源分布不均匀的最好途径以及开发利用核能的五点建议。午餐时,胡耀邦同志请王老坐在旁边,并对王老说:"你原来是搞原子弹的,现在搞核电站了,很好。""核电站不可怕,我是相信科学的,相信你们这些科学家。"王老还对会上未能详尽解答的问题,如"核电成本是否比火电贵得多",在会后马上找同志们计算和分析,写成材料报给有关领导同志,以消除误解。这充分表现了王老对国家事业的负责精神和科学上的严谨作风。

1980年11月,王老再次率领核学会代表团访美,在关于世界核能问题的国际会议上作了题为《中国核能发展的前景》的报告,受到国际上的重视。

1981年,王老赴上海、杭州和昆明开会时,作过多次宣讲核电的报告,听众累计上千人。

1982年,王淦昌同志在《欧洲核能》杂志上发表文章,论述中国核能发展的前景。

王淦昌同志在国内外的一系列宣传活动,对促进我国核电的发展,作出了重大的贡献。

那几年我国政府和各能源研究团体开始注意到核电站的重要性,美国和欧洲的核工业界也把中国作为潜在市场给予注意。但国内对于怎样发展核电和怎样引进外国技术等问题,意见分歧,争论很大。有人讲:"我就是有意不讲自力更生的,搞核电站与搞原子弹不一样。"王老于1983年1月在回龙观召开论证我国核电发展方针的会议上,以《在发展我国核电事业中正确处理引进和坚持自力更生原则的问题》为题目,指出:"我们不能用钱从国外买来一个现代化,而必须通过自己的艰苦奋斗,才能创造出现代化……我们的头脑必须清醒,设备进口也好,技术引进也好,合作生产也好,这些统统是手段。而目的则是为了增强自力更生的能力,促进民族经济的发展。"王老多次在不同场合提出"百鸟在林,不如一鸟在手",强调30万千瓦浙江秦山核电站的重大意义,强调自己实践的重大意义。1983年9月,王老在加拿大举行的第四届太平洋国家核能会议上发言指出,中国有基础、有能力依靠自己的力量,借鉴外国的经验,发展核电事业。他的报告受到各国代表的好评,长了中国人的志气。

王老非常重视秦山核电站的建设,1984年6月,他去核电站检查工作时说:"秦山核电站是我国第一座主要靠自己的力量建造的。必须虚心学习,大力协同,确保质量,力争速度,为我国的核电事业闯出一条道路。"1986年7月,王老已79岁高龄,仍到秦山核电站施工现场检查工作,并在留言簿上写下:"必须保证质

1979年王淦昌(中)访美时与连培生(左)合影

量,必须保证安全。"目前秦山核电厂和广东大亚湾核电站的建设刚开始,两座核电站今后建设的实践将会证明,王淦昌同志的核电立足于国内的观点是完全正确的。我们参加实际建设的同志,应当以他那种一丝不苟、严谨认真的作风为榜样,保证质量,确保安全,使两座核电站早日建成发电,把我国的核电事业真正地促上去,以满足国民经济发展对能源的迫切需要。

注:本文作者曾任中国核工程公司总工程师。原载《王淦昌和他的科学贡献》,科学出版社1987年出版。

回忆在湄潭时的王老师

杨士林

王淦昌老师平易近人,我们做学生的不仅敬佩他,而且也非常喜爱他。王老师不轻易训人,但对学术上的问题丝毫不含糊,常与人争得面红耳赤。特别是与束星北老师两人在一起时,往往因一个物理学上的问题而争论不休。问题越争越深化,越辩也就越明朗,没有得到解决的,下次再讨论。这样,通过学术问题上的争鸣,他们之间的私人感情也越来越好。在他们的影响和引导下,物理系的"物理讨论"课非常活跃,使很多物理系的同学也对学术问题的争辩非常热烈。我虽然不是物理系的学生,但这些都是全校闻名的事。

记得在1941年秋开学不久,那时浙大理学院则从遵义迁到湄潭,化工和化学两系分处遵、湄两地,原来讲授物理化学的老师只有一位,无法两地兼顾。而物理系和化学系同在湄潭,当时的理学院院长胡刚复请王淦昌老师兼授物理化学。我那时任物理化学的助教。虽然王老师讲授物化时间不长,仅半年多,但使我钦佩的是,他是物理系的教授,原来授课任务已重,而且物化的任务不是事先通知(在暑假前发聘书时,一般都把任务预先告知本人),而是"突然袭击",临时决定的。王老师为了帮助学校解决困难,欣然应允。他在讲课中给人印象最深的是:他引导同学抓紧概念性的问题,基本概念搞清楚后,其他问题就迎刃而解了。同学对他的课反映极好,受王老师的熏陶,有不少同学选了物理系的课程,这一点王老师是极为鼓励的。他常教导我们说,物理系的人要学一些化学或生物,化学系的也要学一些物理或生物。可见他很早对于边缘科学的发展就很重视了。在他鼓励之下,物理系的学生梅镇安后来就学了生物物理;化学系的钱人元学了很多的物理课程,王老师是多次赞扬的。这使我深深感到,学习固然在于个人的勤奋努力,而一些方向性的意见老师起的作用是很大的。

敬祝王老师长寿!

注:本文作者曾任浙江大学校长。原载《王淦昌和他的科学贡献》,科学出版社1987年出版。

祝贺王淦昌先生八十寿辰有感

吴京生

1964年中国成功地试爆了第一颗原子弹以后不久,美国的《纽约时报》杂志刊出了一篇文章,主要内容是对中国发展核武器的情况作了一系列的臆测和分析。文章里也提到了哪些中国科学家可能是负责这项计划的主持人,其中王老的名字不但被提到,而且被认为是主要的领导者。

说实话,我离开中国大陆的时候还刚从高中毕业,对国内老一辈的科学家知道得少之又少,关于王老的名字从未听说过,《纽约时报》杂志的文章引起了我们许多中国留学生的兴趣。由于杂志是英文的,王老的名字也是英文的。大家渴望知道 K. C. Wang 是谁,文章提到 K. C. Wang 曾经担任苏联杜布纳联合原子核研究所的副所长,因此不花费太多力气就从国会图书馆的有关资料查出了王老的全名和中文姓名。从此王老的名字在我的脑子里留下了深刻的印象。

1979年春,有一天接到中国驻美使馆寄来的招待会通知,知道中国核物理学会代表团访问美国,王老是团长,使我喜出望外,终于在美国见到了我钦佩已久的王老。王老在华盛顿的几天里,我们一共见了3次面。他留给我难以忘怀的印象,他和蔼谦虚的学者风度和饱满的精神,我至今记忆犹新。一转眼已经7年了。这七年里我曾经回到国内很多次,但是行色匆匆,同时也知道王老很忙,一直没有去拜访他。尽管如此,思念之情则时深有之。从对王老的回忆想起,我时常感到老一辈科学家对祖国科技事业的杰出贡献,是值得我们钦佩敬仰和学习的。在未来的岁月里,中国要如何发展自己的科学事业,我们要多听取老一辈科学家的意见,更要以他们为榜样,坚持奋斗,努力不懈。

注:本文作者系美国马里兰大学物理系教授。原载《王淦昌和他的科学贡献》,科学出版社1987年出版。

青山不老

——寿王淦昌老师

忻贤杰

欣逢王淦昌老师八十寿辰,他亲自教诲的学生们,心情特别激动。作为教师,淦昌师培育了一代人。这些人中有许多人后来在我国社会主义建设事业中都作出了各自的贡献。作为科学家,几十年来王老不倦地工作,在物理学的许多领域中都有卓越成就。特别自 20 世纪 60 年代以来,他积极投身于当时重点的核科学事业,作出了重大贡献,为我国现代化建设和国际威望的提高建立了殊勋。以他为首的一些同志这几年来多次获得国家最高奖励,这是国家给予王老的崇高荣誉,王老是当之无愧的。

王老所以能够取得这样大的成就,这和王老有许多非常值得我们学习的好品质和素质是分不开的。我是 1944 年夏天转学到浙大物理系的,亲自受到过王老的教诲。自 1946 年到 1950 年我担任过他的助教,在他领导下协助他做过宇宙线研究的实验准备工作(大云雾室的安装和实验)。王老是我进入科学研究大门的领路人,他对我的教育是我终生难忘的。1950 年以后由于工作需要,我没有能够再在王老直接领导下工作。现在,根据我自己的亲身体会,谈一点感受和认识。

一、对科学孜孜不倦的追求

任何人假若没有对他所从事的事业有正确的认识,那就不可能充满激情和始终如一地去追求和坚持,从而也很难取得重大成就,即使偶获成功,最多也不过是昙花一现。王老对科学执著的追求是一贯的,也是很动人的。远在抗日战争期间,因日本帝国主义的残暴侵略和狂轰滥炸,浙江大学几度内迁,师生历尽艰辛。同时国民党贪污腐化,民不聊生,大学教授的薪金不足以保证全家过温饱的生活。1944 年我转学到浙大后,亲眼看到教授们生活困顿的情况。由于营养不良,当时王老身体虚弱多病。但即使在这样艰苦的条件下,王老还带病坚持完成教学任务,并且坚持在核物理学前沿开展研究工作。我到现在还能清晰地记起他在艰苦环境下克服种种困难进行研究工作的动人景象。在我毕业那一年,他指导我进行磷光体机械效应的研究。抗战期间,由于条件简陋,没有激励光源,就用太阳光作激励源,王老冒着烈日在棉被掩捂下进行实验。这样情景,现在看来好像可笑,但却是很感人的。抗日战争期间,就目前我们搜集到的情况,王老在国外发表的论文有四篇,在国内发表的也有四篇。其中,1941年10月13日寄到美国《物理评论》杂志的信《关于中微子探测的一个建议》发表在该刊1942年1月号上。不出两个多月,阿伦根据王老的建议完成了实验验证,证实了王老建议的正确。阿伦的报告在1942年3月16日送到《物理评论》编辑部,并在6月号发表。

中微子是20世纪30年代核物理学家为了解释核的β衰变过程中表观上能量和动量不守恒这个矛盾现象而假设的一种中性粒子。由于中微子和物质相互作用很弱,所以当时不具备寻找中微子存在的直接证据的条件。寻找间接证据的实验,又由于一般β衰变中有电子参加,不容易获得确切而不含糊的结论。王老信中指出,Be^7核的K俘获产物只有Li^7核和中微子。研究Li^7核的反冲能量,应该能够提供中微子是否存在的确切间接证据。

阿伦根据上述论证进行了细致的实验。他的实验证明:

(1)Be^7核K俘获后没有放出别的带电质点;

(2)Li^7核反冲能量预期为56eV,实测为四十几电子伏。

这是世界上第一个关于中微子存在的比较确切的证明。初步解决了当时核物理学家们关心的一个重大问题。王老在这个问题上的贡献得到了国际公认。虽然,不久就有人指出,上述证据还不是决定性的(参阅王淦昌:《建议中的中微子探测方法》,《物理评论》,71卷605页,1947年)。

在追溯这段历史事件时,我们特别标明了许多具体时间。王老的建议得到响应其速度之快叫人吃惊!这一方面说明王老的建议正是当时核物理学家所关心的一个重要问题。另一方面,西方科学界的工作效率和速度的确值得我们学习。我们的效率和速度如果不能追上和超过他们,那又如何能够缩短差距呢?

新中国成立后,王老的科学生涯中注入了新的动力,科学工作有了更明确的目的。同时,也给王老提供了必要的实验条件。他再不必因为没有实验条件而只能提出有价值的建议,让外国人去做本应由他自己做出的贡献。

新中国成立后三十多年,王老在科学上和在我国现代化建设中做出了卓越的贡献。我想有比我更合适的人会谈到这一点,所以我在这里就从略了。

1978年后,王老重返原子能研究所(后改名为中国原子能科学研究院)任所长。当时他年已古稀,除负责全所繁重的领导工作外,还不忘亲自科学实践,在原子能所组织成立了惯性约束聚变研究室,并且亲临第一线领导科研工作。很快建立起一台1MeV80kA的相对论性电子束加速器。在加速器本身和电子束与物质相互作用方面做了很多重要工作。最近几年,王老又果断而有卓识地决定在这台加速器上进行电子束泵浦的准分子激光试验。目前,氟化氪激光器的能量已达到17.5焦/脉冲,这个指标在国内目前是最高的。

王老已八十岁高龄,是人大常委会委员,许多社会团体的负责人,社会活动很多。但是即使如此,我们还是看到他经常坚持每星期到研究院几天,在第一线指导工作。在高技术领域里,他提出了一些课题,并为取得这些课题开展所需要的一些条件而到处奔走,工作热情令人肃然起敬。

很多次见到王老,或者有时和我通电话时,他总要问我有什么新的想法,工作上有什么重要成果。王老以垂暮之年,在科学上依然不懈追求,身体力行,不断前进,不断作出贡献,这种精神的确是后进的楷模,也是对我们这些后进的鞭策督促。

二、学术思想开朗,待人平等,对新事物敏感,学风严谨,态度谦虚

王老一个突出优点是学术思想开朗,待人平等。在浙江大学期间,他上课时气氛比较活跃。我们学生敢于提问,也敢于发表自己的看法,对此王老总是加以鼓励。这表明王老心中对教学相长有正确的看法。

抗日战争期间,浙大物理系有一套正常的学术活动制度,定期举行学术报告会。全系教授、讲师、助教和毕业班学生都要参加。报告由参加者轮流做,内容是自己的研究工作、新的想法或文献综述。报告会气氛很活跃。系里一些教授对报告都非常重视,王老更是如此。他经常提出一些问题,要求作报告的年轻助教或学生澄清。假若他认为满意,就公开表扬。如果他觉得不满意,也会坦率而有分寸地指出。所以对年轻的同志,这样的报告会是一种督促和教育。第一,它使我们打开眼界,开阔思路,督促我们经常注意科学上各方面新鲜事物。第二,它督促我们治学要严谨,在报告准备工作中不能存侥幸过关思想,而务必彻底弄懂问题。王老在学术上这种坦荡而严肃、认真的作风,为我们年轻人培养了良好的学风。

王老现在虽然年事已高,但对新鲜事物仍非常敏感。王老对人态度谦虚,不耻下问,从不因为自己地位高而有所不同。由于工作关系,我后来的专业方向与王老工作相去较远,但也有不少次王老向我垂询对某些学术问题或他领导下工作的看法。很多情况下,由于我水平有限,缺乏研究,一时答不上来。有的时候,正好我对问题略有接触,鉴于王老的诚恳态度,也就敢于"班门弄斧"地说些一得之见。王老总是很仔细地倾听,经过考虑后,说明自己的意见。王老深明"兼听则明,偏听则暗"的道理。相比之下,我见到他时,多数情况只限于问候他和全家的安好,希望他珍重以便能为祖国更长久地工作。

三、扶掖后进和珍惜人才

凡是在王老领导下工作过的人都会觉得王老在扶掖年轻人、培养年轻人和珍惜人才方面是做得非常出色的。在私下交谈中，我不只一次地听到过他对他领导下某些年轻工作同志的衷心赞赏和夸奖。

王老非常注意发挥年轻人的主动积极精神，鼓励他们多动脑筋，提出自己的创见，尽可能地为他们的成功创造条件。大学的最后一年，王老指导我进行磷光研究。在工作进行当中，我从固体磷光体理论的学习中得到启发：机械损伤和缺陷可以在晶体中形成新的缺陷能级，所以在合适的条件下，机械作用也许可以使非磷光晶体变为磷光体。我把这个想法和王老谈了，王老很感兴趣，认为值得一试。在王老指导和亲自参加下，我们一起设计和进行了许多试验，开始并不成功。但后来终于找到了一种方法，使试验获得成功。当时实验条件简陋，困难重重，而王老对新鲜事物的敏感，愿作铺路石的精神和坚持不懈的努力，是这项工作获得成功的关键。

1949 年初，王老自加州大学回国，他没有替自己和家庭带回什么"几大件"，而是把节余的钱购买了许多科研用的电子元器件，并带回了一个大云雾室。他一回国就提出开展宇宙线研究的计划，第一步先安装和调试云雾室。由我和他的一个研究生帮助他做具体工作（朱福炘老师后来自美回国，也参加指导过工作）。当时我们都还未结婚，单身在校，所以工作热情特高，有一段时间实验室几乎每夜灯火通明，王老也是每夜必到。工作困难很多，两个年轻人书本知识有一些，但基本上没有实践经验。开始的时候王老几乎是手把手地教我们。但又放手让我们发挥主动精神。例如，开始时我负责云雾室的控制部分工作，他给了一张控制电路图，并详细讲解了工作原理和应注意事项。我一方面按照他的意图焊制控制电路，一方面努力学习电子电路的基本知识。由于旧中国工业基础薄弱，科研经费很少，一件很简单的事，都要亲自动手，经过努力才能成功。例如，云雾室拍照用的闪光光源，我们就前前后后试了许多方法，花了不少时间。最后王老利用浙大物理系现有条件，自己研制氩气放电管作闪光光源才解决问题。我们花了一年多一点时间，终于使云雾室安装起来，能够运转。王老在这段时间，既要解决技术困难，又要解决物质保证困难，心血花了不少，但他总是精神饱满地去解决困难。我们年轻人从工作实践和王老的身教言教中学到了不少东西。他是我们进入科学殿堂的带路人。

上述云雾室 1950 年随着王老迁移到中国科学院近代物理研究所。20 世纪 50 年代初我国第一批宇宙线实验工作就是在这上面做的。

王老平时平易近人，关心群众，所以在群众中威信很高。"文革"期间，王老也遭到公开批判，日子很不好过。后来我们听说，为了完成国家的重要科研任务,王老不顾个人委屈,深入群众,和群众同吃同住,取得了群众的信任,稳定了群众情绪,胜利地完成了任务。不少同志向他反映个人问题和提出一些要求,他总是负责地了解情况,尽自己的努力去帮助解决。

值此王老八十寿辰之际,我们祝愿王老长寿,祝愿他继续带领年轻同志为实现我国现代化作出更大的贡献。

注:本文作者系中国原子能科学研究院研究员。原载《王淦昌和他的科学贡献》,科学出版社1987年出版。

王老对发展我国核聚变研究的重大贡献

邱厉俭

王淦昌同志作为我国核科学研究事业的奠基者之一,也是我国核能发展事业的奠基者。近年来,在组织其他各项核科学研究的同时,他也十分关注作为人类未来新能源的受控核聚变研究,为我国的核聚变研究作出了重大贡献。

早在20世纪70年代,王老即亲自带领一批科研骨干队伍从事粒子束惯性约束核聚变实验研究,这支队伍精干努力,在很短的时间内创建了我国第一台粒子束聚变实验装置,研制了配套的实验诊断设备。通过实践,锻炼并培养出一批具有较高学术水平的科研骨干。

王老在亲自参加科研实践的同时,更加重视组织和指导全国核聚变事业的发展,从1974年开始,他就参加这方面的学术会议。在他受聘担任国家科委核聚变研究专业组组长后,以年逾七旬的高龄,不辞辛劳,走遍全国各核聚变研究机构。每到一处,他总是十分细致地调查各个研究课题的内容和进展,参观实验室,听取汇报,与科研工作者座谈讨论。1982年,他专程来到设在合肥的新建的中国科学院等离子体物理研究所视察。当时该所在八号装置停建后,迅速及时地组织科研队伍转向以中、小型实验装置进行深入物理研究的研究方向,积极创造诊断和数据处理条件,开展核聚变工程的单项技术研究,促进核聚变研究工作向前推进一步。当王老了解到这些情况后,他一方面热情地鼓励该所继续努力,一方面十分敏锐地带领有关同志及时总结我国核聚变研究发展进程中的历史教训,指出:在我国当前的条件下,不可能单纯地追求建造大型实验装置,应该像等离子体所这样,充分发挥已建成或正在建设的中、小型实验装置的功能,着重在聚变等离子体物理上做出有我国特色的研究成果。为此,他还专门写报告给国家科委、核工业部、中国科学院等部门。王老的指示实际上成为我国核聚变研究工作今后相当一段时期的战略方针,使我国的核聚变研究走上了适合我国国情的正确道路。

由于历史原因,我国的核聚变研究队伍分布在科学院、核工业部、高教系统等各个部门,长期以来力量比较分散,工作往往重复,造成人力和物力上的浪费。王老十分重视团结这支队伍,聚合各方面力量来进行统一规划。在他的主持下,国家科委核聚变专业组几次召开会议,交流情况,统一思想,制定出了符合我国当前情况的第七个五年计划期间的发展规划,使各支队伍各有侧重,又互相配合,共同为实现我国核聚变研究的战略目标而努力。在目前有很多弊病的科研体制下,能做到这一步,全靠王老在科技界的崇高威望和他本人对我国科学事业的热诚,从而产生对各方面的感召。

在我国经济实力尚很薄弱的情况下,如何发展像核聚变这样需要很大投资的研究项目,这是王老近年来一直关注和考虑的问题。他组织了国内科技界的讨论,也专门征求了海外华裔科学家的意见。他通过各种途径向领导和社会宣传核聚变作为一种人类未来的新能源,它的实现将成为人类历史的重要转折点,是一项具有极其深远意义的科研项目,作为社会主义的大国,我国决不能在这样的事业上毫无作为,何况我国已有一定的基础。但是考虑到我国的经济实力,不可能投资太多,我们的方针应是充分发挥现有的基础,集中力量,突出重点,在物理研究上做出一定的有我国特色的成果。为此,需要有一定数量的稳定的投资来支持。王老多次向国家计委、国家科委领导同志写信提出自己的建议,又在全国人大会议上提出提案,得到了很多领导同志和社会各界的支持。

诚然,我国的核聚变研究事业当前还有种种困难,尤其是资金不足,但是王老依然信心十足。正如他于1985年全国核聚变与等离子体物理学会第二届学术年会上讲话中所说:"我看到许多中青年科技工作者,在这个领域做出了很多有意义的研究成果,他们朝气蓬勃,发奋努力,尽管前面困难很多,但我对我国的核聚变研究事业是有信心的,我认为这个事业是大有希望的,大有作为的。"确实,我国广大从事核聚变事业的科研工作者都深为有王老这样一位德高望重的老一辈科学家带领而感到鼓舞,从而满怀信心地为我国在核聚变研究中应作出的贡献而努力奋斗。

注:本文作者系中国科学院合肥等离子体研究所研究员。原载《王淦昌和他的科学贡献》,科学出版社1987年出版。

一位献身于科学的正直真诚的老师

——祝贺王淦昌教授八十寿辰

汪 容

1942年,我在贵州湄潭浙江大学物理系上二年级时,开始认识王淦昌先生。那是抗战的年代,生活是艰苦的,住的是简陋的宿舍,晚上看书做功课都要靠油灯照明。但我印象极深的是,当时周围接触的人对抗日战争的前途都满怀信心,学校的气氛是充满活力的。

二年级的学生没有王先生的课,我曾多次在高年级上课的教室窗外看到王先生讲课。他讲得很认真,黑板上公式写得满满的,下课后学生们还要在教室门外围着他讨论各种问题。

那时物理系的实验室建在湄江对岸的双修寺,去实验室要过桥。贵州的雨天多,所谓"天无三日晴",道路常是泥泞的。王先生总是抓紧时间去实验室做研究工作。我第一次看到王先生时,他才三十多岁。他那精力充沛、追求事业的形象,对于我们这些青年学生来说,确是很有精神上的感召力。

1984年10月在浙江大学王淦昌与汪容教授(右)在一起

到了三年级开始上王先生的课,他教我们光学。他教的光学别具一格,很大一部分的内容是通过麦克斯韦方程来说明光的各种现象,听了令人觉得左右逢源,兴味盎然。四年级时,王先生又教我们近代物理,从发现 X 射线和发现电子开始,讲到发现放射性和 α、β、γ 射线,讲到玻尔模型和原子结构,发现中子和正电子以及核力和原子核裂变现象,把我们引入 20 世纪一系列重大发现的奇幻世界。记忆犹新的是,王先生在讲解这些科学上的重大发现时,总是不自禁地流露出孩子般的喜悦之情。这种时候他常常显得很兴奋,而且会不住地说:"嗳!有趣极了!"

王先生有一位好朋友——束星北先生,他教过我们理论力学、相对论、量子力学中的群论方法,也是一位很有才华、使我得益不浅的老师。王先生和束先生同岁,当时他们虽然很年轻,但在科学事业的道路上已经成熟,都有一丝不苟追求科学真理的精神。物理系开设了文献报告会,每周一次,由教师和四年级学生轮流作报告。报告的内容都是很新的,会上的讨论更是非常引人入胜。王先生和束先生都是这个讨论会的积极参加者。为了弄清真理,他们从来不隐瞒自己的观点,有时两人辩论得面红耳赤,各不相让。但等到问题弄清楚了,他们两人又都会高兴起来,仍然是好朋友。

回想起来,王先生的学术思想是很活跃的,而且常常走在世界科学潮流的前面。20 世纪 40 年代初,中微子假设提出已十年,但是过去的实验都不能确切地证实中微子的存在。当时,王先生有一个很巧妙的想法:为什么不可以观察一下轻原子 K 俘获过程中的核反冲,用这个方法来验证中微子是否存在呢?他在 1941 年提出这个想法,国外的同行很快就用这个方法进行了实验。非常可惜的是,由于抗战时期物质条件的限制,王先生没有能够亲自做这个实验。新中国成立后,20 世纪 50 年代后期,王先生代表中国出任苏联杜布纳联合原子核研究所副所长,并领导高能实验室的一个实验组。当时,苏联的 10GeV 加速器还是世界上最大的加速器,反质子、反中子都已在美国发现。王先生敏锐地估计到很快就会发现更多的新粒子,所以必须利用 10GeV 加速器的暂时优势,要争取时间,不能等待联合原子核研究所大型氢泡室的建成。在他的领导下,他的实验组只花了较短的时间就建成了一个并不太大的丙烷泡室,并在 1959 年用这个丙烷泡室成功地发现了反西格马负超子($\widetilde{\Sigma}^-$)。果然不出他所料,美国的一个实验组在同一年也找到了另一个反超子——电中性的反兰姆达超子($\widetilde{\Lambda}^0$)。于是,在高能物理的历史上,$\widetilde{\Sigma}^-$ 和 $\widetilde{\Lambda}^0$ 被并列公认为最早发现的两个反超子。从苏联回来以后,由于祖国的需要,他毅然地放弃了他有浓厚兴趣并曾为之勤奋工作多年的高能物理研究,又精力充沛地投入到我国核武器的研制和发展工作中去。在这期间,核能的和平利用也在王先生经常思考的物理问题中占据了很重要的位置。就在我国爆炸第一颗原子弹的 1964 年,王先生与国外学者同时互相独立地提出了用激光驱动,促成惯性约束核聚变的新概念。他没有在公开刊物上发表,而是向国务院写了一份书面报告。在他的建议推动和亲自参与下,我国开拓了惯性约束核聚变的研究工作。

王淦昌先生能够常常走在世界科学潮流的前面,这和他对科学的热爱是分不开的。科学是他生活中不可缺少的一部分。每次见面,他最热衷的话题就是物理学的新发展、新问题和新看法,他脑子里似乎装满着各种物理问题。虽然已到古稀之年,王先生谈起物理问题来,仍和年轻时一样,兴致勃勃。在这种时候,我就会想起他在湄潭时的那句口头禅:"嗳,有趣极了。"

王先生是一位从来不说空话的实干家,对待科学,他有锲而不舍的精神。最突出的一个例子是从20世纪30年代后期到20世纪50年代末的二十多年里,他一直在想方设法去研制各种径迹室,因为那个年代人们追求的主要目标就是新粒子,必须把它们的径迹记录下来。王先生曾经研制过云室,也研制过别种径迹室,为此他在湄潭请了一位助手帮助他搞化学实验,想寻找一些能够用来显示粒子径迹的介质。这位助手名叫蒋泰龙,是一位沉默寡言的青年,我曾在物理系的实验室见过他。很可惜,仍是由于物质条件太差,王先生在湄潭研制径迹室的收效并不大。但是,他当时的想法已经接近于几年后鲍威耳发明的乳胶(鲍威耳曾因用乳胶发现 π 介子而获诺贝尔奖)以及大约十年后才发明的泡室。所以在这方面他又是走在世界潮流的前面。研制径迹室所积累的丰富经验,使他后来在发现 Σ^- 粒子时得心应手。

王先生对待科学是真诚的,对待人也是真诚的。他从来不摆架子,年轻人因此就更尊敬他,喜欢和他讨论问题。在这种讨论中,大家都能感到无拘无束,心情舒畅。

20世纪60年代回国后,王先生虽然不再从事高能物理工作,但对高能物理的新发展仍怀有极大兴趣。20世纪60年代正是发现大量的共振态,并提出夸克模型的年代。国内的一些理论组也探讨了强子内部结构问题,提出了"强子结构模型"——后来被命名为"层子模型"。当时,王先生对这些新发展都是非常关心的,他常常长时间地和我们讨论这些问题。但是,好景不长,这种无拘无束的讨论不久后就被"文化大革命"所打断。

我很怀念有王淦昌先生参加的那种无拘无束的讨论。虽然王先生是一位知名学者,大家都很尊敬他,但是,在他面前,大家都愿意畅所欲言地讲出自己的观点,毫无顾忌地批评别人的观点。在这种"真理面前人人平等"的讨论中,王先生有时似乎进入了忘我的境地。记得在1960年的下半年,国内决定抽调他回国参加核武器研究。这时候,他一方面为新的任命而十分兴奋,而另一方面又为了不得不和他热爱的高能物理实验告别而感到十分眷恋。出于强烈的责任感,他最后一次把大家找来,讨论下一步以及以后的高能物理实验方案。在讨论中,和平时一样,大家提出了很多设想,王先生也提出了自己的设想。这么多设想,各有优缺点,引起了大家的争辩,有的人对王先生的设想也有所批评。这时候,我发现王先生长时间地一言不发,他全神贯注地看着黑板,考虑着大家在黑板上写的公式和数据。他是那样地出神,甚至不知不觉地从沙发上滑坐到地毯上。但他对此竟毫无感觉。直到别人提醒他,他才站起来坐到原来的地方,继续参加讨论。这种情景是很感动人的,令人永远难忘。

王淦昌先生一身承担着很多的职务,打倒"四人帮"后,他的职务增加到十多个,经常出去开会。但他严于律己,以身作则,始终坚持在科研第一线。到过他办公室的人看到,他在墙上挂了一幅书法家的墨迹,上面写着:"老骥伏枥,志在千里,烈士暮年,壮心不已",这使每一个了解他的工作作风的人都非常感动,认为他为大家树立了好榜样。王先生在他领导的科研工作中总是从头到底亲自动手,大家对此是很理解的,王先生并不是对别人的工作不放心,而是科研工作必须亲自动手参加,才能真正掌握第一手材料。

1946—1952年我患病期间,曾不止一次收到王淦昌先生的来信,语简情深,给了我战胜病魔的勇气。1975年我又患眼疾,王先生亲自来我家探视。这时,先生已年近古稀。我深深感激他不但教了我科学知识,而且教育了我应如何去关心他人。王淦昌先生对科学事业是真诚的,对周围的人也是同样真诚的。他看到有的同志由于"莫须有"的罪名受到迫害,生活困难,就主动按月寄钱。王先生的好朋友束星北先生也在"莫须有"的罪名下横遭歧视达二十多年之久。在这二十多年里,他的身体搞垮了。就在束先生去世前不久,王先生专程去青岛看望了他,两个好朋友重新见了面。

王先生是一位爱憎分明的学者,他待人真诚,同时又是有原则性的。他有自己的衡量真和假、善和恶的标准。一事当前,他一定要实事求是作出自己的判断,不会去盲从。据说在"批邓"会议上他从不发言,也不举手喊口号。他说:"我觉得邓小平没有错,叫我喊口号手举不起来。"对于所有的他不赞成的事,他都要直率地提出批评。

随着时间的推移,我越来越体会到王淦昌先生的感人至深的性格是多方面的,包括他当年讲20世纪物理学新发现时的孩子般的喜悦和活跃的学术思想,他几十年来坚持不懈对科学真理的执著追求以及他对人的关怀和对是非黑白的正直鲜明态度,贯穿在这一切之中的,则是极其可贵的一颗赤子之心。

注:本文作者系浙江大学物理系教授。原载《王淦昌和他的科学贡献》,科学出版社1987年出版。

辛勤躬耕

——中青年科研工作者的良师益友王淦昌先生

张 奇

1968年的秋天,王老拿着我读研究生时的毕业论文到中国科学院电子学研究所来找我,希望电子所与九院一起研制新型的闪光X射线设备。当时王老是人大常委,二机部九院副院长,但是却始终坚持在科研第一线。

过去我们只知道王老是我国著名的核物理学家,反西格马负超子的发现者。1968年认识王老以后,在科研方向、具体实验工作以及工作方法上都经常得到他无微不至的关心和指导,真正感到王老永远是我们中青年科学研究工作者的导师。

王老的学术思想非常活跃、开朗,时刻注意国际上的科研动态,结合我国的情况,适时地给我们指出科研的方向。记得,王老在1968年提出与电子所一起研制的新型闪光X射线设备,实际上九院在一年前就开始准备。该项工作完成后,王老建议电子所应在强流相对论性电子束方面继续开展工作,他认为这是一个新方向,应该马上上马。王老早在1964年就提出激光惯性约束核聚变的创议。1983年又在国内提出研究紫外波段、短波长准分子激光器,用于激光聚变。作为一个科学界老前辈,王老在科研上却永葆青春。

在我们与九院进行协作时,王老经常到我们实验室来,与我们一起研究解决科研工作中的具体问题。有一次,王老开会归来已经很晚,还到实验室来将实验数据取走,准备晚上进行深入的分析和研究,第二天一早又到实验室来和我们讨论下一步的工作方案。当时正值"文化大革命",科研工作者的处境极端困难,而王老这种认真的态度,踏踏实实的工作作风,给我们这些青年科研人员以很大的鼓舞。

王老经常教导我们搞科研要适合中国的国情。最近,我国提出搞"高技术"研究后,有些科研任务大家一哄而上。过去只有两三个单位搞的任务,现在都有七八家同时上。为此,王老曾几次在电话中提出:我们国家现在还很穷,大家的工作不应该在低水平上互相重复,而应有所分工,各单位应发挥自己的特长,这样才能真正将我国的高技术工作搞上去。

王老一向平易近人，是位令人尊敬的老前辈。一次，我们去中国原子能科学研究院参观，因为不愿打扰王老的工作和休息，准备参观后就回所。但是中午在食堂遇到了王老，王老一定让我们饭后到他的办公室去，详细地了解了我们研究工作的进展情况，并鼓励我们在准分子激光器的研究上尽快地拿出成果来。王老多次到电子所来，都是直接到科研小组，并事先声明不要惊动所级领导，如果要有所长接待，他就不来了。在工作中遇到困难找王老时，王老也总是热情地、尽可能地帮助我们解决。王老这种平等待人的态度，深深地铭记在我们的心中。

我们深切地感受到王老永远是我们中青年科学工作者的良师益友。我们要像王老师那样在科研道路上勇于探索，不断前进。

注：本文作者系中国科学院电子学研究所研究员。原载《王淦昌和他的科学贡献》，科学出版社1987年出版。

为人师表

周光召

王淦昌教授虽然没有直接教过我,但我一直把他当做敬爱的老师。从 1957 年开始,我有幸在他身边工作多年,亲聆他的教诲,受益匪浅。

王老最令我敬佩的地方是他永不休止的治学精神,不断开拓新的学术领域,始终站在科学研究的前线;是他对待国家任务全心全意的态度,无论什么事情,只要交到王老手中他就会一丝不苟,以身作则地去完成;是他不计较个人得失,坚持真理,主持公道,发扬学术民主的高尚品德。

王淦昌与周光召院士(右)在学术讨论会上

王老在年轻的时候曾对核物理和宇宙射线的研究有过出色的贡献。我和他在苏联杜布纳联合原子核研究所工作时,他已经接近五十岁了,我们对当时迅速发展的高能物理都没有经验。王老作为中国组的组长,为了维护中国科学工作者的荣誉,组织大家从头学起。每天晚上,在中国同志内部开展互帮互学,王老自己毫不例外,与大家一起学习,以能者为师,不耻下问。很快,王老领导一个小组建成了苏联当时第一个大型丙烷气泡室,并开展了实验工作。杜布纳加速器上最重要的工作是反西格马粒子的发现,而这个工作就是当年王老领导的小组完成的。我们都知道,一个年近五十岁的科学家要转向新的学科领域,学习新的知识是何等的困难。但王老以他高度的智慧、超人的精力和艰苦的学习战胜了困难，不仅完成了这个转变，而且很快就成为新领域中出色的专家。在此以后，由于国家任务的需要和科学的发展，王老还在不断开拓新的学科领域，他领导了我国核武器的研究工作，七十岁高龄以后还成为我国强激光、强流电子束等研究方向的主要领导人。

在核武器研制的过程中，王老一直工作在第一线。海拔3000米的高原上、荒凉的戈壁滩上，长年都有王老的身影。他和研究人员一起加班，和工人一起劳动，对设计中的每一个问题，对实验的每一个数据，王老都要亲自研究，亲自检查，直到搞得确切无疑为止。他总是从科学上提出问题，要求掌握规律，不满足于一知半解地凑合。这种一丝不苟亲自动手的作风是一种无形的力量，保证了科研工作的质量和水平。

王老是坚持真理、不畏权贵的。记得在"四人帮"猖狂的年代，王老多次被扣上资产阶级反动学术权威的罪名，蒙受了一次又一次的批判。就在这种连人身安全都没有保障的情况下，王老仍然坚持工作，坚持按科学的规律办事，不说违心的话。一次，王老和工人在一起值班，发现应当增加放射性防护措施，他如实汇报后，竟被当时的领导斥为怕苦、怕死的典型。那些领导从来没有和工人一起值过班，他们才是真正的怕苦、怕死的典型。王老长期奋斗在艰苦的三线地区，任劳任怨，确是我们科学工作者的榜样。

在王老八十高寿之际，我为他感到骄傲，为我们国家有这样优秀的、品德高尚的科学家而自豪。有王老这样的榜样，再经过几代人的努力，中国科学自立于世界之日是一定会到来的。

注：本文作者系理论物理学家，中国科学院院士，曾任中国科学院院长。原载《王淦昌和他的科学贡献》，科学出版社1987年出版。

记王淦昌先生的一些往事

周志成

1940年秋,金德椿和我从位于贵阳南边的浙大青岩分校步行到遵义,相约要从电机系转入物理系,于是就找许良英了解系的情况。许带我们登上了湘江西岸的小龙山,因物理系的图书馆、实验室都在山上的一个小庙里。奇怪的是庙门口有一副对联:上联是"科学至上",下联是"物理第一"。当时国民党高喊"国家至上,军事第一",小庙里居然有针锋相对的对联,我问许是怎么回事。许说是他写的,王淦昌先生很欣赏。他告诉我,王先生是一位难得的有强烈爱国热情和正义感的科学家。入庙后,我翻阅着从战火中抢运出来的满屋物理书籍和杂志,闻着从外文原版书上散发出的特殊香味,真希望在这块小小的净土上,跟着王先生学一辈子物理。

周志成(右)李瑞芝(左)拜访王淦昌老师

物理系在当时是个冷门,原在物理系的二年级同学,舍理就工,转走了不少,留下的只有胡永畅和陈成琳,加上师范学院理化系的石之琅等只寥寥数人,而舍工就理的,除金德椿和我外,还有一位邹国兴,他是机械系三年级的优秀生,门门功课几乎都九十多分,是全校有名的好学生。本来他完全可以花两年时间学完物理系未学的课程,但他却自愿降级,跟我们一起学。尽管同班同学很少,有点冷清,我们的心却是很热的,都朝着一个目标——物理第一。

按浙大校方规定,教授每学期开两门课,王先生已经开了近代物理学和热学,但他考虑到电磁学教材对麦克斯韦方程及其应用介绍得太少,不能满足学习现代物理的要求,主动加开了一门电磁波,相当于现在的电动力学基础。这门课在浙大还是第一次开,当时参考书少,主要靠听课记笔记。邹国兴的笔记最全最清楚,大家常借来参考。但选修、旁听的人太多,物理系的学生少,二、三、四年级学生合起来不到15人,外系来听的比本系多几倍,一个大教室都快坐满了。一下课同学就把王先生围住,七嘴八舌地问,问到下一堂上课铃响,有时下堂课老师都站在门口了,王先生向门口的老师道了歉,还向我们道歉。当时王先生在国内外已有很高声誉,我们都是些还未入门的毛孩子,有些问题一出口连自己都觉得幼稚可笑,可王先生仍认真做了回答。他尊重每一个学生,尊重学生提出的每一个问题。对那些比较深刻的问题,王先生往往不即时答复,要我们自己先考虑,下一节课再回答。王先生亲切地生活在学生中间,既是一位可尊敬的老师,也是一位最知心的朋友。当王先生从麦克斯韦方程推出电磁波的波动方程,得到波速就是光速、光的折射率和介电系数及磁导率有关等结果时,大家都觉得王先生已把我们引入一个意想不到的奇妙的物理世界了。

1940年一个冬天的晚上,王先生在遵义老城小学的一间教室里作学术报告,讲原子核物理。我从来没听过学术报告,害怕听不懂,不敢去。许良英把金德椿和我拉去了。遵义那时没有电灯,汽灯也不好找,报告是在两盏煤油灯下做的,王先生从卢瑟福α粒子散射,讲到人工核反应、现代炼金术,最后讲到核裂变,指出如果可控的核裂变链式反应能够建立,人类将进入一个新的时代。尽管那教室又暗又冷,听了王先生的预言,我们透过那暗淡的灯光和黑板上模糊不清的字,看到了人类的未来和物理的未来,都兴奋不已。

在王先生和束星北等先生的启示下,我们感到每天都有新的体会,一步步走进物理世界,前景越来越吸引人,学习热情越来越高。但国内政治形势却越来越严重,不久就爆发了皖南事变。白色恐怖也向浙大逼来,有的同学悲愤得想自杀,有的同学紧张得要出走。这引起我怀疑关门学物理对国家和人民是否真有利。我开始去"大家唱"歌咏队唱抗日歌曲,去贫民习艺所当义务教师,参加了"质与能"社的读书活动,并在许良英等人帮助下学习哲学,想找一条又读书又能救国的道路。

1940年夏,国民党令教育部统一出题,在大学生毕业考试时总考四年的全部课程,企图以此来压制爱国民主学生运动。浙大学生怒吼了,反总考的斗争迅猛展开,意想不到的是邹国兴和他的中学同窗好友梁允奇也贴出反总考的大字报,以后才知道,邹真有骨气,真不愧是王先生的好学生,他宁愿工读,也不去领"中正奖学金",而且把别人替他代领的奖状也撕了。

1941年秋,理学院从遵义迁到了湄潭。湄潭是个小城,满街可见大学师生在活动,几乎成了个大学城。那一年王先生除了开热学和近世物理学外,又应化学系的要求,为他们三年级学生开物理化学。化工系二年级学生当时也在湄潭,也想听王先生的课,可教室太少,只能在门外或窗外听,后来担任过华东化工学院院长的朱正华同学,就在教室外听完了物理化学。有些化学系同学如杨浩芳等,听了物理化学中的热化学不过瘾,还和我们一起学热学。班上的同学比在遵义时少多了,因此有更多机会向王先生请教,问得也更深入了,也更感到王先生尊重真理、尊重同学的精神的可贵。那一年从龙泉来了王兴廉、龙槐生、胡岳仁,从重庆大学转来韩康琦,比我们高两班的胡济民在上海治眼疾后回校复学,又加上1939年从上海大同大学转来的孟寰雄,都住在一起,吃在一起。教室、寝室、饭厅里谈物理,散步谈物理,连开玩笑都离不开物理。在我们学了"测不准原理"后,知道测量手段对精确度的影响后,就说要测量一个人睡着的时间多长,就得叫他的名字,听他的反应,要量度准确,就得不断地叫,结果他就睡不着了。当时我们处于"里面热、外面冷"的环境,白色恐怖使人窒息,湄潭、遵义陆续有助教、同学被捕,歌咏队、剧团都取缔了。爱国有罪,报国无门。1942年夏天,许良英毕业后拒绝应聘当助教,去桂林找党的关系;胡济民也想走,还是许良英劝他留下的。不久,解俊民也走了。走向社会,去抗日救亡第一线,成了物理系不少同学的心愿。

1942年秋,王先生为了培养核物理的研究力量,决定开原子核物理课。这在当时全国各大学中也是创举。那时核物理作为物理学的一个分支,尚在襁褓中,没有现成的教材和专著。王先生就利用他长期来所积累的资料整理成教材。王先生始终跟踪着核物理的发展,思索它的前沿问题。他曾想利用荧光来观测宇宙线的径迹,研究制造荧光物质。他还自己动手制作了一架小小的云室,在制作成功后,他带着孩子般的喜悦,带我们去双修寺物理实验室,指点云室中哪条是α粒子的径迹,哪些可能是β线。这一切都一次又一次地激发起我们学物理的热情,但这热情却一次又一次地被国民党的迫害所窒息。那一年,国民党一退数千里,水、旱、蝗、汤(指汤恩伯军队)使数千万河南人民生活在水深火热之中,而报上却是连串的"自首书"、"悔过书";我们很熟悉的一些勤奋工作和学习的教师、同学被捕,被传审。终于我们懂得了要专心学物理,首先得有一个学物理的环境,这在国民党统治下是根本不可能的。我们把希望寄托在共产党身上。1943年8月,我含泪谢绝了王先生和物理系老师的慰留,走上了去桂林找党的路。

1944年秋,日本军队又把我们从桂林赶出来了。1945年3月,我和桂林师范三位教师带了六名学生从广西步行到贵阳,比较值钱的毛衣毛毯都卖光了充路费,住在贵阳流亡学生接待处,茫茫不知所趋。这时一位校友告诉我:"王淦昌先生曾登报召许良英和你回校,许良英已回,你快走。"王先生总是在学生最困难的时候,伸出了援救的手。这样我才找到了落脚之处,六名学生也就读于遵义师范。

以后,我们就以助教身份从事秘密的革命工作。有些事当然瞒不过朝夕相处的物理系老师和同事,但他们从不干涉,而总是默默地庇护我们。1945年金德椿在重庆被捕,上了脚镣,坐了大牢,经竺校长和王先生等人奔走,才获释。1946年,有人要校方解聘许良英和我,又靠王先生抵制,才得以工作到解放。

王先生早就把终身献给了物理事业,他言传身教,要我们把学物理、研究物理作为第一生命,而且在抗日大后方极端困难的情况下,为我们提供了他所能提供的一切条件。在他的启示下,他的学生在这条路上满怀热情地起步前进,他们中间有不少人跟着共产党闹革命去了,这在当时,是热爱物理、热爱真理,也热爱祖国和人民的一代青年的必经之路。

新中国成立以后,王先生和我们先后到了北京,大家都忙,很少聚会,只能从报上知道王先生的成就和音容。但我们都知道王先生始终在关心我们的工作。20世纪50年代初,周总理邀请一些科学家谈话,问起有什么要求,王先生说他有一个要求,他的不少学生至今都不在物理岗位上,希望能早日归队。王先生知道我们的心,我也渴望能回物理战线当一名小兵,只是身不由己了。

1957年一场风暴,我被戴上了一顶易戴难摘的"右派"帽子。1961年到了新疆,想不到物理知识反倒用上了。20世纪60年代,我戴着"右派"帽子教了三年半普通物理;七十年代,我摘了"右派"帽子教了五年半的中学物理。这两段教师生活,毕生难忘,学生给我的鼓励和支持,远比我传授给他们的知识珍贵得多。考试前,每当我辅导学生到深更半夜,而又必须回答我认为意义不大的问题时,就想起王先生对我的辅导,打起精神,不敢懈怠。

划成"右派"后,我主动和老师、同学都断绝联系。我绝不敢用"株连"这个不洁的词来亵渎我改造的虔诚,主要是不愿给别人添麻烦。因此我只能从报上公布的名单上来猜度王先生的遭遇。如果有一段时间见不到名字,就只能默祷平安。1971年,我戴了近十四年的"右派"帽子摘掉了。我知道王先生一定关心这件事,就写了封平安信,信由人大常委会转,半年后,回信到了。王先生说久病初愈,才看到此信。20世纪60年代他常去新疆,如果知道我的地点,不论多远多偏僻,一定要找到我、看望我。现在老了,不来新疆了,也不能看我了。接信后我真是热泪盈眶。我知道王先生说得到做得到。入疆后我工作一贯勤奋,但随着岁月流逝,从一般"右派"演变为大"右派"、老"右派"。一位人大常委居然会不顾一切,不远千里想来看望我这个老"右派",仅仅因为我是他的学生,因为我在困难之中,这怎能不使我万分感动!

1979年我回到了北京,大家工作又很忙,七年多,只见了王先生5次。一次他和陈建功先生家属在一起修改为陈先生落实政策的报告,一次正碰上他拒绝他的远亲送来的并不丰厚的馈赠。他假期中还忙这忙那,接待那么多的客人,我问他，能有多少时间去实验室。王先生说，40％以上，以前自己动手做，现在只能指点指点，回答一些疑问。我听了又吃惊又高兴，王先生七十多岁了，热情还不减当年。

偶尔也听到人们对王先生的议论。例如，有一次送卢鹤绂先生去车站，同车的一位401所的女同志告诉我们这样一个故事：她在饭厅中对别人说，来所一年了，知道有位王淦昌，就是不认识。凑巧王先生就在旁边用饭，当即走过来说，我就是王淦昌，我工作不深入，还没有认识你。卢先生很有感触地说，王先生以普通人自居，不脱书生本色，几十年如一日。

达到王先生那样的科学造诣，是很难很难的；达到王先生那样的热诚待人，也是很难很难的；有那样的造诣，又那样热诚，就太难太难了。王先生虽已80高寿，但身体健康，思路敏捷，记忆超群，他还能为祖国、为人民工作多年。衷心祝愿王先生健康长寿，并希望普天下学物理的人，都和王先生一样，像一团火，推动自己和别人向科学高峰挺进；普天下当教师的人，也和王先生一样，像一团火，把温暖给予周围的人，特别当他们处于最困难的时候。

注：本文作者曾任中国大百科全书出版社副总编辑。原载《王淦昌和他的科学贡献》，科学出版社1987年出版。

在山东大学时的王淦昌先生

金有巽

我是王淦昌先生在山东大学时的学生。值此王老师八十寿辰,我写两件小事,以感谢王老师对我的教导。

一、我这一手是从王老师那里学来的

三十几年的教学工作中,到后期我才明白过来教书不只是传授知识,更要启发思维,增强学生的分析能力。传授方法要巧妙,只靠黑板和嘴巴传授,不是一个好教师。

我从王老师那里,除学到了近代物理知识外,还学会一点教学艺术,学会了巧妙地解答学生的疑问。运用了好多年后,我还进一步认识到,这不仅是艺术,而且是教学法原则。

请看我叙述的这个"回忆镜头"。

有一位高年级学生在实验室里遇到王老师,提出一个他自己认为难以解释的光学现象,请王老师指点指点。王老师只言不发,弯下腰提起蓝布长衫的一个

襟角,往衫上甩了些水,然后双手提高两个襟角,对着窗外天空,让提问者站在后面往外看,同时问学生:"明白了吗？回去想想再来讨论"。

学生问的这个问题,说不上是个难题——布湿了为啥颜色变深？

我当时是旁观者,除了思考,还在脑子里出现一些不是问题的问题,如王老师今天有啥不痛快,为啥不愿意说话呢？是不是这个问题不值一提,提的时机不对,提问时没注意礼节？这种反问方式能解决问题吗？学生是开了窍啦,还是更糊涂啦？

现在想起来,我那时候确实不懂教学法原则,只知道老师应该耐心解答,百问不厌,诲人不倦。"不倦"就表现在多说多讲。1949年新中国成立后,我在部队的学校里教书,大家尤其重视这个问题。解答不详就是老师不耐心,就是老师想"留一手"。在那种舆论压力下,老师只好迎合学生心愿。一次解决问题,讲得痛快淋漓,也能显示自己有学问。

我在教普通物理时,解答问题有时也迂回诱发,连做演示时,也故意地保留一点结论,留给学生自己去琢磨。现在我认为这样做一点也不错,是巧法！是遵依教育原理的！

二、王老师在建设山东大学物理系中给我们树立了自力更生的榜样

1933年开始,山东大学进入急速发展的阶段。光学、电子学、近代物理分别由何增禄、李珩、任之恭和王淦昌等老师负责开设。

近代物理实验设备除了大部分从德国订购外,有不少较简单的部件(例如,光电管、计数管等)都是由王老师带领技术员、助教、高年级学生一起自己动手制造的。

现在看来,这样建设实验室方向对头,除了节省些外汇外,还有自力更生的思想教育效果。至少我在抗战期间和新中国成立初期担负普通物理实验室的建设任务时,采用了自制自配的办法来克服经费困难,通过苦干加巧干,我的智慧也得到了开发。我想,在王老师的影响下,浙大物理系也一定有这种传统。

注:本文原载《王淦昌和他的科学贡献》,科学出版社1987年出版。

原子核物理发展的几个特点

—— 为庆祝王淦昌老师八十寿辰而作

胡济民

科学的发展有共同的规律性,每门学科又有各自的特点。只有了解一门学科的发展规律,才能更好地掌握这门学科和推动它的发展。王淦昌老师从事核物理的基础和应用研究达五十余年,并作出了卓越的贡献,这也正是核物理蓬勃发展的时代。联系到王老师的科学事业和他的言传身教,回顾一下核物理发展的几个特点,可能是有益的。

中国科学院数理学部主任吴文俊院士(左三)、副主任胡济民院士(左二)拜访王淦昌(右二)及夫人吴月琴

一、理论与实验的密切结合

这是核物理发展的基本特点。

它本来是一切科学发展的共同规律,而核物理的特点在于理论与实验两者的紧密依赖关系。物理学的研究,大体上可以分为相互作用、运动规律和物质结构三个方面。在经典物理学中,这三者是可以分开研究的。作为运动规律的经典力学,很早就形成了完整的体系。到 19 世纪末,电磁学也达到了完整的阶段。加上 20 世纪初发展的相对论和量子力学,使人们在开始研究物质的微观结构时,已经有了系统的运动规律和相互作用方面的知识。这就使人们在研究原子或分

子体系时,可以在一开始就写出比较可靠的运动方程式,进行相对独立的理论研究。核物理的发展则与此不同,核子间的短程强作用和强子场的运动规律都只能通过核结构、核反应和粒子间的散射表现出来,难以分别进行研究。在原子核的理论研究中,虽然我们也常常用非相对论近似下的波动方程来研究核体系的结构和运动变化的规律,其可靠性比起原子或分子物理中类似的方程式要逊色得多。往往需要大量的、多方面的实验验证,才能对理论分析的结果给以可靠的评价。这是核物理学中理论紧密依赖于实验的主要原因之一。另一方面,原子核又类似于一个封闭系统,对于原子或分子而言,核主要表现为一点电荷,其形状大小和质量仅对原子和分子的结构有微弱的影响,原子和分子间的变化对它也只有极轻微的影响。人们只能通过观测核衰变或核反应后放出的粒子或射线来了解核的结构和运动变化的规律。一般讲,都要经过一定的理论分析才能把观测到的射线性质和核的性质联系起来。有时,甚至需要巧妙的理论设想或大量的理论分析,才能找到恰当的实验方法来测定核的某些性质。又要经过大量的理论分析,才能由测得的核性质,例如核的能级,推测核子在核内运动的规律,这是核结构的主要课题。这是理论与实验联系的第二个方面。原子核之间,原子核和其他粒子如介子、超子等之间的相互作用,千变万化,几乎可以说是无穷无尽的,当然不能逐一进行观测研究。因此,没有一定的研究目标和理论分析,就无从确定实验观测的对象,而一些重要的实验研究,则常常要经过深入的理论分析,才能确定研究对象和挑选正确的实验方案,这是在核物理学中理论与实验联系的第三个方面。当然这些联系在物理学其他部门也有,在其他科学部门也有,但是在核物理研究中,这类联系却表现得特别紧密。也许下面的具体例子,更能说明问题。

  核子在核内的运动形态是核结构研究的一个中心内容。按理说,运动形态决定于相互作用和运动规律,好像要先解决后面的问题才能研究前者。实际上,自从确定了原子核是由中子和质子组成以来,核结构和核力的研究一直是平行进行的,而有希望确定核子结构和核子间相互作用的强子场理论只是在近十多年来才开始发展的量子色动力学,但是远在三十多年前,人们已经初步了解到在基态和低激发态核内核子的主要运动形态是独立粒子运动和集体运动。确定这些运动形态是核结构研究的主要结果,也是理论与实验密切结合的典范。

  所谓独立粒子运动是指每个粒子在其他粒子的平均场中运动。一般说,仅当粒子间的关联可以忽略时,这才是多体系中粒子运动的一个好的近似。这种近似首先是在原子结构中采用的。在原子中,电子首先是在核电场中运动,电子间的长程库仑相互作用,用平均场来替代也可能是一个较好的近似。即使如此,严格论证这种近似精确程度的数学理论也并不存在,只是与实验结果的比较才证明了这是一个较好的近似。大部分的原子光谱还要靠实验测定。

核子之间具有短程的强作用,将导致核子间比较强的关联,因此在核结构研究的初期,核物理学家一般不认为在核内可以采用独立粒子近似。但是关于核性质知识的积累逐渐表明,当组成原子核的中子数或质子数为 2,8,20,28,50 等数字时,有各种现象表明这一类的原子核特别稳定。当时,由于弄不清这类数字所代表的意义,因此称为幻数。人们早就发现,在原子结构中有类似的现象,核外电子数为 2,8,18,36 等原子特别稳定,可以用原子的壳层结构来解释,这些数字就是填满壳层的电子数。壳层结构是电子近似地作独立粒子运动的特征,由此人们很自然地猜测幻数的存在表示在核内核子具有壳层结构,因而也近似地作独立粒子运动。

直到 1949 年,人们才用唯象假设的单核子势算出了符合实验发现的幻数的单核子能级结构。从理论上看,这种做法的基础是很差的,因为所用的单核子势不过是为了解释这种壳结构而引进的唯象势,和核力没有直接的联系。但是这样提出的壳模型,加上某些同样是唯象的单粒子态角动量耦合规则,就能解释绝大部分球形奇核子数核的基态自旋和宇称。对于非球形核,也可以用变形的单粒子势和一定的角动量耦合规则,来计算它的基态自旋,获得与实验一致的结果。此外,壳模型还在解释核的同质异能态、β 衰变的允许和超允许跃迁以及邻近满壳层核的单粒子激发态能级和迁移反应等方面取得了成功。可以说是深厚的实验基础使我们深信,壳模型真实地反映了核内核子运动的一个方面,使它成为核结构理论的出发点,成为检验核多体理论的一个尺度。在另一方面,也该看到,没有一定的理论分析,是不能把这样多方面的实验事实和核内核子的运动形态联系起来的。

一个成功的模型常常会在各方面发生深远的影响。既然核子在束缚态能作独立粒子运动,那么在散射和核反应中,入射粒子在核内一定也会作独立粒子运动。但是入射粒子是有可能和核发生反应,也就是从弹性道中消失的,考虑了这种情况,作用于粒子上的单粒子势应该是一个复数的势阱,就好像光在介质中运动会被吸收一样。光学模型就是在这种考虑下建立起来的。应该指出,早在 20 世纪 30 年代中叶,人们就曾提出过类似的想法,但是由于当时不具备足够的散射实验数据的支持,同时忽略了这种模型在应用上的某些限制,被认为不合理而搁置。由此可见,大量的实验事实和正确的理论解释对于一个模型的建立是十分重要的。光学模型现在已成为核反应理论的一个重要基石。所用的单粒子势,包括实部与虚部,也已经通过核多体理论和核力联系起来。现在基本已经可以用统一观点来理解壳模型和光学模型所用的单核子势。

上面所讨论的,都是关于核内核子作单粒子运动的间接证据。如果能直接测量单个核子在核内的密度分布,就可以获得关于核子在核内运动的直接知识。我们知道,核的电荷密度是可以通过高能电子散射来测定的。如果我们能测定两个中子数相同而质子数差一的核的电荷密度,则两者之差就可能是最后一个质子的密度。为了实现这一目标,要解决三个问题。首先,要在广阔的能量范围内精确测定电子为核散射的微分截面。尽管电子为核散射的实验已经进行过30年以上,必要的数据也只是在近十多年经过几十个实验室的努力才积累起来的。其次,要能精确地通过理论分析,由散射截面换算成电荷密度分布。长期以来,通行的做法是假设一种含有若干可调参量的密度分布,用计算的截面与实验值的拟合来确定这些参量。这样求得的电荷密度总是依赖于原设密度分布的形式。只是近十年来才发展了一种理论分析方法使我们能够可靠地直接由散射截面确定电荷密度分布。最后,为了能从密度差来确定最后一个质子的密度,就需要其他质子的密度不因增加或减少一个质子而改变。只有选择在质子满壳层邻近的核才能满足这种条件。下图给出了 ^{206}Pb 和 ^{205}Tl 两核质子密度的差,图上也给出了用平均场理论计算的质子密度。根据壳模型,^{206}Pb 具有 82 个质子是满壳层,^{205}Tl 比它少一个 $3s_{1/2}$ 质子。而图上所显示的密度正是由 3s 态波函数所确定的密度分布特征(这些特征是在靠近中心处有一高的峰值,从中心到无限远处一共有三个节点,即密度分布有三个零点,s 前的 3 字就是表示这个特征的)。无疑,这是对核内单核子运动和壳模型的一个直接的实验验证。理论与实验的差别可能表明,即使在满壳层的附近,核子的运动也存在着一定的组态混合,并非纯粹的单粒子态。

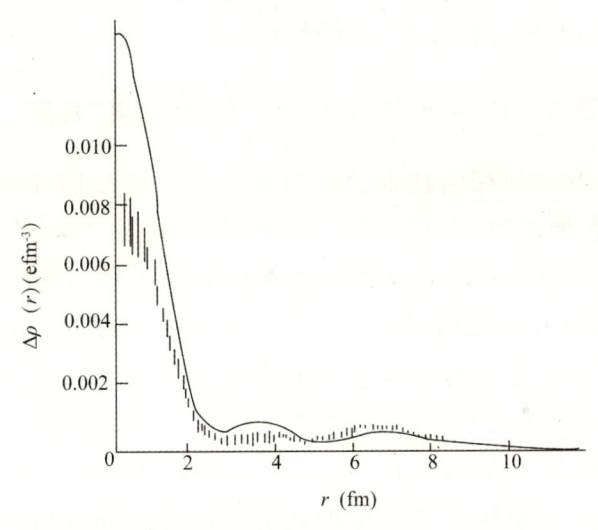

图 ^{206}Pb 与 ^{205}Tl 的质子密度差
$\Delta\rho(r) = \rho_{206}\text{Pb} - \rho_{205}\text{Tl}$,——平均场理论计算值,||||实验值

我们用了比较长的篇幅来说明,核结构研究的一项重大进展是如何在理论与实验密切结合的条件下取得的。但是这种理论与实验结合的艰苦过程,初学者往往不容易体会,甚至会感到核物理中充满了模型和假设,远不如经典物理或原子物理那样引人入胜。王淦昌老师在浙大任教时就特别重视实验教学。尽管

当时在抗战后方的小县城湄潭,连电也没有,实验条件极其困难,王先生仍然坚持为学生开实验。在现代物理实验中也还有几个核物理实验。放射源都是千辛万苦从杭州带去的,其中的一个小中子源,甚至在敌机空袭时要带它逃警报。我们常戏称这少数几样仪器和药品是王先生的宝贝。我们曾经用望远镜去看α粒子打在荧光屏上放出的荧光。当初,卢瑟福就是用这种方法去观测散射的α粒子的。他的著名实验也就是理论和实验密切结合的典范。正是通过正确的理论分析,才能想出用α粒子散射来探测原子内部的电荷分布。同时,只有通过对实验结果的理论分析,才得出了符合实际的原子模型。尽管这种模型在当时还是和流行的经典物理原理不相容的。

王淦昌老师即使在湄潭那种艰苦的条件下,也从不间断科学研究工作。他关于利用K俘获原子核的单能反冲来探测中微子的有名建议就是在这时提出的。前后经历了十年之久才在实验上完满地实现了他的建议。在进行各种可能实验研究的同时,他也从不放松理论上的探讨。在那一阶段内他就进行过五维场论的尝试。为了掌握分析核谱的群论方法,他在盛夏请束星北先生讲群论,他听讲的热心给人以深刻的印象。当时在浙大物理系定期举行学术报告会,由老师及高年级学生参加,每人轮流作报告,几乎是没有人缺席的。无论是理论和实验方面的报告,王先生都专心听,并且往往会提出一些出于报告人意料之外的深刻问题。在其他的学术报告和讨论会上,王先生也常常专注地听讲和热情地提问。的确,一个成功的核物理工作者往往具有广泛的兴趣和工作领域。

二、粒子加速技术和射线探测技术的重要作用

粒子加速技术和射线探测技术的创新往往是导致核物理重大进展的主要因素,这是核物理学发展的第二个特点。正如前面已经指出,人们主要依靠用粒子束轰击原子核,测定由此放出的射线性质来研究原子核。20世纪30年代以前,人们主要靠天然放射性元素所提供的α粒子来研究原子核。在20世纪30年代的一项重大突破,是制成了天然放射性元素镭和金属铍粉混合的镭铍中子源。当时的中子物理工作,主要就是靠这种中子源进行的。这些中子工作导致了人工放射性元素和核裂变的发现。在20世纪30年代初发展的粒子加速技术,一直到20世纪40年代才广泛用于核反应的研究。由反应堆提供的很强的中子源为人们提供了丰富的人工放射性元素,同时为进行精细的中子共振反应研究创造了条件。前面提到的壳模型和光学模型,正是在这大量的实验研究基础上建立和发展起来的。20世纪50年代后期和60年代初,加速技术方面又出现了两项重大的突破。一方面是突破了相对论效应对加速能量的限制,人们开始了向高能物理或粒子物理的进军,和低能核物理有密切关系的核力研究也得到重要的进展。另一方面,串列静电加速器的发展,向人们提供了能量分辨率很高、束流

品质优良又具有足够能量和强度的荷电粒子束,人们开始向精细核谱学进军,这对于核结构研究是一项很大的进展。20世纪60年代后期开始发展的重离子加速器大大扩充了核物理的研究范围,开阔了重离子核物理这一生气勃勃的新领域;它和高能核物理一起,成为20世纪80年代核物理发展的两个前沿领域。

射线探测技术的发展,一般讲是和研究工作的要求相适应的。在核物理发展的初期,主要的探测器是电离室、计数器和云室。随着中子物理的发展,探测器的品种中也增加了中子计数器。在20世纪40~50年代中,探测器的发展主要在两个方面。一方面是闪烁计数器,这是为了适应γ射线和中子的探测而发展起来的,特别是为用飞行时间法测中子能量提供快的信号脉冲创造了条件。另一方面,核乳胶以及接着发展的气泡室、火花室、流光室为高能物理的研究提供了有力的武器。20世纪60年代开始流行的半导体探测器是核探测技术的一项重大突破。没有这种探测器,就不能精确测定γ射线的能量,也就无从进行精细核谱学的工作,一些精密的核反应实验也将难以进行。重离子核物理的发展对探测器又提出了新的要求。例如,善于鉴别粒子的薄层电离室、位置灵敏探测器以及能同时测定多种射线的探测器组合,如用来测定γ多重性和中子多重性的晶体球等。

探测器大体上可以分为三类:测定一时间区间内射线总剂量的积分探测装置、对单个粒子计数的装置以及能够表现出单个事件的径迹探测装置。后者是最适宜于探测寿命比较长的新粒子的装置。王淦昌老师在他的核物理研究中,可以说特别重视这类径迹探测装置,并且曾作出多次正确的物理设想。

早在1930年,当他还在做研究生时就曾建议用云室来观察用α粒子轰击铍所发出的神秘的穿透力很强的射线,但是没有被接受。后来查德威克就是用这种方法发现了这种射线是中子。在湄潭时期,尽管条件十分困难,王先生仍然千方百计想进行核物理实验研究。当时唯一有可能进行的是宇宙射线研究,这也是受到广泛注意的研究方向。在当时,人们多采用云室来研究宇宙射线中的核反应。云室只有当膨胀拍照时才能把珍贵的径迹留下来,即使采用一定的控制膨胀的装置,也是挂一漏万,会失去很多稀有的事件,何况在湄潭也不具备进行这类实验的条件。因此,王先生就努力探求一种能把粒子径迹自动地、较长期地记录下来的探测装置。他选择了照相乳胶作为发展这种探测器的基础。但是在当时,我国并没有掌握制备一般照相乳胶的技术,因此,王先生请化学系学生张粹新等来研究能感光的照相乳胶。他们在一间简陋的小实验室里,终于研制出一种能初步感光的乳胶。但是由于种种条件的限制,不得不终止了这一研究。仅仅在几年以后,王先生所设想的核乳胶,就在核物理研究中大显身手,导致π介子的发现。王先生当时还试图用荧光的方法来记录粒子,为此他和曹萱龄做了很多有关荧光材料的实验。高能粒子可以在固体中留下某些缺陷,经过适当处理会显现出来。这种想法就是后来发展的固体径迹探测器的基本原理,当然使用的显示方法是化学处理。1949年我又回到浙大时,王先生正在做电火花放电探测粒子的试验,目的也在于发展一种探测高能粒子径迹的装置,其原理和后来发展的火花室是一致的。这一研究因王先生调离浙大而中止。

在新中国成立后的五十年代,科学研究条件已有了很大的改善,王先生终于组织一批中青年科学家和技术人员,在云南落雪山建立了一座高山宇宙线研究站。其中配备了王先生多年来梦寐以求的有磁场和计数器控制的大型云室。我国的科学工作者曾经分析云室的大量照片,获得若干有趣的事例,引起了国际上的注意。当然,宇宙线研究的极大弱点是稀有事件重复性非常差,因而难于作出置信度比较高的科学论断。

1957年,我访问苏联杜布纳联合所,到王先生的实验室时,他正在那里装了一个大型的泡室。他正是用这个泡室发现了反西格马负超子,也是在该所新建的百亿电子伏质子加速器上所发现的唯一新粒子,充分证实了适当的粒子径迹探测器在发现新粒子方面的威力。王先生在这方面的努力终于取得了一定的成果。尽管这些努力并没有全部取得成功,但处处表现了他强烈的科学热情和深刻的洞察力。这些事例也在另一方面表明,科学研究终究是一项社会产物,没有最低限度的社会条件,任何优异的科学设想也难以实现。

三、基础研究与应用的密切结合

这是核物理发展的第三个特点。本来物理学的重大发展往往会带来社会生产的重大进展。例如,力学和热学的发展为工业革命提供了理论基础,电磁学的巨大进展为19世纪后期开始的电力时代创造了条件。总之,社会的经济技术条件和要求促使了科学的发展,而科学的发展又推动了生产技术的发展。这是科学发展的一般规律,而核物理的特点在于基础研究与应用的密切结合。这种紧密结合表现在:一方面,基础研究的某些重要进展往往在很短的时间内即获得了实际的应用;另一方面,某些应用研究的顺利开展又迫切需要基础研究为它提供必要的支援。

居里夫人发现镭之后,人们很快就发现了放射性射线的医疗作用。镭受到社会广泛关注,它的医疗作用是一个重要原因。最早成立的核物理研究所,即镭学研究所,就是同时进行基础和应用研究的。后来建立的几乎所有的大型核物理研究所,都保持了这种基础与应用并重的传统。人工放射性元素制成后,很快就制成了标记原子,用来研究磷在植物枝叶中的分布。最突出的例子恐怕要算是原子能的应用了。1938年才发现中子会引起铀核的裂变,在不到四年的时间里,就建成了第一个反应堆,不到七年时间内制成了第一颗原子弹。此外,如核磁共振、穆斯堡尔效应等,也是一经确立,很快就找到了应用。核能和核技术的迅速得到应用是两个因素促成的。首先是由社会的需求所决定。作为武器来讲，核武器显然具有其他武器所不能替代的特点。作为能源，核能源要比化石能源储量大得多，热核聚变能源几乎更是无穷无尽的。要让原子带上标记，唯一的办法是利用核性质的不同来区别同一元素的不同原子。也就是说，只能用放射性同位素或同位素组成和天然元素不同的稳定同位素来做标记原子。利用核技术来检测样品的各种性质或进行加工，是在原子或核水平上的精密检测或加工，也是其他方法所不能替代的。总之，正是由于核能和核技术在应用方面的特点，形成了社会的迫切需求和应用研究的迅速开展。从另一方面看，核能和核技术是一种与原子和核作用密切相关的高技术，需要深入开展的基础研究作为它发展的源泉。核能就是裂变或聚变反应所释放的能量，它的设计、运行以及防护废物处理，都需要深入的核知识和大量准确的核数据。因此，为了提高效率，改进性能，或者设计新的装置，都需要开展核物理基础研究，这种情况和化石或水力资源大不相同。对后者，人们当然也要开展研究工作，但是并不需要进行电学的基础研究来提高火力发电厂的效率。用射线束来进行检测或加工，也要进行深入的基础研究。利用加速器来研究射线束与原子、固体或表面的相互作用，已发展成为几门专门的基础分支学科。只有在这些方面基础研究的深入开展，才能促使射线束应用的不断发展。

  核物理研究往往需要大型的设备、大量的经费和人力，这种研究之所以能广泛开展，正是因为这种基础研究往往是与应用密切结合。在一些发达国家里，建造小型加速器的开支，往往在一两年内就可以从核技术应用的收益中得到补偿。也正因为这样，许多核物理工作者都十分重视核物理的各种应用前景，以求自己的工作能得到社会的支持。

  不少杰出的核物理工作者，对基础和应用研究都作出过贡献，王淦昌老师正是其中的一个代表。王老师一直是重视应用研究的。在湄潭那样艰苦的条件下，他千方百计地修好电冰箱，让化学教授张其楷用来研制药物海碘方。他自己还曾和束星北先生一起研制过保温瓶。在 20 世纪 60 年代，他积极参与并领导了核武器的研制工作，作出了卓越的贡献。七十年代以来，他大力提倡在我国开发利用核能源，并积极从事聚变热核反应的研究工作，他不仅亲自领导一个研究组，研究惯性约束核聚变，还关心我国在这方面研究工作的布局、经费安排以及各单位之间的协作，用他的声望和见识，帮助并鼓舞这方面的科技工作者克服各种困难。他还曾和其他几位学者专家，向有关部门提出建议，开展高技术方面的研究工作，获得了良好的反应。总之，王淦昌老师一直关心科技工作的社会和经济效应。在这一方面，他也是科学工作者学习的典范。

  王淦昌老师在科学工作方面的成就，对社会主义建设事业的贡献，当然和他的天赋与所受的教育有关，是社会条件和他个人努力的结果。但是他的努力方向、他的科学活动始终符合核物理发展的规律,因此虽然累经挫折,总能克服困难,取得进展。这显然也是他的科学事业取得成功的一个重要条件。

注:本文作者系物理学家,中国科学院院士,北京大学教授、技术物理系原主任。原载《王淦昌和他的科学贡献》,科学出版社 1987 年出版。

在杭部分浙大老校友关于王淦昌
先生回忆的片断

　　王淦昌先生在浙大工作14年,给同事和学生留下了深刻的印象。最近,部分在杭州的浙大老校友向笔者讲述了他们对王先生往事的回忆,虽然事隔多年,回忆不免模糊零碎,但仍在许多方面反映出了王淦昌先生的高尚品德,故特辑录于此,以对早为人知的王先生的事迹作一补证。

　　王淦昌先生是一位爱国、正直的知识分子,他虽然主要精力放在科学研究方面,但对中华民族的命运和前途也非常关心,这在抗日战争期间有突出的表现。1937年,"七七"卢沟桥事变和"八一三"上海抗战,全国军民群情激愤,爆发了抵抗日本侵略的全民抗战。王淦昌先生也走出了实验室,与任仲英(当时任物理系仪器管理员)一起,挨家挨户宣传抗日,募捐废铜烂铁,用来制造抗日枪炮。沿门求捐,历来是稍有身份的人不屑干的,但王淦昌先生以民族存亡为重,勇于打破旧习俗。堂堂教授却亲自上街募捐,在当时杭州绝无仅有。他们二人从庆春门一直走到旧法院(在今天的浙江医科大学校园内)门口,宣传"有钱出钱,有力出力",收集了大量废铜铁。而王先生是倾其所有,既出钱又出力,捐出了他结婚时的金银首饰和家里积蓄多年的银元,共重达十几斤。

　　1936年12月,"西安事变"发生时,由于国民党政府封锁消息,人心惶惶。王淦昌先生也很焦虑,密切注视着事态的发展。一日,听说蒋介石被释放,王先生急奔实验室收听广播,但实验室门已锁上。王先生来不及去寻找钥匙,就从气窗翻入,打开收音机,收听有关"西安事变"的报道。此一小事,反映出王先生对国家大事的关心,同事们因此送他一个绰号"燕子王三"(旧时北京有善轻功的奇侠,号"燕子李三")。1938年,浙大迁到广西宜山时,为了支援抗战,王先生专门开设了"军用物理"课。

　　王淦昌先生非常重视物理学的实验研究,几十年来,他一直强调:没有实验研究,中国的物理学就达不到国际先进水平。他的同事和学生对王淦昌先生搞物理实验研究的忘我精神是深有感触的。王先生刚到浙大不久,就开展宇宙线方面的研究。当时浙大经济拮据,实验条件很差,进行这类新的实验研究几乎不可能,但这并没有阻止王先生的决心。他自己动手,从实验仪器制造开始做起。搞一个云雾室,没有橡皮膜,就找一个破球胆代替;没有空气压缩机,就用手工打气筒,逐步搞出了一套颇具规模的实验设备。艰苦的环境使王先生养成了勤俭的习惯。抗日战争结束后搞自动化研究,王先生买的是美军剩余物资中的过时电子元件。直到新中国成立后,王先生的许多实验仪器都是自己设计,然后让机械厂的工人制作的。

浙大在抗日战争中的西迁是极其艰苦的,在这样的恶劣环境之下,王淦昌先生还念念不忘物理实验。1938年1～2月间,浙大在吉安白鹭洲停留不到一月,王先生也抓紧开实验课。1939年在广西宜山,敌机天天轰炸,因跑警报闹得人心惶惶,而王先生和助教钱人元却不管个人安危,坚持要到龙江对岸存放仪器的木棉村去开箱做实验。有人反对说:"饭都吃不上,还做什么实验?"王先生坚定地表示:"没有饭吃也要做实验!"就是这种精神使王先生成为一位杰出的物理学家。

王淦昌先生对人热情、诚恳,没有师道尊严那一套,不摆任何架子,学生很喜欢他。他讲的课易懂,讲时希望学生当场提出问题,大家讨论。如果有人指出他讲错了,他会很高兴,欣然接受。王先生很关心学生,浙大理学院在贵州湄潭时,一年级设在20千米外的永兴,王先生常去看望他们,并且想法帮助解决他们的困难。王先生还保护过一些进步学生,如许良英和周志成就曾长期受到他的庇护。新中国成立后,他的家一直是浙大学生团干部的聚会之地,几乎每星期他们都要去王先生家里玩。1982年浙大校庆时,当年一些学生回忆起王先生对他们的爱护和帮助,都激动得热泪盈眶。

在同事的印象中,王淦昌先生是一个天真、坦率的人。他很注意学习别人的长处。在宜山时,学化学的钱人元爱好电子技术,王先生让他当自己的助教,共同进行电子方面的研究。学生们也常常看到他与物理化学教授吴征铠讨论问题。无论是在学术问题或其他问题上,如果与人意见不合,王先生也从不拿教授身份压人,而且争论后仍然诚恳待人。

王淦昌先生很尊敬师长。曾经教过他的吴有训先生1949年去过杭州,当时国民党政府面临崩溃,拖欠学术界薪金不发,使吴先生一家生活很困难。吴先生抵杭之后,王淦昌先生热情接待并帮助他渡过经济难关。

(赵佳苓整理)

(此文是根据采访记录整理而成。笔者特别感谢任仲英先生提供的详尽材料,张有清先生也介绍了一些鲜为人知的事实,朱福炘先生给笔者以很多帮助。此外,梁仙翠、吴壁如、何志均、徐亚伯、龙槐生等老师也有零星的、但仍然是有价值的回忆。在此一并致谢。)

注:本文原载《王淦昌和他的科学贡献》,科学出版社1987年出版。

从核物理黄金时代谈起

——为祝贺王淦昌八十寿辰而作

施士元

核物理黄金时代[1]早已过去了。半个多世纪以来,多少事都历历在目,记忆犹新。

1931年我到柏林威廉皇帝化学研究所[2](Keiser Wilhelm Institut für Chemie)看王淦昌,他正在用他自制的盖革计数管[3]测定镭E[4]的β谱。镭E的β谱的测定是当时国际上受人注意的一个重要实验课题。问题在于β衰变初态能量E_i和末态能量E_f都是肯定的,其差

$$\Delta E = E_i - E_f$$

是一个定值,而β粒子的能量则作连续分布,从零一直到一个高限E_{max}。所以,人们很自然地猜测,要么能量不守恒,要么有其他原因。泡利[5]在一次非正式谈话中提出中微子的设想[6],他假设β衰变中,伴随着β粒子还有中微子。中微子带走了部分能量与动量,于是β谱出现连续谱。镭E的β谱是最适宜研究这个问题的β衰变谱,因为镭E作β衰变时,并不夹杂着γ射线。王淦昌对这个谱的实验工作花了约半年多功夫,其数据是比较可靠的。从此以后,中微子问题和β衰变问题,一直为王淦昌所关心。这导致他在1941年提出利用轻原子核的K俘获反应来探测中微子的方案(发表于1942年)。1942年,美国阿伦(Allen)等人根据他这个方案得到了中微子存在的比较肯定的证据。1956年我在北京开会,晚上到他家中,也正碰上他在整理一篇β衰变方面的文章。这大概是在王淦昌去苏联杜布纳联合原子核研究所[7]之前。

1928年,狄拉克(Dirac)[8]提出狄拉克方程后不久,他就预言了反负电子,即正电子的存在,1932年,在宇宙线研究中得到了证实[9]。不仅如此,1955年和1956年又先后发现了反质子和反中子。质子、中子、电子组成原子;反质子、反中子、反负电子(正电子)组成反原子。这一正一反和我国古老阴阳学说的一阴一阳,也许是不谋而合吧。由于发现了反质子、反中子,寻找反超子的问题就又提上了议事日程。20世纪50年代中期,杜布纳联合原子核研究所10GeV加速器的能量已足以产生超子反超子对,所以很自然地,王淦昌想到了要建造一个泡室

著名物理学家、王淦昌的同窗好友、南京大学物理系教授施士元

来寻找反超子。他选定的目标是寻找 Σ^+ 超子或 Σ^- 超子的反粒子,这在技术上比找反质子、反中子要难,因为 Σ^+ 与 Σ^- 的反粒子是不稳定粒子,必须测量它们的各种衰变产物的能量和动量,王淦昌和其同事们在泡室中发现反西格马负超子($\widetilde{\Sigma}^-$)是克服了重重困难的,确实难能而可贵。

20 世纪 60 年代、70 年代以至 80 年代,粒子物理又有了巨大的发展。弱电统一理论的证实和量子色动力学的提出,已经被认为是历史的里程碑。如果王淦昌在发现 $\widetilde{\Sigma}^-$ 超子后,继续在高能物理这广阔天地中工作,他肯定会作出更多的成绩。但是 20 世纪 50 年代末中苏关系恶化了,王淦昌和其同事们从杜布纳联合原子核所撤了回来。回国后不久,他又投身于核弹研制。这个转变可以用下面四句来描写:

西马反超泡室[10]前,国际风云路八千[11];

投身核弹研制中,沐阳山沟十几年。

回顾核物理发展史,1930 年到 1936 年号称为黄金时代(golden era)。这期间,人们不仅发现了举世瞩目的中子,而且发现了人工放射性和原子核的一些激发能级。氘核也被发现并分离了出来。在理论上,β 衰变理论、液滴模型、共振核反应理论也都比较成功。

中子的发现提供了轰击原子核的一种新的十分有力的工具。因为中子电中性,可以轻而易举地进入原子核中引起核反应。中子问世后七年,发现了核裂变,为实现链式反应和制造核武器打开了道路。

不幸的是,这些科学成就首先是被用于人类的互相残杀,导致了 1945 年 8 月美国在日本广岛、长崎相继投下两颗原子弹。那时候我曾接到王淦昌从浙江大学来信讲起核裂变与原子弹的事。

第二次世界大战后,苏联在核武器方面奋起直追,相继爆炸了原子弹和氢弹,1955 年又有一座小型核电站投产发电。就在这个前后,毛主席提出,为了自卫,我国也要有原子弹。在周总理的领导和各方面的大力协同下,1964年我国爆炸了第一颗原子弹,接下来又成功地爆炸了氢弹。王淦昌对于我国成为第五个核大国是有重要贡献和功劳的。

"文化大革命"期间,各种专门学会都停止了活动,即使在1978年科学大会期间,不少学会也还处在停顿状态。没有学会活动,同行间就很少有见面交谈的机会。加上"军民之间",泾渭分明,所以有很长时间我对王淦昌的情况不了解。

科学大会以后,各专门学会相继活动起来,尤其是中国核学会成立后,我看到了阔别多年的王淦昌,其姿态、风度、语音语调依然如故。他是我中学同学,中学时期他比我高一年级。在大学则同系同一年级。毕业时同年考上官费,他去德国,我到法国。大学同系同年级有四人,其中一人已去世,一人还在,但很可惜已失去记忆力。王淦昌很健康,气色很好,心平气和。这和他开朗的性格、乐观的情绪有关。几年前他把副部长辞掉了,只担任401所(即原子能研究所,现改名为"中国原子能科学研究院")的所长。过了一个时候,他把401所长的职务也辞掉了,只领导一个科研小组,搞惯性约束,也许带几个研究生。同时,把核物理学会理事长职务也辞掉了。他说:"别人可担任的工作何必自己一直担任下去呢?"王淦昌对我国核科学事业一直非常关心,有一段时间他作了不少关于核能的通俗报告,向各个方面宣传建设核电站的重要性。

看来,我国发展核电站太慢的原因可能在于没有解决好军用、民用的关系问题。我国军用自成一个严格的封闭体系,军用转民用兴建核电站需要大量的资金,没有这笔资金,心有余而力不足,只好让人空着急。目前,军用、民用的关系已逐渐有所改善,秦山核电站正在加紧施工中。"七五"期间还可能有其他核电站。出现这种转变,核学会,尤其王淦昌等人的积极呼吁和宣传,无疑地起了重要作用。科技工作者的这种赤胆忠心、为国为民的思想境界,外界人恐怕是很少知道的。

氢弹爆炸成功之后几十年,可控热核反应一直是世界各国竞相研究的课题。热核装置技术要求高、难度大、投资多,往往名列于各种课题之前,进度落于众人之后。近年来,王淦昌领导的小组试图利用惯性约束来达到聚变条件,最近工作有进展,我曾看到王淦昌在核科技工程上的文章。但这方面的工作和全世界各国聚变反应工作一样,前面还有一条漫长的道路。

王淦昌很受其学生们的景仰。人人喜欢他不仅在其学术上的成就,而且在其为人。他的处世为人之道,使人们对他都有好感。这些美好的事物都将在人们的心中永存。也许有人以为王淦昌几十年来一帆风顺。有点儿像苏轼的词[12]中描写周瑜那样"谈笑间,强虏灰飞烟灭"轻而易举地大破曹操八十万大军。其实科技工作每走一步都是作用与反作用的结合。失败是成功之母。几十年来,他日日夜夜克服了无数艰难险阻,才登上一个又一个高峰。唯其难能,因此可贵。际此寿辰,千里之外,高举美酒,敬祝一杯。

参考文献和附注

[1] 核物理黄金时代指 1930—1936 年时期,因为在这个时期中,核物理有许多重要发现,而王淦昌的科技生涯正好也是在这时候开始的。

[2] 当时王淦昌是迈特纳(Lire Meitner)的研究生。

[3] 盖革计数管是充甲烷在 1000 伏左右高压下工作的 β 或 γ 的计数管。

[4] 镭 E 是氡气(Rn)衰变链

$$Rn \xrightarrow{\alpha} RaA \xrightarrow{\alpha} RaB \xrightarrow{\beta} RaC \xrightarrow{\alpha\beta} RaD \xrightarrow{\beta} RaE \xrightarrow{\beta} RaF \xrightarrow{\alpha} RaG$$

中的一员,RaE 衰变成 RaF,RaF 即钋。

[5] 泡利(W. Pauli)是著名理论物理学家,其最主要的贡献是大家熟知的泡利原理和证明粒子自旋和统计之间的确定关系。

[6] 中微子有三种:电子中微子、μ 中微子、τ 中微子。中微子不带电,质量接近于零。

[7] 杜布纳联合原子核研究所在莫斯科近郊的杜布纳。它是苏联和东欧一些国家共同举办的,中国于 20 世纪 50 年代参加。当时其主要设备有一台 10GeV 质子加速器。

[8] P. A. M. Dirac., *Proc. Roy. Soc.*, A, 117, 610(1928).

[9] C. D. Anderson, *Science*, 76, 238(1932); *Phys. Rev.*, 43, 491(1933).

[10] 泡室是一种探测高能粒子的仪器。它利用带电粒子穿过低温液体时所产生的气泡形成迹线。反 Σ 超子实验是在丙烷泡室上进行的。

[11] 国际风云指 20 世纪 50 年代末的中苏关系恶化。从莫斯科到北京火车五天五夜,路程为 7000 千米,从北京到四川约 1000 千米,所以,总路程为 8000 千米,因之称为路八千。

[12] 苏轼:《念奴娇·赤壁怀古》,这首词写于 1082 年宋朝时候,九百年来一直受人传诵,石刻在湖北黄州东坡祠中。

注:本文作者系王淦昌清华大学物理系的同班同学,南京大学物理系教授。原载《王淦昌和他的科学贡献》,科学出版社 1987 年出版。

一代师表

顾迈南　朱继功

1987年5月28日,是著名物理学家王淦昌80岁寿辰。

对于这位仍然坚持在科研第一线拼搏的老科学家,他的同事、助手,包括李政道、邓稼先在内的几代学生和一切熟悉他的人,无不满怀崇敬之情。

人们谈起他几十年来奋斗不息的精神,谈起他那既平凡又十分感人的高尚情操,犹如捧出散落在各处的一颗颗灿烂的珍珠。记者想尽力将它们搜集起来,编缀成一只闪光的花环,奉献给王淦昌教授和他的同伴们,奉献给读者。

一、中国人的名字写进了世界性的原子核物理教科书

作为一位物理学家,王淦昌教授在科学上的贡献是杰出的。早在20世纪40年代,他就成功地提出了寻找中微子的实验方案;20世纪50年代,又带领各国物理学家发现了反西格马负超子;直到现在,还活跃在科学的前沿。

中微子是基本粒子家族中最神奇的一员。从泡利提出中微子可能存在的假说以及费米提出划时代的β衰变理论以后,各国物理学界出现了许多关于中微子的理论和实验,其关键是如何直接验证它的存在,因为中微子没有电荷,不易直接用探测器发现,而且它几乎不与物质碰撞,很难找到它的踪迹。王淦昌经过反复计算,写了一篇论文,发表在美国的《物理评论》上。关于这篇论文的重要性,物理学家李炳安、杨振宁在《王淦昌先生与中微子》一文中作过这样的评价:"提出用K电子俘获的办法寻找中微子,这是一篇极有创造性的文章,在确认中微子存在的物理工作中,此文一语道破了问题的关键。"

可是,人们也许很难想象物理学上这次划时代的重大发现,是在什么情况下做出来的。

王淦昌万里迢迢从海外归来,日军正大举进犯中国,他同浙江大学的师生们一起内迁。他们从杭州出发,经过江西、湖南、广西,最后到达贵州的湄潭。这时,他已是5个孩子的父亲,一家7口人住在一间只有十几平方米的草房子里。他白天教书,晚上常常工作、学习到深夜。有时候,睡在阁楼上的孩子们一觉醒来,从楼板缝里发现父亲还在昏暗的油灯下伏案工作呢!

就在这样困苦艰难的环境里,他虽然提出了验证中微子存在的实验方案,但是战时的大后方连起码的实验设备都没有,他不得不把论文寄到美国发表。半年之后,美国科学家阿伦根据王淦昌提出的方案证实了中微子的存在。这次重大发现,成为1942年世界物理学的重要成就之一。中国人王淦昌的名字也因此写进了世界性的原子核理论教科书。当人们纷纷向他表示祝贺时,王淦昌却闷闷不乐地说:"中微子的实验没有在中国进行,是我终生的遗憾!"

二、要搞"中国牌"的尖端科学

对于一位科学家来说,一生中能有所发明、有所发现,或能作出一两件举世公认的科研成果来,也就问心无愧、心安理得了。可是,对于王淦昌来说,科研领域犹如广袤的海洋永无尽头、永无止境。

早在1964年,几乎和苏联巴索夫院士同时,王淦昌就独立地提出了用激光打靶实现核聚变的科学设想。

为了把设想变成现实,有一年,他从基地回北京休假,接连几个晚上冒着风雪从中关村骑自行车到友谊宾馆,劝说科学院有关科技人员立即着手开展这方面的研究。国家有关部门采纳了他的建议;随后,他又以极大的热情和坚韧的毅力推动指导了这项研究工作。

用激光打靶实现核聚变,从理论、器件、制靶到诊断是一项极其复杂的工程。任何一个科研单位都难以承担起这样艰巨的研制任务。一年冬天,他亲自带领九院的科学家们到上海嘉定,同中国科学院光学精密机械研究所的科学家们商谈两个系统如何全面开展合作的问题。

"合则成,分则败!"他说。

后来,由于种种原因,美好的愿望没有成为现实。快散摊子的时候,王淦昌挺身而出和光学家王大珩四处游说,甚至登门向有关负责同志求助,急切陈述中国发展这项尖端科学的必要性。人们被他的进取精神所感动,几经周折,大家又走到了一起。队伍重新组织起来之后,两个单位一致同意在上海建造一个大型激光装置。

1981年夏的一天,75岁高龄的王淦昌高兴地举起杯子以水代酒祝贺几个单位即将开展的全面合作。不料祝贺刚刚完毕,又产生了新问题:装置建成后,产权归谁?

"为国家所有嘛!"王淦昌说。他再次和王大珩分头做说服工作。最后,大家终于同意他的意见:"共同管理,共同使用,中华人民共和国所有。"

"国家的东西嘛!我们不应当搞杂牌,应该搞一个牌子,那就是'中国牌'!"他高兴地说。

三、请祖国收下 14 万卢布

爱因斯坦说过:"不管时代的潮流和社会风尚怎样,人总可以凭着自己高贵的品质,超脱时代和社会,走自己正确的道路。现在,大家都为了电冰箱、汽车、房子而奔波、追逐、竞争。这是我们这个时代的特征了。但是也还有不少人,他们不追求这些物质的东西。"的确,在任何时代,都有一些人营营于一己之私,然而也还有不少人,摆脱了这种低级趣味,他们追求理想和真理,并从中得到了内心的自由和安宁。

王淦昌正是我国老一代具有崇高理想的知识分子的典型。

1961 年,他在苏联杜布纳联合核子研究所工作,任中国专家组组长。国内出现了严重自然灾害的消息传到杜布纳,他坐不住了。

一天,他乘火车专程到莫斯科中国大使馆求见刘晓大使。见面后,王淦昌取出存折,说:"刘晓同志,这是我在苏联工作期间节余的 14 万卢布,请你收下,转交给祖国人民吧!"

当时,14 万卢布相当于 2 万~3 万元人民币,面对这笔巨款,刘晓大使怔住了。"这合适吗?"他迟疑地说。

"游子在外,给父母捎家用钱,理所应当,现在国家遇到了困难,我难道不应尽一点儿心意吗?"王淦昌坚持说。

其实,王淦昌的经济状况并不宽裕,相依为命的老伴是个家庭妇女,他要独立负担一个多子女大家庭的生活。可是,他有一颗金子般的心,总是处处为国家着想,很少想到自己,很少想到自己的家。在青海工作的十多年中,按国家规定,工资可以享受高原地区的补贴和特殊照顾,他不仅不要补贴和照顾,而且每次从核试验研究基地回北京的差旅费都是自己掏腰包,从不报销。身边的同志发现后,请他把车票交出来报销时,他说:"钱够花了,报它干什么?"后来有人背着他悄悄地报销了,他发现后,非常生气,把这位同志批评了一通。

1982 年,王淦昌荣获国家自然科学一等奖,立即把 3000 元奖金全部捐献给原子能研究所小学,作为奖学金。

有人问他为什么这样做,他说:"我只是想为娃娃们的父母减少些后顾之忧,为原子能事业更好地工作。"

有一次,他到外地出差,住在招待所里。半夜里,被汩汩的流水声惊醒了,连忙叫醒熟睡的秘书说:"小种,你听,哪里的水箱漏水了!"

"这么晚了,明天再说吧!"

"不行,等到天明那要浪费多少水啊?"就这样,他和秘书种培基一起从三层楼挨个儿敲门查询,错了就道声"对不起",一直敲到一层楼才找到那个漏水的龙头。水龙头关上后,他气愤地说:"是谁这样不负责任,用了水不关水龙头!"

四、"他是我生命的一部分……"

半个多世纪以来,王淦昌教授言传身教,培养了一大批科技人才。他的学生中,有著名物理学家李政道,有许多海内外知名的物理学家,还有年轻的研究生,人们谈起王淦昌,总是异口同声地说:"他不愧是一代师表!"而王淦昌也总是把扶持后学作为生平最大的乐事,把发现和培养新的一代科学家看成是自己对科学的一种贡献。

早在20世纪40年代他在浙江大学任教时,发现一个学生十分勤奋,理解力很强。

"王老师,你给我出的题目我都做完了,觉得不够味,你再出些题目让我做吧!"王淦昌给他出了一个又一个题目,他总是很快就完成了。这个学生就是蜚声国际物理界的李政道博士。

平时,王淦昌对学生的关心和爱护胜似亲人。不久前,他的学生和助手王乃彦由于外伤造成视网膜脱落,急需住院治疗。王淦昌听说后非常着急,到处奔走联系,他说:"王乃彦的生命就是我的生命,他是我生命的一部分",恳求医生无论如何设法把王乃彦的病治好。王乃彦住院后,每个星期他都要到医院去看望,对人说:"王乃彦比我用功啊,没有他我们准分子激光的研究工作很难进行下去!"

王淦昌的勤奋好学时刻都在激励着他的学生们。许多年轻人作学术报告,他都是亲自到场倾听,而且认真地做笔记。年轻人觉得很奇怪,王老那么大学问还来听青年人的讲演,他却乐呵呵地说:"能者为师嘛!"

有位名叫卢仁祥的助理研究员,在等离子体X光光谱方面做出了成绩,王淦昌听说后,一再请他到北京来做报告。后来,卢仁祥不幸得了肝癌,王淦昌听说后心情十分沉重,趁到上海出差的机会,特地到医院去探视。王淦昌坐在小卢的床边,把香蕉剥开,送到他的嘴边,鼓励他坚强起来同疾病作斗争,说:"病好了一定来北京做报告,我们等着你!"病势垂危的卢仁祥这时已经米水不进,而他还是含着激动的眼泪挣扎着咽下一口香蕉,10天以后便去世了。

小卢逝世的前一天,嘱咐妻子把物理学家邓锡铭请到医院里,费了很大的劲对邓锡铭说:"请你把录音机放在我的嘴边,我要对王淦昌、钱学森老前辈说几句话!"这位气息奄奄、即将离开这个世界的年轻人说了些什么呢?事后,王淦昌按下放音键,微弱而熟悉的声音传来:"我卢仁祥的工作所以能作出一些成绩,是和你们父辈般的关怀分不开的,我是怀着对你们感激不尽的心情离开人世的……"

类似这样感人的事情,在王淦昌工作过的地方难以数计。直到现在他年近八旬还带了5名研究生。他对年轻人要求十分严格,有时甚至是苛刻的。平时,他最反对年轻人把过多的时间花费在看电影或是打扑克上,他说:"我28岁就当教授了,你们都这么大年纪了,还不用功……"看到有些青年不安心本职工作,一心想出国留学，他就语重心长地对他们说："我到过不少国家，其实我们国内的大学和研究所的水平并不比外国差。出国深造的目的应该是为了今后更好地为祖国服务。怎能相信一个在国内疲疲沓沓、玩忽职守的人，到了国外会发奋地读书呢？"

五、耄耋之年仍在跟踪世界高技术的发展

如今，已届耄耋之年的王淦昌教授还活跃在科学的前沿，他亲自领导的用钕玻璃强激光打靶的研究取得了重大进展；由于他不倦地为我国的核科学开拓新的科学领域，他领导的强流电子束泵浦氟化氪激光的研究，也已经有了良好的开端。

1986年3月，他和王大珩等四位科学家一起，向党中央提出了《关于跟踪外国战略性高技术发展的建议》，他们在建议书中写道："必须从现在抓起，以力所能及的资金和人才，跟踪新技术的发展进程……事关我国今后国际地位和进入21世纪后在经济和国防方面能否进入世界前列的问题。"党中央采纳了这个建议，聘请许多科技专家进行了深入的科学的论证，国务院广采博纳，作出了正确的决策，《中国的高技术发展纲要》就这样诞生了。国家科委主任宋健说："发展高技术是我们通向未来的桥梁。我们非常感谢四位老一代科学家适时地提出了发展高技术的建议，他们起到了我们不能起的作用。"

王淦昌教授为自然科学的发展做出了卓越的贡献，为祖国的富强立下了不朽的功勋，然而更宝贵的是，他为人们提供了巨大的精神财富。有人说，"献身、创新、求实、协作"是科学道德四要素。这四要素，王淦昌恰恰都做得很好，这也是他堪称一代师表的奥秘。

注：本文作者系新华社记者。原载《文摘周报》第348期，1987年5月29日。

人老心不老

顾德欢

1949年杭州解放不久,我调到浙江省工业厅工作,得悉王淦昌老师在浙江大学工作,就抽空去看望他。这次去看王老师,并不是组织上交给我什么任务,而只是出于师生友情,作为个人私事去的。在新中国成立之初那些忙乱的日子里,我们这些人办私事是不多的。从1935年冬我被山东大学开除离校后,相隔已有14年了,这次见到王老师,心里很高兴。我说:"您的一个逃学的学生来看望您了。"我这样说,不完全是一句闲话,也反映我的一个思想,对自己没有学好物理是有些遗憾的。我是从"科学救国"之类的思想,转到信仰马克思主义、共产主义的。全国一解放,我就以为以后党的主要任务是搞建设,又需要学点物理了。但新中国刚成立,大家关心的还不是物理的事。王老师仍很性急,我从他的话语中意会出,他以一个科学家探寻真理的精神,急于想了解我们这些年干了些什么,为什么在不太长的时期内就取得了革命的胜利。这个问题可不容易回答。大约因为当时新中国刚成立,我的思想也解放一些,我想了一想,就随口说:这二十多年,我们共产党最主要的是做了一件事,就是把中国亿万贫苦农民,发动组织起来,武装起来,做到不怕流血牺牲,去向侵略者和剥削压迫他们的反动派作殊死的斗争。这个说法究竟是对还是错;对王老师的问题是否有些答非所问,我现在还不大清楚。我的记忆力并不好,但不知怎的,1949年新中国成立之初和王老师的这次谈话,我还记得。可能是由于我一直还在思索这个问题。三十多年来,在建设社会主义新中国的过程中,我们取得了伟大的胜利,但也遇到过严重困难,走过很大的弯路,我想它们是和中国的历史特点,和中国革命取得胜利的这个特殊过程有一定关系的。

1934年暑假后至1935年12月,我在山东大学物理系上学。记得王淦昌先生刚从德国留学回来,是学校最年轻的教授。我们学生都喜欢听王先生的课,觉得王先生对教课的内容,对当代物理学的理论,是真正掌握了的;而且对物理学上哪些问题是已经解决了,哪些还未完全解决,他也能向学生讲清楚,引导学生去思考。我那时,虽然主要的精力已不放在上课上面,但对物理课还是很感兴趣,在山东大学能碰上王淦昌先生这样一位好教授,是很愉快的。

在山东大学的一年多,是一个激动人心的革命年代,是令人难忘的日子。有人说,现在是一个"反思时代"。那么,在50年以前,在整半个世纪以前,在我们这些人的青年时代(那时王老师也还不到三十岁),也正处在一个"反思时代"。20世纪30年代初,整个资本主义的空前大危机造成世界形势的大动荡,德、意、日三国法西斯正在得寸进尺,扩大侵略。同学中平时看报的本来是不太多的,但在1935年10月那些日子里,第一堂课一下课,人们就涌向阅报室,挤满在报架子前面,意大利大军入侵阿比西尼亚(即今埃塞俄比亚),弱小的阿比西尼亚却不畏强暴,奋起英勇抗战。每天报纸的头版头条大字标题,都是阿比西尼亚抗战的新闻。而我们中国呢,继"塘沽协定"之后,又来了个"何梅协定",眼见蒋介石就要把整个华北大地拱手送给日本侵略者了。同学们拥挤在报架子前面看报,是不能不有所"反思"的。

当时山东大学大约有十多个互相信得过的进步同学,还没有党的组织,只是和上海、北平等地组织有些个人联系。我们读过一些马列主义的书,关于革命低潮高潮的理论也知道一些。看到同学们这样拥挤在阅报室里,这样关心政治局势,我们感觉到革命高潮来到了,我们再不能继续埋头读书了,应该行动起来。我们虽然人数不多,但在同学中还有些影响。学生中虽有些国民党分子,他们的能量也不比我们大。学校当局是听从国民党的,而教职员工中死心反对、破坏学生爱国民主运动的人仅是少数。这些就是当时我们对革命形势和力量对比的分析。不管怎样,我们是闯出去了,闹起来了。我们第一次发动未能冲破学校当局的阻挠。没过几天,北平学生的"一二·九"运动爆发了,多年的白色恐怖终于被冲破,全国学生都行动起来了,山东大学和青岛市的学生爱国民主运动的局面也打开了。我们物理系一个班只有十来个学生,所以我和王淦昌老师交谈接触的时间是不少的,在这段"反思"和激动人心的日子里,王老师和我们是一起经历过来的,相互比较了解。

1956年冬,我调到中国科学院电子学研究所工作,和王老师在工作上有些接触。王先生有时有个部件或专题要电子所协作,他时常一个人直接跑到实验室和题目负责人商谈,当我知道后想去找他,他已经走了,他生怕打扰我们。一般说,王先生他们的工作总是"主角",我们是为他们的大任务做"配角"的,但王先生非常尊重我们,平等待人,对年轻科技干部总是细心帮助、指导,有的人成了王老师家里的常客。王先生善于抓住一些重大科技项目,对国家既有很大实际效益,在科学上又有重大发展意义,时常为此亲自到处奔走,加以落实。1986年春节前,我去看望他,他诉苦说,他自己还管着五六十人的一个摊子,但没有钱。正因为他自己至今一直在第一线工作,和在第一线工作的科学干部有着密切的联系,因此他对科技战线上出现的问题和存在的困难,发现得早,体会得深,并能及时向领导提出积极的建议,时常收到很好的效果。不久前,王老师和其他几位科学家关于加强高技术研究的建议,受到了领导的重视,这是我国社会主义建设中非常关键的一着棋子。王老师总是这样主动积极,一刻也不停下来。他人老心不老,始终充满着青春活力。这一切使我深受启发和教育。

注:本文作者曾任中国科学院电子学研究所所长。原载《王淦昌和他的科学贡献》,科学出版社1987年出版。

回忆王淦昌老师二三事

钱人元

王淦昌老师的治学待人，我们学生辈深受其教益，并对我们后来的工作和生活中影响很大。借此王老师八秩寿辰的机会，尽力作了一些回忆，事隔四十多年，回忆很难详尽，细节之处，多已遗忘，仅就在广西宜山时期（当时我是化学系四年级学生，毕业后头几个月也在宜山）几件很有感受的小事，作简短的叙述。

1938年暑期，浙江大学由江西泰和迁到广西宜山。在迁校途中，因日军进攻广州，五百余件同学的行李在混乱中丢失。时已入冬季，我曾看见一位同学穿着一件款式新颖、面料很好的呢大衣，据告是王老师从家中拿出来给他穿的。后不久，我忽患面部丹毒，高烧昏迷，送入宜山医院时病房已不接收，暂住太平间，幸当时校医周老医师从香港购到磺胺新药百浪多息（prontosil）针剂，注射数次后即告痊愈。病复期间也得到了王老师经济上的帮助。王老师为人如此真诚，处处为大家着想，在患难中同舟共济的精神，实属可贵可敬。

在宜山开学后，当时物理系四年级无学生，只有孟寰雄从上海来浙大借读。我是化学系四年级学生，因在三年级时曾选读张绍忠老师的电磁学，对物理学感兴趣，因此选修王老师的近世物理课程。当时选这门课的就是我和孟君两个学生，王老师仍欣然开课，除我二人外听课的大多是助教。王老师备课讲课非常认真，并没有因为只有两个学生选修而有所放松。一年中从学习王老师的这门课所受到的熏陶，对我后来的学习和研究，特别是学习物理学的兴趣起了十分重要的作用。王老师在讲课中十分强调实验工作和创新精神在科研中的重要性，对许多近代物理中得过诺贝尔奖的实验，均详为介绍。通过一年的学习，使我对当时的核物理学产生了浓厚兴趣。1943年我去美国，当时准备学习放射化学，由吴学周教授介绍给约斯特（D. M. Yost）教授，到美后因当时约斯特教授在参加战时研究工作，未果。

1939年，哈恩（Hahn）和迈特纳（Meitner）发现重核裂变，实验发表后，王老师即在物理系的学术活动中作了报告，介绍此新发现。我听过报告后，十分感兴趣，即收集有关文献。那时我已毕业，由王老师推荐任物理系助教，作为王老师的研究助手。当时我曾想从照相底片法寻求铀核裂变产核的径迹，可惜当时实验条件极差,未能开展。我根据所收集的文献写了一篇综述,适逢中国科学社征文,便寄到上海应征,后公布与葛庭燧并列第二名,第一名是谢家麟。此文后在1940年《科学》上发表。王老师对科学研究前沿和新发展极为重视,而且能及时传布到年轻的一辈,我有深刻的感受。

在宜山这一时期是战火纷飞、抗战十分艰苦的年代,日寇长驱直入,广州、武汉相继沦陷,且窜入广西,宜山也岌岌可危。王老师不仅对劳军捐献积极参加,而且在科学研究上亦时刻在动脑筋,希望能做些有助于抗战的努力。当时王老师对中子物理颇有研究,想通过(α, γ)过程的核反冲引爆炸药,要我制备雷酸镉来对这一设想进行实验。镉有很大的中子吸收截面,雷酸镉与雷汞相似,有可能经中子轰击而引爆。我当时在极简陋的实验条件下合成了少许雷酸镉,恐怕合成的质量也不好,又怕量大时有危险,曾试用毫居里级的Ra-Be中子源轰击,未能观察到爆炸。后来因宜山紧张又北迁贵州,而未能做更多的实验。

一位老师对学生的言传身教,在潜移默化的过程中,往往发生深远的影响,甚至对后来的事业会永远起着引导和推动的作用。经历四十多年,现在再回忆王老师对我的培养时,深切体会到这点。我愿借此机会祝王老师健康长寿,您的谦虚好学的治学精神和真诚待人的美德,将永远是后辈的学习榜样。

注:本文作者系高分子化学家,中国科学院院士,曾任中国科学院化学研究所所长。原载《王淦昌和他的科学贡献》,科学出版社1987年出版。

重大的贡献 学习的榜样

钱三强

我的学长王淦昌同志对我国原子核科学基础研究和原子能的应用作出了重要贡献。作为他的同事,我仅就他的重要成就和严谨作风记录一二,以表对他敬佩的心情。

淦昌同志是清华大学第一级(1929届)物理系毕业生,比我高七级,他在学校时教授有叶企孙、吴有训等,教师有赵忠尧等。我们在学校常听到老师们提第一、二级的王淦昌、周同庆、施士元和龚祖同,当我在法国留学时(1937年以后),就知道王先生和施士元先生曾在20世纪30年代初分别在德国迈特纳教授和法国居里夫人指导下做过用 β 谱仪测量放射性元素 β 能谱的博士论文。王先生回国后在山东大学和浙江大学担任教授,在对日抗战时期极为困难的条件下,不但教学成绩优异,并且还进行一定科学研究工作,实为难能可贵。新中国成立前,国内科研、教学单位都想进行研究工作,但合作精神比较差,以北京的清华大学、北京大学、北平研究院而言,虽然偶尔还联合召开学术报告会,但要共同建造与共同使用重大研究设备就谈不上了。对新回国的留学生竞相争聘,据为本单位所有,科研条件则考虑很少。这种情况对用光谱仪等做的研究工作尚可勉强维持,但更大的设备条件就完全不可能了。至于不同城市的合作就更谈不上了。

王淦昌与钱三强院士(右)在讨论

1949年7月,为了准备召开第一次政治协商会议,曾在北京召开过自然科学工作者大会筹备会。在这期间,我第一次见到浙江省代表闻名已久的王先生。王先生深厚的科学知识、明朗的性格和直率的发言,给我印象很深,当时就想到,要发展我国原子核科学时应请他一起参加。

1949年10月中华人民共和国成立,不久中国科学院成立,从此我国的科学研究工作开始走向有计划地服务于国家建设的道路。中国科学院为改变旧中国科学机构重复分散的弊病,在组织统一的国家研究机构时,曾召开过一系列机构调整会议。根据多数物理学家的意见,1950年成立了以原子核研究为主的近代物理研究所和以固体物理、光学、电学研究为主的应用物理研究所,分别由吴有训和严济慈担任所长。近代物理研究所由北平研究院原子学研究所和中央研究院物理研究所原子核物理部分合并组成,清华大学和浙江大学等从人力上给予了支持。清华大学选派彭桓武、金建中等,浙江大学选派王淦昌、忻贤杰等,会同中央研究院的李寿楠、程兆坚等和北平研究院的钱三强、何泽慧等,共同参加初期的建所工作。所址最初设在北京东皇城根,以后移到中关村。1951年,由钱三强任所长,王淦昌和彭桓武任副所长。

鉴于研究原子核科学所需的设备比较昂贵,1949年新中国成立以前从事原子核科学研究人员很少,如果人力分散,设备重复,对于研究工作就会很不利。因此,在建所初期,就决定先集中建立我国第一个原子核科学技术基地,建设各种研究设备,发展有关的科学技术,有计划地培养青年,在人力、物力上为进一步发展打好基础。新中国成立不久,西方国家对我实行禁运,有钱买不到仪器,于是我们鼓励全所人员学习延安"自己动手,丰衣足食"的革命精神,自己动手制造各种设备。虽然困难不少,所花的时间多了一些,但通过这些工作,训练了青年科技工作者,在制造设备过程中,掌握了不少必要的技术,对他们以后独立进行研究工作有很大好处。

近代物理研究所的工作分为五个组:①实验原子核物理;②放射化学;③宇宙线研究;④理论物理;⑤电学。王先生与萧健同志负责领导宇宙线研究工作。他们首先利用王先生从浙大带来的直径为30厘米的圆云雾室和赵忠尧先生从美国带回来的多板云雾室开展工作。从1952年起,设计并建造了30厘米×30厘米×10厘米、磁场为7000高斯的磁云室;1954年,在云南落雪山海拔3180米处建造了我国第一个高山宇宙线实验室,安装了多板云室和磁云室,开展了奇异粒子和高能核作用的研究工作。经过实际工作锻炼,成长了吕敏、霍安祥、郑仁圻、郑民等青年骨干,为我国进一步开展宇宙线和高能物理研究打下良好基础。

当时,我还兼任科学院计划局的工作,又先后参加过几次保卫世界和平会议和有关工作,因此所内组织领导责任就落在王先生和彭桓武同志的肩上,而王先生负了主要责任。

1956年,周恩来总理主持制定我国科学发展十二年规划,其中,原子能科学部分的初稿是由王先生主持拟定的。规划定稿中包括了质子加速器、电子同步加速器的建造,辐射化学的研究和同位素制备等,使得规划扩大了,包括低能核物理、应用核物理、宇宙线、高能物理、反应堆、加速器、放射化学、同位素制备等方面,为1958年研究所(近代物理研究所1953年10月改名为物理研究所)改名为原子能研究所(由第二机械工业部和中国科学院双重领导)的科学技术范围勾出了初步蓝图。

从1956年冬起,王先生和胡宁、朱洪元、周光召等陆续地参加设在苏联莫斯科近郊杜布纳的联合原子核研究所的研究工作。他从1958年起担任该所的副所长。他和丁大钊、王祝翔等于1959年利用该所的10GeV质子同步稳相加速器,发现反西格马负超子,丰富了人们对基本粒子的认识,获得了1982年我国自然科学一等奖。同时,周光召在理论上对盖尔曼等人提出的膺矢量流部分守恒律给以较严密的证明,对弱相互作用理论起了促进作用。这两项工作都是我国在联合原子核研究所作出的重要贡献,为祖国争得了荣誉。

1959年6月苏联背信弃义,撕毁原子能方面协议,企图扼杀我国原子能事业,1960年撤退专家。这时王先生回国,不久就参加原子武器的研究设计工作。就这样,王先生为了祖国的需要,放弃了基础研究,改做很实际的应用性工作,这样的爱国热情是我们应该学习的。

为了核武器的研究设计工作,二机部自1958年起即由李觉同志负责筹备第九研究院,原子能研究所推荐和选派了优秀青年理论物理学家邓稼先参加九院的组建和负责培养干部工作。1960年,根据二机部加强第九研究院的精神,原子能研究所推荐与增选王淦昌、彭桓武、朱光亚等重要理论和实验骨干先后担任九院副院长;并且决定作为九院后方基地,凡是人力、物力、科学技术上九院需要的,研究所应无条件地支持。在九院进行原子弹设计的同时,原子能所还接受二机部委托,由我负责选黄祖洽、于敏等理论研究骨干在所内组成"中子物理"小组,开始做热核材料性能和热核反应机理的探索性研究,分析研究了基本现象和规律,探讨了不少关键性的概念。在原子弹工作完成后,原子能所的专门小组与九院合并,经两年零八个月的努力就爆炸了氢弹,使我国成为世界上从原子弹到氢弹发展最快的国家。在九院,淦昌同志担任了他过去不熟悉的实验科学技术。由于他科学基础雄厚,懂得理论联系实际,他和他的同事们通过艰巨的创造性工作,为我国原子弹、氢弹的实现作出了举世瞩目的成就,大大地加强了我国的国防力量,提高了我国的国际地位。完成了这些光荣任务后,1978年,淦昌同志回到原子能研究所担任所长,我回到科学院工作。现在他是中国原子能科学研究院的名誉院长,核工业部的科学技术委员会副主任。

淦昌同志是我们这一代核科学工作者中的突出代表,他既能在基础研究中获得优异的成就,又能在应用性很强的、过去不熟悉的领域内作出重要贡献,他把任务与学科间的辩证关系处理的非常恰当。他懂英、德、俄几种语言。他生活朴素,待人平等热诚,心地坦荡,治学严谨,热爱祖国,热爱人民,具有不可多得的杰出科学家的品质,在他八十寿辰之际,我们衷心祝愿他健康长寿,愿他在新的伟大历史时期继续为我国原子能事业出谋划策,为我国的经济建设、国防建设和科学技术的发展,为我国现代化的宏伟事业,作出更多贡献。

注:本文作者系著名核物理学家,中国科学院院士,曾任中国科学院副院长。原载《王淦昌和他的科学贡献》,科学出版社1987年出版。

一位实验与理论兼长的物理学家

钱临照

人们在评论一位物理学家时,往往把他划分为实验物理学家或理论物理学家。从本质上说,物理是一门实验科学,就是说从实验出发来发现和验证物质结构和运动规律。物理学作为一门科学,从伽利略时代开始发展到现在,都是对物理实验结果加以理论分析、探讨,从而加深对物质内在规律的认识。所谓物理学的理论,不只是运用数学技巧到物理问题中去,物理学家更重要的素质是要有洞察力和预见性。

我国物理学前辈吴有训,称他的学生王淦昌为一位实验与理论兼长的难得的物理学家。

吴有训先生的话是有充分根据的。

淦昌于1929年毕业于清华大学后,翌年即去德国从迈特纳(L. Meitner)从事核物理研究。在一次讨论会上听到玻特(W. Bothe)用 α 粒子轰击 Be^7 核,发现有很强的穿透辐射。玻特的报告启发了王淦昌的深刻思索。当时他就意识到如果能获得适当的放射源和一架云室做此实验,就可对此强辐射进行深入研究。只因未获导师同意,这计划未能实现。1931年,法国的约里奥·居里夫妇对此进行研究,1932年年初,英国的查德威克(J. Chadwick)发表了发现中子的论文而获得诺贝尔奖。查德威克是用电离室作为探测工具的,实质上王淦昌计划用云室来观察,中子虽在云室中无电离作用而无径迹,但中子和质子碰撞,质子的反冲在云室中是易于观察到的。之后不久,观测中子就是在云室中观测它与质子相碰撞后质子反冲的径迹而实现的。王淦昌在实验方法上高人一筹,而预见性更是超群。中子之发现与王淦昌失之交臂。

王淦昌在浙江大学任教,正值全国抗日战争时期。他随着学校辗转六千里到达贵州遵义。1930年年初,泡利(W. Pauli)为 β 衰变过程中能量与动量不守恒所困惑,因而提出中微子的假设。而历时十余年未得实验证明其存在。泡利自己声称这种粒子难以检测。1934年,派尔斯(R. Peierls)强调观测中微子之不可能。其后虽有多位物理学家试图验证中微子之存在,结果都不理想。1941年,王淦昌卧病遵义山城,病中阅读各种物理文献,思考出一种巧妙的验证中微子存在的实验方案。该方案是测量原子核 Be^7 俘获 K 壳层电子释放中微子时所产生的反冲。这方案的特点是对放射源的谨慎选择,对 K 壳层电子俘获过程有深刻考虑。他强调了选用 Be^7 可以得到一种没有任何连续辐射产生。这种考虑对于反冲没有深刻理解是不能达到的。1942 年阿伦(J. S. Allen)根据王淦昌的思想,成功地做了中微子验证的实验,世称"王淦昌—阿伦实验"。这是早期也是第一个验证中微子的著名实验。自从原子堆产生之后有了强辐射源,中微子的验证得到更为显著的结果。20 世纪 40 年代初,在中华民族生死存亡关头,地处僻壤的黔北山区,王淦昌对当时大家认为棘手的问题,以深邃的洞察力,设计了有效的实验方案,为我国在抗战时期的科学研究增添异彩,也为人类科学的克敌之战拿下了攻坚战役。

有人问为什么有这样重要价值的论文不在中国学术刊物上发表?问题提得很好。王淦昌是一向重视我们自己的学术刊物的。1941 年,王淦昌把论文写成之后投送《中国物理学报》,当时国内各种学术刊物经费短绌印刷困难,《中国物理学报》尤甚。不得已学报不能接受他的投稿,于是作者才把论文辗转递送到美国。论文终于不失时机地于 1942 年 1 月出版的《物理评论》上刊出。设想假使这篇论文为《中国物理学报》所接受,而那时学报一年只出一期,学报递送到国外,更不知是何岁月,这样,这篇重要的论文就不能及时地为国际同行所看到,岂不延误时机。因此,王淦昌这篇论文被《中国物理学报》所退稿,不能不说是由不幸转为幸事。

王淦昌在物理学上的又一杰出成就是众所周知的。20 世纪 50 年代世界物理学界掀起了一个高能物理学研究的高潮。高能加速器的能量不断升级。苏联在这方面不甘示弱,于 1957 年在杜布纳建成了一个同步稳相 10GeV 的大加速器,并在这个加速器所在地成立杜布纳联合原子核研究所。1956 年 9 月,王淦昌由我国派出作为杜布纳联合研究所的中方代表,后任该所副所长。王淦昌到任之后就要考虑在这架大加速器上做些什么有意义的工作。经过共同研究,王淦昌果断地提出寻找新粒子的课题。那时在杜布纳研究所内除了这架大加速器外,并无配套的终端检测设备。云室是他熟悉的检测工具,但云室中的气体太稀薄,核反应不易捕捉。那时气泡室发明不久,气泡室中用液体反应物质密度大,气泡室可看做新一代的粒子径迹检测器。通过照相,它可以永久保留径迹的立体图像,并有良好的空间、时间分辨率。王淦昌提出用丙烷作为气泡室的工作物质。气泡室放置在强磁场中,以 6.8GeV 的 π^- 介子作为入射粒子,π^- 核作用为主要搜索对象。事前,他嘱咐过组员在观察气泡室所摄得反应径迹时所应注意的事项。1959 年 3 月的一天,得到了一张有意义的气泡室反应的径迹照片。经过郑重分析和详细计算,于 1960 年 3 月 24 日王淦昌小组方始正式宣布,发现了一个新的带负电超子,寿命为 $(1.18\pm0.07)\times10^{-10}$ 秒,即反西格马负超子($\bar{\Sigma}^-$)。这是物理学史上继 1955 年在伯克利加速器上发现反质子，1957 年在同一加速器上发现反中子之后的又一反粒子的重大发现。宇宙中存在反粒子、反物质的断言从此得到进一步的证实。王淦昌为我国在国际科学界中赢得了声誉，为世界科学史添了光辉一笔。

王淦昌在物理学上作出如此巨大贡献，他不只是如人所称一位实验技巧好的实验物理学家。剖析问题深刻、对物理现象的本质具有深刻的洞察力、有正确预见能力、在重要时刻能有果断决策，这些都证明他具备了世界大物理学家所必备的素质。他的老师吴有训对他的评价是十分正确的。

王淦昌以如此良好的素质，自 1961 年起就参加我国核武器的制备工作，原子弹与氢弹相继于 1964 年和 1967 年成功地爆炸了。他所领导的工作组于 1984 年获得国家自然科学一等奖。他现在已年届八十高龄，还以旺盛的精力从事于受控核聚变的研究。他对激光、等离子体物理的工作也倾注了甚大精力。他无私地以毕生精力贡献给科学事业，贡献给国家，是我们科学工作者的好榜样。

注：本文作者系物理学家，中国科学院院士，曾任中国科技大学副校长。原载《王淦昌和他的科学贡献》，科学出版社 1987 年出版。

咏王淦昌老师(七绝)

黄祖洽

早岁"中微"初议探，
中年得觅"细格么"①；
白头更事核工业，
一代宗师倍可夸。

王淦昌在一次学术会议上发言(左为黄祖洽,右为孙祖训)

注：本诗文作者系物理学家，中国科学院院士，曾任北京师范大学低能核物理研究所所长。原载《王淦昌和他的科学贡献》，科学出版社1987年出版。

---

① "中微"指中微子，"细格么"指反 Σ 负超子。按 Σ 通译为"西格马"，然读音不近 Σ，今改译为"细格么"，似更近原音，且符平仄。

在王老身边的回忆

康力新　种培基　柴玉松

1978年,王淦昌同志调来北京担任二机部(核工业部)副部长。自那时起,我们有幸先后作为秘书在王老身边工作。他那坚贞不渝的爱国精神、顽强不屈的奋斗意志、严肃认真的科学作风、谦虚坦荡和热情诚挚的待人态度,永远使我们敬佩,永远值得我们学习。

一、一份关于开展高技术工作的建议

1986年3月的一天,在中央顾问委员会主任、中央军委主席邓小平的案台上摆放着一份重要报告,内容是关于在中国开展高技术研究工作的建议。小平同志阅后,赞许地点点头,立即作了重要批示。于是一场制订中国高技术发展规划的重大工作,在国务院总理赵紫阳的亲自主持下开展起来。

这一项不寻常的"建议"是王老与王大珩等四位科学家联名提出的。他们提出这一"建议"是经过深思熟虑的。纵观历史,整个20世纪处于以物理学革命为先导的科学技术革命时期,特别是第二次世界大战以后,一场以电子计算机、空间技术和原子能为标志的新技术革命浪潮汹涌澎湃地席卷全世界。横看世界,1983年3月,美国总统里根提出了"战略防御倡议(SDI)"计划,以谋求对苏联的战略优势。东欧集团也针对性地提出了"科技进步综合纲要"。由法国倡议,为西欧各工业先进国所接受的"尤里卡"高技术发展计划应运而生,日本等国也争先恐后地制订了本国的高技术发展计划。整个世界,像一股旋风似的都随着转动起来。各国为保持科技发展上的主动权,在高技术方面展开了激烈的竞争。两位王老洞察世界上所发生的这一切,认为我们也应抓住时机,迈开坚定的步伐。他们在各种大小会议上反复地宣传发展中国高技术的重要性和必要性。他们在建议书中指出,这是"事关我国今后国际地位和进入21世纪后在经济和国防方面能否进入世界前列的问题","我们觉得面对'星球大战'所导致的世界形势,我们有必要采取在新技术上'跟踪'、在新武器上要'有一点儿'的策略"。他们的建议代表了广大科技工作者的心声。

赵紫阳总理充分肯定了他们的建议,在会见王老等有关科学家时,他指出,中国的经济振兴,从长远看,必须依靠高技术。我们应当力所能及地、有重点地跟踪世界上高技术的发展,并争取在某些方面有所突破。这样,到20世纪末,既能实现翻两番的目标,又能在技术上为下世纪的发展作出准备,进一步实现下个世纪的目标就有把握了。

目前,这个建议正在开始逐步具体化,它将有力地推动我国科学技术的发展。王老就是这样,以他那半个多世纪从事科研的坎坷经历造就出的博大精深的头脑、机警敏锐的目光,高瞻远瞩地去预见未来,为祖国的现代化事业献计献策。

二、"科学上的新追求才是我的兴趣"

王老不仅预见未来,而且追求未来,创造未来。他是一位实干家、开创家,一位一直战斗在世界和中国核科学技术研究前沿的战士。

20世纪60年代,王老从事原子能国防应用的研究。1963年广州会议上,陈毅副总理见到王老时,作了一个紧握拳头,然后猛地张开的手势,问:"你那个东西什么时候响?"王老十分理解老帅之心,答到:"再过一年。"陈老总会心地笑了,说:"好,有了这个,我这个外交部长腰杆就更硬了。"果然,一年之后,1964年10月16日,中国第一次核试验成功了。直到王老依依不舍地离开那无名英雄们战斗的岗位为止,我国战略核武器已取得重大发展。王老为之付出了心血,他的功绩已载入史册。

20世纪70年代,世界核能事业大发展。王老认为中国不能"有核无能"。1978年国庆节前后,他和二机部的一些专家联名上书中央,提出发展核电的建议。小平同志极为重视,批转有关部门,要求他们认真听取专家的建议。1980年8月14日,王老为中央书记处作了题为《核能——当代重要能源之一》的讲课。他一直在为中国核电事业的起步奔波。

20世纪80年代,王老奋战在未开拓的人类新世纪能源的研究上。早在20世纪60年代,王淦昌就与苏联科学家巴索夫(Басов)几乎同时地独立提出了激光惯性约束核聚变的概念。他没有在公开的刊物上发表,而是向国务院领导写了一份建议书。在他的建议下,上海光机所开始从事强激光的研究。1975年建成六路高功率激光,使我国激光核聚变工作取得相当大的进展。1980年,在他的建议下,原子能研究所成立了一个新的研究室。王老亲自率领这个室的科技人员,在中国开辟了用粒子束作驱动器实现惯性约束聚变的研究工作。

王老在不断地前进,不断地追求,对科学上的一切新颖事物都感兴趣。1982年,当他辞去核工业部副部长和原子能研究所所长职务后,不少人劝他"写点东西","坐下来,著书立传"。随着年龄的增长,领导和有关部门希望他"为青年人留下些文字的东西"。然而,他没停步,没有坐下。他说:"写点自传,总结过去的工作固然有益,但我更关心的是科学上的新进展,科学上的新追求才是我的兴趣。"

人们往往以一个人的论文衡量他的水平,却不知王老那一份份向国家领导人的建议书有多么重大的科学价值和历史意义。人们又往往认为,在一个人出名以后,他应该巩固和维护自己的名誉,不要去冒新的风险。可是王老却这样"不可思议"地向前探索,甚至头也不回。

三、在中南海的一次难忘的讲课

1980年,中央书记处邀请中国科学院专家开设"科学技术知识讲座",为书记处和国务院领导同志讲课。这一工作是由科学院组织的,共安排了十讲,其中,第三课为《从能源科学技术看能源危机的出路》。王老获悉后,主动找科学院,认为核能是当代能源发展的方向,建议增加讲核能的内容。这个建议被采纳了,并由王老负责主讲。王老进行了充分的准备,收集了大量资料,反复修改讲稿,并搞了多次预讲。为了使讲课更生动形象,便于理解,王老要求助手们将主要讲解内容与图片制成了五十张彩色幻灯片,并铅印了大号字讲义。针对美国三里岛核电站事故后,不少人对发展核电的安全问题有疑虑,讲稿中专门准备了一段,并有幻灯片证明核电站是可以建在城市附近的。

讲课于1980年8月14日在中南海进行,听讲的有党中央、国务院和各有关部委的领导人,共135人。王老从"什么是核能"讲到"世界核能发展概况";从"核电站的安全性与经济性"讲到"我国发展核电的必要与可能"。最后,他激动地说:"我们原子能战线的广大科技工作者和工程技术人员,迫切希望将自己的知识和本领,贡献给祖国的核电事业,为四个现代化发光发热!"听讲的同志报以热烈的掌声。

对一些会上领导同志提出、而又不能立刻解答的问题,王老记下来,会后进行了研究,然后将结果专门写信寄给中央领导同志。例如,当时一位主持中央工作的同志对王老讲,听说核电比火电贵一倍。王老认为这是一种误解,由于这个问题对领导决策影响重大,王老在会上立刻作了解释,会后又马上找同志们研究,算出数据,作出准确分析,并写成材料报给这位领导和有关方面的负责同志。这充分体现了王老对国家核电事业的负责精神和科学上的严谨作风。

在讲稿发表时,王老坚持将我们的名字也署上。我们是王老学生的学生,只是为王老讲课做了一点准备工作。王老的做法,使我们深感惭愧,又觉得十分荣幸。我们深深地为王老那虚怀若谷的谦逊精神所感动。

四、"皮之不存,毛将焉附"

1982年,我们随王老返回阔别四十余年的故乡——江苏省常熟。家乡的山山水水变化太大了,以致王老无法找到自己的家门。我们只好在当地派出所帮助下,走街串巷,终于找到了旧时王老姨妈家的住处。虽然,木板房曾经修缮,但房屋结构没有变,旧的痕迹依稀可辨。王老万分激动,连声说,"就是这里,就是这里"。触景生情,唤起了王老对童年的回忆。王淦昌1907年阴历四月十七出生在一个农民的家庭里。他的童年是不幸的,过早地失去了双亲,从小依靠姨妈抚养,就在这小木房的阁楼上,度过了那永生难忘的年代。从这里,他走向了社会。半个多世纪来,他眷恋着母爱,眷恋着故乡,眷恋着抚养他长大的亲人。正是这种眷恋,随着时间的流逝,随着国家与社会的变化,随着中华民族从受奴役凌辱到振兴崛起,而升华为对新中国深挚的热爱。他心目中的母亲就是祖国。

王老热爱祖国的思想突出地表现在他所写的"自力更生,奋发图强"的信念上。例如,在发展中国核电方针的问题上,国内曾有过一番大的辩论。在这场争论、徘徊、反复之中,王老始终坚持中国发展核电应以自力更生为主,引进外国设备为辅的原则。他认为这是中国核电发展的唯一正确方针。1983年1月,在论证我国核电发展方针的回龙观会议上,有一位领导同志公开讲:"我就是有意不讲'自力更生',搞核电站与搞原子弹不一样。"王老表示坚决反对,作了题为《在发展我国核电事业中正确处理引进和坚持自力更生原则的问题》的发言。他一针见血地指出:"我们不能用钱从国外买来一个现代化,而必须自己艰苦奋斗,才能创造出来……我们的头脑必须清醒,设备进口也好,技术引进也好,合作生产也好,这些统统是手段,目的则是为了增强自力更生的能力,促进民族经济的发展。"王老多次讲过"百鸟在林,不如一鸟在手"的比喻,强调建设30万千瓦自行设计的秦山核电站的重大意义。1983年9月,王老在加拿大举行的第四届太平洋国家核能会议上发言,指出:中国有基础、有能力依靠自己的力量,借鉴国外的经验,发展核电事业。他的报告受到各国的好评,长了中国人的志气。这几年的实践证明,王老的意见是十分正确的。

记得这样一件事。在一次上千人的大会上,王老气愤地批评少数人专门学外语,拒绝担负业务工作的事。他讲了一句"中国人学外语并不光彩"的话,引起了哄堂大笑。但是,王老继续严肃地讲,中国有悠久的历史,古老的文化,有占世界五分之一的聪明勤劳的人民。为什么科学技术不能在世界前列?我们要有骨气,要为国争光,要超过世界先进水平,吸引外国人学习中国人所创造的文明,学习中国人的语言。王老慷慨激昂,没有人再笑了,他的话引起了人们长久的思考。大家清楚地知道,王老真的是反对学习外语吗?不,绝不是的。王老懂得的外语最多,除已经掌握了英语、德语、俄语外,他这么大年纪了,还在孜孜不倦地攻读日语。这一点,谁也比不上他。那么到底为什么呢?王老的一席讲话确实令人深思。

为了鼓励人们,特别是青年一代奋发图强,为国争光,王老经常积极地参加为青年学生进行爱国主义教育的活动。每次,他总是重复地强调这样一句话:"皮之不存,毛将焉附,我们要把个人与祖国紧紧地连在一起。"是的,这是王老积八十年生活经历,发自肺腑的心声。

五、"立志成才,献身四化"

王老对青年进行爱国主义教育,因为他深知,要中国强盛,需要千千万万的人才。

王淦昌自己年仅二十七岁就已成为物理学博士。当时,人们都称他为"boy Doctor"(即"孩博士")。王老永生不会忘记那些给了他谆谆教诲的老师,如吴有训先生、叶企孙先生。他继承并发扬了老师的育人精神,为国家培养出一批又一批人才。现在他确实已是"桃李满天下"了。

王老把培养青年人看做他毕生的职责。他经常拿出自己宝贵的时间耐心地听取青年人所作的学术报告,热情地与青年人交谈,认真地阅读并处理青年人的来信,甚至用自己的薪金支援自学的青年人。记得四川南充有一个中学生来信,谈到他父母生病,妹妹尚小,自己上中学经济困难,并寄来了学生证。王老看后,催我们快办,将他自己的 30 元稿费给那位中学生寄去,让他买一副眼镜、一些书和生活必需品。1983 年,国家颁布自然科学发明奖,王老因为反西格马负超子的发现而获得一等奖。他将自己分得的 3000 元奖金全部捐献给了原子能研究院子弟中学,作为鼓励学生努力学习科学知识的奖励基金。

平时散步时,他经常向我们提出一些有关大自然奥秘的问题,有时似乎问我们,实际又问他自己。他惋惜自己学的知识"只是沧海一粟"。他意味深长地告诫我们:"你们还年轻,来日方长,要努力学习。"他还说:"知识在于积累,才智在于勤奋,成功在于信心。"为了鼓励我们学习,他自己宁可多做一些事务性工作,增加个人的工作量,而让秘书去学习。甚至,他曾一度要求我们一周干三天秘书,另三天参加科研。

由于工作需要,王老满腔热情地先后送秘书小康和小种去苏州英语培训班学习,并用英文给他们写信,鼓励我们的学习积极性。他在给小康的信中写道:"你的英文大有进步,我非常高兴。苏州是个优美的地方,在学习之暇可以去游玩一下,同你的老师用英文交谈所看到的祖国风光将是十分有趣的。"王老的信,字里行间充满了关心与期望,使我们永生难以忘怀。

有一次,上海交通大学的学生请他作报告,他赠给学生们四句话:"振兴中华,匹夫有责;立志成才,献身四化。"表达了老一辈科学家对青年一代的殷切期望。

六、对同志谦逊热情，对自己从严要求

人们尊敬爱戴王老，不仅因为他有高深的学术造诣和作为一个正直科学家所具有的爱祖国、实事求是的品格，还因为他对同志非常谦逊热情，而对自己却要求非常严格。这些构成了王老崇高的思想美德。

每次新秘书上任，第一次见面，王老都热情地握着我们的手说："欢迎！欢迎！欢迎你来帮助我。"随后又仔细地询问我们的学习、工作和家庭情况。王老和蔼可亲的问话使我们紧张的心情一下子放松了。当了解到小康是学反应堆工程，小种是学放射化工时，王老说："我不懂你的专业，有问题就请你讲一讲啰！"王老学识渊博，让我们这些刚离开校门的娃娃给他讲解，真令人难以接受。然而事实确是如此。伴随王老这么多年中，每到一处参观、检查工作，他都认真地提问，仔细地记录，有时还嘱咐秘书记详细点。在他看来，一切内行人都是自己的老师，不懂就是不懂，好学多问不是耻辱，而是一种美德。

王老平易近人，凡接触过他的人都留下深深的印象。上至领导，下至服务员，只要你为他提供一点点方便，他都以"谢谢"相回应。他的专车谁都可以搭乘，他认为座位空着是一种浪费，有同志同坐还可以了解他们的工作情况，一举两得。食堂里吃饭，他愿和大家围坐在一起，边吃边谈。王老参加各种学术会议，你会看到餐桌旁、路边、房间里，王老随时都在和参加会的科技人员讨论各种学术问题。许多的科技人员都纷纷来向王老汇报自己的工作进展和遇到的困难，寻求王老的帮助。有时我们怕王老太劳累了，拒绝了一些人的来访。王老知道后，批评我们说："同大家讨论问题，我很高兴，从他们那里我可以得到很多信息，学到不少东西，我们需要相互帮助。你不该拒绝他们。"

1980年，我们随王老重返他曾工作过十几个春秋的设计院。"老院长回来了！"消息传开，一批批人都争先恐后地来看望他。大家对王老那种真挚地尊重和爱戴的情感，深深地打动了我们。

在个人生活问题上王老从不向组织伸手，他的标准是"过得去"就行，这和他对科学事业执著的追求形成了鲜明的对照。

1978年，王老调回北京以后，他全家老少三代五口人挤住在两间仅25平方米的小屋中，夏日炎炎，王老穿着背心，一边摇着扇子，一边阅读资料。我们看到此景，感到很过意不去，王老却说："这没什么，国家有困难，我们要体谅。"直到一年后，组织上才为他安排了住房。

有一次，我们看到王老穿毛裤很不方便，建议他买条丝棉裤，因为丝棉裤对老人来说又轻便，又暖和。王老却说："毛裤还能穿，丢掉多可惜，为国家减少一点浪费，我凑合点儿没关系。"

他鄙视那种以权谋私和处处向钱看的歪风。平时因私事打电报或发信，他

都自己付款,不允许秘书"公私不分"。他虽有专车,但规定家里人不准随便私用公车。有一次他去邮局买报,服务人员粗心,多给了一份。回家后发现,他怪自己太马虎,立即又送回了四分钱。这类事简直举不胜举。

王老时刻想着国家和人民,为此,他可以不知疲倦地工作,而对个人的需求却总是低标准,满足于"过得去"。这种毫不利己,专门利人的精神,永远值得我们学习。

七、"老骥伏枥,志在千里"

走进王老的办公室,会看到一副醒目的条幅。那上面写着王老最喜欢的一首诗:"老骥伏枥,志在千里,烈士暮年,壮心不已。"这正是王老内心的真实写照。

1979年,王老以72岁的高龄加入了中国共产党,实现了他的夙愿。有人问他:"你是久负盛名的科学家了,已经七十多岁,为什么还要入党?"王老满怀感情地回答:"粉碎'四人帮',我们党有希望,国家有希望了。我愿意为党为国家多做一些工作。"入党后,他处处以党员的标准严格要求自己。他说:"我年龄虽大,但党龄最短,应好好学习。"有时一天的工作已使他筋疲力尽,他仍坚持返回百里以外的研究所,参加党组织活动。他非常认真地按着党组织的要求,写了四千多字的整党总结,最先交给了支部书记。由于他忘我地工作,全心全意为人民服务,大家一致推举他为"优秀党员"。

近年来,他身兼近二十个职务。他为办好学会,团结起全国核科技工作者而奔忙;他为扩大对外技术交流,促进与国外核科学家合作而奔忙;他为普及核科学知识,推广应用核技术而奔忙;他为培养下一代,研究推动学位授予工作而奔忙;他为在我国开展高技术,赶上世界科技水平而奔忙;为了……他总感到需要做的事太多了,而一天的时间又太短了。有一次,我们送给他一份材料,材料的内容是日本人认为"时间就是金钱"。王老看过非常感慨,他奋笔疾书:"依我看时间就是生命,我们上了年纪的人对此深有感觉。中年同志更要珍惜时间,要来个拼命地工作,把科研搞上去。"他总是对研究人员说:"要快,要拿出成果来!"他过生日,学生们前来祝贺,他说:"对我来说,最好的祝贺就是你们快拿出成果来!"

快些,快些,再快些!他不知疲倦地和时间赛跑,他没有星期天,没有节假日。他那惊人的毅力和旺盛的精力,引起了《体育报》记者的注意,记者采访了他。王老对记者说他确实喜欢体育锻炼,青年时代,他喜爱跳高、足球和长跑,有一次还获得浙江大学教职工爬山第一名。现在每天仍坚持锻炼,清早散步、打拳,量力而行地开展些体育活动。然而记者们终于发现,支持着王老拼命工作的除了那身体的物质基础外,更重要的是精神基础。他经常对我们说:"你们要是关心我的健康的话,就不要阻止我工作,生命就在于运动。"

王老难得看一场电影。有一次他却兴奋地讲,他看了一部关于巴甫洛夫的"好电影"。他说:"巴甫洛夫到八十多岁了还能从事科研,我要是能像他那样就好了。"不久就是王老八十寿辰,他的愿望实现了,他仍在前进,仍在科研的一线战斗。他会创造出比巴甫洛夫更高的纪录,他那"活到老,学到老,工作到老"的精神永远鞭策我们后来者奋起。

我们祝愿他老人家健康长寿。

注:本文三位作者系王淦昌秘书。原载《王淦昌和他的科学贡献》,科学出版社1987年出版。

朝夕耕耘为科学，栽培桃李费辛勤

——王淦昌老师是我们尊敬的引路人

梁仙翠

20世纪40年代我读大学时，王淦昌教授就是我的老师。在我大学毕业以后的学习和工作中，仍经常得到王老师的教导和指引。他是对我影响最深的老师。他那敏锐而活跃的学术思想，坚韧不拔、探索到底的治学精神，为祖国的科学事业而献身的崇高品德，深深地铭刻在我的脑际。王老师是一位成就卓著的学者，国际上有声望的科学家，而且是新中国研制核武器的主要组织领导者之一。可是，凡是同他接触过的人，都感到他待人接物丝毫没有什么"家"、"老师"的味道。他真诚朴实，平易可亲，与他相处，如沐春风；同他交谈，如话家常。王老师以他自己的言行为我们树立了治学、为人的榜样。

一、王老师认为，要振兴祖国的科学，必须打下坚实的实验基础

那还是在新中国成立前，王老师在教我们课时经常说起，要有先进的物理思想，同时也要有实现这种思想的手段，才能取得研究成果。如果不能进行实验，纵然有很好的想法，也只能随着时间消逝；即使把先进的物理思想写成实验方案，也只不过为拥有先进设备的外国人开道，这从某种意义上说，等于把科研成果白白送给别人。王老师是亲身有过这种痛切的体会的。正因为痛感于此，所以他总是谆谆叮嘱我们：要发展我们自己的科学，就必须建立我们自己科学实验的基础。物理学是实验性的科学，物理学又是其他科学的基础。王老师深切希望我们这些学物理的学生为祖国科学实验基础的建设作出贡献。

王老师这样希望我们，同时也为我们做出表率。记得1949年初，王老师从美国回来时，带回了云室及其附属部件，连所需的导线和工具等也都配备好了。从他所带资料的丰富、器材的齐备，可知王老师为回国来建立这个近代物理实验室是花了一番心血的。要使云室发挥作用，不仅要装好云室本身，还要装配调试好全部电子学控制系统。这工作量是相当大的，王老师除给我们上课外，几乎把所有时间都花在实验室中了。他之所以如此不遗余力地工作，为的就是要给我们自己打下科学实验的基础。他对我们说，我们还没有加速器，但可以利用宇宙射

线中的高能粒子。如果云室装好了,仍然可以做不少实验。当时正处于黎明前的黑暗时期。我们在同反动势力作斗争的同时,没有放松学习。我们牢记王老师的嘱咐,抓紧时间多学一点,可以在新中国诞生以后为发展我们自己的科学实验基础多出一分力量。

1949年新中国成立后不久,王老师就离开浙大,调到科学院去,肩负起我国原子核研究基地建设的重任。我们这些留在教学岗位上的学生,不少人从事学校的实验室建设工作,我也是其中的一个。在后来见到王老师时,我说,我这些年来忙忙碌碌,其实只是为学生增添了一些近代物理方面的实验,为系的专业实验室建设做了些行政性的服务工作。我感到自己工作做得太少,有愧于王老师的教导。而王老师却给了充分的肯定和鼓励。他说:"这很好,这是最需要有人去做的工作。高等学校是科研、教学的重要基地,把实验室建好是很重要的。"

二、王老师经常教育我们,要密切注意最新发展,要有活跃的思想和创新的精神

王老师在教课中每讲一个中心问题,总是既讲清有关的理论和实验,又介绍当时的最新发展,并提出自己的看法。他的许多看法都是很有意义的。例如,目前令人瞩目的中微子质量问题,他在20世纪40年代讲授β衰变时就已详细地进行了讨论,并指出,从实验上去测定中微子质量是很有价值的;还具体谈到通过氚的β衰变去测量中微子质量是个好途径。王老师的这种有创见性的讨论,贯穿于整个课程的教学之中。

为了培养我们独立思考的习惯,活跃自由讨论的风气,王老师曾倡议并帮助我们班里组织了读书报告会,在选题、参考资料等方面他都给予了具体的指导。这样的阅读和讨论,不但使我们充实了知识,加深了理解,而且还有助于活跃思想,增进了进一步探索问题的兴趣和能力。

物理系的学术讨论会,也是王老师介绍新思想、讨论新问题的讲坛。在会上,王老师经常是积极的发言者,有时是他主动提出问题来讨论,有时是从他人发言中发现了值得讨论的问题。讨论中有不同意见时,王老师总是要争个水落石出,完全明白后才罢休。当时那种学者之间坦率而认真的交流学术思想,相互启发共同提高的好学风,给我留下了深刻的印象。这种好学风的形成,很大程度上是与浙大汇集了一大批学术造诣深厚、品德高尚的学者分不开的,而王老师就是其中突出的一位。

王老师好像有用不完的精力,经常活跃在理科各方面的学术领域之中。他不仅在物理系经常与我们切磋琢磨,探讨问题,有时也会出现在数学方面、化学方面和生物学方面的学术讨论会中。他兴致勃勃地听讲和参与讨论。他还常常应邀对有关的系或全校作学术报告。在他的报告中,总是闪耀着某些新鲜的、有

吸引力的东西,因此很受欢迎。王老师认为,学物理的人应把触角伸向科学发展的各个前沿。当时他就对我们说,生物物理、高分子物理都是很有发展前途的学科。循着这样的思路,他在选课和研究方向上给了我们许多具体的指导。在他的关怀和指引下,浙大物理系的毕业生,有的人在今天已成了这些新发展的学科的骨干。

王老师给我们作的关于科学上新进展的报告很多,其中给我印象最深的一次,是1945年美国在日本广岛和长崎投了原子弹以后不久,为全校师生作的关于原子弹与和平利用原子能问题的报告。在报告中,王老师从哈恩(O. Hahn)和史特拉斯曼(F. Strassmann)在1939年发表的中子引起铀原子核分裂的实验讲起,讲到链式反应、原子弹的可能结构与和平利用原子能的前景。不是平日积累很多而又对新事物时时留意的学者,是不可能这样快就做得出这样的报告来的。师生们带着抗战胜利的喜悦心情,聆听了完全新颖的科学知识,展望到科学为人类服务的光辉灿烂未来。这个报告的意义远远超出了一般介绍科学成就的范畴。40年后的今天,王老师所讲的内容已在我国成为现实,而且是在王老师的领导和直接参与下逐步实现的。

三、王老师一向虚怀若谷,热情坦率,扶掖后学不遗余力

在浙大读书时王老师对我的教诲这里就不一一细说了。就是在我工作了多年以后,他也仍是那样对我关怀备至。1959年夏,我曾到杜布纳联合原子核研究所去看望王老师。当时他是这个所的副所长,又直接负责一个课题组的研究工作。他的工作很忙,却花了整整一天时间引导我参观了所里的全部加速器和实验设施。在介绍所里各个科研组的工作时,总是首先肯定他们的成绩,而谈到他自己领导的科研组时,却非常谦虚地说,只是作了初步的试验。王老师所领导的组是用24升的丙烷泡室观察研究10GeV同步稳相加速器提供的强子束流所引起的反应,并从中寻找新粒子,特别是反超子。且不说如何定下这个物理研究的目标,就是24升这么大的泡室的设计制造也是很不容易的,但这个组的泡室在1957年就建成了。在设计制造上都是走在同时进行的其他数家前头的。当时王老师仍认为这泡室灵敏度不够高,毅然拆下来进行改装。王老师是一位不止步于已有成绩、进取心很强的学者。对于已取得的成绩,他看得很淡薄,他所注意和追求的是如何进一步提高设备的性能,以达到实现物理理想的目的。在参观中,王老师还谈到联合原子核研究所的同步稳相加速器的束流能量是全世界最高的,应该得出第一流的成果来,可是加速器已运行两年多了,还没有获得应有的科学成果。从他的谈话中,我清楚地看到了这位献身于科学事业的长者的强烈责任感和急切追求。有志者事竟成,此后不久,王老师的愿望实现了,这就是大家都知道的反西格马负超子的发现。这是联合原子核研究所向世界发出的第

一声春雷。

当我和王老师谈到回国后在学校里开展核物理研究工作有一定的困难时，他指点我可以先在探测技术方面开始做些工作，并给我一段有机闪烁体（联三苯），让我可以用于装测量快时间过程的闪烁探测器。王老师所给予我的不仅仅是物质性的东西，更重要的是精神上的支持与鼓励。

王老师回到北京以后，每次我到北京总要去看望王老师，有时和同学们一起去，有时是单独去。王老师总是亲切地询问我们的工作情况，而且一定会提出一些建设性的意见，来开拓我们的思路，促进我们的工作，王老师还常常把他自己的研究工作情况讲给我们听。他的谈话是那么的亲切，那么的明晰，使我们知道王老师是怎么想的，又是怎么做的，特别是遇到困难时是怎么克服的。这种"现身说法"式的谈话，无论是在开拓思路、传授方法或是锻炼意志上，对我来说，都是生动的启发和教育。

人们常把老师的言传身教比喻为春风化雨，使受教育者在耳濡目染之中潜移默化。王老师就是这样的一位好老师，毕生辛苦耕耘，收获宏富；他的高尚品德，更是令人尊敬。我为我们的国家有这样的科学家而感到自豪；我们做学生的，当然也以有这样的老师而倍感高兴。敬祝王老师健康长寿。

注：本文作者系浙江大学物理系教授。原载《王淦昌和他的科学贡献》，科学出版社1987年出版。

在王淦昌老师身边工作的一段回忆

蒋泰龙

1941年夏,浙大理学院由遵义迁到湄潭,我们化学系三年级的同学都住在仁斋楼下东面的一个大通间。一天,我从理学院胡刚复院长处获悉物理系王淦昌教授慨允下学期为我们开讲物理化学主课。我把这消息带回仁斋,大家听了都非常高兴,而且深为感动。当时,由于生活条件差,王先生身体不好,任教又忙,他愿意为我们旁系额外开主课,纯属出于为祖国培养人才,急人所急,牺牲自我,不辞劳苦的可贵精神!

自抗日开始,江浙相继沦陷,学校六次迁移。时局的动乱,严重地影响了我们的学习。没有教科书,没有实验,有的功课也没有念完;有的降低程度,尤以物理数学为最严重。幸亏王老师了解这种情况,讲课方法灵活又善于诱导,易于接受,重点反复讲解,多写黑板,便于札记,转折点频加横杠,或用粉笔点击黑板发声,引人注意。例如,介绍利用X射线证明晶格的客观存在时,讲解得有条有理,如听故事,既容易懂,也便于记忆。在讲解麦克斯韦能量分布定律时,对决定推导成功的新因子变换方法的讲解,令人赞叹不已!在处理问题时,王老师启发我们如何应用数学的思路。再如介绍熵的本质与其作用时,他的特别有力的反复说明,增加了我们对化学反应的判断能力。时过四十余年,其清晰的声音,宛如还在耳畔。

此外,王老师还及时肯定在班上抽答中的好思想苗头,以此来提高同学学习的兴趣,并及时指出其正确的思路。当你思想开小差,不注意听讲时,他也用抽问来督促。一次,我刚听完苏步青老师的射映几何课,接着又去上王老师的课。因为苏老师的这堂课非常有趣,我沿途不断与数学系郭本铁同学讨论,以致迟到,坐在最后一排,脑子里还在想着射映几何。这一节讲的是电子显微镜,讲到电子聚焦时,老师注意到我没有在听讲,立刻要我站起来,说说聚焦的原理。我不假思索地将光线的几何聚焦改成电子的来回答,导致哄堂大笑。我惭愧地坐下,以后再不敢不留心听讲,不懂装懂了。王老师对学生的提问,总是和悦地回答,不仅听者受益,且敢于再问,使学习进一步巩固。老师诱人进步的方法,是多种多样的。有一次测试,试题关系每个人的根底,只有一位同学得满分,王老师就在上课时表扬了他,为大家树立了一个好榜样。不仅如此,他还介绍品学兼优的好学长,例如,我至今还不认识的前辈钱人元学长的为学与人品,作为我们的楷模。后来胡院长夸奖我们一班团结友爱,能发挥集体智慧而致多才多艺,这与王老师平日的诱导是分不开的。我们同学也时刻关心老师的健康,常常推举我去问候。一次,在微弱的植物油灯下,见他病在床上还手不释卷。

那时浙大的资料较少,物质条件也差,但老师不理会这些困难,想了不少办法甚至有的原始工具也上了讲台。为了设计制造云室,老师带着玻璃师与金工师进行仿造。当时有一间玻璃窗上贴有"×"字窄纸条的房间,那就是王老师常常在其中做实验的实验室。为了切割云室用的玻璃圆筒,他教了我们各种方法,包括用沙盘机械切割法、酒精棉线烧割法、绕铜线电割法等,并进行了反复试验。为了制造显示射线的荧光屏,王老师课后还带着我们制造纯粹和活化的硫化锌。在测试成品优劣程度时,他不厌其烦地进出暗室,我们好奇地做评判员,并跟着接受夜视能力之训练。有时,王老师竟脚不停,手不空,嘴里还不时地介绍一些新的、课堂上没有讲过的知识。在我的记忆中,王老师充满着无穷的活力与丰富的知识,又十分和蔼可亲。他对待我们这些学生就好像对待朋友和兄弟一样,所以,很自然地吸引着高年级学生和一些助教,并且诱发了我们对研究实验的兴趣。王老师还关心我们的思想和行动,教育我们"抗日期间,需要节约,要搞团结"。在这些方面他都身体力行,给我印象很深。

抗战期间教师薪俸低,老师又在病中,生活艰苦,营养不足。有人私下议论:王老师是29岁当教授的,抗日前,应是高薪,物价低,发的是硬币银元,师母也善于节俭治家,估计该有积余,为什么生活还这样艰苦呢?对于这个谜,我后来才恍然大悟,并感动不已。原来早在抗日战争爆发时,为了支援抗战,王老师把家中所存的金银贵重物品全都捐献了出来。这种爱国精神,深深地教育了我们。在师长们的带动下,这发展为浙大的又一优良传统。在这个传统的影响下,很多同学先后投入了革命队伍。

四年级时,由于化学系系主任王葆仁老师的支持,我跟物理系王淦昌老师做毕业论文实验,题目是《用化学药剂来显示高能射线的轨迹》。在王老师指导下,我选用灵敏度高的荧光素为试剂,在碱溶液中用锌还原,至无色时,于无氧的条件下过滤除锌,再移入无氧玻璃管中。然后对这种溶液曝以高能射线,置暗室中过夜。我发现,溶液有复发荧光的。起初误以为试验的第一步成功。后来王老师同我反复试验,深夜进实验室观察,发现玻璃被高能射线击打,产生了强烈荧光,才知道还原的荧光素溶液之变色,与此现象有关。实验因设备问题至此告一段落。本来我还打算再读两年,修完数学物理两个副系的主课,同时完成此实验的后几步。谁知事与愿违,由于生活所迫,我不得不毕业离校,并被学校介绍到当时国防部应用化学研究所工作。在那里我曾利用工作之便,径向国外订购仪器,想再添加氧化触媒,在凝胶态中重做试验。不久,该所迁台湾。我借口要回母校工作,脱离了这个研究所。回杭后,经竺校长及物理系系主任何增禄老师允许,从1948年冬至1949年新中国成立后一个月,在母校继续研究红外夜视仪。除研究制造机件外,其化学部分,系在湄潭时淦昌老师曾指导的老题目"活化的硫化锌的制备"。老师常来实验室指导并了解情况,一如往日。此时我为制象管,已学会更好的玻璃切割吹制技术,乃传授给系中吹玻璃的同志。我亲眼看到了切割10升的玻璃瓶成功,总算了结了我几年来为建大云室而切割大玻璃圆筒之宿愿。1949年新中国成立后一个月,浙大仪器药品封存待接管。我因为旧军职的瓜葛,转到当时在杭州的雷达研究所工作,离开了亲如父母的师长。

由于新中国成立前在国防部应用化学研究所工作的那段历史,新中国成立初我就被遣送回乡,在农村劳动了几乎三十年。平反后,来北京探望老师及师母。老师对我热情关怀,垂询良久,体贴备至。今逢老师八十寿辰,我衷心地为老师在科学上的成就而高兴,感谢老师这么多年来对我的教导和关心,祝老师如松鹤长寿!

注:本文原载《王淦昌和他的科学贡献》,科学出版社1987年出版。

抗战期间内迁中的浙江大学
物理系与王淦昌先生

程开甲

　　1937年秋,我考入浙江大学物理系,那时抗战开始了,上海、南京先后失守,侵华日军疯狂地向南推进,杭州危急。浙江大学被迫在竺可桢校长带领下,进行长途跋涉,一路内迁。我们刚上几个月课的一年级新生于当年11月底由西天目山的临时分校出发,与由杭州出发的校本部汇合于建德,继续上课。当年寒假又迁到江西的吉安上课考试。后暂时定居于泰和。暑假中,由于战局的发展,我们不得不继续内迁到广西宜山,1940年,又先后转移到贵阳的遵义、湄潭、永兴和贵阳的花溪。学校的图书、仪器和加工厂随校辗转,每到一个目的地,都是边上课边搞实验,从未间断过。浙大就是在这样一路辗转内迁的困难条件下,坚持正常的教学和科研活动,培养出一批优秀人才,实在是难能可贵,可歌可泣。

　　为了能坚持教学和科研,一路上师生们视图书和仪器设备为命根子。记得由江西水运入宜山时,物理系有几箱设备和图书落水受潮。开箱时,看到有些杂志的纸张已粘在一起,师生们都伤心地落了泪,于是就一本一本地弄干、修补。有个外籍教师马利奥脱(Mariotte)写了一文《一个运动中的大学》(A University in the March),描述了当时浙大的情况。

　　在内迁的困难条件下,物理系不间断地开展教学和学术活动,是与有张绍忠、王淦昌、束星北、何增禄这样一些勇于探索、献身科研和教学的中流砥柱分不开的。物理系在浙大内迁的过程中经受了锻炼和考验,形成了一个不断向前沿迈进、学术空气浓厚、团结友爱的集体。在这些老师带领下,年长的教师们轮流作综合性报告,年轻的教师和学生们也参加讨论。这些讲座推动了像量子力学及狄拉克方程、光谱精细结构、β衰变及中微子实验与理论等重要问题的研究。王淦昌先生介绍了中微子和β衰变的实验,束星北先生讲了费米(Fermi)的β衰变理论和量子场论,组织了对玻尔核裂变理论的探讨。

　　王淦昌先生深入刻苦地阅读大量文献资料,掌握着当时的物理前沿动态,经常就新的研究方向提出报告,使系里的学术空气活跃,思路不断开阔。王先生首先介绍了鲍林(Pauling)的分子轨道理论,强调要用量子力学的方法来分析研究化学键。今天已成为公认的分子轨道理论,当时在国际上也仅有一支鲍林学派。但王先生却抓住了这个前沿,作了有关杂化(Hybridization)的报告,引起浙大化学系师生对于近代物理和化学的交叉学科的重视,这在20世纪40年代是十分难能可贵的。讲授近代物理时,化学系的一些学生和青年教师,包括钱人元先生也经常来听王先生的课。在 β 衰变和中微子研究中,王先生掌握着最新资料,坚持"中微子一定存在,而且是可以测量的"。他反对玻尔认为 β 衰变违反能量守恒的论点,解释了表面上违反能量守恒的现象恰恰证明了中微子的存在。王先生和束星北先生一致认为费米理论是可靠的,而 β 衰变的能谱则是存在中微子的表现。王先生不仅在讨论和讲课中阐述这些观点,他还一直在推敲怎样去测定验证。经过长期的探索,他于1941年写出一篇论文,建议通过测量 Be^7K 俘获的终态原子核反冲能量,来验证中微子是否存在。这篇论文当时寄往美国发表。美国的阿伦(Allen)按王先生的方案进行了测试,结果基本验证了王先生的论断。这可算是弱相互作用实验中的一个里程碑,是粒子物理中一个值得纪念的发展环节。可是这项工作却是在1941年抗战烽火中在遵义的破庙中做出的。

　　理论基础雄厚、思路敏捷的束星北先生对王先生是很敬佩的。他曾私下对我说:"王先生熟悉文献资料,他那里想法很多,可从他那里得到启发和研究课题。"说到这里,应该提一下物理系科研集体可贵的团结友爱、互相帮助、实事求是的精神。例如,在1942年十分困难的条件下,要想做实验没有电力很是令人苦恼。作为理论物理学家的束星北先生,就亲自带领物理系的技工,夜以继日地修理一台破旧的发电机,居然发了电,保证了实验工作的开展,还使我们听到了国际无线电广播。还记得有一次,在讨论研究课题中,王先生深究深挖的劲儿遇到了一些困难,正在弄不清如何去解决问题而苦恼时,束星北先生却很幽默地笑道:"天下本无事,唯王淦昌自扰之。"当年他们效法玻尔学派研究发展量子力学的精神,"一个集体互相讨论,困难时,讴歌弹唱,称之为哥本哈根精神(Gopenhagen Geist)"。在科学界,这样的友谊也是少有的。浙大物理系老师们的学者风度,相互谅解和帮助,感染着年轻的师生;王先生的刻苦、抓住问题不放的精神教育了学生,这也是他们研究获得成功的原因。

　　王先生能客观地听取年轻学生的想法,循循善诱,鼓励支持他们的有可能开拓前景的思路;对不切实际的幻想也指出来劝止,但又不说死。我当时为了想说明 β 衰变中极弱的作用,曾假定有个十分重的重介子传递弱作用,其质量为205个质子质量,作用距离极短。王先生对此非常支持,并介绍给当时在湄潭访问的英国学者李约瑟(Joseph Needham)博士,请他将这份稿子及信转给英国狄拉克(Dirac)教授。李约瑟亲自修改了外文稿。这个设想是很粗糙的,但也和现在的弱电统一论证一样,预言了有很重的中间玻色子传递弱相互作用。不久后,狄拉克在回信中认为,"目前基本粒子已太多了,不需要更多的新粒子,更不需要重介子"。当时王先生并不以为然,认为世界上事物那么复杂,多一些粒子也是合理的。因此,我又和王先生合作,索性提出用一个五维空间场来容纳无穷系列粒子的时空,以各种康普顿长度(Compton Length)作为五维空间中的一个维来描述。当时虽然我的信心不足,但王先生和我一起却非常认真地写这篇论文,并在 1946 年《物理评论》($Phys.\ Rev.$)上发表。通过与王先生一起工作,使我感受到对科学不仅要有严肃谨慎、一丝不苟的精神,而且还要有超脱开阔的胸怀,对于尚未能有根据来排斥的观点,应该有一点兼容的精神。

在 20 世纪 40 年代,我出于要研究得到一个自能不发散的电子模型,曾与王先生讨论可否研究一下电子的结构理论。王先生劝阻我说:"电子结构问题可不是当前能解决的,因为还没有足够的实验材料。"我听了他的劝告,就没有去钻研电子结构问题。现在来看,我当时想的这条路是走不通的,王先生是正确的。

1942 年在湄潭的破庙中,王先生和蒋泰龙合作开展了以荧光体记录射线径迹的研究。当时的条件虽然十分困难,但王先生记录径迹的想法却是很先进的,今天已经成为对粒子径迹测量的主要方法——核乳胶片和大型的气泡室。后来,王先生在杜布纳联合原子核研究所领导的实验组发现 Σ^- 超子,就是利用了他设计的丙烷气泡室。可见成功往往是长期积累的结果,这与王先生上课时经常讲"罗马非一朝一夕建成的"("Rome ist nicht ein Taggestalten")是一致的。

除了进行科学研究工作,作为一位老师,王先生还承担了繁忙的教学任务。他的讲课非常生动形象,不时插入一些故事和比喻,给人留下深刻的印象。我在 1940—1941 年听王先生的近代物理课时对此深有体会。例如,讲海森堡(Heisenberg)的交换核力(exchange force),常比喻成龙吐珠;讲到光电效应,讲密立根(Millikan)光电效应测量中,为了清洗钠表面,在真空管内装入一个刮金属钠表面的旋转刀,称之为一个真空管内的加工车间(A machine shop in vacuum tube)等。王先生在讲授中还常贯之以哲理,例如,讲到中子的发现过程时,他说,虽然约里奥·居里(Joliot-Curie)早已观察到一个无头的重径迹,但由于主观臆断,认为这是个 γ 射线碰撞粒子的径迹,就错过了发现中子的机会;后来查德威克(Chadwick)仔细地计算了动量、能量的交换关系,证明了这个重径迹必定来源于一个质量和质子相近的中性粒子的碰撞,从而发现了中子。王先生通过这一例子告诫我们,科学上的主观很容易漏掉重要的发现。就是这样,王先生一点一滴地教我们科学知识,也教给我们哲理。

王先生是个物理学家,他很重视理论的作用,但也十分强调实验是理论的源泉。因此,尽管内迁中的条件非常艰难,王先生在讲近代物理时,仍亲自安排了七八个实验,有验电器(Electroscope)、象限静电计(Quadrant Electrometer)的测试、闪烁 α 测射程(Scintillation of α-particles)、光电管(photocell),还有镭(Ra)源、威尔逊云雾室等。这些实验,如象限静电计等的调试很困难,但经过努力,我

1995年春节程开甲院士（右）拜访王淦昌

们总算过了关，而对我来说也是一个很好的锻炼。后来我在讲物理学时，还不时回忆起测电荷、电压的一套办法。有时，我们年轻人不重视动手，夸夸其谈，王先生就说我们"Verrückt"（德文"发疯"之意），并说实验工作的严格要求对初学者十分重要。这些给我留下极深的印象。当时听王先生讲授这门有理论有实验的近代物理课的，还有解俊民和方蕻等。系主任张绍忠也经常强调学生要认真和"干净"地做好实验，浙大物理系教学中理论与实验相结合的作风，在今天仍应当强调提倡。

我和王先生自从1946年分别后，20世纪60～80年代又在一起工作。王先生在九院的工作中，仍对测试工作要求严格。他提出要用水箱回收爆炸产物碎片，要测量坑道安全工作的氡气环境等。可是在十年动乱的年代，王先生却受到秉承林彪、"四人帮"意旨的掌权者指责。当时还有人劝我，要少与"王"接触，说他已经到了十分"危险"的境地了。但王先生却泰然自若，并没有被压服。1975年邓小平开始工作时，王先生非常高兴，曾对我说："邓小平同志这样能干的人，早些出来工作就好了。"从这里也使我看到王先生坚持科学、坚持真理的品德。

这次为王先生八十寿辰写文，感触很多，可惜以往向他学习得不够。但从头学起也还来得及。

注：本文作者系著名理论物理学家，中国科学院院士，曾任西北核技术研究所所长。原载《王淦昌和他的科学贡献》，科学出版社1987年出版。

王淦昌老师的言教和身教

解俊民

王淦昌教授是我一生当中印象至深的一位老师。他不但有很好的言教，还有很好的身教。他的学术功底深厚，智力很高，却永远虚怀若谷；平时对待我们学生平易可亲，甚至有点童心未泯。他从来不讨厌同学们提出无价值的设想或者问出无意义的问题，而总是给予正面回答；还鼓励同学们多多提问，多多思考。要是谁说了错话，立即直言指正。正因他在作风上平易近人，就使我们年轻学子对于尖端科学并不感到难以接近，高不可攀了。大概也由于他在学术上钻得深，见得广，在实验研究中经验丰富，智慧多，体会到"知也无涯"的真意，所以才能自然而然地做到虚怀若谷，无必要装腔作势和作意气之争，而且能藐视世俗的权势与虚荣。这一点对于我们同学的感染力是很大、很深远的。

在1941年暑期我毕业之前，浙大早已实行导师制，王老师一直是我的专业导师。毕业后当上助教，他仍然指导我阅读物理期刊文章；还亲自拿气焊枪，动手帮我完成高真空系统的安装修理和进行钾光电管的制作，准备近世物理实验课，师生关系至为亲密。在实验室里，他随时解答我的各种问题，使我进步迅速。当看到钾的蒸气在光电管的冷玻管壁上形成一大片极其漂亮的紫色沉积时，他就把它比作美丽的彩霞，用诗情画意来启发我对物理实验工作的兴趣，加深我对物理实验的喜爱。

他说："不要认为物理学的研究工作只有钻研纯理论和做实验两个方面，还有第三个方面哩，那就是归纳、分析和判断杂志上所发表的人家的实验方法、数据和结论。这种工作是给理论工作搭桥的，是推动实验工作前进的。现在是抗日战争期间，中国还很穷，还很糟糕，我们要钻研前沿问题缺乏必要的实验设备条件，只能做这种搭桥工作。这种工作在物理学界也很重要。"他确实按照这个方向做了，给我们布置的毕业论文题目大都是这种性质的。在那一段时期，他在外国杂志上所提出的探索中微子的实验方案，便是他在基本粒子物理学方面的一项重大科研成果，发表后受到广泛重视，轰动了当时国际物理学界。

对当时国外著名物理学杂志上已发表的实验论文中一些重要数据，他都能一一记得清楚，常在谈话中脱口而出，如数家珍，十分熟练。因此，他特别善于通过数量级来判断一个新发表的实验结果是否可靠,一种新实验的设计是否高明。他说:"物理学者对他所研究的课题和科目,都应当熟练掌握一些重要数值和数量级,正如木工老师傅应能熟练掌握一些常用木工家具和屋架的标准尺寸一样。"

王老师的生活是简单朴素的,但对我们穷学生却常常主动热情帮助,有时请我们吃饭,补充一下营养,而对自己的健康却不大关心。有一段时期,他身患肺病不得不卧床休息了,但我看到他的床头上仍然放着一堆新近寄到的《物理评论》之类的国外物理期刊。这些期刊是他每天不可缺少的精神食粮。

那时浙大理学院各系都搬在贵州湄潭。那是一个风景秀丽的小县城,发达程度和农村集镇差不多,生活条件和物资供应十分困难。我们没有自来水可提供高真空系统用的循环水流,王老师就设法将水桶放在一只高高的木凳上,产生落差,提供水流。他就这样领导我们战胜一个又一个实验困难条件,取得教学与科研的满意成果。现在回想起来,这也是中国人民在抗战的艰苦条件下一种顽强斗争精神的表现。

王老师也有生气的时候,例如,他每逢看到我捧着一本厚厚的科学史、物理学史或者西方文化史之类的书在埋头阅读,就很不高兴,有一次还大发雷霆。我现在真后悔当时未能勇敢地向他诚恳地解释,为什么我要读这些书;如果我把道理说清楚了,他肯定会赞成的,因为他的近世物理课堂讲授教材,就是按照19世纪和20世纪物理实验发展史的线索编成的。这种教材非常富有启发性,学生容易接受,而且可大大提高进一步钻研的兴趣和效果。这种教学思想恰好证实了我从书本上理解到的运用物理学史讲授物理学的好处。

5年前,他到中国科技大学来参观和指导加速器实验装置和筹建工作,临时通过校长办公室约见了我。当时我顿觉全身产生了一股暖流,一股早年师生情谊的复苏。每当回忆以往和王淦昌老师相处的日子,总是不胜依念。

注:本文作者曾任中国科技大学图书馆馆长。原载《王淦昌和他的科学贡献》,科学出版社1987年出版。

王淦昌印象

静 泊

　　巴甫洛夫说过这样一句名言：科学需要人的全部生命。王淦昌就是一位以科学为生命的人。半个多世纪以来，他始终站在科学的前沿，醉心于科学事业，孜孜不倦，忘我耕耘，取得了令人瞩目的成就。他是我国实验原子核物理、宇宙射线、基本粒子物理学研究和核武器研制的奠基人和开拓者之一。在苏联杜布纳联合原子核研究所发现第一个反西格玛负超子（至今仍是那个研究所的头号科研成果），我国的第一颗原子弹、氢弹爆炸成功……这些轰动世界的科研成果，都和他的名字联系在一起。

　　这位世界著名的科学家现在的工作和生活情况如何？为此，我作为《民主与科学》刊物记者走访了他。

　　王老今年已有82岁高龄，但身体很好，精神矍铄。他穿件很有年头的深灰色中山装和一条没有裤线的蓝裤子，脚踏半旧青布鞋，戴一副深色镜框的眼镜。谈话时慢条斯理，眼睛总是有礼貌地注视着对方。这是一位亲切的长者，和蔼的老人。如果走在大街上，不相识者难以看出他是一位大科学家，他的朴素和谦逊往往会使初见者感到惊讶。

　　正如其人，王老家中的陈设也很简朴，客厅中几只旧沙发，墙壁上挂着几幅字画，地板上没有地毯和地板革，一台旧电视，一个老式单开门冰箱。

　　王老的家中不请保姆，80多岁的老伴仍亲自料理家务。这真是一个寻常百姓家庭，多年来，这里不知接待了多少个上门求教和慕名而至的造访者。秘书劝王老注意休息，不要谁都接待。他说："同大家讨论问题，我很高兴，从他们那里可以得到很多信息，学到不少东西，我们需要互相帮助，不该拒绝他们。"

　　在客厅里，记者看到一幅他的油画肖像，那是中年的王淦昌，风度翩翩、目光炯炯，画得十分传神。但油画的主人却把它随意放在房间的角落里。由此可看到王老的人格，他不喜欢也不擅长突出自己。他可以和你就许多问题侃侃而谈，但一提到自己，却只言片语一带而过。

　　"我是一个普通的人。"王老微笑着说。正是当这些普通人的美德和一位大科学家结合在一起时，就释放出巨大的能量，产生感人的魅力。几乎和他接触过的每一个人都钦佩他平易近人、谦逊坦诚和正直无私的品德。

几年前,他把核工业部副部长、401所所长和核学会理事长的职务相继辞掉了。他说别人能做的事,自己就不要再做了。他追求的是实事求是。科学的本质是真实。王老就是这样一位真实的人。没有客套之词,毫无骄矜之色。他的心卸去了任何虚荣的负担,同时也就拥有了一个无限美好的世界。在探求自然界的真理时,他也在追求生活的真谛。这正是一个科学家的科学精神。

耄耋之年,享受天伦之乐,养鱼、下棋、打太极拳、练习书法绘画……这是多么安逸的晚年,而王老的晚年生活怎样呢?记者问他除专业之外,有什么业余爱好?他说:"除工作外,我几乎没有什么业余时间。"他的茶几上放着一本厚厚的书法字典,王老说:"我很喜欢书法,可是没有时间练。"

他每天的时间都安排得满满的,早晨5点半起床,打一套太极拳,散散步,然后就开始了一天紧张的工作。他虽辞掉了所有的领导职务,在社会上仍有许多兼职,当顾问,做参谋,参加评审会,帮助中青年科技人员审阅实验报告和论文,出国考察,到大、中、小学做讲演……记者今年九月份采访他时,他刚刚从苏联访问归来;十月份,又到上海参加科研会议;十一月份,又应邀到厦门去讲课。

"快些,快些,再快些!"他常常这样说。随着年龄的增长,他越来越感到时间的宝贵。在看了一份日本人认为"时间就是金钱"的材料后,他曾感慨地写道:"依我看,时间就是生命,我们上了年纪的人对此深有感觉。中年同志更要珍惜时间,要来个拼命工作,把科研搞上去。"他过生日,学生前来祝贺,他说:"对我来说,最好的祝贺就是你们快拿出成果来!"

王老惊人的毅力和旺盛的精力引起人们的注意。健身奥妙何在?王老曾对秘书这样讲过:"你们要是关心我的健康的话,就不要阻止我工作,生命就在于运动。"对他来说,运动就是工作。工作,这才是他真正的精神支柱。

作为一位杰出的科学家,王老以极其敏锐的目光注视着世界科技前沿的发展,关心着我国的科技决策。这些年来,他就我国科技发展问题提出了一些重要建议,受到党和国家的重视,并先后被采纳实施。1986年,针对美国提出的"战略防御"倡议和西欧的"尤里卡"计划,王淦昌和王大珩、杨嘉墀、陈芳允四位科学家联名向中央提出"以力所能及的资金和人力,跟踪新技术发展的进程"。面对目前我国经济大发展、能源短缺的局面,王老又率先提出和平利用核能、加快原型核电站建设的建议。并为此四处奔波宣传讲演,增强人们对核能的认识。现在我国已有两座核电站开始建设。如果说和平利用核能是为了解决我国近期能源问题,那么,开展激光惯性约束核聚变研究的建议则是为了解决全人类长期能源的需要。核聚变能的控制与和平利用,能够使人类永远摆脱能源危机。王老希望中国的科技工作者在这项划时代的事业中做出自己应有的贡献,否则将会成为"历史的罪人"。正是出于这种高度的历史责任感,王老不顾82岁高龄,亲自领导激光惯性约束核聚变的研究工作,并每周都不辞辛劳地往返几十千米,到研究所指导工作。还亲自撰写有关科普文章向人们宣传这方面的知识。我们祝愿王老和他所领导的科研小组,在这项重大课题中不断取得新进展,为祖国赢得荣誉,为人类带来幸福。

几年前,王老看过一部关于巴甫洛夫的电影,他兴奋地说:"巴甫洛夫到了80多岁还能从事科研工作,我能像他那样就好了。"现在,他的这个愿望实现了,并且正在创造比巴甫洛夫更高的纪录。

"叫我王青,好吗?"他曾幽默地对周围同志讲。这其实也正是王老内心的真实写照。他那颗热爱科学、热爱生活、热爱祖国、热爱人类的心永远青春不老,充满生机和创造力。

王淦昌和他同时代的中国老科学家,用全部的心血和汗水,奠定了中国现代科学的基础,使中国终于告别了愚昧落后,开始了新的进程。他们的科学功绩和科学精神的影响远远超出了自然科学领域,给中华民族点燃了理性之光。

注:本文作者系《民主与科学》记者。原载《民主与科学》1989年创刊号。

记王淦昌教授在我国第一次地下核试验和核试验总结工作中的回忆片断

戴林森

1969年9月23日，我国成功地进行了首次地下核试验。为我国核试验从大气层试验转入地下试验做出了良好的开端；为近区核物理测试、探索了地下核试验的规律；为进一步改进完善核武器设计创造了条件。在这里，我们的老一辈物理学家王淦昌、彭桓武等人与中青年科技工作者，为增强国威取得核试验主动权作出了卓越的贡献。他们与其他成千上万的科技工作者一样，都是我国国防尖端事业中的无名英雄。就像20世纪40年代前期，国际上有一批杰出物理学家突然"失踪了"一样，他们是默默无闻地在从事这神圣的事业。

值此王老八十大寿之际，我作为曾经在他身边工作过的人员，怀着无比敬仰的心情，追记他在为我国国防尖端事业创造丰功伟绩过程中的生动片断事迹，以志祝贺王老健康长寿，同时让我们中青年科技工作者更好地学习老一辈科学家热爱祖国、热爱人民、献身事业的崇高精神。

一、在动乱中抓"神圣"的任务

1969年春某日，王老主持会议，传达了上级对首次地下核试验的要求：该试验务必于国庆二十周年大庆前打响，并强调要保证安全和成功；要防止误爆和哑炮；要严防"冒顶"和"放枪"。年逾花甲的王老，身负此重任，在当时正是"文革"时期的处境下抓此任务确实困难。但王老个人的威望在同志们中间却有着巨大的无声号召力，只要他找到哪个科技人员或老工人要干什么，不用担心，都会保证完成，这胜过行政命令。在那风雪高原严重缺氧的条件下，王老既要抓试验产品的加工配套，又要抓各项测试项目的准备落实。整天来回奔波于科研室和车间之间，当时科研管理机构已"精简"得仅有一个"科生组"，组内人员寥寥无几。由于受"文革"影响，当时要促生产可不容易啊！同志们都是凭着事业心干工作。王老以身作则的行动和他在人们中的崇高威望感动了科技人员和老工人。科技人员和老工人的实干精神又支持了王老满怀信心地去完成该试验任务。

二、在军管楼里背着氧气袋坚持工作

当时高原上受"文革"冲击,形势比较乱,为安全起见,在军管的办公楼内弄了一间房,让王老在那里办公,抓此任务。在海拔3300米严重缺氧的高原上,王老废寝忘食,夜以继日地工作,身体再好也难以顶得住。不久,王老身体渐渐支持不住了,科生组的同志恳切地对王老说:"王老,你歇歇,我们去跑吧。"但具有高度责任感的王老仍坚持要到科研室车间第一线去。他说道:"任务那么紧,项目那么多,有一项赶不上进度,就会影响试验。"后来因缺氧气喘跑不动了,医生劝王老到海拔低一些的地方去休息一下,但他坚持不离开军管楼,就在办公室接上氧气袋坚持工作。"输氧办公"总不是长久之计,工作越紧张,氧气越不够用,最后医生只好强迫王老到某基地医院去住院休息。休息不几天,王老又急着返回工作。过不多久,实在支持不下了,才被送往海拔更低一些的某城市去。但身在闹市医院的王老,心却又飞向风雪高原。我们敬爱的王老就是在这样艰难的条件下坚持工作,深入实际,一件一件抓试验产品,一项一项抓测试任务准备的。记得有一件重要测试项目的试件,加工难度大,又是放射性物质,而且易变形。预定出厂的列车快到发车时刻了,样品还在机床上加工,情况十分紧急!万一加工出了废品,重新再来,就会影响整个进度。这时,王老亲临现场。在他的鼓劲和支持下,车间副主任亲自上机床加工,使这个关键样品件完全达到精度要求。当王老驱车随样品赶到车站时,列车已到发车时刻了。样品刚装上列车,列车就汽笛长鸣,奔向试验现场。

三、最后一批起飞

一批又一批的测试人员,从陆地和空中奔赴试验现场,一批又一批的试验设备、测试仪器运抵试验Ⅰ号场地,每一项工作都凝聚着王老的心血和汗水。王老送走了最后一批人员和最后一列火车,心里还时刻惦念着试验现场的安装调试准备工作是否顺利。当我们乘车飞奔某机场时,周恩来总理指派的专机早已在那里待命。在机上王老神采奕奕,谈笑风生。我们口含着临行时一位同志送的水晶冰糖块,据说这是减少耳膜压差,防止晕机的妙法,果真灵验。我们乘坐的飞机虽不是密封座舱,但谁也没感到缺氧的窒息,这也许是因完成任务后的欢快而忘却了一切的缘故吧!

王老在机上时刻惦念着列车是否安全到达,空运的产品及精密仪器设备是否安然无恙。经过几小时的飞行,到达某机场,飞机要加油,我们在候机室休息了一会又起飞了,直飞浩瀚的大戈壁。当飞机飞过《西游记》传说中的"火焰山"时,正值夕阳西斜。不久,一面大镜子似的湖面映入眼帘,我们就到达了目的地。

一下飞机,王老立即驱车去检查询问产品、样品经过运输后的情况,进入现场的条件如何,担心娇贵的产品和仪器设备经不起旅途折腾。我们的王老就是这样对工作对事业兢兢业业,一丝不苟的。

四、坚持科学态度,不怕扣上"动摇军心"的帽子

该任务时间紧,工程量大,各方面的协调环节多。地下坑道的通风设施比较简陋,而且是采用了压风式,有些测试间、弯道根本送不到新鲜空气,地下工事中的氡气浓度不断增长。在这种条件下,有的同志在洞内一干就是几十天,当产品进入洞内后,剂量监测人员发现有超剂量,一时弄不清什么原因。王老和其他几位老专家闻讯后,都为这么多科技人员的健康操心,立刻组织人员进一步监测、研究分析原因。从洞内搬走了一些放射性物质,剂量仍是降不下来。最后终于找出了原因,采取了一些措施,要求在洞内不喝水,不吃东西,防护口罩改为一次性使用等。虽然如此,仍有一部分同志心情不安,多次找王老反映。在弄清原因而一时又没法克服的情况下怎么办?王老面对现实,实事求是地向大家作了说明,希望大家发扬我院优良传统,加紧工作,缩短在洞内停留时间。最后大家都提前完成了试验前的准备工作。王老更是身先士卒,一直坚持和大家在第一线的洞内工作,直到最后才撤离现场。

试验准备工作接近尾声,但超剂量问题一时搞得满城风雨,当时负责现场指挥的人心里着了慌,于是采取高压手段,提出,谁再闹此事,就是"动摇军心"。但搞科学的人是唯物主义者,事实如此没法隐瞒,王老是个求实的老科学家,同志们询问此事,他不会耍花招说假话。眼看这顶"动摇军心"的大帽子要落到王老头上了,大家为王老担心。当时真是人心惶惶,一片混乱,可王老就是坚持科学态度,既承认这个事实,又耐心解释动员。有的同志向王老提出了一个实际的条件:"多吃剂量者,保健措施上应有所改善。"这固然是合理的要求,但我们的老科学家只有埋头搞科研的义务,却没有可以决定什么待遇这类问题的行政权力。王老答应了同志们的请求,表示回去后向党委建议解决。任务完成回去后不久,以"清理阶级队伍"为名的恐怖运动来临了,"活命哲学"、"扰乱军心"……一顶顶大帽子向在科学面前坚持求是精神的王老袭来。好心肠的科技工作者都私下为王老鸣不平,王老为了完成国家试验任务却受了如此委屈和凌辱。

五、认真总结经验,让科研成果颗粒"归仓"

以"文化大革命"为名的十年浩劫,批判所谓一本书主义,什么写论文、著书立说、成名成家都是资产阶级个人主义。科技人员做了大量的科学实验工作,只是把数据记录在合法的"保密本"上,谁也不敢去认真总结、写论文、著书立说了。为了应付掌权者的需要,至多写一个穿靴戴帽、用连篇空话组成的所谓总结。而真正科学实验总结的素材却散落在个人的本子上,贮存在个人的脑海里。时间

一久,有的本子销毁了,有的遗忘了,有的人调离了。国家花这么大代价进行科学实验,而成果却未能及时"归仓"。

敬爱的周恩来总理,日理万机,却时刻关心着我们这个事业的发展,及时批示要"总结××次核试验未经总结的经验,取得新的数据,认识过去未被认识的规律,使我们能够在理论和实践结合的科学实验中有所前进"。当这一艰巨的任务又落到王老身上后,在王老建议下,立即召开了总结工作会议,布置任务,组建总结队伍。王老为新的任务又奔波起来了。

写好科研总结,要靠亲自参加过研究实验的科技骨干,可是此时大批技术骨干早被"清"到农场劳动去了,有的已经调离,有的"保密工作本"已上缴销毁。王老深感要完成总理批示任务的艰巨性。此时,有相当多的科技骨干抱着满肚子的怨气,王老针对这样的现实,在他亲自组织和领导下,到处游说,从机关到研究室、车间。说服动员,首先抽调了六七位骨干组成了院总结办公室,部署了全面总结工作,从组织收集汇编已经散失的技术资料,确定总结的方向,到推荐具体总结工作人员。其中,落实主要课题人员是一个大难题,王老深入到每个研究室、车间,亲自去做思想工作。有的才从农场回来还未正式上班,王老就到家里登门拜访。有的同志见到王老亲自上门动员,就愉快地接受了任务。也有个别同志一直憋着气,把王老拒之门外,但王老还是耐心地去说服。王老就这样一个人一个人去做工作,一个专题一个专题去落实。最后,在王老和办公室全体同志的共同努力下,落实了140个专题。有位同志在运动中被错打成"特务",关押了一年多,刚放出来,在王老的动员感召下写出了十多万字的技术总结。又如有个室主任被关押了18个月,到院总结办公室工作后,积极查阅档案资料,认真汇编、阅稿、审稿。王老为了完成核试验总结任务,不管是夏是冬,刮风下雨,奔走在基层研究室、车间。下雨路难行,摔倒了爬起来,满身污泥,又继续工作了。王老在负责抓总结工作这段时间里,其感人的事迹也是难以用笔来描述的。

六、在王老身边工作倍感亲切

王老对待身边的工作人员,总是像老师对待学生一样的亲切。同志们工作中有问题,愿意向王老反映,虽然大家也知道当时他在行政上没有什么权力,但都乐于同他谈心。

他有高度的民主精神,从不以领导人和名科学家自居。与中青年科技工作者研究讨论问题时,总是抱着向大家学习和请教的谦虚态度,提出种种设想让大家讨论,大家在王老面前也就会很自然无拘束地直抒己见。因此,有些同志干脆亲切地称他为"王老师"。

王老的好学精神也是令人钦佩的。他长期和老伴两地分居,过着独身生活,星期日常在办公室翻阅国内外文献资料,就是出差的零星时间,他也总不轻易放过。一到基层,同志们休息时,他却跑到图书馆去查阅资料。王老在生活上也是十分勤劳、俭朴的,当时虽年逾花甲,还常常自己洗衣服。

王老在科学上的求实态度与求是精神更是令人敬佩。在动乱中抓任务,在困难条件下完成总结,在抓科研工作中,既关心型号研制,又及时地提出发展武器的基础研究和应用研究的方向。不管压力多大,"帽子"多重,总是实事求是地陈述己见,从无半点虚假。科学家长期科学实践所形成的高贵品德在王老身上充分显现了出来。

所以,凡是与王老有过工作接触的同志,不论是科技人员、工人,还是行政干部,无不感到王老的可敬可亲。王老总是严于律己,从不计较个人得失,廉洁奉公,平等待人,和蔼谦逊,丝毫没有架子,从来不利用工作之便谋一己之私。他现在虽已离开了当年的实验基地,但人们却无时无刻不在怀念着他。

王淦昌教授在从事我国国防尖端科研事业的几十年中,为增加国防威力,做出了卓越的贡献,也为我国培养了大批优秀的科技人才。在他工作过的地方,为人们留下了极为宝贵的精神财富,它将成为激励后辈们攀登科学技术新高峰的强大动力。他的这种精神财富已经成为我国国防尖端科研队伍优良传统的精华。

注:本文作者曾在中国工程物理研究院二所工作。原载《王淦昌和他的科学贡献》,科学出版社1987年出版。

核弹先驱王淦昌

《瞭望》记者

早在20世纪50年代中期,从苏联杜布纳联合核子研究所传出过一条轰动全球的新闻:在这里工作的中国物理学家王淦昌直接领导的研究组,在100亿电子伏质子同步稳相加速器上做实验时发现了反西格马负超子。

关于这一重大发现,科学家们认为:"在科学上的意义仅次于正电子和反质子的发现。"

可是,当全世界的物理学家正拭目以待,期待王淦昌能继续有新发现时,他却突然消失了。此后20多年的时间里,人们不知道他干什么去了。近来,记者在中国的核试验研究部门采访,寻找这位年已八旬的老科学家的行踪、了解他对国家作出的卓越贡献时,人们说,借用美国一本有关"曼哈顿工程"(记述美国第一颗原子弹研制过程)的书名:"现在可以说了"。

一、"我愿以身许国!"

1961年的春天,刚从苏联归来的王淦昌,正在北京西郊原子能研究所着手准备建造加速器。4月1日,忽然接到通知说,第二机械工业部部长刘杰约他即刻进城"有要事相商"。

"刘杰是部的负责人,他急着约见我,会有什么事呢?"路上,王淦昌心想。

刘杰也很重视这次会见,原因是1959年6月某大国撕毁协议,使中国第一颗原子弹的研制工作遇到了困难。大批外国专家将要离开中国的时候,有位专家对刘杰说:"不要紧,我们走了你们也能把原子弹造出来,因为你们有王淦昌和其他许多有才能的科学家……"事实上,刘杰也正是将希望寄托在王淦昌等中国自己的科学家身上。

"今天请你来,是想请你做另外一件事,这件事和杜布纳的事情完全不同——请你参与领导研制战略核武器——原子弹!"沉吟片刻,刘杰又说:"有人卡我们,说我们离开他们的援助,10年、20年也休想造出原子弹来。因此,我们要争口气……"

王淦昌怔怔地听着,半晌,他迸出了这样一句话:"我愿以身许国!"

第二天，他便走进了核武器研究设计院。

这时，王淦昌已经年逾半百，他之所以能作出如此坚定的回答，是与他那饱经忧患的经历分不开的。

他告别故乡江苏常熟到清华大学读书时，中国正处在军阀混战、民不聊生的年月。当时，刚从欧美留学归来的吴有训、叶企孙等人，看到祖国山河凋敝，科学技术落后，受尽列强的欺凌，都很想为振兴中华干一番事业。一天上课时，吴有训激动地说："同学们，翻开近代物理史就可以知道，人类的认识是随着科学上层出不穷的新发现前进的。假定光是由名叫光子的微粒组成的，那么，当一个光子射到一个静止的电子上，又被散射到另外的一个方向时，它们的能量变化将是怎样的呢？"

大学生们一面听，一面默默地计算。坐在前排中间座位上的王淦昌听得尤其认真，他思索片刻，瘦削、白净的脸上忽然泛起了红润，他怯生生地站起来，回答了教授的提问。

"说得对，说得对！"吴有训满意地说。

随后，其他同学也纷纷举起手来。吴有训耐心地听完大家的答案，说："同学们说得都对，这种散射就叫'康普顿效应'，因为它是由美国一位名叫康普顿的科学家首先发现的。不过，这都是历史上的事了，人类对自然界的探索是无止境的，就拿近代物理学来说吧，还有许许多多的效应、规律、原理，没有被发现、被认识。神奇的大自然正等待着人类去揭开她的奥秘。我希望同学们树立远大的志向，去发现一个又一个效应和规律，在世界科学史上让更多的效应和规律用我们中国人的名字命名！"

吴有训的话长久地激荡在年轻的王淦昌的心中。他立志要给中国人争口气。

大学毕业后，王淦昌考取了德国柏林大学，成为犹太籍女科学家迈特纳的研究生。迈特纳的名字以及她对核物理学的杰出贡献，被物理学界载入科学史册。震动世界的原子核分裂现象便是她解释的。

三年半的研究生生活很快结束了，王淦昌以优异的成绩获得了柏林大学的博士学位。一天，柏林大学的学生们聚集在校园里议论"九·一八"事变，有的说："中国人太无能了，日本人的进攻节节胜利是预料之中的事情。"有的说："优秀民族统治劣等民族，理所当然！"也有的则表示愤慨："不管怎样，日本人的侵略行为，理应受到谴责！"

王淦昌站在人群里听着，心里像烈火在燃烧，我们中国人绝不是劣等民族！作为一个热血青年，他决心报效祖国。

那时，有人劝他留下来，说："科学是没有国界的，中国很落后，你何必回去呢？"

"科学虽然没有国界,但是科学家却是有祖国的,我是个中国人,应当回去!"他说。

王淦昌就这样放弃了国外优越的工作条件,回到了危难中的祖国。

二、隐姓埋名17年

王淦昌和成千上万科技人员一起,在核武器研制试验基地隐姓埋名17年。

参加原子弹的研制工作,在当时是国家最高机密。所有参加者都必须断绝同国外的一切联系,这对于一位著名科学家来说,是很难接受的。而王淦昌二话没说就愉快地接受了所有条件,从此以后,他改名为"王京",和其他科技专家们一起沿着崎岖的山路到长城脚下的古烽火台前安营扎寨,在"17号工地"的爆轰物理试验场上,带领年轻人天天和炸药、雷管打起交道来。起初,试验用的碉堡还没有修成,他们就用沙袋围起来做试验,长城外风沙弥漫,常常是做完一天的试验,风沙、汗水粘在一起,人人都成了泥人、沙人。

在爆轰试验、固体炸药工艺研究和新型炸药的研制以及射线测试和脉冲中子测试等方面,王淦昌指导解决了一系列关键问题。当时正是三年困难时期,不仅试验条件简陋,物质生活也很艰苦,过分的辛劳使许多人得了浮肿病。

第一颗原子弹爆炸前,组织上送他到广东从化温泉疗养。一天散步时,他遇见了陈毅同志。有着儒将风度的陈老总一面走,一面把手攥成拳头,问王淦昌说:"你们这玩艺什么时候造出来?"

"快啦!"王淦昌说。

"明年行不行?"陈老总急切地问道。

"再过一年差不多啦!"

"噢,希望你们赶快造出来,到那时我这个外交部长就好当了!"

第二天,朱德、陈毅、聂荣臻同志特地设宴招待王淦昌和夫人。

党和国家领导人的深切关怀和期望,更使王淦昌坐卧不安。回到工作岗位后,他就带领年轻的技术人员和工人们没日没夜地干了起来。他们不畏风雪严寒、烈日酷暑,放了上千炮,做了上万次试验,终于掌握了各种高能炸药、金属与特殊材料以及各种特殊雷管的性能。在热试验(即第一颗原子弹正式爆炸)前,千军万马齐集在海拔3000米以上的青海高原做冷试验时,王淦昌已年近花甲,而且患有高血压病,在高山缺氧、呼吸困难、吃不下饭、睡不好觉的恶劣环境里,他们日日夜夜同大家一起紧张地工作,对每项技术、每个数据都严加把关。

"王老这么大年纪还在第一线,我们没有理由不好好工作!"他的学生、助手,甚至一些著名科学家都这样说。因此,凡是他分配的任务,没有人讨价还价,即使加班加点也心甘情愿。有一天,他急着要一份计算材料,请邓稼先帮助推导。

"我白天没有时间,晚上行吗?王老师?"邓稼先说。

"哎呀,还是老邓好啊!"

"王老,你看老邓,他当面叫你王老师,背后叫你王老头!"

"我就是王老头嘛!"在场的人听了都笑起来。

每每想起陈老总攥紧拳头那副严肃而又急切的神情,王淦昌就觉得有一股力量在冲击着他。他深深认识到,中国能否依靠自己的力量研制成功战略核武器,是关系到国家前途命运的大事。他常对年轻人这样说:"外国人不是上帝!我们中国人不应妄自菲薄,外国人能做到的事,我们中国人也应该做到。"做实验需要各种仪器设备,当时国外对中国实行禁运封锁。于是,他就带领年轻人自己动手制作仪器。实验用的各种特殊仪器设备造出来了,他又手把手地教给年轻人使用。

年复一年他带领着一大批无名英雄在人迹罕至的雪山高原、戈壁荒滩,不分昼夜地工作,忘却了节假日。有一天竟因过度疲劳,晕倒在厕所里……

原子弹热试验前的一个星期,他几乎天天提心吊胆地睡不着觉,"想想还有什么问题?一定要做到万无一失,一次成功。"他说。1964年10月16日,他和科技人员几乎是枕戈待旦。下午3点,戈壁滩上一阵巨响,冉冉升起蘑菇状烟云时,他随着沸腾的人群从掩体里跑出来,激动地挥动着双臂,流着热泪欢呼说:"成功啦!我们成功啦!"

三、戴高乐总统感到震惊

"原子弹要有,氢弹也要快!"原子弹爆炸成功后,毛泽东主席说。

氢弹与原子弹相比,技术更为复杂,当时国外文献上几乎只字都未透露这方面的资料。这就是说,要完全靠自己探索。

年逾花甲的王淦昌依然不辞劳苦地和大家在野外做实验。核试验是极其复杂的大科学,哪怕是一个小的环节出了问题都会影响到全局,他作为核试验的技术总负责人事必躬亲。一个星期天,晚上10点钟,他跑了很远的路到宿舍里去找一位科技人员,了解一项准备工作的进展情况。那位年轻人看完电影回到宿舍,发现王淦昌在他床上放了个纸条,上面写着:"单玉生同志,你到哪里去了?我来了两趟都没有找到你……"老科学家这种为了国家事业严肃认真的精神,使年轻人深深地感动了。

中国的氢弹如期爆炸,在全世界引起了巨大反响。

十几年之后,法国一位著名核科学家到中国访问时,向中国同行打听说:"你们的氢弹搞得这么快,赶在我们前边爆炸成功了,到底有什么诀窍?当时戴高乐总统非常震惊,还批评了我们。"

戴高乐总统的疑问不是没有缘由的。从原子弹到氢弹,美国用了7年零4个月,苏联用了4年,英国用了4年零7个月,法国用了8年零6个月,而一向被认为是贫穷落后的中国,只用了2年零8个月,不仅在全世界时间最短,而且赶在法国前面,从此跻身于世界核先进国家的行列。关于这个问题,人们从王淦昌教授的故事中,也许能找到一部分答案。

在这之后,王淦昌又在技术上成功地全面领导了我国的前3次地下核试验。我国之所以用很少次数的试验就基本上过了地下核试验测试的技术关,是和他的出色的工作分不开的。

第一次地下核试验前,十年动乱已经开始。尤其是知识分子人人自危,谁还有心搞什么科学试验呢!王淦昌作为这次试验的技术总负责人,几乎是一一登门把科技人员和工人们请出来工作的。带领大家制定了正确的试验方案,哪里有危险到哪里去。放置核装置的几百米深的山洞里,通风差,弥漫着大量放射性氡气。有人带进去一些鸽子很快都死了。在长达一个月的时间里,王淦昌几乎天天和科技人员钻到使人感到口干舌燥的洞里,检查各种测试仪器的安装情况。他深知,如果现场出任何一个小问题,后果是不堪设想的。由于他亲临第一线,各项工作搞得周到细致,中国第一次地下核试验不仅一次成功,而且达到了一次试验,多方收效。

"可以说,在前3次地下核试验过程中每一个细小的环节都凝聚着他的心血。"人们说。一天,他们在野外一个临时工号里加工一个轻核材料测试部件,这是一种放射性极强的核材料,在整个操作过程中必须穿上闷热难当的全封闭防护服。科技人员们见在现场忙碌的王淦昌没有穿防护服,急忙喊道:

"王老,千万别靠近我们,危险!你回去吧!我们一定照你的要求做!"

"我没问题,你们都在这里,我这么大岁数了,不怕。"

……

从1961年到1978年,整整17年,王淦昌在核试验研究基地默默地操劳着,奉献着,置个人生死安危于度外,为中国人赢得了一次又一次震撼世界的胜利。岁月流逝,世事沧桑,然而他和他的同伴们创建的丰功伟绩,不会泯灭,人们将用金光闪闪的大字将其镌刻在中华民族自立于世界民族之林的伟大史册上。

注:本文原载《瞭望》1987年第20期。

第二部分

庆贺九十华诞

一代师表,风范长存

蒋心雄

今天,我们大家聚集一堂,庆贺王淦昌院士从事科技工作68年暨90寿辰。我代表中国核工业总公司,感谢王老为我国科学事业和核工业的建设作出的巨大努力和杰出贡献,祝王老生日愉快,健康长寿!

王老是我国科学成就卓著的核物理学家,是我国实验原子核物理、宇宙射线、粒子物理研究的奠基人和开拓者之一。1929年,他从清华大学毕业后,开始了核物理科研生涯。68年来,王淦昌院士无论是在国外还是国内,始终活跃在科学前沿,孜孜不倦,奋力攀登,取得了多项令世界科技界瞩目的科学成就。1941年,他独具卓见地提出了验证中微子存在的实验方案。1953年到1956年,他领导建立了云南落雪山宇宙线实验站,使我国宇宙线研究进入当时国际先进行列。1959年,他在苏联杜布纳联合原子核研究所领导一个研究小组,在世界上首次发现反西格马负超子,把人类对物质微观世界的认识,向前推进了一大步。1964年,他提出了用激光打靶实现核聚变的设想,是世界激光惯性约束核聚变理论和研究的奠基人之一。1984年,他又在我国领导开辟了氟化氪准分子激光惯性约束聚变研究的新领域。他与王大珩、于敏等科学家向中央军委主席邓小平、国务院总理李鹏写信,建议在"863"计划中增列"激光惯性约束核聚变"专题,并获得批准。目前,我国激光聚变研究已处于世界先进行列。

王老是我国核武器研制的主要科学技术领导人之一。他参与了我国原子弹、氢弹原理突破及第一代核武器研制的试验研究和组织领导,指导解决了一系列关键技术问题。在"两弹"攻关时期,在那些关键或危险的岗位上,他常常坚持到最后才撤离。在攻克地下核试验技术过程中,他花费了巨大精力和时间,指导研究与改进测试技术,使我国仅用很少次数的试验,就掌握了地下核试验测试的关键技术。王老为我国核武器研制作出了杰出的贡献。

王老十分重视核能的开发和利用,他是最早在我国介绍核电站的科学家。在担任二机部副部长和退居二线以后,他以极大的热忱推动我国的核电建设,为我国核电事业迈出艰难的第一步起了重要作用。1990年,他与钱三强、李觉、姜圣阶四位核工业老领导致信江泽民总书记和李鹏总理,就如何把发展核电纳入国民经济整体发展规划提出了积极的建议,受到了中央领导同志的重视,江泽民总书记作了批示,李鹏总理亲自为他们作了复函。

王老还非常关心我国科学技术、特别是高科技事业的发展。1986年3月,他与王大珩、杨嘉墀、陈芳允一起提出了对我国高技术的发展有重要意义的建议。在邓小平同志的积极支持下,国务院在听取专家意见的基础上,制定了我国高技术发展规划——"863"计划。

王老不仅在科研方面有突出的成就,更为可贵的是他有一颗热爱祖国、报效祖国的赤子之心,有一股为祖国的科学事业献身的精神。抗战时期,他为了支持抗日,捐献出了家中的积蓄和金银首饰;20世纪60年代初国民经济困难时,他在苏联把积攒的卢布全部献给国家;1982年,他把荣获国家自然科学一等奖所得的3000元奖金,全部捐献给原子能院子弟学校,作为奖学金;1996年4月,他又捐资3万元,在原子能院设立基础教育奖励基金。

王老十分重视发现和培养人才。早在浙江大学任教期间,他就注重对学生的基础理论教育和实验训练,培养了一批优秀的科学家。1949年新中国成立后,他在科研工作中,注意根据每个年轻人的特点安排工作,发挥其特长,又培养出一大批优秀的实验核物理学家。他的学生,有的已成为中国科学院院士或中国工程院院士,有的是各条科研战线的骨干。

王老学术思想活跃,始终站在科学研究的前沿。这一方面是因为他知识渊博,理论基础扎实,另一方面是因为他时时处处注意学习新东西,实事求是,谦虚谨慎。在学术会议上,在参观访问中,他总是手拿一个小本在不停地记录,不停地提问题。他坚持自己的学术观点,也喜欢别人与他争辩,但从不把自己的意见强加于人,他对年轻人提出的一些新思想、新诀窍,总是给予热情赞扬并鼓励他们继续探索。

1979年,王老在他72岁高龄的时候,加入了中国共产党。他说,他亲身体会到,没有中国共产党就没有新中国。我们这样一个国家,没有共产党的坚强领导,要建设社会主义强国是不可能的。他决心加入中国共产党,要为社会主义现代化建设,为共产主义事业奋斗终生。

王老热爱祖国、艰苦奋斗、实事求是、无私奉献的高尚品德和谦虚质朴、坦率真诚、清正廉洁的工作作风,永远值得广大科技工作者很好地学习。王老不愧是我国科技工作者的"一代师表"。当前,我国的核工业第二次创业已经进入一个新的发展阶段,一个以核电为龙头的新型核工业体系已经初步形成。我们要学习王老献身科学事业的崇高精神,不辜负老一辈科学家对我们的期望,发扬核工业第一次创业时期的积极开拓、科学严谨、艰苦奋斗、团结协作的光荣传统,为我国核工业和核科学技术的发展作出新的贡献。

最后,我们再次感谢王老为我国科学事业和核工业的建设作出的杰出贡献,衷心祝愿王老健康长寿!

注:本文是核工业总公司总经理蒋心雄在庆贺王淦昌院士从事科研工作68年暨90寿诞会上的讲话。原载《中国核工业报》1997年6月4日。

执著的追求　殷切的期望

王乃彦

　　1964年12月,王淦昌院士提出用高功率激光束打靶实现惯性约束聚变的设想。他亲笔写了一个近20页稿纸的学术报告,寄给了上海光机所邓锡铭同志,对激光驱动热核反应作了基本分析和定量估算。王老的这一建议和诺贝尔奖获得者苏联学者巴索夫的设想是很类似的,他们两人几乎同时独立地提出了这一建议。1964年年底,邓锡铭同志将王老的这个建议向当时的中国科学院张劲夫副院长作了汇报,立即得到了张副院长的赞赏和支持,从此就开始了我国激光惯性约束核聚变的研究工作,而当时英、法、德、日等国家都还没有开始这方面的研究。

　　1965年冬,在王老的推动下,中国第一次激光核聚变座谈会在北京友谊宾馆召开,用几十路激光束沿 4π 立体角均匀照射靶丸的概念在那次座谈会上就提出了,建造大型激光系统的设想也随之而产生。当时已近花甲之年的王老一连几个夜晚冒着风雪,一个人骑自行车到友谊宾馆找邓锡铭、余文炎等几位年轻人商讨发展激光核聚变的工作。对祖国激光核聚变事业的憧憬把两代科学工作者紧紧地联系在一起,开始了中国激光核聚变的创业时期。

　　1978年夏天,王老调任二机部副部长兼原子能所所长,从此在原子能所开始了惯性约束聚变的研究。从强流相对论性电子束加速器的物理设计、工程设计、工厂加工、安装调试直到出束做实验的每一个过程,他都和大家一起讨论,制订工作方案。我们采用了计算机设计和一些模拟计算,采用了当时世界上最先进的阻容耦合隔级外触发的冲击电压发生器方案,使加速器工作的稳定性达到世界先进水平。王老还十分关心工厂的加工情况,亲自带领研究组的同志到实验工厂,向工厂领导和工人师傅说明加工要求,商讨加工中的问题。王老从不以专家和领导自居,十分尊重工人师傅,工人师傅也十分尊敬他。他们用先进的加工方法和高超的手艺,高质量地完成了加速器的加工。

　　1982年年底,加速器胜利地完成了总调,并引出束流,达到了设计指标,加速器的建造质量和加速器的水平受到了国际同行的高度赞扬。

　　加速器建成后,王老领导我们立即开展了强流相对论性电子束与物质相互作用的物理机制研究。当时,日本大阪大学激光工程研究所的一些科学家提出,由于强流电子束与等离子体相互作用中存在着双流不稳定性,因而造成电子束在靶物质中的能量沉积比经典的能量沉积要高100倍以上。如果这个结论是正确的,那么,电子束聚变将成为一种实现聚变的非常有希望的途径。日本人的结论引起了国际同行极大的关注。王老带领我们用X射线、离子能谱、等离子体光谱、激光阴影照相和冲击波在靶中的平均传播速度等物理测量,做出了否定日本人结论的实验结果。1992年,俄罗斯库尔恰托夫研究所粒子束聚变实验室主任斯米尔洛夫教授访问原子能院时,在他的学术报告中对我们的电子束与物质相互作用的物理实验给予了很高的评价,认为物理思想好,实验结果说服力强,1986年,在日本神户举行的国际第六届高功率束流会议上,我们应邀在好几百人的大会上作特邀报告,又在日本长冈举行的粒子束聚变国际会议上提交了6篇论文,并在大会上作特邀报告。

电子束能量沉积的工作虽然取得了很好的结果,但也指明了电子束聚变是没有发展前途的。美国人把电子束聚变装置(EBFA)改建成粒子束聚变装置(PBFA),但他们为了保密和保持对当时苏联竞争的优势,还在相当一段时间内不公开自己的动向。而苏联由于发现得比较晚,在已建成的巨型安格拉-5电子束聚变装置上很难做到使加速粒子极性改变,致使那个庞大的安格拉-5至今无法充分地发挥作用。

我们非常幸运地有王老做我们的学科带路人,王老一直认为离子束聚变也存在着很多固有的问题和困难,最重要的一点就是聚焦性能。因此,在20世纪80年代那场国际性的电子束聚变大转移中,美、日、中、俄各自走了不同的道路。美、日都从电子束聚变转向离子束聚变,如美国的桑地亚实验室、海军实验室和日本的大阪大学激光工程研究所等。俄罗斯的库尔恰托夫实验室因改不成离子束只好走内爆套筒道路。10年后的今天,这两种研究工作都处在困难的境地,遇到的还是王老所估计的聚焦性能的问题。

与美、日、俄不同,王老带领我们走自己的道路,即氟化氪准分子激光聚变。氟化氪激光是在1975年才被发现的,相对于固体激光器约晚15年,20世纪80年代初期,国际上才建成高功率的激光器。它的波长短,靶上能量耦合效率高,频带宽,容易实现均匀照射和重复频率。为了开展好工作,王老亲自去图书馆查阅大量文献资料,同时带领我们开展强流电子束加速器的改建和氟化氪激光的产生工作。当时,国内氟化氪激光是放电型的,输出能量只有30毫焦耳,国际上最高的也只有200焦耳左右。我们刚从电子束转向氟化氪激光,国内当时还没有人做过这项工作,王老估计困难会很多,因此刚开始他估计能出1~2焦耳就很好了。由于王老的具体指导和同志们的努力,我们在1986年的第一次试验中输出能量就达到了6焦耳,随后又不断改进提高到19焦耳和30焦耳。

1997年5月王淦昌与王乃彦院士(左)在激光聚变专题研讨会上

在王老和王大珩、于敏、邓锡铭、贺贤土5位科学家的努力下，惯性约束聚变受到国家的重视，并成立了国家"863"计划高技术惯性约束聚变主题专家组。在专家组的领导和支持下，高光束质量的百焦耳级的氟化氪激光研究计划正在进行，实验装置也经过了不断的改进和提高。1992年，输出能量已达到百焦耳，目前已达到400焦耳，即达到了国际上中等规模装置水平，但我们装置的能量传输效率、双向电子束泵浦技术和工作的稳定性都是属于世界先进水平，并不比国外逊色。目前，王老正指导我们用一些包括非线性光学技术在内的先进方法，压缩光束脉冲宽度和改善光束质量，并尽快地开展物理实验研究，使我们不仅在实验装置上而且在物理实验方面都跻身于国际先进行列。

注：本文作者系中国科学院院士，中国原子能科学研究院研究员。原载《中国核工业报》1997年6月4日。

王淦昌与我国的核武器和高技术事业

杜祥琬

　　王淦昌院士不仅是一位在基础研究领域成就卓著的物理学家、科学巨匠，也是我国国防尖端应用研究领域的开创者和奠基人之一。20世纪60年代初，正当王老精力充沛地潜心驰骋于基本粒子的微观世界王国时，由于党和国家的挑选，他的科学生涯来了个急转弯，奉命参加核武器的研制工作。

　　王老是我国核武器研制的主要奠基人之一。在"两弹"突破创业阶段，他参与了我国原子弹、氢弹原理突破及第一代核武器研制的试验研究和组织领导。在爆轰试验、固体炸药、新型炸药和精密工艺研究以及核物理和核爆近区测试等方面，王老功载史册。中国工程物理研究院在创业初期，曾设置了四个技术委员会，王老受命担任冷试验委员会主任委员，在科研生产第一线，在冷试验现场带领群众上千次地反复试验，创造性地工作，开展了一系列缩比的局部聚合爆轰试验，终于掌握了炸药工艺、试验部件及爆轰过程等规律。他指导解决了一系列重大关键技术问题。值得一提的是，创建初期，我院科技人员平均年龄还不到26岁，对原子武器知识了解甚少，王老言传身教，从无到有，自力更生，为创建试验基地，带出一支年轻队伍，建立了不可磨灭的功勋。无论在长城脚下的工地，还是在青海草原、茫茫戈壁滩，王老均留下了坚实的足迹。一提起王老，我院广大科技人员和工人群众就会念念不忘与他一起共同战斗过的岁月。

　　王老是我院核武器实验物理研究的奠基人和开拓者。早在建院初期，他就十分重视开展实验室研究和应用基础研究。1962年，他领导我们开展脉冲X射线技术测量内爆瞬时压缩等研究，带领大家研制脉冲X光机，指导建立脉冲功率技术、强流脉冲电子加速器等。实现闪光X光照相，可清晰分辨判断产品内爆压缩过程物理图像，因而，X光照相设备是我国核武器研制过程中的关键设备之一。正是王老亲自率领我们自力更生，不畏政治压力，带领群众日夜攻关，创造性地建造了X光照相装置，为开展实验室爆轰物理研究及发展新一代武器奠定了坚实的技术基础。

　　王老为"两弹"突破亲自参加与组织指挥了前三次地下核试验，为迅速掌握地下核试验测试和工程技术作出了卓越的贡献。王老不顾当时已年过六十，和

1987年4月王淦昌与杜祥琬（右）摄于北京远望楼

年轻人一样加班加点，哪里有困难、有风险，他就在哪里出现。在核物理和近区测试领域，从制定物理方案至现场实施的每个技术细节，都凝结着他的心血，渗透着他那一丝不苟、严肃认真的科学精神和作风。成功率很高的国家大型核试验来之不易，靠的是试验前的精心设计和精心组织。王老就是组织指挥者的杰出代表。

在新的历史阶段，王老于1986年3月及时地会同王大珩等科学家联名提出在我国开展高技术研究工作的建议。他们在建议书中指出，这是"事关我国今后国际地位和进入21世纪后在经济和国防方面能否进入世界前列的问题"。今天，我国"863"计划的实施已经取得重要突破。王老以他那博大精深的智慧、敏锐的目光，高瞻远瞩地预见未来，为我国高科技现代化事业献计献策，为我国发展高技术武器及拓宽高技术领域研究指明了方向，作出了不懈的努力。他不仅大力推动我国高功率固体激光和准分子激光的发展，还对新型的化学激光、X射线激光和自由电子激光的发展提出过重要的意见。我国微波研究的新进展也同王老当年打下的脉冲功率技术的底子密不可分。

早在1964年，王老就与苏联诺贝尔奖获得者巴索夫院士几乎同时分别提出了"利用高功率激光驱动核聚变反应"的科学思想，是当今世界上这一科技领域的开拓者之一。王老至今仍指导着我国的高功率激光核聚变研究。王老以他对这一领域的科学预见和巨大影响力，汇集科技队伍，组织协作攻关。1988年，王老又审时度势，会同王大珩、于敏等科学家，不失时机地建议国务院加快我国在这一领域的研究。此后，这项建议被列入"863"计划项目。现在，我国的惯性约束聚变研究正一步一个脚印，逐步向前发展，在国际上占有一席之地。

王老指导和带领我们为新时期的发展创建了重要的科研试验基地，带出了一支能为核武器和高科技事业团结奋战、群体攻关的科技队伍。王老现在是我院的高级科学顾问。从20世纪80年代末直到90年代的历史转变时期,我院组织了几次重大的发展战略研讨会,王老多次亲临会场,高瞻远瞩,阐述他的中肯建议和观点。

王老的思想精髓之一是"一个科学工作者要为祖国的富强献身"。他本人身体力行,也以此教育和鼓励后辈。1996年10月,王老到我院视察工作,专门与年轻人座谈,语重心长地勉励青年人奋发工作,立志成才,献身国防科研事业。

王老的科学思想永不停顿,他的学术思想青春常在。他最关心的是科学上的新进展,一再强调和自我勉励说:"科学上的新追求,才是我的最大兴趣。"王老从事科学工作,学到老,研究到老,实在感人肺腑。他的思想永远是年轻的,仿佛有一种无穷的力量激励着他,永远在神秘的科学世界不停顿地探索。

王老大力倡导协作,他常说:"中国科技工作者要团结一致,参与国际竞争。"实际上,我国核武器研制的成功,正是全国大协作的结果,是从事核地质、核材料、核物理、核数据、核技术、核武器研制和核试验工程的广大科技人员和解放军大力协同才取得的。王老为发展全国大协作付出了大量心血,中国科学院和我院20年来在惯性约束聚变研究领域的成功大协作,首先要归功于王老和王大珩先生不倦的努力。

我院的同志们十分尊敬和爱戴王老,因为他有高深的学术造诣和作为一个正直科学家所具有的热爱祖国、实事求是的品格;因为他有不断创新和求索的学术思想和一丝不苟、严肃认真的科研作风;因为他有对同志谦逊、热情、平易近人的高尚品德和情操。在我院事业受到干扰的困难时期,王老以大无畏精神,实事求是、爱憎分明、旗帜鲜明地保护群众。王老与我院普通科研人员结下了深厚的战斗友情。

翻开科技史册,一排排科技巨匠展现在我们面前,他们之所以能步入科学殿堂,造福人类,除了具有丰富的科学知识外,还在于他们都具有特殊的品格和道德。爱因斯坦在评价居里夫人时曾说过:"第一流人物对于时代和历史进程的意义,在其道德品质方面,也许比单纯的才智成就还要大。即使是后者,其取决于品格的程度也远超过通常所认为的那样。"王老为我们留下了一代师表的光辉形象,王老有特殊的品格和美德,是我们心目中永远的楷模。

注:本文作者系中国工程院院士,中国工程院副院长,原载《中国核工业报》1997年6月4日。

从一名普通青年到优秀科学家的道路

——访核物理学家王淦昌院士

张凭 斯露

20世纪不愧是原子能时代,人类对组成各种物质的原子和它们的核结构的认识有了突飞猛进的发展。在20世纪,原子核物理和原子核技术在一代又一代科技精英的推动下,不仅形成了完整的自然科学学科,而且在此基础上建立了强大的核工业。在这个领域,对 10^{-13} 厘米尺度以下微观世界的研究和探索在有条不紊地进行着;而制造超过百万吨 TNT 爆炸当量的原子弹和超过千万吨 TNT 爆炸当量的氢弹、建设百万千瓦热功率的核电站已经具备了成熟的技术。

这样的时代自有这样时代的推动者,一个波澜壮阔的时代必然要陶冶出这个时代的精英。当我们面临20世纪末回首往事时,一位27岁就成为博士、现已90岁高龄仍在为我国核物理研究和核事业发展操劳的学者浮现在我们面前,他就是从20世纪30年代到90年代一直被核物理与核技术界熟知的王淦昌先生。

对于这位已届90高龄的老者,和他有关的学术著作、传记和专访文章很多。他被誉为核物理学泰斗,曾为我国原子弹、氢弹的研制立下功勋,是旨在发展我国高科技的"863"计划四位初始建议科学家之一,是以实现可控热核反应为目标的激光惯性约束核聚变的提出者。他在60多年的科学研究历程中,留下了一个又一个闪耀着光辉的纪录,创下一个又一个代表人类活头脑的思维成果。本篇小文不准备(也不可能)全面描述王淦昌先生的工作、生活和思想,只是想从一个角度观察和分析这位堪称"国宝"的科学家。希望通过分析使我们大体上认识到从一名普通青年到成为著名科学家需要怎样的主观努力和客观条件,二者是怎样相辅相成、相反相成地作用于人的一生的。

一、从苏南小村枫林湾走出——中学毕业17岁去学习汽车驾驶和维修

王淦昌1907年5月生于江苏常熟支塘镇枫林湾,枫林湾是个只有十几户人家的小村庄,在他4岁、13岁时,父亲和母亲先后病逝,由大哥和外祖母抚养成人。孤苦的童年、家庭文化背景以及当时清末民初和"五四"前后中国动荡的社

会背景,并没有像今天的父母培养独生子女那样为他成为自然科学家创造条件。

13岁那年,家庭为他操办了婚事,妻子就是现在仍在操持家务的93岁的吴月琴女士。由外祖母和大哥资助,他读完了小学、中学,中学毕业后,17岁的王淦昌在上海进入一所技术学校去学习汽车驾驶和维修。王淦昌说:"学生时代的我,国文是很蹩脚的,做文章的事最令我头痛,数学也不算好,中学毕业后我曾去学开汽车,也学修理,如果不去读大学,现在可能是个修汽车的老修理工。"——这该是实话。

二、考入清华大学(首届本科生)从师叶企孙、吴有训——22岁毕业留校任教

20世纪20年代战乱的中国、上海如火如荼的工人运动使青年王淦昌并没有把求生和养家糊口定为自己追求的目标。1925年,他报考了清华大学,被录取为清华首届本科生。

可能是"科学救国"的宏志,可能是好奇的天性,也可能是强烈的求知欲望使他很快融进了清华大学的学习生活,表现出了他对化学和实验物理学的浓厚兴趣。一年后清华分科,王淦昌进到物理系学习。他的老师就是著名的叶企孙和吴有训教授。古都北京的文化氛围,清华大学的学习环境,叶、吴二位实验物理学大师的言传身教,再加上王淦昌完全投入、废寝忘食的学习,使他建立了清晰的物理概念、准确的语言表达能力、敏锐的洞察力和科学的逻辑思维分析能力。

1929年,22岁的王淦昌成为清华大学的首届毕业生,毕业后留校任教,作吴有训教授的助手。这时的王淦昌在叶、吴二位大师的教导下已经培养成受过系统的实验物理学教育,有着很强的动手能力,而且能够站在物理学发展前沿辨识当代物理学发展前景的年轻学者了。

三、23岁考取官费赴德国留学——师从 Meitner, Lise——学习期间两次提出研究未知中性射线的实验方案未获导师同意,因之错过了发现中子(neutron)的机会

1930年,在叶、吴二位教授的鼓励下,王淦昌报考并考取了江苏省官费留学研究生,到德国柏林大学深造,师从著名核物理学家迈特纳(Meitner, Lise, 1878—1968)。留德期间,不但使他结识了实验物理学大师,受到站在当时物理学发展前沿观察和思考物理研究最尖端问题的教育,而且使他有条件在当时第一流的物理实验室环境发挥在清华大学培养的基本功,他的物理知识、实验技能和思维能力在这里正好对口应用并被深化、强化。四年的学习中,王淦昌表现出了非凡的科学见解和设计物理实验的能力。这从1930年他两次向导师迈特纳提出用云雾室探测强贯穿辐射重复博特(W. G. Bothe, 1891—1957)的未果实验可

以看出,可能是因为他太年轻(23岁),所提实验方案不被导师采纳。第二年查德威克(J. Chadwick,1891—1974)用类似的实验发现了中子,查德威克因此获得了诺贝尔奖。假设迈特纳同意王淦昌的建议,用云室去做实验,从迈特纳的水平和王淦昌的能力分析,他们完全可能取得发现中子的成果——当然这是假设。但从这件事可以看出23岁正在进修求学的王淦昌,已经具有很强的分析研究科学前沿问题的能力了。

四、受教或访问一些当时著名的物理学大师,这种交往使王淦昌一步步成熟

年轻的王淦昌幸运和遗憾同时并存。学习期间,他努力学习、认真做实验、积极参加学术活动和科学讨论。他听过薛定谔(E. Schrödinger,1887—1961)、德拜(P. J. W. Debye,1884—1966)、玻恩(M. Born,1882—1970)、博特、科斯特斯(Kosters)的讲课和报告,他学习期间在德国学术期刊上发表了《关于RaE的连续β射线谱的上限》、《γ射线的内光电效应》等论文。他的博士论文《关于ThB+C+C″的β谱》顺利通过以劳厄(M. T. F. Von Laue,1879—1960)为主考的答辩,不久也发表在德国《物理学期刊》上。

1934年,27岁的王淦昌已经成为柏林大学博士毕业生,他决定回到灾难深重的祖国。回国前他绕道英国、法国、荷兰、意大利等国,访问了一些著名的大学、实验室,会见了物理学大师。他访问了英国剑桥的卡文迪许实验室,会见了卢瑟福(S. E. Rutherford,1871—1973)、查德威克、埃利斯(C. D. Ellis,1895—1980);访问了意大利的费米(E. Fermi,1901—1954)实验室、罗马大学,这些访问、会见和交谈讨论使学成归国前的王淦昌大开了眼界,奠定了他终生从事实验核物理研究的前途。

1934年,王淦昌回国从事教学工作十几年,到1947年,他有机会赴美作加州大学伯克利分校物理系访问学者,一年多的访问学者工作主要是和琼斯(S. B. Jones)合作研究介子的衰变,不到一年他们合作的文章《关于介子的衰变》发表在《物理学评论》杂志上。

回国前,他去拜访了大科学家费米,到美国东部的大学和研究室参观访问,还会见了在美国的宇宙线研究专家张文裕先生。这次赴美密切了他和国外同行的联系,使他得以利用较好的实验条件进行实验核物理的研究工作。

五、抗日战争期间,颠沛流离的转移生活中,仍坚持关注核物理的发展,提出让世界同行赞赏的关于探测中微子(neutrino)的一个建议

1934年春,王淦昌回到祖国,先执教于山东大学,后到浙江大学当教授,当时

竺可桢是浙江大学校长。1937年春,哥本哈根学派的创立人玻尔(N. Bohr, 1895—1962)访华,王淦昌陪同玻尔游西湖,两天里,和玻尔谈原子核模型和宇宙线级簇射,给这位浙江大学最年轻的教授(Baby-Professor)留下了难忘的印象。

同年7月,卢沟桥事变,日机不久就开始空袭杭州,浙江大学不得不开始西迁,从浙江杭州到贵州湄潭几经转移在贵州安营。在这战乱的年月里,王淦昌和浙大的师生不但坚持教学,而且坚持科学研究。这期间,他自己及和别人合作撰写论文14篇,有6篇发表在美国《物理学评论》和英国《自然》杂志,其中,《关于探测中微子的一个建议》对于王淦昌、对于科学史都是非常重要的实验核物理研究成果。

《关于探测中微子的一个建议》发表后两个月,阿伦(J. S. Allen,1911—)即按王淦昌的建议做了实验,用 ^{7}Be 的 K 俘获成功地验证了中微子的存在,这被誉为对确立泡利(W. Pauli,1900—1958)假设和费米理论的有决定意义的实验。王淦昌给中国争得了荣誉,K. C. Wang(王淦昌)也因此扬名海外。1942年的王淦昌,是正患肺结核病的病人,身处离贵州遵义75千米的湄潭,那种战乱的环境下,各方面的条件可以想象,王淦昌不但和浙大师生坚持高质量的教学,而且千方百计思考当代物理研究前沿问题,无论怎样评价都只能说是非常难能可贵的。

证实中微子的存在,对于人类认识微观粒子和茫茫宇宙都是极其重要的。验证中微子存在的实验被称为"王淦昌—阿伦实验";王淦昌的这个建议直到1952年由美国物理学家戴维斯(R. Davis)完全实现。

每当王淦昌先生回忆起这些事时,总感到由于条件不具备,有些成熟的想法不能亲手付诸实验,非常遗憾。虽然如此,那时的王淦昌还是"始终怀着极大的兴趣寻找新现象"。

关于探测中微子建议的文章,王淦昌首先投寄《中国物理学报》,但不知道为什么未被刊用,后又辗转送交美国《物理学评论》发表,1943年被评为年度最佳论文。后来《中国物理学报》主编钱临照教授说:"这对《中国物理学报》是一个损失,可以说是失之交臂。"

1947年,由于此文,王淦昌获第二届"范旭东奖金"。

1948年竺可桢的日记中写道:吴有训对竺可桢说,"美国科学促进协会"所出《百年来科学大事记》中,中国只有彭桓武、王淦昌二人能列名其内。可见当时王淦昌在国际科学界的地位。

六、20世纪50年代的王淦昌,从北京到莫斯科——所到之处,均有研究成果

1949年新中国成立后,王淦昌调到中国科学院近代物理研究所从事研究工作,后来任副所长,新中国的成立,日渐好转的物质条件,使王淦昌集中精力进行

研究，这期间他主要从事宇宙线研究工作。发表的论文有《一个中性重介子的衰变》、《在云室中观察到的一个 K⁻ 介子的产生及其核俘获》。1955 年，王淦昌当选为中国科学院数理学部委员。

1956 年，王淦昌代表中国到当时苏联的莫斯科杜布纳联合原子核研究所工作，这里建有 10MeV 质子同步稳相加速器，进行基本粒子性质及其与核作用的研究。王淦昌去后，决策研究方向，定下了建立气泡室作为探测器的研究实验路径。1959 年通过高能 π⁻ 介子与原子核相互作用的数据采集，发现了反西格马负超子（$\overline{\Sigma}^-$），这是首次发现带电反超子，这一记录成为国际公认的重要科研成果，也是杜布纳联合所最重要的成果。这一发现丰富了人们对反粒子的认识，王淦昌是这一小组工作的组织者和首席科学家。

1982 年，王淦昌因发现反西格马负超子（$\overline{\Sigma}^-$）和丁大钊、王祝翔获我国自然科学一等奖。

七、同"596"结缘，化名"王京"——17 年为原子弹、氢弹研制立下特殊功勋

1959 年 6 月，中苏关系恶化，赫鲁晓夫单方面撕毁合同，并扬言中国 20 年也搞不出原子弹。1960 年，王淦昌一回国就受命参加原子弹的研制，第一颗原子弹代号"596"，王淦昌从此和"596"结下不解之缘。他化名"王京"，声言"我愿以身许国"，长达 17 年从事核武器研制工作。他实际上放弃了原来从事的实验核物理研究，去从事服务于原子弹研制的实验和试验。

17 年的光阴使王淦昌从中年步入老年，也使他在付出了心血和汗水之后成为中国核武器研制各阶段都立下了特殊功勋的人。1964 年 10 月 16 日，中国成功地爆炸了第一颗原子弹，1967 年 6 月 17 日，中国爆炸了第一颗氢弹，经历了核弹研制的几个阶段之后，中国不但解决了"有"和"无"的问题，而且完善了自己的核武器系统。20 世纪 70 年代末，王淦昌在隐姓埋名 17 年后又复出在社会活动中，他以全国人大常委、原子能研究所所长、二机部副部长的身份出现时，已届耄耋之年。1980 年中国核学会成立，他任核学会理事长。

这时的王淦昌，依旧是那样充满了活力，他努力推动核裂变堆电站的建设，积极组织促进他 1964 年提出的激光惯性约束核聚变的研究，为我国能源事业的发展，为人类和平利用原子能开辟更广阔的前景。

八、热爱祖国、热爱人民，始终为实现"祖国需要更加强大"而奋斗

王淦昌先生是典型的科学家，是和原子能时代同步前进的核物理学家。从 20 世纪 30 年代查德威克发现中子，王淦昌就和核物理和核技术息息相关。如以

10年为一段,从20世纪30年代起几乎每个10年中,他都有精彩的科学研究记录载入科学发展史册。

可以说他从立意进入清华大学深造,就努力以"科学救国"为实践目标。他投身社会,他忧国忧民,他恪尽职守从事教学工作培养学生。这不仅是为了谋求生存和养家糊口,也不是那种偏狭地"为科学而科学",而是为了他一生中如一的目标:为了祖国的繁荣富强。

1925年在上海,他积极参加"五卅"反帝爱国运动,上街游行、散发传单。面对20世纪20年代的旧上海,他深刻感到中国贫穷落后、遭受列强欺侮的现实,放弃了学一个专长(汽车驾驶和维修)谋生的小愿去报考清华,实现科学救国的大志。入清华第二年,王淦昌参加了"三一八"反帝大游行,亲眼看到丧权辱国的北洋军阀政府的军警向手无寸铁的爱国学生开枪,身边的同学倒下,他看到了血。他的一名同班同学在这次惨案中受重伤后牺牲了,他是"三一八"惨案的亲历者。他说:"从那时起,我始终为实现'祖国需要更加强大'这个愿望而不懈地努力奋斗。"

在抗日战争期间,他回到祖国,和祖国人民同甘共苦,在迁徙和战乱中坚持教学和科研,为探测中微子写下光辉的篇章,为浙江大学培养了一批又一批的学生,其中,有不少像李政道、叶笃正、钱人元、蒋泰龙这样的科学家。他是在另一条战线上为祖国战斗的。

正因为如此,1949年新中国一成立,他就应钱三强之邀,赴北京加入近代物理研究所;1950年,去川北参加土改工作;1952年,去朝鲜战场进行为期四个月的战场调查;而1960年,他接到研制原子弹的任务时,能意味深长地脱口说出"我愿以身许国"的话语。

在王淦昌先生90岁生日即将到来的时候,我们有机会访问了他,他眼不花、耳不聋,思路清晰,谈话声音铿锵有力。在回答我们问他一生最满意的三件科研成果时,他说:第一件是1942年提出用K俘获的方法来判断中微子的存在,这是在灵机一动时想出来的,写成《关于探测中微子的一个建议》,发表在1942年1月美国《物理学评论》杂志上;第二件是1930年两次向导师迈特纳提用云雾室探测强贯穿力的高能射线建议,这是一个可能在查德威克成功之前发现中子的实验设计,但未获同意;第三件是1964年首创激光激发"氘冰"作中子源实现激光惯性约束核聚变。

他说前两件是在年轻时、出成果的黄金时期提出的很有价值的想法,但因限于条件,没有能实际做出来,这是很可惜的,如果做成了都是可以获得诺贝尔奖的,当时一是没有条件,一是没有坚持,不能做出好成绩为国争光,是顶大顶大的遗憾。

我们认为,一个进取的人生总会有这样那样的遗憾留下而挥之不去,这或许正是王淦昌先生一生孜孜追求的内因之一,甚或这也该是一个科学家应有的素养之一。

王淦昌先生的一生就像一本厚厚的书,从这本书里,你可以看到核物理学的发展,也可以看到一个人怎样在各种各样的环境条件下使自己成长、成熟,最终成为一个优秀的人。

如果你留意,从这本厚厚的书里你还可以看到一个有着孤苦童年的人、一个来自小村庄的少年、一个候补汽车修理工怎样选择人生方向,怎样选择自己的职业,怎样去爱自己多灾多难的祖国以及如何走进科学的殿堂,在那里贡献自己的青春、智慧和全部生命。

1997年5月28日是王淦昌先生90岁生日,我们谨以此文祝愿他身体健康、家庭幸福、科学青春永驻。

注:本文两作者系《方法》记者。原载《方法》1997年6月。

王老与张爱萍上将的战斗友谊

贺茂之

尊敬的王老、尊敬的科学家、各位领导、同志们：

张爱萍首长原拟亲自前来祝贺王老的九十华诞，因天气变化，年高体弱，故特派我代表他向"庆贺王淦昌院士从事科技工作68年暨90寿辰学术报告会"的召开表示热烈祝贺！张老及其夫人由衷祝愿敬爱的王淦昌同志生日愉快！健康长寿！预祝报告会圆满成功！并向与会的院士、学者、科学家及全体同志致以亲切的问候！作为张老身边工作人员，也借此机会向功勋卓著、德高望重、敬爱的淦昌老致以崇高的敬礼！

张爱萍首长同王老的友谊缔结于我国第一颗原子弹试制时期。迄今已经三十三个寒暑了。33年来，无论风云如何变幻、世事怎样变迁，他们之间的友谊始终如一、雷打不变，而且随着我们伟大祖国国防科技事业的发展而不断发展和巩固。他们的友谊是纯真的，是高尚的，是建立在为社会主义祖国的繁荣富强而共同奋斗的同一目标、同一基点上的。也正因为这样，张老常常为王老在促进我国核工业和高科技发展上的新主张、新成就、新贡献而由衷高兴，也常常为王老正直、坦诚、谦虚、清廉、治学严谨、无私奉献的高尚情操而由衷称赞，还常常为王老不顾年迈仍然全身心投入高科技事业、奔忙于祖国各地的革命精神而由衷敬佩并关心和挂念。

在王老八十九寿辰的前夕，即去年5月26日，张老安排工作人员了解王老的行止，以准备为其祝寿。当听说王老外出于上海并要到苏州参加会议时，连连称赞的同时还十分惦念王老出差途中的身体，特别叮嘱工作人员给王老的秘书打电话，请其多多关照王老的健康，并亲笔撰写了祝寿的电文："淦昌同志：欣逢您八十九华诞，不胜欣喜，本拟亲往庆祝，因您去上海工作未归，特致电祝贺！数十年来，您为祖国的核事业作出了卓越贡献，我们相互间也建立了深厚的友情。祝您宝刀不老、青松常仁、万寿无疆！"署名是他和他的夫人李又兰。5月28日，王老在苏州给张老发来了复电："爱萍同志暨夫人：尊电收悉，您在百忙之中尚且挂念我的生日，令我不胜感激。此行仓促匆匆未及奉告，劳您垂询，实感不安，深表歉意。现在沪工作已毕又与会姑苏，计划31日返京，到时向您汇报。回想数十年来,您对我一直关爱有加,不知何以为报,在此谨致敬意并祝俪安。"

由此,可见他们的感情之深、友谊之纯!这两位世纪老人的交往将会留下千古佳话。

张老除盛赞王老在祖国高科技事业上的巨大贡献外,还常说道:"王老关键时刻帮助我解决了一大难题,解除了一大困境。"

那是在我国第一颗原子弹成功爆炸的时刻,当扬声器中传出"9、8、7、6、5、4、3、2、1、起爆"的命令后,试验场上空腾起烟云和火球时,作为试验总指挥的张爱萍同志在核试验指挥所向千里之外的北京中南海总理办公室已经拿起电话等待胜利消息的周恩来总理报告:"核爆炸成功了!我们已看到了烟云和火球。"周恩来总理问:"是不是真的核爆炸?"张爱萍一时难以肯定,瞬间没有回答,连忙问身旁的核物理学家王淦昌:"总理问是不是真的核爆炸?"王淦昌肯定地回答:"是核爆炸,现在已经看到逐渐形成的蘑菇云。"张爱萍这才向周总理作了肯定的报告。周总理当即代表党中央、国务院,向参加原子弹研制和核试验的全体人员表示热烈祝贺,并告诉张爱萍说:"毛主席正在人民大会堂观看大型舞蹈史诗《东方红》的演出,我马上去向他报告……"

庆祝原子弹爆炸三十周年
第一排左起:张蕴玉、王淦昌、张爱萍,第二排左起:王承书、于敏、朱光亚、陈能宽

在隆重庆贺王老九十寿辰的今天,我们倍加怀念那个激动人心的日子。

还是让我们看一看张老及其夫人恭贺王老九十华诞所送的花篮及寿联吧:

两弹元老功勋卓著,
一代英杰万寿无疆!

注:本文作者系张爱萍上将秘书。选自"王淦昌院士从事科研工作68年暨90寿辰会"上的发言,1997年5月28日。

沉甸甸的果实

——记杰出的核物理学家王淦昌院士

常甲辰

21世纪即将来临。翻开20世纪的中国科学史，你会发现一个闪光的名字——王淦昌。他是清华大学物理系首届毕业生、德国柏林大学博士，对核科学技术有多面的重要贡献；他的科学生涯，与中国科学技术事业的发展、壮大密切相关。1995年1月12日，王淦昌与钱学森、黄汲清、王大珩一起获得首届何梁何利基金优秀奖。该基金会在授奖公告中列举了王淦昌在五个方面的主要科学成就。1997年5月28日是王淦昌教授90华诞。为庆祝王老90寿辰，下面我们向大家简单介绍一下这位可敬重的科学家取得的五个方面的重要科学成就。

一、提出中微子验证方案

20世纪30年代，物理学界发生了一起重大"失窃"案。原子核物理学家在研究中发现：当放射性原子核发射出一个电子后，这种原子核就变成了另一种原子核。这个变化过程并不符合已知的能量守恒定律、能量被"偷窃"了！这桩轰动世界的"失窃"案深深地吸引着奥地利物理学家泡利，他敏锐地提出，"偷窃"能量的很可能是一种尚未发现的粒子，他称之为"微中子"（现在称"中微子"）。随后，意大利物理学家费米又以中微子假说为基础建立了β衰变理论。显然，如果证实中微子的存在，则将是实验物理学的一大成就。

1941年，王淦昌在随浙江大学西迁到遵义的湄潭时，得了肺病，在家卧床休息。但他一刻也没停止科学的思维，常抱病仔细研读辗转送来的美国《物理评论》杂志。针对各国科学家直接采用探测器未能找到中微子的疑难，他经过深思熟虑、精心推算，在昏暗的油灯下写出了卓越的论文《关于探测中微子的一个建议》。文中一针见血地指出："当一个$β^+$类放射性原子不是放射一个正电子而是俘获一个K层电子时，反应后的原子的反冲能量和动量仅仅取决于所放射的中微子……要求得放射的中微子的质量和能量，只要测量反应后原子的反冲能量和动量就行了。而且，既然没有连续的β射线放射出来。这种反冲效应对于所有的原子都是相同的。"

从科学上讲,文章的关键之处,就在于把普通的 β 衰变末态的三体变为 K 俘获中的二体。用公式表示,就是将 A→B+e⁺+ν 换成了 A+e⁻→B+ν(这里 A、B 表示反应前后的两种元素,e⁺ 为正电子、e⁻ 为电子、ν 为中微子)。

可别小看这个看似数学中移项的简单运算,它却使中微子的探测有了可能。比如,通过测量后一个公式中 B 的反冲能量,就可得到中微子的质量。

这篇论文 1942 年 1 月在《物理评论》上刊出。半年之后,美国的阿伦就根据王淦昌提出的方案做了铍—7 的 K 电子俘获实验,证实了中微子的存在。这一实验成为 1942 年国际物理学的重要成就之一。

王淦昌首开二体反冲验证实验物理思想的先河,对日后的一系列反冲实验产生了积极的影响。1956 年,美国物理学家莱因斯利用反应堆产生的中微子与中子碰撞而变成质子和电子的实验,间接地证明了中微子的存在,1995 年,他因此而荣获诺贝尔物理学奖。其实,在他的身后,站着一位杰出的核物理学家——王淦昌。杨振宁教授就曾经指出:王淦昌的文章,"在确认中微子存在的物理工作中,道破了问题的关键"。

二、领导中国宇宙线研究走向世界

1950 年,中国科学院近代物理所(现为中国原子能科学研究院)成立后,王淦昌与萧健一起负责宇宙线组的工作。当时确定的工作目标是寻找具有高能量的奇异粒子和研究宇宙线与物质的相互作用。为此,就必须首先研制新的多板云室和磁云室,并要建立高山实验站。

为了培养人才,多出成果,王淦昌要求仪器研制与实验工作同时进行。1951 年,王淦昌和萧健各带领一个小组,分别在(30~50)亿电子伏和 100 多亿电子伏的能区从事研究,利用 30 厘米云室探测宇宙线穿透簇射,拍下了几百张照片。1954 年,王淦昌、萧健领导建成了位于云南落雪山海拔 3185 米的高山宇宙线实验站,并装备了由王淦昌指导,郑仁圻、吕敏研制的多板云室。从 1955 年起,王淦昌等人有关宇宙线研究的一批成果陆续在《物理学报》和《科学记录》上发表。《在铅板里发生的电子光子簇射》对发现的一些电子光子簇射照片进行了分析,并与理论值作了比较。这样的工作,当时还是非常少的。美国科学家鲍威尔曾这样评价《一个中性重介子的衰变》:"这项工作几乎是与国际上经验丰富的科学家同时做出的。"而《一个长寿命的带电超子》则堪称在宇宙线中获得奇异粒子事例并对其寿命进行测量的范例。文章认为"在一个核作用中成对产生了一对不稳定粒子",除寿命之外,可以认为它们是 $θ^0$ 重介子和 $Σ^+$ "超子"。文章还分析说,"$Σ^+$ 超子的平均寿命可能比上述实验值($0.5×10^{-10}$ 秒)大些"。果然,在后来的基本粒子特性表中,$Σ^+$ 的寿命是 $0.8×10^{-10}$ 秒,与该文预言的情况相符。

可以说,在 20 世纪 50 年代,我国的宇宙线研究是与国外交流最多,水平与国际水平接近的科研领域之一。后来,日本著名理论物理学家坂田昌一到中国时,问起过宇宙线研究,他对我国这方面的研究还是很感兴趣的。

三、发现反西格马负超子

1956年9月,王淦昌代表中国参加杜布纳联合原子核所成立会议后,留在联合所工作,任高级研究员。当时,正是国际上利用高能量加速器进行基本粒子研究的第一代工作时期。王淦昌以其准确的科学判断力,根据面临的各种前沿课题,结合联合所高能加速器的特点,提出了两个研究方向:寻找新粒子和研究高能核作用下各种粒子的产生规律。

确定研究方向后,在选择探测器时,王淦昌认为能显现粒子径迹的探测器是比较理想的。他选择了放置在磁场内可以进行动量分析的丙烷气泡室作为主探测器。他并没有选择更为先进的氢气泡室,是考虑到研制氢气泡室要花费很多时间,而且技术上又不很成熟,那样有可能丧失联合所高能加速器有限的3～4年能量优势时间。

在反应系统的选择上,王淦昌花费了很多时间反复琢磨。1957年夏天,他以一个优秀物理学家的卓识,提出利用π^-介子引起的核反应来研究。从寻找反超子角度讲,这条技术路线会因实验中其他反应的背景干扰大而增加实验难度,但它却充分发挥了联合所高能加速器的特点,因而只要物理思想正确,分析细致,应该说是可以较快地取得成果的。

根据各种超子的特性,王淦昌提出扫描气泡室照片选择有意义事例的标准,即在气泡室照明区看到该粒子的产生与衰变;衰变产物与核粒子应是"同平面"的,且衰变产物应有足够长度可以进行动量分析,要观察到衰变重产物的湮没星。

终于,1959年秋后的一天,王淦昌领导的小组,在用丙烷气泡室拍摄的四万张底片中,发现了一张反西格马负超子事例的照片。经过分析,其全部图像与预期的完全一致,是一个十分完整的反超子的从产生到湮灭的全部生命史。这是人类通过实验发现的第一个荷电反超子。它不仅丰富了人们对反粒子的认识,而且使理论上关于任何粒子都有其反粒子的推测得到了验证。1982年,王淦昌的这项成果获得我国国家自然科学一等奖。

四、以身许国研制核武器

1961年3月,王淦昌放弃原来从事的基本粒子研究,化名"王京"踏上了研制原子弹、氢弹的"秘密历程"。

最初的一年,他带领年轻人打破国外的禁运封锁,自己动手制造仪器和设备,在河北怀来十七号工地进行了一次又一次的爆轰实验,解决了固体炸药工艺、新型炸药研制、光学测试、电子学测试等一系列关键问题。1963年,王淦昌来到海拔3200米的青海高原,不顾年近花甲,在高山缺氧、呼吸困难的环境下,进行点火装置测试。他对每项技术、每个数据都严格把关。起爆的结果令人鼓舞,得到了理想的爆轰波,点火装置一次点火成功。

1964年9月,王淦昌来到戈壁沙漠,不分昼夜地进行着"临战"前的工作,在原子弹吊上102米高的铁塔以后,他又坐着吊车上到摇摇晃晃的铁塔上,亲自对装置逐项进行严格的检查和验收。当原子弹蘑菇状烟云于1964年10月16日下午3时冉冉升起时,王淦昌激动地欢呼起来:"我们成功啦!"

随后,王淦昌又参加了氢弹的研制工作。从热核材料的部件研制、产品设计、爆轰实验一直到物理测试,他都一一过问,层层把关。他还经常到一线亲自解决问题。1967年6月17日,我国第一颗全当量氢弹在西北大漠腹地上空爆炸成功。

1967年12月,周恩来总理指示:核试验转入地下。为了周总理的嘱托,王淦昌又频繁地奔波于核武器试验基地和北京之间,与实验人员和理论设计人员一起进行研讨,最后确定了有关核武器作用过程物理分解研究的试验项目。他花费了巨大心血和时间研究与改进测试方法,使我国仅用很少次数的试验,就通过了地下核试验的技术关,为核武器的改进与发展创造了良好的条件。

五、志在激光惯性约束核聚变

激光,是基于受激辐射放大理论而产生的一种相干光辐射。激光技术是1960年诞生的。王淦昌学习激光知识后,对激光拥有的强度大和方向性强的特点很感兴趣。他想,如果把激光与核物理二者结合起来,应该会发现新的有趣的现象。他对这个问题进行了深入思考,不久想出了可以用激光打氘冰,看是否出中子。他据此撰写了《利用大能量大功率的光激射(即激光)器产生中子的建议》。文中提出了用激光打氘冰产生中子的原理和具体建议,对利用激光驱动热核反应作了基本分析和定量估算。他的这种设想,实际上就是激光惯性约束核聚变科学概念的雏形。在世界上,差不多同时独立提出这种设想的另一位科学家是苏联的巴索夫院士。

1964年12月,王淦昌在北京遇到正在从事高功率激光器研制的中国科学院上海光机所的邓锡铭副研究员,并对邓锡铭讲了自己的想法。邓锡铭非常兴奋:"这是实现激光应用的一条重要路子。"王淦昌的创议还得到当时中国科学院党组书记、副院长张劲夫的赞成和支持。这样,在王淦昌的倡导下,我国的激光惯性约束聚变领域的科研工作就开始向前迈步了,而当时的英国、法国、日本和联邦德国都还没有动手呢!

1965年冬,王淦昌与邓锡铭、余文炎等人在北京友谊宾馆召开了激光聚变小型座谈会。大家集思广益,提出了用几十路激光束沿 4π 立体角均匀照射靶丸的概念,还有建造大型激光器的设想。1977年10月,王淦昌又努力促成中科院上海光机所和二机部九院联合开展激光惯性约束聚变研究,以相互弥补各自在理论和实验队伍方面的短处。他强调:"搞激光聚变,我们不应搞杂牌,而应当搞一个牌子,那就是'中国牌'。"在王淦昌与光学专家王大珩的领导推动下,功率为 10^{12} 瓦的大型激光装置于1985年在上海建成。经过两年多的运行考验和打靶实验,该激光装置于1987年6月通过了国家鉴定。利用这个装置,我国科研人员在惯性约束聚变方面做出了一批国际一流水平的工作。

在推动全国激光惯性约束聚变研究的同时,王淦昌还在原子能院领导建立了从事惯性约束聚变研究的实验室,开展强流电子束泵浦氟化氪激光的研究。1990年年底,使氟化氪激光输出能量达到106焦耳,我国也由此成为继美国、英国、日本、苏联之后具有百焦耳级氟化氪准分子激光器的国家。

1988年12月,为了把我国激光惯性约束聚变研究向前推进,王淦昌和王大珩、于敏联名向中央军委主席邓小平、国务院总理李鹏等写信,建议国家高度重视激光惯性约束聚变研究,把它列为"863"计划中的一个专题。他们的建议得到了中央领导的高度重视。李鹏总理在听取了他们的汇报后,对发展我国激光惯性约束聚变工作作了重要指示。1993年年初,"惯性约束聚变"终于作为一个独立主题列入国家"863"计划,呈现出良好的发展势头和喜人的前景。

王淦昌把惯性约束聚变这一造福人类子孙万代的科学研究当做他晚年的主要奋斗目标,他在获得何梁何利基金优秀奖的答谢词中,深情地说道:"我现在一直在从事惯性约束聚变的学习、宣传和研究工作。虽然靠同志们的努力,已取得了阶段性成果,但预计还需很长时间的努力和较大的投入。更重要的是必须有很多有才能的年轻人来接班。我当然仍将尽我最大的努力和我的同伴们一起,为我国能源领域的发展继续奋斗。"

注:本文作者时任《中国核工业报》副总编辑,现任中国核工业建设集团公司党群工作部副主任。原载《科学中国人》1997年5月。

"科学研究是硬碰硬的事情"

——王淦昌实事求是两例

常甲辰

王淦昌是我国原子核物理研究的开拓者和奠基者之一。他不仅取得令人瞩目的成绩,而且对出现在科学殿堂里的一些虚假或似是而非的东西,也能准确地鉴别并摒弃。这里要向大家讲述两件鲜为外界所知的事情。

第一件是有关"变子"的故事。20世纪50年代初期,苏联科学家在帕米尔高原上建立了一个宇宙线实验站。当时,有两位苏联科学院院士设计了一套电子学系统,其中摆放有3种计数管和磁铁。利用这套实验系统,每当有粒子进入时,就会产生相应的电子学信号。不久,他们宣称已发现了十多个新粒子,并命名为"变子"。这两位院士由此获得了斯大林奖金,成为"社会主义劳动英雄"。王淦昌研究这一发现后,当即明确表示"苏联人的发现靠不住"。他认为,电信号的重复性不好确定,仅凭一个电子学信号就断言有什么新发现是太草率了。在王淦昌的意识中,做实验,尤其是宇宙线实验,一定要用径迹探测手段,这样才能以确实的证据示人,而且在许多年以后还可以复核。

当时,全国上下是一派学习苏联的热潮。这当然也包括学习苏联的自然科学。如果对苏联的工作持有不同看法,则会被视为大逆不道的。何祚庥院士回忆说,当时他在中共中央宣传部工作,曾与其他一些年轻人私下议论过这件事,觉得王淦昌是从旧社会过来的知识分子,在欧美留过学,对苏联科学家的发现一再讲"靠不住",恐怕还是崇拜英美、轻视苏联的思想反映。然而,最终的实验结果表明,王淦昌的评价是正确的。因为后来在一系列更精密的实验条件下,其他科学家并没有找到一个所谓的"变子"。回忆起这件事,何祚庥院士说:"这件事当时在我的心灵上引起的震动是巨大的。我一是惊讶苏联人居然也有不成功的事情,二是从心眼里佩服王老敏锐的科学洞察力。在那时的政治背景下,王老对苏联科学家的直言批评,充分体现了他追求真理、崇尚实践的政治勇气和科学精神。这件事给我的启迪是,对科学问题的评价不能政治化,不能用政治观点去评价科学发现。这个原则,我们应该永远牢记。"

1956年9月至1961年年初,王淦昌在苏联杜布纳联合原子核研究所任高级研究员,从事寻找新粒子的工作。1959年秋,他领导的研究小组发现了世界上第一个荷电负超子——反西格马负超子。在此期间,还有一件有关"第一粒子"的事,也就是本文所要讲的第二个故事。它反映了王淦昌从事科学研究的实事求是精神以及对中苏友好关系的真诚维护。

事情是这样的。1959年年初,王淦昌研究组的工作人员在扫描气泡室照片时,"发现"了一个寿命比较长的粒子(径迹比较长)在飞行中衰变为一个π介子和一个K^0介子的迹象。如果按衰变产物为π介子和K^0介子进行推算,则那个长寿命粒子是质量为950MeV的介子。但是,已知的介子谱中并没有质量为950MeV并带正电荷的粒子。那么,它可能是一种"质量大、寿命为10^{-9}秒"的新粒子吗?由于这是在稳相加速器得到的第一个新粒子候选事例,苏联同事异常兴奋,在一种早出成果、快出成果的心理作用下,草率决定在基辅召开的第九次国际高能物理会议上发表,并命名为"第一粒子"。

与苏联同事形成鲜明对比的是,直接负责寻找新粒子工作的王淦昌十分冷静。他认为,这一事例虽然有可能是新粒子,但在没有得到充分的证据之前,断然不能宣布为新的发现。但是,在苏联方面的一再要求下,也考虑到中苏友谊,王淦昌采取了折中的办法:由他在大会上作补充报告,但要讲两种可能性,而且不将文章提交给大会。

当时的国际学术会议有一个惯例,就是提交大会的突出的研究成果由一个总报告人报告。那次大会的总报告人是一位美国科学家。当他作完报告,王淦昌作了补充发言后,他脸涨得通红,嚷道:"我要发疯了。你们这么重要的结果,为什么不交我来报告?"后来,王淦昌等反复向他解释,一再说明只是一种迹象,是否真正的新粒子还存在着两种可能,才使事情得以平息。

其实,王淦昌虽然同意在基辅会议上报告,但他还是放心不下,他对照片做了仔细的扫描,发现在"第一粒子"的旁边有几粒气泡,可能是云雾,也可能是重核反冲。他建议在中国学者中间对此进行内部讨论。周光召曾发表意见认为可能是K^+电荷交换。基辅会议召开时,王淦昌还安排研究小组的王祝翔在联合原子核研究所仔细地对旁边的气泡数目进行了分析,并做了各种计算,最后确认这一事例并不是什么新粒子,而是K^+电荷交换。事后,王淦昌深有感触地说:"科学研究是硬碰硬的事情。如果当时我报告发现了'第一粒子',那就会落下个撒谎、吹牛的名声。太可怕了!"

注:本文作者时任《中国核工业报》副总编辑,现任中国核工业建设集团公司党群工作部副主任。原载《百科知识》第6期。

恭祝王淦昌先生九十寿辰

彭桓武

一级高材久仰名,皇城团聚幸三生。
助人敬业春常在,巧术灵思世所倾。

中微实证献良方,泡室新图慧眼量。
负反西格马粒子,杜联核所得争光。

昔日侦察战地行,今朝研制苦经营。
人员设备和方案,试验多遭器业成。

创思横溢若先知,聚变强光压缩为。
许国以身仁智勇,同心赤子乐追随。

说明:"杜联核所"即所址在苏联杜布纳的社会主义国家联合原子核研究所。

王淦昌与彭桓武院士(左)在一起

注:本诗作者系著名理论物理学家,中国科学院院士,中国科学院理论物理研究所原所长。原载《中国核工业报》1997年5月28日。

中国核科学功臣

——热烈祝贺王淦昌院士九十寿辰

虞 昊 应兴国 江小明

今年5月28日是世界著名的科学家王淦昌院士90寿辰。在中国科学院数百位院士中，王淦昌则是其中的佼佼者。何以见得？1948年，美国编写百年科学大事记，第一次将两位中国科学家列入其中：王淦昌和彭桓武。这两位都毕业于清华大学物理系，前者先留学德国并取得博士学位，后去美国做访问学者，主要从事核物理实验研究；后者留学英国并取得双博士学位，毕生从事理论物理研究。他们的研究成果具有世界先进水平，堪称"世界级"科学家。就拿王淦昌院士来讲，他前半生的研究生涯中，曾几次与诺贝尔奖擦肩而过。

1997年12月22日虞昊（左1）及江小明（右1）等拜访王淦昌（左3）

一、研究核子

1930年秋天，23岁的王淦昌考取官费留学研究生，到达德国柏林大学，在威廉皇家化学研究所师从著名女科学家迈特纳。迈特纳在放射化学领域造诣极深，曾配合著名的德国化学家哈恩发现了铀原子核的裂变现象，打开了人类利用核能的大门。爱因斯坦称她为"我们的居里夫人"。王淦昌跟着她做研究，得益匪浅。

也是在1930年,德国的博特和贝克尔在用α粒子轰击铍核时,产生一种贯穿力极强的射线,他们认为这是硬γ射线。王淦昌分析了博特的实验后认为,他们使用的计数器不能确切判断强辐射的性质;若改用云室进行实验,就能弄清强辐射的性质。他两次找导师提出自己的想法,跃跃欲试。可是,迈特纳却认为:"何必去重复别人的实验呢?年轻人应当自己去开辟新路!"遗憾的是,她的一番好心让王淦昌丢失了一次极好的机会。1932年2月,英国的查德威克用云室重复了博特的实验,发现这种辐射不是γ辐射,而是一种不带电的中性粒子。他就把这叫做"中子"。1935年,查德威克因发现中子而获得诺贝尔物理奖。迈特纳沮丧地对自己的研究生说:"K.C.Wang(王淦昌),这是运气问题"。王淦昌却认为:"科学是实实在在的,和运气是两码事,我并不后悔。"他在以后的科研生涯中,一直注意吸取这个教训,尊重青年人的想法。

1995年度的诺贝尔物理奖被授予莱因斯和考恩,以表彰他们6年艰辛实验所进行的精确测量,使中微子的存在从假设变为现实。而第一个提出较完善的测量中微子实验方案的却是王淦昌。早在1930年,奥地利物理学家泡利提出了"中微子"假说。这种中性粒子的质量微乎其微(故称作中"微"子),几乎为零,再加上它是中性的,不与物质发生电磁相互作用,这就给实验测量带来了极大的困难。自泡利假说以后的很长一段时间内,始终没有人能提出一种较理想的测量中微子的实验方案。

1940年,王淦昌任教的浙江大学在抗战中西迁到贵州遵义。当时,他的生活极为艰苦但却不忘科研。一次,他从国外核物理的新进展中得到启发,萌生灵感,想出一种巧妙的方法来测量中微子的存在。这种方法简单而明确,但在当时抗战中的中国根本无法实现。他写了一篇《关于探测中微子的一个建议》,投到权威的《物理学评论》杂志,并于1942年1月刊出。美国的阿伦立刻按此建议做实验,虽然实验结果不甚理想,但还是引起国际上的注意,并被称为"王淦昌—阿伦实验"。王淦昌在1947年的《物理学评论》上又发表了一篇《探测中微子的几种方法》。第二次世界大战以后实验条件有很大的改善。1952年,阿伦等人终于获得较好的成果。1953年,莱因斯和考恩用强大的核反应堆做实验,终于较精确地测到了中微子的存在,并获得诺贝尔物理奖。他们的获奖实际上是对王淦昌的研究思想的肯定。

王淦昌不仅是实验能手,而且在理论上也造诣颇深。1940年,他在指导学生曹萱龄做毕业论文时,叫曹从场论出发,根据核力与重力均为吸引力这一共性,探讨两者关系,写出论文《核力与重力的关系》。美国《物理评论》和英国《自然》这两本国际权威性刊物,分别于1944年和1945年刊登了此文。1995年,王淦昌荣获"何梁何利基金"百万港元大奖时,是年93岁的著名华裔学者、原清华大学工学院创始人顾毓琇博士写信给他表示祝贺:"1946年本人到日本京都,秘密与汤川教授见面,汤川即以《物理评论》中吾兄大文(指上文——作者)相示,云大见与彼想法有相同处,后汤川得了诺贝尔物理奖。吾兄之工作,早应该得诺贝尔奖,但地利、天时都不成熟。"日本的汤川秀树教授在20世纪30年代提出一种关于原子核结合力的假说,认为原子核里质子和中子的聚合是交换某种媒介粒子所致,又估算出这种粒子的质量相当于电子的200倍。由于这种粒子的质量介乎于质子和电子之间,被称之为"介子"。1947年,英国的鲍威尔发现了π介子,其质量恰好为汤川所预言的值,因此,汤川和鲍威尔先后获得1949年和1950年的诺贝尔物理奖。

说起鲍威尔的得奖又可以联系到王淦昌。钱人元院士是浙江大学化学系1939年毕业生,后留在物理系做王淦昌的助教。那年年底,他在听了王淦昌介绍铀核裂变的报告后,想利用照相底片感光的化学机理来记录铀核裂变产物的径迹,并写了一篇综述。王淦昌受到青年人新思想的启发,提出用一种胶质块通过化学反应记录粒子的径迹。由于它是三维的,而且胶质块在任何时刻都是灵敏的,因此它的记录灵敏性胜过云室。1942年,王淦昌就此思想写了两篇文章,并刊出在《科学记录》1945年第1卷上。由于当时正处于抗战最艰苦时期,他的这一想法没有得到很好的实现。鲍威尔独立地在1945年发展了照相乳胶探测带电粒子的技术,并成功地在1947年从宇宙射线中发现了π介子。王淦昌再一次与诺贝尔奖擦肩而过。

1959年3月,在苏联杜布纳联合原子核研究所任副所长的王淦昌,领导他的研究小组在4万张底片中发现了第一个"反西格马负超子"事例。这是中国科学家第一次发现了一种新的基本粒子,且为全世界所承认。王淦昌因这一重大发现与他的两位合作者丁大钊、王祝翔共同获得中国科学的最高奖——国家自然科学一等奖。这在王淦昌的科学生涯中也是重要的一页。王淦昌的重要成就还有许多,这里我们不再赘述了。我们要强调的是,一生中有几次与诺贝尔奖擦肩而过的科学家,是不折不扣的"世界级"科学家,王淦昌院士就是这样一位"世界级"科学家。

二、制造核弹

1997年是抗日战争爆发60周年。回顾历史可以看到,日本法西斯是在挨到原子弹后才放下屠刀的。1945年8月7日,广岛被炸后几小时内,日本军方立即派研制原子弹的核科学家二阶义男带"2号研究"(即原子弹研究)人员去现场调查。之后,把这批人召集到大本营问道:"你们这些专家能不能在半年内搞出原子弹?"并说若他们能做到,就把他们藏到长野山中造原子弹,把天皇藏到那里用花岗岩造的地下堡垒保护起来,不惜代价坚持再打6个月,就可以把美国和中国用原子弹炸个稀烂。二阶义男回答说:"不要说6个月,就是6年也不行。"这才使军方作出投降的决定,可是田村丰昌海军上将还向这些核专家叫嚷:"原子弹必须继续研制!即使这次战争来不及用,也要在下次战争中用上。"日本军国主义狼子野心,昭然若揭。

20世纪60年代,中国"两弹一星"研制成功对中华民族的和平与发展太重要啦!邓小平曾说过:"如果60年代以来,中国没有原子弹、氢弹,没有发射卫星,中国就不能叫有重要影响的大国,就没有现在这样的国际地位。"但是,这一切来之不易!当年我们幻想"老大哥"的国际主义援助,送去了10万吨锂砂、27万吨钨砂……制造火箭、核弹所必需的极贵重原料,换回来的却是两枚第二次世界大战中从德国缴获的过时的V-2导弹和一些淘汰下来的地面设备。至于一枚原子弹教学模型只是口头上承诺却不兑现。1959年6月,苏联终于单方面撕毁协定,撤回全部来华专家,带走所有图纸资料。有人说,没有外国人帮助,中国人20年也造不出原子弹,但是却有一位苏联专家在临别时深情地对二机部部长刘杰说:"没关系,我们走了你们还有王淦昌。"

1961年4月3日,刘杰部长约见王淦昌:"我们想请你参与和领导研制核武器。"王淦昌对这突如其来的任务事先没有料到,激动半晌才迸出一句话:"我愿以身许国!"3天内他就做完一切手中研究的课题的善后工作,与彭桓武一道到核武器研究院报到,改名"王京"。从此他在世界科学界"失踪",连家属也不知他的行踪去向,隐名埋姓,在荒无人烟的沙漠、高原中苦战了整整17年。

1964年10月16日15时,罗布泊沙漠上空升起了光辉夺目的中国蘑菇云。"K.C.Wang(王淦昌)"这个名字频频出现在西方各大报刊上,《纽约时报》还刊出他的长篇传记,称这位"失踪"的中国科学家为"中国的奥本海默"。奥本海默原为美国原子弹工程的总领导人,于是就转而代表"原子弹之父"的意思了。

杨振宁比外国人更了解实情,他指出,若让奥本海默到中国来干,是绝无可能成功的。须知当年美国是集中美、英、加、法、意等国最杰出的科学家,有极雄厚的财力、设备和制造技术,而中国则只有靠自己的科学家在美、苏的严密封锁下用本国落后的设备来干。工程上马时正值经济困难时期,年近花甲的王淦昌是最老的人,与所有青年一道在年平均温度为-0.4℃的青海高原住帐篷,因为那里海拔高达3200米,气压低,曾长期患肺病的王淦昌呼吸就更困难了,有时只得背着氧气袋坚持工作。一次他晕倒了,苏醒时发现独自一人躺在厕所里,两颗门牙已磕碎了。

最严重的困难还不是物质上的,而是精神上的。"文革"中那一套极"左"的做法,对人的精神迫害也波及核武器研究领域。这样一支科技精英队伍散了。

周总理发现后,及时下令重组队伍。被批斗而"靠边站"的王淦昌再度被请出来重组队伍。17年中他进行这样的重组队伍工作不止一次,他到业务骨干、一般技术人员和工人的家中去,一个一个地耐心做劝说工作。精诚所至,金石为开,因为这位世界闻名的老科学家的爱国榜样比任何命令都更有感召力。他受到的屈辱比谁都大,他遇到的困难任何人也望尘莫及,可是却无怨无悔锲而不舍地拼搏着,并以他宽广的胸怀和炽热的心温暖着大家,激励起他们奋斗爱国的志气。

这样的具有特殊优异精神力量的科技队伍,终于在核武器研制上创造了世界最辉煌的纪录。只举一组对比数字,五个核大国从第一颗原子弹试爆成功到第一颗氢弹试爆成功所用的年数是:美国7.33年,苏联4.0年,英国4.58年,法国8.0年,而中国却只用了2.67年。

除了对我国原子弹、氢弹的研制成功作出了奠基性贡献之外,王淦昌还在开展地下核试验过程中,花费了巨大精力和时间,研究与改进测试方法,使我国仅用很少次数的试验,就掌握了地下核试验测试的关键技术。

三、开发核电

原子核能是一把双刃剑,它能给人类带来毁灭和破坏,也能给人类带来能源和光明。王淦昌从知道核裂变之日起,就始终关心着核能为人类造福的问题。这也是一位真正的科学家的"天性",因为从科学家探索自然奥秘的本意来说,是为了造福人类。

1954年,苏联建成世界上第一座核电站,王淦昌凭着他作为核科学家的敏感,立即撰文指出:"原子能应用于和平建设,必定有非常光辉的远大前途。"20世纪60年代,西方国家遇到了能源危机,开始考虑新的对策,核能发电由于其技术成熟、安全经济,而受到那些缺乏常规能源的国家(如法国等)的重视,发展迅速。中国由于受到"文革"动乱的影响,在核电技术方面大大落后。1978年,王淦昌被任命为二机部副部长,上任不久就与部里4位专家一起联名给邓小平副主席写信,呼吁发展核电。邓小平同志将他们的来信批转有关部门要求他们认真办。这封信对我国核电事业的发展起了很大的推动作用。

这以后,在我国发展核电的每一个阶段,都凝聚着王淦昌的心血:浙江秦山核电站、广东大亚湾核电站的建设,都是在王淦昌等有识之士的呼吁推动下开展的;1986年,胡耀邦等中央领导亲切会见王淦昌等10位核科学专家,与他们座谈听取他们意见,最后决定把发展核电的重任交给核工业部,从而解决了发展核电的体制问题;1980年,中央书记处决定在中南海举办"科学技术知识讲座",邀请有关专家给中央领导同志讲课。王淦昌得知后毛遂自荐,主动要求讲了《核能——当代重要的能源之一》。他在讲座中不失时机地论述了我国发展核能的必要性与可能性,并强调这关系到我国经济能否持续发展。针对美国三里岛核电站事故后,不少人对发展核电的安全有疑虑,王淦昌在讲稿中专门准备了一段。为了使讲课更形象,王淦昌还让助手把主要内容与图片制成50张彩色幻灯片,真可谓是呕心沥血呀!

懂得核能原理的人都知道,核能的释放有两种途径,一种是重原子核(铀、钚等)的裂变,另一种是轻原子核(氘等)的聚变。从释放出来的能量来看,聚变能比裂变能要大得多。据测定,每千克核聚变材料产生的热值,比常规核裂变反应堆燃料高650倍。此外,聚变能释放时不会产生核裂变那样强的放射性,因此它要安全与干净得多。最主要的是,核聚变的主要燃料氘来源于占地球总面积70%以上的海水,几乎是取之不尽的。这个优点是煤、石油等常规能源和铀之类的核裂变材料所无法比拟的。因此,从理论上说,核聚变能作为一种新能源是很理想的,但实际上它的开发困难很大。关键问题是,引发轻原子核发生聚变反应的"点火"温度高达几千万度。这么高的温度下,任何物质做的容器都要被熔化。为了控制这种反应,通常采用磁场约束的方法,即把聚变物质架空在一个强大的磁场中,从而对聚变反应加以控制。另一种方法是由中国的王淦昌院士和苏联的巴索夫院士,分别独立地于20世纪60年代中期提出来的。这种方法利用激光具有很高能量的特点,利用聚变物质的惯性,在它们还未来得及从反应区飞散开时,用高功率激光照射它们,从而加热点火引起聚变反应,并加以控制。所以,这种方法称为"激光惯性约束核聚变"。

王淦昌的这个设想早在1964年就提出了,因此,我国的激光惯性约束核聚变的研究工作开展得较早,当时也走到了世界前列。可是,十年动乱使我们大大落后了。"文革"一结束,王淦昌就全力推动这项研究深入开展。现在,我国开展激光惯性约束聚变的"神光"装置,达到了国际同类装置的先进水平,并有若干独创性成果。1992年,在一次中国当代物理学家联谊会上,李政道博士问自己的老师王淦昌,"您一生中最满意的研究工作是什么?"他回答是1964年提出的激光引发核聚变的想法。

王淦昌在提出这一研究思想时,已是年过半百的人了。到"神光"装置通过鉴定时,他已是80高龄了。到了老年还是继续在科研第一线战斗,理应受到全世界的敬重。1984年4月18日,在联邦德国驻华使馆里,王淦昌接受了西柏林自由大学授予他的荣誉证书,以纪念他在柏林大学获得博士学位50周年。这个荣誉是专为获得博士学位50年后仍站在科研第一线的科学家设立的,德国人戏称为"金博士"(这里的"金"乃借用结婚50周年称为"金婚"的比喻,实际上"金博士"的荣誉远比"金婚"难得)。王淦昌是迄今为止享有这一荣誉的唯一一位中国人。中华民族为有这样一位杰出人物感到骄傲!

1997年王淦昌为《科学画报》题词"学习是享受"

注：本文作者虞昊系清华大学物理系教授，应兴国系《科学画报》编辑，江小明系北京联合大学原教务长。原载《科学画报》1997年第6期。

第三部分

悼念文章

献身祖国 一代师表

——深切缅怀王淦昌同志

吴阶平

王淦昌同志是伟大的科学家、优秀的共产主义战士,是中国科学院资深院士,也是我们九三学社德高望重的领导人。他在核物理、粒子物理与受控核聚变等方面成果累累,功勋赫赫。

人大常委会副委员长吴阶平(右)看望王淦昌

他1929年毕业于清华大学物理系,1930年入德国柏林大学,1933年获博士学位。他立志科学救国,从来没有忘记1926年"三·一八"惨案那一天晚上他的老师叶企孙对他讲的:"如果我们的国家有大唐帝国那般强盛,这个世界上谁敢欺侮我们?只有科学才能拯救我们的民族!"这番语重心长的话成为他走科学救国道路的推动力,"祖国应该更加强大,应该自立于世界之林"是他发自心底并且数十年来一直为之奋斗的目标。20世纪30年代中期他归国后,先后在山东大学物理系、浙江大学物理系任教授,教书育人。

20世纪40年代初,他便提出了验证中微子存在的实验方案,因当时国内没有实验条件,送美国《物理评论》发表。美国科学家根据这个方案在世界上第一次确切地证明了中微子的存在。这是人类认识微观世界的一个里程碑。在这个问题上王淦老的贡献得到了国际公认。

1953—1956年,他领导建立了云南落雪山宇宙线实验站,使我国宇宙线研究进入当时国际先进行列。1956—1960年,他任苏联杜布纳联合原子核研究所研究员、副所长。20世纪50年代末期他领导的研究小组,在世界上首次发现了反西格马负超子,这一发现丰富了人们对于反粒子的认识,使理论上关于任何粒子都存在其反粒子的预言得到进一步的证明。这项重要成果把人类对物质微观世界的认识又向前推进一大步,在国际上产生了深远影响。也正是在这个时期,即1959年6月,苏共中央断然拒绝向中国提供原子弹教学模型和相关的一切技术资料,撤走全部援华专家,还讥讽我国离开他们的帮助,"二十年也搞不出原子弹,就守着这堆废铜烂铁吧!"为了记住这个教训,长中国人的志气,我国以"596"为第一颗原子弹工程代号。

1961年4月,刚从苏联杜布纳联合原子核研究所归国的、已年过半百的王淦老以"我愿以身许国"的赤胆忠心,毫不犹豫地接受了参与领导研制战略核武器的任务。为了不暴露他参与这项任务,改名王京,从此隐姓埋名,苦战在青海高原、新疆戈壁,与外界隔绝17年。与那些已制成原子弹的发达国家比,我们的条件实在太差、太落后了。美国奥本海默创建洛斯·阿拉莫斯实验室时,一下子就招聘到1500名科技人才,可说是集中了欧美各强国的科技精英和工业力量;苏联则是一方面运用强大的情报网获取核科技机密,另一方面又在进军德国时掳获了大批重要的科学家、工程专家、核机密资料、设备和铀资源。英国、法国则是充分利用了当年与美国合作研制原子弹的有利条件。唯独中国只能一切靠自己摸索,从理论设计到实验测试仪器,包括方法都是从头开始,艰苦创业。那时王淦老和他的同仁们的工作场所就是一个碉堡、十几顶帐篷,风沙弥漫中他们争分夺秒,尽可能多地积累实测数据,没有一天不是泥人、沙人。王淦老不顾年事已高,患有高血压,不顾高原气候严寒气压又低,呼吸困难,冒着生命危险,身先士卒,长期奋战荒漠。终于1964年10月16日我国第一颗原子弹在我国西北部地区试爆成功!红色号外、红色电波四海传佳音,炎黄子孙喜笑颜开,普天同庆。1967年6月17日,我国第一颗氢弹又爆炸成功。这些轰动世界的重大成就虽说是当年各方人士群体团结协作的结果,但无一不凝聚着王淦老的心血,无一不和他的科研工作紧密相连。从第一颗原子弹试爆到氢弹爆炸成功,美国用了7年,苏联用了4年,英国用了4年零7个月,法国用了8年,而中国仅用了2年零8个月!1988年邓小平同志说得好:"如果60年代以来中国没有原子弹、氢弹,没有发射卫星,中国就不能叫有重要影响的大国,就没有现在这样的国际地位。"

20世纪60年代中,王淦老和苏联巴索夫院士同时独立地提出了用激光打靶实现核聚变的设想,成为世界激光惯性约束核聚变理论和研究的创始人之一,也使我国在这一领域的预研工作走在了当时世界各国的前列。

1961—1978年,王淦老任二机部九院副院长、研究员,从事核物理研究和科研的组织领导工作,对我国核武器研制和原子能工业的发展作出了卓越贡献。为此,他曾荣获两项国家自然科学一等奖、一项国家科学技术进步特等奖、首届何梁何利基金成就奖等多项重要奖励。1978年起,他在原子能研究所任所长、研究员,亲自指导一个研究室开展粒子束核聚变的研究。

耄耋之年,他仍以惊人的毅力,不断向新的高度和广度开拓进取,不断攀登,一直在科学研究的第一线上顽强拼搏,为我国科学技术与国防尖端科研事业不懈地努力奋斗。1984年,他又领导开辟了氟化氪准分子激光惯性约束聚变研究的新领域。他头脑清晰,目光敏锐,注视着世界科技前沿的发展,关心着祖国的科技决策,就我国科技发展情况和问题提出过一系列重要建议,均受到党和国家的重视并先后被采纳实施。1986年3月,针对美国提出的"战略防御"和西欧的"尤里卡"计划,王淦老与其他三位科学家一起提出了"以力所能及的资金和人力,跟踪新技术发展的进程"这一对我国高技术的发展有深远意义的建议,在邓小平同志亲自批示和积极支持下,国务院在听取专家意见的基础上,制定了著名的"863"计划,为我国高技术发展开拓了新的局面。

面对我国经济大发展、能源短缺的情况,王淦老又率先提出和平利用核能、建议加快核电站建设,并为此奔走宣讲,以增强人们对核能的开发与利用的认识。早在20世纪80年代初,王淦老就认为,积极开展激光惯性约束核聚变研究既是为了解决我国近期能源问题,也是为了解决全人类长期能源的需要。核聚变能的控制与和平利用,能够使人类永远摆脱能源危机。王淦老曾希望中国的科技工作者在这项划时代的事业中作出自己的努力和应有的贡献,否则将会成为"历史的罪人"。正是出于这种高度的要为人类造福的历史责任感,王淦老不顾85岁的高龄,不辞艰辛,每周往返几十千米,到研究所指导工作并亲自撰写科普文章宣传这方面的知识。

王淦老曾说过:"巴甫洛夫到了80多岁还能从事科研工作,我能像他那样就好了。"他那颗热爱人类、热爱祖国、热爱生活的心充满着勃勃生机。我记得巴甫洛夫讲过这样一句名言:科学需要人的全部生命。在王淦老70多年的科研生涯中,他之所以取得那么多的令世界瞩目的科学成就,就因为他是一位以科学为生命的人,一位为了把祖国建设成为富强、民主、文明的现代化国家而无私奉献了全部心血,乃至整个生命的人。

王淦老说:"爱国主义是对我最大的鞭策。每逢要做一件比较重要的事,我最先想到是,我为国家做工作,必须投入全部力量,并且常常以'皮之不存,毛将焉附'这个典故来督促自己,勉励自己,使工作做好!"在王淦老身上除了科学与生命的结合外,还无时不受强烈的爱国主义精神的鼓舞;他是中国科学家的优秀代表。

从下面两件事,我们还会感受到体现在王淦老身上的那种敏锐的科学洞察力,追求真理的勇气和崇尚实践、尊重事实,绝不用某种政治观点去左右科学发现的实事求是的科学精神。

20世纪50年代初,美国军方在朝鲜战场上使用了一种威力很大的炸弹,我志愿军方面怀疑侵朝美军有可能使用原子武器。王淦老奉上级命令赴朝鲜战场,冒着枪林弹雨,在前线反复进行了实地勘测,实事求是地向志愿军首长汇报了自己的分析结论,判断那些弹片不是原子弹的散裂物。

另一件事是当时的苏联科学家在帕米尔高原建立了一个宇宙线实验站。有两位苏联科学院院士设计了一套电子学系统,宣称他们已发现了十多个新粒子,并命名为"变子"。这两位院士由此获得了斯大林奖金,成为"社会主义劳动英雄"。而王淦老在研究这一发现后,当即明确表示,仅凭一个电子学信号就如此断言太草率,强调"苏联人的发现靠不住"。是时,中苏友好,全国上下一派学习苏联热潮,包括学习苏联的自然科学,王淦老竟敢对苏联科学家持不同看法,被不少人视作大逆不道。然而经后来一系列更精密实验条件下的检测,最终证明,王淦老的评价是正确的。

王淦老献身科学,业绩辉煌,他的高尚的爱国情怀和思想情操,素为九三学社全体同志所敬仰。他在学生时代就积极参加爱国民主运动;抗战期间,为了支援抗日,捐献了家中的积蓄和金银首饰。20世纪50年代末、60年代初国民经济困难,中苏关系恶化,苏方以高薪挽留他继续在杜布纳研究所工作。但他怀着要报效祖国的拳拳赤子心,断然拒绝苏方邀请而回到祖国,并把自己历年积攒下来的外汇薪金上交国家,用于科学研究工作。20世纪80年代,他把荣获国家自然科学一等奖所得的奖金全部捐赠给原子能研究院子弟学校,作为奖学金;20世纪90年代,他又多次捐资设立奖学金和基础教育奖励基金。

王淦老不仅是杰出的核物理学家,同时还是一名出色的教育家。他学识渊博,治学严谨,务实求真;他的学术思想活跃,学术作风民主。他十分重视发现和培养人才,不管是新中国成立前在山东大学、浙江大学,还是新中国成立后在科研单位,他一直注重对学生的基础理论教育和实验训练,注意根据每个年轻人的特点安排工作,发挥其特长。他关心爱护中、青年科研人员,培养出一大批优秀的科学家,不少学生已成为国际上著名的专家、学者。他惜时如金,对生活、对生命充满热爱,他曾感慨地写道:"依我看,时间就是生命,我们上了年纪的人对此深有感觉。中年同志更要珍惜时间,要来个拼命工作,把科研搞上去。"他过生日,学生们前来祝贺,他说:"对我来说,最好的祝贺就是你们快拿出成果来!"在王淦老90寿辰时,他再次表示了对年轻人的殷切期望,希望年轻的同志珍视现在优越的学习和工作环境,努力学习,认真工作,刻苦钻研,不断攀登科学技术高峰,用自己的聪明才智和辛勤工作,使祖国早日强大起来。他言传身教,诲人不倦,以其丰硕成果和人格魅力享誉学界,惠及后人。

王淦老 1951 年加入九三学社，历任九三学社中央常委、参议委员会主任、名誉主席，是大家公认的享有崇高威望的老前辈。数十年来，他不仅在核物理研究领域为国争光，为民造福，以卓越的建树饮誉海内外，而且始终与中国共产党肝胆相照，为统一战线工作作出了很多重要贡献。近年，他为我国对香港和澳门恢复行使主权、沟通两岸亲情、实现祖国统一大业，尽心尽力做了大量卓有成效的工作。他十分关心九三学社参政议政和自身建设，关心扶持新一代领导成员的成长，多次在社的大会上发表讲话，强调继承和发扬九三学社老一辈的优良传统，高举社会主义和爱国主义旗帜，坚决接受中国共产党的领导，坚持和发展中国共产党领导的多党合作和政治协商制度，弘扬民主和科学精神，积极推进社会主义民主政治建设。他在九三学社的工作，他的崇高品德和高风亮节，在九三学社的新老交替和政治交接中发挥了不可磨灭的积极作用。

中国共产党十一届三中全会后，他衷心拥护邓小平理论和党的基本路线，坚持四项基本原则，拥护改革开放。他热爱祖国和人民，热爱中国共产党，热爱社会主义。他说，他亲身体会到，没有中国共产党就没有新中国。我们这样一个国家没有共产党的坚强领导，要建设社会主义强国是不可能的。1979 年，他在 72 岁高龄的时候加入了中国共产党，实现了他多年的夙愿。

王淦老的一生是追求真理的一生，是献身科学事业的一生，是为党和人民事业奋斗不息的一生，是光辉的一生。他为我们树立了科学、道德的典范，无愧于"一代师表"，他赢得了人们的无限敬重和衷心爱戴。他的逝世，是我国乃至世界核科技事业的巨大损失。他虽然永远地离开了我们，离开了他为之眷恋的祖国和毕生钟情的科学事业，但他的睿智、学识，他为国为民的博大胸怀，始终是我们民族的骄傲！我们永远缅怀他，学习他。

今天，我们正处在把建设有中国特色社会主义事业全面推向 21 世纪的重要历史关头，继承和发扬王淦老及我社老一辈领导人热爱祖国、热爱人民，同中国共产党长期亲密合作的优良传统，显得愈加重要。

王淦老永远活在我们心中。

注：本文作者系中国科学院院士，全国人大常委会副委员长，九三学社中央委员会主席。原载《民主与科学》1999 年第 1 期。

王老：功德双全的核科学家

刘 杰

王淦昌同志是我最敬重的功德双全的老科学家。他离开我们走了，消息传来，我顿感震惊、惋惜和悲痛。一个多月前，我到北京医院探望他，称赞他对中国核科学事业的巨大贡献，他谦虚地说，与整个事业成就相比，他只是小小的一部分，表现了一个科学家虚怀若谷的博大胸怀。我提出高科技发展怎样才是有所为和有所不为，他立即表示，惯性约束核聚变研究还是大有可为的，应该充分重视，反映了一位科学家对科学事业的执著追求和殷切期望。万万没有想到，我们这次亲切的会面和交谈，竟成了我们40多年交往的最后诀别。

我认识王老是在20世纪50年代初的近代物理研究所，他是新中国核科学研究事业的奠基人和开拓者之一。当时他正致力于宇宙线研究，兴致勃勃地与我谈起在宇宙线观测中发现许多奇异粒子和筹建我国第一个高山宇宙线实验室的情况。1956年，周恩来总理领导制定全国科学技术发展12年规划，他主持研究制定了原子能方面的规划，经钱三强等同志修改定稿后上报，被列为国家规划的重要组成部分，同时也为正在建设中的我国第一个综合性原子能科研基地确定了研究方向和目标。1959年，他在苏联杜布纳联合原子核研究所领导一个研究小组，在世界上首次发现反西格马负超子，把人类对物质微观世界的认识向前推进了一大步，成为当时联合所最重要的科研成果，蜚声国内外。

1996年2月春节刘杰（左）拜访王淦昌

正在这个时候,中苏关系发生严重变化。为了全面自力更生建设核工业和研制原子弹,1961年4月,我同三强同志一起邀他谈话,想请他参加原子弹研制的科技领导工作。他立即郑重表示:"愿以身许国。"对我们提出的因涉及国家安危,必须严格保密,隐姓埋名,断绝一切海外关系等要求,他都毫不犹豫地表示:"可以做到。"以后,我在北京核武器研究所,特别是在青海核武器研制基地几次见到他。当时他虽已年过半百,地处高原,环境艰苦,工作劳累,但他总是精神抖擞,热情洋溢,对原子弹研制中许多重大技术问题,都积极地提出自己的意见,并亲自参与实验研究。他学识渊博,思想活跃,但从不固执己见。1964年3月,我在青海核武器研制基地参加讨论。当时原子弹研制已闯过重重难关,全面完成已指日可待。但炸药成型工艺尚有两种方案,必须当机立断,作出抉择。他原主张一种比较先进的工艺方案,经过几十次试验,效果不错,前景看好,但是另一种比较传统的工艺方案,更为现实可靠。为了争取时间,保证成功,他爽快地同意第一颗原子弹先采用后一种工艺,而暂时搁置了自己的方案。他这种以大局为重,不计较个人得失,一切从实际出发,实事求是的科学态度,使我由衷敬佩。

王老非常关心我国科学技术特别是高技术的发展,曾提出过多项对发展高技术具有重要意义的建议。1964年,他提出关于开展激光惯性约束核聚变研究的建议,使我国在这一领域的预研工作走在当时世界各国的前列。1986年3月,他与王大珩、杨嘉墀、陈芳允一起,提出发展我国战略性高技术的建议,在邓小平同志亲自批示和积极支持下,国务院制定了高技术发展的"863"计划,有力地推动了我国高技术事业的发展。

王老是一位对核科学事业功勋卓著的科学家,又是一位赤胆忠诚的爱国主义者。他在学生时代就积极参加爱国民主运动。抗日战争时期,他以国家有难匹夫有责的赤子之心,把自己结婚时的金银首饰全部捐献给国家。1960年他从苏联回国,得知国内经济困难,又把在杜布纳联合原子核研究所工作期间省吃俭用积蓄的卢布,全部捐献支援国家建设。他还把荣获国家自然科学一等奖所得奖金和其他奖金,捐献给原子能科学研究院,作为子弟学校奖学金和设立基础教育奖励基金。他在科学上的一切成就,也正是为了国家科技进步,经济发展,增强综合国力,提高国际地位。

王老治学严谨,工作认真,深入实际,无论组织领导工作如何繁忙,始终坚持在科研第一线。他的学风和工作作风足为一代师表,深为学生和同事们钦佩和敬仰。他谦虚质朴,平易近人。为人正直,待人诚恳,助人为乐,特别对青年后进更为热心鼓励奖掖。他富有正义感和社会责任感,对党的正确路线方针政策,真诚拥护,积极执行,对社会种种腐败现象则深恶痛绝,坚决反对。他是一位真正功德双全的科学家,是永远值得人们尊敬和学习的楷模。

王老已经离开我们走了,但他对核科学事业的卓越贡献,他的高尚精神品德和思想情操,将永远留在人间;他为之终生奋斗的中国核科学事业也必将继往开来,兴旺发展。

王老,安息吧!

注:本文作者系原第二机械工业部部长。原载《光明日报》1999年1月5日。

学称一代宗　德为百年师
——纪念王淦昌老师

丁大钊

1998年12月10日晚，王淦昌教授在宁谧的氛围中告别了他91年的人生历程，安详地离开了他挚爱的科学世界，带着他对人类掌握核聚变能、在实验室内创造"人工小太阳"的科学追求。

他留给了我们作为一代宗师的巨大的精神财富和有待继续开拓的科学领域。

1989年8月王淦昌、丁大钊（右）、王国光（左）在莫斯科大使馆合影

王老师为发展我国的核科学技术和培养核科技术人才作出了极大的贡献，并丰富了人类共同的知识宝库。他60多年科学研究的业绩已有许多专文和书籍作了介绍。从科学思想的创新、促进科学发展的横断面上来研究他的贡献，也许把它们分作两类是合适的。一类是用创造性的思维与实践证实在当时理论上已被预言其存在或已为国外科技界证明存在而被严格保密的科学技术问题；另一类则是探索未知，开创新的科学领域，从而把人类的科学活动和认识提到一个新高度。

王老师在20世纪50年代末从事粒子物理研究，发现反西格马负超子（$\tilde{\Sigma}^-$）。

20世纪60~70年代从事国防科研,在核武器研制中的贡献当属第一类。

在1955年发现反质子及随后发现反中子后,发现反超子是粒子物理学界期待于那一代高能加速器上将作出的物理成果中的首选,王老师是在那时赴苏联联合原子核研究所负责筹备开展10GeV质子同步稳相加速器上首批实验研究的。从中我们可以学习到他的创造性思维体现在正确衡量主、客观条件,选定正确的研究路线以期更快达到预定目标。在科学发现的"竞赛"中,时间是最重要的,否则难争第一! 技术基础和现实可能则是客观存在的边界条件。按当时他认定的方案及路线,用一年多的时间建立了一台24升丙烷气泡室及从加速器中引出高能π^-介子束线装置,正好在1958年秋赶上该加速器可以稳定供束。再花一年多时间积累实验资料,边分析、边研究,终于1959年年底成功地发现了$\bar{\Sigma}^-$。这是该所这台加速器上唯一具有国际影响的成果。设想一下,如果那时在技术路线上追求"先进"与"热门",选用大型氢气泡室及纯净反质子束,则必将是一场耗资、耗时的长期"奋斗"。在与美国、西欧的实验室相比处于技术上不利的条件下,而能取得领先的成果,关键在于王老师独特的科学构想。我亲历了他从1957年春开始选题、构思实验方案、确定技术路线及开展实验、进行分析的全过程,对此是深有体会的。

王老师在20世纪40年代初,提出用测量轻原子核俘获正电子时的单能反冲核以验证"中微子假设"的精妙构思是第二类贡献的适例之一。在1941年他写的《探测中微子的一个建议》论文中,第一句话即开宗明义地指出:"众所周知,中微子存在与否不能用其自身电离效应来探测。看来只有测量放射性元素的反冲能量或动量是获得其存在证据的唯一希望。"他创造性地提出利用K电子俘获测量核反冲的方法,使问题大大地简化,如论文中所述,"反冲核能量与动量只依赖于所发射的中微子","测量反冲核的能量与动量,就可极容易地求出所发射出的中微子的质量与能量。而且所有反冲核的能量是单一的"。

他还提出了具体的实验方案:在$^7Be+e_K \rightarrow {^7Li}+\nu$反应中,假定中微子质量如泡利所设想的为零,$^7Be$与$^7Li$质量差为1MeV,则推算出反冲$^7Li$核能量约为77eV。1942年,美国科学家阿伦即按此方案测到反冲^7Li,后经4个实验组不断地改进、努力,终于1952年测到了单能反冲^7Li,从而验证了王老师的思想,并证明10年前他所作的定量估算已达到相当的精度。

中微子是轻子族中非常独特的粒子,迄今仍有许多未解之"谜",涉及粒子物理的基本规律及宇宙的演化与终极,是当今粒子物理学中一个重要研究领域——轻子物理中"常青"的研究对象。20世纪30年代初,中微子是作为一种"假设"粒子提出来的,验证其存在与否是那时核物理研究的重要而艰难的课题。如果用现在粒子物理中的术语来表达,他的建议应是实验轻子物理的奠基性工作。20世纪50年代中期,韦斯可夫在其《理论核物理》这一经典性专著中论述β

衰变理论时,引述王老师的建议,为中微子存在提供了证据。

韦·莱恩斯在1956年用大型探测装置测量由反应堆出射的反中微子的中子反β衰变过程,验证中微子的存在。因此获得1995年的诺贝尔物理奖,被评价为"对轻子物理有开创性贡献"。但王老师的贡献在科学史上是不会被湮没的。正如杨振宁教授在20世纪80年代后期著文评价:"十分可惜,阿伦的实验因为当时条件不够,没能测到单能反冲,没有能够完全实现王先生的建议……假如单能反冲在1942年观测到,一定会在物理学界中产生很大的冲击。"十分有意思的是在20世纪90年代初,台湾科学家张仲沄教授拟开展中微子振荡研究时,得知他十分敬慕的中微子研究先驱与开创者K. C. Wang即王淦昌时,十分兴奋并专程来京请教及讨论。五十多年前王老师的创新学术思想影响之深远,且为国人所珍爱,由此足见。

属于这一类贡献的另一个杰出的例证是,王老师在1964年提出的强激光引发轻核聚变反应的科学思想。他在那年写了一篇作为内部资料的建议,标题为《利用大能量大功率的光激射器产生中子的建议》。文章指出:"我们认为若能使这种光激射器与原子核物理结合起来,发展前途必相当大,其中,比较简单易行的就是使光激射与含氘的物质发生作用,使之产生中子。"文中还定量估算了激光能量、功率与中子产额的关系及设想了实验安排。还提出:"倘若中子探测器一时不容易得到,可以先试探有否X光或波长很短的紫外光发出。此时靶的材料,当然不必是含氘物质了。"并指出发射的光谱应在紫外线至长波X射线之间。他在这篇文章中提出了惯性约束核聚变学科的原始思想,是国际上最早提出这一思想的论文之一,只是由于是内部报告,未被国际科学界及时了解。

自他提出建议后,在有关研究院、所的科技工作者的协同努力下,不断提高激光器的性能与输出功率及改进探测技术,在20世纪60年代后期与70年代初分别测到了X射线与中子,证实了这一科学思想。

从王老师提出激光引发核聚变的科学思想,到现在惯性约束核聚变学科在国际上广泛开展,且成为有可能在磁约束核聚变之前实现点火的一种技术途径已有30多年了。我国能以较少的经费投入,取得处于国际前列的地位,是与他不断创新的科学思想指导密不可分的。他抓住驱动器、提高光束功率和改善光束品质、靶场的探测技术三个主要环节,不断提出新的思路与要求。1978年,他回到原子能院主持开拓惯性约束核聚变研究的一个新分支。在我与他接触中,体会到他的不断求新而又务实的探索历程。在驱动器方面他先提出了试探强流脉冲电子束;一度也思考过强流轻粒子束的技术途径,但在衡量我们的实际可能性与轻粒子束在物理和技术上必然会有的障碍后,就很快地否定了这一想法。在郑重思考后,提出强流电子束泵浦KrF准分子激光作为驱动器的新技术路线,并于1984年亲自带了几位年轻同志进行试验,输出光能量从6焦耳提高到12焦耳。试验田的成功使我院惯性约束核聚变的研究走上了以 KrF 准分子激光为驱动器的轨道。

他十分注重有关惯性约束核聚变的基本物理问题的研究。并一直告诫我们,在建成一个装置后,一定要紧跟上研究有意义的物理问题。在我院刚开始强流脉冲电子束装置建设时,他对日本科学家山中千代卫发现的"电子能量反常吸收"的现象非常关注,因为这是电子束驱动是否有前途的关键。1978 年年底,我有机会赴日本参加会议,并将顺访与山中的实验室同处一地的大阪大学核物理研究中心,他命我一定要去山中实验室了解有关情况。尽管我缺乏有关的科学知识,很多细节都不太明白,但从感觉上还是看出山中的实验从装置到测量都比较粗糙。我们的工作,如果按王老师设想的路线进行,在装置水平上一定比他们的高。我向他汇报了这一体会。他在督促电子束装置建设的同时,仔细地安排了多种束—靶相互作用的物理实验。最终以令人信服的结果证明了山中的结论,同步取得了与美、法有关实验相似的结果。使我院这一实验室的研究水平从一开始就处于国际前列,受到国际同行的重视。

我国惯性约束核聚变学科的研究因王老师于 1964 年提出思想而肇始,经 30 年发展,走出了我国具有特色的路子而处于国际前列。在我国核科学发展史上,由我国科学家的创新思想开辟的前沿学科,也许仅此一例。他本人对这一交汇激光学科与核物理学科的创新思想是十分重视的,30 多年来,一直在组织、推动有关的研究并提出新的思路,促进研究工作的不断扩展与深入。1992 年夏,在一次华人物理学家聚会上,李政道教授曾提问:"王老师,您一生做了很多工作,您最满意的是哪一项?"王老师答:"我对 1964 年提出的强激光引发氘核聚变出中子的想法比较满意。"

我在敬仰王老师的科学业绩的同时,时时在研究与学习他的治学风范。

学术上的创新成果源自于丰富、活跃的前沿思想。凡是与他有过学术交流的人,无不为他不断求新的创新欲望与活跃的学术思想所感染。

对于我国高能物理的发展,他曾做过规划与设想。现在我们都知道北京正负电子对撞机(BEPC)是我国高能物理的基地。由于某些宣传的缘故,以致会有人只知道是某些外籍科学家推动了这项建设。从我国高能物理发展史来追索,创议在我国建设高能电子加速器的是王淦昌,1956 年,由他负责制定的《十二年科学发展规划》中提出建设一台 1.5~2GeV 的高能电子加速器。他还在 1956 年年底组织了一个专业配套的青年科技工作者小组,赴苏联学习并进行初步设计,这个小组中的一些人成为 BEPC 建设的学术带头人。在几经反复,我国高能物理发展路线不明时,于 20 世纪 60 年代初,他仍提出在少花钱的前提下,应争取建设一台 1GeV 的电子加速器,为我国高能物理发展起步。到他的晚年,总以未能实现这一设想为憾事。在 1959—1960 年间,正是国际上开展"From MASER to

LASER"非常热烈,激光即将问世之时,他曾就电子加速器除作为高能物理的研究工具外的其他科学可能性对我讲过:"也许在电子加速器上能进一步做出 X'SER 或 γ'SER!"科学的设想与现实的成果会有差异,有时还会有相当的不同。但在未知领域中探索,铺就一条道路,则会产生许多可能性。就高能物理的研究工具而言,本来就有电子加速器与质子加速器两条技术路线,历史也证明均是成功的选择。今天,我们反过来看,在那时稍属"冷门"的电子加速器的路子开出了发现 c 夸克和 b 夸克之花;同步辐射已从高能电子加速器的"有害"副产品而成为强有力的科研工具;自由电子激光则是一种还在发展中的新型辐射。

团结协作是王老师在科研实践中一贯实行的准则。我从来没有感到他有过"某项目是我提出的,某项目是我首创的",从而自然地应以他为主的想法。团结协作、共同开发、合作研究以取得成果对他而言是最自然不过的了。在联合所工作期间,他组织、创建了一个研究组,从一个 6 人小组发展到近 20 人,包括各国科学工作者的"联合组",树立了团结、平等、协作的良好作风。他把部分实验资料提供给其他研究组而不要求署本组人员的名字。他的博大胸怀赢得了各国科学工作者的尊敬,直到几十年后仍被他们称道,奉为师范。在组织、推动我国激光核聚变研究时,他风趣地以"瞎子背瘸子"比喻不同专业、不同单位工作人员团结协作、不分主次、互帮互学、共同进步的必要性。

我深切地体会到王老师在研究工作上,要求学生们做到勤、实、新。凡是跟他工作过的学生都共同感到他的"急性子"。他布置的工作或学习内容如果在两三天后,当他问"怎么样了"而无法回答时,还真不好过关。不仅在我年轻跟他一起工作时是如此,在他重返原子能院后,对于他要我学习或了解的一些问题也总不敢懈怠,力求快点作出回音。他在检查工作时,常问的一句话是:"靠得住,靠不住?"在讨论细节时,也会指出某处:"我看靠不住。"在发现 $\tilde{\Sigma}^-$ 的工作中,关于事件属偶然符合的概率分析,就是在要"靠得住"的指导思想下做的。他还经常考查我们:"有什么想法?"当我们提出一些问题时,不论是直接与正做的工作有关的,或是从文献中看到的某些学术上的新进展或动态,他都会很有兴趣地和我们讨论,他有什么想法也随时讲给我们听。在这种平等与融洽的讨论中,任何不成熟的、粗糙的、甚至错误的想法都可以提出来,我们毫不感到约束。我在探讨气泡室的成泡机制时,从提出 δ 电子加热中心这一不成熟的想法,整理成有一定根据的看法,对气泡室发明者 D. 格雷泽电离中心理论的批评,把气泡密度分析用到鉴别粒子,1963 年他要求我翻译关于 δ 电子局域加热的系统理论文章的全过程,深切地体会到这种教学相长的学术研究的作风和他对青年人成长的关爱。他注重发挥与他一起工作者的长处,以协调整体研究工作的进展。在联合所创建我们这个研究组的过程中,以 6 名研究人员、3 名技术员的人力,在不到两年时间内完成巨大的工作量,全面地做好了与加速器调整出束同步地开展实验的准备工作，就是他识人、用人与学术组织的艺术的体现。

王老师是一位正直、善良与热心助人的长者，待人处世一片赤诚。他处事的出发点是实事求是，对国家科学发展有利和有利于团结同行。当我们在工作中遇到重大困难时，他都出面支持推进工作。原子能院串列加速器核物理实验室建设过程中，几个困难"关口"的解决均与他的大力支持分不开。1980年在国民经济调整时，该项建设有可能在起步阶段就被搁浅，使已订货（或已到货）的一些机件躺在库房中尘封起来。他联合院外的核物理学家一方面向领导部门呼吁，一方面推动组织学术会议为该实验室定位，使领导及同行认同建设这个实验室的"价值"与必要性，终于使建设工作渡过了难关。在1985年该实验室将建成，他了解到将遇到实验室建成后运行费无着落的困难时，他要我们写出实事求是的报告，据此请有关领导人来院参观，与其他几位老先生一起向国家领导部门提出建议，最终使这个实验室与科学院的几个实验室一起得到了专项运行费拨款。在20世纪90年代中，当他了解到我们这个实验室的升级、发展计划遇到重大障碍时，尽管他年事已高，仍亲自约请计委的领导同志商谈此事，向负责科技工作的国家领导人反映意见，使这一计划列入"九五"重大科学工程审议项目之中，争取到使领导机关及国内同行了解的机会，为我们进一步工作打下了基础。

我最后一次见到王老师是在他辞世前的三周。当我们握着他那比两周前更加羸瘦的手时，他用微弱的声音讲"我不行了！"尽管这是早已心知肚明的事，但骤然听他自己讲出来，心中的酸楚是无法言表的。43年来谆谆教诲，指导提携的师恩一一显现脑际。更想到从1985年我罹肾功能衰竭症，长年靠血透及做两次肾移植手术治疗的十多年中，他一直在帮助与关心我。他曾找过我的主治医生请求他们精心治疗；他曾几次找有关单位，要求协助找到最合适的移植肾源；他从对肾衰疾病不了解到能了解若干关键点，从而关心我的治疗。这些一直令我深为感动，并成为我十余年来坚持工作的鞭策之一。

当我们从病房告别时，他讲："好好工作，多作贡献"。这是他对我们这些后辈的要求，也是他一生对自己的要求。

哲人已逝，师范永存。王老师永远是我们学习的楷模。

注：本文作者系中国科学院院士，中国原子能科学研究院研究员。为深切悼念王淦昌的辞世而作。

学习王淦昌教授的高尚品格

丁大钊

最近我看到王淦昌教授撰写的《无尽的追问》(湖南少年儿童出版社出版),阅后深深地被感动。

王淦昌教授是我国原子能科学技术的奠基人之一,是一位为人民、为国家作出了巨大贡献的大科学家。他亲自动笔撰写小册子,与小朋友交心式地讲述他一生的经历、一生的追求和在科学研究道路上不断进取、追求新高度的经历。娓娓道来,真真切切,实实在在,令人读后深受启发。

我在大学毕业后即有幸在王淦昌教授的教导下从事研究工作,那时真是耳提面命,事事点拨,使我经历了从懵懂到初窥科研工作所经的过程。他是我从事科学研究的领路人。即便在后来稍有成长、独立工作之后,仍一直受到他的亲切的教导。这本小册子中所讲的故事,有些是我的亲历,有些也听他讲过,所以读来倍感亲切。

王老堪称是一位"学为人师,行为众范"的科学家。在我长期与他接触、向他学习的过程中,我体会有下列四点或许可以概括他的风貌。

用科研、教育的成就奉献于国家和人民。王老的一生,亲见了祖国从一个受屈辱、被侵略的半殖民地社会发展成为一个独立、强大的社会主义国家。他把他的生命、家庭和事业都紧紧地与国家、民族的命运连在一起。我记得年轻时曾听王老讲起他在德国取得博士学位后在欧洲游学,往访 Ferari 而未遇。其时 Ferari 的大弟子之一 Rasetti 曾劝留王老在欧工作,但他婉拒了,义无反顾地毅然回国。而那时我们的国家正处于日寇全面侵略,祖国、人民将蒙受灾难的前夕。在这本小册子里讲到的王老青年时参加反军阀、反帝爱国运动,捐资抗日,为发展我国的核国防力量而埋名工作,"以身许国"及以71岁高龄而加入中国共产党等事迹都向我们展现了一位科学家不能仅仅为科学而科学,一定有一个崇高的目标才能成就崇高事业的道理。

科学研究中对创新的追求与严谨、踏实的工作相结合。王老在科研工作中不断追求在前沿的研究领域内有所创新。记得四十多年前,他曾对我讲过在抗战迁校途中如何研究探测核辐射的新方法。尽管由于那时的条件限制,不可能使研究工作达到应有的高度,但这些课题确实是符合当时核科学研究的主流方向,是当时探测技术的前沿。须知那时不可能有什么"文献资料调研"和"学术交流"。这种前沿性的选题,靠的是科学上创新的欲望和对该领域严谨的分析与判断才能做出的。在小册子中讲到的关于验证中微子存在的实验方案的提出,反西格马负超子的发现,是否存在 Д 粒子的判断和惯性约束核聚变新思想的提出及其随后的科研工作的发展都极好地证明了对科学上创新的追求只有建立在严谨、踏实的工作的基础上才有可能实现。

治学上永远虚怀若谷的态度。和王老一起讨论问题的时候,常常会听到他讲:"对不起,对不起。"这不是口头禅,而是他谦虚与平等地探讨学问的治学态度的自然流露。即使对于若干很基本的问题而他又不熟悉的,他也不会藏拙。一定在弄清楚后与我们一起往深入处讨论,绝无某种矜持。王老是真正做到像孔夫子讲的"知之为知之,不知为不知"的学术长辈。因为如此,他才能海纳百川,成为"大家",做到"是知也"的境界。

赤诚地提携与关爱后学的风范。王老是一位真诚的人。听说他的老师吴有训老先生曾评论他为:"王淦昌有一颗赤子之心。"这个评价是多侧面的。我深深地体会他对学术后进的关怀与爱护。学术上他支持学生的哪怕是很不成熟的新想法,支持我们去探索并及时指出正确的方向。生活上也关心备至。我一直记得在莫斯科的深秋寒风中,他把帽子戴在我头上的一幕。近十余年来,我因患肾功能衰竭症,生活在"边缘"状态中,王老为我谋求做肾移植手术而多方求助与联系。凡是王老的弟子都可以讲出这方面很多感人的事例。这次王老以 90 高龄之年为小朋友们写这本小册子,也是表达了他对后辈的关爱之心。

湖南少年儿童出版社出版《大科学家讲的小故事》丛书是传播科学精神,建设精神文明的好事,希望他们把这种好事扎扎实实地一直做下去。感谢他们在出书前让我读到了王老所写的这一本。我写了这篇读后感和今后的小读者(也包括一些大读者)共同切磋。

注:本文作者系中国科学院院士,中国原子能科学研究院研究员。原载《中国少儿出版》1999 年第 2 期。

缅怀敬爱的王淦昌老师

王乃彦

王淦昌先生是我心目中最尊敬和爱戴的老师,他的去世对我是一个沉重的打击,噩耗传来悲痛万分!我失去了一位科学上的导师和引路人,失去了一位像慈父般关怀我的成长,同时又对我要求非常严格的良师益友。王老走了!但他崇高的形象和精神将永远留在我心中。

王老最值得我们学习的是他对科学执著的追求、对祖国和人民的赤胆忠诚和对同志尤其是晚辈关心爱护的满腔热忱。王老是一位真正的学者,他把功名利禄看得十分淡泊,他是一个老实人,心里怎么想的就怎么说,因此说的多是大实话。他生活简朴,平生没有什么嗜好,读书、搞科研就是唯一的追求。在他生病住院之前,90岁高龄的老人每天还在看科学文献,住院后还要我们把最新的文献送到医院,在他病危期间,每次我去医院看他,最能使他高兴和提起他的精神的就是向他汇报我们科研工作的进展,他知道自己留在人间的时间不长了,每次我离开医院时,他总是叮嘱说:"我不行了!我们的科研工作就全拜托你了,你们要好好地干呀!"在他去世前一天,他所领导的研究室的几位同志去看望他,他已经不能说话,但坚持着听大家的汇报,当他感到高兴和满意时还用手势表示赞赏,他平时喜欢用周恩来总理的话"活到老,学习到老"勉励自己。王老真正做到了这一点。

丁大钊(左)、王乃彦(右)在中国原子能科学研究院庆祝王老生日

我接触王老比较多是1966年我被调到当时的核工业部第九研究设计院,他当时是副院长,负责核试验近区物理测试工作,他经常深入实验室来检查物理测试的准备情况,当时他已经是一位国内外知名的科学家,但对年轻人没有一点架子,平易近人,非常谦虚,只要他不清楚的,就向大家请教。"文革"动乱严重地影响了九院的科研和生产。周恩来总理指示要对过去的核试验进行总结,王老欣然担任总结办公室主任,同时说服我参加总结办公室的工作,他不顾辛劳和年事已高,奔波于各个研究所之间,动员大家按照周总理的指示把总结工作做好。

王老是我国高功率脉冲技术、强流相对论性电子束加速器和激光核聚变研究的创始人,20世纪60年代初,王老以满腔热忱来领导和推动国内这些方面工作的开展,他亲自深入到研究室、研究组和大家一起分析工作中存在的问题和解决的办法,虽然当时我们研制的设备规模在世界上看都是小型的设备,但在王老的指导下都达到了国际上同类设备的先进水平,同志们的信心倍加,科研队伍很快成长起来,直到20世纪80年代后我国建成亚洲最大的6兆伏强流电子束加速器(张爱萍同志题名为"闪光一号"),中国在这方面的成就和水平进入世界的先进行列。当西北核技术研究所的同志们建成0.9兆伏、0.9兆安的强流低阻抗电子束加速器时,他抑制不住内心的喜悦,双手高举叫好,并立即发电祝贺。王老是一个民族自尊心和爱国主义思想非常强烈的人,他从来不甘心自己从事的领域比外国人差,因此可以理解当他看到一些领域走到国际科研的前沿,取得先进水平时他是那么的兴高采烈。

王老亲自在中国原子能科学研究院领导强流相对论电子束加速器的研制和粒子束聚变的研究工作,他亲自在全院作学术报告,与自愿报名的同志一个一个地谈话,组织科研队伍,仅用一年半的时间就建成一台1兆伏、80千安的电子束加速器,并立即投入了强流电子束和靶相互作用的研究,王老指导我们安排了几个实验,从不同的角度都否定了当时日本科学家提出的强流电子束和靶相互作用中的反常吸收现象,使那时轰动一时的问题得到澄清,当时世界上只有中国和美国的实验做得最出色,并取得了一致的结论。若干年后,苏联库尔恰托夫研究所粒子束聚变实验室主任斯米尔诺夫教授来院访问时,感慨地说:"论设备和条件我们比你们好,你们的实验安排得很巧,物理思想好,才得到这么好的结果!"王老根据我们的实验结果以及他敏锐的科学洞察力,指出电子束聚变是没有发展前途的,带领我们从电子束聚变转移到电子束泵浦的氟化氪激光聚变,当时国内只有放电型的氟化氪激光,输出的激光能量只有几十毫焦耳,而电子束泵浦的氟化氪激光技术完全是空白,王老亲自参加研究方案的制定,并亲自带领研究生对关键的技术开展预研,几乎一切从零开始,困难和问题当然是很多的,王老可能也没有预计到进展会那么快,那么顺利,氟化氪激光的输出能量很快从几个焦耳,一直到后来的四百多焦耳,王老十分明白比激光输出能量更为重要的是改善光束的质量,在他的指导下,我们正在用很大的力量和各种先进的方法去改善光束品质,开展物理实验,王老多么希望在他的有生之年看到他亲自领导研制的氟化氪激光能开始打靶做实验。他原来身体很好,估计自己能活到看见我们做物理实验,我们理解王老的心情,在工作条件较差,科研经费严重不足的情况下,我们力所能及地加快工作进度,不幸王老已经看不到了,他带着这个遗憾离开了人世,我也带着内心的痛苦和沉重的内疚,拖着沉重的步伐,从他的遗体面前缓缓地走过,我仿佛对他说:"王老师!我们没有实现您的意愿,真对不住您,请您原谅!"我们唯一可以使王老宽慰一点的是,他生前已经看到了他亲手创建的实验室已经在氟化氪激光聚变研究中在国际上占据了一席之地,成为国际上公认的几个重要实验室之一,在他病危期间,我告诉他美国的同行希望2000年在中国召开氟化氪激光聚变国际研讨会时,他表示十分赞同,并说:"应该欢迎在中国召开。"

王老把工作的重托交给我们后,他走了!他应该可以相信他所创建的实验室,所带领出来的科研队伍,在任何时候也不会懈怠自己的工作,并将不遗余力地去完成王老交给的科研工作,实现他的遗愿,以慰藉王老在天之灵!

注:本文作者系中国科学院院士,曾任国家自然科学基金会副主任,现任中国原子能科学研究院副院长。原载《原子能院报》1999年1月15日。

在王老最后的日子里

王国光　谭德峰

1998年12月25日,首都各界近1500人怀着沉痛的心情,送别著名核物理学家、我国核科学的奠基人和开拓者王淦昌院士。我们曾有幸先后作为秘书跟随在王老身边,在向王老作最后告别的时候,我们怎么也不敢相信,从王老住院到现在,短短的三个月,敬爱的王老就这样永远地离开了我们。在这最后的日子里,王老仍在为我国的科技事业殚精竭虑,在弥留之际,王老还一直在挂念着由他创始的激光惯性约束核聚变研究工作的进展……

1997年王淦昌身边的工作人员赴北京医院探望住院期间的王老

一

1998年9月11日,王老因咳嗽、咳痰伴消瘦入住北京医院。自1997年8月7日王老外出散步时被自行车撞倒骨折以来,虽经近半年的治疗骨伤痊愈,但身体每况愈下,体重减轻了近10公斤。几次到医院检查,也查不出原因。一年内,这已是第三次住院了。王老对此自嘲地说:"我这个院士,成了老跑医院,老住医院的'院士'了。"而此前,尽管已年过九旬,王老身体一直很好,每天坚持上、下午两次下楼散步,上、下楼梯也不要人扶,偶尔还打一打自编的简易太极拳。

我们为王老的身体非常担心,知道他一向工作起来不要命,一星期七天,只有星期七,没有星期日,从来不知道休息,除了工作,还是工作,也没有别的兴趣爱好,在生活上又非常节俭。这次住院前每次去王老家里看望或协助工作,都劝他多注意休息,吃得好一点,增加营养。他却说,用不着吃那么好,也不能总休息,光吃饭,不干活,这怎么行?我们的激光惯性约束核聚变研究工作起步并不晚,由于种种原因,现在却落后了,再不拼命努力,急起直追,心里不安哪!住院后,他仍然坚持要我们每天都给他送书报期刊,勤读不辍,时刻关注着世界核物理学界的研究动向。他说:"我自己感觉身体还可以,闲坐着、闲躺着就是浪费时间,我虽然不能到实验室搞研究了,但还可以看一些资料,还可以想一些问题,可以做一些力所能及的工作。"

听王老这么说,我们也希望他这次能和上次一样,在医院住一段时间就可以出院。然而,经检查、化验,1998年9月底出来的诊断结果却是低分化胃腺癌,而且已有远处转移,属胃癌晚期了。

二

我们心情沉重,不忍将这不幸的消息告知王老,但王老自己已有所察觉。那么多专家前来会诊,一次又一次做检查,如果只是一般的病症,用不着这样兴师动众。他一下子就想到了癌症,因年轻时得过肺结核,现在又总是咳嗽,先是猜测在肺里,待做了胃镜检查,才想到是胃癌。

王老不断地询问我们诊断的结果,这对我们实在是一种巨大的折磨。说,这样大的打击,王老能否承受?不说,随着病情的发展,想瞒也瞒不住。大夫说,像王老这样的大科学家,对生老病死应该是非常达观的,没有必要一直瞒着他。

确如大夫所言,王老对此显得非常平静。他说:"人总是要死的,我已经91岁了,该做的工作也已经做了,虽然微乎其微,但总算没有交白卷。"

王老自称"微乎其微"的工作,其实都是全世界瞩目的科学成就:提出验证中微子存在的实验方案;领导建立云南落雪山宇宙线实验站;发现反西格马负超子;提出激光惯性约束核聚变理论;参与我国原子弹、氢弹原理突破及核武器研制的试验研究和组织领导。一个人的一生,要取得其中任何一项成就,就已经很了不起了。王老总是那样谦虚,当人们赞誉他是"科学泰斗"、"一代宗师"、"中国原子弹之父"时,他就急忙辩解:"不能这么说,这样说完全不对!"急得仿佛要跟人吵架。

王老躺在病床上,这样评价自己的一生:"我聪明不够,勤奋也不够,致使这一生没有做出令我自己十分满意的成果。现在回想起来,越想越觉得过去如果能够更加刻苦、更加勤奋的话,就有可能不是现在这个样子。"又对我们说:"我们的国家现在还不够强大,希望寄托在你们身上。祖国的兴衰,和我们每个人都息息相关,'皮之不存,毛将焉附?'要以国家利益为重,要有责任感和使命感。对此我还做得很不够,希望你们年轻一代做得比我好,使祖国早日强大起来。"

一般人都将自己的"生前身后名"看得很重,生死为此所累,王老却荣辱不惊,对此举重若轻,豁达从容,从不顾及自己,心中想的只是国家。这样的胸怀,对于生命本身的自然过程,还有什么接受不了的呢?

三

1998年11月初,王老的病情开始恶化,经常呕吐、高烧,渐渐发展到不能进食,只能靠静脉输送营养液维持生命日常所需。

对于前来探望他的领导同志,王老没有为自己提任何要求,也没有为家属提任何要求,而是谆谆嘱托,要把工作做好,要把我国的科技事业搞上去,落后就要挨打,腐败就要灭亡,这样的教训太深刻了,我们不能重蹈覆辙。

对于前来探望他的科技人员,在谈到神光Ⅱ工程时,王老说:"中国人不应当干得差,靠大家努力!"并让代问实验室全体同志好,鼓励他们"一定能成功!"在谈到天光Ⅰ装置时,当听说打靶前的准备工作正在抓紧进行,明年一定能够进行打靶试验时,王老高兴地从被子里伸出双手,吃力地合手鼓掌,表示祝贺。

医院给王老用一些贵重药品,王老不同意,说这是浪费,完全没有必要。人们送来花篮,祝愿他早日康复,他也不接受,说对他最大的安慰是工作上有成绩,早日拿出成果来。他对我们说:"你们不要总到医院来看我了,这样影响工作,我不能连累你们,你们还是要把主要精力放在工作上。"

1998年12月初,王老病情急剧恶化。他明白自己已经来日不多,这时才流露出一丝对生的渴望和对死的遗憾。他说:"从国际上看,激光聚变的点火试验,可能会在下个世纪初。激光聚变'点火'意味着惯性约束的科学可行性的验证,我要能活到95岁,看到激光聚变的点火试验,该有多好!"

然而,可恶的病魔最终还是夺走了王老的生命。1998年12月10日下午16时左右,医院发出了王老病危的通知,当晚21时48分,王老就与世长辞了。

王老虽然没能亲眼看到激光聚变的点火试验,但我们相信,有王老为我国激光惯性约束核聚变研究工作打下的深厚基础,王老的后继者们一定会再接再厉,以激光聚变点火试验的成功,来告慰王老的在天之灵。

王老,您安息吧!

注:本文两位作者系王淦昌秘书。原载《科技日报》1999年2月1日。

怀念敬爱的王淦昌老师

吕　敏

敬爱的王淦昌老师离开我们已经一年多了,老师的形象和话语还不断出现在我的脑海中。不能再去探望他、向他讨教,总觉得缺了点该做的事。1998年年末,我到北京医院去看望王老,他已经病得很重,身体极度虚弱,说话声音很低,他把我叫到床头,对我说:"我不行了,中国的物理要靠你们了"。我赶紧劝他安心治病,并对他说,我们这一代学生也已经六七十岁了,要依靠的是更年轻的一代了,现在有很多很有才干的年轻人,他点了点头。王老到生命的最后时日,仍旧念念不忘要把中国的物理搞上去,王老一生时时刻刻想着科学研究工作、时时刻刻想着祖国、想着尽快把祖国的科学事业搞上去。他这种热爱祖国、热爱科学的精神值得我们永远学习。这种精神使王淦昌老师成为中国科学家的楷模,是我们所有中国科学工作者的学习榜样。

1987年5月唐孝威(后左一)与吕敏夫妇(后左二、三)看望王淦昌夫妇

我是王老"真正"的学生。1949年杭州刚解放,我从工学院转到物理系学习,王老从美国回到浙江大学任教不久,由他教我们电磁学。物理系学生不多,我们常常到刀茅巷王老师家里去请教问题,他总是耐心地和同学们谈话。有一次上课时,他突然在讲台上发愣,过了一会儿,他叹了一口气,说:"又一个电容器击穿了",那是我初次知道科学研究工作在老师们的心目中有多重要。王老师不但教

我们学习电磁学,更以自己的言行教育我们应该热爱科学研究工作,应该对科学研究工作着迷。

1950年王老离开浙大,到刚成立不久的中国科学院近代物理研究所任副所长。1952年我从浙大物理系毕业,有幸被分配到近代物理所工作,彭桓武先生找我谈话,让我去宇宙线组,跟王老和萧健先生做基本粒子的实验工作,这样我就到了王老手下工作。王老组织郑仁圻和我等年轻人学习、开小讨论会,他经常参加。王老对我们讲,要做好科学研究工作,脑子里应该经常存放着许多科学问题,不断地思考,有机会就向周围的人请教,这样才能丰富自己的知识,提高自己的水平。王老自己就是这样做的,他总是不断地考虑科学问题,一有机会就与周围的人讨论,不论周围的人是专家还是一个普通的年轻人,他从来没有大科学家的架子。王老这个教导对我影响很大,遵循他的教导,努力向周围的同志学习请教,非常有帮助。

王老还多方努力帮助我们筹备实验器材,包括与赵忠尧先生协商借用他的平板云雾室。1954年起我们就是利用这个云雾室在云南落雪山海拔3200米的高山宇宙线实验室收集宇宙线核作用的照片,在照片中寻找奇异粒子的事例,在几万对云雾室照片中找到许多Λ超子和K介子。当我们把照片带到北京仔细搜索、判读时,王老几乎每天都要来看,问我们有什么新的事例,催我们赶快,他最常说的就是"怎么这么慢?"

1956年王老招研究生,我报了名,考试后王老对我说"理论力学考得很好,统计物理考得很差",不过他还是录取了我。工作不能停顿,他让我带着该念的书到落雪山上去一面念书一面收集数据。等我再次带了照片数据回北京时,王老已经到苏联杜布纳联合核子所工作去了,研究生导师由张文裕先生担任。后来批判"资产阶级法权",学位被视为"资产阶级法权",研究生一事中途作罢,因此,我是王老师一个没有毕业的研究生。随着高能加速器的建立,国外奇异粒子研究工作蓬勃发展,利用宇宙线研究基本粒子已经很难再取得有意义的成果,我自己也被派到联合所工作,又能够经常接触到王老。

王老在联合所工作期间曾担任两届副所长(所长总是由苏联人担任),在联合所王老威信很高,苏联人、东欧人都佩服他在学术上取得的显著成绩(发现反Σ超子是联合所最突出的成绩),而本人勤奋、谦虚、平易近人,毫无大学者的架子。为了更好地学习原子能各方面的知识,在联合所工作的中国同志每个星期都要举行小型讨论会,王老每次都参加,并且积极参加讨论,形成热烈的学术气氛,我们到现在还怀念那时的学习生活。

王老在联合所工作了4~5年后,即将回国工作,在他思想上有一些矛盾,想到回国后科研条件比较差,无法进行基本粒子的研究工作,他在想"回国干什么好"。他完全没有想到国内已经有十分重要的科学技术工作等他去做,许多年轻同志等他回去指导。王老回国后很快就投入了我国核武器的研究工作，我虽然没有直接在他手下工作，但听很多同志说，当时他以极其饱满的热情投入工作，用他广博的知识和丰富的经验指导核武器研究的各种实验工作，王老在研制核武器的单位威信极高，无论是科技人员还是行政干部对王老都十分佩服。他在研制"两弹一星"的任务中作出了重要成绩、建立了功勋，他无愧于祖国给他的最高奖励，可惜他没有能在生前亲自领取这块至高荣誉的金牌。在这段时期，王老把整个身心投入国防科技建设，把热爱祖国的报国之心和热爱科学的钻研精神完全结合在一起。王老的实践最好地体现了热爱祖国、无私奉献、自力更生、艰苦奋斗、大力协同、勇于登攀的"两弹一星"精神。

20世纪60年代以后，我再没有直接在王老手下工作，但因专业相近，曾经多次在核试验场见到他，在各种会议上见到他，得到他的教诲和帮助。1979年，我曾有机会参加核学会代表团，赴美国、加拿大访问，王老担任代表团团长，我跟随王老在美、加各个实验室、核电站参观访问一个多月。每到一处，王老都认真听介绍、仔细观看实验设备，努力吸取国外的先进技术，王老已经70多岁，是代表团中年龄最大的一位，但也是学习最认真的一位。记得一次在加拿大我陪着王老在看一台加速器，其他团员已经走出去了，王老还要仔细看，一位团员回头来催他两次，王老急了，干脆坐下，说"出国来就是要参观学习的，慌什么？我不走了"，继续看完才出来。在美国一次我陪他到圣迪亚研究所去参观PBFA离子加速器，王老到了实验室，从摇摇晃晃的铁梯子爬上爬下，仔细观看、仔细询问、十分认真。美方派了一位姓张的华裔科学家陪同，张先生一再对我说"国内来的科学家真了不起，王先生这么大年纪，这么认真好学，太让我感动了"。王老的精神风貌令外国同行钦佩，树立了很好的中国科学家形象。代表团中有个别同志参观、学习不够努力，听介绍有时打瞌睡，参观回来后不愿再看资料、常逛商店，王老对此很不满意，说"不努力学习，出国来干什么？"

所有王老的学生和在他手下工作过的同志都体会到王老对后辈特别关心、总是鼓励年轻的同志在科学上有所创造、有所进步。我们到他家去拜访的时候，每次他都要问有什么新的成绩、新的动态，虽然我不在他手下，他仍然要问我做了些什么工作，当我们汇报做过一些什么工作时，他总是鼓励我们说很好。他特别关心年轻人的成长，一听说较年轻的同志作出了成绩就特别高兴，他几次对我说，"你们那里两位女将很棒"，他指的是邱爱慈、刘晶儒两位。

王老十分爱护他的学生们，当我患重病住院，王老不顾我们再三劝阻，亲自到传染病院来看我。那时他已经近80岁高龄，不顾传染病院的恶劣环境条件，来到病房看望，我在感激之余，非常过意不去，我永远无法忘记老师的关怀。我知道王老还曾多次到医院去看望丁大钊、王乃彦等在他手下工作的同志。

王老不但平易近人，总是以平等的态度与他的部下和学生讨论问题，而且能够耐心地听取我们的看法,也能够接受不同的意见。我听到一些议论,认为王老耳根太软,谁去找他,向他一宣传,就很容易获得他的支持,这样就容易被人利用,在科学技术项目的选取上也是这样。有一次我去看他,就对他提起,我说:"王老,您不能什么都支持,别人说的都有一定道理,但国家的资金有限,不是所有的项目都能上,你的名气大、影响大,用你的名义报上去的项目多,领导评议时就难了。您只宜选择最好、最重要的项目支持。"王老点头,说你说得对。

  王老离开我们走了,我遇到一些问题时,有时还会情不自禁地想王老会怎么看,他会支持还是会反对。逢年过节的时候,还会不自觉地想到该去看看王老了。可是再也不会有这样的机会了。

  王老将永远活在我们心中。

注:本文作者系中国科学院院士,中国人民解放军总装备部研究员。原载《浙江大学校友通讯》2000年。

王淦昌辞世　留名近代科学史

江才健

　　近代中国最杰出核物理学家之一的王淦昌先生,1998年12月10日因胃癌病逝北京,并在25日举行了公开的告别仪式。一般谈论起王淦昌的工作,总会提起他在中国大陆核武器研制方面的重大贡献,自20世纪30年代开始,他在核物理方面作出的数项杰出工作,使他在近代世界核物理发展史上占有一席地位。

　　1907年出生于中国大陆江苏常熟的王淦昌,1929年由北京清华大学毕业后,次年考取官费留学进入德国柏林大学,从学于发现核分裂现象的顶尖女性核物理学家迈特纳。

　　在北京清华大学就已经显现出过人实验物理才华的王淦昌,在柏林大学期间曾向他的导师迈特纳提议进行一种核物理实验,可惜迈特纳并没有看出王淦昌的过人眼光,后来英国科学家查德威克进行类似的实验而发现了中子,并得到1935年的诺贝尔物理奖。

　　王淦昌在欧洲四年,除了在柏林的威廉皇家研究院埋头实验,还访问欧洲著名科学实验室并与当代科学大师往还请益。

　　1934年王淦昌回到中国,几年中很快地在浙江大学开展起有相当水准的科学研究实验,当时在中国的英国著名学者李约瑟,就曾称誉浙大为"东方的剑桥"。

　　中日战争爆发后,王淦昌随浙大西迁,艰困中仍工作不辍。他1941年由偏僻隔绝的贵州山区向美国《物理评论》投寄一篇论文,在这篇于次年初刊出的文章中,王淦昌提出的实验建议,后来导致了核物理科学上微中子的重大发现。王淦昌的这些科学工作成就,都曾经由中国大陆科学史学者李炳安和诺贝尔奖得主杨振宁根据科学文献写成专文发表,并得到国际学界的肯定。

　　20世纪60年代初,王淦昌参与了中国大陆的原子弹发展工作,并接续在核武器发展计划中埋名工作,作出重大贡献。20世纪70年代以后,王淦昌在利用雷射进行惯性约束的核融合方面,进行了理论开创和实验突破的工作,他在1988年出席意大利西西里岛的一项核战会议,并签字倡议裁减核武器。

　　认识王淦昌的人,都一致钦服于他质朴平实的个性和执著专注的工作热情。

一直到20世纪90年代已过八十之龄,王淦昌依然在实验室中工作不懈。20世纪90年代中期,早年与王淦昌有交谊的总统府资政李国鼎本有意想邀王淦昌来台访问,但王淦昌更关心于他北京原子能研究所惯性核融合研究的经费无着,以致未能成行。1997年王淦昌学生、友人为其欢度九十寿辰,未料八月间他在北京街头竟被脚踏车撞倒骨折,并昏厥倒地,后在医院中疗养半载,并在书信中调侃"吃尽苦头",不过对撞倒他逃逸无踪的肇事者,却无半句怨言。

1998年5月北大百年校庆期间,记者还至王淦昌家中拜望谈话,他虽行动略有不便,言谈中仍念念不忘科学实验工作,确可称得上是"终生奉献科学,不知老之已至"。

注:本文作者系台湾《中国时报》记者。原载台湾《中国时报》1998年12月30日。

以身许国的科学家

——送别我国物理学界的一代宗师王淦昌

刘敬智

1998年12月25日,是我们向中国物理学界一代宗师王淦昌道别的日子。阳光特别灿烂,照在松枝上,照在淡青色的路面上,金光闪闪,五颜六色,从我们出发的地点一直铺向八宝山革命公墓的苍松翠柏间。人流、车流络绎不绝,却又是那样的宁静、肃穆。王老的遗体安卧在鲜花丛中,脸色红润,神态安详。一种奇特的感觉,猛然间从我心头升起:这位立誓"以身许国"的科学家,他走得多么从容,一如生前的每一次出征。

"我是学科学的,但我首先是中国人"

1961年的初春,一架国际航班载着一位科学家对祖国的忠诚,降落在北京机场。不久,这位科学家受到了二机部部长的特殊约见。部长对他说:"今天请你来,是想请你做另一件事,这件事情与杜布纳的事情完全不同——请你参与领导研制中国的原子弹!"

离开实验核物理,离开长期从事的基本粒子研究,去搞核工业技术,这就意味着要改变专业。对于一位五十多岁,在本专业有了相当成就的科学家来说,这种改变不是轻而易举的事。

这位科学家沉思了一会儿,缓慢而有力地回答:"我愿以身许国!"他就是我国著名的核物理学家王淦昌。其实,王淦昌对祖国的热爱与忠诚早在20世纪30年代就掷地有声了。

1934年,日本侵略中国的年代,在欧洲留学并因在中子的发现中提出过重要建议等一系列科学成绩而小有名气的王淦昌却要从欧洲回国了。有人劝他:"科学是没有国界的,你是科学家,中国没有你从事科学研究的条件,你是不是不要回去?"王淦昌回答说:"科学是要为祖国服务的,我是学科学的,但我首先是中国人。"

就这样,王淦昌回到了硝烟弥漫的祖国,先后在山东大学、浙江大学任教授兼系主任。被称为浙大"四李"的李政道、李寿楠、李天庆、李文涛都是他的学生。

"有你们科学家撑腰,我这个外交部长也好当了"

1937年"七七"事变不久,战火便蔓延到上海,1939年2月,日军轰炸浙江宜山,浙大的礼堂及部分教室宿舍被炸毁。从此,王淦昌便开始了带领浙大学生的迁移生活,最后落脚在贵州的湄潭县。迁移中,为了抗战的需要,王淦昌还特意开了一门军用物理课,他自编自讲,学生自由听课。结果来听课的学生比哪门课都多,而且连他自己也没想到,他为开这门课所积累的知识,却在研制祖国的第一颗原子弹的工作中用上了。

湄潭时期的工作与生活都是非常艰苦的,然而就是在这样艰苦的环境中,王淦昌也没有停止科学研究工作。

20世纪30年代初,人们从β衰变中发现了一种无法解释的现象,有人甚至由此怀疑能量守恒定律了。为了解释这种现象,奥地利科学家泡利提出了存在一种未发现的粒子——中微子假设,但长期未得到验证。究其原因是因为中微子不带电,静止质量又接近于零,因此很难在实验中确认它的存在。

王淦昌一直关注着中微子的实验验证,他阅读了大量国际上最新的近代物理论文,纵横比较,掂量,研究,终于发现了可俘获中微子的奥秘之门。但在国破家亡的年代,他无法亲自做这种实验。

他曾设法从比利时买到10毫克镭元素,准备做实验的放射源。然而当时的湄潭连起码的实验设备都没有……

自己无法进行实验,就把它贡献给国际社会。1941年10月13日,他将自己的想法写成一篇论文《关于探测中微子的一个建议》寄到美国的《物理评论》发表了。

王淦昌的文章发表不久,美国科学家阿伦就按照这一建议做了俘获中微子的实验,结论是肯定的,人类第一次通过实验证实了中微子的存在。阿伦是位真正的科学家,他在论文中明确承认他是采用了王淦昌的建议。

这是一件既使人高兴,又让人感到心酸的往事。

新中国成立以后,王淦昌的研究生涯发生了天翻地覆的变化,他先是到中科院近代物理研究所任研究员、副所长,成为物理学部的第一代学部委员,并在宇宙射线的研究中取得一个又一个的新发现。

1956年9月,王淦昌作为中国的代表,到当时社会主义国家联合建立的杜布纳研究所任研究员,后来又兼任副所长,从事基本粒子的研究。

这期间,王淦昌以敏锐的科学判断力为研究所确立了寻找新粒子,包括各种超子的反粒子的正确的研究方向。为发现这种新粒子,王淦昌建立了丙烷气泡室等一系列新的技术手段,大大增强了杜布纳研究所的实验能力。

1959年3月9日,王淦昌从4万张照片中发现了第一张反西格马负超子的图像照片。这是在实验中第一个发现的荷电反超子。这丰富了人们对于反粒子的认识,填补了粒子、反粒子表上的一项空白,使理论上关于任何粒子都存在反粒子的预言得到了进一步的证实。王淦昌也终于结束了用自己的智慧为他人作嫁衣裳的心酸历史,开始亲手轰击微观世界的奥秘之门了。

从杜布纳回国之后,王淦昌便投入了我国第一颗原子弹的研制工作中。当时,陈毅元帅紧紧握着王淦昌的手说:"有你们科学家撑腰,我这个外交部长也好当了。"

功勋卓著

早期的爆轰试验是在长城脚下进行的。王淦昌多次亲临爆轰试验现场指挥。一年之内竟在野外进行了上千个实验元件的爆轰试验。1963年11月20日,他又在青海高原上进行了缩小比例的聚合爆轰试验,使原子弹理论设计和一系列实验的结果获得了验证,为原子弹的设计打下了坚实的基础。1964年4月,王淦昌又来到了塔克拉玛干大沙漠的深处,参与指挥建造了一座120米高的铁塔,用于放置进行爆炸的第一颗原子弹。

1964年10月16日,我国第一颗原子弹爆炸了。望着冉冉升起的蘑菇云,王淦昌流下了激动的热泪。

1969年春,王淦昌担任了九院副院长的职务,当年的9月23日在他的指挥下,我国成功地进行了首次地下核试验……

1979年12月,72岁高龄的王淦昌,实现了平生最大的愿望,加入了中国共产党。在那之前不久,他还与四位科学家一起上书中央,提出发展我国核电的建议。正是在王淦昌等有识之士的呼吁、推动下,在党和国家的支持下,我国的秦山核电站、大亚湾核电站已经发电了,新的更大的核电站也正在建设中。

20世纪80年代中期,为了在高新技术领域赶超先进国家,他又与王大珩、杨家墀、陈芳允联名上书中央,受到党和国家的重视。不久之后,国家"863"高技术发展计划便应运而生。

他永远活在我们的心中

王老去世的消息一经传开,立即在海内外引起强烈反响。唁电、鲜花、悼词从四面八方飞向了北京。这里面有著名科学家李政道、杨振宁、李正武、李寿楠、王乃彦,他们都是他的学生。他们表达着同一个心声:王老虽然去了,但他永远活在我们的心中。

王老晚年的学生、我国"863"计划强激光领域的首席科学家杜祥琬回忆说,王老最后几个月,病情急剧恶化,但他始终惦念着工作,他在病床上谈到神光Ⅱ工程时,总是说"中国人不应该干得差,要靠大家努力"。1998年12月5日,已十分虚弱的王老吃力地对大家说:"一定能成功!"他就是这样不遗余力鼓励后人,推进中国的激光核聚变事业。34年前,正是他创造性地提出了"用激光引发核聚变"的设想,几十年来,他一直是这项研究的实干家、带头人,是走在这支研究队伍最前头的一面旗帜。

王老多年的秘书说,王老为人正直,感情丰富而真挚,大家都从内心敬佩他的品格。他处事实事求是,有啥说啥,朴实无华,1997年大家祝贺他90大寿,请他讲话时,他说:"买了这么多花篮,不好,太浪费了。"1980年,中国核物理学会召开代表大会,年过七旬的王老主动辞去了学会理事长的职务,从此,许多学会都不约而同地有了一个惯例:理事长均不超过七十岁。这是王老带的一个好头。

王大珩来了,程开甲来了,陈能宽来了,彭桓武来了,60余位两院院士来了。告别队伍拥满了告别室前面的院落,人们胸戴白花,含着泪水,默念王老的名字,体味着"以身许国"的内涵。阳光不是漂浮的,它象征着爱国者的无穷能量。

注:本文作者系《光明日报》记者。原载《光明日报》1998年12月26日。

科学泰斗 良师益友

——深切悼念王淦昌先生

杜祥琬

王老最后的几个月,病情急剧恶化。每次去医院看他时,心中总被一种不祥的预感所笼罩:难道我们真的要失去王老了吗?1998 年 11 月 14 日,他在病床上谈到神光 II 工程时,用清晰的语言对我们说:"中国人不应当干得差,靠大家努力!"。同年 12 月 5 日,已十分虚弱的他,又对联合实验室的同志用力地说:"一定能成功!"他是在不遗余力地鼓励后人,推进中国的激光核聚变事业。34 年前,正是他创造性地提出了"用激光引发核聚变"的思想。几十年来,他一直是这项研究的实干家、带头人,是竖立在这支研究队伍最前头的一面旗帜!

1987 年 9 月王淦昌与杜祥琬(左)在一起

王淦昌是 20 世纪中国科学界最杰出的人物之一,是物理学界的泰斗。王淦昌先生早年的杰出成就之一,是提出了独到的探测中微子的实验方法。经过系统的研究、思索,他在 1942 年 1 月的《物理评论》上发表的《关于探测中微子的一个建议》一文中,提出了利用 ^7Be 经 K 俘获成为 ^7Li 的单能反冲原理测量中微子的存在。1947 年又在《物理评论》上发表了《建议探测中微子的几种方法》一文。当时国内无实验条件,许多国外物理学家按他建议的方法进行实验,确定了中微子的存在。这一独具匠心的工作,受到国际物理学界的高度评价。可以说,这是一项与诺贝尔物理学奖擦肩而过的工作。我第一次知道王淦昌这个名字,是1960年在莫斯科,王淦昌领导的研究组在杜布纳联合核子研究所发现反西格马负超子的研究成果公开发表,引起了科学界的轰动。当时,我还是一个在莫斯科学习的学生,从新闻纪录片上看到了苏联学者在王先生面前毕恭毕敬地请教问题。这个镜头在我的心中留下了终生难忘的印象。回国后,每次听王老说起"中国人不比外国人差"时,总使我想起这个镜头。是的,中国科学工作者应当有这样的自信和自尊,应当对人类科学的发展作出第一流的贡献!

王先生回国后,根据国家的需要隐名埋姓,投入了中国核武器的研制,成为这一事业的主要奠基人之一。作为初创阶段"冷实验委员会"的主任、副院长,他不仅为原子弹和氢弹的突破立下了汗马功劳,而且为奠定核武器研究的技术基础(如脉冲功率技术)解决了许多关键技术问题。核试验转入地下后,年过花甲的他,为测试方法过关,花费了大量心血,使我国的地下核试验做到了一次试验,多方收效。1997年春,王老在家门前散步时,被一骑车的年轻人撞倒,致使大腿骨折,卧床半年,体质大为下降。记者在报上披露此事,批评那撞倒老人逃之夭夭的骑车人,文中称王老是"中国原子弹之父",王老看后对我们说:"这样称呼不合适,原子弹是集体搞出来的,我没有做什么!"深知王老对我国核武器事业作出重大贡献的我们,听了这几句话,除了被他的崇高品格和美德深深感动外,还能说什么呢!

王老是我国高技术研究发展计划的开创者之一。1986年3月,他和王大珩等3位科学家向中央提出了建议,认为开展高技术研究"事关我国今后国际地位和进入21世纪后在经济和国防方面能否进入世界前列的问题"。科学家的思想和邓小平的高瞻远瞩相结合,便诞生了我国著名的"863"计划。他经常来参加我们激光技术专家组的研讨会,耄耋之年的他仍然思维敏捷,总能提出许多具体的问题和看法。他不仅大力推动了我国高功率固体激光和准分子激光的发展,还对新型的化学激光、X射线激光和自由电子激光的发展提出过重要的意见。其中,氟化氪准分子激光研究,是王老亲自领导在中国原子能科学研究院搞起来的。1990年年底,实现了百焦耳激光能量输出的"七五"目标,1991年年初,召开了这个阶段成果的鉴定会。通常,来参加鉴定的专家总是要说不少好话的,可是王老那天却对自己带头搞出来的成果严厉地说:"一百焦耳,光束质量不好,没有用,没有用!"他的话,震撼了每一位与会者的心。这句朴素而尖锐的话,包含着对发展强激光的一个根本性的深邃的见解:一定要把光束质量放在第一位。以后几年,在发展各类新型强激光的实践中,许多始所未料的现象和问题,究其源,常常与光束质量有关,这大大加深了我们对王老那句话的理解。近年来,包括氟化氪准分子激光在内的各类强激光,不仅进一步提高了输出能量和功率,而且显著改善了光束质量,听到这样的进展,他总是高兴得合手鼓掌。20世纪90年代以来,我国新型强激光的发展上了几个台阶,王老十分关注,1998年11月中旬,他在病床上得知最近的一次大型实验又取得圆满成功的消息时,激动地从被子里伸出右手,翘起大拇指说:"干得好,祝贺大家!"1992年11月,王老到绵阳参加中国工程物理研究院的发展战略研讨会,听了"开拓科研新领域"的报告后,他在讨论会上给予了热情的鼓励,并明确地建议,今后中国工程物理研究院的工作应该是三条线:核武器、高技术、军转民。此后,"三大任务、三个基地"成了我院新时期工作的指导思想。实际上,鼓励创新,是王老学术思想的特色,他曾说:"科学上的新追求,才是我的最大兴趣。"90岁高龄的他,还亲自赴香港作关于能源的讲学,他讲的不是一般的能源问题,而是事关人类未来的、可持续发展的、洁净的新能源。他是一个活到老、学到老、求新到老的人!

王老的人品光彩照人。他是一位伟大的爱国者。曾在德国留学4年并在世界各大国享有盛誉的王淦昌,始终坚持以报效祖国为己任,不惜隐名埋姓、甚至忍辱负重。"文化大革命"拉大了我国科学技术与世界水平的差距,王老心急如焚。一次谈到激光聚变时,他摇着头说:"我们开始得比人家早,不应该比人家差这么多。不应该!"他谆谆叮咛出国进修的青年人:学成后一定要回来,中国需要人才。他倡导全国一盘棋的大协作,常说"中国科技工作者要团结一致,参与国际竞争"。正是在王老等老一辈科学家的不倦努力下,中国科学院和中国工程物理研究院在激光核聚变领域已进行了20多年卓有成效的大协作。王老为人正直、感情丰富而真挚。他深深敬爱周总理,1976年年初,总理去世时,他正和我院的同志一起在外地出差。回京后,清明前,北京应用物理与计算数学研究所的同志们准备去天安门广场为周总理敬献花圈,王老闻知,一定要去,并坚持同大家一起挤公共汽车去。在广场,他冒着初春的寒风和小雪,脱帽向总理遗像深深鞠躬。不料,竟有个别人向王洪文写信告状,说有人"绑架人大常委王淦昌"去天安门广场闹事。王洪文下令追查"反革命"。王老正在三线出差,接到追查组的调查信,他气得发抖,愤怒地说:"胡说八道!什么'绑架',我是自己要去的!悼念总理有什么罪?!"他就是这样大义凛然地抵制了追查,保护了同志,大家都从内心敬佩王老的品格。王老处事实事求是,有啥说啥,朴实无华。1997年大家祝贺他90大寿,请他讲话时,他说:"买了这么多花篮来,不好,太浪费了,卖花的人倒是发财啰。现在贪污浪费太多,不好!"1980年,中国核物理学会在兰州召开代表大会,年过七旬的王老主动坚决辞去了学会理事长的职务,从此,许多学会都不约而同地有了一个惯例:理事长均不超过七十岁,还是王老带的一个好头。王老是第一流的科学家,却非常平易近人、和蔼可亲、生活简朴、关怀后辈。一些早年跟他一道工作的小伙子,如今已是满头银发,王老还经常念叨这些同志,见了面,就深有感情地说:"你们也都不小了,要注意身体啊!"使我永远难忘的是,1996年

6月1日，星期六一大早，家里的电话铃响了，是王老打来的，他说："好几个同志都对我说，你干得太累了，要劳逸结合，当心身体！请毛剑琴接电话，我要请她照顾好你的生活！"顿时，一股热流通过我的全身，比我年长30岁的王老，竟以这般的真挚和深情，关怀一个后辈的健康，这是多么可贵而动人的情怀啊！写到这里，我不禁热泪盈眶。啊，王老，我的良师益友，忘年之交，我们除了加倍努力工作之外，还有什么办法回报您的一片真情，告慰您的在天之灵呢?！

注：本文作者系中国工程院院士，中国工程院副院长。原载《科技日报》1998年12月23日。

怀念淦昌公公

陈继贤

王淦昌同志是我的同乡和亲戚，我称呼他"淦昌公公"，但我自小未见过他。我同淦昌公公第一次见面，是在1982年10月下旬。那年下半年，我自绍兴去北京学习，有机会去他家，见面后，他询问了我学习和家庭的情况。他说，还是在抗日战争前在南京见过你父亲。他还说，他在浙江大学工作多年，对浙大很有感情，对竺可桢校长很尊敬。他随手从书架上取下一本《竺可桢日记》给我看。接着说，竺是绍兴人，绍兴是出人才的地方。他知道我是读农科的，在绍兴地区科委工作，就向我介绍了核科学在农业上的应用，并找出两本他主编的《核科学与工程》刊物给我。从那次见面后，我十分乐意同他这样一位知识渊博、慈祥和蔼、正直坦诚的长辈交往，接受他的教诲，感受他的精神。不久，我又去他家两次。他和他的老伴吴月琴每次都要留我吃饭。1982年以后，我又三次去北京，每次都去看望他们。我给公公去信，他几乎是每函必复。至今，我还保存着他的9封来信。为纪念公公八十诞辰，科学出版社出版了《王淦昌论文选集》和《王淦昌和他的科学贡献》，我向他索要，他当即用挂号寄我，他对我热情鼓励。一次，他来信对我说："你比我年轻多，身体又好，望多为国家做好事，大家一起改变我国在科技方面的落后面貌。"

陈继贤（左）拜访淦昌公公

淦昌公公为发展科学事业,为祖国的繁荣昌盛奋斗一生,鞠躬尽瘁。他年过花甲,工作仍很忙碌,每去实验室,常常几天不回家。他出差云南、四川、陕西、山西、山东等地,多次到秦山核电站指导工作。他还常因公出国。1990 年 7 月,他来信说:"我去年去苏联一次,前年去过意大利,几乎每年出国一次,今年九月仍将去苏联一次。"1997 年 4 月初,他来杭州参加浙江大学百年校庆。我从报道中知道,他除参加庆典活动外,还听取他学生的学术报告,接待浙大师生,接待记者采访,他还带着谈家桢主编的生物学读物——《向上帝挑战》一书,随时阅读。他对记者说:"要当一个好的老师,一方面要拼命地教学生,一方面也要拼命地教自己"。这年 5 月,他还去香港讲学。他真是一个拼命工作、拼命学习、不知疲倦的老人。

淦昌公公为人谦逊,他从来没有向我讲过他的贡献和做出的成绩。1987 年 5 月,《瞭望》周刊登了《核弹先驱王淦昌》和《一代师表》两篇文章。我在信中提及此事,他回信说:"《瞭望》杂志写的两篇文章,我也看到了,他们把我夸大了很多,于心深感不安。我是一个普通的人,相当平庸,值不得一分称赞之处,只觉得要做的事太多,而自己的能力又那么的微薄,实是可恨又可叹,只有尽量发挥余热。"

淦昌公公关心亲友,感情深厚真挚。他对他的中学老师崔雁冰老人的尊敬和关怀,令人感动。当我告诉他,孙宝元等两位长辈因病去世的消息后,他回信说:"他们的逝世,我早已知道。他们都是我很亲爱的朋友和亲人,他们生前都对我很好,我非常怀念他们。"他多次要我向我父亲问好。1984 年 10 月中旬,他去宁波参加一个会议,在宁波打电话同我联系,我邀请他来绍兴看看,他答应了。他们一行 8 人,其中有 6 位军队干部和他的秘书种培基,10 月 20 日在回杭途中到绍兴,下午我陪他们参观了鲁迅纪念馆和兰亭,公公饶有兴趣地问这问那。我想挽留他们住一夜,他们因工作忙,傍晚就回杭州了。这次,刚巧我父亲也在绍兴,两位老人几十年没见面了,大家十分高兴,亲切交谈,合影留念。

淦昌公公很关心故乡的建设,见到我,常问起常熟的情况。1983 年 1 月,我到北京参加国家科委召开的农村科技工作会议。一天晚上,我同一起参加会议的中共常熟县委书记府培生、吴县副县长陈金科去看望公公。他很高兴,热情欢迎故乡人士的来访。这次交谈,他着重讲了发展科学技术的重要性和迫切性。他鼓励我们回去后要很好贯彻国家科委召开的这次会议精神,努力把农村科技工作促上去。他深切期望常熟市的社会主义现代化建设走在全国的前列。1995年 11 月,他来信说:"常熟如何面对张家港大名,是个大问题,希望领导阶层奋起直追,使各方面追而胜之,才是好事。"

1990 年 8 月以后,我没有再见到淦昌公公。1997 年春节后,我女婿因公出差北京,我要他去看望公公,他回来说,王老身体健康,思路清晰,谈吐甚健。我期望公公更长寿。但是没有料到1998年12月25日中午,突然接到王淦昌同志治丧委员会的讣告。这天上午在八宝山革命公墓已举行过公公遗体送别仪式。晚上,我收看中央电视台的"新闻联播",听了对公公的生平简介,望着他的遗像,感到万分悲痛。

淦昌公公同我们永别了,但他慈祥的容貌、崇高的品德以及他对科学事业的卓越贡献,将永远记在我的心中。

注:本文作者系绍兴市人民政府原秘书长。

痛别"一代师表"

——追记王淦昌教授

孟东明

一

王老,您可看见?1998年12月25日上午,包括60多名两院院士在内,当1000多名科技界人士汇聚到北京八宝山公墓向您告别时,出现了一个奇异现象:前来送别的人头发一片花白。

人们说,以"头发一片花白"告别王老,这表明了一个时代的结束。那是"隐姓埋名、默默奉献"为"两弹"奋斗时代的结束。

王老,您可听见?人们发出了这样的呼唤、叹息:"一代师表"走了!

王老,如果我能当面把这个尊称告诉您,您一定会不停地摇动双手,用浓重的常熟乡音对我说:"老乡,这是勿作兴、勿作兴的!"

人们异口同声地说:王淦昌,"一代师表",当之无愧!

与您交往40多年的原二机部部长刘杰同志说,"王淦昌同志是我最敬重的功德双全的老科学家"。"最敬重"、"功德双全",字字千钧。

经您亲手培育而成就事业的中国科学院院士,就有14人之多。诺贝尔奖获得者杨振宁教授敬重地称,他是您的"后生";李政道教授说,没有55年前在浙大您对他的启蒙教诲,就不可能有他今天在物理学上的成就。

我看到,有一学者模样的人,在您灵前放声痛哭。痛惜之情,难以自抑。面对此情此景,眼泪模糊了我的双眼,与您接触期间的往事、见闻,一齐涌上我的心头。

二

您是我们常熟人的骄傲。但能结识您,与您面对面聊天,还是1978年夏末您从任副院长的九院调来北京,接替钱三强先生,任原子能研究所所长以后。

那时,我正在所里工作。记得您上任伊始,就召开了一次科学思想讨论会,您要求大家放言提想法。当时,一位中年人说:"干了20年,才拿560大毛,还有什么积极性？"

我记得，您惊奇地、不解地盯着他，然后细声问："什么560大毛？"

几个人同声说："我们的工资才56元！"下面轮到大家惊奇了，您竟然说："你们干活还有工资的？怎么我没有工资？"后来，我们都说，多少年来，王老早就不管自己工资了，他也没有钱的概念。在他的脑子里，只有"科研"两字。

等到对您的了解深入一些，说您没有工资、钱的概念，我感到这个说法是不全面的。远在抗日战争时期，您就把自己结婚时的金银首饰、积蓄捐献给了国家；20世纪50年代，您的一位学生被打成"右派"，被发配到新疆改造，为解决他的生活问题，您每月从工资中抽出一部分寄去接济他，您是冒了多大的风险啊！20世纪60年代，为帮助国家克服困难，您又把在苏联积蓄的卢布全部捐献了出来。1982年，您把获得的国家自然科学奖一等奖的奖金，全部捐给了原子能研究院子弟学校作奖学金；1996年，您又把获得的奖金捐献给原子能院设立基础教育奖励基金。

宁把工资、收入赠给别人，献给国家，奖金捐给教育事业，而您的家里支撑着的却是一张老式八仙桌，像样的家具一件都没有。这哪像是一位部长、一个大科学家的家啊！

在您的心里，装着的是国家、民族、人民、事业。我清楚地记得，您在原子能所的几件小事。有一次，已是晚上，当您在下班路上抵达办公楼一楼时，您不朝大门走，竟径直往另一侧的楼道走去，秘书不解地跟在您身后。原来，那里有一盏路灯没有关掉，您走到跟前把那盏灯关灭了，才摸着黑往回走。

又有一次，也是下班时分，您路过一间实验室，听到里边有水龙头的流水声。您这个门推推，那个门拧拧，不断喃喃自语："糟糕，糟糕，这一夜要流掉多少水啊！"一个闻名世界的大科学家，对这样的"小事"竟然如此挂怀，如此认真！

三

王老，组织上这样评价您："我国核科学的奠基人和开拓者之一"；"参与了我国原子弹、氢弹原理突破及核武器研制的试验研究和组织领导，是我国核武器研制的主要奠基人之一"。我们国家能在世界核俱乐部有一席之地，能不被人藐视欺侮，您功不可没啊！

早在20世纪30年代，科学家们在原子核的一种衰变现象中发现了一种不可解释的现象，于是奥地利科学家泡利预言有一种不带电、静止质量接近于零的粒子存在。您经过苦心思索，把一个实验方案发表在1941年10月13日美国的《物理评论》上，美国科学家用您提出的方法验证了这种奇特粒子——"中微子"的存在。只要有人说到您与这一重大发现失之交臂的可惜时，您总是说："那是无所谓的，无所谓的。"

20世纪50年代末60年代初,当您正在苏联的杜布纳研究所任副所长,作出了该所历史上最重要的一项成果——发现反西格马负超子的时候,国家因研制"两弹"的需要,把您调召了回来。部长找您谈话,要您到青海、新疆戈壁等艰苦地方去,您说没有困难;要您隐姓埋名,脱离尘世,绝对保密,您说"愿以身许国!"从此,在我国"两弹"研究、制造、试验的关键部位,都出现了您的身影。

刘杰部长说了这样一件事:在第一颗原子弹即将试验的前夜,炸药的成型工艺却要在两个方案中作出一个选择。先进的方案是您提出的,经过了几十次试验,效果不错,前景看好;但另一种比较传统的工艺更现实些。为保证成功,在最后敲定方案时,您决定暂时搁置自己的方案。王老,刘杰是这样动情地赞扬您的:"这种以大局为重的态度,使我由衷敬佩!"

一直到现在,国人乃至世界各国人士只知道我国地下核试验次数很少,但成就很大。殊不知,正是王老您啊,是您提出的精细测量方法,解决了关键问题,您真是功德无量啊!

等您离开"两弹"一线,您又把目光投向了国家乃至全人类的事业。还在20世纪80年代初,我看到您天天穿着白大褂往实验室跑,直接指导研究人员开展激光惯性约束核聚变研究。刘杰同志说,在您弥留之际,您还在挂念这项造福全人类的事业。1986年3月,您又与王大珩、杨嘉墀、陈芳允一起,提出"发展我国战略性高技术的建议",在邓小平同志支持下,国务院制定的高技术"863"计划,现已在中华大地上鲜花盛开、硕果累累了!

王老,人们以"一代师表"敬您,您千万不要再推辞了,这是一代人的真情真意啊!

注:本文作者系《工人日报》记者。原载《工人日报》1998年12月31日。

永远的遗憾

钟志清

　　人生中有许许多多让人遗憾的事,有的可以弥补,有的却永远失去了机会。尤其是从著名核物理学家王淦昌伯伯的遗体告别仪式上归来,这种感觉之于我愈加强烈、深切,一幕幕早已在记忆深处淡漠、不愿重新拾起的往事如云烟飘渺,在我的脑海里久久不能散去。

　　20世纪70年代中期,"文革"的阴霾尚未削减,父亲在"反动学术权威"等大帽子的压迫下身心交瘁,抱憾离开了这个世界。当时,哥哥13岁,我10岁,哥哥在京城,我在乡下,母亲奔波其间,十分艰难。父亲的恩师吴有训和同窗好友王淦昌先生向我们伸出了援助之手。当时,王淦昌伯伯在四川九院工作,得知父亲去世的消息后,给我们寄钱,写信鼓励母亲把一双年幼的儿女带大,要我们好好生活下去,相信未来会好起来。字里行间,也透露出王伯伯本人对时局的不满和无奈。后来,我们才得知,在那个全民疯狂、知识贬值的年代,王淦昌伯伯的日子也很不好过。20世纪70年代初,他因执意研制大型闪光X光机,冲撞了某些当权派,成了受批判的"靶子",常常让他坐在小板凳上接受教育,精神压力很大。他常常扪心问自己、问别人,"我有什么错?我这样一心一意地为国家工作,怎么是'反动学术权威'?怎么是'洋奴'?怎么是'崇洋媚外'呢?"在繁重的工作负担和巨大的政治压力面前,他的健康状况开始恶化,有一次竟然昏倒在厕所,磕掉两颗门牙。这就是在那个黑云压城城欲摧的岁月里,一个在全世界享有崇高威望的大科学家的遭遇,它在我们民族的文明史上不能不算是悲哀的一笔。

　　1978年3月,全国科学大会在北京召开,从此,广大科技知识分子的命运有了翻天覆地的转机。当年夏天,我在外省考取了一所省重点中学后,到北京度假,在花园路一幢普通的公寓里,我见到了王伯伯一家人。

　　记得去他家之前,我问哥哥:"王伯伯是个什么样的人?他会考我吗?"

　　哥哥回答:"他脑门宽宽的,跟爸爸有点像,只是个子很高,人非常好,他肯定会让你写字。"

　　王伯伯待人一向热情、友好、真诚,给人一种亲切感,一点没有大科学家的架子。他见到我们后,非常高兴,一个劲儿地说,"我和你爸爸是老朋友了,看见你们我太高兴了"。而后便问："小妹妹今年多大了？上几年级？"

我回答说："我13岁，考上高中了。"

"13岁就考上高中了？不简单嘛！"

果然，他拿出纸和笔，要我写几个字。我知道王伯伯是在考我，就认认真真、工工整整地写下了自己的姓名和地址。王伯伯当然不会打击我，笑着夸我的字写得好，我心里美滋滋的。王伯伯又问："长大想学什么？"

"我喜欢写作，长大了想学文科。"

为人直率的王伯伯似乎不太高兴，自言自语地说："为什么要去学文科？为什么不像我们学物理？"而后又郑重其事地问："不会变了吗？"

说实话，当时我一点也不理解他老人家的用意，不理解他对我的关心与爱怜。我问母亲王伯伯为什么不高兴我学文科，母亲答曰是为我的前途着想。其实，变的机会是有的，读高中时，一位女数学老师私下说我数学好，学文科有些可惜，文理班分班前夕，班主任还叮咛我别后悔。也许，如果自己走出有所谓文学天赋的误区，向边旁发展，可能会别有天地。但是，我平生第一次为自己做主，十分执著，就这样成了今天的我。尤其当我初尝人间沧桑，意识到背景、人情、机遇在人生路上的决定作用时，我才真正懂得王伯伯的良苦用心。有时与王伯伯闲谈之际，他不止一次地说："你这个小孩子很可怜，什么事都得靠自己。你要是学物理，我们都可以帮你，不是一般的帮。"这些不带任何功利色彩的话语，充满了人情味儿，其真，其纯，上苍厚土共鉴。王伯伯，您正是把对故友的那片深情寄予在他的子女身上，总希望在他们的成长道路上助一臂之力。人不独亲其亲，不独子其子，乃仁义之举。王伯伯，我懂了，我托轻风细雨向远在另一个世界的您捎去一声谢谢。

那次见面的许多情形，令我至今记忆犹新。善良、热情的王伯母张罗着倒茶，给我们拿吃的，一位相貌年轻、梳着辫子的女子给我留下很深的印象，她原来就是他们的小儿媳赵素巧。大人们聊天时，我们便坐在一旁听着。王伯伯的长孙金京当时只有三岁，不甘被冷落，在脸上抹了一把就向爷爷身上抹，警卫员小张连忙上前拦阻，王伯伯哈哈大笑，讲述王金京名字的由来，生他时大家要王伯伯给取名，王伯伯左思右想，灵机一动，说叫王金京，因为当时正赶上金日成来北京访问，和妈妈待在外间的小金京仍然充满稚气地喊叫，"爷爷，我不跟你好了"。王伯伯家里非常朴素，家具不多，大板床上的凉席已经磨损，可贵的就是一家人那种和谐的人际天伦。

后来，王伯伯委托警卫员小张为我们兄妹二人送去了学习用具，东西不多，但代表着王伯伯的关切之情。当时，母亲由于家庭问题，尚未恢复工作。王伯伯得知此事后，立即写信给当时廊坊地委专员，要求落实政策，母亲的工作很快得到了解决。王伯伯就是这样一个乐于为人排忧解难的人，总是想方设法帮助别人。多年后,吴有训先生的儿子对我说,他和王淦昌在一次会面时,谈起我们家的事,王淦昌伯伯说,他和吴老师(吴有训先生)都在帮我们,他本人在当时已经尽了力,可如今想想还觉得做得不够。这些话让我们全家为之感动。

1980年,我参加高考,分数已超过重点大学的录取分数线,可命运之神似乎毫不留情地同我开了一个玩笑。由于体检有误等系列阴差阳错等偶然性的事件,我竟落了榜。我当时年龄尚小,觉得再考一次也无妨,于是轻描淡写地写信把此事告诉了王伯伯,而后又去母校补习。王伯伯知道这件事后,非常重视,立即向九三学社做了反映。父亲和王伯伯以前都是九三学社社员,他和九三学社的一些老先生都认为这是个错误,应予以纠正,于是便给地方省教育厅写信,省教育厅很快做出决定,要求我在地方入学,并通知九三学社说为我做了安排。我虽然心里有疙瘩,但还是选择了服从分配,比其他同学迟入学一个月,稀里糊涂地混过了第一学期,成绩平平。我心里窝着一股火儿,觉得有愧于王伯伯和九三学社的一些老前辈,第二学期便发起奋来,并把考试结果向一向关心我学习的王伯伯做了汇报,很快便得到了他的回信:

志清侄:你好!

九月九日来信收。知道你学习很有进步,英文(第一名)99分,现代汉语94……我很高兴,但这只证明你是可以有作为的,读书可读好的。将来是否真能为国家为人民做有益的事,比较大的事,还要看你今后是否能继续地刻苦努力,善于读书,善于做工作,特别应该谦虚谨慎,学习别人的长处,不骄傲,不自满。要知道学问是无止境的,也就是非常广阔的。你现在在学校,只是打基础。基础打好了,学别的就比较容易些。因此更应该努力地学,希望你今后有更好的成绩,不只是在班上名列前茅,而且要在全省甚至全国高等学校同系,譬如说,中文系,也是名列前茅,这才是可贵啊。

你在刻苦努力学习的情况下,不要忘记注意身体和品德,所谓德、智、体三者缺一不可。特别是德育很重要。要坚持四项基本原则。热爱社会主义祖国,将来毕业后为祖国做出很大的贡献,这是我所殷切期待着你的。我们全家都问你好!并代问你妈妈好!问你哥哥好!

淦昌
1981.9.13

短短一封信,不仅表现出一位德高望重的长者对后辈的殷切期待之情,也表现出一个老科学家的拳拳报国之志。在王伯伯的心目中,国家民族的利益始终高于一切。他曾自告奋勇,到两个孙子当年所在的月坛中学和214中学去做爱国主义报告,他常说:"皮之不存,毛将焉附。"鼓励下一代从小培养爱国意识。他多次拒绝国外学术界的高薪聘请,一切听从祖国的召唤,从不计较个人得失与荣辱。的确,他们有着那代人特有的原则、思想、信仰、观念、风范与献身精神,有的可能让我们望之却步,但我们深深理解并且非常钦佩的是他们的一片赤诚,这才是支撑我们中华民族真正的浩气与风骨。正如中科院周光召院长在1992年第六次学部委员(院士)大会闭幕词中指出:"我们有很多的老科学家,他们非常艰苦朴素,平易近人,做出了很大的贡献,但他们从来没有拿他们的贡献向国家、向人民提出什么要求,他们始终把自己当做一名普通的科学工作者,在那里努力地工作……如钱三强先生、王淦昌先生,他们所做的贡献,远比一般的学部委员要来得大,来得多,但他们今天仍然和普通的科技工作者一样在工作、在生活……我们自己应该向钱三强、王淦昌等老一辈科学家学习,在全社会提倡艰苦奋斗的传统,而不能把人民给我们的荣誉反过来向人民要求不应该得到的东西。"(引自《核物理学家王淦昌》,原子能出版社,1996)

也许,正是在王伯伯的感召下,我终于从外省考到京城的北师大读研究生,毕业后又到社科院从事编辑与研究工作。王伯伯是个人情味儿很浓的人,每次上午去看他,几乎都要被留下吃饭。已是耄耋之年的王伯母总是亲自下厨,基本上是一荤一素加一汤,搭配得当,让人感受到家庭的温暖与温馨,有时赶上王伯伯的小孙子王世华在场,王伯伯总是亲切地捏孙子的脸蛋,目光中充满了慈爱。他总是谈起20世纪40年代他和父亲在贵州的那次会晤,脸上泛起一股怀旧之情,不无遗憾地说:"你父亲出事时我要是在北京,一定要去看他,他是一个非常本分老实的学者。吴有训老师对你父亲很好,帮他出版了他翻译的普朗克的《理论物理学导引》,吴老师说那本书译得很不错。"我年幼丧父,对父亲的记忆已经模糊,对父亲的治学更是知之甚少,听过王伯伯的话后,我时常去翻阅有关的科学文献,希望从中能对父亲有所了解。在王伯伯的建议下,我经常陪他去给吴有训先生的遗孀王丽芬奶奶拜年,有一次偶遇前社科院党委书记郁文先生,他们曾在科学院共过事,郁文谈笑风生地说,他们都觉得淦昌同志性格开朗,说话直来直去,这种性格的人不会得癌症。是啊,大家都没有想到,王淦昌伯伯最后竟然身染胃癌。他的儿子说:"他得过肺病,都怕他肺上出问题,不料却得了胃癌,查出时已经是晚期了。"确实是天有不测风云。

1995年秋,我接受院里派遣,到以色列特拉维夫大学做访问学者,打点行装之际,接到了王伯伯的电话,说有事找我。我也正准备去向二老辞行,于是又来到了王伯伯家。原来是他们正在筹划纪念吴有训先生诞辰一百周年,希望我能写一篇文章以表薄奠,吴老先生对父亲的提携,对我们一家人的关心,无论在母亲还是在父亲书中的序跋中,我已经了解得很多,很多,于是便答应下来,到以色列的第一个星期,正赶上以色列人过住棚节,大学放假,我住在学生公寓,伴着地中海涛声,写下了文章的第一部分,之后又觉得自己在把握这位中国科学事业奠基人这一形象时有些力不从心,又无人请教,只好中途搁笔。后又投入紧张的教务每天至少五个小时的希伯来语强化训练,紧张的生活节奏令我无暇思考,更无暇运笔,眼看就过王伯伯限定的日期。我很焦虑,忐忑不安地给王伯伯写了一封信。王伯伯在回信中说:

知道你学 Hebrew(?)文,非常花时间,不能多给我们信,这是可以理解的。吴有训先生一百周年纪念日,应在 1997 年 4 月 26 日举行,你要写文章纪念他老先生还来得及。你可以慢慢写,希望你今年年底回来再写也可以。

你在那里想来较清净,少干扰,可以专心读书,这是一个好机会。请你抓住机遇,努力学习,但要注意身体。这是最为重要的。要劳逸结合,不能太劳累,千万注意!

我们这里现在正在开全国人民代表大会及政治协商会议(简称"两会")。全国的有为人物,聚集在一起,讨论国家大事,讨论如何使国家富强,人民安居乐业,我们老百姓是非常盼望的,我想你在国外,也必听到的。

我现在事情还相当多,稍微做些科研,还有是亲朋交往,也颇多。其他就没有什么了。

你在那边可以拍些照片来(若可能的话)让我们欣赏欣赏,若不方便,就不必了。那边气候如何,吃饭休息和这里不同么?余再谈,祝好!

老人的善解人意委实令我感动,让我在异国他乡感受到亲人的体贴与温暖。但同时我又有些担心,因为从字迹上,我看出他的笔力不如从前,从有些话上可以看出他对有的事情已经忘却。王伯伯一向思维敏捷,虽年近九旬,头脑十分清楚,意识到这一点,我真有点毛骨悚然,我在遥远的地中海彼岸默默地祈祷,祝愿王伯伯身体健康,生活平安。

我是 1997 年 9 月底才回国的。稍稍安顿后,我便奉家母之命去探望住在北京医院的王伯伯。在走廊里碰见他的儿子王德基,他正要送核工业部的领导出去,要我自己进去,王伯伯正躺在床上闭目养神,我轻轻叫了一声:"王伯伯"

他微微睁开眼睛,问:"你是谁呀?"

怎么,王伯伯连我都认不出了吗?"我是钟志清。"

王伯伯的眼睛一下子睁大了。"啊,小朋友,小朋友,你什么时候回来的?胖了,黑了,长大了,变化太大,我都认不出来了。"

是啊,两年地中海劲风的催打与如火骄阳的曝晒,我确实变化很大。有趣的是,当面一语道破我变化之本的,迄今只有两个人,一个是我的小侄,童言无忌,另一个就是王伯伯,永远也不违背他率真原则的王伯伯。

两年未见,王伯伯瘦削了很多,由于意外交通事故,他摔断了腿,站不起来了,精神也不像原来矍铄了。我们谈起那场事故,王伯伯说,当时,他正在家的附近散步,一个骑着车的小伙子把他撞倒后,逃之夭夭。"他跑掉了,我摔在地上,没有人管,大家都围上来看,后来一对老夫妻把我扶起来,又通知我的家人,他们把我送进医院。"这番话听起来让人觉得心酸。我为王伯伯感到悲哀,为我们的社会风尚感到悲哀,为那个肇事者感到悲哀。其实,凭王伯伯待人的宽宏与胸襟,假如他前来道歉,肯定能够得到谅解,以免除良心上的歉疚与不安,可他却从来没有露面。这次事故,使王伯伯的健康状况开始恶化。以前他上楼时从来不坐电梯,说这样可以锻炼身体,而之后,爬楼梯对他来说成了一个遥远的神话。

病榻之上的王伯伯没有忘记照片的事,幸亏我随身带了一本影集,那是自己去埃及、约旦旅行时拍的照。我站在王伯伯床头,给他一页一页地翻看:金字塔、人面狮身、尼罗河、约旦河谷、红石城,王伯伯笑称自己做了次中东之行。

后来,他把《核物理学家王淦昌》一书送给我做纪念,并执意要写上几个字,字迹有些歪歪扭扭,我没有想到,那是王伯伯今生为我写下的最后几个字。

一段时间过后,我又去看王伯伯。这时他已经能够坐起来,并兴奋地告诉我医生说他的骨头就要长好,很快就可以出院了。这可真是个奇迹,据他的家人说,医生为让他能够重新站起来,提出动手术、加进三颗钉子的治疗方案,但家属考虑到他年逾九旬,恐怕身体吃不消,倾向于保守治疗,五个多月后,他居然重新站了起来。巧合的是,他的夫人王伯母几年前也在家里不慎把腿摔断,老太太连医院也没去,一段时间过后,竟然能扶着凳子走路,最后凳子也甩掉了。有人说,这是因为这对老夫妻心地好,上天不忍罚他们受苦,才这样善待他们。

身体一见好转,他谈话的情绪就高了。他一个劲儿地对我说,"你将来一定要找机会去美国,美国的犹太学很发达,你在那里能学到许多东西,不然你的Hebrew语就浪费掉了"。接着我们便谈起他的犹太朋友,谈起20世纪30年代他的犹太导师迈特纳,谈到犹太人的悲剧命运对他导师的影响,对他自己的影响。我心里暗想,大概今生最令王淦昌伯伯遗憾的就是三次与诺贝尔奖失之交臂,也许真的确如迈特纳所说是"运气问题",王淦昌真的注定与诺贝尔奖无缘,这对一个炎黄子孙来说未免有点残酷。值得欣慰的是,人们在采摘果实的同时并没有将绿叶与红花遗忘,整个世界依旧没有忘记王淦昌那富有创意的先行性研究与假设。

聊着聊着,他突然冒出一句,"抽时间去看看你伯母",一句话道出他对与自己同甘共苦近八十个春秋的老伴的惦念与牵挂。王淦昌三岁丧父,十三岁丧母,1920年夏天,刚满13周岁的王淦昌由外婆做主,娶了比自己大三岁的吴月琴。外婆对王淦昌说:"姑娘很懂事,老实能干,会做家务,比你大些知道关心你,照顾你。"王伯母是一位传统的中国女性,她虽然识字不多,但却心地善良,勤劳,贤惠,肯于吃苦。在她身上,集中体现了中国传统妇女的优秀美德。她曾随丈夫辗转大半个中国,甚至到过遥远的苏联,又曾在丈夫在异国他乡求学之际用瘦弱的肩膀承担起整个家庭,为他抚养子女,数十年如一日,相夫教子,任劳任怨,为家庭,为丈夫,为孩子,默默地奉献出自己的一生,90多岁时还在做家务。就在1998年夏天,吴月琴先于丈夫走完了自己的人生旅程。到过王伯伯家的人都知道,王伯母为人非常真诚、热情、随和,他们的子女也非常本分正直,与人为善,在教育、科研领域恪尽职守。

最后一次见到王伯母,是1998年春节我们全家一起到王家拜年。王伯母正在午休,听说我们来了,赶紧起来,为我的小侄拿上水果和零食。孩子同王伯伯握手时,还戴着手套,母亲连忙示意。王伯伯笑着替他把手套摘掉,说:"跟亲近的人握手时要摘掉手套,表示有礼貌。"一向被我们视为懵懵懂懂的十岁小侄似乎比谁都懂事,竟然说:"王爷爷,我在报纸上读过写您的文章,我长大了也要学核物理。"大家简直忍俊不禁,王伯伯说:"学核物理很苦的,不要去学,不要去学。人家把该研究的都研究过了。"告辞之际,王伯伯送给哥哥一套精美的男士礼品:"我用不着了,送给你,送给你!"我当时心里说:"王伯伯还挺重男轻女的。"后一转念,礼品是男用的,反正自己有王伯伯在我出国之前送的那杆名牌笔,足矣。伯母拉着我的手说:"你方便,要常来啊!"伯母的意思是,我在社科院工作,与他们同在长安街上。我答应了。1998年5月28日,王伯伯生日那天,我从北大开会回来路过木樨地,想去为王伯伯祝寿,但考虑天色已晚,改变了主意。从此,我再也没有见过王伯母。

1998年,王伯伯住过两次院。第一次是上半年因气管炎发作,不住地咳嗽,病愈后出院。第二次是下半年,亦由咳嗽引起,住院医治。医护人员在进行全面检查时,发现王伯伯的胃部有阴影,诊断结果为胃癌晚期。医院和家里人未把病情的严重程度告诉他,只说胃上长了个东西,需要他配合治疗。其实,按照王伯伯的思维水准,他肯定已经猜出几分。在行将到来的死亡面前,他表现出异乎寻常的镇定与坦然。他确信"21世纪是生物工程的世纪",在医院静悄悄地读起一本《生物学基础》,说从此他要去研究生物学。在医院住得不耐烦了,他有时会泄气地说:"我现在吃人民的饭做不了事,不如死了算了。"时不时地援引某句古训:"老而不死,谓之贼。"此话始闻让人失笑,既思之令人感慨。其实,人的一生就是出生、成长、建功立业、衰老、安享天年、死亡这样一个过程,王伯伯出身贫寒,自幼吃了很多苦,而后辗转南北,刻苦治学奋斗,锲而不舍,尝遍常人无法想见的艰辛,为国家、为民族做出了不可磨灭的贡献,一直奋斗在科技前沿。在年事已高无法继续工作之际,他便想到了死,不愿白拿国家和人民的俸禄,对减少人生中的一个过程没有一丝一毫的憾意。在生命的最后时刻,他还牵挂国家的前途与命运。据他的家人讲,王伯伯在最后一次住院时,曾同浙江大学的一位老熟人谈论起当前社会风气较坏,老百姓有怨言,应该给江泽民书记写信,要采取措施,可叹这忧国忧民的悠悠寸草心啊。

同王伯伯最后一次见面,是在1998年的中秋节前夕。我陪母亲一起来到北京医院。王伯伯的次子和女婿都在这里陪床,王伯伯坐在桌旁,桌子上放着一块烤红薯。寒暄刚过,原子能院的领导带着几名风华正茂的研究生前来探视,王伯伯侃侃而谈,颇具奖掖后进之风。最后,还是医生走进来,说:"王老,您该休息了。"客人们告辞后,女医生又讲:"王老,您要好好吃东西,这很重要。"此时,我们已从王伯伯的亲属口中得知了王伯伯的病情,大家都很难过。临别之际,王伯伯不住地讲:"我对不起你们。对不起你们全家。"这是王伯伯对我们说的最后一句话。

王伯伯,您为我们已经做得够多,够多。说对不起的该是我们,我们做梦也没有想到您会这么快就悄悄地离开了我们。母亲说她有一种不祥的预感,总在不住地催促。但1998年的秋天,对我来说真是个多事之秋。直到12月初,才给王伯伯的儿媳赵素巧打电话,得知王伯伯的病情还比较稳定,初步决定下一周,即12月10日的那一周再去看望王伯伯。由于事务繁多,决定再拖。大概冥冥之中真的存在着某种感应,12月10日那天,我买东西时,付过钱便扬长而去,东西也忘了拿。第二天,接待以色列一位名作家的妻子。周末,在友人家闲谈,听到"新闻联播"中播音员的话有些异样,有似乎听到九三学社几个字,我忽地从书房冲进客厅的电视机前,友人惊问何故,我说有位家里的老熟人这几天情况不好,我怕……这并非虚惊一场,因为此时王伯伯已经离开了人世。仅仅一天之后,我们便接到了报丧电话。

那天,我陪母亲亲自到花卉市场,用近百朵素雅的康乃馨插成一个"奠"字,以数十朵黄、白菊作为衬托,做成一个花篮。"春兰兮秋菊,长无绝兮终古。"王伯伯,魂如有灵,请您在九泉之下接受我们永远的歉意与遗憾。

注:本文作者供职于中国社会科学院外国文学研究所。原载《科学时报》1999年4月。

黄金有价情无价

——忆王淦昌教授与湄潭的情缘

洪 星

王淦昌教授是我国"核先驱",国际著名核物理学家,他在抗日战争时期随浙大西迁遵义湄潭,为祖国培养了一批出类拔萃的人才,受到国内外高度赞誉;他德高望重,名震寰宇;他慈祥可亲,平易近人。

由于遵义湄潭同浙大的历史姻缘,我曾有幸三次见到王淦昌先生,每次都给我留下深刻的印象。1990年5月,我代表湄潭县政协、县政府到北京看望他,当我报了姓名后,他高兴地说:"我看过你的大作。"随即从书柜取出一本《湄潭文史资料》有关筹建浙大西迁陈列馆的文章说:"你为浙大和湄潭办了一件好事。湄潭建陈列馆,对纪念浙大西迁很有意义。湄潭是我的黄金时代,也是第二故乡,我的一批重要成果就是在那里做的。李约瑟赞誉浙大是'东方剑桥',也是在湄潭讲的。"那次王老亲自安排我们住在二机部招待所,说这里离他家近、方便。次日一早,他就亲自打电话约我下午到他家吃饭,这使我很不好意思。他给我写了一幅字"江山依旧谈往事,四化建设靠新人",谦虚地说字写得不好。接着他说:"湄潭是个好地方,要把求是中学办好,要保护湄江,要和浙大多联系。"饭后告别时,他还站在阳台上,目送我走出大院门外。此情此景令我激情难忍。

贵州省湄潭县原政协主席洪星(右)拜访王淦昌

1995年6月,我携妻又去北京看望王老,转达了湄潭县政府和人民对他的问候。他还托我向贵州省人大原副主任罗登义先生问好。91岁高龄的王师母吴月琴亲自为我们做饭,真是亲切感人。我们还同王老和王师母一起合影。后来,王老回信说:"照片照得非常好,以后你们再来寒舍多照几张;这也是人生快事,锦上添花。"1997年浙大百年校庆时,我们在西湖宾馆一号楼见到他老人家。话题自然又是王老对湄潭的关心问候。三次见面都给我留下终生难忘的印象。

从1987年始,我同王老书信往来不断。每次他来信都表达了对湄潭的深深眷恋,表达了对我这个晚辈工作上的鼓励。我将筹建浙大西迁陈列馆的事告诉他,他亲自打电话告诉许良英、吕东明同志,他们均来信给予鼓励。王老对湄潭的建设和环境十分关心,多次来信希望把湄潭的风景保护好。他说:"湄潭是个很小的城市,那里风水连堡、观音洞是我工作之余常常流连忘返的地方,现在回忆这些尚有心旷神怡之感。希望把湄潭建设成一个有高度文化和有道德而又富裕的城市,至为盼望。"

1992年王老曾寄给我一本书《核科学开拓者——核物理学家王淦昌》(中国科技人物丛书),读后使我受益匪浅。1997年,他女儿王韫明、王遵明重返遵义、湄潭,王老又托他们给我带来一份珍贵礼物:《核物理学家王淦昌》,并在书中亲自题款,我如获至宝。王老被车撞伤后住院治疗期间,还欣然提笔为《湄潭教育志》题写了书名,可见王老师与湄潭的感情是多深厚,他的名字将永远铭刻在湄潭人民的心中。王老心地纯洁善良、待人热情诚恳,是平凡而伟大的楷模,永远是我学习的榜样!

王老曾多次谈到,湄潭是他最留恋和怀念的地方,每当想起在湄潭的情景,顿时就觉得自己年轻了许多。还说,他有机会,一定再去湄潭看看!然而令我始料不及的是,王老突然走了,同我们永别了。然而,王老为我们的国家民族留下了丰厚的精神财富,也给湄潭人民留下了无尽的思念。黄金有价情无价,血浓于水情更浓!王老,您安息吧!

注:本文作者曾任贵州省湄潭县政协主席。原载《求是通讯》第23期,1999年2月24日。

王淦昌与我国惯性约束聚变研究

贺贤土

1998年12月10日,我正在美国访问,从电话中得知我们尊敬的物理学界老前辈、国内外著名的核物理学家王淦昌院士不幸逝世,噩耗传来,十分悲痛。正如讣告中所说,王老的逝世是我国乃至世界核科技事业的巨大损失。在70年的科学生涯中,他奋力攀登,提出了验证中微子存在的实验方案并被证实,发现了反西格马负超子,并且是世界上最早激光驱动惯性约束核聚变原始思想提出者之一和我国核武器研制的主要奠基人之一。他的一生闪烁着科学智慧的光辉,在国际上享有很高的声誉。

惯性约束聚变是高科技项目,今天已成为主要工业国家十分重视并花巨资研究的领域,对21世纪的聚变能源、对国防、对基础研究都有十分重要的意义,并可带动很多高科技领域的发展,是国力的重要标志之一。30多年来,王老在我国激光驱动惯性约束聚变研究中作出了重大贡献。我国今天在这一领域中能在国际上占有一席之地,与王老的开创性研究、领导和指导是分不开的。

1993年5月在"863-416主题"专家组会议上贺贤土(左)与王淦昌合影

早在1964年激光器刚刚问世不久,王老便以科学家极其敏锐的眼光感到,如果用一束短脉冲(10^{-9}秒)激光作用在含氘材料的靶丸上,根据激光的定向性和短时间内能量集中特性,便会在靶上产生高温而使氘核聚变放出热核中子和能量。据此他写了题为《利用大能量大功率的光激射器(即激光)产生中子的建议》的论文,指出"若能使这种激光器与原子核物理结合起来,发展前途必然相当大"。这是我国最早提出的激光聚变的概念,与苏联巴索夫院士差不多同时各自独立地提出。由于历史原因,他的这篇论文当时没有在公开刊物上发表,而是送给了国务院的领导。一直到1987年他80大寿时才有人从档案中找出并发表在《中国激光》杂志上。王老与巴索夫的这一设想,就是现在国际上正在深入研究的惯性约束聚变科学概念的雏形。

所谓惯性约束聚变,就是利用高功率激光脉冲束(或离子束)均匀照射到内装氘氚的靶丸表面,形成高温高压等离子体,后者外喷产生反作用把氘氚快速内爆压缩至高密度和局部高温度,达到点火条件,高密度氘氚由于向心运动惯性的约束,来不及飞散前就被实现充分燃烧,而释放出大量聚变能。

要证明王老提出的热核聚变出中子的想法,首先得研制出一台高功率激光器。王老当时找到中科院上海光机所正在研制输出功率高达10^8瓦钕玻璃激光器的年轻副研究员邓锡铭,并在当时中科院领导的支持下,安排了激光打靶实验。1965年冬天,邓锡铭等专程从上海来京向王老汇报实验进展情况。为了敲定实验结果的可靠性,当时已近花甲之年的王老,一连几个晚上,冒着风雪,一个人来回于中关村和友谊宾馆,与邓锡铭等进行讨论。

"文化大革命"十年浩劫,大大延缓了我国激光聚变的研究进程。然而在王老的指导、督促和科研人员的努力下,1973年和1974年分别用研制成的10^{10}瓦及10^{11}瓦一路钕玻璃固体激光器的激光照到火柴棒状的氘冰上测到了中子。20世纪70年代后期制成了六路固体激光器,用六束光较对称地照到球靶丸上,观察到了内爆压缩过程。这是在王老领导下我国进行的首次有关惯性约束聚变的压缩实验。

20世纪70年代末,钕玻璃固体惯性约束聚变激光器研制有了较大进展。惯性约束聚变研究的目的是为了搞清惯性约束聚变作用过程各个环节的物理规律,而物理研究最终目标是为了在实验室证明聚变点火(即热核反应开始自持进行)的科学可行性,以便实现聚变能的应用。这里激光器只是提供点火前能源的驱动器,是进行物理规律研究的关键的工具之一。事实上,除了激光器,物理研究还必须发展高性能的诊断设备和含聚变材料的高精度的微球靶的制备,有了这三者,再加上理论(包括计算机数值模拟)和实验(方法和测量)研究,五位一体才能获得物理规律的正确认识。王老认为上海光机所的特长是研制高功率固体激光器,而其他四个方面的优势应在当时的二机部九院。为了使惯性约束聚变研究进一步深入,当时作为九院副院长的他,力促这两个单位建立联合实验室一起发挥各自的优势。对联合的重要性,王老明确提出"合则成、分则败"。在王老及著名光学专家王大珩、著名理论物理学家于敏和当时九院主管副院长胡仁宇等的推动下并作为后盾,联合实验室终于建成,到今天已发展成为中国科学院与中国工程物理研究院上海高功率激光与物理联合实验室。在王老等人推动和领导下,上海联合实验室研制成了更大的 10^{12} 瓦高功率激光器,1987年通过国家鉴定,原名为12号装置,后经张爱萍同志建议改为神光Ⅰ。神光是系列固体激光器的名称,所以还要研制神光Ⅱ、神光Ⅲ直至神光Ⅳ,在实验室中实现热核聚变点火。

神光Ⅰ当时在国际上是一个为数不多的接近中等大小的激光器,在这一装置上我国首次获得了间接驱动出热核中子的重要成果,为我国进一步进行惯性约束聚变研究打下基础。在神光Ⅰ上做物理实验期间,王老以80多岁的高龄几次亲自去上海听取实验结果的汇报,并思路敏捷地提出各种各样实验方案的建议。

1978年,王老从九院调任二机部任副部长兼原子能所所长,根据国外发展情况,王老感到电子束代替激光束可能是驱动惯性约束聚变的一条新路子。他提出在原子能所建造一台强流电子束。随着国际上的研究和原子能所研究的进展,王老基本上否定了电子束用作聚变驱动器的可能。进而根据当时国际上研究的进展,经过周密思考,决定用强流电子束泵浦氟化氪气体产生激光,代替固体驱动器。用气体激光器来驱动惯性约束聚变,并要王乃彦具体负责这方面工作。

1988年,81岁高龄的王老应邀去意大利参加第八次战争与和平国际会议。会上美国宣布了惯性约束聚变研究方面的进展。回国后王老感到要加快我国这方面的研究。他与于敏院士等一起开会讨论,确定下一步目标。当时我刚从美国回来不久,负责研究所的惯性约束聚变物理理论研究工作。王老经常找我谈话,讨论如何把这一研究工作推向深入。但当时国家没有安排这方面的专项经费,而且这样大的项目,需要发动全国有优势的单位与专家一起参与。有一次去王老家,我建议他出面向中央写个报告建议开展这项研究工作。王老一听十分高兴,就马上打电话给王大珩院士,要他草拟一个报告,要我负责请于敏、胡仁宇、邓锡铭等修改。最后由王老、王大珩和于敏3位签名,于1988年10月送至中央,建议惯性约束聚变研究在国家"863"高技术计划中立项。邓小平同志很快批复。经过准备,王老等3位科学家加上邓锡铭和我一共5人于1989年1月26日去中南海向李鹏总理汇报。王老先作了综合性汇报,于敏和王大珩各作了物理问题和光学方面的汇报。李鹏总理听了汇报后,指示我们作总体规划和立项论证。由于客观原因,1992年才进行立项论证专家评审。其间王老很着急,几次向国务院有关领导反映。1993年2月,经国家批准,成立了国家"863"高技术惯性约束聚变主题专家组。王老的心愿终于实现了。

敬爱的王老,我们一定会继承您开创的事业,在我国实现惯性约束聚变实验室热核点火和各种应用。安息吧! 王老。

注:本文作者系中国科学院院士,国家"863"高技术惯性约束聚变主题专家组首席科学家。原载《科技日报》1999年1月19日。

第四部分

纪念百年诞辰

学习王淦昌　发展核工业

——在王淦昌院士诞辰百年学术思想座谈会上的讲话（摘编）

曾培炎

同志们、朋友们：

今天我们在这里举行座谈会，纪念杰出的核物理学家、"两弹元勋"王淦昌同志诞辰100周年，追思他为中国核事业发展建立的历史功勋，学习他科学求实、爱国奉献的崇高风范，这对于认真贯彻党中央、国务院关于发展核工业的战略决策，大力弘扬"两弹一星"精神，激励广大核科技工作者同心同德、奋发图强，在新的形势下促进我国核工业持续快速安全发展，具有十分重要的意义。

王淦昌同志出生于江苏省常熟市，早年毕业于清华大学、德国柏林大学。新中国成立后，先后担任了中科院近代物理所副所长、二机部九院副院长、二机部副部长兼原子能研究所所长。他是世界著名的核物理学家之一，是我国核科学与核武器研制的奠基人和开拓者之一，为我国科技事业和国防事业发展做出了重大贡献。他曾获得两项国家自然科学一等奖，一项国家科技进步特等奖，首届何梁何利基金成就奖，并被中共中央、国务院、中央军委追授"两弹一星"功勋奖章。

王淦昌同志在核科学领域取得了举世瞩目的科研成果。他独具卓见地提出了验证中微子存在的实验方案并为实验所证实，领导建造了我国第一个高山宇宙线实验站，使我国宇宙线研究进入当时世界先进行列。在世界上首次发现反西格马负超子，推进了人类对微观物质世界的认识。独立提出了用激光打靶实现核聚变的设想，对激光惯性约束核聚变理论进行开创性研究，走在当时世界各国前列。

王淦昌同志为我国核武器研制做出了杰出贡献。他参与了我国核武器的原理突破、实验研究和组织领导。在我国原子弹、氢弹研制过程中，指导解决了一系列关键技术问题。在开展地下核试验过程中，改进了测试方法，使我国仅用很少次数的试验，就基本掌握了地下核试验测试的关键技术。

王淦昌同志对核电事业与高科技发展提出了富有远见的意见和建议。他是我国最早介绍核电站的科学家，在担任二机部副部长期间以及退居二线后，以极大的热忱推动核电建设,为我国核电事业迈出第一步发挥了重要作用。1986年3月,他与王大珩、杨嘉墀、陈芳允等科学家一起提出了发展高科技的重要建议。在邓小平同志亲自批示和积极支持下,国务院制定了"863"计划,为我国在高技术领域缩小与国际先进水平的差距,加快高技术产业发展,发挥了积极作用。

王淦昌同志对国家和事业的奉献为后人留下了宝贵的精神财富。从青年时代开始,他就把个人的志向与祖国的命运联系在一起,在德国获博士学位后,毅然回国服务。在国家经济困难的时候,毫不犹豫地把个人的积蓄捐献给祖国。在国家需要的时候,隐姓埋名,奔赴青海高原和新疆戈壁,投身于核武器的研制工作,作出了卓越贡献。

同志们,王淦昌同志离开我们已经9年了。可以告慰的是,他一生致力奋斗的核事业取得了显著进步。我国已成为世界上少数几个拥有完整核工业体系的国家之一。战略核力量建设有了新的成绩,核燃料保障能力不断提高,核科技自主创新日益增强。同时,核电产业有了很大发展,在技术研发、工程设计、设备制造、项目建设、运营管理等方面,积累了丰富经验,培养了一大批优秀的技术与管理人才,为加快推进核电建设奠定了坚实基础。

当前,我国核工业发展迎来了新的春天。党中央、国务院高度重视,胡锦涛总书记、温家宝总理多次作出重要指示和批示。国家核电中长期规划确定,到2020年,我国要建成核电机组4000万千瓦、在建核电机组1800万千瓦。《国家中长期科学和技术发展规划纲要》将大型先进压水堆及高温气冷堆核电站确定为16个重大科技专项之一。我们要向以王淦昌同志为代表的老一代核科技工作者学习,抓住机遇,乘势而上,推进我国核事业迈出新的步伐。

我们要弘扬王淦昌同志开拓进取的科学精神,不断提高自主创新能力。长期以来,核工业的发展为提高我国综合国力、增强民族凝聚力发挥了重要作用。今天,世界核科技发展日新月异,中国要保持核大国地位,必须坚持走自主创新的道路。我们要把原始创新、集成创新和引进消化吸收再创新结合起来,针对制约核工业发展的"瓶颈",攻克核动力、核燃料、重大装备制造等核心技术;瞄准国际先进水平,超前部署快中子堆、磁约束核聚变等前沿技术,加强核科技基础能力建设。要结合三代核电技术的引进,充分利用国内现有基础,早日开发并建成拥有自主知识产权和自主品牌的大型先进压水堆核电站。积极研究四代核电技术,着手建设高温气冷堆实验电站。

我们要学习王淦昌同志甘于奉献的崇高品德,切实履行党和人民赋予的重要使命。在新的历史时期,广大核科技工作者要继续发扬老一辈国防科技工作者创造的优良传统,"热爱祖国、无私奉献,自力更生、艰苦奋斗,大力协同、勇于登攀",把个人志向、人生价值与国家安全、民族振兴的伟大事业统一起来,在兴核强国、服务社会的过程中贡献聪明才智。要把国家利益放在首位,发挥各自优势,认真履行职责,主动开展协作,努力培养和造就一支政治合格、业务过硬的核科技与核工业队伍。

我们要发扬王淦昌同志求真务实的优良作风,促进核工业健康发展。我国核工业发展的势头很好,一批核电、核科研、核燃料循环等重点工程陆续开工。但核工业技术密集、系统性强、安全要求高,越是在好的形势下,越要保持清醒的头脑。要坚持科学求实的态度,尊重核技术发展的规律,统筹考虑上游与下游、民用与军用、科研与产业的关系,脚踏实地做好各项工作。要坚持严谨细致的作风,始终把质量安全放在第一位,总结借鉴国内外经验教训,高度重视核安全教育与培训,突出加强核安全管理,切实做到万无一失。

同志们,核工业是保障国家安全、促进经济发展的重要力量,使命神圣,责任重大。我们要紧密团结在以胡锦涛同志为总书记的党中央周围,高举邓小平理论和"三个代表"重要思想伟大旗帜,深入贯彻落实科学发展观,努力构建社会主义和谐社会,继承以王淦昌同志为代表的老一代核工业人的优良传统,弘扬"两弹一星"精神,扎实工作,再创辉煌,促进核工业加快发展,为全面建设小康社会做出新的贡献。

注:本文作者系国务院副总理。2007年5月24日。

献身科学　生命永恒

孙　勤

刚才各位发言从多个方面回忆了王淦昌院士的生平事迹和感人精神，本人听后很受教育。

王淦昌院士的一生是为我国科学技术和国防科研事业不懈奋斗的一生。

王淦昌院士是一位德高望重、科学成就卓著的核物理学家，是我国实验原子核物理、宇宙射线及基本粒子物理研究的主要奠基人和开拓者，是核武器研制的主要奠基人之一。他的科学生涯，和我国科技事业的发展壮大紧密相连；他的科学功绩，深深镌刻在我国科技发展的丰碑上。

王淦昌院士不仅在科研方面成就突出，更为可贵的是他有一颗热爱祖国、报效祖国的赤子之心和实事求是、追求真理的科学精神。

王淦昌院士的身上充分体现了"热爱祖国、无私奉献、自力更生、艰苦奋斗、大力协同、勇于登攀"的"两弹一星"精神。他热爱祖国、献身科学的精神和崇高的品德风范，是我国科技界和国防科技工业的宝贵财富。借王淦昌院士百年诞辰之际，我委开展了一系列的宣传教育活动。上周五，我们邀请王乃彦院士给委机关的同志做了王淦昌院士的生平事迹报告，本周还将召开直属机关青年专题座谈会，组织机关广大干部职工参观"王淦昌院士百年回顾展"，委属高校和共建院校也将组织系列纪念活动。

国防科工委党组已号召全系统向王淦昌院士学习：

要像他那样把个人的事业和价值实现同党和国家的事业联系在一起，在为祖国的科技事业做出贡献的过程中谱写人生价值的辉煌篇章。

要像他那样"以身许国"，坚持国家利益高于一切，在国家需要的时候，毫不犹豫地改变自己的科研方向，牺牲个人名利，为国家国防科技工业的发展壮大无私奉献。

要像他那样清醒地认识靠金钱买不来关键技术和核心技术，"百鸟在林，不如一鸟在手"，牢固树立以我为主的意识，在引进、消化、吸收的基础上，融入自己的科学思想，进行再创新，开发核心技术，促进国防科学技术现代化。

要像他那样在物质条件相对落后的条件下，充分发挥个人主观能动性，设计合适的实验手段和科研思路，做出具有时代领先水平的研究成果，增强自主创新能力。

要像他那样发扬理论设计与试验、加工、测试人员之间密切配合的优良传统，团结协作，集思广益，实现国防科技工业又好又快发展。

要像他那样在工作中既要大胆设想，敢于尝试"创新"，又要将物理思想付诸于实验，接受实验检验，不断总结经验，明确重点目标，寻求突破手段，一步一个脚印攀登科研高峰。

我们要向王淦昌院士学习，大力弘扬"两弹一星"精神和载人航天精神，以国家重大科技专项、重点工程为依托；促进学科交叉、关键技术融合和系统集成创新，在关键材料、关键元器件和关键工艺上取得突破，在推进产业高技术化、集约化上取得突破，全面完成国防重大科研任务，努力实现"出一流人才，建一流队伍，促一流成果"的目标，既支撑当前的发展又引领未来的发展，为建设创新型国家和创新型国防科技工业做出新的更大的贡献。

注：本文作者系国防科技工业委员会副主任。2007年5月24日。

王老，我们永远怀念您

李静海

今天是我国著名核物理学家、中国科学院院士、"两弹一星功勋奖章"获得者王淦昌先生诞辰100周年纪念日，我们怀着无比敬仰的心情聚集在人民大会堂，参加王淦昌先生学术思想座谈会，共同缅怀王淦昌先生的爱国情怀、学术思想、创新精神和高尚品德。我谨代表中国科学院和路甬祥院长对座谈会的召开表示热烈祝贺。

王淦昌先生是一位德高望重、科技成就卓著的核物理学家。他是我国实验原子核物理、宇宙射线与基本粒子物理研究的主要奠基人和开拓者之一，在国际上享有很高的声誉。他还是国际激光惯性约束核聚变理论与研究的创始人之一，对我国在这一领域的发展起了重要的作用。他隐姓埋名17年，参与了我国原子弹、氢弹原理突破及核武器研制的试验研究和组织领导，是我国核武器研制的主要科学技术领导人之一，核武器研究实验工作的开拓者。他热情关怀年轻人的培养与成长，甘为人梯，奖掖后学，为我国培养了许多优秀科技人才。作为1955年中国科学院学部成立后当选的首批学部委员，他始终站在国家发展大局的高度，从国家战略需求出发，殚精竭虑，和其他同事一起提出了许多影响深远的建议，如大家熟知的《发展我国核电事业的建议》、《关于研究发展我国战略性高技术的建议》等，为我国科技进步、经济建设、社会发展和国防安全做出了重大贡献。

王淦昌先生不仅学术成就卓著，他的学风、科研道德和做人的品格，也为我们树立了光辉典范。纪念、缅怀和学习王淦昌先生，在当前建设创新型国家和构建社会主义和谐社会的新形势下，具有重要的现实意义。

我们纪念王淦昌先生，就是要学习他热爱祖国、报效祖国的使命感和责任感。热爱祖国是王先生身上最可贵的品德，也是他一辈子兢兢业业献身于我国科技、教育事业的动力。从在德国学有所成而毅然回国，到新中国成立后的"以身许国"参加"两弹"研制，再到20世纪80年代为我国的核电事业疾呼，都体现了王先生的拳拳赤子之心。

我们纪念王淦昌先生，就是要学习他献身科学、勇于创新的精神风范。王先生作为一位科学家,勤奋好学,不断开拓创新,始终奋斗在科学研究第一线。他密切关注世界科学发展的新动向,学术思想活跃,对物理问题具有深刻的洞察力和准确的预见性,不断开创新的研究领域。正是因为如此,他提出了探测中微子方法的建议和用激光打靶实现核聚变的设想,发现了反西格马负超子,在核武器研制和核试验中做出了卓越贡献。

我们纪念王淦昌先生,就是要学习他坚持真理、严于律己、宽以待人的高尚品德。王先生坚持原则,实事求是,从不盲从;他正气凛然,不管压力多大、"帽子"多重,他都坚持按客观规律办事,不说违心话。王先生治学严谨,为人谦逊,虚心听取他人意见,从不以权威自居;他严于律己,宽以待人,团结同事,从不争功诿过。

王淦昌先生为科技事业奋斗了一生,奉献了一生。他把全部的智慧和精力都奉献给了我们的祖国和人民,他以卓越的科技成就、深邃的科学思想、敏锐的战略眼光、崇高的品德修养,赢得了我国科技界的爱戴和尊敬。我们将在实际工作中,进一步宣传、继承和发扬王先生的爱国情怀、学术思想、创新精神和高尚品德,继承和发扬以王淦昌先生为代表的老一辈科学家"严谨、求实、爱国、奉献"的优良传统,继承和发扬"两弹一星"精神,奋发图强,开拓创新,按照"一流的成果、一流的效益、一流的管理、一流的人才"的要求,努力建设改革创新、和谐奋进的中国科学院,为提升我国的科技自主创新能力,建设创新型国家和构建社会主义和谐社会做出新的贡献。

2003年,在王淦昌先生逝世五周年的时候,我们向国际小行星命名委员会提议并得到批准,把一颗由中国科学院国家天文台于1997年11月19日发现的小行星"1997WG1"命名为"王淦昌星"。我们相信,王淦昌先生的精神,将如"王淦昌星"一样,永远遨游寰宇,光耀苍穹。

注:本文作者系中国科学院副院长。2007年5月24日。

中国知识分子的杰出代表

邵 鸿

王淦昌同志是享誉海内外的著名科学家,我国实验原子核物理、宇宙射线及基本粒子物理研究的主要奠基人和开拓者之一,也是著名的社会活动家。他是九三学社德高望重的领导人,曾担任九三学社第十届中央委员会名誉主席,九三学社中央参议委员会主任委员。王淦昌为了国家的强盛无私奉献、奋斗不息,是中国知识分子的杰出代表,是中华民族的真正脊梁。今天,我仅就他的爱国主义精神,谈点自己的感受,以寄托自己的哀思。

王淦昌是一位忠贞的爱国者。他从小就立志勤奋学习,用自己的现代科学知识报效祖国。1933年,王淦昌取得德国柏林大学博士学位后,决定回国。当时有人劝他说:"科学是没有国界的,你是科学家,中国没有你从事科学研究的条件。"王淦昌毫不动摇地回答道:"我是学科学的,但我首先是中国人。现在,我的祖国正在遭受苦难,我要回到祖国去为她服务。"1934年,王淦昌怀着一颗拳拳报国之心回到祖国,这是知识分子多么宝贵的品质。

作为一名科学家,王淦昌深知科学技术对于国家的重要性。他奋力攀登,取得了多项令世界瞩目的科学成就,向全世界证明了中国科学家的创造精神和聪明才智,是中国人的光荣和骄傲。1941年,他独具卓见地提出了验证中微子存在的实验方案并为实验所证实。1959年,他在苏联杜布纳联合原子核研究所领导一个研究小组,在世界上首次发现反西格马负超子,把人类对物质微观世界的认识向前推进了一大步。1964年,他独立地提出了用激光打靶实现核聚变的设想,是世界激光惯性约束核聚变理论和研究的创始人之一,也使我国在这一领域的科研工作走在当时世界各国的前列。1984年,他又领导开辟了氟化氪准分子激光惯性约束聚变研究的新领域。王淦昌把自己的满腔爱国之情,化为踏踏实实的行动,为国家作出了巨大的贡献。

1961年初春,中央决定让王淦昌参加原子弹研制的试验研究和组织领导工作。他毫不犹豫地表示:愿以身许国。王淦昌于是改名"王京",隐姓埋名长达17年之久,为我国的第一颗原子弹、第一颗氢弹的研制以及地下核试验做出了重大贡献。1999年,他被追授"两弹一星功勋奖章"。我常常思考,是什么力量在支持着他不计名利、任劳任怨,甘当无名英雄,默默奋斗十几年呢?我想,答案只有一个,那就是这一切都源于他至真至诚的爱国主义精神,源于他对祖国和人民的无限深情。

王淦昌同志的爱国主义精神同样体现在统一战线和多党合作的工作上,体现在对九三学社发展的贡献上,体现在对我国科技事业的关心上。1950年,王淦昌加入九三学社。此后,他一直十分关心中国共产党领导的多党合作事业,关心九三学社的建设和发展。他以自己的崇高威望和高尚品德,影响带动着九三学社成员和科技工作者,自觉接受中国共产党的领导,坚定不移地走有中国特色的政治发展道路,增强了九三学社的组织凝聚力。王淦昌还为九三学社的参政议政树立了典型,提供了榜样。1986年3月3日,王淦昌与王大珩、杨嘉墀、陈芳允三位科学家联名上书中央,对跟踪世界战略性高技术发展提出了建议,在邓小平同志亲自批示和积极支持下,国务院在听取专家意见的基础上,制定了我国高技术发展的"863"计划,为我国高技术发展开创了新局面。

王淦昌同志的一生,是为祖国、为人民忘我奋斗的一生。王淦昌同志的爱国主义精神是一贯的,久经考验,决不动摇;王淦昌同志的爱国主义精神是彻底的,不折不扣,不求任何的回报;王淦昌同志的爱国主义精神是真诚的,发自内心,没有一丝一毫的矫揉造作。纪念先辈励后人。今天,我们纪念王淦昌同志,就要继承和发扬他的爱国主义精神,充分认识自己所肩负的职责和使命,顽强拼搏、勇于创新,为构建社会主义和谐社会和实现全面建设小康社会的宏伟目标而不懈努力!

注:本文作者系九三学社中央副主席。2007年5月24日。

功德满中华

黄淑和

今天,我代表国务院国有资产监督管理委员会,参加王淦昌院士诞辰百年学术思想座谈会活动,和各位一同回顾王老为党、为国家、为人民作出的重大历史功绩,学习和弘扬他的精神与高尚品德。

王老是中国核物理泰斗之一,中国"两弹一星"元勋,"863"计划倡导者之一,世界激光惯性约束核聚变理论创始人,同时也是实验原子核、宇宙线和基本核子研究奠基者。王老在幼年时期,就喜欢听岳飞"精忠报国"的故事,从此,这种对祖国和人民的热爱就深深扎根于王老一生之中。抗战时期,他认为"科学没有国界,但科学家有祖国"而毅然返回祖国。新中国成立后,王老又"以身许国",为祖国的安全和强大默默奋斗,隐姓埋名17年;此外,王老还关心并多次捐助教育事业……可以说,王老的一生,是显示他赤子之心的一生。正是王老这种对国家、对民族和对人民的责任感,造就了这个功德满中华的王老。

在新时期,学习和弘扬王老的精神和高尚品德,就是要学习和弘扬王老身上体现的社会责任感。这对于国有企业来说,有着积极和现实的意义。

现在,构建社会主义和谐社会,已经成为国家的一项重要战略部署。这是一项宏伟的系统工程,需要全社会的共同参与。

对于国有企业来说,由于具有较大规模和较强的综合实力,大都处于关系国家安全和国民经济命脉的重要行业和关键领域。因此,国有企业无可置疑地成为国民经济的重要支柱,全面建设小康社会的重要力量,我们党执政的重要基础。

这就是说,在社会发展中具有控制力、影响力和带动力的国有企业更应当以"社会责任"为己任,承担更多的政治责任、经济责任和社会责任。这是国有企业的特殊本质的要求。

长期以来,我国国有企业在自身发展壮大的同时,通过履行社会责任,为我国改革开放和社会主义现代化建设作出了突出的贡献。但也要看到在经济社会全面协调可持续发展的过程中,我们诸多方面还面临着不少困难和问题。解决好这些问题与社会履行社会责任密切相关。

正所谓,大师之风,山高水长。王老虽然已经离开了我们,但他的光辉业绩和崇高风范将永远载入史册。通过进一步学习和弘扬王老精神和高尚情怀,相信我们的国有企业必将能够承担更多的社会责任,早日成为全社会企业负责任的表率,这将进一步加快和谐社会的建设!

让我们以王淦昌为代表的老一辈科学家为榜样,继承和发扬老一辈留下的宝贵物质财富与精神财富,牢记肩负的神圣使命和崇高责任,勇敢担当历史赋予的责任,积极投身于和谐社会的建设之中,进一步树立科学发展观,为社会主义建设作出更大的贡献。

注:本文作者系国务院国有资产管理监督委员会副主任。2007年5月24日。

卓越成就　高尚风范

卢锡城

今天是王淦昌先生诞辰100周年纪念日，我受总装首长委托，参加"王淦昌院士学术思想座谈会"，对王老的卓越成就和高尚风范，表示崇高的敬意，并向王老的亲属表示诚挚的问候！

王老是我国核科学的奠基人和开拓者之一、杰出的实验核物理学家、"两弹一星"功勋科学家，也是"863"计划的倡导者之一。他为祖国的科学事业奋斗了一生、奉献了一生。他那热爱祖国的赤子之情，"以身许国"的献身精神，卓越的科学成就，深邃的科学思想，敏锐的战略眼光，崇高的品德修为，谦虚质朴、坦率真诚、清正廉洁的工作作风，为广大科技工作者树立了杰出的典范。

他和王大珩、杨嘉墀、陈芳允。三位老科学家所倡导的"863"计划，已走过二十多年的历程，结出了累累硕果。其间，王老亲自指导了我国ICF和强激光技术的发展。当前，"863"计划在航天运输与空天平台、空间信息技术、激光技术、高功率微波技术和惯性约束聚变技术等方面，攻克了一批重大关键技术，为我国国防科技和武器装备发展提供了重要技术支撑，作出了重大贡献。

2007年是军队现代化建设和军事斗争准备十分关键的一年，我们要坚持以邓小平理论和"三个代表"重要思想为指导，全面落实科学发展观，坚决贯彻落实胡锦涛主席一系列指示精神，着眼履行新世纪新阶段我军历史使命，敏锐把握世界军事科学和武器装备发展的新趋势、新动向，把学习王老的崇高风范和学术思想与当前的工作任务结合起来，大力弘扬"两弹一星"精神，抓住机遇、迎接挑战，努力推进国防科技和武器装备建设又好又快发展。

注：本文作者系中国人民解放军总装备部科技委副主任。2007年5月24日。

学界泰斗　精神楷模

朱祖良

今天是杰出的核物理学家王淦昌先生诞辰100周年纪念日,首先请允许我代表中国工程物理研究院向王老的亲属表示崇高的敬意。作为我国实验原子核物理、宇宙射线及基本粒子物理研究的主要奠基人和开拓者,王淦昌先生为我国物理学基础研究、两弹突破和高技术发展都做出了重大贡献。回顾王淦昌先生的辉煌一生,缅怀过去的光荣岁月,无论是他的科学成就和卓越贡献,还是他崇高的爱国品质和执著的科学精神,都在我们心中竖起了一座不朽的丰碑,成为我们学习的典范和楷模。

王淦昌先生作为核武器事业的主要奠基人之一,为我国原子弹、氢弹原理突破及第一代核武器研制作出了卓越贡献,被授予"两弹一星"功勋奖章。核武器研制是一项涉及众多学科、庞大复杂的大科学系统工程。王淦昌先生以其渊博的知识、丰富的研究经验和深刻的洞察力,在核武器研制中发挥了极为重要的作用。他和其他领导人一起制定研制工作规划,分解关键技术,组织各个领域的科技人员,按照不同技术途径进行探索研究。他善于总结研究结果,发现和分析问题,并及时调整技术路线,使两弹研制没有走大的弯路,在较短的时间内取得了两弹技术的重大突破。他开创和领导了核武器物理实验领域的研究工作,在内爆试验技术、固体炸药工艺技术、高功率脉冲技术以及核爆炸诊断技术等方面解决了一系列关键技术问题,作出了杰出贡献,为核武器的发展打下了坚实基础。在调离我院后,王淦昌先生始终关心我院事业的发展,多次参加我院核武器发展战略研讨会,指导核武器科技事业的持续发展。

王淦昌先生作为激光惯性约束核聚变研究的奠基人,在1964年独立提出了用激光打靶产生中子实现核聚变的科学设想,并亲自组织力量开展研究工作。在他的大力推动下,促成了中物院和中科院在上海组成联合实验室,促使"惯性约束聚变"列入国家高技术"863"计划,指导和推动了理论、实验、装置、诊断、制靶等方面研究工作不断取得突破,为惯性约束核聚变研究奠定了良好基础。

王淦昌先生一生把祖国的强盛作为自己真正的追求。1961年,他毅然"以身许国",放弃了原来熟悉的研究领域,隐姓埋名17年,投身核武器研制工作。面对科研资料和器材匮乏、自然环境恶劣以及"文化大革命"等各种艰难环境,王淦昌始终以国家利益为重,克服重重困难,他的顽强精神和爱国热忱感染了我院每一个人。

在近70年的科研生涯里,王淦昌先生始终致力于科学的探索与创新,始终代表着科学研究的方向,不断追求新的超越。他曾说过:"科学上的新追求,才是我的最大乐趣。"正是这种对科学真理不断求索的创新精神和献身科学的精神境界,使他始终活跃在科研第一线,他的名字,也总是和科学上的重大成就紧密相连。

王淦昌先生的一生,是对科学真理不竭探索的一生,是为国家强盛无私奉献的一生。他热爱祖国、坚持国家利益至上的赤子忠诚,他执著追求、不断创新的科学精神,他淡泊名利、求真务实的人格境界,他扶掖后辈、高风亮节的大师风范,都深深铭刻在我们心中,成为我们宝贵的精神财富,必将激励我院全体干部职工发扬两弹一星精神,以"铸国防基石、做民族脊梁"为己任,开拓进取,求实创新,努力实现我国核武器事业的新跨越,为我国国家安全和祖国统一做出新的更大的贡献。

注:本文作者系中国工程物理研究院党委书记、院长。2007年5月24日。

缅怀元勋业绩　为创建世界一流大学而努力奋斗

顾秉林

今天,在我国著名科学家、"两弹一星"元勋、清华大学的杰出校友王淦昌先生诞辰之际,我们在这里隆重集会,纪念王淦昌院士的百年诞辰。首先,请允许我代表清华大学,向王淦昌先生的家人和亲友表示亲切的问候和诚挚的敬意!

王淦昌先生于1925年考入清华,在物理系创始人叶企孙先生的引导下,选择了他所钟爱的物理学专业,1929年毕业,之后还担任了一年助教。作为清华大学的杰出校友,王淦昌先生以其一生的卓越成就和高尚情操,在广大清华人心中树起了一座丰碑。他的精神风范,永远值得我们敬仰和学习。

首先,我们要学习王淦昌先生热爱国家和民族、甘愿以身许国的爱国情怀。早在清华学习期间,王淦昌就积极参加爱国学生运动,经历了当时反动军政府屠杀爱国学生的"三·一八"惨案。他的同班同学韦杰三不幸中弹牺牲,王淦昌深受震撼,并从此立下了以科学报效祖国、使国家和民族强盛起来的宏伟志向。1930年,他到德国深造,三年后以优异成绩获得博士学位。虽然德国是核物理发展黄金时代的重镇,他却毅然返回了灾难深重的祖国,在抗日战争的动荡环境中,开创了我国核科学研究和人才培养工作。20世纪60~70年代,他以"我愿以身许国"的忠诚承诺,隐姓埋名十几年,为我国"两弹一星"的研制做出了重大贡献。

其次,我们要学习王淦昌先生终生不倦探索、创新的科学精神和高瞻远瞩的战略思想。在清华工作时,他在导师吴有训先生的指导下,完成了《清华园周围氡气的强度及每天的变化》,这第一篇有关大气放射性的实验研究论文。20世纪50年代,他所领导的实验小组在世界上首次发现反西格马负超子,把人类对物质微观世界的认识向前推进了一大步,成为当时最重要的实验成果;而他提出的激光惯性约束聚变原理,更充满了创造性,成为他最满意的研究成果。1986年,王淦昌和王大珩、杨嘉墀、陈芳允三位清华校友一起,倡导、提出了加强高技术研究的"863"计划,得到邓小平同志的肯定和支持。

再次,我们还要学习王淦昌先生热情关心、扶植后辈成长的高尚品德。20世纪30~40年代,王淦昌先生曾先后在山东大学、浙江大学等高校任教,为国家培养了核物理等领域的大批人才。他曾捐出自己获得的国家自然科学一等奖奖金,设立基础教育奖励基金。作为清华校友,王淦昌先生十分关心母校的发展,他和杨振宁等著名学者共同捐资,设立了以恩师叶企孙先生名字命名的奖学金,并亲自出席颁奖会,鼓励新一代清华学子爱国奉献、健康成长。他热心支持清华核辐射成像技术和产业的发展,关心单原子单分子探测实验室的建设,对清华的发展特别是理科的建设寄予厚望。

王淦昌院士曾经深情地说过:"清华是我的摇篮。"当前,清华大学正在国家的大力支持和社会的热情关注下,向着跻身世界一流大学的宏伟目标努力奋进。我们缅怀王淦昌先生,就是要继承和发扬以他为代表的老一代优秀知识分子的优良传统,进一步加强我校的学科建设、人才培养和师资队伍建设,不辜负老一辈学者的殷切期望,为把清华大学建成世界一流大学、为中华民族的伟大复兴而努力奋斗!

注:本文作者系清华大学校长。2007年5月24日。

邻居王伯伯

丁辽生

认识王淦昌伯伯,是 1944 年的秋天。那一年,我父亲丁绪宝离开贵州大学到浙江大学物理系任教,和王伯伯是同事。王伯伯其实比我爸年轻十几岁,照说我该称王叔叔。我父亲像早年的读书人那样,对自己敬重的、比自己年轻的友人不称弟,称兄。我们按照父亲的嘱咐,称呼王伯伯,不称王叔叔。

浙大理学院和农学院在湄潭。我们家起初住在城里,离浙大附中、附小都不远。当时我有两个弟弟,两个妹妹,除最小的弟弟外,都在上学。去学校询问入学的事情,发现要交的学费还很不少。自从日本鬼子入侵以来,颠沛流离,我们家里早已耗尽不多的积蓄。一家七口,再加上搬了次家,捉襟见肘,缴不出学费来了。初来乍到,人地生疏,爸爸又去了永兴一年级分部,不在家,妈妈面对困难从来是不动声色硬挺着的,这次真犯难了。她笑着对我们说,这可怎么办?正在为难,刚刚认识的王伯伯来了。他对我妈说:"我们的传统是安排有多年经验的老教授给一年级新生教课,所以丁先生刚来就赶到永兴去了。我来看看你们家安顿好了没有,有什么困难吗?"妈妈就说一时没有钱交学费。王伯伯说他马上给送钱来。其实王伯伯家孩子也挺多,并不富裕。如今回想,要不是王伯伯援手,真不知道怎么办。

到湄潭不久,日本鬼子进犯贵州南部,时局紧张,王伯伯的邻居家搬离湄潭,有了空房子,我们家就搬到南门外,和王伯伯家成了邻居。王伯伯和王伯母待人和气,热情。他们家也是五个孩子,和我们年龄差不多,上学放学常常见面。湄潭县城很小,浙大的人就像一个大家庭。

王伯伯一贯热情,一贯平等待人。幼梅的体会是,和他在一起,意识不到他是位著名的教授,杰出的科学家。幼梅当时是我的老师,后来是我的爱人,他那时在读研究生,先后在浙大附小、浙大附中兼课,教高中的生物学,初中的动物学和植物学。他的学生有许多是浙大教授的孩子。他和学生处得很好,和学生的家长——他自己的老师因此也很熟。角色转换,从学变教,他立刻发现许多事情自己不懂。例如植物需要的水分说是根从土壤里吸收的。怎么吸收的呢?说是由于渗透压,由于毛细现象。但是凭着这些,土壤里的水分怎么会到达高高的树梢？有一天他看见王伯伯在家门口站着，就向王伯伯请教。王伯伯对他的提问很有兴趣，他们一起琢磨、计算、讨论，最后王伯伯说是啊，不知道该怎么解释。幼梅一直记得这件事情，说这是一位资深的大学教授和一位初出茅庐的中学教师像同学那样，像朋友那样的一起讨论。因为工作关系他接触过许多科学家，发现真正的大科学家才这样。我有同感。

王伯伯爱孩子。爱自己的孩子、也爱周围的孩子。例如我和我的弟妹们。他和孩子们相处，他是父辈，却更像兄长。多少年都这样。在街上碰见了，他总要停下来亲切地说说话。抗战胜利后王伯伯被派往美国考察。有两年时间没见到他。1949年，在杭州浙大校园里，突然见着了。他老远就笑眯眯地招呼我，走近了，热情地问我好。1949年新中国成立后的许多年里，他不知道到哪里去了，都不知道，连王伯母也不知道。许多年后才知道，他立了惊天的大功劳。1993年，我四妹蓝生带着高中刚毕业的儿子佳佳去看他。据说尤其是物理学，从学生给老师提的问题便能看出来学生的水平。他很喜欢这个孙子辈的中学生，谈得十分高兴。小伙子当年出国留学去了，从此，王伯伯不断地叮咛我母亲、我四妹和我，让孩子学完了就回来报效祖国。有一次，大约是1997年或1998年年初，我陪妈妈去看王伯伯和王伯母，这是我最后一次看见他们两位。他又提起我妹妹蓝生的儿子，希望他学成以后回来报效祖国。前好些年，这孩子大学毕业，哈佛大学等几个大学接受他去读博士学位。就在那个暑假，他去大峡谷玩儿，意外地遭受雷击去世。蓝生不久也病故了。我总想着都已经走了的：蓝生，她的儿子佳佳，殷切期望佳佳早日回来报效祖国的王伯伯。

爱孩子，爱国家，他是一辈子贯彻始终的。作为科学家，作为教育家，他一生的作为，他对祖国的贡献，那根子，那基础，不是别的，正是他对祖国对后代的热爱。

注：本文作者系北京大学外语系教授。

勇攀科学高峰的王淦昌老师

——纪念王淦昌先生诞辰100周年

王乃彦

  我和王淦昌老师接触比较多是在从我到九院工作以后,当时更多的是在工作上的来往。1978年,他调任二机部副部长兼原子能研究所所长,并亲自创建和领导准分子激光实验室后,我就真正地生活和工作在他的身边,那时我真是太幸运了,我有更多的时间亲聆他的教诲,对于我的一生都受益匪浅。王老从来都不以长者、老师的姿态来对我进行说教,他经常给我说一些科学家的故事,包括他自己的科学经历,用活生生的事例来教育我,他反复地教导我怎么做人,怎么做科研,那时王老已经年过七旬,早上醒得很早,每天 6:30 以前,我们就一起从原子能研究所的南区步行到北区,在半个小时左右的步行中,王老天天和我交谈的不是科学就是工作,晚上从北区回到南区还要向他汇报工作。我最爱听他讲他个人科学生涯中的一些经历,后来我又参加《核物理学家王淦昌》一书的审校工作,就对王老的科学生涯有一些更为深入的了解。这样一位可亲可敬的离开了我们已近十年的老师,他留给我们的宝贵的东西很多很多,其中最最宝贵的最最值得我学习的就是他对科学的执著的追求和勇攀科学高峰的精神,他七十年如一日,在科学的道路上勇敢和顽强地攀登着,从一个高峰到另一个高峰,真是生命不止,攀登不已。

  早在20世纪30年代初期,年仅23岁的王淦昌就在德国柏林大学师从迈特纳教授,开展β谱学的研究,在一次学术报告会上,科斯特斯(Kosters)博士报告了博格和贝克博士用钋的α粒子射到铍-7中,产生了一种穿透力很强的射线,当时博格想穿透力很强一定是不带电的中性粒子,他们认为是高能量的γ射线,他们用的是盖革计数器,王淦昌当时怀疑它不是高能的γ射线,盖革计数器能够记录粒子的数目,但对粒子的质量和能量得不到更多的信息。年轻的王淦昌两次向他的老师建议,采用云雾室来探测这种粒子,因为从云雾的颗粒的密度和云雾径迹的长度就可能对这种粒子的质量和能量有一个认识,他的师兄Philip处就有这种云雾室,但是迈特纳没有支持王淦昌的建议。后来英国的查德威克有和王淦昌一样的想法,用云雾室、计数器和电离室对这种射线做了探测,发现这是一种质量和质子差不多一样的中性粒子,并将它称为中子。王淦昌痛失了发现中子的机会。王老对我说:"我当时太年轻,而且觉得自己当时是一个学生,又在一个陌生的国家中,自己又刚到德国不久,因此就没有坚持自己的意见去说服老师。"

王老在德国取得博士学位后,回到祖国,不久抗日战争爆发,王老当时在浙江大学执教,又身患肺结核,校领导减轻了他的教学工作量,要他好好养病休息,这就给王老更多的时间看书和思考,就在这期间,王老提出"关于探测中微子的一个建议"。王淦昌建议用K电子捕获的方法来探测中微子,这个建议在美国《物理评论》上发表后,美国物理学家阿伦(Allen)按照王老的建议做了K电子俘获的实验,测量了反应后粒子的反冲能量,阿伦在1942年6月的《物理评论》上发表了《一个中微子存在的实验证据》,虽然由于实验条件的限制,阿伦测量到的反冲粒子还不是单能的,但还是引起了国际上的广泛重视。1947年王老又在《物理评论》上发表了《建议探测中微子的几种方法》,到1952年,阿伦等物理学家才第一次探测到了单能的反冲核,确认了中微子的存在。

中微子是一种具有奇特性质的粒子,查德威克在1914年就发现α射线和γ射线的谱是分立的,而β射线的谱却是连续的,由于原子核是处于分立的量子状态,又考虑到在原子核放射β粒子的时候,电子的能量比预计的要小的问题,泡利在1930年提出中微子存在的假说,他认为在β衰变过程中,放射出电子的同时还放射出中微子,这样就解释了β谱的连续性问题和能量守恒的问题。1934年,费米提出了β衰变理论,算出了β衰变的连续谱,并与1933年测量的RaE的β能谱是相符合的,费米认为,中微子质量是零或者比电子的质量小很多,费米的理论说明了在β衰变中能量仍然是守恒的,费米很看重自己理论的重要意义。根据塞格雷(Segre)回忆费米创建这一理论后认为这是他在理论方面最重要的工作,费米曾告诉塞格雷,由于这一发现,他将留在人们的记忆中。王淦昌认为泡利的假说、费米的理论虽然都非常出色,但还必须从实验方面去证实中微子的存在,但由于中微子不带电、穿透力很强,探测的难度很大,许多实验物理学家做了很多的努力,但一直没有找到中微子的实验证据。1938年,克兰和哈尔彭利用核反冲效应,测量了放射性氯放射出来的β射线和反冲原子核的动量和能量,来证明中微子的存在。王淦昌认为,在这个核反应中末态有三体,即反冲核、β射线和中微子,最好能够使末态由三体变为二体,他想到了K电子俘获的方法,K电子俘获的过程中,末态只有两体,即反冲核和中微子,反冲核的能量是单值能量,测量它的能量就可以获得中微子的信息了。从1941年开始到1952年,实验物理学家按照王淦昌的建议,进行了一系列的实验,最终确认了中微子的存在。

1956年9月,王淦昌受组织派遣,去苏联杜布纳联合原子核研究所任研究员,后来当副所长。联合原子核所建成了一台质子同步稳相加速器,能量为

10GeV(10亿电子伏)，是当时世界上能量最高的加速器。然而如何利用这台加速器在能量上的优势，尽快做出一些有意义的成果来，是摆在联合原子核研究所面前的一项艰巨的任务，因为建在日内瓦的欧洲原子核研究中心正在加紧建设一台能量更高的30GeV质子同步稳相加速器，并将于1959年建成。王淦昌提出了两个研究方向：

(1) 寻找新奇粒子(包括各种超子反粒子的发现)；

(2) 系统地研究高能核作用下各种基本粒子(π, Λ^0, $K^0\cdots$)产生的规律。

王淦昌领导着全组工作人员立即开始了丙烷气泡室的研制，并于1958年春研制成功24升丙烷气泡室。他们选用π^-介子作"炮弹"，π^-和气泡室中的氢和碳相互作用，并拍摄下其相互作用的过程，到1960年春，共得到了近11万张照片，包括几十万个π^-介子核反应事例。根据各种超子的特性，王淦昌提出了在扫描径迹时选择可能的反超子事例的"标准"，他画出了反西格马负超子存在的可能的图像，要求大家都要把这个画像记住，在扫描时要特别注意与画像吻合的事例。扫描气泡室的立体照片是一项很辛苦和枯燥的工作，一张一张地看，终于在四万多张照片中发现了一个反超子的事例(即本期封面上的图片)，这一重大发现于1960年3月正式发表在国内《物理学报》和苏联《实验和理论物理》杂志上，我国《人民日报》和苏联的《真理报》也做了报道，这一重大的发现进一步丰富了人们对粒子-反粒子对称性的认识，也是10GeV质子同步稳相加速器上最重要的科研成果。1982年，王淦昌和丁大钊、王祝翔关于反西格马负超子的工作获得国家自然科学一等奖。

王淦昌是我国高功率脉冲技术和惯性约束聚变的创始人，早在20世纪60年代初，他与苏联巴索夫(Basov)院士几乎同时独立地提出了利用激光打靶产生核聚变的设想，在20世纪60年代中期，他又敏锐地关注到国际上刚刚开始发展的建立在高功率脉冲技术基础上的强流电子脉冲加速器在科学研究上的重要意义和巨大潜力，他高瞻远瞩地提出这种技术将提供一种极高强度的电子束源、γ射线源、X射线源、离子束源和中子源。为了推动这一学科在我国的发展，他带领着九院十所的同志们研制好两台1MV的强流电子脉冲加速器。王老具体深入到十所在四川和北京的实验室，仔细地听工作汇报，对工作中存在的问题提出解决的意见。我和金炳年同志协助王老推动这项工作的开展。两台1MV强流电子加速器的顺利建成使我们对这种新型的加速器的工作原理、加工工艺、调试技术有了较深入的认识，科研队伍也成长起来了。王老领导大家做了大型的6兆电子伏电子强流加速器的设计方案，并于1975年4月在苏州主持召开了强流脉冲电子束加速器方案论证会，1976年开始设计，经过加工、安装、调试，终于在1981年建成，1982年投入运行，从此我国的闪光机真正跃进到世界先进水平的行列，当时它是亚洲最大的装置。王老非常高兴地在1983年的鉴定会上说："我们终于有了自己研制的大型闪光机了。"这项工作后来荣获国家科技进步奖一等奖。

1978年的春天,对全国的科技工作者来说都是一个难忘的春天,全国科学大会的春风吹拂着祖国的大地。我非常幸运地和王淦昌、周光召、于敏、高潮、费钟锡同志一起作为九院的代表参加了大会,在会议期间我们受到了很大的鼓舞和教育。大会期间的一天晚上,王淦昌看了苏联生理学家巴甫洛夫的电影,非常高兴地对我说:"巴甫洛夫活了九十多岁还能坚持搞科研,实在太好了!我还可以搞科研好多年啊!"会后我们干劲十足地回到自己的工作岗位。

1978年6月王淦昌调到北京,任二机部副部长兼原子能研究所所长,他告别了工作17年的九院,又回到了原子能研究所。他花费了相当一部分精力去加强所里的学术和行政领导,大力促进研究所的各项科研工作新的发展,最突出的就是101实验重水反应堆的改建,改建后的中子通量从1.2×10^{14}中子/cm^2·s增加到了2.8×10^{14}中子/cm^2·s,大幅度地增强了生产放射性同位素的能力,开展物理实验和中子活化分析等应用的能力。王淦昌还积极地促成从美国引进一套串列加速器及相应的辅助工程,这是继20世纪50年代重水堆和回旋加速器之后原子能研究所最大的一次工程建设,它对提高科学研究水平发挥着重要的作用。

王老在领导全所的工作的同时,还亲自领导开展了强流相对论电子束加速器的研制和粒子束聚变的研究工作,他亲自在全院作学术报告,组织参研队伍,他领导和参与了加速器物理设计的全过程,他和我们一起到工厂去,向工人师傅们解释加工的要求。在王老的努力参与和督促下,仅用一年半时间就建成了一台1MV、80kA的电子加速器,并立即投入了强流电子束和靶相互作用的研究。王老指导我们安排了几个实验,从不同的角度都否定了当时日本科学家提出的强流电子束和靶相互作用中的反常吸收现象,使那时轰动一时的问题得到澄清,当时国际上只有中国和美国的实验做得最出色。1986年6月,在日本神户举行的第六届国际高功率粒子束聚变大会上,我受大会的邀请做了中国原子能科学研究院粒子束聚变的研究进展报告,受到与会者的好评。美国海军实验室的库伯斯坦博士在大会做总结时,专门提到中国原子能科学研究院的重大进展,他指出"另一个有意义的重大进展是中国学者提交的三篇关于脉冲功率技术的报告,其中来自北京的中国原子能科学研究院的报告表明了在粒子束聚变方面取得了许多重大进展。"若干年后,苏联库尔恰托夫研究所粒子束聚变实验室主任斯米尔诺夫教授来原子能研究院访问时,感慨地说:"论设备和条件我们比你们好,你们的实验安排得很巧,物理思想好,才得到这么好的结果!"

王老根据我们的实验结果以及他敏锐的科学洞察力,指出电子束聚变是没有发展前途的,这是由于电子束在靶上的射程长,而且聚焦难,即使在强流的情况下,由于电子束自身磁场所造成的在单位长度上的能量沉积的增强比经典值也只有几倍,因此王老就带领我们从电子束聚变转移到电子束抽运的氟化氪激光聚变,在一个新的科学研究领域中的攀登又开始了。国内当时只有放电型的氟化氪激光,输出激光能量也只有几十毫焦耳,而电子束抽运的氟化氪激光技术完全是空白。王老亲自参加研究方案的制定,并亲自带领研究生对关键的技术开展预研,几乎一切从零开始,困难和问题当然是很多的,王老可能也没有预计到进展会那么快,那么顺利,氟化氪激光振荡器的输出能量很快从几个焦耳一直提高到400多焦耳。王老要求我们花大力气改善光束质量。在他的指导下,我们建成了六路百焦耳氟化氪激光系统,它具有良好的光强的均匀性,在单束激光的情况下,光强在脉冲时间宽度内变化小于2%,是一个比较理想的平滑化的光束,有利于物理实验的开展。

王老把工作重托交给我们后,他走了!已经走了快十年了!没有王淦昌老师的指导、关心、督促和教诲,有时我们感到茫然,技术上也走过一些弯路,有时还感到不知所措!王老临终前多么希望我们工作中能取得更多的成就,当他已经几乎不省人事时,同志们知道这时候还能用什么来安慰他呢?!室里的同志告诉他:"我们的物理实验准备已完成,即将开始做实验了!"王老听到了这番话,用力地睁大了眼睛,他已无力说话了!用双手合拢,表示赞成。这就是我们实验室的同志给他最后一次的工作汇报,也是他最后一次在不能讲话的情况下,对我们工作所做的最后一次指示了!他走了,永远地走了,永远地告别了我们,他应该可以相信他所创造的实验室,所带领出来的科研队伍在任何时候都不会懈怠自己的工作,都不会停止在他给我们开辟的科研道路上的攀登,一定会不遗余力地去完成王老交给我们的科研工作,实现他的遗愿,也像他那样生命不息,攀登不止,以慰藉王老在天之灵。

注:本文作者系中国科学院院士,中国原子能科学研究院副院长。原载《物理》2007年第36卷第5期。

难忘与王淦昌先生的合作

王大珩

2007年5月28日,我们在人民大会堂隆重举行纪念王淦昌院士百年诞辰暨王淦昌院士学术思想座谈会。由于我的身体状况,遵医嘱不适宜到会。为表达我对王淦昌院士的敬佩和怀念之情,仅做如下书面发言。

首先,我要回忆的是与王淦昌院士的交往经历。1929年,他是清华大学物理系第一届毕业生,是我们前辈物理学家叶企孙先生的高足,他的才华和品德深受叶先生的器重,毕业后留校任教。我比淦昌先生小八岁,在清华物理系,他是我的大学长。

1949年,淦昌先生从美国回来,他是怀着科技救国的信念来报效祖国和人民的。新中国成立后,我的同班同学钱三强先生时任中国科学院计划局局长,深知我们的大学长是国际上知名的核物理学家,遂邀请他来中国科学院工作。他受邀来北京,领导筹建近代物理研究所。

1956年,我们曾共同被邀请,参加国家科学技术12年远景发展规划。淦昌先生主持起草发展原子能科学部分。在这个规划中,他把发展核科学技术列入全国六大重点科研任务中。当时中苏关系还比较友好,苏联在莫斯科附近成立了杜布纳联合原子核研究所,集中了当时"社会主义阵营"的著名物理学家在那里工作。淦昌先生作为我国全权代表并率领一支年轻的团队参加了该所工作。在此期间做出了重大成果,他发现了反西格马负超子,从而蜚声国际物理学界。淦昌先生的远见卓识,早在抗战时期就精辟地提出中微子是否存在的实验方案,但限于当时的物质条件极度贫困,无法在国内进行实验。后来他的这一创想,被美国核物理学家最终证明中微子的存在。

在党中央毛主席提出我国也要搞原子弹的号召下,淦昌先生积极参加这项伟大工程的指导和试验研究。因为保密,他隐姓埋名17年,在极其艰难的条件下,实验装备从无到有,一切都要从头搞起,领导完成了我国的原子弹,氢弹和地下核试验。他是我国核科学技术的主要奠基人与开拓者。1999年9月,党中央、国务院、中央军委表彰为研制"两弹一星"作出突出贡献的科技专家,举行隆重的授勋大会,淦昌先生也被追授"两弹一星"功勋奖章。

参观大亚湾核电站（右一于敏，右二王大珩，右三王淦昌）

　　我与淦昌先生有过两次重要合作，一是1986年3月，我们与陈芳允、杨嘉墀先生联名上书中央，倡议发展我国战略高技术，后来成为国家"863"计划，这是人所共知的淦昌先生毕生功勋的一部分；二是关于推动发展我国激光核聚变的建议。1988年，国际上激光核聚变的研究有长足发展。因此，淦昌先生与我，还有于敏院士向中央建议，我国应积极开展这项重大研究。之后，我们三人积极促成了中国科学院与核工业部的联合，利用已经建成主要从事核激光技术研究的上海光机所，在那里建成高功率激光物理联合实验室，可以说在中国这是一个非常有前景、跨部门合作的典范。淦昌先生经常关注指导联合实验室的研发工作，经过多年的努力及国际合作，联合实验所取得了国际瞩目的激光核聚变重要成果。

　　最近在国家科技图书馆举办了"王淦昌院士百年回顾展"，反映了淦昌先生一生崇尚科学、追求真理、光明磊落、热爱祖国的高贵品质。他无私奉献的精神，永远是我们学习的楷模。我认为这是对他德高望重恰如其分的赞誉，也表达了我的心意。他立足于科技，服务于中国社会主义现代化建设并促进了国际核物理的发展，他的光辉业绩将永载科学发展史册。

　　注：本文作者系著名光学家，中国科学院院士，中国工程院院士。

淦昌先生诞辰百年赋

王传珂

高山仰止,景行行止;先生百年,谨赋为纪。

锦绣吴中,先生故里;其父以仁,一代名医。爱之如珠,教之以礼;孔孟儒学,从小沐浴。三十年代,腥风血雨;沪上游行,租界被拘。先生愤慨,目光如炬:"斯是吾国,关尔何事!"言语铿锵,巡捕大惧。经此一事,明白一理:落后挨打,国弱被欺。立志救国,发愤学习。遂考清华,选修物理。为求深造,留学德域;师从迈特,才攀居里;名师相教,如虎添翼。漫步科学,畅游物理;先生勤勉,硕果丰裕。

此时中国,烽烟遍地。日寇铁蹄,踏我身躯。故乡梦绕,救国心急。学成归国,高薪婉拒。执教山大,浇灌桃李;后至浙大,探索微子。其时国破,满目疮痍。感时溅泪,夜半惊起。亦曾嗟叹,救国无力!希望之火,复又燃起。破庙油灯,伴君冲击。潜心书海,探索神奇。笔耕不辍,撰文探秘。论文发表,举世赞许。日寇战败,先生喜泣;命运决战,人民胜利。天安门前,升起红旗;中国人民,从此站起!

国家待兴,先生奋起。联合核所①,首擒超子;工作杰出,世界称誉。苏联政府,霸权主义;撕毁合同,背信弃义。研制核弹,我们自立!先生花甲,辛劳不辞。化名王京,隐身基地。戈壁荒野,风沙酷日;与之奋战,钢铁意志。首枚核弹,横空出世。无坚不摧,腾空而起!蘑菇云现,惊天动地;华夏儿女,喜极而泣!原子弹有,氢弹当急。重率人马,追沙逐日。氢弹爆炸,威力无比!响彻云霄,其光蔽日。

老骥伏枥,志在千里。核弹之力,如何驾驭?激光打靶,产生中子。先生建议,世界首次。奈何文革,无人问及。三中全会,春风化雨。聚变想法,复又提起。多方协调,呕心组织;激光装置,上海建立。聚变事业,无穷奥秘;三十年余,无数成绩。聚变中心②,绵阳建立;由弱到强,全靠自立。赶超先进,力争第一;二

---

①联合核所,指苏联杜布纳联合原子核研究所,王淦昌先生在该所工作期间发现了反西格马负超子。
②聚变中心,指中国工程物理研究院激光聚变研究中心,该中心于2000年建立,是我国从事激光惯性约束聚变的专业研究所。

○○七,神三奠基。先生有知,亦当欣喜!我辈诸君,更应努力;昂首向前,披荆斩棘!

注:本文作者系中国工程物理研究院激光聚变研究中心研究员。原载《物理》2007年第36卷第5期。

他永远活在我们心中

——纪念王淦昌理事长诞辰100周年

中国核学会

2007年5月28日,是我国享誉世界的德高望重、科学成就斐然的核物理学家王淦昌教授诞辰100周年纪念日。在1997年纪念王淦昌90寿辰学术报告会上,当时的温家宝副总理祝贺王淦昌90寿诞时的情景还历历在目。如今王老虽已离开我们九年,但是他仍实实在在地活在我们心中。他的科学成就永载史册,他的科学道德行为永远是我辈的行为风范,他那热爱祖国,勇于牺牲个人利益的精神是我辈学习的榜样。我们今天纪念他,就是要学习他一生勤奋,孜孜以求,在科学的殿堂里永不知倦,在科研事业上勇攀高峰的精神,就是要学习他一生无私无畏,把自己融化在为祖国的发展强大、为人民谋自由、幸福的事业中的这种崇高的道德情操。今天我们纪念他,在核学会工作过的同志们更忘不了他在核工业"第二次创业"的艰难阶段,为推动核事业的发展所作出的巨大贡献。

中国核工业从1955年起步,当时整个事业由于保密的原因,基本处于封闭状态,王淦昌本人也"隐姓埋名"17年。这是当时的形势所必需。随着国际、国内形势的发展,党中央提出改革开放的方针,核工业从单一的"军用"转向为国民经济建设服务上来。为此,核科学技术必须走出封闭状态,走向国内,走向世界。

王淦昌在中国核学会第三次代表大会上发言

1979年2月，为了增进中美两国人民之间的友谊，对美国核工业和核科研情况有一个比较全面的了解，并与美国核学会之间建立联系，探讨进一步开展交流的领域，中央决定组织以王淦昌为团长的中国核能学会代表团访美。这个团由国家计委、国家科委、国防科委、一机部、二机部、水电部的20人组成，国防科委副主任张震寰，一机部副部长王子仪、水电部副部长张彬三人为顾问，连培生为秘书长。这是"文革"后第一个核科学家访美代表团。

王淦昌率领代表团先后参观了美国能源部、麻省理工学院、密苏理大学、阿贡国家实验室、橡树岭国立实验室、洛斯阿拉莫斯实验室、劳伦斯伯克利实验室等单位。几乎跑遍了美国的东西海岸的各研究所和开发公司，与许多国外学者、工程师建立了联系。

到美国考察的第三天，三里岛核电厂发生了事故，王淦昌在回答记者提问和在华盛顿各界华人欢迎核能代表团的宴会上表示：发展核电事业是解决能源问题的正确方向，三里岛这样的事件是可以避免的，核污染是可以防止的。代表团还访问了加拿大，参观了渥太华、多伦多的核电厂和乔克河实验室。这次核能代表团出访，是核科学技术领域封闭多年后的第一次，影响深远，意义重大，因此可以说是开启了核科学技术对外合作的大门，也是核工业改革开放的先行者。这个代表团的成员，在中国核学会成立时，多数是中国核学会的理事和常务理事。

同年，王淦昌与核物理学家张文裕教授提出成立一个由核科学技术工作者组成的、跨地区、跨部门的学术性群众组织——中国核能学会的倡议，以适应国际核科学技术交流的需要，推动我国核科学技术和核工业的发展。这个倡议得到了各方面的赞成与支持。于是，王淦昌担任了核学会的筹备委员会主任，并抽调一批工作人员参加筹备。

1980年2月，中国核学会成立，在北京召开第一次代表大会，王淦昌代表核学会筹备委员会在大会致开幕词，并报告了筹备过程。他希望大家团结起来，战胜困难，大力协作，为原子能科学技术在"四化"建设中发挥更大作用而努力奋斗。大会选举产生了145名理事，王淦昌当选为中国核学会第一届理事长，朱光亚、张震寰、张文裕、赵忠尧、金实遽（电力部党组成员）、李觉、姜圣阶当选为副理事长，推选钱三强为名誉理事长。会议还提出了关于发展核电和核技术、同位素应用两份建议书。

核电的发展是核工业从军事工业转向民用工业的重要内容和重要任务，是解决我国能源短缺的重要途径之一，在我国发展核电势在必行。可是尽管周总理早就说过，二机部要抓核能和平利用。但由于多方面的原因，核电发展困难重重，曲曲折折，起起伏伏。就在这样的局面下，王淦昌始终坚定不移地主张要在中国发展核电，而且主张发展核电要坚持自力更生的原则，要以我为主，中外合作。

1980年，中央书记处邀请中国科学院专家开设"科学技术知识讲座"，王淦昌获悉后，主动建议增加讲核能的内容。后来，中央书记处确定由王淦昌主讲《核能——当代重要能源之一》。当时听课的有党中央、国务院和各有关部门的领导共135人。王淦昌从什么是核能讲到核电站的安全性与经济性，从世界核能的发展概况讲到我国发展核电的必要和可能。他指出，核能发电趋势大体将经历三个阶段：一是推广现已成熟的热中子堆；二是研究建造快中子增殖堆；三是研究建造受控热核聚变堆。他还用图表来说明我国核能利用的空白和亟待发展的现状。

在我国发展核电，是否一定要自行建造原型堆核电站问题一直存在争论。王淦昌多次与核能专家联名向党中央、国务院上书，陈述在我国自行建造核电站的意见和建议。最突出的一次争论是在由国家计委主办、中国核学会承办的"回龙观会议"上，王淦昌针对当时的状况，作了题为《在发展我国核电事业中正确处理引进和坚持自力更生原则的问题》的发言，以大量的历史事实阐述了中国必须自力更生发展核电的道理，澄清了一些人的疑虑和误解，使会议形成并提出了向国家呼吁发展核电的初步规划性建议。此后，中国核学会利用各种机会，采取多种形式先后组织20多次各种形式的研讨会、报告会，宣传我国发展核电的必要性和可能性。特别是在有关领导对秦山核电站是上马还是下马反复不定的关键时刻，王淦昌总是态度鲜明地表示要坚定不移地把我国自己设计、自己建造的第一座核电站搞上去。他在多种场合宣传"百鸟在林，不如一鸟在手"的道理，而秦山核电站就是这一鸟。可以这样说，秦山核电站能够建成投入运行，与王淦昌等一批核能专家的坚持和推动是分不开的。

在我国核电事业发展初期，湖南、福建、江西、上海、辽宁、广东各省市都在酝酿或筹备发展核电，但缺少人才、技术和经验。王淦昌提出利用中国核学会自身特点，除加强国内的团结合作外，还要加强国际间的交流与合作，以便吸收国外的经验为我所用。为此，王淦昌亲自参与中国核学会与云南省科协在昆明召开的美国通用电器公司核电技术研讨会，邀请国内有关省市和科委、电力部的同志参加。与会者认为，这样的会议很有收获，应该多开。在此基础上，中国核学会先后与美国的燃烧（CE）公司、西屋公司以及法国的法马通公司、日本日挥株式会社等，分别在中国组织了十多次核电及有关技术的双边（邀请国内准备发展核电的省市有关专家及有关部门的人员参加）研讨会，由各国厂家派出的代表介绍他们核电技术的特点以及西方有关核国家发展核电的经验。各国厂家均有急于"占领"中国这一广阔市场的心情，不仅介绍自身的技术特点和优势，还和其他厂家的堆型和技术进行比较，从而使我们有机会了解到出国考察很难了解到的许多技术问题。通过这些活动，一方面加强了国际核科学技术的交流和合作，更重要的是对国内有关人员进行了多方位的不出国门的培训，使大家对核电发展从知之不多到知之较多,了解了各国核电设备的技术情况和发展核电的经验及当前发展的趋势,普遍反映,中国核学会组织的这些活动花了很少的经费和人力,了解到了各国发展核电的技术情况和经验,效果很好。有人说这些活动"胜过十次出国考察"。

1994年12月,王淦昌等中科院院士访问大亚湾核电站

在国家改革开放的形势下,二机部提出"保军转民"方针,王淦昌认为保军转民的重点一是发展核电,二是核技术的开发利用。在他领导下,中国核学会在北京召开了全国同位素应用学术讨论会,会上展示出的核技术应用范围之广超出大多数与会者的意料,它遍布于工业、农业、医药卫生事业和食品工业,国防科委领导张爱萍对这次会议的成果非常重视。在这个基础上,在国防科委和国家科委的支持下,紧接着中国核学会与四川核学会(因为核工业在四川的单位较多,核技术的应用较广泛)联合在成都举行一次展览会,张爱萍亲自题写了"四川省核科学技术应用展览会"这一展览名称。这次展出,对社会振动很大,过去的核科学技术在百姓的心目中是神秘的、保密的,如今,它展示在百姓面前,既感新鲜,又感亲切,尤其是涉核的机械加工业和核仪器设备业的先进技术引起各界的重视。这是核工业改革开放走出封闭的第一步。

发展核电最大的思想障碍是群众甚至包括一些领导同志的"恐核"心理,误将核反应堆与原子弹混为一谈。因此,加强对全社会进行核科学技术的普及宣传是核学会的一项重要工作。王淦昌一直主张向全社会,特别是向青少年宣传和普及原子核科学技术知识,消除人们对核的疑虑,为建设核电站,推广核技术,培养后备人才,创造良好的社会环境,他还强调要注意向领导同志宣传核科技知识。在成都举办的核技术应用展览会取得良好成绩和经验的基础上,1983年,在中国核学会提议和推动下,由中国科协、国家科委、国防科委、核工业部联合主办,中国核学会承办的"全国首届核科学技术应用展览会"在北京军事博物馆展出。在展览会开幕前夕,王淦昌接受了记者的采访,他针对人们对核的恐惧心理,说:"核确有一定的危害性,但完全可以控制,火与电,不也能偶尔造成伤亡事故吗,只要使用得当,控制得好,核能是有益无害的。"举办规模如此盛大的展览会,目的在于向广大干部和群众普及核科学技术在国民经济和人民生活中的应用知识;同时,推广一批核技术成果。这次大规模的综合性核科学技术应用展览,展出25天,共接待观众7万人次。当时的国务院总理赵紫阳就亲自前往参观,并与工作人员合影留念,他对展览会给予了高度的评价,对核技术在农业、工业、医学和人民生活等方面的广泛应用所取得的成果感到高兴,并指示"要挑选一批比较成熟的、真正能够推广的成果,扎扎实实地推广,在推广中发展核科学技术"。他还要求各部、委的领导共43人参观了展览。当时的营养专家于若木还派人到展览会购买一批辐照食品到中南海推广应用。

后来又应邀到郑州、广州、深圳、南京等地巡回展出。为了使一般观众能看得懂,专业人员看了又不俗,在展品总体的艺术设计、文字资料的编辑方面,按科学性、技术性、连续性、完整性和艺术性相结合的要求进行修改,按深入浅出、形象生动的要求进一步布置展馆。在充实了展览内容后,1986年再次由中国核学会组织到沈阳、太原、福州、杭州等地展出。展览会先后历时4年,在全国十多个省市和香港地区共展出12次,接待观众达50万人次,较系统地介绍了核科学技术在各领域的应用知识和成果,以及核能的和平利用和安全常识。它适应了核工业转为民用和核电发展的需要。尤其是在香港的展出,各方面十分重视。当时因为发生了切尔诺贝利核电厂事故,香港100万人签名反对在大亚湾建造核电站。这时香港尚未回归,政府不便出面做工作,中国核学会向政府提出了派展览团及专家组去香港,向香港居民宣传核技术和压水堆核电站的建议,得到国务院的批准后,立即组织专家组和展览团赴香港展出。专家组和展览团在极为困难和极为紧张的氛围中开展了多项活动,编印了大量的核电科普资料散发给民众,除展览宣传外,还举行了多场报告会、专家座谈会和科普讲座。观众相当踊跃,共有8万人参观。在很大程度上消除了民众的顾虑,缓和了反核情绪,得到香港地区和国家有关部门的好评和奖励。这是在政府部门碰到不宜出面的问题时,学会充分利用它的民间性和学术性组织的优势,协助政府部门解决困难的一项有历史意义的活动。

1981年发生了全国性的干旱缺水情况,尤其是那些长期缺水地区,人民生活极度困苦,面对这种情况,王淦昌与核学会的同志思考着核工业如何为缺水地区人民服务呢?经过分析研究,提出可否用核技术找矿的方法寻找地下水源?这一提议得到了多方面的响应,铀地质学会的同志更是积极,此法如果成功,也为铀矿地质"转民"找到一条出路,可是从哪里开始呢?了解情况的同志提议到山东平阴县去,因为那里是老解放区,严重缺水,老百姓只能靠积贮雨水过日子,生活非常贫困,县政府曾投资30多万元打井,没有结果,如果能在那里找到地下水源,那就是最大的成功。于是决定1982年在山东省平阴县召开核技术寻找地下水研讨会。内蒙古、陕西、山西等一些长期缺水地区的有关领导纷纷赶来参加研讨会。75岁高龄的王淦昌亲自带队前往平阴主持会议。平阴县的领导非常重视这次会议,尤其是对王淦昌这位世界著名的科学家、中国科学院院士、全国人大常委、全国科协副主席、二机部副部长如此重要人物的到来更是喜出望外,当然要给予全县最高规格的接待。这个县政府机关的建筑是清一色的普通平房,县招待所是最高级的接待外宾处所,可是室内没有上下水,更没有卫生间,只有室外公共厕所可供使用,使大家深深体会到这个县的贫困程度,幽默地说这个县是政治上解放了,经济上还没有摆脱贫困!平阴附近的东阿,生产的阿胶闻名天下,但做阿胶用的两个泉眼不出水了,他们邀请来到平阴开会的地质专家前往咨询。会前,王淦昌与南京大学教授萧楠森、核工业地质局物探处处长和核学会副秘书长吕广义等乘一辆面包车前往东阿。谁知在平坦宽阔的公路上,司机为避开前面右拐的大卡车而整车顺着路边的斜坡滚了两滚掉到沟里,幸好车中的吕广义秘书长机警,一开始就大喊:"大家抓紧!大家抓紧!"才没有造成重大伤亡。王淦昌的头部碰破了,同志们都为他的健康担心,他却不忘开会的事情,拒绝上济南医院,稍事休息后,他对吕广义说,下午的研讨会照常开。在他的心目中,不能因为自己出了点事就耽误大家开会。当天下午,王淦昌头上裹着纱布在研讨会上作报告。他强调在已知地貌的地区,采用核技术方法与地质学方法一并进行比较,促进核科学技术在寻找地下水源方面发挥作用。他那种忘我工作的精神使与会代表深受感动。研讨会开过后,核工业部从山东的地质大队调来了一台钻井设备,并在兴隆镇开钻,果然第一眼井就打出了水,当地民众手捧着清清的井水,兴奋得掉泪,大家欢呼雀跃,奔走相告,称之为获得第二次解放。后来又打了一眼水井,供农用水。

　　王淦昌还经常指示中国核学会大力开拓民间学术交流渠道,加强国际学术交流与合作。他多次率团出国访问,并邀请国外专家来华访问考察,探讨合作的途径和方法。只要时间允许,他都是亲自会见并出面组织报告会或座谈会。1983年10月,中国核学会邀请美国核学会主席、比奇特尔动力公司总工程师米尔顿·利文森率领的代表团到中国进行核能学术交流,王淦昌亲自出席招待会,并指出中美核合作的前景是广阔的,希望早日签订双边合作协定,以促进双方核能合作的深入发展。为了使这种交流和合作经常化,王淦昌还推动中国核学会与美国、加拿大、德国、法国等核学(协)会签署了合作协议,互相通报国际会议信息,共同召开国际会议,开展专家互访,交换学术刊物,从而加深了解与合作。

　　1983年9月,王淦昌率中国核学会代表团参加在加拿大召开的第四届太平洋沿岸国家(地区)核能会议,并在会上邀请第六届会议在北京召开。1987年在北京召开的第六届太平洋沿岸国家(地区)核能会议有22个国家和地区的450名代表参加。会上李鹏总理就中国发展核电的政策作了重要讲话,国际原子能机构总干事布利克斯博士亲自到会作报告。正值我国核电起步的时刻召开这样的会议,不仅在技术上了解到各国20世纪90年代发展核能和核技术的趋向,也促进了我国核事业的发展,坚定了发展核电的信心。

王淦昌对中国核学会的组织发展也极为重视,在他的领导和推动下,先后在核学会下成立了17个专业委员会,有20个省(市)成立了省(市)级的核学会。他对学会的领导除紧密依靠理事会发扬民主实行集体领导外,对核学会办事机构的工作,则更多地给予具体指导,重视为大家创造生动活泼的工作环境。王淦昌还十分重视办好核学会的一级刊物——《核科学与工程》,并担任长达十五年的主编工作。在他的领导下,这个刊物质量高、信誉好,深受广大核科学技术工作者的信任、欢迎和喜爱。

1984年4月,中国核学会第二次代表大会在北京举行,王淦昌在会上致开幕词。在这次大会上,王淦昌与钱三强、赵忠尧、张文裕一起被全体代表推举为核学会名誉理事长。在此之后,他依然参加核学会的重要活动,依然对中国核学会的工作给予许多关心、支持与指导。1986年8月和1993年8月,王淦昌两次参加中国核学会与有关新闻单位举办的青少年原子核知识竞赛和核能知识竞赛的授奖大会。

中国核学会的同志们将永远学习王淦昌理事长热爱学会事业,献身学会事业的精神,以他为榜样,把中国核学会的工作做好,为我国核科学技术的发展做出自己的贡献。

注:本文原载《物理》2007年第36卷第5期。

学界泰斗　科学大师

中国工程物理研究院党委

2007年5月28日,是世界物理学大师王淦昌诞辰100周年纪念日。王淦昌是我国实验原子核物理、宇宙射线及基本粒子物理研究的主要奠基人和卓越开拓者,为我国基础物理研究、"两弹"突破、高技术发展作出了重要贡献。他自1961年至1978年,历任二机部九所(中国工程物理研究院前身)副所长、中国工程物理研究院(以下简称中物院)副院长。值王老百岁华诞之际,我们撰写此文,缅怀先生功绩,追忆大师风范,以策后世来者。

2002年10月,王淦昌雕像落成揭幕仪式,中国工程物理研究院朱祖良院长(右5)等领导合影

王淦昌自1930年起投身科学研究,到1998年逝世,从事科学事业近70年。1931年,王淦昌在德国就读研究生期间,提出可能发现中子的试验设想,几个月后英国科学家查德威克按此思路进行试验发现了中子并获得诺贝尔奖。1941年,王淦昌在国际上第一个提出《关于探测中微子的建议》,引起了物理学界的轰动。20世纪50年代,他在国内首创并奠定我国宇宙线研究的基础,使我国的宇宙线研究进入当时国际先进行列。1959年,王淦昌在苏联杜布纳联合原子核研究所领导一个小组发现了"反西格马负超子",成为当时世界物理学界的重

大发现,他因此在1982年获得国家自然科学一等奖。1961年起,他作为核武器研制的主要科技领导之一,开拓和领导了核武器物理实验研究,为我国原子弹、氢弹原理突破及第一代核武器研制做出卓越贡献,1999年被追授"两弹一星"功勋奖章。1964年,王淦昌提出激光惯性约束核聚变设想,开辟了一个崭新的研究领域,为和平利用核能指出了新的研究方向。1986年,王淦昌与其他科学家联名向中央提出发展高技术的建议,由此形成发展高新技术的"863"计划。

对王淦昌一生的成就,曾有评论说:"任何人只要做出其中的任意一项,就足以在中国科技发展乃至世界科技发展历程中名垂青史。"王淦昌以终身不懈的追求和探索,在世界物理学和中国科技史上写下了光辉篇章。

"与西方核大国比,谁赢得时间,谁就主动"

1960年年底,王淦昌在杜布纳研究所任期届满,谢绝了苏方的挽留,回到中科院原子能所,并把在苏联省下的14万卢布全部捐献给了正遭受自然灾害的祖国。

1961年4月3日,二机部部长刘杰、副部长兼原子能研究所所长钱三强紧急约见王淦昌,向他传达了中央关于研制核武器的决定,请他参加领导原子弹研制工作,王淦昌的回答只有一句话:"我愿以身许国。"从此,他化名"王京",加入到国家最高核心机密——原子弹研制工作中,从学界和公众视野消失了整整17年。当时,王淦昌已54岁,正是从事物理实验研究的黄金时期,他在基本粒子和实验物理研究领域已取得许多重要成果,几乎所有人都认为,只要他继续研究下去,一定会取得更大成就。但是,他毅然放弃了自己得心应手的物理学基础研究工作,投入到一个全新的领域。多年后,说起当时毫不犹豫的决定,他说:"我认为国家的强盛才是我真正的追求,那正是我报效国家的时候。"

1963年,王淦昌作为第一颗原子弹冷实验的总指挥,大到实验方案的设计、数据资料的收集整理分析,小到实验场每只雷管的安装,他都亲自督阵甚至动手,要求大家做到"万无一失"。第一颗原子弹爆炸前,已57岁的王淦昌亲自坐着吊车,到爆炸塔顶对装置进行验收,看雷管是否插到位、探头安装是否可靠、电源是否全接通……1964年10月16日,我国第一颗原子弹爆炸成功。1965年1月,毛泽东主席明确指出:"原子弹要有,氢弹也要快。"按照中央的要求,以王淦昌、于敏为代表的科技人员怀着强烈的责任感和使命感,众志成城、努力攻关,很快攻克了第一颗氢弹的关键技术。1967年6月17日,我国第一颗氢弹爆炸成功。从第一颗原子弹爆炸到第一颗氢弹爆炸,美国用了7年,苏联用了4年,英国用了4年,我国仅用26个月,赶在法国之前实现了氢弹突破,引起世人震惊。

1969年初,中央决定进行第一次地下核试验。当时,核大国对我国发展核武器设置重重障碍,我们必须以最快的速度通过地下核试验这一关。王淦昌作为地下核试验的倡导者和领导者,深知这项任务的重要性和紧迫性。然而,正值"文化大革命"时期,研究院许多党政干部、科技人员都被扣上了"走资派"、"反动学术权威"、"叛徒"的帽子,车间无人生产,车队无人拉产品……青海核武器研制基地处于半瘫痪状态。面对这种情况,王淦昌非常着急,白天他深入到两派群众中去做工作:"我们的时间很宝贵,与西方核大国比,谁赢得时间,谁就主动",劝大家"要顾全大局,以国家利益为重,团结起来,共同做好地下核试验工作"。晚上他又到职工宿舍去,挨家挨户动员业务骨干、科技人员、工人重返岗位参加科研生产。在那个特殊的时期,年过花甲的王淦昌,在条件恶劣的青海基地,背着氧气袋,四处奔波,以自己的拳拳之心,奇迹般地化解了不同阵营间人们的对立情绪,共同在国家利益的旗帜下精诚合作,使第一次地下核试验取得圆满成功。

"科学上的新追求,才是我的最大兴趣"

王淦昌一生致力于科学研究上的求新与创造。他曾说:"科学上的新追求,才是我的最大兴趣。"不断追求真理的创新精神和优秀的科学素养,使他的名字始终和科学上的重大发现与创新紧紧联系在一起:探测中微子,宇宙线研究,发现反西格马负超子,两弹突破,大型X光机,惯性约束聚变……中国工程院副院长杜祥琬院士说:"他(王淦昌)始终代表着科学研究的方向,努力求新,不断追求新的超越。"

1961年,和王淦昌一起调入二机部九所担任技术领导的还有理论物理学家彭桓武、空气动力学家郭永怀。他们三人分别主管实验研究、理论研究和设计研究,被公认为是核武器研制领域的三大支柱,在当时被邓稼先(理论物理学家,中科院院士,后担任中国工程物理研究院院长)亲切地称作"三尊大菩萨"。

王淦昌渊博的专业知识、丰富的基础研究经验和深刻的洞察力,使他在核武器研制过程中发挥了极为重要的作用,无人可代替。

核武器研制是一项涉及众多学科、庞大复杂的科学工程。到中物院不久,王淦昌和其他领导人一起勾画出研制工作的顶层设计,抓住研制核武器所必须解决的重大学科问题和关键技术,把复杂的系统问题进行分解,列出各个子课题,区分轻重缓急,组织不同学科的研究人员进行研究。他随时了解并总结大家的研究结果和遇到的问题,及时分析调整,使两弹研制在选择阶段目标和技术途径上没有走大的弯路,进度很快。

当时实验条件差,设备仪器都很缺乏。为了诊断内爆过程,王淦昌首先提出,并和大家一起研制成功国内第一台脉冲X光机和相应的诊断探测设备,这些开创性的工作为两弹突破起到重要作用,开拓了核武器物理实验研究的新领域。从1962年第一台高能闪光X光机建成开始,王淦昌念念不忘要建造大型X光机,他说"不搞出大型X光机,我死不瞑目。"20世纪70年代,王淦昌领导科研人员研制成功国内第一台6兆伏油介质脉冲X光机,20世纪80年代又研制出强流电子直线感应加速器。后来他提出要研制10兆电子伏、20兆电子伏的大型加速器。他的这些设想,在近二三十年里,正逐渐变成现实科研成果,深刻影响着核科学技术的发展。

王淦昌调离中物院以后,仍然关心并影响着核科学技术事业的发展方向,多次参加中物院的发展战略研讨会。以他非凡的洞察力,在1992年就一针见血地指出:院工作应该核武器、高技术、军转民三条线。这为以后中物院科技事业的发展指明方向。

1986年3月,王淦昌与王大珩、杨嘉墀、陈芳允联合向中央提出《关于跟踪研究外国战略性高技术发展的建议》,建议发展对国家未来经济和社会有重大影响的生物、航天、信息、激光、自动化、能源和新材料等高技术,力求缩小我国与先进国家间科技水平的差距,在有优势的高技术领域创新,解决国民经济急需的重大科技问题。仅隔两天,邓小平就在建议书上批示:"此事宜速作决断,不可拖延!"科学家的胆略智慧和政治家的战略眼光相结合,催生了举世瞩目的战略性高科技发展计划——"863"计划。"863"计划实施20年来,不仅突破和掌握了一大批关键技术和核心技术,而且为国家培养了一大批高技术创新人才,为国民经济、社会发展和国防建设做出了重要贡献,在提升我国自主创新能力、提高国家综合实力等方面发挥了重要作用。"863"计划已经成为我国高技术发展的一面旗帜。

1992年,王淦昌的学生、诺贝尔物理奖获得者李政道问王老,最为满意的一项研究是什么?王淦昌的回答令人意外,他最满意的研究既不是发现反西格马负超子,也不是探测中微子的建议,而是1964年提出的激光引发氘核出中子的想法。因为该想法开辟了惯性约束聚变这个全新的重要研究领域,第一次有可能在实验室里创造出类似星球内部的高温高压条件,而且有可能使人类实现热核聚变的和平利用。

在王淦昌的倡导和大力推动下,我国激光惯性约束聚变研究于20世纪60年代中期起步,70年代中期中物院和中科院上海光机所组成联合研究小组,各取所长、集智攻关。到今天,曾任中物院院长、亲自参与激光惯性约束聚变研究的胡仁宇院士还记得,当年王淦昌再三强调"合则成,分则败"时殷殷嘱托的样子。1992年,在王淦昌、于敏等人的推动下,激光惯性约束聚变作为一个独立主题列入了国家"863"计划,获得了国家长期稳定的支持。从独立提出用激光打靶实现核聚变的设想,到亲自组织力量开展研究,他是当之无愧的世界激光惯性约束聚变研究的奠基人之一。

"个人只是沧海一粟,离开了团队将一事无成"

爱因斯坦曾说过:"第一流人物对于时代和历史进程的意义,在其道德品质方面,也许比单纯的才智成就还要大。"王淦昌正是以自己崇高的精神和人格,赢得了大家的尊重与爱戴。

1982年,王淦昌辞去核工业部副部长和原子能研究所所长的职务,领导一个小组,继续从事激光核聚变研究。古稀之年,辞去"大官"做"小官",他仍坚持阅读文献,指导科学研究,始终保持着对未知领域的好奇和敏感,始终关注着世界科学发展的新动向。杜祥琬院士回忆,王老去世前一个月,他们到病床前向王老汇报激光实验的最新成果时,已说不出话的王淦昌从被子里艰难地伸出手来向大家抱拳致意,并翘起大拇指以示赞许。

从两弹突破时期开始,王淦昌就非常关心年轻人的成长,注重培养和锻炼一支年轻的科研技术队伍。他把关键问题分解后,就放手交给年轻人去做,同时又对他们提出严格要求,经常检查他们的原始记录,肯定他们工作上的点滴进步,也指出缺点和不足,帮助他们解决遇到的难题,使这支平均年龄只有29岁的科技人员队伍迅速成长起来。他科研作风严谨踏实,对工作极端认真负责,又虚怀若谷,从不以权威自居,在日常科研工作中虚心听取不同意见。每次学术讨论会上,王淦昌都认真倾听别人发言,遇到不熟悉的问题都会向主讲人询问,哪怕对方是刚出校门的年轻人。曾担任中物院院长的胡思得院士说:"那时,我是刚走上工作岗位的大学生,王老碰到我们,说我们是搞理论物理的,要向我们学习。"

王淦昌认为,必须在学术研究上创造"百家争鸣"的环境,在热烈的讨论中,才可能迸发出更多的学术火花和创新思想。建院初期参加工作的老同志至今还常常忆起当年两弹突破时极为活跃的学术氛围,以王淦昌为代表的老专家们严肃认真、谦逊待人的作风如春风化雨,潜移默化地影响了中物院一代又一代科技队伍,成为核武器科技事业代代相传的重要精神力量。曾长期在王淦昌领导下从事近区物理测试的华欣生研究员谈到,他们去探望王老,提到他德高望重,是我国本土极少数可以问鼎诺贝尔奖的候选人之一时,王淦昌谦逊地说:"工作都是大家干的,个人只是沧海一粟,离开了团队将一事无成"。

1990年,王淦昌亲自带领一个小组进行准分子激光研究。在研究小组阶段性成果鉴定评审会上,他却说:"100焦耳,光束质量不好,没有用,没有用。"连说两个"没有用",给与会者留下非常深刻的印象。时任评审委员的杜祥琬院士至今回想起来还不禁感慨:"他在科学研究上始终秉承了实事求是的态度,甚至在评审会上否定自己小组的研究成果。"

王淦昌曾担任20年的大学教授,桃李满天下,现在国外的李政道等科学家都是他的弟子。在国防科研领域,他言传身教,影响和造就了一大批人才。周光召、邓稼先、于敏、陈能宽、程开甲、杜祥琬、胡仁宇、胡思得、唐孝威、吕敏、丁大钊、王乃彦、贺贤土……这些在各自领域中闪闪发光的名字,都曾在他的直接指导下得到成长。

"云山苍苍,江水泱泱,先生之风,山高水长。"王淦昌以国家利益至上,坚持真理、不断求索、谦逊严谨、不计得失的特殊品格和美德,为我们留下了一代师表的光辉形象,必将成为中物院人心中永恒的楷模和不朽的精神力量,感召着一代又一代科技人员专注事业、超越过去,为我国核科学技术的持续发展作出新的更大的贡献。

注:本文原载《人民日报》2007年5月26日。

王淦昌先生永远是我最崇敬的老师

——王老与我国高能加速器事业

方守贤

王淦昌先生在实验核物理宇宙线及基本粒子研究方面的卓越贡献,在国内外享有很高的声誉,已是广为人知。但他对我国高能加速器事业的贡献很少有人谈及。

1955年底,我大学毕业后被分配到中国科学院近代物理研究所,在徐建铭同志的指导下,学习电子同步加速器理论设计。当时钱三强、王淦昌等名教授都是我们这些年轻人的偶像,在我们心中有至高无上的地位,但苦无机会得到他们直接的教诲及指导。

1957年初,参加加速器设计的十多位同志被派到苏联去实习,负责理论设计的肖意轩同志和我被安排在莫斯科的列别捷夫物理研究所实习,学习加速器相关知识并进行初步理论设计。而设计组组长徐建铭同志及一些相关的工程人员被安置在列宁格勒的加速器设计院实习。令我特别高兴的是,与莫斯科方面业务上的直接联系人就是王老,这使得我有机会能直接聆听他的教导。由于王老在杜布纳联合核子研究所工作,杜布纳离莫斯科有七十多千米。当时的交通还欠发达,短短的七十千米要坐上两个多小时的汽车。即使如此,每逢王老到我国驻苏联商务处去办事时,就必然会亲自到我们住的旅馆与我们畅谈,对我们的学习和工作情况仔细询问,深入了解。王老当时已是一位物理学界的泰斗,但他没有一点架子,十分平易近人,和蔼可亲,与他相处十分自然,可谓良师益友。虽然王老对加速器设计并不熟悉,但他非常谦虚,十分好学,不耻下问,他喜欢打破砂锅问到底,要求我们从根上回答他的问题,有时候还在他带的小本子上记上几笔,真是令人又敬佩又感动。他的问题颇有启发性,令人深思,受益匪浅。他对年轻人关怀备至,生怕我们这些初次出国的人不习惯国外的生活,尤其是吃不惯西餐,所以每次来都要把我们带到富丽堂皇的莫斯科北京饭店去品尝祖国的美味佳肴。他在百忙之中还关心我的生活,1959年我父亲在上海去世,当时经济上及时间上均不允许请假回国,王老得知后,特地从杜布纳打电话安慰我,令我十分感动,使我感到只能加倍努力才能对得起他无微不至的关怀。

当时我们的主要的任务是在苏联专家指导下设计一台能量为 2.2GeV 的电子同步加速器,这是 1956 年"十二年科学发展规划"中确定的我国高能物理发展第一步计划。它是一个既十分先进,又较符合我国国情的方案。但在 1958 年的"大跃进"形势下,当王老奉命回国汇报时,却遭到一些人的批判,认为这方案既保守又落后,要求建造一台能量更高的 15GeV 的质子同步加速器。回忆当时,王老在回到莫斯科向我们传达此新任务时,思想上对这一方案还是很有保留的,因为当时西欧及美国正在建造的世界上最大的强聚焦加速器,其能量也只有 28GeV。而苏联当时已有的最大加速器能量也只有 7GeV,国内的要求显然超过了实际及可能。果然,这一要求令苏联专家感到十分惊讶与为难,勉强同意帮助我们设计一个以他们现有的 7GeV 的加速器为基础进行修修补补的方案,其能量最多也勉强提高到 12GeV。可想而知,这是一个什么样的凑合方案了。王老坦率地发表了自己的想法,认为这一方案超过了当时的国力,不可能成功。他主张应积极地向上反映这一方案的不合理性,争取把方案变回来。当时他很严肃地对我说,作为一个科学家,应该始终保持严肃认真的科学态度以及实事求是的治学作风,坚持真理,正确的观点不能为当时政治上的压力所左右,这才是对祖国事业的忠贞不渝。王老的教诲与他的言传身教给我留下了深刻的印象,对我一生做事做人做学问的准则与方法产生了不可磨灭的影响。

在我后来的数十年工作中,我几乎参与了国内所有加速器方案的论证,每当加速器工程各种方案面临"上上下下"决策的关键时刻,王老当时的形象和教诲就会浮现在我的脑海中。他的教导成为我遵守的准则。

不出所料,随着国内政治形势的变化以及经济上的困难,不但这一方案很快被钱三强同志否定了,而且连 2.2GeV 的电子同步加速器也被搁浅了。

1958 年在苏联杜布纳
(左起:方守贤,刘乃泉,王淦昌,王祝翔)

挫折使人们清醒,脱离国力的方案是不可能实现的。当时杜布纳的核子所研制成世界上第一台中能强流螺旋形回旋加速器。在王老领导下的杜布纳物理组通过详细研讨,认为π介子物理是当时的前沿课题,并提出建造一台更适合我国国力的能量为450MeV的中能强流加速器。为此,一个以物理研究所力一副所长为首的加速器设计组被派到联合核子所,在该所的专家帮助下进行初步设计。作为设计组的成员之一,我也被派到杜布纳工作。虽然,王老并不直接领导我,而且他已成为联合核子所的副所长,除了繁忙的高能物理方面的科学研究外,还担负一定的行政及社会活动,但他仍然十分关心我们加速器的设计工作,每逢见到我,一定要问长问短。所以,我与王老的接触机会就多得多了,在敬重之余增加了很多亲密感,大约每隔一、两个月王老一定会请我与他的学生丁大钊、王祝翔等到他家去叙叙,王师母必亲自做丰盛的常州菜招待我们。在饭桌上除了进行学术畅谈外,也是王老谆谆教导我们如何做人做事做学问的好场所。王老真是我们年轻人的好导师,他就像一个强磁场,把我们年轻人凝聚在他的周围。

王老的生活十分简朴,在20世纪60年代回国时他把多年来担任副所长积蓄下来的大量外汇薪金全部上交给了国家。他说,我们的国家还很穷,建设需要外汇,我们能出来都是国家给的机会,我们能出点力就出点力。这充分反映了王老崇高的爱国情操。我和很多年轻人都深受感动,均以王老为楷模,在回国时也把积攒下来的一些外汇上交给了组织。

20世纪60年代初,三年困难时期,上述420MeV回旋加速器的方案也被取消了,高能事业也由于"文化大革命"被中止了十多年。而王老也因为接受领导研制"两弹"的任务而隐姓埋名,我与他的联系也中断了十多年。到"文化大革命"后的1978年,他重被任命为原子能所所长时,我们才恢复来往,但我已离开该所而在高能物理所从事加速器设计,业务上的接触不多,大多都是在春节一年一次拜年时才能再见到他慈祥的目光,聆听他的谆谆教诲。

1988年年底北京正负电子对撞机建成,在人民大会堂召开庆祝大会,王老亲自参加并向我祝贺,我从内心里感谢他的栽培。我对他说,您开创的事业终于成功了。他说:"感谢党、感谢小平同志、感谢你们高能所的全体同志的努力,你总算没有辜负人民对你的期望"。王老的这句话令我很激动,在我心里的分量很重,是对我最大的奖励。

王老虽然离开我们了,但他的精神永存,他永远是我最崇敬的老师。

注:本文作者系中国科学院院士,中国科学院高能物理研究所原所长。

科学泰斗　以德感人

华欣生

王淦昌老师离开我们已近十年，但他的音容笑貌却依然历历在目，他的科学造诣以及治学为人永驻在我们心中。在纪念王淦昌老师诞辰100周年之际，我深感有一件事必定要做，那就是以自己亲身经历回忆王老，叙述自己的感受和认识，以寄托对王老永恒的怀念和敬意。

1961年年底，我从苏联学习毕业回国，奉调参加九院工作，有幸在王老直接领导下工作。在这个群体里有唐孝威、胡仁宇、王乃彦等许多王老培养的出类拔萃的学生，我能亲身感受到科研群体里杰出的学术氛围和作风，接受熏陶，终生难忘。而王老师无疑是我最敬仰和对我影响最深的老师。

核弹先驱　功勋卓著

正当王淦昌先生精力充沛地潜心驰骋于基本粒子的微观世界王国里时，由于党和国家的挑选，他的科学生涯来了个急转弯，奉命参加核武器研制工作。1960年年底，王老从苏联杜布纳联合核子研究所奉调回国。1961年3月，二机部部长刘杰和钱三强找他谈话传达中央领导决定时，他迸发出了一句话："我愿以身许国！"王老以淳朴的语言表达了自己在科学生涯的转折关头的激动心情。于是他更名王京，隐姓埋名整整17年。从此默默无闻、呕心沥血于核事业。

王老经常深入研究室班组，他待人诚恳、直率、坦荡，他既是大科学家、领导，又是长者、老师、同志和知心朋友，毫无官架子，平易近人，我们很快就成了他办公室和家中常客，渐渐地习惯了他的工作方式。他对我们很严格，但我们由衷地喜欢在他直接领导下工作，有了问题愿意找他请教，主动参加有他参加的学术讨论会。

在原子弹研制初期，从实验上掌握和突破爆轰物理、炸药工艺是一个十分艰难的领域。核武器动作离不开炸药做功，从雷管动作开始直至主装药做功，驱动和压缩核材料，国内学术界在当时几乎是空白。当时作为冷试验委员会主任的王老，与陈能宽一起和周围年轻人群策群力地自己动手，从火工品研制和炸药配方做起，奔波于实验室和长城脚下的十七号工地，一步一个脚印地经过上千次的爆轰物理实验、动高压物理和中子物理等实验研究和元部件检验验证,在以王老和陈能宽为首的冷试验指导委员会直接指导下,精心设计和安排了几次重大的全尺寸聚合爆轰实验,为1964年10月首次原子弹试验成功奠定了基础。

核武器研制和发展,离不开核物理实验诊断,而这正是王老的专业行道,从爆轰测试到中子点火试验,从冷试验到热试验,从塔爆、空爆到突破地下核试验近区测试技术关,王老不知花了多少个日日夜夜,出了多少个点子。从完善物理方案、探测器的选择、标定实验到抗干扰措施;从测爆炸当量、核辐射测试以及当场活化等;从最早的一个物理实验组发展到强辐射脉冲诊断研究室的人才队伍,都凝聚着王老的心血和汗水。1966年12月28日进行塔爆氢弹原理试验,为了测量产品出壳高能γ聚变反应时间谱,我们在制订实验方案时坚持"沙里淘金,去伪存真",从总γ本底高出被测信号许多量级下选取真实信号。为防止辐射本底γ,工程布局上在契仑柯夫探头周围安放屏蔽材料两吨多重的铅,将被测契仑柯夫探头准直安排于垂直离地面7米左右没有梯子的地下猫儿洞里。当时已60多岁的王老跟着我们一样顺着铁手架爬进爬出猫儿洞,实地考察实验工程布局。为了尽快掌握地下核试验测试技术,在20世纪60～70年代,他克服了平常人难以想象的困难,通过三次地下核试验,基本过了测试技术关。当时已是室领导的我,亲身感受了他是如何在科研第一线,指导我们选择地下试验条件、选择测试参数,克服与实验室完全不同的难度,选好实验方案,鉴别真伪信号,取得丰硕结果。

在1964年12月,王老就提出激光引发氘核出中子的概念,在1965年又提出用多束激光聚焦打靶进行聚变研究。在20世纪60年代末期,王老亲自领着我们深入调研、论证,与上海光机所联合进行打靶物理实验,还专门写了推荐信,并要我携信去找科工委朱光亚主任,专题汇报惯性约束聚变研究问题。在决策研制建造高功率钕玻璃激光神光和星光装置阶段,在王老指导下,我们参与十多次的论证和规划会议,跟着王老、方正知教授等多次专程去上海光机所,选写了十多份论证报告、方案和纪要。20世纪80年代,我们在联合建成的星光、神光装置上,得到很好的物理结果。在此基础上,1989年1月,王老联同王大珩、于敏、邓锡铭和贺贤土同志一起致信中央,建议将激光核聚变列入"863"高技术计划。回溯往事,早在1984年9月,王老就向当时国家科委建议将受控核聚变能源开发列入国家长远规划,终于在1993年,我国将惯性约束核聚变列入"863"计划。王老自始至终关心惯性约束聚变和受控聚变能源问题,身体力行强调团队精神,不打"杂牌",要打"中国牌"。

在九院人心目中,王老不仅是"两弹"突破时的功勋元老,第一代核武器研制实验研究和组织领导者,在爆轰试验、固体炸药工艺、新型炸药研究、高功率脉冲技术以及核试验诊断技术等方面,进行了许多开创性奠基工作。在20世纪80年

1990年11月王国光(左一)、王能明(左二)、王淦昌(右二)、华欣生(右一)在中国工程物理研究院成都招待所

代为九院高技术研究和"863"计划作出重要贡献。而且更突出地为九院培养了一支善于科学攻关、能打硬仗、不计名利、默默无闻、富有创新精神的科研群体。

生命不息　奋斗不止

王老以他一生科学家的品质,教育我们要思想敏锐、不断创新,对科学问题要经常问几个为什么。王老经常与我们晚辈谦逊淳朴地讨论一些学术问题,我们也从这些毫无拘谨的讨论中获得教益。1967年,在与王老的接触中,我们大胆设想在地下试验中启用热核指示剂方法用于产品测试工作;20世纪70年代初,我们常到王老家去探讨切磋惯性约束聚变研究问题;还与他讨论过利用针孔照相用于热试验测试问题。记得1974年,我收到他的一封信,他在信中与我充分讨论γ激光产生的物理机制与可能性,选用何种同质异能素等问题,使晚辈们看到在他身上那种孜孜不倦追求真理、探索未知的超前意识和创新精神。

在王老过80岁和85岁生日时,我和我的同事曾一起带着鲜花去他家祝贺,他总是鼓励我们说,对他的最好祝贺,莫过于做出科研成果来,希望我们以他为鉴,要比他做得更多、更好、更强。1998年9月底,我和同事们一起去北京医院探望病中的王老,提到他德高望重,是我国大陆极少数可以问鼎诺贝尔奖的候选人之一。他听到这样的评价后谦逊地说,他的工作只是沧海一粟,工作都是大家干的……离开了团队将一事无成。

是啊,只要王老的心脏还在跳动,他便永远心系祖国,心系科学和未来,永远不知疲倦地耕耘,而从来不忘那亲密无间、不分上下的团队精神。

浩然正气　捍卫真理

1969年,我们在王老的带领下,在十分艰难困苦的条件下,在二二一基地进行我国首次地下核试验准备工作。那是一次在戈壁滩花岗岩层里的平洞试验，由于任务紧、工程大，科技人员和战士们并肩在坑道里工作。然而，这里的通风条件跟不上，还不时地冒出氡气，浓度超剂量不断增加……王老发现问题后及时采取一系列有效措施，如不允许在洞内饮水吃东西，防护口罩改用一次性的等，并组织技安部门昼夜防护检测。在确信坑道安全后，才让大家进洞作业。没想到，王老的做法却遭到莫须有的批判，罪名是"扰乱军心"，"活命哲学"。王老立即反驳说，什么"活命哲学"，这是科学！科学最讲实事求是。就这样，我们终于排除干扰，克服重重困难，成功地完成了首次地下核试验。

1976年1月8日，敬爱的周恩来总理去世，王老和九院同志们极为悲痛。清明节那天，九院人自发组织去天安门送花圈，事先并未告诉王老，但王老得知后却执意要和大家一起去天安门参加悼念活动。他步行走在队伍前列，寒风之中泣不成声地细数周总理对我国核事业的关怀与爱护。当时，"四人帮"借此追查背景、发信调查，给参加悼念活动的群众造成极大压力。王老挺身而出质问调查者："悼念总理有什么罪？！""这次活动是我自愿去的……"他用自己的铮铮铁骨捍卫了真理。

精神楷模　师传万世

王老的学生、同事遍布国内外，桃李满天下，师表传万世。他生活朴素、胸怀坦荡、敢讲真话，也能倾听不同意见。他总是以一分钟也不能耽误的急切心情，只争朝夕地拼命工作，争分夺秒地搞科研。他提出科研工作没有星期天，只有星期七。他在工作中从不争功诿过，从不妒贤嫉能，团结同志一道工作。他从不摆老前辈、大科学家的架子，诚恳待人，关心年轻一代成长。那时我们去九院院部开会时，总愿意到他家看望他，更主要的是利用这样的机会可以无拘无束地请教他。周围同志遇有各种困难时，他总要伸出援助之手帮助别人。我们近区测试研究室原有一位普通科技人员叫张颂正，20世纪80年代初已调到湖南省衡阳市工作的他不幸得了癌症。他去北京求助于王老，王老毫不推诿地帮助他到处求医。王老对身边工作人员也极其关怀，无论是科技人员、行政人员、秘书、司机或警卫员，无不感到王老的可敬可亲。20世纪80年代，他回九院参加重要会议，时间再紧也要去看望他的部下和后勤秘书，树立了科学家、知识分子与党政干部、科研后勤人员之间同志式互相尊重、团结和谐的典范。王老为我们留下了一代师表的光辉形象，在我们心目中是永恒的楷模。

王老是"两弹一星"精神的缩影，是"一位高尚的人，纯粹的人，脱离了低级趣味的人"，他为我们留下了一笔巨大的精神财富。他的热爱祖国、追求事业的献身精神；自力更生、艰苦奋斗的创业精神；治学严谨、思维敏锐、勇于攀登、永不停顿的顽强创新精神；协同攻关、不计名利的集体主义团队精神；刻苦学习、谦虚勤奋的钻研精神；以及作为优秀科学家的崇高品德、谦虚坦荡、以德感人……是我们终身学习的楷模。

注：本文作者系中国工程物理研究院研究员。原载《中国核工业报》2007年5月25日。

大师之风　山高水长

刘　蕾

　　我有幸,在这样一所学校学习:她与杰出的核物理大师有不解之缘——她的校名由诺贝尔奖获得者李政道先生亲笔题写;校园内的雕塑、题词、一草一木都深深烙上了这位大师的印记;大师的精神深深地渗透进全体师生的一言一行。这位大师就是著名核物理学家、"两弹一星"功勋奖章获得者、享誉世界的大科学家、伟大的爱国者王淦昌先生。这所学校就是以大师的名字命名的王淦昌中学。

——题记

　　王老,您是核物理界的大师。您为世人传颂的,不仅在于您在核物理领域为国家、为世界做出的杰出贡献,更在于"献身科学、报效祖国"的人格魅力和道德风范。您在中学、大学就参加爱国学生运动,亲身经历了"五四"运动示威游行、"五卅"反帝爱国运动、"三·一八"反帝示威游行;抗战期间,您亲赴前线慰问抗战将士,将夫人的陪嫁首饰悉数捐献作为抗战物资;你学成后毅然归国只是因为"科学是不分国界的,但科学家是有祖国的,我要回去为她工作";您隐姓埋名,深入戈壁荒漠搞原子弹那是因为"我愿以身许国"!您关心教育科学事业,将一笔又一笔的奖金捐献给国家,捐献给研究院;您一生所得的最后一笔50万元资金,设立王淦昌物理奖,另有10万元捐献给故乡的学校,成立王淦昌奖学基金——情系桑梓,泽被后世!您一辈子不为名利所累,过着平凡而伟大的生活;您的物质生活,还赶不上故乡先富起来的农民,只是在您的书房,珍藏着常人看不完也看不懂的书。古今中外,能有几人哉?

　　您为国家无私奉献一生,为人谦逊,爱护学生,以自己的高尚人格感染了一大批学生,用自己高超教学艺术和丰富的学术成果造就了一大批学生。这些都是我校得天独厚的宝贵精神财富,王老精神是我校师德教育不可或缺的优质资源。在王老精神的感召下,我校涌现出了一批又一批师德高尚、教技精湛的优秀教师。老师们夙兴夜寐,为的是学生;李琴老师忙于高三教学,以至于女儿不叫妈妈叫阿姨,为的是学生;张书来老师赶到父亲的病榻前,父亲已经永远离他而去,为的也是学生。陈卫东副校长是全国模范教师,他在随笔中写道:"当我帮助掉队的孤雁跟上前进的队伍时,我感到幸福;当我用真诚的钥匙开启一扇扇心灵之门时，我感到幸福；当我用信念的犁铧在灯下辛勤劳作时，我同样感到幸福。"王老，请放心，我们可敬可爱的老师，正在用实际行动实践我们的誓言：一切为了学生、为了一切学生、为了学生的一切。

王老，您说过："一个人事业的成功，一是要勤奋，二是要有机遇，三是要聪明，勤奋最重要"。您也说过："知识在于积累，才智在于勤奋"。"业精于勤，勤能补拙"是您最喜欢的一句名言，您把这八个字赠予我们学校，勉励我们勤奋工作、勤奋学习。王老，我们已经把"勤"字作为校训，我们会像您一样，勤学、勤思、勤问、勤练、勤实践。王老，正是在"业精于勤，勤能补拙"的感召下，我校紧紧抓住课堂教学的主阵地，全面提高学生的思想道德素质和科学文化素质，全面提高教学质量，高考成绩始终在同类学校中名列前茅；正是在"业精于勤，勤能补拙"的感召下，我们还注重全体学生整体素质的提高。王老，您放心，我们学校的追求是高远的，前景是广阔的，我们一定可以收获更多的喜悦，我们一定为您的名字争光！

王老，我们学校紧紧围绕王淦昌精神，把情感管理渗透到丰富多彩的德育活动中。我们每年都要到您的墓上祭扫，缅怀您的音容笑貌、丰功伟绩；每一批新团员都要到您的铜像前宣誓，学习您无私奉献、报效祖国的精神；每年"王老精神鼓舞我前进"的主题征文活动和主题班会都会如期举行，追忆缅怀您的感人事迹；新生入学的第一堂课就是参观王老事迹陈列馆。王老，您放心，您的事迹永留青史，您的精神薪火相传，代代不息！

王老，您走了，您的名字将永沐天国的光辉！王老，您终于又回来了，回到了故土的怀抱，您再也不走了，故乡的父老乡亲永远为您的名字自豪！王老，您在故乡，在虞山一定不会寂寞，有推位让国的仲雍，有道启东南的言偃，有两朝帝师翁同和，他们陪着你，谈笑有鸿儒，往来无白丁。

虞山苍苍，尚湖茫茫，大师之风，山高水长！

注：本文作者系王淦昌中学的学生。

忆王公的一件小事

刘文翰

1961年冬天,我们在长城外零下30℃的17号工房做实验。那里无取暖设施,而且不准明火作业,进工房先脱鞋,以免携带沙石引起静电,所以我们只能光脚赤手作业。一天,王淦昌老师来到工房,看到我们在如此寒冷的环境下工作十分心疼,很快为我们申请了一批棉布鞋(那时候买棉鞋要用布票,而每人全年只发一尺二寸布票,所以要特批),从此我们免除了冻脚之苦。穿上王老送来的棉鞋,我们的脚暖心更暖,工作热情倍增。值王老百年华诞之际,凑得小诗一阕,以志怀念。

吴江秀水育豪英,　学业清华志勒铭。
西海留洋攻物理,　擦肩"中子"撼无穷。
归来浙大育桃李,　慧眼"中微"早预明。
离乱倭奴侵我土,　流离颠沛志难成。
中华天静立新业,　共建联合核子城。
"西马兵超"凝智慧,指挥若定震天穹。
归来改建新事业,　报国何惜方寸倾。
核弹元勋多业绩,　披荆斩棘建奇功。
鞠躬尽瘁育侪晚,　骥旅莘莘学子丰。
白首壮怀瞻坐远,　申江立马过群雄。
激光聚变独慧眼,　蹊径放开试彩虹。
壮心未已彗星殒,　辜负胸中万卷经。
已载桃李三千顷,　弟子承师破浪风。
丰碑矗立后人榜,　天际新星赋淦翁。

注:本文作者系中国工程物理研究院研究员。

心　愿

——记1993年王老的黄山之游

刘锡三

王老曾多次到合肥开会，参加项目评审和学术讨论会，但是由于工作缠身，每次都是匆匆而来，又匆匆赶回北京。总是错过了一睹黄山风光的大好机会。1992年金秋，我到北京去开会，特地到他家看望他，知道了他老人家还未亲游过黄山，真是一大憾事，于是我答应下来，帮他实现这一美好的心愿。

筹划

1993年9月，中国粒子加速器学会高功率束专业组全国第五届学术交流会计划在合肥召开，我们邀请中国核学会理事长，我国闪光X射线照相和高功率脉冲技术的创始人和开山鼻祖王老来参加会议。

会议委托中科院安徽光机所筹办，筹办人李光义同志原来在电工所工作过，对王老十分敬重，这次他为王老黄山之游做好了充分的筹划并制定了一个周密的预案。他向主管科技的副省长做了汇报，并以省里名义向沿途芜湖、黄山等高干医院打好了招呼。万一有事，王老可随时住院检查和治疗。同时，我们也充分分析了王老的身体状况，他虽然当时已是86岁的高龄，但没有什么病，血压也不高，心脏也很好。会议前一天由单玉生同志专门陪同王老从北京乘飞机直达合肥。会议还专门找了一名男医生在王老的身边照顾。

会议在风景秀丽的董铺科学岛举行，这里绿树成荫，湖水环绕，环境十分优美。王老在安光招待所住下后，稍事休息，就叫我们去商讨明天开幕式上让他讲些什么。王老非常认真地询问了国内几家的工作近况，又专门让杨大为留下来，向他做了汇报。在第二天开幕式上，王老作了精辟的讲话，总结了高功率脉冲技术发展的四个里程碑。王老的讲话高瞻远瞩，言简意赅，使我们抓住了精髓。

核工业部领导十分关心王老的健康情况，让我们每天汇报一次。此时正值雨季，科学岛电缆经常出故障，当时又无手机，只好开小车到合肥市里去打电话汇报情况。

乘车

由于1993年省内高速公路尚未开通，从合肥到黄山要坐六七个小时的汽车，李光义同志对行程作了精心安排。为了防止老人晕车，我们放弃了让王老坐小轿车的方案，选用了一台质量较好的中巴车，放了一副担架，必要时可以躺下休息，同时也备不时之需。由随行医生、李光义、单玉生和我仅四个人陪同。代表们乘坐两辆大轿车跟在中巴后面，为了联系方便，前面用一辆吉普车开道。由于当时还无手机，为了通讯联系方便，借了4台报话机，每辆车一台。早晨七点半，车队从招待所出发，一路浩浩荡荡地向黄山脚下进发。行车两个小时后，中途停下来休息，医生为王老测量了血压和心跳，老人家健康状况一切正常。王老走到代表们中间，和大家打招呼，自由交谈，十分随意，心情很放松。大家也感到王老和我们在一起很亲近，看到他的神态，一点也不像年近九十的老人，十分欣慰。中午我们在芜湖师范学院食堂就餐，学校领导十分重视，他们一同陪王老进餐。饭后稍事休息，便继续赶路。汽车过长江芜湖渡口，景色蔚为壮观，王老和代表们登在甲板上，远望滔滔东流的长江水，真叫人心旷神怡。路途中一切都很顺利，下午两点多，车队在过一个铁路岔口时，出了点问题，吉普车抢先过去了，中巴和大车被阻止过不去了，哪知道这几节车厢倒来倒去，好像在编组，一停竟达到二十多分钟。过了路口，见不到了开道车，报话机范围有限，也一时联系不上，我有点埋怨火车占道时间太长，李光义劝说我不要着急，这些意外情况，预案中都考虑到了，车开了一段路后，与开道车联系上了信号，原来他们心想，既然一切顺当，想早点赶到目的地，只顾埋头赶路，没想到火车阻挡这么长时间，约定在不远的下一个休息点等我们大部队。下午3点半左右，汽车到达黄山脚下，走进了黄山牌楼大门，大家松了一口气。啊，到了！

登山

明天，代表们要步行上山，就安排在宾馆早点休息。为了王老乘缆车登山方便，王老被安排在云谷山庄。这里要用美元支付住宿费。那时，登山缆车开通不久，要排队1～2个小时。为了节省时间和精力，用美元住宿的人才能享受外宾待遇，第二天乘缆车登山不用排队。李光义同志早就兑换好了美元，由他和医生陪同王老从云谷寺乘缆车登上黄山白鹅岭。在黄山顶上，李光义专门叫了一副滑竿担架，抬着王老观赏山上各个著名景点。

从黑虎松开始，游览北海景点，取道西海，经飞来石、平天矼、天海至玉屏楼，直到迎客松后，折回至光明顶，经石门峰，电视塔，返白鹅岭，又乘缆车返云谷寺下山。

黄山的奇松、怪石、云海被誉为黄山"三奇"。著名的黄山松、黄山怪石，千姿百态,猴子观海、梦笔生花、飞来石,巧夺天工,无不令人叹为观止。如不身临其境,难以感受到它的壮观;如不亲眼目睹,难以体味它的鬼斧神工。

第二天,我们在山顶游览时与几滑竿老手攀谈,他们兴奋地对我们说:"去年我们抬了王光美,昨天又抬了一个原子弹之父,真交好运。"原来,李光义为了让他们认真对待,给他们吹了吹风,看来这一着还起了点作用,原子弹在人们的心目中总是被敬畏的。

王老下山后,第二天便从合肥乘飞机平平安安回到北京,此行一帆风顺,应急预案一个也未动用。

临别时,王老兴致勃勃地对大家说:"此行心愿已偿,非常满意,谢谢大家,明年我还要登泰山。"

注:本文作者系中国工程物理研究院研究员。

王老与准分子激光研究

汤秀章

最早与王老接触是1990年4月,国际准分子激光学术研讨会在中国原子能科学研究院召开,包括加拿大物理学会主席Offenberger在内的准分子激光研究领域大部分的国际顶尖科学家都来参加会议。那时我正在读研究生,刚到北区工作不到半年,作为会务成员住在一号楼。每次开会的时候,都看见一位和蔼的老者,坐在第一排的中间仔细听每一个报告,还认真做着笔记。后来室里的人告诉我那就是王老。

再后来,从室里一些老同志那里听说了王老当初怎么在艰苦条件下,招募了18名志愿者(人称"18条枪"),创建了今天的高功率准分子激光实验室。

再后来,我知道王老是我国"863"高技术的倡导者之一,我为能成为王老开创的"863"事业的一分子而感到自豪。

记得有一次王老亲自来到"天光"装置前面,指着激光器的充气系统给我们几个研究生讲解真空知识,并说抽真空看起来很简单,但是一旦出了问题不容易查找。果然我在后来的实验中在真空问题上吃了不少苦头。"天光"是王老对实验室的准分子激光装置的命名,也倾注了他晚年的很多精力。在王老的带领下,研究室的氟化氪准分子激光装置从零开始,逐渐发展到百焦耳级,在国际上占有了一席之地。

在准分子激光实验室王淦昌指导研究生汤秀章(右)、冯国刚(左)工作

王老一生的心血都扑在科学事业上。随着国际上惯性约束聚变研究的发展,1997年室里从美国引进了一套超短脉冲激光装置。一天下午,我跟美国光谱物理公司的人一起在超净室里调试激光器,突然听见走廊传来动静,回头一看,我顿时觉得热血上涌——王老坐着轮椅来到了实验室。我赶紧出去向王老汇报了工作进展情况。王老话不多,只是说你们继续好好工作。王老走后,整个下午我的心情都难以平静。光谱公司的人听说是王老,都很惊讶,说想不到他那么大的科学家,坐着轮椅还来到实验室。

　　1998年王老在北京医院住院,我们每次去看望他,他总是要我们给他汇报工作,有时护士怕王老累着前来干涉,王老就解释:"听他们谈工作我非常高兴,比吃药作用还大。"最后一次见王老的时候,他身体非常虚弱,已经不能说话了,连去看望他的人都难以认出。但听说是准分子激光的同事去看他的时候,他睁开了眼睛,还挣扎着想坐起来。我们给他简要汇报了工作进展,他还时不时地点头,我们怕他累着,匆匆告别。这时,王老把手伸出了被子,并在胸前冲我们双手抱拳,我们明白,王老是想对我们说:"拜托你们了。"那一刻,我的眼泪再也控制不住了……

　　与王老接触过的人都对他充满了崇敬,不仅是因为他学术上的造诣,还因为他谦虚真诚的为人。王老热爱祖国,时常教导我们要为祖国的科学事业贡献自己的聪明才智。这些年,身边不少人陆续出国,但我还是坚持了下来。在会议室的墙上,挂着王老的两幅画像,一幅是他年轻时在苏联杜布纳别人给他画的油画,一幅是他当选院士时的照片。每次开会,我总是选择背对着王老画像的座位,我怕工作没有做好,有负王老的重托,即使这样,背上还总是能感受到他的目光。

　　在院中心花园,埋葬着王老的骨灰,王老的铜像面朝着我们实验室。每年清明,我们都与王老的家属前来扫墓。在王老诞辰100周年之际,想着王老坐轮椅来到实验室的情形,想着王老病床上费力抱拳的一幕,我们能做的只有加倍努力工作,为祖国的科学事业做出更大的贡献。

　　注:本文作者系中国原子能科学研究院高功率准分子激光实验室主任。原载《中国核工业报》2007年5月28日。

忆王老

孙汉城

王老90寿辰前夕,我曾与他谈过我想作一幅画来描述他的重大贡献——证实中微子存在的方案、反西格马负超子的发现、对中国核武器的贡献、激光惯性约束聚变的创见等。他谦虚地更正:"核武器是这么大一个集体的贡献,不能算我头上。"虽然这幅画最终没能成稿,但王老的卓越贡献已永载史册。

20世纪70年代末,王老回到401当所长。他与许多业务骨干都亲切交谈,要我们提方向,他来支持。我当时好高骛远,想找"轴子"(至今这还是暗物质的可能候选者之一)。王老说:"别太相信理论家,还是找更现实的目标。"不久他要我准备十年磨一剑,主持中微子质量测定的工作。

王老与中微子有着不解之缘。他提出的用 ^{7}Be K 电子俘获来证实中微子存在的方案,其核心思想就是用二体事件来代替一般 β 衰变的三体事件,可以有明确的结论。杨振宁先生誉之为诺贝尔奖水平的工作。但是王老对我们测氚 β 谱的方案不太满意,他说最好再想出一个二体事件的确定方案,可惜我未能达到他的要求。但当时参加我们中微子工作的研究生,高能所的杨长根,现在是利用大亚湾区核电站的优越条件开展中微子振荡研究的负责人之一,这是一个中美合作的重大项目,中微子研究的接力棒可谓后继有人了。

20世纪80年代,王老要我起草一篇关于原子核研究展望的文章。他看了我的初稿后说:"要强调核磁共振与低温物理,没有这两方面的工作,不能算现代的原子核研究。"后来我日益体会王老眼光的前瞻性。低温不仅是中子散射工作的重要基础,也是超导加速器的基础。核磁共振的意义,不仅是分子结构研究的基础,也是检查炸药、毒品的重要技术。

20世纪90年代初,我院与公安部第一研究所联合申报国家"八五"攻关项目。当时虽走了个投标的形式,其实早就内定给清华大学了。我找王老反映招标不公之处,王老说:"给清华搞,也是由中国人搞。我们就别争了。现在毒品开始泛滥,你如果能在缉毒方面做出贡献,那可是为中华民族做出贡献了。"从此我就开始了毒品炸药检查的调研,重点放在核四极共振(也可叫做零磁场的核磁共振)的方法、装置研究上。

核谱工作我搞了一辈子，十分熟悉。60岁开始学习全新的波谱学，自己感觉好像需要换一个脑袋。经过十几年的边干边学，总算入了门，是王老的期望鞭策我百折不挠。

注：本文作者系中国原子能科学研究院研究员。

王淦昌和国家"863"计划

——为王淦昌先生百年诞辰而作

杜祥琬

国家"863"计划是科学家的智慧和国家领导人的战略眼光相结合的产物

20世纪80年代,中国从"文化大革命"的噩梦中醒来,国家的经济、教育、文化、科技都遭到"文革"灾难性的破坏。改革开放刚拉开序幕,邓小平登高一呼:"发展是硬道理",道出了亿万人民的心愿。"科学技术是第一生产力"的思想开始深入人心,加快发展我国科学技术事业有了现实的可能性。同时,我国科学技术与世界先进水平的差距十分明显,国力不强,家底薄弱。而国际上,从20世纪80年代初开始,一波新技术革命的浪潮迅猛发展,其中最具标志性的是,美国总统里根1983年宣布的《战略防御倡议》(SDI)计划,具有明显的实现一超独霸的战略意图。相继出笼的欧洲的《尤里卡计划》及日本、苏联的高技术计划,在国际高技术领域掀起了不甘落后的竞争热潮。

1990年10月30日在四川梓潼招待所王淦昌与朱建士(左一)、杜祥琬(左二)、胡思得(左四)、彭先觉(左五)合影

国家发展的机遇不能一再丧失,国际的挑战必须积极应对。严峻的形势引

发了科技界认真的思考和讨论。在这个国内外的大背景下,王大珩、王淦昌、杨家墀、陈芳允四位老科学家于1986年3月3日上书中央,提出了研究和发展我国战略性高技术的建议。小平同志以他特有的敏锐和战略眼光,于3月5日即迅速作出批示,肯定了这个建议,并要求"此事宜速作决断,不可拖延。"据此,国务院和有关领导组织众多专家,进行高技术研究发展计划的论证和拟定,经过半年多的努力,形成了一个"军民结合,以民为主",比较全面又重点突出的国家"863"计划。从此,1986年3月这个历史性的时间点载入史册。1986年11月8日,中央、国务院正式下发了《高技术研究发展计划("八六三"计划)纲要》,即著名的"24号文件"。明确指出,该计划的目的是"在几个最重要的高技术领域,跟踪国际水平,缩小同国外的差距,并力争在我们有优势的领域有所突破。""为十五年至二十年后的发展创造条件,使其达到在国际上受人尊重的水平。"为此,计划设立了六大领域(后扩展为八个)。

20年过去了,国际形势和科学技术都发生了重大的变化。连国力强大的美国也意识到SDI计划雄心过大,目标不实际,在几经调整之后,终于蜕变成现在的国家导弹防御(NMD)计划,并在大力推进之中。虽有这些变化,但当年提出"863"计划的国际大背景,以及这一大背景对我国安全构成的威胁和挑战,都更加清晰。在20世纪,美国依仗"核威慑"的军事战略,已发展为21世纪的"核和非核双重威慑"战略,在保持"核霸权"的同时,又在谋求"空间霸权"、"信息霸权"。回头看看20年前确定的"863"计划的总目标和选定的几个主要技术领域,是很有针对性的,是应对国际挑战又符合我国国情的"不对称而有效"的战略选择,而且在20年的实践过程中,又动态地进行了必要的调整和补充。回顾20年,深感"863"计划决策的正确,深感"863"计划意义重大和深远,深感老一辈科学家和国家领导人的高度智慧和高瞻远瞩的战略眼光。

王淦昌参与提出"863"计划并非偶然

青少年时代的王淦昌生活在多灾多难的旧中国,他是一个用功读书的好学生,多次受到爱国主义的激励。"五四"运动时,还是小学生的他,就参加老师率领的游行队伍,上街宣传反对卖国、抵制日货,人们赞许的目光在他的心灵深处,栽下了爱国的幼苗。老年时的他在回忆这件事时说:"这是我第一次上街游行,只想着能为国家兴亡出点力就是光荣,大家就欢迎,否则受人唾弃,岳飞和秦桧就是一例,我从小就想着要做岳飞那样的人。"1925年,上海发生"五卅"惨案,震惊全国。正在上海学习的他和学生们一道上街撒传单。1926年3月,在清华大学上学的他参加了反对八国最后通牒的集会游行,并动员同学说"国难当头,匹夫有责。"这次受到武力镇压的流血事件,就是著名的"三·一八"惨案。当晚,叶企孙教授激动地说:"如果我们的国家像大唐帝国那样强盛,这个世界上有谁敢欺侮我们？……只有科学才能拯救我们的民族……"这番话给王淦昌留下了难忘的印象，他从此下决心走科学救国的道路，始终为实现祖国需要更加强大这个愿望而不懈地奋斗。

要科学救国，就要投身科学，王淦昌选择了作为科学之基的物理学。无论是在吴有训指导下在清华从事的科研工作中，还是在德国攻读博士学位的研究工作中，他都有出色的表现，并学到了最新的物理学理论和实验技巧。

王淦昌先生早年的杰出成就之一，是提出了独到的探测中微子的方法。在抗战时期内迁至西南，在浙江大学工作的他，经系统的研究、思索，在1941年提出了《关于探测中微子的一个建议》，发表于1942年1月的 Physical Review 上，他建议利用 ^{7}Li 的单能反冲原理测量中微子的存在。1947年，他又在 Physical Review 上发表了《建议探测中微子的几种方法》。当时国内无实验条件，多位国外实验物理学家按他建议的方法进行的实验，确定了中微子的存在。这一独具匠心的工作，受到国际学界高度评价。可以说，这是一项与诺贝尔物理学奖擦肩而过的工作。

我第一次知道王淦昌，是1960年在莫斯科，王先生领导的研究组在前苏联杜布纳联合原子核研究所发现反西格马负超子的研究成果公开发表，引起了科学界的轰动。正在莫斯科学习的我，从新闻纪录片上看到，苏联学者在王先生面前毕恭毕敬地请教问题。这个镜头在我的心中留下了终生难忘的印象。在以后的几十年里，每次听王老说起："中国人不比外国人差"时，总使我想起这个镜头。

王先生回国后，根据国家的需要，隐名埋姓，投入到中国核武器的研制中，成为这一事业的主要奠基人之一。作为初创阶段"冷实验委员会"的主任，他不仅为原子弹和氢弹的突破立下汗马功劳，而且为奠定核武器研究的技术基础（如脉冲功率技术）解决了许多关键技术问题。核试验转入地下后，年过花甲的他，为测试方法过关，花费了大量心血。1969年第一次地下核试验前，他在坑道内发现了放射性氡气，为了尽量减少氡气对工作和大家身体的影响，经他建议，采取了一些措施，他自己却身先士卒，坚持在洞内工作。不料却遭到军管会的批判，"活命哲学"、"扰乱军心"的大帽子扣到王老的头上。军管会的一派胡言使王老十分愤怒。但他却把个人的荣辱生死置之度外，坚持完成好国家任务，一次次地下核试验做到了多方收效……

王淦昌就是这样从青少年到中老年走出了一条执著追求、科学报国的人生道路。"文革"灾难过后，面对世界高科技发展的机遇和挑战，年近八旬的他，怎能不心急如焚。参与开创"863"计划，是他人生轨迹的必然，是他为国建树的又一个丰碑。

关注激光技术领域，推进激光核聚变研究

"863"计划的领域之一是"激光技术领域"，旨在发展新型的高功率、高质量

的激光技术,以适应工业加工及其他方面的应用。王先生经常参加我们激光技术专家组的研讨会,耄耋之年的他思维敏捷,总能提出许多具体的问题和看法。他不仅大力推动了我国高功率固体激光和准分子激光的发展,还对新型的化学激光、X射线激光和自由电子激光的发展提出重要的意见。其中氟化氪准分子激光研究,是在王老亲自领导下在原子能研究院搞起来的。1990年年底,实现了百焦耳激光能量输出的"七五"目标。1991年年初,召开了这个阶段成果的鉴定会。通常,参加鉴定的专家总是要说不少好话的,可是王老那天却对自己带头搞出来的成果严厉地说:"100J,光束质量不好没有用,没有用!"他的话,震撼了每一位与会者的心。这句朴素而尖锐的话,包含着对发展强激光的一个根本性的深邃的见解:一定要把光束质量放在第一位。以后几年,在发展各类新型强激光的实践中,许多始所未料的现象和问题,究其源,常常与光束质量有关,这大大加深了我们对王老那句话的理解。近年来,包括氟化氪准分子激光在内的各类强激光,不仅进一步提高了输出能量和功率,而且显著改善了光束质量,听到这样的进展,他总是高兴得合手鼓掌。近年来,我国新型强激光的发展上了几个台阶,王老十分关注,临终前不久,他在病床上得知最近的一次大型实验又取得圆满成功的消息,激动地从被子里伸出右手,翘起大拇指说:"干得好,祝贺大家!"

在他和王大珩、于敏等的努力推动下,1993年年初,惯性约束核聚变在"863"计划激光技术领域立项,作为一个主题,开展激光驱动的核聚变物理与技术的研究。实际上,早在1964年,正是他创造性地提出了"用激光引发核聚变"的新思想。若那时即抓紧干,我国当走在世界前列,不幸的是"文革"使我国大大落后了。"文革"刚过,王先生即率领中国工程物理研究院(时称九院)的一支队伍到中国科学院上海光机所讨论两单位合作开展激光惯性约束聚变事宜。这两个单位分别具有核聚变物理和激光光学的优势,有很好的互补性。大家当时称王淦昌为"大王老",称王大珩为"小王老",两位王老力促这一重要的合作研究,建立了联合实验室,强调"合则成,分则败。"1980年,提出了联合建造脉冲功率为10^{12}瓦的固体激光装置,建成后于1987年6月通过鉴定,经张爱萍将军题词,命名为"神光"装置。神光装置建成后,王先生特别强调要保证它良好地运行,多做物理实验研究。激光核聚变在"863"计划立项后,制定了新的发展规划,建成性能更高的研究平台。王老在工作中继续发挥指导作用,特别是强调在技术上和物理上要做出创新的成果。当激光专家组提出把准分子激光转向惯性约束聚变应用时,他表示完全支持。在去世的前几天,已十分虚弱的他,还对联合实验室的同志说:"一定能成功!"他是在不遗余力地鼓励后人,推进中国的激光核聚变事业。在我国的激光核聚变研究中,王先生的人格魅力,起到了重要的凝聚人才队伍的作用,而他不断创新的学术思想特征,起到了重要的推动作用。

王淦昌留下了宝贵的精神财富

"863"计划二十年的健康发展，离不开一条生命线，那就是坚持科学发展、自主创新。这包括：一是坚持把发展战略研究和总体概念研究放在首位。由于"863"的定位，它既有创新性、重大性，也就有高难度和风险性，因此要不断深化发展战略研究，以便确定适合国家需求和国情，又符合科学发展规律的发展方向、战略目标与重点。对每一个项目，又要做好总体概念研究。这些工作对项目的健康发展有重要的指导作用；二是坚持科学、客观的技术决策。运用"863"计划的机制，科学地论证和选择技术路线，避免单位和个人的局限性。在项目的选择上，立足科学分析做到高起点，以实现跨越发展，在项目的实施上，则坚持循序渐进、按科学规律办事，科学地确定发展步骤和阶段；三是坚持科学精神、科学态度和优良学风。在工作的每一步、每个环节，都科学地发现问题、分析问题、解决问题，理论与实验相结合，知其然，知其所以然，使自主创新体现在工作的全过程。保持严谨、踏实的学风，远离浮躁和急功近利。这条科学发展的生命线来自王淦昌等老一辈科学家留下的优良传统，来自于科研团队"国家利益高于一切"的共同精神支柱和价值观。

不断追求新概念，做创新性的工作，是王淦昌学术思想的重要特征。从基本粒子物理领域到核武器突破和激光核聚变，他自己走过了一条不断创新之路。他曾说："科学上的新追求，才是我的最大兴趣。"1992年11月，王老到绵阳参加中国工程物理研究院的发展战略研讨会，听取"开拓科研新领域"的报告后，他在讨论会上给予了热情的鼓励，并明确地建议，今后院的工作应该是三条线："核武器、高技术、军转民。"此后，"三大任务、三个基地"已成为该院新时期工作的指导思想。90高龄的他，还亲自赴香港作关于能源的讲学，他讲的不是一般的能源问题，而是事关人类未来的、可持续发展的、洁净的新能源。他是一个活到老、学到老、求新到老的人！

王先生倡导全国一盘棋的大协作。他常说："中国科技工作者要团结一致，参与国际竞争。"站在国家高度，超脱小单位利益，才能有这样的胸怀。对于今天的中国科技界，这一点具有重大的现实意义，这也是"863"计划的特色和灵魂。

王先生关怀后辈，提携后人。一些早年跟他一道工作过的小伙子，后来也已满头银发，王老经常念叨这些同志，见了面，就深有感情地说："你们也都不小了，要注意身体呵！"在他年过九十的时候，曾对我说："六十岁的人是可以从头开始干的！"这句话是他"老骥伏枥、志在千里，烈士暮年、壮心不已"的写照，是他的心里话。事实上，在他年过花甲之后，又做成了几件大事：地下核试验，推动激光核聚变，研制准分子激光器，开创国家"863"计划等。这句话也是他对后辈的鼓励。关心事业未来和祖国未来的他，满怀着对后人的深情和期待，他是后来人的良师益友,忘年之交。

王淦昌属于中国,闻名世界。他是一位忠诚的爱国者,他把自己毕生的智慧和精力献给了祖国的科学技术事业。他是20世纪中国科学界最杰出的人物之一,是物理学的泰斗,治学严谨、实事求是、功底深厚、成就卓著。他是一位品德高尚的人,为人正直、朴实无华、平易近人、和蔼可亲,是科技工作者的楷模和榜样。

注:本文作者系中国工程院院士,中国工程院副院长。原载《物理》2007年第36卷第5期。

怀念杰出的物理学家王淦昌

杜祥琬

2007年是中国著名物理学家王淦昌诞辰100周年。在中国、在他的家乡常熟、在北京,人们举行了一系列的纪念活动,回忆他的杰出贡献,赞颂他的高尚品德。在他工作过的杜布纳联合核子研究所,人们也在怀念这位受人尊重的科学家。王淦昌以他的杰出成就载入史册,以他的人格魅力活在人们的心中。

王淦昌生在20世纪初,西方列强对中国的欺辱,使他走上了科学救国的道路。他选择了作为科学之基的物理学。在清华大学毕业后,20世纪30年代初,他在德国工作期间就显示了一个实验物理学家的能力,作出了有创造性的工作。1934年回国后,在抗日战争的艰苦环境下,他提出了利用^{7}Li核单能反冲测量中微子的方法,后来又写出了《建议探测中微子的几种方法》,这些文章均发表在 Physical Review 上。在当时战乱的条件下,中国没有做实验的条件,美国人阿仑等人,按王淦昌的思想进行实验取得了成功。1949年新中国成立后,他又为中国的宇宙线实验研究打下了基础。

20世纪60年代初,王淦昌在杜布纳作出了杰出发现。杜布纳是莫斯科郊区的一个地方,当时的苏联、捷克、匈牙利、中国等联合建了一个联合核子研究所,最好的研究设备与核物理研究科学家都在那儿。他是中国专家组的组长,也是联合所的副所长,他就带了一拨人,利用他们自己制作的设备来探测各种基本粒子,他知道有粒子、反粒子、质子、反质子、电子、正电子,还有一些介子和超子,他预计,如果能够探测某种超子的话,在胶片上应该是一个什么样的径迹,路程是什么样的?测了上万张的胶片,他们就分析,在其中的一张发现,他们预计的应该是反西格马负超子的行为,就判定了这种反西格马负超子的存在。这个发现引起了科学界的轰动。

这儿有一个小插曲,不是他的发现,而是非常令人钦佩的就是一个科学家的严谨性。当时一张照片中有一个很长的粒子的轨迹,很像一个新的粒子,当时有的科学家非常着急,想宣布我们发现了新的粒子,甚至想命名为"第一粒子",但是王淦昌觉得这个证据不够充分,这件事我们要做进一步的分析,有可能是新粒子,但是有可能是另外一种介子的反应。当时有一个国际会,报道最新粒子学一年来的成就,就让王淦昌上去讲了这件事,王淦昌当时讲的时候,对这张胶片的解释有两种可能性,他作为两种可能性来讲的,一个是新粒子,一个是介子的反应轨迹。当时他的研究组做了严格的理论和实验的分析,最后确认这张照片不是一个新粒子,而是 K 介子的电荷交换反应,确定以后就把这个结果公布了。王淦昌说,谢天谢地,我当时没有说它是第一粒子,如果我当时急于宣布它是新粒子,我就成为一个吹牛的人了,科学家是不能吹牛的。这虽然不是一个发现,但是它给我们一个启发,作为一个科学家一定要很严谨、严格,不能随随便便地下结论。

杜祥琬院士在纪念王淦昌百年诞辰会上作报告

1961 年王淦昌回到中国,国家要他参加突破原子弹的工作。他毫不犹豫地说:"我愿以身许国。"从此,他隐姓埋名,为中国原子弹、氢弹的突破、地下核试验的测试、核武器研究基本设施的建造工作了十七年,成为中国核武器事业的奠基人之一。

1964 年王淦昌提出了"用激光束引发核聚变"的思想。苏联的 Прохоров 和 Басов 也在同一年独立地提出了这一思想。直到 1998 年逝世前,王淦昌是中国激光核聚变事业的主要领导人。与此相关,他亲自参与了高功率固体激光器和氟化氪准分子激光器的研究和发展。

1986 年,他和另外三位老科学家共同倡议开展中国高技术的研究,在邓小平的支持下,形成了"中国高技术研究发展计划"。20 年来,为推动中国高新技术的进步起到了重要的作用。

王淦昌是一个品德高尚的人。他虽然成就巨大,却始终谦虚谨慎,平等待人,关心青年科学家的成长。我是在 МИФИ 上学时,认识在杜布纳工作的王淦昌教授的。我回国后有幸在他的领导下工作了 30 年,他不仅在工作上对我帮助很大，还关心我的身体健康，使我终生难忘。他对俄罗斯、对杜布纳怀有真挚的感情，在他八十多岁的时候，又一次到杜布纳旧地重游，促进中俄科学家的合作。今年在俄罗斯举办中国年，我有幸作为中国科学家代表团的副团长，陪同徐匡迪院长访问了46年前我来过的杜布纳，内心高兴而激动。仅以此短文献给王淦昌、献给杜布纳，并衷心祝愿中俄科技合作进一步加强。

注：本文作者系中国工程院院士，中国工程院副院长。原载俄罗斯联合核子研究所《科学·合作·进步》周刊2007年10月16日。

恩 于 启 蒙

李政道

今年是王淦昌先生诞辰 100 周年。

王淦昌先生是我的恩师,他在中国近代物理科学,特别是实验原子核物理学的发展上,占据重要地位。早在 1941 年,他就提出了验证中微子存在的实验方案,后来为实验所证实。1959 年他领导的实验小组在苏联杜布纳核子研究所发现反西格马负超子。1964 年,他独立地提出了用激光打靶实现核聚变的设想,是世界激光惯性约束核聚变理论和实验的创始人之一。1984 年,他又领导开辟了氟化氪准分子激光惯性约束聚变的新领域。

从 20 世纪 60 年代初,王淦昌老师参加祖国原子弹、氢弹的研制工程,作出了十分重要的贡献,这也是尽人皆知的。

王淦昌(右)与李政道在一起

除此之外,王淦昌老师还是一位教育家。早年他曾任教于山东大学、浙江大学,在极其困难的年月里,孜孜于教育事业。我本人就是王淦昌老师施教的受惠人之一。记得在抗日战争艰难的日子里,在贵州湄潭的浙江大学,我亲身受到他的教诲。1943 年夏天,我考入浙大工学院,却对物理学极感兴趣。开学前,我经过湄潭遇见王淦昌和束星北二位老师,他们的启发和鼓励促使我转入了物理系,和物理系一起上课。王淦昌老师和束星北老师,对我这个年轻的学生在物理学的学习上给了特别的关注,几乎是"二对一"般地对我进行教育、辅导。每次束星北老师从湄潭来永兴场讲课,实际上就只有我一个学生。我也常去湄潭,王淦昌老师也认真讲解,启发我对物理学的热爱。他经常说,物理学是一门很美的科学,大至宇宙,小至基本粒子都是物理学的研究对象,要寻找其中的规律,非常有趣也非常重要。在这两位老师的启发下,我便走入了物理学之门,后来又转学到了西南联大,逐渐走上了研究物理学的道路。从这个过程来说,王淦昌老师对我后来以从事物理学研究为终身之业并有所成是有启蒙之恩的。在纪念王淦昌先生百年诞辰之际,我要特别表示我对他的感激。

王淦昌老师不但在科学研究和教育事业上有非凡的成绩,对国家的国防建设作出了十分重要的贡献,他还具有高尚的人格。他谦虚谨慎,朴实无华、平易近人,淡泊名利地位。早年,他把在苏联所得薪金捐给国家,后来又把所获的奖金捐献出来支持国家的科学教育事业。晚年,他辞去多个领导职位,仍刻苦努力,执著于重要的科学研究。这些都是值得我们学习和继承的。

注:本文作者系著名物理学家,诺贝尔物理奖获得者。

忆拜访王伯伯

李海沧

因为我妻和我,与铁生和遵明是好朋友,又因为王伯伯对激光技术发生兴趣,而我正巧从事这方面的工作,所以和王伯伯有过一点交往。所谓交往,也就是去拜访过他几次。谈得比较多的一次是 1996 年,已经是十年前的事了。

因为那次谈了许多,隔天就做了回忆、记录。并且在王伯伯病故后,整理一下作为我们对他默默的纪念,并没有想到要公之于众。这次,遵明要我写一点纪念文字,我就做了点删改。这是默默的纪念,是给自己看的,文字没有修饰,像煲汤,原汁原味,没有加味精或其他作料,不过抽去了几根筋而已。

1998 年 12 月 10 日中午,妻打电话到我办公室,说收到铁生寄来的贺年卡,里面写道,王淦昌伯伯病得厉害,情况不好。我觉得突然,王伯伯被一小青年撞了一跤,股骨骨裂,我是知道的,后来听说恢复了,出院了,也就放心了。

我马上打电话给铁生,正巧他在家。他告诉我,他 6 月回来,遵明去美国"换班",她刚走,碰上"外婆"去世,忙了一阵。"外公"觉得自己消瘦,去北京医院检查,那里尽是一些小博士,竟然查不出。等 9 月再去查,已是胃癌晚期,这些小博士又束手无策。现在"外公"已经没有力气讲话了,铁生说,王遵明很快就要回来,你们就不必来了。

我简直无法相信会是这样。两年前,我们见过王伯伯,他身体健康,头脑清晰,我想等我退休后,和他作一些长谈,把他一些治学之道记录下来。现在,竟然来不及了,岂不遗憾。

晚上回家,把此事对妻说了,她也很难过,想让铁生送一束鲜花去表表我们的心意。哪里知道,一个多星期后,我收到了讣告,王伯伯就在 10 日晚上逝世。铁生原打算 11 日代我们送鲜花去,已经来不及了。我想写些纪念性的文字,就把 1996 年那次拜访王伯伯的记录找出来,整理一番。

1996 年,王老到上海开会,下榻在中国工程物理研究院上海办事处。我们通过王德基先生约好拜访他。5 月 29 日下午,偕妻安琍,儿子旭初一起前往。我们到得早,为不影响王老午休,在下面大厅坐坐,到约定时间 2:00 才上三楼到他的房间去。厅里一位工作人员说,王老身体很好,昨天晚上从苏州赶回来,有点累,吃得不多,今天早上吃一碗粥,一个馒头,一个鸡蛋,半个咸蛋。

进房间,见王老已经坐在沙发上,王德基陪同在侧。他们住的是套间,会客的一间有床,供陪同人员住,并不像客厅。室内已有二只花篮,红绸带上写着恭祝王老九十寿诞。

旭初向王公公请教做学问之道,他说,一是勤学,二是好问,不懂就问,不耻下问。学问,学问,就是勤学好问得来的,而学与问都是为了创造,没有创造就没有什么用。他说,这是他毕生做学问的经验,不一定全对,但是他的真实想法。他再三说,年轻人要超过我们,把中国搞强大。

谈起科学,王老说,下一世纪是生物学世纪,只是太复杂,还用英语说:"very complicated"。

我想和他合影,带的相机电池没有电了,我去取电池离开了一会。旭初和他谈起他欧洲留学时的情况,据说,王老认为泡利很聪明。

我提出要和王老一起留影,他很喜欢,欣然同意。我们三人逐一和他一起照了相。刚照完相,王老的"老部下",现同济大学的两位教授来访,送来了一个生日蛋糕,于是一起到二楼会议室再谈。还有九院的一位,办事处的主任和书记参加,小会议室几乎坐满了。又谈了一些他们九院的往事。

王老上楼休息一会。已近晚饭时候,旭初要回学校,先离去,我们住所很近,也想回去,王老留我们吃了晚饭再走。难得见面,我们就留下又谈了一会。

谈到王老今年大寿!又有人编了一本书,将要出版。王老说,我老了,没有做什么新工作,这本书是抄冷饭,没有新的东西。我说,不是没有新的东西,新东西要编书的人去找,要换一个角度编书,1987年那本编得不错。王老说,那是许良英编的,许很有才。我说,很乐意能为您编一本,可能要在我退休以后。(我当时想,编王老作为科学家的一面,可以深入一点,作为爱国者的一面有许多新的内容,王老身体这样好,等我退休后和他作一些长谈,说不定能编一本新书。现在这一愿望已经没有希望实现了。)王老还答应书出来时,签名赠我一本。

晚饭前,王老的大女儿一家来了,席上又谈了一些往事,琐事,气氛活跃。王老很高兴,吃了不少,他说在北京太麻烦别人,躲到上海好一点,但是,饭菜还是太多,还应该节省一点。他多年没有回常熟老家,就是怕市长、书记出动接待,太麻烦他们。

那天又拍了会议室和晚饭时的一些场景,拍完一卷,30日一早去冲印。下午取回来看,还可以,我晚饭后特地送去,又和王老谈到九点多,怕他劳累,才作别离去。

那天晚上,一到王老下榻处,他正在为一位光机所的朋友担心,说两小时还没有到家。直到那位朋友来电话,才放下心来。他在电话里说:不一定要来看我,只要做好工作,我就满意了。对他的老同事、"老部下",他也是这样说。

小坐间,我们又谈了不少。

谈到我儿子旭初,他说有希望,要培养教育好。我说他不算很聪明,但很用功。王老说,靠聪明不行,少年班办了十几年,好像也没有做出什么大成绩。

谈到近年,诺贝尔奖金给了一位做中微子测量的。王老说,可见物理方面没有新东西,也在抄冷饭。他说,说老实话,他们的测量方法还不如我的好,我那时候没有条件,没有办法。

谈到他九十高龄,还这么忙。他说,已经没有用了,活得太长不好,古人说"老而不死,谓之贼",是经验之谈,切身体会。老了不做事,要吃饭,是浪费。我说,只要活得健康,长寿是好事,而且许多人需要您;但是,不能活动太多,究竟老了,要多休息。王老说,以前他们找我很多,后来不大找了。我说这是好事,可以省去许多麻烦。

谈到禁止核爆试验的事,他说快了,中国也一定要停下来,世界舆论太厉害。而且原子弹破坏力太大,地球都可以毁灭几次,不禁止不行。

临别之前,我告诉他,我的一些学界朋友很佩服他的为人,佩服他对他人的关怀,大家都很关心他的健康。王老拱拱手,说谢谢,谢谢,替我谢谢所有关心我的朋友。

注:本文作者系上海激光研究所退休干部。

王老指导我们搞"炸药聚焦"

李辉荣

2007年是王淦昌院长诞辰100周年和我国氢弹成功爆炸40周年纪念年。

在这光辉的日子里,使我回想起20世纪60年代初,和王老日日夜夜在一起开展科研的情景。

当时王老刚从苏联回国调来我院工作,负责指导北京九所实验部科研工作,他老人家首先深入到我组指导"炸药聚焦"方案的科研工作。参加这方案组的有黄彦斌、赵云青和我三人,由我任方案负责人。我们主要工作是运用几何光学原理计算,设计出由高低爆速层炸药组成的"炸药透镜",将炸药的爆轰波形由球面的凸面发散波转变成球面聚心的爆轰波,当时我们已取得了由球面发散的凸面波变成平面波,研制出 φ100mm 的平面"炸药透镜",下一步如何把平面炸药透镜提高一步,变成球面聚焦透镜,产生出我们所要的球面聚焦的凹面波,是摆在我们面前的难题。

王老从我组面临的难题,提出新的设计方案解决我组困难。王老运用几何光学原理设计将两个平面炸药透镜合在一起,去掉其中一个透镜的一部分,按我们要求设计出球面聚焦炸药透镜,为我们研制产生各种球面聚焦凹面波的聚焦炸药透镜明确了方向。

炸药透镜设计出来后,还要设计浇注高低炸药浇注模具,和解决浇注高低爆速炸药层的方法。王老冒着炸药浇注工房恶劣的炸药蒸气的危险,在没有任何防护条件下,和浇注工房工作人员在一起,研究解决了浇注中产生缩孔和气孔问题,生产出合格的产品,为做好实验打下坚实的基础。

有了好的球面聚焦炸药透镜,在十七号工地的爆炸试验场上,还有许多问题等着我们去解决,首先遇到的问题是堆好场地上的沙堆,浇好静止像,埋好测试用的各种电缆,避免炸断电缆事故发生,要完成这些工作,要经常在室外工作。夏天在40℃以上炎炎烈日下工作几个小时,晒得大汗淋漓,渴得喉干嗓燥是经常的事。冬天朔风凛冽,冻得全身发抖,手脚僵硬。王老经常和我们在这样恶劣条件下工作,使我终生难忘这位大科学家和我们一起搞科研的日子。

现在半个多世纪时间过去了,王老已与世长辞,但他的伟大形象永远活在我们的心里,他那种对我们核事业孜孜不倦、实事求是、精益求精的科学态度,永远是我们的学习榜样。

注:本文作者系中国工程物理研究院七所高级工程师。

崇高风范　永载史册

杨长利

今天,我代表中国核工业集团公司,与大家一起纪念王淦昌同志诞辰100周年,共同缅怀王老为党、为国家、为人民做出的重大历史功绩,学习和弘扬他的科学精神与高尚品德。

王老是我国核科学事业的主要奠基人和开拓者。在长达70年的科研生涯中,王老始终站在科学发展的最前端,勤奋努力,不懈追求,取得了多项令世界瞩目的科学成就,为我国试验原子核物理、宇宙射线和基本粒子物理研究奠定了基础,享有崇高的国际声誉。1941年,他独具卓见地提出了验证中微子存在的实验方案,并为实验所证实。1953年到1956年,他领导建立了我国第一个高山宇宙线实验室——云南落雪山宇宙线实验室,使我国宇宙线方面的研究进入当时国际先进行列。1959年,他在苏联杜布纳联合原子核研究所领导一个研究小组,在世界上首次发现反西格马负超子,把人类对物质微观世界的认识向前推进了一大步。1964年,他独立地提出了用激光打靶实现核聚变的设想,是世界激光惯性约束核聚变理论和研究的创始人之一,也使我国在这一领域的科研工作走在当时世界各国的前列。1984年,他又领导开辟了氟化氪准分子激光惯性约束聚变研究的新领域。

王老是我国核武器研制的主要奠基人之一。王老参加了我国原子弹、氢弹原理突破及核武器研制的试验研究和组织领导,指导解决了爆轰试验、固体炸药工艺研究和新型炸药研制,以及射线测试和脉冲中子测试等方面的一系列关键技术问题。特别是在开展地下核试验过程中,王老花费了巨大的时间和精力,研究改进测试方法,使我国在试验次数很少的情况下,掌握了地下核试验测试的关键技术。王老对我国科学技术事业和国防建设的卓越贡献,得到了国家和人民的赞赏与尊重,曾荣获两项国家自然科学一等奖、一项国家科学技术进步特等奖和首届"何梁何利科学与技术成就奖"等多项重要奖励。由于他的杰出贡献,被国家授予"两弹一星功勋奖章"。

王老是我国核电事业发展最早的倡导者。王老十分重视核能的和平利用,无论是在担任二机部副部长时期,还是退居二线以后,都努力推动我国的核电建设,积极主张发展核电事业。他曾与几位核专家一起给中央领导写信,提出我国发展核电的建议；他亲自率团出国考察，积极推进我国核能的国际合作与交流；他多次开展报告讲座和在报刊杂志上刊登文章，广泛宣传核能对促进我国经济可持续发展的重要性。在他的积极推动和建议下，我国核电事业成功地迈出了第一步。

王老一直关心我国科学技术，特别是高科技事业的发展。王老曾担任中国科学技术协会副主席、中国核学会第一届理事长，为促进和发展国内外学术界的交流与合作，做了大量的工作。1986年3月，王老与王大珩、杨嘉墀、陈芳允三位科学家率先提出了对我国高技术发展有重要意义的建议，在邓小平同志的高度重视和积极支持下，国务院制定了具有战略意义的高技术发展"863"计划，开创了我国高技术发展的新局面。

回顾王老一生，更让我们敬佩的是他对祖国、对人民的赤子之心和对科研事业的无私奉献。王老在学生时代就积极参加爱国民主运动，下决心要献身科学，走科学救国的道路。1934年，已在德国取得博士学位的王淦昌决定返回祖国。他说："我是学科学的，但我首先是中国人。现在，我的祖国正在遭受苦难，我要回到祖国去为她服务。"抗战爆发后，他捐献出家中的积蓄和金银首饰支援抗日，并带领浙大学生向西南迁移，在艰苦的条件下坚持教学与研究，还特意开设了一门"军用物理课"。20世纪60年代初国家面临经济困难，他又将自己在苏联工作积存下来的卢布全部捐给国家。1961年，他在年过半百，身载盛誉的时候，毅然表示"愿以身许国"，隐姓埋名17年，投身于核武器研制工作。1982年他将获得的国家自然科学一等奖的奖金，全部捐赠给原子能研究所职工子弟中学作为奖学金。1996年，他又捐资在原子能院设立基础教育奖励基金。1972年时，72岁的王老终于实现多年的夙愿，光荣地加入了中国共产党。王老为祖国的科学和教育事业献出了毕生的精力，治学严谨，务实求真，为人诚恳热情，正直坦诚。王老的一生，集中体现了"事业高于一切，责任重于一切，严细融入一切，进取成就一切"的核工业精神。他的一生，是为科学和国家无私奋斗的一生，是热爱祖国、热爱人民的一生。

令我们感到骄傲的是，在我国核工业发展的光辉历程中，产生了许许多多像王老这样杰出的核科技工作者，是他们用一生的奉献换来了我国核工业前进道路上的一个又一个伟大成就。王老虽然已经离开了我们，但他的光辉业绩和崇高风范将永远载入史册。

当前，我国核工业进入了一个加快发展的新时期，这更加要求我们新一代核工业人要以王老为榜样，继承和发扬老一辈核工业人留下的宝贵物质财富和精神财富，牢记肩负的使命和责任，不断前进，开拓创新，努力实现我国核工业又好又快又安全的发展。

注：本文作者系中国核工业集团公司党组成员、副总经理。

一代宗师　桃李满天

杨国桢

2007年5月28日,是著名核物理学家、中国科学院院士、"两弹一星功勋奖章"获得者王淦昌先生诞辰100周年纪念日。今天,我们怀着无比敬仰的心情在这里举办王淦昌院士诞辰百年纪念活动,共同缅怀王淦昌先生。

王老是一位德高望重、科学成就卓越的核物理学家,是我国实验核物理、宇宙射线及基本粒子物理研究的主要奠基人之一,也是新中国热核聚变研究的开拓者和奠基者之一,在国际上享有很高的声誉。他为我国科技事业的发展,特别是核科学事业的发展作出了重大贡献。

2007年5月13日中国物理学会理事长杨国桢院士在
"纪念王淦昌院士百年诞辰专题系列报告会"上致开幕词

王老早年师从叶企孙、吴有训两位物理学先驱,后留学德国,从师著名女物理学家迈特纳,成为她唯一的中国学生。在七十多年的科学生涯中,王老始终活跃在科学前沿,辛勤耕耘,不断探索,奋力攀登,取得了多项令世界瞩目的科学成就。1941年,他独具卓见地提出了验证中微子存在的实验方案,并为后来的实验所证实;1953年到1956年,他领导建立了我国第一个宇宙线实验站——云南落雪山实验站,使我国宇宙线研究进入当时国际先进行列;1959年,在苏联杜布纳联合原子核研究所,他领导研究小组发现了反西格马负超子,把人类对物质微观世界的认识向前推进了一大步;从1961年开始,他参与了我国原子弹、氢弹的研制工作,是我国核武器研制的主要奠基人之一;1964年,他和苏联巴索夫院士各自独立地提出了用激光打靶实现核聚变的设想,是世界激光惯性约束核聚变理论和研究的创始人之一,对我国在这一领域的发展起了重要的作用;1984年,他又领导开辟了氟化氪准分子激光惯性约束聚变研究的新领域。

王老热爱祖国,把毕生的精力奉献给了祖国的科技事业。为祖国的发展,殚精竭虑,建言献策。20世纪50年代,他参与起草了"十二年科学技术发展远景规划";20世纪70年代,他与其他几位专家联名上书中央领导,提出发展我国核电事业的建议;1986年,他与王大珩、杨嘉墀、陈芳允一起提出关于研究发展我国战略性高技术的建议,受到邓小平同志的高度重视,并由此形成了具有重要意义的"863"计划,为我国经济建设和社会发展做出了重要贡献。

王老曾任中国科学技术协会副主席和中国核学会第一届理事长,为促进和发展国内与国际科技界的学术交流,推动科学家之间的合作与友好交往,发挥了积极的作用,做了大量卓有成效的工作。

王老十分重视科技人才的培养,在几十年科研教学实践中,他教书育人,甘为人梯,培养了一大批优秀科技人才。其中,不少人成为国家的栋梁或著名科学家,包括诺贝尔奖获得者李政道先生、"两弹一星功勋奖章"获得者程开甲先生都曾是他的学生。可谓是一代宗师,桃李满天下。

王老为科学事业奋斗了一生、奉献了一生。他那热爱祖国、报效祖国的赤子之情,以民族振兴、祖国强盛为己任,愿"以身许国"为事业献身的精神,以及他卓越的科学成就,深邃的科学思想,敏锐的战略眼光,崇高的品德修为,为广大科技工作者树立了杰出的典范。

为纪念这位为新中国的核物理科学事业做出重大贡献的"两弹"元勋,中国科学院数学物理学部倡议组织一次纪念活动,共同回顾和缅怀王淦昌先生,以激励广大科技工作者和青年人,学习和发扬以王淦昌先生为代表的老一辈科学家"严谨、求实、爱国、奉献"的优良传统,弘扬和传承"两弹一星"精神,奋发图强,不断开拓,勇于创新,扎扎实实,努力工作,为祖国的繁荣富强,建设创新型国家,实现中华民族的伟大复兴,创造出新的辉煌,做出更大的贡献。倡议得到中国原子能科学研究院、中国科学院国家科学图书馆等单位的赞同和大力支持,各方密切配合,共同组织了本次活动。

注:本文作者系中国科学院院士,中国物理学会理事长。

心中永怀感激情

——忆王淦昌先生对我父亲一生的鼎力相助

束美新

2007年5月28日是我国著名核物理学家、"两弹一星"元勋、中科院院士王淦昌先生诞辰100周年,而10月1日则是我父亲束星北教授的100岁生日。王伯伯(这是我对他一贯的称呼)长我父亲四个月余,二人非亲兄弟,但他们之间的一世情缘却胜似亲兄弟。

1956年束星北(后右二)夫妇受王淦昌(前左一)夫妇
邀请到北京小住,两家人在颐和园游览时的合影

父亲于1932～1952年期间在浙江大学任教,而王伯伯则于1936～1950年在浙江大学任教,他们在浙大共事14年。关于父亲和王伯伯他们在浙大时期所结下的深厚友谊,特别是两人在学术上的互相敬佩以及互相启发的精神,两人有科学歧见时的高声争执以及达成共识时儿童般的欢笑,还有两家人亲如一家地相

互帮助的真情,在当时都广泛传为佳话,并为很多浙大校友们回忆和记载。关于这些,在《核物理学家王淦昌》及《束星北档案》等书中也有很多细致的描述。在此我就不多谈及,仅将我亲身经历的往事作点滴的回忆和补充,也是将我心灵深处的一束鲜花奉上,以表达我对二老的思念之情,特别是对王伯伯深切的感激之情。

1950年王伯伯调往北京中科院,离开了浙大。父亲也带领我们全家来到了位于青岛的山东大学。父亲对我们说,王伯伯告诉他:山东大学在青岛,青岛风景秀丽,气候宜人,城市干净,好几天都不需要擦皮鞋。这也许是父亲考虑的一个小小因素吧。

1955年,父亲因在浙江大学期间,曾被借调到重庆军令部工作一段时间,遭到了调查和批斗,从此开始了二十多年的冤案过程。此后父亲和王伯伯之间的相互帮助和支持,几乎完全变成了单向行为——王伯伯对我父亲的鼎力相助。

在父亲的档案中查到一封信,那是1955年8月29日父亲写给王伯伯的。信中提到:"淦昌兄,……山大在肃反运动中对我所采取的方法,我本不想告诉你,现在你既然来问,大约也听到一些,我就告诉你罢。自七月二十日起山大就以'反革命分子'的罪名来斗争我……淦昌,记得我最佩服的人是 Galillo(伽利略)吗?我想决不会给朋友丢脸,我不会给中国人丢脸,屈服于恶势力之下。别矣淦昌,请维珍重……弟束星北上"。

此信是由中科院某位方先生转抄写给山东大学的,附在方先生写给山大的信中。他的信中谈到,他回北京找到竺(可桢)和王(淦昌)先生请他们动员束先生,让他彻底交代问题;束回信了,看来态度没有变。以上引述的那封信,应该就是我父亲当时的"回信"。我们没有查到王伯伯给父亲的信。从历史资料可查出,1955年8月13日父亲被停职批斗后四处上诉,分别给中央给毛泽东主席写信。而8月29日给王伯伯写了信后,在不久的9月10日和11月8日,就有了陈毅副总理遵照周总理指示连续两次在北京召开专门会议解决"束星北问题"的事情。也才有了1956年年初,全国知识分子问题会议之后,父亲得到了平反,并得到了山东大学的公开道歉。看来是(起码父亲本人是这样认为的)竺可桢先生和王伯伯将话"传递了上去",起到了作用。

1956年父亲平反后,那年的夏天,父亲和母亲接到了王伯伯夫妇的邀请,到北京小住,受到了盛情的招待,并由他们亲自陪同在北京游玩。回青岛后,父亲的心情非常愉快。他带回了一件青灰色的毛衣,说是王伯伯送给他的。从此,这件毛衣一直在父亲身上穿了二十几年,伴随着他度过了反右运动及"文化大革命"中的被强制劳动。一直到他平反后,毛衣的袖子都早已破烂不堪了,但他仍然不肯脱下。当时我还没有意识到,也许正是老朋友的这件毛衣,这份情义,温暖、安慰和支持着他,使他度过了一生最艰难的时期。我实在看不下去那件破毛衣再穿在父亲身上了,就对他说:"爸爸,你要再穿这件破毛衣,所有的人都会骂我这个当女儿的不孝顺。"父亲考虑到也有道理,这才把毛衣脱了下来,交我拆了重织。至今我想起此事,仍是非常后悔,因为毛衣拆掉,毛线不够了,也配不上颜色相近的线,从此再也没能织起来。

1980年夏天,王伯伯从北京到青岛来参加高能物理会议前,给父亲打了电话。报到后的当天上午,便由时任海洋一所的曾荣所长派车将他接到了我家。当时,王伯伯有秘书跟随,按规定他必须住在八大关特定的宾馆。但王伯伯吩咐秘书不准打扰他和我父亲的会晤,如有急事,就往我家打电话。这是自1956年后他们两人的第一次重见。26年了,经过了多少风雨,我原以为他们的见面会有多么激动人心的场面,但绝对没有想到却是如此的平静,他们像是昨天刚刚见过面似的,只是相互握了一下手,拍了一下肩膀,就坐到了沙发上。当时在场的有我的母亲、两个哥哥、曾荣所长等人。很快我们为了不打扰他们两位好友的谈话,不浪费他们的宝贵时间,便一起退出房间了。我在门外的走廊上做饭,不时地听到房间内他们提高嗓门的争论,一会儿又变成了开怀的大笑。就这样,除去吃饭时我们同他俩在一起,其余时间,就让他们尽情地享受自己的世界。当天傍晚,我们全家人一起陪王伯伯游玩了我们家旁边的青岛山。在山上有一座原来的德国碉堡,可以通往山下的原德军指挥部。王伯伯和我父母亲在碉堡上拍照留念。晚上,王伯伯和父亲又继续两人的谈话。我和母亲住在隔壁房间,也不知道他们到底睡没睡觉。总之,我睡着以前,听见他们的谈话声,早上醒来还是他们的谈话声。第二天上午,他们两人一起出现在全国高能物理会议上。这也是父亲复出后第一次在全国物理学会议上的露面,也是他一生中最后的一次。

父亲去世后,我们将他没有来得及整理的《狭义相对论》手稿整理出来,根据父亲的遗嘱,交给了海洋出版社。由于专业问题,该书的校对成了大问题。王伯伯对我说:"你早该告诉我!"于是,王伯伯立即打电话给时任中国物理学会副理事长李寿枏先生,他也是父亲和王伯伯在浙大时的学生。在李寿楠先生的帮助下,邀请了原子能物理所的韩文述先生完成了此书的校对工作。王伯伯又为此书申请了5万元的科学基金,并亲自写了序。父亲的这本《狭义相对论》终于在他去世12年后,在他的挚友王伯伯他们的鼎力相助下出版了。

20世纪90年代中期的一天,在北京王伯伯家,我记得当时他刚开完了全国人大会议,回家后与我闲谈。我真心地敬佩王伯伯既是这样的一位大科学家又是那样的平易近人,待人接物又是那样的彬彬有礼。我想,相对地,听一些人反映,说父亲身上有一股"霸"气,一般不熟悉的人,见了父亲都有一点怕他(说良心话,我一点不认为应该如此)。我就由衷地感慨地说:"王伯伯,我爸爸要有你一半的会做人就好了,他也不会摔这么一大跤!"谁知道,王伯伯的脸当场就板了下来,严肃地对我说:"不对,你父亲他说出了我们想说而不敢说的话,做出了我们想做而不敢做的事。"我一下子愣住了,却再也说不出一句话来。

1980年王淦昌(右一)与束星北夫妇在青岛的德国炮台遗址合影

如今王伯伯和我父亲都永远离开了我们。我也越来越感到,王伯伯对父亲一生的支持,远不仅因为他们是多年的挚友,而更重要的是,王伯伯对父亲的帮助,是出于对真理的执著、对科学的尊重和对国家人才的爱护。每当我想起这些历历往事,好像还发生在眼前。至今我仍常常在梦中遇见他们两人,他们仍活生生地在同我讲话。更使我难过的是,他们始终是穿着那些旧衣裳,父亲还是穿着那件旧毛衣。我总是要责备自己,怎么没有照顾好他们,经常难过地哭醒了,半天才回味过来,原来又是一场梦!这些年来始终如此。我也越来越感觉到,他们之间的一世真情,也正反映了这一代老科学家们对国家,对民族的责任感、对科学和真理的执著追求。这都是留给我们后人的一部学习"如何做人,如何做学问"的大书,值得我们永远地、慢慢地去细读,去品味!

注:本文作者任职于国家海洋局第一海洋研究所。

伟大的人格

吴 翔

王淦昌老师把他的一生奉献给了他所热爱的科学事业。他曾经首次提出中微子的探测方案，带领一批年轻学者发现了反西格马负超子，在年过半百之际接受党和祖国召唤转而从事国防科研，为我国原子弹氢弹的研制成功作出了重大贡献，首次独立提出用激光驱动实现惯性约束核聚变的思想。他的这些成就无愧于物理学家的称号。

作为一位德高望重的学者，更令人敬佩的是他的伟大人格。我同他都是江苏常熟人，在二机部九院他是我的领导，我们之间形成了一种亦师亦友的忘年之交的亲密关系，从而我从他身上不仅学到了物理学知识和处理问题的方法，也学到了做人的道理。

有一件我亲身经历的事让我终生难忘。1976年3月中旬，周恩来总理去世不久，我们几个因出差在外错过了向总理告别的同志，自动组织起来扎花圈准备去天安门广场人民英雄纪念碑献给敬爱的周总理。那天正好王老去找我，他知道后就说，总理逝世时我不在北京，我也同你们一起去。当时"四人帮"已经在阻止人们悼念周总理，我说你去目标太大，会引人注意，还是不去为好。他说，没关系，我不乘小车去，同你们一起坐公共汽车去。于是那天早上我同毛剑琴同志去王老家里陪同他坐公交车到天安门广场同其他步行去的同志会合，在纪念碑前他不顾凛冽寒风，坚持脱帽致敬。

不久，在天安门广场悼念人民的好总理的行动被荒唐地定性为反革命"四五"事件，我被停职反省，还说我裹挟王淦昌去天安门广场献花圈。后来我听说，王老不顾自身安危写信给部里，说他去天安门是自己的决定，与吴翔和毛剑琴无关。这使我们深为感动，让我们看到了王老伟大的人格魅力。

注：本文作者系上海同济大学物理系原系主任。

科学家爱国的伟大典范

——追忆王淦昌院士

吴水清

2007年5月28日是著名物理学家、我国核科学的奠基人和开拓者、"两弹一星"奖章获得者、中国科学院资深院士、九三学社原名誉主席王淦昌先生诞辰100周年。王淦昌院士生前为了我国核事业的发展，呕心沥血，作出了卓越贡献。他的一生，是为国家奉献的一生，他生命中的点点滴滴都折射出一颗拳拳爱国的赤子之心，那深沉的爱国情怀至今仍让我们为之动容。

他质问巡捕："凭什么抓我？"

那是1925年6月，年仅17岁的王淦昌来到上海不久，便与同学们一道在南京路上示威游行，抗议日本帝国主义残杀中国人的"五卅"惨案暴行。队伍走到英租界，王淦昌被一位印度巡捕抓住。王淦昌理直气壮地问："在我自己的国土上散发传单，你凭什么抓我？"巡捕被问住了，过了好半天才回过味来，用英语进行诡辩："你自己的国土？可这是英租界！"

王淦昌用英语严词批驳："正因为这里是英租界，我才来散发传单。你和我还不是一样，我的祖国受帝国主义欺凌，你的祖国已经沦为帝国主义殖民地，当了亡国奴。可惜的是，我还为祖国的命运拼搏，你却为侵略者效劳。若此事发生在你的国土上，你能抓住自己兄弟同胞吗？"王淦昌一席话，说得巡捕哑口无言，只好将他带到僻静处，悄悄地放了。临走，这位印度巡捕握住他的手，动情地说："小兄弟，你说得对，我理解你！"

"身边的同学倒下，血溅我的衣服。"

那是1926年3月12日，日本军舰侵入中国内河，遭到大沽口中国驻军阻击。英、美、日等八国借所谓"大沽口"事件，向中国政府发出最后通牒。北京高校师生对此十分愤慨，云集四五千人集会游行。然而卖国的段祺瑞政府下令开枪，一批请愿的学生被打死在执政政府门前。王淦昌抬头一看，女师大的同学倒了一片，他自己满身是血。同班同学韦杰三被全副武装的军警打死。王淦昌愤怒地问道:"作为一个爱国学生,今后该怎么办?一腔热血,该洒向何处?"

当晚,王淦昌死里逃生,和几个同学来到叶企孙老师家,讲述白天发生的血案。当王淦昌讲到"我身边的同学倒下,血溅我的衣服"时,叶企孙老师激动地盯着他,严厉地问道:"谁叫你们去的?你们明白自己的使命吗?一个国家,一个民族,为什么会挨打?为什么落后?你们明白吗?如果我们的国家有大唐帝国那般的强盛,在这个世界上谁敢欺辱我们?要想我们的国家不遭受外国人的凌辱,就只有靠科学!科学,只有科学,才能拯救我们的民族!"说罢,叶企孙老师泪流满面,不能自已。

王淦昌被老师发自肺腑的讲话所打动,深刻明白爱国与科学紧密相关,视为他生命中最重要的东西。叶老师的一番话,决定了他毕生的道路。从此,他暗下决心:献身科学,走科学救国的道路!

他对德籍教授说:"国难当头,我应该回去!"

1933年5月31日,丧权辱国的塘沽协定签订后,中国军队被迫从热河撤退到昌平等地。消息传到德国,正在柏林大学师从迈特纳、攻读博士学位的王淦昌义愤填膺,真想回中国打日本鬼子去。

此时,他正紧张地准备博士论文。有一次,导师迈特纳对他说:"年轻人,我羡慕你,你还有祖国,还有母亲庇护。可我被认为是异教徒,已经遭受失去母亲的痛苦。"

望着眼前的犹太导师,王淦昌流着泪,悲怆地说:"教授,您也许不知道,我的祖国也处在水深火热之中啊!"

那段日子,他心急如焚。特别是那种所谓"优秀民族统治劣等民族"的论调,使他非常气愤。强烈的民族自尊心,顿生成为国洗耻的愿望。他积极准备,终于在这一年12月通过博士论文答辩。第二年1月,他收拾行装,正要起程回国,许多异国朋友前来挽留他。一位德籍教授拉着王淦昌的手,深情地说:"Mr.王,科学是没有国界的。中国很落后,实验设备都不齐全,你在世界物理学界很有发展潜力,世界的物理城在西方,不在东方。你回去将会影响你的前程。"

此时此刻,他想起八年前与叶企孙老师那番深夜谈话,想起自己"科学救国"的誓言,他充满爱国激情地对那位教授说:"先生,你说得好!世界的物理城是在西方,科学也是没有国界的,但我们科学家都是有祖国的!我是个中国人,在中国有我的妻子儿女。在这国难当头的时刻,我应该回去!我的国家需要我……"

那位教授被王淦昌的真诚感动了。但当时的德国局势混乱。铁了心要回国的王淦昌,费尽了千辛万苦,终于在1934年4月回国,担任了山东大学、浙江大学物理系教授,把自己学到的知识用以培养新的一代,实践了他当初"科学救国"的誓言。

他问大使："国家有难,不应尽点心意?"

那是1961年国内出现严重的自然灾害,正在苏联杜布纳联合原子核研究所任中国专家组组长的王淦昌万分焦急。他交代好工作,便风尘仆仆地坐火车赶到了莫斯科,会见了刘晓大使。

一向心直的王淦昌,掏出了自己平时省吃俭用积累的14万卢布,全部交给了组织,转交饱受灾害的祖国人民。

面对价值近三万人民币的卢布,望着远道赶来的王淦昌,刘大使真不知道该怎么办才好。大使太了解王老的为人。想当年,王淦昌匆匆从德国留学归来,将家中的白银、首饰捐献出来抗战,打日本鬼子;而自己却随浙江大学内迁贵州湄潭,过着一贫如洗的生活。眼下,大使很清楚王淦昌的经济情况,人口多,生活并不富裕。这笔钱是王老省吃俭用挤出来的,无论如何也不能收啊。

王淦昌明白大使的好意,但还是坚持自己的意见,动情地说:"游子在外,谁不惦记家中的父老乡亲?给父母捎家用钱,这是理所当然的事。现在,眼看着国家遇到了困难,我作为一个中国人,难道不应尽一点儿心意吗?"

刘大使被王淦昌落地有声的言辞所感染,只好收下了。

他对部长说:"我愿以身许国!"

1961年初春,王淦昌回到了北京,与中国人民共渡难关。4月1日,王淦昌被告之,第二机械工业部部长刘杰约见他,说"有要事相商。"

他有些纳闷,百思不得其解,但还是坐上车,匆匆赶到三里河,一口气跑到部长办公室,等待部长的讲话。

刘杰部长也是爽快人,开门见山地说:"让你领导研制战略核武器——原子弹!"

王淦昌被这突如其来的决定惊呆了。

部长停了一下,注意到了王淦昌的表情,他也舍不得让眼前这位世界级物理学大师去造原子弹。然而,北边那个自称"老大哥"的大国,却突然撕毁协议,撤走专家,妄想让中国的原子弹研制计划夭折。想到这儿,部长的表情忽然严峻起来。他走到王淦昌面前,气愤地告诉这位刚从杜布纳归来的中国核科学奠基人:"有人卡我们,说我们离开他们的援助,十年、二十年也休想造出原子弹来!"

此时此刻,王淦昌心中的怒火顿时生起。他想,科学无国界,但科学家有祖国。这时,部长亲切地靠近他,加重语气地说:"我们要争这口气!"

王淦昌静听着,期待部长进一步指示。但部长的话戛然而止。他们的眼光对视着,王淦昌说出了他心头多年积压的一句话:"我愿以身许国!"这句话,铿锵有力。从那时起,一直流传至今,直到永远。

"为科教兴国做点实事"

晚年的王淦昌,特别重视青少年的理想教育。1996年4月22日,天空晴朗,已在春末夏初的日子。我一进王老的家门,便说:"又要麻烦王老了。"

"是成都要的题词?"他见我点头,便说:"好,德基,磨墨。"

德基是他的小儿子,也已退休了,是我的好朋友。我们相互配合,王老便提笔写道:

学科学,用科学,做科学的主人。
——寄语《少年百科知识报》小朋友,王淦昌一九九六年四月二十五日

我连说写得不错,可王老反复看着,说:"布局欠妥,重写。"我怕他太累了,便说:"这就很好了。"王老却说:"那不行,别误人子弟。这是给小朋友们的,一定尽量写好,为科教兴国做点实事。"

每次题词,王老都如此一丝不苟。他给上海交通大学学生写了十六个字:"振兴中华,匹夫有责;立志成材,献身四化。"他给核工业部九院研究生题词:"讲道德,守纪律,明法制,治国平天下;有理想,要团结,增强国力。"他还抄写蒲松龄的警句送给我,要我记住:"有志者,事竟成,破釜沉舟,百二秦关终属楚;有心人,天不负,卧薪尝胆,三千越甲可吞吴。"这也许是他留给我们共同的遗言,我们不应该忘怀。

他对青年人说:"我年纪大了,没关系。"

从1961年起,王淦昌改名"王京",默默地工作在核武器研制基地。作为伟大的爱国者,王淦昌是用自己的生命来实现自己的诺言。

有一次,核试验基地的山洞出问题了。他匆匆赶到现场,侧耳听到探测器发出"啪啪"的响声,忙问:"这是怎么回事?"见无人回答,王淦昌当机立断,搬出仪器,进行监测。经过一番分析,放射性物质并没有泄露,洞内也没有贫铀矿的迹象。原因何在呢?王淦昌和大伙一起,在苦苦思索。

他向来有股穷追不舍的劲头,非要查出真实原因。他戴上防护口罩,在洞内认真检查,终于发现有氡气,这时已近中午,因为氡气对人体是有毒害的,所以,王淦昌拍着战士们的肩膀,要他们到洞外吃饭,还叮嘱技术人员:"防护口罩,要一次一换。"

然而,王淦昌自己一忙起来,就不顾一切了。别人劝他少待在洞里,他却说:"我年纪大了,没关系,你们年轻人要注意。"在场的年轻人被感动得流泪,从心里对他产生深深的敬意。

就这样,他忘我地领导氢弹、原子弹的实验,又在技术上成功地领导我国前

三次地下核试验。中国的成功,让世界震惊,连戴高乐也感到意外。然而,有关王淦昌的故事,却在漫长的 17 年间无人知晓,甚至当他走到了生命的尽头,遗体停在八宝山火化炉旁边,憨厚的工人也不知他是何人。当我讲明他就是核弹先驱王淦昌时,他们肃然起敬,连连说:"好人!功臣!真得记住他!"

他,王淦昌真的不愧为科学家爱国的伟大典范。

注:本文作者系《现代物理知识》原主编。原载《民主与科学》2007 年第三期。

追忆王老

宋占京

王淦昌先生由于对世界核科学的卓越贡献,早已受到世人的尊敬和热爱。在与王老一起工作的日子里,我学到了很多,也得到了王老无微不至的关怀。

不畏艰险 以身许国

我是在1962年初春与王老相识的。他当时对我说:"要报效祖国,任务重大、困难也大,要奋发拼搏、不辱使命。"

王老自己就是这样身体力行的。他几乎参加了全部核试验科研工作,带领大家攻克了各种科技难关。他一直深入第一线,组织领导和解决各种难题。特别是在有危险和困难时,他总是出现在大家面前,同我们战斗在一起,给我们壮胆助威,并同我们一起出主意想办法,共同闯过艰险和难关。有时大家叫他离开有一定危险性的现场去休息时,他却说:"你们要永远记住,一个真正的科技工作者,永远不应该逃避责任和危险境域。为了祖国核科技的研发,要用全部心血甚至生命来争取时间抢速度,圆满完成任务。"他以他的行动真正履行了自己"以身许国"的誓言。

王老一向关心我们的工作、学习、生活及健康等。当研制工作取得初步成功后,王老就向我们表示祝贺,并热情勉励我们再接再厉,为完成目标而继续努力奋斗。在一项研制工作中,当我提出的方案不被大多数人认可时,王老说:"我们搞科学技术的人,不能盲从,也不能骄傲,唯一的标准就是尊重科学实践及实验。"后来采纳我的方案完成了任务,王老又一次教导我说:"宋占京你要永远记住,科学技术的正确与否,是必须要经过实践来检验的。"1967年下半年的一天下午,研究院主管科技的领导正式宣布我们研制的器件被其他器件代替了,研制工作要停止的决定后,王老又语重心长地说:"我认为这个器件的研制是来之不易的,参加研制的全体同志是辛苦的,它填补了我国在这方面的空白,今后应该作为科学技术储备保存起来。如果有可能的话,应该在技术指标上继续做些工作,将来可能还会有用处的。人员最好不要都散掉。我想世界上任何一项先进的科学技术成果,都一定会找到用处的,现在用不上,可能现在人们还没有认识到,所以我主张保留。"后来在20世纪70年代这个器件真的被用上了，并成为核工程科技领域极其重要的器件之一。此项工作也获得了多个奖项。从这当中不难看出，王老作为一位科学家的远见卓识。

王老是李政道、李寿楠、程开甲、吕敏等著名科学家的老师，但他从不以前辈自居，在任何场合都以平等谦逊的态度，与学生及普通工作人员一起探讨问题，并总是认真倾听别人的意见。他向一切内行人员请教和学习。凡是同王老相处过的科技人员、工人、行政管理人员，没有不钦佩王老的。他经常带领我们年轻人下所、室、组，解决各种各样的科技和管理问题，并叫我们仔细听、学和思考各种问题，听取我们的分析看法，鼓励我们学习再学习。他言传身教，是科技工作者的楷模。他当时已经60多岁了，但记忆力、洞察力比我们年轻人都强，并且十分注重培养人才。

动乱年代　忧国忧民

20世纪70年代初，王老就对我讲："第一次地下核试验虽然成功了，但由于种种原因有些测试数据拿到的少或是没有拿到，应该好好总结检查，提高我们的水平，并要真正做到周总理对我们的要求：'严肃认真、周到细致、稳妥可靠、万无一失'。同时还要做到'一次试验，多方收效'。占京你知道，我国从原子弹到氢弹试验成功，只用了两年零八个月，是世界上最快的，是创世界纪录的，也是载入史册的。但我们整体水平还有很大差距，我们的职责就是尽快尽力地把这个差距缩小，赶上并超过先进。"

有一次同王老去北京出差。当时包厢里只剩下我和王老在一起，他对我激动地说："占京你入党那么早，又出国去苏联留过学，在党内还担任过支部书记、总支书记等，但是你好好想过没有？我国目前的核科学技术还很落后，而我们现在又没有好好急起直追、奋发图强、全力以赴地去搞科技，难道你不觉得这样下去后果很严重吗？！占京，你作为一名党员，对这种坏现象、坏风气又做了哪些斗争呢？我把你当孩子看，你不反对吧？"我赶忙回答："我不但不反对，而且感到是我的荣幸。王老师您批评得对，作为晚辈，我确确实实感到自己为祖国、为中华民族做的太少太少了……"后来王老从激动中平静下来，自己先流下了热泪，并且说："占京，真对不起，我刚才不该那样说。"这是我平生第一次也是唯一一次目睹王老落泪。我急忙说："您那样教育我们是对的，没有错。要说错，是时空的错……"随后王老叹了口气说："我虽然现在不是共产党员，但党内有不少像周恩来总理这样的领导人和千百万好党员。中华民族会有希望的，但我多么希望党尽快好起来呀！好能尽快带领全国各族人民团结一致，尽快提高我们的文化教育和科学技术水平，促进科技文教事业向前向高发展。我批评你们，你们也只不过是普普通通的共产党员，力量和作用又能有多大……只有等待时机的好转吧。"

在"文化大革命"期间,王老带领我们排除一切干扰,克服重重困难,任务都得到圆满完成。在大型协调会上,王老要求大家求大同存小异,放弃本部门本单位的局部利益偏见,大力协同完成国家任务。他严格要求院内人员首先自己做好,再去做院外的工作。他一直不断地关心身边的工作人员,教他们学习、成长、提高,有困难就给予资助。在我回到院里工作时,仍然有不少被迫害的人员,坚决要求离开我院,不再接受新的工作任务了。王老就一个一个地做思想疏导工作。他本人也被批斗过,但他并不计较这些,仍然主动挑起工作重担。他以其老科学家和老前辈的威望做通了大多数人的工作,使许多关键岗位工作得以恢复和发展。由于要动员和做工作的人特别多,王老也叫我以他的名义及我个人的关系做了一些人的工作,成功的很多。

1996年6月上旬,有位同事告诉我,6月8日举行《核物理学家王淦昌》一书出版座谈会,问有没有时间去参加。我回答说,我一定去参加。这天上午9时,我来到京西宾馆参加该书出版座谈会。当我们到达时,王老早已等在那里,正同一些专家学者握手,当他看到我时,把手伸了过来,我急忙说:"王老您还是先同各位领导和专家握手吧,我可以等一下。"王老说:"没关系,他们多半都在北京,常常能见到我,你在四川工作,难得能同你见上一面。"我请王老在书上签了名。此后就再也没有机会见面了。

王老是一位杰出而伟大的科学家、实践家、发明家、创造家,同时也是位平凡而朴实的人。王老永远活在我们心中!

注:本文作者系中国工程物理研究院原科研组长。原载《中国核工业报》2007年5月25日。

一代师表　风范永存

宋炳耀

2007年5月28日是特别值得纪念的日子,这一天是我国实验原子核物理、宇宙射线及基本粒子物理研究的主要奠基人和开拓者、中国原子能科学研究院名誉院长、九三学社名誉主席、中国核学会荣誉理事长、原二机部副部长和中国科学技术协会副主席王淦昌同志诞辰100周年。王老虽然离开了我们,但他的音容笑貌、他的伟大精神、他的崇高品德、他的科学作风、他的人格魅力仍历历在目。

早在王淦昌八十寿辰时,国务委员兼国防部长张爱萍将军赋诗祝贺:"草原戈壁苦战斗,首次核弹凯歌奏。科技园丁勤耕耘,装点江山添锦绣。"国务委员张劲夫贺词赞王老:"无私奉献,以身许国;核弹先驱,后人楷模。"全国政协副主席、中国工程院首任院长朱光亚在《王淦昌全集》序言中写道:"王淦昌先生是一位德高望重、科学成就斐然的著名科学家,他不仅在粒子物理、核物理方面做出了重大的发现和贡献,而且在我国独立自主地发展核武器方面立下了永彪史册的功勋。他热爱祖国、艰苦奋斗、实事求是、无私奉献的伟大精神;他胸怀坦荡、谦虚纯朴、伸张正义、清正廉洁、平易近人、乐于助人的崇高品德;他坚持真理、修正错误、追求卓越、终生创新的科学作风,深深地教育熏陶一代又一代科技工作者,成为大家公认的典范。"以上这些祝词、贺诗是对王老献身科学的高度评价,王淦昌是当之无愧的!

1990年9月宋炳耀(左)、谢荣镇(右)采访王淦昌

王淦昌致力于科学,但他也是爱国主义者。他在德国柏林大学攻读核物理的第二年,日本帝国主义侵占了我国东北。他日夜思念着灾难深重的祖国,决定回国。外国友人挽留他,劝说:"中国没有你从事科学研究的条件。"王淦昌回答说:"我是学科学的,但我首先是中国人,我的祖国正在遭受苦难,我必须回到祖国为她服务。"

1934年,王淦昌毅然返回了祖国,他先后在山东大学、浙江大学任教。"七七"事变后,日本侵略者继续进犯中原,浙大被迫迁到贵州的湄潭山城。王淦昌的收入很少,夫人没有工作,又有五个孩子,生活之艰难可想而知。有人劝王淦昌做点生意。他摇摇头说:"国难当头,吃点苦是应该的,做生意不是做学问人的事业。"他还把结婚时保留下来的金银首饰全部做了抗日捐献。为给抗日战争直接做贡献,他开设了军用物理课,学生们自由听课,课堂爆满。在没有试验条件和生活极其困难的情况下,王教授在简陋的茅草房里进行核物理方面的理论研究,并写了《关于探测中微子的建议》一文,刊登在1940年美国《物理评论》杂志上,引起了国际物理学界的高度重视。许多核物理学家按照他的建议进行了一系列的探索,终于发现了中微子的存在。王淦昌的论文,被认为是1942年世界物理学的重要成就之一。因此荣获第二届范旭东奖金,被美国科学促进协会列入百年科学大事记人物之中。

在湄潭那几年艰苦的岁月,伴随着隆隆的炮声,王淦昌一篇又一篇论文,在昏暗的煤油灯下问世。如《关于宇宙线粒子的新试验方法》、《中子的放射性》、《中子与反质子》、《关于初级宇宙线的本性》。王淦昌还培养了一代品学兼优的物理英才,后来荣获诺贝尔奖的李政道及李寿枬、李天庆、李文铸都是王教授的得意学生。

1952年的一天,中国科学院党组副书记丁瓒约见王淦昌说:"朝鲜战场上使用了一种炮,他们怀疑是原子炮,上级命令科学院派人到朝鲜战场实地考察,院里准备派你去,你有什么考虑?"王淦昌毫不犹豫地回答:"好,我去!"。他用盖革计数器,对从前线带回来的弹片进行反复测量,判断出这些弹片不是原子弹的散裂物。王淦昌还在志愿军司令部给首长们做了关于原子弹原理及其效应的报告。

王淦昌是中国高能物理的创始人之一。从1953年起,他领导建立了云南落雪山宇宙线试验站,安装了多极云室和磁云室,开展了奇异粒子和高能核作用的研究工作,获得了一大批奇异粒子事例,其中最引人注目的是中性重介子的发现,引起国内外科学家的重视。以上这些科研成果,使我国宇宙线研究进入了当时国际先进行列。1956年,王淦昌同志赴苏联联合原子核研究所任高级研究员,后任副所长,他领导的实验小组于1959年3月9日发现了反西格马负超子。这个发现成为联合所100亿电子伏特同步稳相加速器上最重要的科研成果,此成果于1982年荣获国家自然科学奖一等奖。

王淦昌院士是我国核武器研制的奠基人之一。20世纪60年代初,苏联单方面撕毁合同,撤走专家,使得我国刚刚起步的核工业和核科技的发展陷于停顿,党中央果断决定抽调王淦昌等一批杰出的科学家,依靠自己的力量发展核科学技术。为了祖国,他毅然迎难而上,挑起了核科学研究所副所长的重担,离开大城市,在西北戈壁滩上扎下了根,整天餐风沙,沐烈日。他总是亲临第一线,深入到试验室里,外场测试车上,地下坑道中,在那些关键、危险的岗位上,他常常坚持到最后撤离。王院士不仅一直参与了我国原子弹、氢弹原理突破及第一代核武器研制的实验研究和组织领导,还在爆轰试验、固体炸药工艺研究和新型炸药、高功率脉冲技术研究以及核物理、核爆近区测试等方面做出了奠基性研究,指导解决了一系列关键技术问题。他在开展地下核试验过程中,花费了巨大精力与时间,研究并改进测试方法,使我国仅用很少次数的试验,就掌握了地下核试验中的关键技术。1964年,我国第一颗原子弹爆炸成功了,望着升起的蘑菇云,王院士流下了激动的热泪。不久,我国又成功地爆炸了第一颗氢弹,胜利地进行了第一次地下核试验,这一次又一次的重大成功,都饱含着王淦昌、彭桓武、郭永怀、朱光亚等许多科学家的心血。

王淦昌院士是世界激光惯性约束核聚变研究的奠基人之一。早在1964年10月,他独立于苏联巴索夫院士提出用激光打靶实现核聚变的科学设想,并在我国组织力量开展了这项有深远意义的研究。1978年夏,由他担任所长的原子能研究所开始了惯性约束核聚变的研究。王老认为,这种研究花钱少、用途大,很适合中国国情,聚变材料来源于取之不尽用之不竭的海水之中。王老始终站在科研第一线,亲自指导一个研究室,开展带电粒子惯性约束可控聚变反应的研究。他带领核科学和激光两个领域的队伍,通力合作,在国内奠定了激光等离子体理论及其试验和技术基础。

我初次认识王淦昌院士是1990年4月。《人民日报》海外版主任记者谢荣镇老师给了我三位科学家的有关材料,让我选一位进行采访,文章写好后,要登载在海外版"赤子篇"——归国定居专家事迹专栏中。我认真地阅读了所有材料,选择了核物理学家王淦昌。一天,我和谢荣镇老师一同访问了中国原子能科学研究院名誉院长,著名核物理学家王淦昌院士。一见面,王老面带笑容,热情和我们握手表示欢迎。王老身着深灰色中山装,朴素大方,沉静、坚毅的面庞带一副近视眼镜,但精神奕奕,看上去和蔼可亲,平易近人,没有一点大科学家的架子。当我们请王老谈谈他的经历和所做的贡献时,王老谦虚地说:"我没有多少贡献,对国家报答得很少,感到惭愧。"王老又补充说:"我人老了,可心还年轻。作为一个科学家,最重要的是要有一颗永远年轻、富有创造力的心。"正因为有一颗永远年轻、富有创造力的心,王老始终站在科学前沿,不断地有所发明,有所创造。我观察了一下,会客室陈设简朴,但书柜藏书丰富,且有许多荣誉证书,其中国务院颁发的证书上"卓有贡献"几个大字十分醒目。西墙上部挂着一个镜框,那是王老1956年在苏联杜布纳联合原子核研究所任副所长时,一位苏联著名画家为王老画的油画像,画得生动逼真。东墙有一幅国画,是临齐白石的"老寿星",是李政道博士为王老八十寿辰敬送的。一个世界级的大科学家,我国原子弹、氢弹的奠基人之一,生活、住宅、穿着这样简朴给我留下了深刻印象。王老为科学献身的精神,崇高的品德,和蔼、谦虚的态度,朴实的作风,深深地感动了我。采访后我起草了《为科学献身的一代师表——访杰出核物理学家王淦昌教授》。《人民日报》海外版于1990年4月20日登载了此文。

1993年12月,我和《体育博览》记者、《青少年读书指南》责编访问核物理学家王淦昌。王老说:"近十年来主要抓了两件事:一是参加并促进激光惯性约束核聚变的研究,其目的是为了解决全人类的长期能源需要。二是大力促进我国核能的和平利用,发展核电事业以解决我国近期的能源问题"。

后来,王淦昌减少了任职,辞去了二机部副部长,九三学社参议会主任是参而不议。他表示有一项工作永不辞职,就是做一个研究员,和年轻工作者一道,实现可控聚变反应的研究。王老认真地说:"搞科研,创造科学成果以造福人民,是我们科技工作者的本分,也是我们的责任。"我们请王淦昌老师,为青年说句话,他提笔书写了"青年前途光明,贵在勤奋学习"。

王老虽然永远地离开了我们,但他追求真理、献身科学事业、为国为民的博大胸怀,始终是我们民族的骄傲,我们永远缅怀他。

注:本文作者系北京市委工业工委纪律检查处原处长,北京市工委离休干部。

平凡的"王老头",不平凡的王老
——王淦昌之女王遵明忆父亲二三事

张 欣

每个人都有自己的父亲母亲,不论在外面名声多么大、事业辉煌,回到家里,他们在自己的儿女面前表露出的却是最最真实的一面。

大科学家、"两弹"元勋王淦昌先生在子女眼中是个什么样的人呢?在王老诞辰100周年之际,记者采访了王老的小女儿王遵明。

平易近人的"王老头"

"父亲有五个孩子,我是最小的老五,上面还有两个姐姐、两个哥哥。"王遵明和她的老伴李伯伯在家里接待了我,已经年过六旬的她依然精神抖擞,从其面容中依稀可以看出王老的影子。

由于之前看过太多王老的事迹,在我的心中王老的形象高大无比,面对他的女儿,我不由得也拘谨起来。"您觉得王老是个什么样的人?"第一个问题慌里慌张就脱口而出,"我觉得他好像是神话中的人。"我赶紧补充。

王遵明立刻笑了起来,摆摆手:"不不不,我父亲这个人非常朴素,你可以问跟我父亲接触过的人,不管是同事、工作人员、司机、秘书,没有一个人说我父亲是有架子的,他这个人非常平易近人。"

她说,王老从来不把人分成三六九等,从来没有因为自己是大科学家,而有一丁点儿的架子。当时在原子能院的时候,王老见了谁都打招呼,不管是领导还是普通工作人员。别人见了他说"王老您来了",他马上就站起来和别人握手。

有一件事情让王遵明印象很深。她说,曾经有个湖南的中学生给王老写信,表达了对物理领域的一些个人看法,其实那些看法很幼稚。但是王老每次都认真地给他回信,还专门到书店自己掏钱买些适合他读的浅显易懂的书给他寄去。

据李伯伯回忆,王老平时穿的衣服也是非常朴素的,就是中山装一类,有时甚至可以说有些邋遢,"有一次我到王老单位找他,传达室里的老大爷说'哦,你找老王啊,等一会儿。'还有好多人管他叫'王老头'呢。"

"工作痴""名利淡"

"父亲工作起来全神贯注,名言是勤能补拙。一个问题一来,他就会翻来覆去地想、去解决。他是个急性子,经常催他学生:'我有一个什么什么想法,你赶紧过来!你再不过来,我思路就没了!'"在王遵明的心中,父亲心里没有别的,装的就是工作。

王遵明回忆,王老评价人有两个很重要的标志,一个是看他爱不爱国,比如某个人要出国想请他帮忙,他反复嘱咐"一定要回来为祖国服务啊";第二个是技术、业务好,他经常说"这个人不错,业务好"。当某个科研小组里一个同志提出了科研上很好的想法时,他马上就宣布"组长由你来当",因为他一心想着业务和科研发展,不会去考虑其他人事关系等方面。

王老在学术上一丝不苟,非常严格,他的弟子像王乃彦、丁大钊等好多跟他在一起工作的都挺怕他。"大家一听说王老要来检查工作,就特紧张,因为王老很严谨、很直、爱挑刺。我听说邓稼先就最'怕'他。"李伯伯笑道。

在王遵明的记忆中,父亲对钱看得非常淡,他老说"钱没什么用,能有吃有穿有房子住就行了"。

"父亲家里的家具都是旧的,到处都是书,也不爱收拾。他老说这个不能扔那个不能扔,说不定以后用得着,结果弄得乱七八糟。"王遵明想起往事就忍俊不禁。

"父亲把所有的精力都放在工作上,对家庭孩子倒真是关心不够,也实在没有时间。我的印象里他就是老出差。国家要他做什么,他就做什么。他除了看看京戏外,也没有什么其他爱好,他认为太多爱好是浪费时间。"

潜移默化感染家人

王遵明是名家之后,她和李伯伯也都是中科院的资深研究员,但他们在生活中却待人谦逊随和,可以说是受了王老的感染。

"有人问'李老师你一点架子都没有',我说我的岳父王淦昌不知比我高出多少倍啊,他都没有架子,我哪有资格拿架子啊。"李伯伯笑道。

王老对人真诚,有什么就说什么。"大家都说我父亲说话最直。他就这个脾气,把人与人之间的关系想得比较简单。我想这也是他能够把全部精力用于科研并取得成就的重要原因之一。"王遵明说。

王老把责任看得很重,他经常教育子女要负责。

据王遵明回忆,以前家里找王老的电话很多,他不在时孩子们就替他接了。因为怕父亲过度劳累,有的觉得不很重要,就没问对方是谁也没跟他讲。有时王老知道了,就会着急地说"这样不行,以后不管是谁来电话,必须要记录下来。"当知道来电者后,他都会亲自给对方回电话或回信。他说,别人给我打电话那就是有事找我,不管事情大小,既然找到我了,我就要对人家负责任。

"要以诚相待,要负责任。我们晚辈都受到了父亲的影响,现在也是这样,一定要给别人回电话,否则是非常不礼貌的。"王遵明感慨,"一个人的能力越大,反而越谦虚。父亲是高山,他的品格对我们的潜移默化真的很大。"

王老爱帮助别人,只要是力所能及的,他都二话不说。"人家一提困难,他就想帮。"王遵明回忆说,"他生前还资助过好几个贫困学生上学,但他自己从来不讲,我们也一直不知道。后来整理他去世的遗物,我们才发现,可能那些孩子到现在有的还不知道资助人就是著名的大科学家王淦昌。"

注:本文作者系《中国核工业报》记者。原载《中国核工业报》2007年5月25日。

舐犊情深

张仲沄

在人们的眼里，GC 是中国的国宝，中国的 Fermi，中国核科学的奠基人和两弹一星的元勋之一。我所说的 GC 就是打从心底尊敬的王淦昌先生。我第一次见到 GC 是在 1987 年的秋天，可是早在 20 世纪五六十年代我做学生时，GC 就那么微妙地影响着我。他是一个慈祥的长者，好老师，忘年的朋友，用以衡量我待人接物的标尺和天平。GC 是一个思想丰富，兴趣广阔，一直走在时代前端，百折不挠，是海明威笔下那位和汪洋搏斗的不老渔翁。如果把 GC 比作在这黑洞洞的宇宙里一颗闪烁的巨星，那么我只不过是一颗在他重力所引起的旋涡边缘滑过的微尘；是瞬息，偶然，带有几分模糊地滑过。但我毕竟很幸运地有机会曾经在那旋涡的边缘徘徊过一阵子，我将永远怀念着他。

1988 年 8 月 8 日王淦昌与美国马里兰大学
物理系教授张仲沄(右)游览卢沟桥

还有，今天我写这几句话来纪念他，是凭一些零零碎碎的记忆，杂乱无章，不是历史，不是传记，但也不是子虚、传奇或志异。记得刚来美国时，每当早上见到我的论文指导老师,我总是说一声:"早,Steinberger 教授";再加上一个带有微笑的鞠躬。但是每次我从他那儿所得到的回报,总是一声:"早,张教授"和一个带有微笑的鞠躬,这实在叫我难堪。因此,我只好从此跟着大家一样地叫他:Jack,不再叫他 Steinberger 教授了。其实,即使在课堂上,老是老师长,老师短的,听起来也怪别扭。这就命定了我在:王老,淦老,淦昌先生,王教授等等这许多排列组合中,选择了 GC(淦昌)这两个字的原因,想必情有可原,并非目无尊长。还要说明的是,在这儿每提到外来人名、地名时,我都采用英文,因为湖南人说国语,就像毛主席说的国语一样,虽然非常"动听",但究竟与汉语拼音有些距离。

我们因您而挺直了腰杆

在人类历史的长河中,35 年只不过是一刹那间的事,但是在短短的 35 年里,我看到了新中国天翻地覆的变化,长江上架上了好几座大桥,人造卫星飞上了天,胰岛素,原子弹、氢弹成功地突破,哪一件不是令人惊喜的事实?1984 年 10 月 1 日是新中国成立 35 周年的国庆,在华盛顿地区的学术界、工程界等等的一些华侨在任之恭教授的领导下,成立了一个"美京华人各界联合会"。预备起来领导华侨庆祝新中国成立 35 周年的国庆,可是我们的会长任之恭先生和会里的理事、监事们都被新中国政府的红色地毯邀请,回国参加国庆大典去了。我这个"副会长",便被指定为华府地区华侨庆祝国庆的负责人。在三十多家的先生、女士们共同努力下,我们在罗斯福夫人高中的大礼堂里,主办了一个包括章文晋大使和大使夫人在内的一千多华侨的同乐会。我在致欢迎辞中,特别强调了中国两弹一星,成功突破的意义。中国人民再也不必在人家核武器和飞弹的威胁下过日子了。这不正是 35 年前的今天,毛主席在天安门向全世界所宣布的:"中国人民站起来了"的豪语吗?今天新中国又向前迈进了一步。GC,这都是您和您那些一道工作者的夙夜匪懈,你们的智慧和呕心沥血所赐予,我们因您而挺直了腰杆。

钻石门槛

1960 年 9 月,我走进了纽约哥伦比亚大学物理系。我开始了我在纽约五个年头的助教、研究生和短暂的博士后的日子,助教生涯并不太好过,又要带实验,又要改考卷;最难为情的是:有时,教授还要你把他给学生的考试题目先试一试,看是否难易恰当?你想,一下子做不出来多么难为情。可是当看到系里面教授的阵容,我想那时哥伦比亚大学的物理系,是受益于曼哈顿计划(Manhattan Project)的余荫。你看那么多的诺贝尔奖得主(九个)都是现任教授,这岂不是人类精华大脑的密集吗?当然也就不难说服自己,这不太好过的助教生涯是值得的。在这儿还养成了打破砂锅问到底的习惯,竟然在参考文献里一再发现 GC Wang

这个人,没想到我和他还有着些微妙的关系呢:

1. 我的论文是对有关西格马奇异超子的观察,为什么西格马的微子衰变要看它的带电而定?也测定了西格马主要衰变的参数。

2. 1963年,有一天,生活杂志(LIFE)社的记者来访问我的论文指导老师Jack,因为他们发现了微中子的第二家族。我因此对微中子物理感到了浓厚的兴趣,也花了很多精力在图书馆里翻阅微中子的故事。

3. 人们常常会听说居里夫人和吴健雄先生的故事,可是在Pupine的走廊里,在茶余饭后的闲话中,有时候听人谈起的,却是有关Lise Meitner(1878—1968)物理教授的掌故。她那时在美国,已从华盛顿的天主教大学退休(1947)了。她是原子核裂变之母,可是她没有因此而和她的合作者,Otto Hahn(化学)一道分享她应该得到的诺贝尔奖。物理学界都认为这是不公平,是瑞典皇家学院不可理解的一大败笔。GC在柏林大学做研究生时,就是Meitner的学生,他们采用的主要研究方法之一就是用Geiger计数器,测量Gamma射线的能量。在1932年,他们发现很多事例反常,没有Gamma射线的特征。GC于是建议Meitner,制造一个云雾室来仔细观察测量。可是他的建议被Meitner否决了;很快地英国的James Chadwick就证实了GC的建议是对的,Chadwick因发现了中子而得到诺贝尔奖。如果诺贝尔奖是保存在一座金殿堂上的皇冠,那么GC和他的老师Meitner都曾拜访过这座金殿。可惜都因那不公平的原因,没有走下最后一步,跨过这道钻石的门槛,走上殿堂去拿起那殿堂上的皇冠。但是在1966年,美国把最高荣誉的Fermi奖章赠送了给Meitner,Hahn,和Strassmann。而且把原子数为109的人造重元素命名为Mt_109来纪念Meitner。第二次世界大战后,人们称她为:"原子弹之母",那是不恰当的,因为她曾婉谢了加入曼哈顿计划的邀请。有趣的是早在二十世纪四五十年代,反西格马奇异超子的发现人,和建议了直接观测微中子的人,其中竟有一个中国人:GC Wang。这个GC Wang是何许人?我会有缘认识这个叫GC的中国人吗?那时我总是这样问自己。

云雾室的经验

上面曾提到GC建议Meitner,制造一个云雾室,仔细观察测量反常Gamma射线的故事。其实在1958年,我和沈铭梁也在新竹的清华原子研究所,曾有过从事制造一个云雾室的有趣经验。那是一个教学用,直径只有10英寸的小云雾室,为了解决在高压力下漏气的问题,新竹光复路那家铁工厂老板的确是煞费苦心,在一再失败后,才想到去基隆买到报废兵舰的钢管,把云雾室的"室"建好。他为了支持我们学生,根本没有要我们付那无法付出的工钱。他说他自己也很感兴趣,学了不少,就只要我们付了钢管的材料费用。我想这样的工厂在西方是找不到的。今天再回想起来,仍然意味深长。首先想到的是,想当年GC他们在中国的大西北攻关时的艰辛,我相信远比"横空出世"那部电影所描写的要艰苦得多。再想到的是我当时的同学陈守信,他选择了制造一个扩散云雾室,原理虽然是一样,但他不必考虑高气压的问题,他用干冰代替了云雾室的高气压和它复杂的机动部分。守信是我们班上最年轻的一个同学,他现在还在麻省理工学院教书,我们仍常常通信和见面。

一个爱好和平的人

1964年10月16日中国第一颗原子弹试爆成功了。当天晚上,周恩来总理就向全世界发表声明:"……中国政府在任何时候,任何情况下,都不会首先使用核武器。"中国人民是一个爱好和平的民族,我想GC就是最好的例子。为了谋求世界的和平,他代表中国同世界上核大国讨论着核武器的管制,为了寻求人类将来的能源,他积极促成建立了高功率激光物理联合实验室,同时也做着惯性约束核聚变的研究。

1987年秋天他来到了华盛顿,而且来我校(University of Maryland)访问很多天。除了在等离子体Institute做学术讲座外,他还给了一个通俗的讲座(Colloquium),他向我们报道了他在中国所从事的激光惯性约束核聚变的成果。他讲述了利用电子束泵浦氟化氢激光器等的研究激光惯性约束核聚变的新概念。原来他竟是中国惯性约束核聚变研究的奠基者。

系里把GC安排在我的办公室边一间大房间里,他住在学校的宾馆,有图书馆的借书证,物理大楼的Master Key,他享有任何一个本系教授的特权。可是我发现GC竟然是如此谨慎、自重的人。也许是由于他特殊的身份,除非是有人陪伴,他从来没有一个人进出过办公室或图书馆,大有"瓜田不纳履,李下不整冠"之风。当然,这也许是由于我过于敏感。有几次他带着一个三明治,到我房间里来和我还有我的同事George Snow一道用午餐,我们很谈得来。我总是把他当老师看待,他总是说:"我只不过年龄比你大几岁而已,不必那么客气"。

那时我正在DESY(德国汉堡的正负电子对撞加速器实验室)的PLUTO和下一个主要实验,在CERN LEP(正负电子大对撞)的OPAL之间,因此我和Snow及日本的Kitagaki在Fermi国家实验室做了一个高能微中子打击液态重氢(Liquid Deuteron)的实验,目的是为了把质子和中子的基本性质做一深入的比较。GC对微中子的实验非常感兴趣,因此我带他参观了我正在研发中的低温氦气比例室探测器,我和David Miller教授(伦敦皇家学院物理系),想在Fermi国家实验室,用50吨的液态氢做靶子,设计一个高能微中子打击电子的实验。因为氢是电子数/质子数比例最高的元素,可是在液态氢的温度(20K)下,氦是唯一维持气态的元素,因此氦气比例室探测器也就是唯一可用的气态探测器了。但从来没有人用氦气比例室作探测器过,因为氦气太轻,所产生的游离电子群密度太小,不是理想的探测器,可是人们却忽略了在液态氢的温度下,氦气的比重增加,情况就不一样了。GC对这个想法感到莫大的兴趣。他告诉我,在苏联也有人在做这样的尝试,但是他认为50吨的液态氢,好比把四五十个15英尺直径的泡沫探测器(Bubble Chambers)连在一起,不就像一个大炸弹吗?事实上,问题发生在要在低温下保持稳定的高压的电场,那不是一件容易的事。

舐犊情深

当时我和GC心中都深藏着一个不约而同的秘密,有一个远离身边,刚进大学,我们疼爱的小女孩。她叫我们牵肠挂肚,无可奈何。GC的孙女儿末言和我的女儿Celeste,她们年龄相似,都是1987年的大一新生。末言学工程Celeste学物理,她们都从来没有离开过父母身边。那时瞧着她们一点社会经验也没有,却马上要面对这陌生而复杂的社会挑战,可说是百般的放不下心。末言可能要比Celeste能干懂事一点。末言她就住在离学校不远的Dartmouth街,我看见她把小小的房间整理得干干净净,不难断定她是一个会照顾自己的孩子,Celeste却是那么沉默寡言,倒是令人担心起来。GC带着末言和我们一道去意大利的Pizza Hut享受过Pizza,他们来过我在Bethesda的家,我们也一道游玩了华盛顿的一些景点。虽然我和GC从来没有说过照顾之类的字眼,我相信末言知道我家的大门是永远为她开着的,任何时候,只要她想,她有需要,就可以来我家,来找我们。这是20年前的往事,说起来历历如在昨日。今天末言已是两个孩子的妈妈,我也做了三个孙儿孙女的祖父,Celeste也有了三个孩子,现在该她们去担心自己的孩子了,看来这舐犊的深情将会这样一代一代地传下去。

卢沟晓月

1988年我和南平带着Celeste回家乡探亲,也到北京去看GC。他和我的叔父都是在1907年诞生,那年八十一岁,他们两人都是健步如飞,令人羡慕。在北京,GC带我看了他的实验室,那时他花了很多心血,生产医疗用的同位素,这些半衰(Half Life)期很短的同位素,即使使用外汇很容易买到,但由于衰变迅速,等运到医院时早就成了废物,这是GC的远见和智慧。他还给我讲了不少使用多束高速离子打击靶心的问题。因为Beam-Beam的作用,这是一个十分棘手的问题,我也把我的CERN和DESY所学的有限的一些经验告诉他。他叫我去参观了他的惯性约束核聚变的研究室。那时国家的研究经费有限,无法生存,他们只好为了支持中国的重工业而生产巨型的蓄电池。最难忘的是GC带我去凭吊卢沟桥,这抗日的古迹。那时已是人去桥空,桥下只有石块,污泥和青草。桥墩上的石狮子听说共有501个,那时已有不少残缺不全。最后我们在清代乾隆题写的"卢沟晓月"那块御碑前留影作为纪念,是GC花了10元人民币请人照的,因为那时数字照相机还没有发明。GC说卢沟晓月是"燕京八景"之一。已往河水清澈,西山明月相映水中,十分迷人,希望今后再去看它时一切都能修复完美如新。

微中子实验在台湾

1995年利用进修休假的机会,在台湾"中央研究院"李世昌教授的协助下,我从Maryland来到了台北,参加了世昌在高能物理研究的工作。当时他们的主要项目是在Fermi Lab的CDF,丁先生的AMS和袁家骝先生的一项低温探测器的研发。在我仔细分析了在当时,当地可能做,却具有一点挑战性的实验之后,决定利用台湾电力公司核能发电厂所产生的微中子,研究微中子物理。微中子在近代物理中所扮演的角色和贡献,是毋庸置疑的。尤其近年来的发展,像对太阳微中子的测量,对1987年超星爆炸(SN 1987A)时发射的微中子的探测。把粒子物理从地球上推向了宇宙,推向了一个更新更广阔的领域。但实验的本身也就更艰难更昂贵了,因此说服"国科会"出钱支持,说服专家们来参加我们的实验,就变成了当时的第一任务。很幸运的我当时却拥有了很多优越有利的条件:

A:台电核二厂及将要建造的核四厂,都可以供应世界水准的微中子源。

B:"中研院",台大,清华,台电和在GC影响下的中国科学院高能所、原科所和清华等都乐意参与支持。

C:CERN的王子敬和中国科学院高能所的李进(在GC影响下)都先后到台湾来主持我们的实验,他们两位都是在CERN及Fermi Lab从事微中子实验多年的知名的优秀年轻学者。

D:台湾的国科会批准了,并全力支持我们的研究计划,美国的自然科学基金会也给予资助。在Los Alamos National Lab的Cygnus Collaboration也把价值近100万美元的闪烁晶体借(送)给了我们。

E:北京的工厂有生产闪烁晶体的经验和能力。如它们生产的BGO用在CERN和L3和NaI用在SLAC的Crystal-Ball都有很好的声誉。

1996年3月,我和世昌在GC的邀请下,回到了北京,作了学术报告,得到中国科学院周光召和台湾"中研院"的李远哲两位院长的同意,签订了一张"互相了解备忘录",我们开始了两岸的科研合作:The TEXONO Collaboration。如果没有GC的努力,这是不可能的。经过六七年的艰苦奋斗,在王子敬的领导下,TEXONO在2002年 *Phys. Rev. Lett.* 和2003年 *Phys. Rev.* 上,发表了我们第一篇达到国际水准的科研成果的论文。2003年5月份的 *Science* 杂志,还为我们写了一篇特别报道,它认为我们借着科研合作,使TEXONO在台湾海峡上架起了第一道和平的桥梁,当然这也是我们和GC共同的愿望。

正如很多知名之士所担心的,突破性的微中子实验是非常艰难和花钱的,我们离那样的目标尚遥遥无期。记得GC常常和我讲:"十年树木,百年树人"的道理。今天我们不是有了一个差强人意的队伍吗？我相信中国在成长，我们的队伍也在成长，我们不仅有把握会把微中子实验做好，我们也清楚地看见向大宇宙进军的大门已经为我们大开，GC，我们没有忘记您的话，我们向您保证我们会继续努力下去。

注：本文作者系美国马里兰大学物理系教授。

高风亮节　令人景仰

——采访核事业开拓者王淦昌追忆

张何平

20世纪80年代中期至20世纪90年代中期,作为《人民日报》海外版记者,我曾长期采访核工业。在这期间,我曾幸运地采访了为核科学研究、原子弹和氢弹研制以及和平利用核能作出卓越贡献的著名核物理学家王淦昌,多次聆听他的教诲,受益颇多。在王老诞辰百年之际,回想起与这位我十分崇敬的可爱的老科学家接触的情景,我心潮澎湃,激动不已。现将我与王老接触的二三事追忆如下,以表达对老人家深深的缅怀之情。

1990年6月,时值中国共产党建党69周年前夕,我采访王老的主题就是"党"。王老在古稀之年加入中国共产党,用他自己的话说,他成为了当时所在的原子能研究院的一名"年龄最大、党龄最小"的新党员。

功勋卓著、国内外闻名的老科学家在晚年为什么要加入中国共产党呢?采访中,我首先提出了这个问题。

"中国共产党了不起,党员了不起,党的领导人了不起。"王老一连用了三个"了不起",作为对我提问的答复。

王老告诉我,新中国成立前,他对共产党缺乏了解,由于国民党的宣传,对共产党还有点怕。和平解决"西安事变",使他对中国共产党从内心里佩服。共产党说服国民党抗日,实行国共合作,使他在惊喜之时深感共产党伟大,"了不起"。

在中国核事业艰苦创业的征途中,王淦昌同共产党员干部、党的领导人接触很多,对党的认识更具体、更深刻了。采访中,他满怀深情地谈着并肩战斗、相濡以沫的党员同事。"李觉、吴际霖等身经百战的将军、军工专家,很谦虚,很朴素,没一点官架子。"尤使王老感慨万千的是,在核试验基地,战功卓著的党员领导干部把房子让给专家,自己住进四面漏风的帐篷。"这些党员同志了不起,对我们很关心,很尊重。我很佩服他们。"王老赞不绝口。

从身边的党员同志谈到党的老一辈革命家,王老更是钦佩不已。他以崇敬的口吻谈到周总理:"总理才智过人,知识面很广。他听我们汇报时,什么都问,说话很在行。我们学了好多年的专业,总理几句问话,就抓住了问题的核心,好像比我们懂得还多、还深。"

"这些党员同志对国家和人民忠心耿耿、鞠躬尽瘁,令人肃然起敬。"王老的这番话发自肺腑。他说:"这也是我入党的原因之一。"

王老在入党申请书中写道:"我深信中国共产党能够依靠自己的力量,纠正错误,端正航向,团结带领全国人民建设社会主义、走向共产主义。"

"对我入党时的这个认识,我至今不变。"王老说。

"入党可以多做工作。"这是王老的入党动机。有一次,他在一份文件上写下这样一段批语:"依我看,时间就是生命,我们上了年纪的人对此深有感觉……要来个'拼命地工作',把科研搞上去!"同事们发现,入党后,王淦昌好像变得年轻了,干劲更足了。他每天很早起床,工作、学习到深夜。他常督促科研人员说:"要快、要快些拿出成果来!"他和王大珩等三位科学家联名提出发展高科技的建议,受到中央的重视。他说:"搞科研,创造科研成果,以造福人民,是我们科技工作者的本分和责任。"

针对我国能源短缺的现状,王老积极主张发展核电事业,并多次不辞劳苦,风尘仆仆地到秦山核电站检查工作。王老告诉我,两天后他还要到秦山。当时核电站建设已近尾声。"我去看看工程上还有什么问题没有。"那是他第六次赴秦山,每次去都是长时间乘坐火车、汽车,这对于83岁高龄的老人来说,辛苦劳顿可想而知。王老对我说:"不做工作,没意思;安度晚年,我不高兴;享福我更不喜欢。我喜欢这样一句话:鞠躬尽瘁,死而后已。"

王老用自己的一生实践了自己的愿望,为"鞠躬尽瘁,死而后已"做了最好的注脚。

1989年年初,中国科协组织、编辑一套《中国科技人物》丛书。这套由聂荣臻元帅作总序的丛书,是中国科技精英的传记,王老入选其中。征得王老同意后,我与王老的秘书种培基同志合作编写。

写这本书,使我有机会多次见到王老,倾听他谈核工业,谈自己的经历和人生感悟,谈对发展核工业和科技事业的看法,以及怎样写好这本书的意见。使我至今难忘,对我教诲至深的是,为中国科技事业和"两弹"伟业作出殊勋的王老,谈话中却很少说自己的贡献,他谈得最多的是党和国家领导人,其他科学家以及他的门生;谈自己,也多谈不足和教训。如"与诺贝尔奖擦肩而过",不能坚持自己的主张;自己不够聪明,知识不够渊博,研究范围比较狭窄而肤浅等。我印象颇深的还有,对写自己,王老很低调。对于组织上安排写自己,王老自然服从和配合,但他反复强调,内容要真实,不能虚构;文字要朴实,不要浮华;评价要准确,不能拔高。初稿出来后,王老字斟句酌,认真把关,并请行家们多次审阅,砍掉了许多事实不准确、提法不确切的表述,包括一些华丽的辞藻。

由于出版社编校的不够认真,也由于我的疏忽(未看样书),书印出后有不少错别字。王老非常生气。一向做事非常认真的他，亲笔给出版社领导写了一封信提出批评，坚持要更正甚至重印。后来这本书发行时每本都附上了勘误表。

这本长达75千字，题为《核科技开拓者——核物理学家王淦昌》的人物传记，于1991年3月出版。后经摘编，连载于《人民日报》海外版文艺部编辑的"神州"副刊。王老为祖国的科学事业呕心沥血、鞠躬尽瘁的事迹感动和激励了许许多多的海外侨胞。许多人给编辑部写信或打电话表达他们对王老的景仰之情。

在连载的最后一期，摘录了王老为该书所作的自序。王老写道：

"搞科学研究要有聪颖的头脑，敏捷的思维。但我不完全具备，也就是说我聪明不够。我的知识不够渊博，我的研究范围比较狭窄而肤浅。

中国有句名言'业精于勤'。聪明不够没关系，勤奋也能弥补人的聪明不足。可是我勤奋也不够，对我自己的要求又不苛刻，缺乏'不达目的誓不罢休'的勇气。因此，有时候可能会把本来也许努一把力便能做出结果的研究工作放过，或就此失去了机会……

现在我已经80多岁了，仍觉得有许多事情该做而没有做。但已是心有余而力不足了，无法弥补以往之过。上了年纪的人常常喜欢回顾过去，我也不例外，近几年总爱想想过去，以期总结点什么，越想越觉得过去如果能够更加刻苦、更加勤奋的话，就有可能不是现在这个样子。

'往者之事，来者之师'，我之所以说这些话，完全不是为了表示一下'谦虚'，而是出于真诚。我衷心希望年轻的同志们，要正视现实，你们成长在和平的环境里，有着无比优越的学习和工作的条件，你们是非常幸福的。希望能够珍惜这一切，努力学习，认真工作，刻苦钻研，不断攀登科学技术高峰。到你们像我这个年纪的时候，回顾你的一生时，你可以自豪地说：'我当之无愧！'努力吧，年轻人，'世界是你们的'。"

虽然时隔17年，重温这些感人肺腑的话语，倍感王老的真诚和亲切，脑海里也浮现出王老那慈祥的笑容，耳畔回响着他那亲切的声音。

"老骥伏枥，志在千里。烈士暮年，壮心不已。"从王淦昌这位德高望重、可敬可爱的老科学家身上，我们可以感受到中华民族自立于世界民族之林的志气，展望到中华人民共和国光辉灿烂的未来！

注：本文作者系《人民日报》海外版高级记者。原载《中国核工业报》2007年5月25日。

以身许国　世人楷模

张昌明

王淦昌先生是一位德高望重、科学成就卓著的核物理学家，是我国核科学的奠基人和开拓者之一，国家"863"高科技计划的倡导者之一，中国科学院院士，"两弹一星功勋奖章"获得者，在国际上享有很高的声誉。

众所周知，新中国的核科技事业是在近代一穷二白的基础上发展起来的，第一次创业时期，面对帝国主义的核垄断和讹诈，广大干部职工顶压力、抗饥荒、战天斗地，以惊人的速度实现了"两弹一艇"的胜利攻关。在这一攻关过程中，发生了许多鲜为人知、可歌可泣的故事，涌现出了一大批成就卓越的优秀科技工作者。王淦昌是这些科技工作者中的杰出代表，他把自己的智慧和精力全部奉献给了祖国和人民，几十年如一日，孜孜不倦。他严谨的工作作风、谦和的待人态度、创新求实的精神、执著的工作热情，为后人树立了楷模。

如今，王淦昌先生已经离开了我们。作为后来者，我们纪念他的最好方式就是牢记他的教诲，学习他的优秀品质。

学习他"以身许国"的奉献精神

王淦昌先生曾经说过，"爱国主义是对我最大的鞭策。每逢要做一件比较重要的事，我最先想到的是，我为国家工作，必须投入全部力量，并且常常以'皮之不存，毛将焉附'典故来督促自己，勉励自己，使工作做好！"

20世纪50年代末，我国的核武器事业已经上马，并且发展到关键时期，就在这时，中苏关系破裂，苏联撤走全部在华专家。成立不久的新中国必须依靠自己的力量发展核工业，王淦昌成了首要人选。原子弹的研制，是一项关系国家安危的绝密工程，要求从事研究的人员必须绝对保密。对此，王淦昌没有丝毫的犹豫，铿锵有力地说出："我愿以身许国！"字字千钧，这是一个精忠报国的科学家的心底之声。就这样，王淦昌隐姓埋名17年致力于中国的核武器事业。

王淦昌一生做过许多极富创造性的工作，曾两次与诺贝尔奖失之交臂。所以，王淦昌隐姓埋名后，有人曾为之遗憾。因为，如果王淦昌继续在原来的科研领域工作，很有可能扣开诺贝尔奖的大门。但是在王淦昌看来：人之一生，还有什么比把自己的微薄之力贡献给祖国更有价值,还有什么比看到祖国的日益强大更值得自豪呢?他把全部身心投入到国家的核武器事业之中,与其他科学家一起,通过艰巨的创造性工作,研制出了中国第一颗原子弹、第一颗氢弹和成功进行了第一次到第三次核试验,大大增强了我国的国防力量,提高了我国的国际地位。

"以身许国"不仅是王淦昌先生生前的一句名言,更是几代"四〇一"人爱国精神的生动写照。中国原子能科学研究院建院初期,一批核科学家从四面八方汇聚到这里,像吴有训、钱三强、王淦昌、彭桓武、何泽慧、于敏等,有的放弃国外优越的科研和生活条件,甚至冒着生命危险,突破重重阻挠,依然回归祖国;像赵忠尧、张文裕、王承书、杨承宗、郭挺章、邓稼先、戴传曾、肖伦等,他们在极其艰苦的条件下,开始了我国第一个综合性原子能研究基地的建设,开启了我国的原子能时代。20世纪50年代末到60年代,尽管苏联背信弃义、三年自然灾害袭击、十年浩劫摧残,但原子能院广大干部职工视国家和民族的利益高于一切,发愤图强,甚至忍辱负重,成功地完成了"两弹一艇"研制的攻关任务,为国争了光,为民族争了气。改革开放新时期,原子能院广大职工仍然急国家之所急,为国家之所需,继续服务于国防建设,面向国民经济,发展核科学技术,致力于国家核科研基地的建设。可以说,原子能院五十七年的发展史就是一部广大职工"以身许国"的创业史。尽管我们今天所处的时代和社会环境与我院第一次创业时期比发生了很大的变化,但精神是永存的,爱国主义、艰苦奋斗、无私奉献,仍然是需要我们唱响的时代主旋律。

学习他"敢为人先"的创新精神

研制原子弹和氢弹,是极其尖端的科学技术,世界上成功掌握这一技术的也只有美国、苏联、英国、法国等少数几个国家,而我国是在美英垄断、苏联撕毁合同的逆境中进行的。与那些已制成原子弹的国家比,当时我国的条件实在太差、太落后了,只能一切靠自己摸索,从理论设计到实验测试仪器,包括方法都必须从头开始,艰苦创业。那时候王淦昌和他的同仁们工作的场所往往就只是一个碉堡、十几顶帐篷,风沙弥漫中,他们没有一天不是泥人。在这样艰苦的条件下,如果没有一种舍我其谁的英雄气概,敢想敢干、敢为人先的开拓精神,王淦昌等科学家是难以攻克六氟化铀生产、点火中子源研制、核爆燃耗测定、轻核理论研究等一道道难关的。

王淦昌等科学家"敢为人先"的精神是贯穿原子能院发展历史的一根红线,也是广大"四〇一"人进取精神的形象写照,它包含了挺身而出、勇挑重担的豪迈气概;愈挫愈强、百折不回的顽强韧劲;敢想敢干、勇于开拓的创新意识。当前我院的发展正面临着激烈的竞争环境,如果没有与时俱进、突破前人、开拓创新的

"敢为人先"精神,是难以实现跨越的。值得一提的是,"敢想"不是不切实际的幻想,"敢干"不是脱离实际的蛮干,它是以科学、以尊重客观规律为前提的。"四〇一精神"中,置于其后的"严谨求实"也是对它的一种补充和诠释。

学习他"严谨求实"的科学精神

对于科学研究,王淦昌是容不得一点马虎和拖沓的,宛若眼中容不得沙子。工作中他总是不厌其烦地叮嘱大家:"必须做到万无一失,不能有一丝一毫的疏忽和遗漏。"

一次,王淦昌让一个年轻人到黑板上做数据分析。这个人是个有名的"马大哈",结果他画的图形不规矩,写的符号也不正确。"画图为什么不画出坐标?""正负号为什么不标出来?这样能说明问题吗?"王淦昌劈头盖脸地把这位年轻人批评了一顿。

面对王淦昌的严格,这些年轻人其实都能理解,因为大家都知道,王淦昌老师完全是为了工作,他是那么纯真,那么坦诚,没有一点私利。

王淦昌对工作非常严谨,但绝不主观,而是实事求是。1964年3月,王淦昌亲自主持召开了一次讨论炸药成型工艺的会议,以最后确定原子弹使用的炸药。本来王淦昌主张用一种比较先进的炸药成型工艺方案,而且他已经带着科研人员进行过几十次的试验,取得了不错的效果。他认为这是一种前景十分看好的方案。但是在会上,有人提出另一种成型工艺方案,那是一种不及前一方案先进,但比前一方案更现实、可靠的方案。两相比较,王淦昌毅然决定放弃前一方案,而选定他人的方案。正是王淦昌这种以大局为重,一切从实际出发,实事求是的科学态度,为我国第一颗原子弹试验争取了时间。

科学来不得半点虚假。"严谨求实"不仅是王淦昌先生生前为核物理国家实验室的题词,更寄予了老一辈科学家对原子能院事业发展的厚望。正是依靠广大职工"严谨求实",原子能院才取得了丰硕的成果和辉煌的业绩;正是依靠广大职工"严谨求实",才奠定了原子能院在国际国内的地位;也正是依靠广大职工的"严谨求实",原子能院才赢得了良好的社会信誉,原子能院的品牌才有了今天这样高的含金量。原子能院职工应大力发扬这种严格严谨、严肃严密的科学作风,实事求是、不尚浮夸的科学道德,大力协同、海纳百川的科学胸襟。这种精神,尤其需要在今天年轻的一代"四〇一"人身上大力弘扬。

王淦昌先生视国家的利益高于一切,一生勤勤恳恳,鞠躬尽瘁,为我们留下了宝贵的精神财富。他的优秀品质是"四〇一精神"的生动体现。

大力弘扬"四〇一精神",要求我们要树立崇高的理想和信念,以高度的历史责任感和紧迫感,同心同德,真抓实干。努力学习和实践邓小平理论和"三个代表"重要思想;树立正确的世界观、人生观、价值观,立足本职,建功立业,牢记自己的历史使命;胸怀祖国现代化建设的大目标,爱岗敬业,开拓创新,严谨求实,努力谱写"以身许国,敢为人先,严谨求实"的新篇章。

大力弘扬"四〇一精神",要求我们要不断提高全院职工队伍素质。"以身许国,敢为人先,严谨求实"的"四〇一精神",既体现了原子能院发展的历史进程,又是原子能院几代职工精神风貌的真实写照。正是由于有一支拥有"以身许国,敢为人先,严谨求实"精神的高素质的职工队伍,我们才能为"两弹一艇"攻关做出历史性的贡献。今天,为祖国核事业的发展,为实现原子能院"三个一流"的发展目标,我们更需要一支勇于奉献、开拓创新、严谨求实的高素质职工队伍。弘扬"四〇一精神",就要大力培养、造就一支"四有"职工队伍,努力提高职工队伍的政治素质和业务素质,塑造原子能院的良好形象和职工形象。

弘扬"四〇一精神",要求领导干部要以身作则,率先垂范。"以身许国,敢为人先,严谨求实"的"四〇一精神"能否发扬光大,成为广大职工的自觉行动,领导干部是关键。各级领导干部要身体力行,带头发扬"以身许国,敢为人先,严谨求实"的"四〇一精神",努力实践"三个代表"重要思想,廉洁奉公,勤政为民;要进一步解放思想,转变观念,与时俱进,抓住机遇,深化改革,带领广大职工努力完成改革、发展等各项任务,为建设美好的原子科学城和一流的核科研基地做出新的贡献。

注:本文作者系中国原子能科学研究院党委书记。原载《中国核工业报》2007年5月25日。

王淦昌先生与核物理基础研究

张焕乔

1978年王老回到原子能所担任所长,当时正值"文革"后的困难时期,各方面工作均未步入正轨。他到任不久,面临我院从美国引进一台大型串列式静电加速器的决策。这是从1972年提出,经历文化大革命拖延下来的问题。王老为了要用先进实验设备来装备我们的研究队伍,亲自出面邀集核物理界专家共同呼吁领导批准这个项目。为尽可能多地利用这台加速器开展研究工作,争取多增设束流管道,他不辞辛苦多次到二机部主管局要求增加科研投入。加速器建成后,为充分发挥这台加速器在我国核物理研究中的作用,他向国家科委和国家计委领导,直至向总理写信,建议设立串列加速器核物理国家实验室。

1987年年底,他和钱三强等25位专家联名给国务院总理写报告,并请转报小平同志,提出《关于充分发挥大型科研装置的作用,组建国家实验室的建议》。1988年12月我院成立了北京串列加速器国家核物理实验室。为给我院核物理研究营造一个好的环境,在他的支持下,串列加速器建成之前召开了一次"串列加速器物理国际讨论会",邀请了美、英、德、法、日、瑞典等11个国家的35位科学家出席会议。他亲自主持了这场在国内核物理界首次举行的、有150多人出席的国际会议,为串列加速器上首批设置的课题赢得了国际声誉。

张焕乔院士出席"王淦昌院士百年诞辰纪念会"

王老亲自为北京串列加速器国家核物理实验室题词"创新求实"。对串列课题设置,他提出"要有创新精神,在基础研究中要勇于提出新思想,采用新方法,努力做出新的高水平的成果"。在百忙之中,王老还抽出时间主持串列加速器上取得的重要成果的鉴定会,及时肯定串列加速器国家核物理实验室取得的各项成果,鼓励大家充分利用现有条件,开展前沿课题,多出创新成果。我们作为该实验室的工作者,对王老为串列加速器实验室的发展不辞辛苦所做的多方努力铭记在心,并深表敬意。

　　在王老领导下,我们实现了重水堆的改造,扩大了重水堆的应用能力。他认为堆外围的物理实验是一项很重要的工作,只有把外围的实验设施搞上去,才能充分利用反应堆产生的中子,他主张吸引所外科研人员来做工作,提出不能把中子白白浪费掉,他支持成立中子散射研究室,促成原子能院、中科院物理所共同与法国原子能总署合作,建立冷中子源,开展凝聚态物理研究。

　　20世纪80年代国际上掀起测量电子中微子质量热潮,原有理论一直假定电子中微子质量为零,但暗物质与太阳中微子失踪都预示电子中微子质量可能不为零。苏联发表测量氚β衰变谱得出电子中微子质量大于17eV的结果,激起世界各国竞相测量氚β谱。王老不失时机抓住这个前沿课题,要孙汉城负责开展这一工作,并要孙汉城准备十年磨一剑,大显身手。王老还请科大退休的老专家梅镇岳教授来原子能院指导这项工作。结果得出电子中微子质量小于10eV的结论,与同期国际水平相当。

　　总之,王老非常关注我院核物理基础研究的发展。虽然他的主要精力放在激光惯性约束研究上,但为核物理的发展他也倾注了不少心血。

　　王老永远是我们爱戴和尊敬的师长。今天,我们缅怀他的光辉业绩,就要学习他热爱祖国、艰苦奋斗、无私奉献的伟大精神;学习他严谨求实、锐意创新、勇攀高峰的科学精神;学习他胸怀坦荡、大公无私、平易近人、为人师表的高尚品德。王老虽然离开了我们,他的光辉业绩和崇高风范永世长存!

　　注:本文作者系中国科学院院士,中国原子能科学研究院研究员。

怀念王淦昌先生

——我的一个承诺

陈 骝

我是1978年夏天开始与国内的（聚变）等离子体物理学界的同行进行交流。那年，我们一行无论参观的是磁约束或惯性约束聚变单位，都听到王老——王淦昌先生的大名。不单听说他对中国核国防科研的贡献，也了解了他对国内的核聚变科研的关心及扮演的指导性角色。

第一次和王老见面是1981年年初。王老如同我的父辈，而且有卓越的国际性学术成就，对中国科技事业做出了重大贡献。而我只是三十多岁，在中国台湾长大，在美国工作的年轻科学工作者。王老的平易近人，为人的谦虚诚恳及对我个人的亲切关怀，至今让我记忆犹新。王老详细地询问了关于美国磁约束核聚变发展的现状，未来可能走的方向及其理由。这种大问题，当时我作为一个年轻人，一方面是迷迷糊糊，一方面总觉得与我不太相干，我只干我的科研就行。所以回答也是支支吾吾。可是王老还是很认真的吩咐边上的工作人员做笔记，现在回想起来，一方面为自己的不成熟汗颜，一方面十分敬佩王老"不耻下问"的为学态度。

20世纪80年代到90年代中期，我几乎每年都会去中科院物理所与蔡诗东院士领导的理论组合作及交流。只要有机会，诗东和我总会去王老家拜访。每次去都受到王老和王夫人的热情接待。那时王老已担任国家科委聚变专业组组长，全面考虑国内聚变科研布局、人才培养的问题。他一方面询问我美国及我个人的科研近况，一方面劝说我到国内各个聚变科研单位看看，与同行们多交流，多提意见，并为此做了些具体安排。见面多了以后，王老也常握着我的手，或拍拍我，询问我一家三口在北京生活的安排，犹如对子辈般的亲切。

1985年我参加了全国核聚变与等离子体物理学会在合肥召开的第二届年会。会中我们一些人去参观中科院等离子体所。在参观途中，王老牵着我的手，他语重心长地提及目前国内科研环境还不很优良，所以希望我一边在海外好好的工作，能更上一层楼，一方面能常回国交流，为促进国内科研及人才培养尽些力。接着他又说："以后国内的情况一定会有很大的改进，那时候你回来和大家一起干。"我做出了承诺。

现在中国作为七方之一参与了 ITER 计划,全国聚变及等离子体物理科研环境及经费都有了很大的改善,而我也在王老钟爱的浙大开始履行我对他老人家的承诺。

注:本文作者系浙江大学聚变理论与模拟中心主任,美国加州大学 Irvine 分校教授。

时时想着国家

陈祖甲

今年是著名的核物理学家王淦昌先生诞辰百年。王老在世时,我仅有一次机会同他面谈,但这次采访却深深地印刻在我的脑海中,如今还记忆犹新。我深切感到王老在专注核科技领域研究的同时,时时想着国家科学技术的发展。想起这些,我就情不自禁地对王老格外景仰。

1987年,我报道了"863"计划生物领域取得的成果。由此,当时的国务委员、国家科委主任宋健同志提出增加"863"计划的报道透明度。于是,我决定采访四位科学家,报道的内容是制定"863"计划的过程,第一个采访对象便是王老。

1987年3月6日,正巧报社有车去接社长外出开会,而社长又与王老同住在木樨地的一栋楼里。于是,我搭车顺利地到达了王老的住地。

王老笑吟吟地将我迎进家门。他是江苏常熟人,说话时带着浓浓的地方口音。好在我出生在上海,同王老交谈十分方便。我的采访开门见山,直达主题。

王老说,建议是王大珩先生起草的。接着王老同我谈了第三次浪潮的形势。当时,美国在发展科技方面制定了"战略防御计划"(又称"星球大战计划"),欧洲共同体制定了"尤里卡计划",都直指科学技术的最新前沿。第三次浪潮吸引了世界科学家的兴趣,中国科学家也不例外。王老说:"我们一点不理,这太危险了。人家科学进步,我们要跟踪。我们建议,人家搞100项,我们搞一项也行。如果有突破,也可以搞得很好。""历史上美国的曼哈顿计划、阿波罗计划都促进了科学的进步,促使科学有提高。"王老非常明白科学技术进步对科技经济实力增长和政治地位提高的作用。但是,当时国家正在进行经济体制改革,酝酿发展市场经济,国家对科学技术的投入在国民生产总值中还没有超过1%。一些企业虽有发展的愿望,却还不能用更多的资金投入科学技术开发。王老说,我们发展科技需要经费。于是,王老同其他几位科学家商量,给邓小平同志写信。科学家们卓识前瞻,得到小平同志的赞同。"863"计划也很快就出台了。

王老说:"现在的'863'计划把我们的建议扩大了。开始,我们提出发展航天、信息、计算机、材料、自动化技术方面的项目。国家加上了能源和生物计划两个领域。中国人吃饭问题要解决,老百姓富起来了还要造房子。所以,国家把生物领域放在第一位。"

　　发展科技没有得力的人才是办不成的。需要什么样的人才呢？王老说："搞高技术人本领要大一些，需要创新的人。"他还说："搞高技术主要是为了应用。发展高科技摊子不能铺得太大，否则就像撒芝麻，这是非常犯忌的事。"从这里，我看到了王老对发展我国科学技术高瞻远瞩的战略眼光。

　　那年王老已经80岁了，但记忆力依然很清晰。他向我透露，他曾经给邓小平同志写过几次信。其中，一次是同核工业部三位部长和连培生等写信建议建立核电站。

　　同王老谈的时间不长，后来我专程去王大珩先生家采访。当然还打算采访另外两位科学家。可惜在当时，报道"863"计划有个保密问题。所以走出王大珩先生家之后，我没有作进一步的采访。

　　王老离去已经多年了。今天把这段鲜为人知的琐事写出来，作为对王老百年诞辰的纪念吧。

　　注：本文作者系《人民日报》高级记者。原载《中国核工业报》2007年5月25日。

学习王淦昌老师的崇高品德和敬业精神

林传骝

王淦昌教授是我最敬爱的老师之一。1951年,我大学毕业后被分配到北京中国科学院近代物理研究所工作。当时王老师参加土改工作不在所里,由于所里房间很紧张,临时把我安排在王老师办公室内。我是一名刚毕业的大学生,王老师是国内外知名学者,是教授,他回来后我要和他同在一个办公室,心中总是忐忑不安,十分害怕。不久他参加完土改回来,晒得黑黑的剃个小平头,一点没有大科学家的架子,待人十分和蔼可亲,一下子拉近了我们之间的距离,我心中的一块石头落地了,从此时起我就认识了王老师。其实几十年来,我在王老师直接指导下工作的时间并不长,一次是1952年作为他的助手一起到朝鲜战场上观察;另一次是1962年至1963年8月,组织上安排我作为王老师的秘书。因而比较熟悉,特别是在第九研究院工作期间,王老师的所作所为对我教育很深,从他那里我学到了许多怎样做人,怎样做学问的道理。

王老师热爱祖国、热爱人民、热爱党,凡是祖国的需要,王老师从不计较个人得失,义无反顾地服从组织安排,积极地完成任务。1952年到朝鲜战场实地观察;1961年在苏联联合核子所发现反西格马负超子的重大成就后,又服从组织安排,隐姓埋名17年,从事核武器研究工作;"文化大革命"期间,核武器研究院和全国各行各业一样陷入水深火热之中,王老师不顾个人安危和受批判的危险,坚持领导地下核试验的实施工作,这些充分显示了王老师忠于祖国的高尚情操。

王老师是一位世界级科学家,把科学研究视为生命,对各种自然现象有浓厚的兴趣,思想活跃,有很强的洞察力。早在德国留学期间,他就对一些试验产生射线的解释表示怀疑,想用另外的方法弄清这种射线的本性,只是他的导师不同意而作罢,使他对中子的发现擦肩而过。抗战期间,在那样艰苦和简陋的情况下,他提出了探测中微子的建议,对中微子的存在和确认起了重要的具有指导意义的作用。1959年发现了反西格马负超子,1964年提出用激光打靶实现核聚变的设想,是世界激光惯性约束核聚变研究的奠基人之一。在王老师晚年时期,一次我到他家看望他时,他向我提出对液晶很感兴趣,要和我一起研究,这使我感到非常惊讶。液晶问题和王老师所从事的专业有很大的差别,这个问题的提出表明王老师对科技前沿的问题都感兴趣,很关注,直到晚年还广泛注意科学技术发展前沿上的各种问题,从不吃老本,始终站在科学第一线。

1962年王淦昌与林传骝(左)在官厅水库垂钓

王老师对工作极端负责,从不满足于汇报,总是深入现场进行调查研究。他勇于发表自己的看法和见解,虚心接受别人的意见。在技术讨论会上,只要是王老师参加,讨论会就不会沉闷,与会者不会因为有老科学家参加而不敢发表意见。王老师总是积极提出问题,发表看法,参加讨论。他认为别人的意见正确时,就虚心接受和支持,哪怕该意见是一位年轻人提出的。因此,大家都喜欢和王老师讨论问题,请教问题。王老师和老科学家讨论时也十分热烈。在我任王老师秘书期间,就亲眼看到他和彭桓武教授讨论问题时争论得很热烈,一位是实验物理的泰斗,一位是理论物理的宗师,各抒己见,毫不相让,当最后意见趋于一致时又都十分高兴。这两位大师对待学术问题追求真理的态度是值得我们很好学习的。

王老师十分关心培养年轻人,和群众关系十分融洽。他不仅在技术上关心年轻人的成长,在生活上也十分关心、帮助解决问题。原子能研究院的丁大钊换了两次肾,都是王老师帮助解决的。即使是今日,换肾手术仍然十分困难。这件事充分体现了王老师对年轻人的关怀。王老师对年轻人提出的问题总是认真负责地对待,一件事是王老师住院前收到清华大学两位老师寄来的论文请他审核,不久王老师病危住进了医院,已经无法对论文进行审核。我去看望王老师时,他把该论文交给我,让我发表意见。论文是有关反应堆的问题,离我的专业很远,我不懂,无法发表意见,王老师就叫我打电话找他在原子能所的一位学生来审核。另一件事是我认真看完王老师赠送给我的《核物理学家王淦昌》一书后,觉得有些地方与事实不符。我向王老师提出在大型闪光X光机的研制过程中只提刘锡三不提徐宜志是不对的,王老师当时就同意我的意见,并把它记在心上。在王老师病危住院时,他让人通知徐宜志,说要见他;让徐宜志感到莫名其妙。徐宜志到医院去看望王老师时,王老师就此事向徐宜志道歉,让徐宜志十分感动,这两件小事也让我十分感动。在有生之年,哪怕是一件小事,王老师都认真对待,处理完毕,充分反映出王老师坚持真理,对工作认真负责的精神。

王老师是一位德高望重,为国家为科学事业和人才培养作出突出贡献蜚声中外的著名科学家,但他从来没有拿他的贡献向国家向人民提出什么要求,始终把自己当做一名普通的科技工作人员,努力工作,直到生命的最后一刻。他对工作认真负责,精益求精,在生活上艰苦朴素。他勤奋谦虚,诚挚爽朗,平易近人,毫无架子,既是十分令人尊敬的师长,又是可以畅叙胸怀的朋友。他热爱祖国,无私奉献,艰苦奋斗,实事求是,坚持真理,修正错误,精益求精,追求卓越,终生创新,胸怀坦荡,谦虚纯朴,伸张正义,清正廉洁,平易近人,乐于助人。今天,每一个人都有自己的岗位、任务和工作,如能在自己的岗位上扎实地学习王淦昌老师的崇高品德、科学作风和敬业精神,这就是用实际行动纪念王淦昌老师100周年诞辰。

注:本文作者系中国工程物理研究院研究员。

王老非常关心核电发展

欧阳予

王老非常关心我国核电的发展,从九院回到北京以后,多次找我,让我向他汇报秦山核电站的进展情况。

秦山核电站方案推进到1978年以后,出现了反对自主的浪潮。王老坚定地认为,我们已经自己搞了这么多年的科研工作,很多预研项目也都取得了进展,有信心依靠自己的力量把秦山核电站高质量建成。王老还支持我们和外国进行交流。他说我们交流不是靠外国人,而是利用改革开放的机会,来借鉴外国人已取得的经验,增强我们自力更生的能力。

秦山核电站准备装料前最终安全分析报告要经核安全局审查通过。王老不顾劳累,和我们一起到审查会上去。审查整整三天,他从头到尾跟了三天,从第一次会到最后一次会,一次没落下。旁听的时候,他也替我们紧张,怕我们回答不上来影响通过。核安全局审查有几千个问题,我们答的时候,王老就在旁边静静地、认真地听。最后我们通过了,王老如释重负地对我们说:"总算你们是对答如流。"

注:本文作者系核反应堆及核电工程专家,中国科学院院士。

王老与氢弹

——纪念王淦昌院长诞辰 100 周年暨我国氢弹成功 40 周年

周创志

2007 年 5 月 28 日是已故王淦昌老院长诞辰 100 周年,6 月 17 日是我国第一颗氢弹试验成功 40 周年。我作为四十多年前曾在王老亲自领导下实现我国氢弹突破工作过的研制实验人员,怀着无比敬仰的心情,缅怀王老为我国国防尖端事业所做的突出贡献。我是 1980 年年底才从九院来到原子能院的,王老在 1978 年 7 月回来任院长前,他是九院负责核武器研制试验的副院长。

氢弹,无论是在理论上还是在结构设计上,都比原子弹要复杂得多。在核武器的王国里,在其拥有者的手中,它被极其严密地封锁着。

1987 年 5 月,周创志(左)、单玉生(右)与王淦昌
在中国原子能科学研究院实验室

我国氢弹理论的研究工作,最先是由我国原子能院担负。在九院正忙于研制我国第一枚原子弹的时候,1960 年 12 月二机部的领导决定,氢弹的理论探索方面由原子能所先行一步。钱三强副部长兼原子能所所长亲自主持,组织一些研究人员,在四室成立了一个"氢核反应装置理论探索组",由黄祖洽任组长(他于 1961 年年底调到九院兼职)。1961 年 1 月于敏调入该组任副组长。曾经参加

过这个工作的还有朱洪元,何祚庥,蔡少辉等40余人。我们知道,两个原子核相遇并发生聚变,必须以极高的速度克服它们之间的斥力相撞才能实现。也就是说,核聚变需要非常高的温度。到1964年年底,黄祖洽、于敏等人在四年时间里,弄清楚了高温、高密度等离子体状态下许多基本现象和规律,为氢弹的研制奠定了一些必要的基础。为我国在原子弹爆炸成功后很快实现氢弹突破做出了一定贡献。

1963年,九院在完成第一个原子弹理论设计后,九院理论部一部分人员也开始探索氢弹。我国第一颗原子弹爆炸成功后,1965年,突破氢弹原理成为九院的紧迫任务。1965年年初,二机部决定将原子能院于敏等31人调到了九院理论部,于敏任理论部副主任。

众所周知,氢弹爆炸是热核反应。但是,它并不是简单地用氘或氚单质材料来实现。氢弹的理论设计,是要解决:用什么原理?用什么热核材料?采取什么结构?需要什么条件才会产生自持的热核反应?1965年年底,通过多路探索,分工合作,经过大量的理论计算,氢弹原理取得突破性的进展,九院理论部拿出了利用原子弹引爆氢弹的理论方案。

作为氢弹初级的原子弹(人们称它为氢弹扳机),不再是单纯的原子弹,它与氢弹的结合已失去原来的球状(理想球面一维近似)结构。氢弹扳机的结构设计,必须要用二维计算程序,当时理论部尚没有一个能用于计算的二维程序,更何况国内当时使用的计算机,由于内存和运算速度的限制也上不了二维计算程序。怎么办呢?最好的办法就是理论和实验紧密配合。也就是说,氢弹的研制从原理到构成,除理论计算外,必须同时进行大量爆轰实验,使氢弹理论设计不断完善。这个实验任务自然落在青海核武器研制基地上。

1966年元旦,氢弹研制会战的号角吹响了!作为九院主管实验的王淦昌副院长来到了青海核武器研制基地,召集理论设计与爆轰物理实验的人员共同拟定了氢弹研制的多个试验项目。"爆轰模拟试验"是其中最关键的项目,它的任务是:通过实验确定氢弹扳机的结构设计;确保氢弹部件在氢弹爆炸前不被化学爆炸损坏。

要了解氢弹部件在炸药爆轰产物中的状况,用常规的光学、电子学等爆轰测试技术是不可能的,只能采用类似医院用的X光照相技术。早在原子弹研制初期做爆轰实验的时候,1962年王老就提出研制脉冲X光机。最初的目的是为了测量材料在冲击波作用下的压缩参数。1963年,在王老亲自指导下,采用脉冲功率技术原理的第一台脉冲X光机研制成功。1965年年底,由四台组合的序列脉冲X光机也已基本完成。这套设备在氢弹研制中起到了关键性的作用,如果没有它们,很难设想氢弹扳机设计的"爆轰模拟试验"该如何进行。

这是脉冲X光机第一次用来做爆轰物理实验,王老和我们一起,研究制定了

"爆轰模拟试验"的方案。限于X光机的穿透能力和照相记录底片的保护，实验不能用太大的炸药量，模拟实验装置只能据实际尺寸按比例缩小；由于真实部件的材料密度高，实验部件只能用力学性能相近的低密度材料替代进行。我是爆轰物理研究的人员，多年来一直从事爆轰物理测试技术的探索及炸药性能和冲击波参数的测量工作。我曾做过炸药冲击引爆性能的实验研究，了解和掌握衰减冲击压力的方法。历史的机遇把我推上这次"爆轰模拟试验"的实验装置设计和爆轰实验的岗位上。在王老的亲自指导下，我们通过一次接一次的模拟试验，解决了氢弹扳机结构设计的关键问题，最终给出了氢弹实际的结构设计。

在氢弹研制的全部冷试验项目完成之后，在氢弹原理国家热试验即将进行的前几天，我们还用氢弹部件真实材料进行了"爆轰模拟试验"，最后一次验证氢弹部件是否确实安全。王老非常关心这次实验，在他去国家试验场地前，在北京用基地的保密专线电话让我向他汇报，他仔细核对实验数据，严格做到确保国家试验万无一失他才放心。

1966年12月28日，我国成功进行了检验氢弹原理的核试验。为了对氢弹爆炸过程进行尽可能详细的测量，像第一颗原子弹试验一样，这次试验也是采用塔爆进行。因此，爆炸威力不能太大，是一次减威力试验，实测的威力约为12万吨TNT当量。可以这样说，这时我国的氢弹研制已经成功了！1967年6月17日所进行的是我国第一枚氢弹的全当量试验。

王淦昌老院长是"以身许国，敢为人先，严谨求实"的楷模。在氢弹突破中，我院老一代"四〇一"人也完全体现了这种"四〇一精神"，我们所有的"四〇一"人要永远继承和发扬！

注：本文作者系中国原子能科学研究院高功率准分子激光实验室研究员。原载《原子能院院报》2007年5月20日第829期。

一代宗师　世人楷模

季燮荣

2007年5月28日,是已故的中国科学院资深院士、著名核物理学家王淦昌教授诞辰100周年纪念日。我们各界人士在王老故乡常熟隆重集会,以无比崇敬的心情来缅怀这位学界泰斗、一代宗师、两弹功勋。

科学研究是人类文明积累的基础,科学研究必须坚持真理、勇于探索,这不仅是王老坚定不移的信念,也构成了他极其宝贵的人生价值。往事悠悠,历历在目。王老是我最崇拜的老一辈科学家。我是一名普通的教育工作者,作为故乡人,出于向他虚心学习的愿望,我与王老生前保持了10多年的联系,结成了忘年之交。作为教育战线的晚辈,我经常向他请教,并致信向他汇报家乡常熟的发展情况,又于1996年4月21日与两位老友赴北京到他家中当面聆听他的教诲。他像关心子女一样关心我,经常复信指点我、鼓励我。他又寄赠我非常珍贵的书籍《追求卓越》、《无尽的追问》、《核物理学家王淦昌》等。我一一拜读,受益匪浅,终生难忘。记得1998年9月23日,他在北京医院病房中写给我的最后一封信,告诉我,他患病初步诊断为肺部感染,自己觉得年老体弱在世不长,这是自然规律,鼓励我不断进取。我见到信后,眼泪情不自禁夺眶而出。在他过世后,我曾接到从北京发来的"讣告"以及他的儿子王德基先生的来信。我含泪挥笔写了悼念王老的文章《学界泰斗故乡情　无私奉献为人民》、《王淦昌心系故乡话科教》、《缅怀王淦昌院士》、《学界泰斗　心系科教故乡情深》分别刊登在有关报刊杂志上。2005年春,我喜出望外地收到了王德基先生寄赠给我的6本套的《王淦昌全集》。这套《全集》是王淦昌院士一生智慧和心血的科学结晶,也是坚持科学发展、促进科教兴国的精神财富。我阅后挥笔写了一篇体会文章"光耀千秋的精神财富——庆贺《王淦昌全集》出版",刊登在《常熟日报》上。

王淦昌院士一生创造了超群的奇迹,声誉扬名国内外,深受大家尊敬和爱戴。今年我们纪念王老这位杰出的核物理学家,就是要坚持科学发展观,认真学习、广泛宣传、大力弘扬他具备的三种可贵精神。

第一是王老无比热爱祖国、热爱家乡、热爱人民的崇高的爱国主义精神。他早在1930年到德国柏林大学深造,1933年获得博士学位。他以聪明的智慧、勤奋的工作、独具卓见地先后发现了中微子、反西格马负超子,把人类对物质微观世界的认识向前推进了一大步。但遗憾的是由于导师迈特纳与他不同观点等种种原因,他两次与诺贝尔奖擦肩而过。他曾受到了国外科技界的挽留,能享受优厚待遇,但他考虑到要以科学救国来改变当时旧中国贫穷落后的面貌,因而毅然回国,并终生从事科教事业。他对家乡无比热爱,早在解放前夕,与侄儿王养廉一起回到老家支塘镇枫塘湾村,变卖家产、筹集资金,舍家办学,办起了当时全镇较早的一所完小——枫塘小学。1985年8月25日,他致信给常熟市人民政府经济研究中心,情真意切地提出了"振兴常熟,重视教育"的三点建议。1990年,王老回家乡看望支塘中学师生。1996年,他又亲笔为学校题词——"学好基础知识,弘扬精神文明",并致信嘱咐:"教育为兴国之本,在今天尤为重要;希望你们为祖国、为桑梓做更大的贡献,实所盼望"。

第二是王老坚持真理、顽强拼搏、勇于探索、锲而不舍的科学精神。他直接参与了我国原子弹、氢弹的研制和组织领导,堪称核科学一代宗师,原子能一代巨匠。为了"两弹"研制成功,他甘愿隐姓埋名17年之久。他与广大科技人员一起,只争朝夕,吃苦耐劳,勇于攻关,排除万难,置个人安危于度外,以身许国,乐于奉献,为民族争光,为国家扬威。由于王老对科技事业和国防建设的卓越贡献,先后荣获两项国家自然科学一等奖,一项国家科学技术进步特等奖和首届何梁何利基金成就特等奖。王老还为振兴祖国科学事业献计献策。1986年3月他与王大珩、杨嘉墀、陈芳允一起提出了我国高技术发展建议,即"863"计划,其中把开展生物工程、航天、强激光等方面的应用研究摆在突出位置,得到了邓小平同志亲自批示,党中央、国务院大力支持,并付诸实施。这样,为我国高新科技发展赶上世界先进行列开创了崭新局面。

第三是王老努力为社会文明进步、为人类日益富裕幸福而无私奉献精神。他是我国发展核科学的奠基人和开拓者,其科研成果,丰硕累累,培养人才,桃李天下,学生中两院院士就有20多位,还有荣获诺贝尔奖的李政道博士。他在医院病重弥留之际,嘱咐子女将自己获得的奖金50万元捐献给中科院物理学会。10万元赠予支塘中学作为王淦昌奖学金,以激励学生努力学习,将来成为国家有用之才。将227卷王淦昌个人档案全部献赠给常熟市档案局。

王淦昌院士一身正气,两袖清风,知识渊博,待人诚恳,不愧是我国杰出的知识分子代表,德高望重的老一辈科学家,中国共产党的优秀党员。2003年,在中共常熟市委的领导下,由常熟政协文史办组编了专辑《院士风采》,其中刊登了"王淦昌自述"和记载"我国核科学的奠基人和开拓者王淦昌"丰功伟绩的文章。王老终生追求卓越、勇于攻关、开拓创新、乐于奉献的高风亮节、优秀品质、可贵精神、惊人毅力将永远激励鼓舞着后人,常熟人民会永远怀念他!

注:本文作者系江苏省常熟市东张成人教育中心原校长。

怀念王淦昌先生

冼鼎昌

岁月倥偬,到 2008 年年底王淦昌先生离开我们就要满十周年了。

1956 年,我从北京大学毕业之后分配到中科院近代物理研究所,随朱洪元先生从事粒子理论的研究工作。朱先生说从事理论研究,必须熟悉实验进展,所里有一个宇宙线实验研究室,是由王淦昌和萧健两位先生领导的,吩咐我去请教一些介绍实验进展的文献及书籍。说来也巧,第二天王先生正好到我们的办公室找朱先生谈些事,谈完之后朱先生便把我介绍给王先生。王先生很和蔼地问了问我的情况,说他很快就要离开北京出差,有问题可以找肖先生。这是我第一次与王先生的见面。后来知道,王先生是出国到当时的苏联杜布纳联合核子研究所去担任副所长的职务去了。

1959 年我到联合所工作,和王先生对门而居有两年之久,时常有机会向王先生请教。那时候他领导的研究组已经建造了一个丙烷气泡室,并且从杜布纳 10GeV 质子同步加速器引出了 π 介子束到气泡室中产生核反应,他和他领导的研究组正在紧张地分析核反应的产物,以寻找一种应当存在的新粒子——荷电反西格马超子。当时的探测手段就是照相机和普通的底片,在数以万计的底片中找寻核反应所产生的粒子的径迹并逐条加以测量,工作量十分巨大。王先生和组里的年轻研究人员一样,加班加点是经常的事,往往晚饭后就回到办公室工作,但是只要一讨论起来,你就可以感到他以科学的追求为生活最高的乐趣的巨大感染力。在两年间,我多次有机会在讨论会上听到他的发言,非常深入又非常形象,在辩论中条理清晰,逻辑严密,但又完全以平等的态度对待辩论的对方,即使有时双方的地位和年龄相差悬殊,但他总是一样地平易近人,绝无居高临下、咄咄逼人的权威态度。在他家里的请教更是给我留下终生难忘的印象。我们那时在杜布纳的年轻中国研究人员,每当对科学问题发生争论的时候,便会去王先生家里请教。对于提出的问题,王先生总是非常认真倾听,用完全平等参与的态度和我们讨论甚至争论,发表他的意见。他深邃的科学洞察力通过循循善诱的论点,每每使大家得到一语中的、豁然贯通之感,心悦诚服,终生难忘。回想起来,在我进入科学研究之初,就有机会得到王先生这样的大师的教诲,实在是一件非常幸运的事。

　　1960年年底，王先生在联合所的副所长任期结束回国，接受研制我国核武器的国防任务，有相当一段时间不在北京。等我再度见到他时，已经是"文革"结束，在全国科学大会上的事了。20世纪80年代中期我改行转到同步辐射这个新的领域，开始时着实遇到不少困难。有一次见到王先生，他很关心我们工作的进展，在听了我的介绍之后，对我说了很多鼓励的话，大大地加强了我对克服困难的信心。其后有一次我们在北京举办的同步辐射国际会议上，他还在百忙中抽出时间出席，实在是对我们工作的巨大支持。在我们的项目完成时，王先生作为验收组的组长来进行考查验收。他很仔细地听取了我们的报告，检查了设备运行使用的情况，核查了在设备上所得实验工作的结果，所提出的问题都是关键的、非常到位的。在通过验收之后，会议结束之前，他就对我们提出扩大同步辐射用户、做好准备、优化工作条件、争取早日做出杰出的科研成果的意见，表达了对我们的严格要求与殷切期望。

　　近些年来，每当我读到人们回忆他的文章，或是看到他当年在不同场合下留下的照片，心中就会涌起太史公写在《史记》中的一段话："'高山仰止，景行行止'，虽不能至，而心向往之"。我相信，和我一样，在许多受到过王先生教诲的后学的心中，都深怀这种景仰之情的。

　　注：本文作者系中国科学院院士，中国科学院高能物理研究所研究员。

缅怀王老

郑福星

2007年5月28日,是中国科学院资深院士王淦昌诞辰100周年纪念日。我们深深地怀念王老,缅怀王老对祖国科学技术事业发展的杰出贡献,缅怀王老在"两弹一星"伟大事业中的丰功伟绩;缅怀王老在激光惯性约束核聚变研究工作中的创造性的贡献。

我于1982年2月,调到当时隶属核物理所的14室(从1998年10月起,院调整到核技术所,编序为现在的61室)担任党支部书记和副主任工作。这个刚成立不久的新研究室,是由时任原子能研究院院长王淦昌院士亲自倡导建立的,开展惯性约束核聚变研究工作。我到任后的一天,王老来室检查工作时,还亲自接见了我,他语重心长地对我说:"欢迎你到室里工作,你来后,要和室主任王乃彦同志团结合作,搞好室里的工作。你要多承担一些事情,保证王乃彦同志抓科研的时间和精力,让王乃彦同志专心致志地搞科研,把惯性约束核聚变研究工作真正地搞上去"。

王老生前对科学研究工作的关心和支持,给予了广大科研人员极大的鼓舞和鞭策,也使我深受教育。之后,室里在王乃彦院士的领导、关心和支持下,先后申请承担了国家"863"高技术准分子激光和国家"973"基础研究课题研究项目,担负着国家的重要的科研任务。

王淦昌与"高功率准分子激光实验室"的科研人员合影
(前排左起:周创志,王乃彦,王淦昌,马维义,郑福星)

为了更好地落实王老接见我时的亲切教诲和提出的要求，我在实际工作中，认真的注意在院、所党委的领导下发挥党支部的战斗堡垒作用和党员的先锋模范作用，增强党的战斗力、凝聚力，团结带领党员和群众，积极主动地开展党的思想政治工作和群众工作，全心全意地为科研生产和科研人员服务，切实地解决广大科研人员在工作和生活中的问题。同时，按照党章规定的条件，结合室里的具体情况，培养教育和发展了新党员，增强和壮大了党的力量。

王老辞世已经快九年了。回忆他在世时，王老总是念念不忘他所钟爱的科学研究工作，经常深入到科研第一线，到实验室检查指导工作，发现问题，就找王乃彦和室里单玉生等同志探讨解决，并鼓励年轻的科研人员，在实验中要注意开动脑筋，发现和找准问题，想出解决问题的办法。王老强调，在实验中，一定要做到一丝不苟，注意发现和捕捉到某个新的现象和规律性的东西。尤其感人的是，1998年9月，王老病重住进北京医院后仍然十分关心室里的科研工作，在同志们多次到病房看望了解王老病情时，王老首先关心的是实验研究工作的进展情况，问室里来探望的同志，实验进展怎么样？有什么问题，你们是怎样解决的。特别在王老病危弥留之际，当室里单玉生等同志向他汇报到实现激光打靶的准备工作已做得差不多了，有望很快进行激光打靶试验，突破打靶这一关时，王老这时虽已经不能说话了，但他在病床上伸出颤抖的双手，示意你们室里能实现激光打靶，他表示高兴。因为王老曾提出过，希望早日实现激光打靶。虽然这时来看望王老的同志已经无法与他对话交流了，但王老伸出双手的行动，确使当时在场的人深受感动。记得我当时是含泪离开王老病房的。这一天，我们去北京医院看望王老的时间已经是1998年12月9日的下午，而第二天晚9时48分，王老与世长辞。

王老，您安息吧！可以告慰您的是，新的一代科技人员已经成长起来了，他们的肩膀硬了，能挑重担。这是您的学生和爱将王乃彦院士亲自培养和率领的一代新人。在我们纪念您100周年诞辰的时候，成长起来的年轻人，正在把您"热爱祖国，热爱科学，以身许国，敢为人先，严谨求实，执著追求，开拓创新"的奉献精神传承光大，祖国科学技术事业的发展是大有希望的。

注：本文作者系中国原子能科学研究院高功率准分子激光实验室原党支部书记。原载《原子能院院报》2007年6月30日第832期。

回忆王淦昌院士

经福谦

王淦昌院士是我国著名的实验核物理专家,在理论物理方面亦有很高造诣。20世纪60年代初到20世纪70年代末,我有幸在他的领导下参加了我国核武器的研制,主要是在内爆动力学和高温高压凝聚态物理研究领域。核武器设计的目标是释放核能,表面上看它只涉及核物理学科的研究任务,但要做成一个适用的能够快速释放核能的"产品",就必然涉及多学科的联合攻关。我从事的研究领域,恰恰就属于这个联合攻关相关学科的一个重要方面。正是在这个机缘下,以王老为主任的"冷实验"委员会领导了我们的科研活动。那时协助他工作的是陈能宽院士,另外还有张兴钤院士和方正知教授。这段时间包括了"文革"十年,在那创业艰辛和政治灾难的环境里,人们的聪明睿智和道德品格很容易地凸显得一览无遗。

王老为了履行对祖国的承诺,"愿以身许国"的他,离开了自己熟悉的核物理专业而走进了炸药透镜研制和炸药件成型工艺的研究,领导了一系列缩小尺寸的局部聚合爆轰和整体聚合爆轰实验,展示了他忠诚敬业的赤子之心。此外,他早在1964年,就提出了"激光驱动惯性约束聚变"的科学设想,在我院长期推动强流电子加速器的研制工作,并为科研工作发展提出了远景规划,从而展现了他一代科学大师的深邃洞察力,时时关注着未来需要攻克的科技新高峰。

在科研活动中,王老认真细致的工作作风和谦虚和蔼的长者风范,无时不在感染和教育着他领导的下一代青年。记得在我国第二次地下核爆实验中,领导上安排我负责超高压物态方程测试技术的攻关项目,为此王老曾多次亲临检查和指导。为了解决在核爆强辐射干扰背景下冲击波信号的记录难题,王老对实验时可能出现的每一个问题,都做了仔细的推敲、讨论和分析,并详细与我们讨论了电探针伽玛辐照失效机理和电磁屏蔽技术,特别对我们提出的伽玛辐照失效阈值的推导和实验检验,以及充分利用瞬时趋肤效应估算的结果,表现了极大的关注和支持。在另一次讨论中,谈到解决长距离传输测量信号波形畸变的问题时。当听到我们提出可把当时采用的电子学线路补偿技术改用信号复原技术的设想时,他经过思考立即鼓励我们尽快提出实验检验的方案,后来该设想在有关项目中得到了成功应用。许许多多事例都表明,在王老手下工作的人对他都怀有一种亲切感:一是他对实验的每一个环节都考虑得很细、很深、很具体,使大家在完成任务的同时,也在不知不觉中提高了自己的研究能力;二是他没有那种"居高临下"的气势,总是那么平和地与我们讨论、分析,甚至有时出现不同意见的争论,他总是表现出一种平等待人的长者风度,因而他同许多晚辈的中青年人都建立了浓厚的个人情谊。在很长的一段时间以后,甚至有不少已经离开我院的同志,有了烦恼和困难都愿向他倾诉,而王老也总是尽力给予关怀和帮助。

还应该提到的是,在"文革"十年中,王老也曾受到毫无道理的批判,甚至"靠边站",之后,他又挺身而出,并亲自上门找同志谈心,动员一些受过"委屈"的科技骨干出来参加当时的研究项目。1976年年初周总理逝世,他悲恸不已,清明时节主动参加青年队伍去天安门献花圈和悼念,为此后来受到很大的政治压力。尽管如此,他还是尽量为青年同志"开脱"。就我所知,王老的一些重要研究项目提议,尽管得到了上级部门的支持,但他的有些研究方案和设想,也是受到过阻碍的。但这并未影响王老攀登科学高峰永无止境的追求。上述种种,不正是折射出王老在政治上和科学上另一面的光彩人生吗!

王淦昌院士已经离开我们10年了,但他的科学成就和朴实和蔼的形象依然留在人间,继续激励着吾等后辈不断奋进。记得爱因斯坦在悼念居里夫人时曾教导人们,在记住居里夫人伟大科学贡献的同时,更需关注她个人品德给人类留下的宝贵精神财富。我以为在我们对王老怀念的今日,也应该除了对他在"中微子探测方案"设想、"反西格马负超子"的发现,以及对我国"两弹一星"事业卓越贡献等方面的成就表示崇高敬意之外,更应该继承和学习他个人品德为我们做出的光辉榜样。

注:本文作者系中国科学院院士,中国工程物理研究院研究员。

怀念王淦昌老师

赵文彦

2007年年初,我收到一份由王遵明、李铁生送的纪念王老诞辰百年的台历。他们告诉我,5月28日是王老诞辰百年,他们精选了父亲生前的几张照片,制作了台历,赠送给亲朋好友,以表怀念之情。

这是一份极珍贵的礼物。几个月来,王老的形象、为人及王老在他非常简朴的书房里接待我们的情景不时在我脑海中重现,特别是王老对我国辐射加工技术产业发展的关心和支持,不止一次地为辐射加工专委会题词,多次语重心长谈话的情景,永远铭刻在我心中。

王淦昌老师是我国核科学技术的奠基人和开拓者之一,是我国发展高技术产业的倡导者和推动者之一。他的一生是不断探索的一生,在许多重大前沿领域,如中微子存在的验证、反西格马负超子的发现、激光惯性约束核聚变理论与实验研究以及"两弹"的理论与技术攻关等,王老都做出了突出贡献。即便是在生命的最后时刻,他还在关心原子能院的激光聚变实验室工作,真是"生命不息,战斗不止"。王老永远是我们学习的榜样。

凡与王老有过接触的人都会被他孜孜不倦、谦虚好学的精神所感动。我曾多次参加由王老主持的《学术会》、《鉴定会》、《论证会》,每当会议进入讨论议程时,他经常把自己是主持人的身份抛在一边,以一个真诚求知者的态度发问,请教一个又一个问题,甚至到了打破沙锅问到底,不弄明白不罢休的程度,每当得到满意回答时,他会情不自禁地表现出一种满足感。就是因为这样一种永不满足的学习精神,王老在核物理学的理论与实验两个方面学术渊博,同时还能在不同学科领域之间,不断开拓新的研究,取得一次又一次的重大突破。

王老非常关心核科学的实际应用,重视核科学技术为民造福。1992年,我向他汇报我国辐射加工技术产业化取得重大进展,国产的电子辐照加速器已经投入运行,并已生产出了高性能的特种电缆。他听到后特别高兴地说:"过去我们的加速器都放在实验室,现在进工厂了,真了不起。"

王老特别关注辐射加工技术创新问题,多次问起我国的工业辐照电子加速器进口情况。得知有一半以上时,王老表示,我们的力量很强,原子能院、上海原子核所、九院都能做，不要动不动就买国外的。我们要引进，要学习国外先进的东西，目的是为了提高自己的水平。他还不止一次地要求辐射加工专委会支持原子能院的核技术应用，他说，原子能院在北京郊区，地方比较偏，要帮助他们推广加速器。

　　王老经常提起一生最深的感受是：培养年轻人很重要。他经常在我面前夸奖三个人：于敏、丁大钊和王乃彦。我能理解，他们三个人分别在"两弹"、反西格马负超子、激光核聚变领域做出了一流的工作，是我国核科学技术工作承前启后的中流砥柱。王老还提醒我们，核技术的应用与辐射加工技术产业化一定要培养人才，培养精通技术做产品的人才，现在这类人太少了，不够用。1994年王老曾非常同意以他的名义，由中国同位素与辐射行业协会辐射加工专业委员会筹办青年奖励基金，以此激励人才成长。但由于当时辐射加工专委会刚成立不久，以及客观条件尚不具备等原因，最终基金会没有成立，真是一大憾事。

1987年王淦昌与赵文彦（右）在无锡太湖船上

　　王老是一位淡泊名利的人。在我们与王老接触中，他从不提过去在科学上所取得的成就。有一次我问他反西格马负超子发现是怎么取得的，他只说两句话："这工作是研究组大家做的，有八个国家参加"；"让苏联人也感到吃惊"。王老不满足已取得的成绩，他的思维方式是永远往前看。王老90大寿，我和潘秀苗、侯福珍等到他家祝寿，他还不只一次地问起王乃彦和他主持研究激光惯性约束研究工作的进展情况。1997年7月2日，在香港回归的第二天，我和侯福珍再次去他家，他说，做中国人很自豪。他很高兴地为辐射加工专委会作了"依靠科学技术推进辐射加工产业化"题词，真没有想到这竟是王老的绝笔。现在正值庆祝香港回归十周年之际，更加深了我们对王老的怀念。

　　注：本文作者系中国同位素与辐射行业协会理事长。原载《辐射加工》2007年第3期。

殚精竭虑 一代先驱

赵志祥

王淦昌先生是我国著名的核物理学家,中国科学院资深院士,"两弹一星"功勋奖章获得者,我国实验原子核物理、宇宙射线及粒子物理研究的主要奠基人和开拓者,在国际上享有很高的声誉。在 70 年科研生涯中,他始终活跃在科学前沿,孜孜以求,奋力攀登,取得了多项令世界瞩目的科学成就。

王淦昌先生曾先后两次在中国原子能科学研究院工作,他在原子能院工作期间为核科技事业的发展呕心沥血、殚精竭虑,做出了卓越的贡献,激励着新一代的原子能院人不断进取。

2007 年 5 月赵志祥院长在王淦昌院士百年诞辰纪念会上作报告

一

1950 年,为发展我国的核科技事业,中央决定成立中国科学院近代物理研究所,新中国的原子能事业就发端于此。近代物理研究所于 1958 年改名为中国科学院原子能研究所,1984 年又改名为中国原子能科学研究院。1950 年 4 月,王淦昌先生被调到近代物理研究所任研究员,后任副所长,与吴有训、赵忠尧、钱三强、彭桓武、杨承宗、何泽慧等共同着手筹划建设这所我国第一个核科学技术研究机构。

从1952—1956年,王淦昌先生主持制定了近代物理所1953—1957年的五年计划。这个五年计划明确规定了近代物理所的方向和任务,明确了五年内各方面工作的具体目标。

在这期间,王淦昌先生开始了他多年梦想的宇宙线的研究工作,即通过宇宙线的观测,发现新的粒子并研究其性质,取得了多方面的成果,1953—1956年,王淦昌在云南落雪山建造了我国第一个高山宇宙线实验站,使我国宇宙线研究进入当时国际先进行列。

近代物理研究所成立之初,实验条件相当简陋,王淦昌先生与其他科研人员因陋就简坚持实验。有一次在做云室温度控制实验时,也就是用电吹风加热多板云室,居然把周围的木头给烘着了,当时实验方法之简陋、条件之差,由此可见一斑。但是回忆起那段如火如荼的日子,王淦昌先生总是说:"当时,我们想的只是工作,浑身上下总觉得有使不完的劲。"对科学的追求,对祖国的热爱,对理想的憧憬,在王淦昌心中达到了美妙的和谐与统一。

1961年,王淦昌先生毅然放弃了基本粒子研究,奉命研制核武器。他隐姓埋名17年,参与了我国原子弹、氢弹原理突破及核武器研制的试验研究和组织领导,为我国核武器研制做出了巨大的贡献,立下了不朽的功勋。为了表彰王淦昌先生的突出贡献,1999年,中共中央国务院、中央军委追授他"两弹一星"功勋奖章。

二

1978年7月,王淦昌回到了阔别17年之久的原子能研究所,并担任了所长。这时,他已是年过七旬的老人了,但是,为了中国核科技事业的发展,这位古稀老人仍然不分昼夜地辛勤操劳。

科研工作的开展离不开人才,为尽快恢复被"文革"破坏的科研体制,适应核科学技术发展的需要,王淦昌先生担任所长后的第一项工作就是成立新一届原子能所学术委员会。

1978年7月,王淦昌先生主持成立了新一届原子能所学术委员会,这是原子能所的第二届学术委员会。成立学术委员会后的第一件事情就是对晋升副研究员以上的科技人员进行考核和评议。通过严格考核,400多位科研人员晋升了高、中级职称,调动了科研人员钻研业务的积极性,增强了全所的科研力量。与此同时,王淦昌先生还亲自出面邀请梅镇岳、黄祖洽、李林、王乃彦等科学家回所或来所工作。这些科学家到原子能所后,在中微子质量测定、核理论与核数据编评、用离子注入研究金属材料性能、惯性约束聚变研究等方面发挥了很大的作用。

1981年12月,王淦昌先生与汪德熙、王传英、戴传曾等联名上书给原二机部刘伟部长并转张爱萍副总理,建议立即着手在原子能所办研究生院,并设二机部各方面专业所需的研究生课程。1985年,核工业部依托原子能院正式成立了核工业研究生部。

王淦昌先生这一系列的工作,为原子能所摆脱十年动乱的影响,迅速提高科研水平打下了很好的基础。

三

101研究性重水反应堆的改建,是王淦昌先生任所长期间所取得的一项重要成就。

1978年11月,经二机部批准,原子能所101重水反应堆停堆进行改建工作。改造旧堆的工作难度很大,特别是在强放射性现场施工,保障设备和人员安全难度更大,王淦昌先生认真听取并积极支持专家的建议和意见。在工程进展的每个阶段,他都及时了解情况,并对做好防护工作提出要求。1979年12月28日晚,101堆新内壳吊装入堆就位,70多岁的王老不顾年迈和严寒,亲自到现场查看。经过一年零七个月的艰苦努力,1980年6月27日凌晨5时5分,改建后的反应堆试运行安全达到临界,101反应堆改建成功。

改建后的101反应堆,技术性能超过老堆设计指标,最高功率提高了50%,而总投资却只有建设一个新反应堆的十分之一,这项工程先后获得国防科工委重大成果奖和国家科学技术进步一等奖。

重水反应堆改建成功后,王淦昌先生非常重视在反应堆旁开展堆中子活化分析工作。他积极支持成立中子散射应用研究室,支持原子能所与中科院物理所共同与法国原子能总署合作,在101堆旁建造冷中子源、并开展凝聚态物理研究工作。经过多年的发展,如今,原子能院已经成为我国唯一的中子散射实验研究基地和重要的中子活化分析研究基地。

四

1979年4月,国家科委、国防科委批准在原子能所增建从美国引进的一套串列加速器及相应的辅助工程。这是继20世纪50年代重水堆和回旋加速器之后,原子能所最大的一项工程建设,对改变原子能所的科研设备面貌、提高科研工作水平具有重要的意义。王淦昌对如何利用好这套设备极为关心,他积极支持关于多安排一些束流管道,以更好地利用串列加速器开展核物理研究工作的建议,并建议成立学术委员会,审查、选择优秀题目开展研究工作。王淦昌先生还与核物理学家赵忠尧、施士元、徐躬耦、胡济民、黄祖洽等共同提出,串列加速器的特长是核反应基础研究,尤其是精细工作。

1985年5月,串列加速器实验室终于在原子能院建成。经王淦昌先生与钱三强先生等科学家的共同努力，1988年12月，北京串列加速器核物理国家实验室正式成立。

多年来，利用这台加速器，原子能院的科研人员在重离子核反应、加速器质谱计分析等多方面做出了优秀成果，并首次发现了新核素钍-90，建成了国内第一条放射性次级束流线。

重水反应堆的改建成功和串列加速器的引进，为原子能院从20世纪80年代到90年代的发展打下了很好的基础。

五

王淦昌先生是我国惯性约束聚变的创始人与奠基者，为我国惯性约束聚变的研究作了重大贡献。作为始终活跃在科研一线的杰出科学家，王淦昌先生的目光始终敏锐地注视着世界科学技术发展的前沿。1964年，王淦昌先生和苏联巴索夫院士同时独立地提出了用激光打靶实现核聚变的设想。这在当时是一个全新的概念。这种想法后来成了惯性约束核聚变的重要科研题目，一旦实现，将使人类彻底解决能源问题。在王淦昌先生的倡导下，我国在这一领域的科研工作走在当时世界各国的前列。遗憾的是，"文化大革命"使这项具有重大意义的科学研究耽误了整整七年，而恰是在这七年中，国外的相关研究工作有了长足的发展。

1978年9月，王淦昌回到原子能所刚两个月，就提出了在原子能研究所开展核聚变研究的建议，并具体提出电子束惯性约束核聚变的研究方向。在他的提议下，电子束约束聚变研究小组在原子能所正式成立，王淦昌邀请王乃彦担任组长，全组科研人员首先投入强流脉冲电子加速器的设计工作，王淦昌亲自领导并参与了物理设计的全过程。

1981年，王乃彦小组设计建造的1兆伏强流电子加速器建成，1982年开始打靶实验。通过一系列物理实验，基本摸清强流相对论电子束与靶物质相互作用的物理图像。王淦昌先生领导设计的这台加速器不仅是当时国内的首创，在国际同类加速器中也属于先进水平，这台加速器为电子束惯性约束聚变和后来的电子泵浦氟化氪激光惯性约束聚变研究提供了有力的工具。

在基本摸清电子束与靶物质相互作用机制的情况下，根据国际上惯性约束核聚变发展趋势，1985年，王淦昌先生又及时把研究方向转向氟化氪激光聚变研究，把原有的强流电子加速器改建成泵浦准分子激光的氟化氪激光器，并于1985年和1986年分别获得6焦耳和12.5焦耳的氟化氪激光。在此基础上，经过进一步改进，到1990年年底，激光能量已达到106焦耳，实现了"研制百焦耳级准分子激光器"的"七五"目标。

1996年1月，激光器输出能量又达到了276焦耳，使我国准分子激光研究步入了国际先进行列,成为继美、英、日本、苏联之后具有百焦耳级氟化氪激光器的国家,并使原子能院在大面积非箍缩型电子束泵浦技术、大口径氟化氪准分子激光振荡器、强流电子束物理、高功率脉冲技术以及纳秒级的强流电子束和激光束的诊断测量方面奠定了很好的基础,成为我国氟化氪准分子激光技术以及氟化氪激光惯性约束聚变研究的一个重要基地。氟化氪准分子激光研究已被列入新的国家高技术研究发展计划"863"中的惯性约束聚变项目,展现出喜人的发展前景。

六

王淦昌先生不仅重视基础核科学研究工作,也十分关心与国民经济和人民生活直接有关的同位素生产。

1981年,他在所学术委员会扩大会议上说:"我们要大力发展和加强同位素的生产,以广泛推广同位素的应用。"同年10月,他主持召开所务会议,专门讨论研究同位素生产研究部的工作,并确定了同位素生产研究部的方向。这次所务会议是他亲自主持的为数不多的所务会之一,足见他对同位素生产与科研的高度重视。

1981年,二机部与国防科工委提出了"保军转民"的方针后,王淦昌先生以战略性的眼光,指出要把军转民的重点放在核能与核技术的应用上。3月,在所党委常委扩大会议上,他指出:"贯彻核工业'保军转民'方针,要把重点放在核能和核技术的开发利用上,原子能所尤其要把同位素尽快搞上去,要注意在科研工作中安排为国民经济建设和学科发展服务的应用研究和应用基础研究。"

同年6月,王淦昌又建议,核科技事业要为农业、工业和国防现代化服务。王老的这些建议为原子能院20世纪80年代以后的民品发展指明了方向。如今,经过多年的探索,原子能院已经形成了以同位素与辐射技术为主导的一批高新技术产品和产业,取得了良好的经济效益和社会效益。

七

王淦昌先生十分重视核能的开发利用。他是最早在我国介绍核电站的科学家之一,并以极大的热忱推动我国的核电建设,为我国核电事业迈出艰难的第一步做出了重大贡献。

1978年,王淦昌先生调任第二机械工业部副部长兼原子能所所长后,积极推进我国核能的和平利用,尤其为我国核电发展大声疾呼,而当时我国核电正处于徘徊阶段。同年10月2日,王淦昌先生和第二机械工业部的四位专家联名上书邓小平副主席,提出发展我国核电的建议。邓小平十分重视,派人找写信人座谈。这封信对我国核电发展起了推动作用。

1979年，美国三里岛核电站事故后，国内反核电的呼声四起，王淦昌先生主动去中南海为中央领导讲课，王淦昌先生为135位部长以上中央领导同志讲了《核能——当代重要能源之一》。他论述了核电站的安全性和经济性，以及我国发展核能的必要性和可能性，提出了"自力更生为主，争取外援为辅"的加速我国核电建设的建议。在王淦昌先生等科学家的不懈努力下，1982年11月，中央批准在浙江海盐建设秦山核电站。秦山核电站的建成，宣告了中国大陆无核电历史的结束。

王淦昌先生对我国核技术的推广应用，核聚变能开发，以及粒子加速器和射线仪器的研制生产都很关心。他曾领导中国核学会举办了多次核技术推广应用展览会，还向国家有关方面写过多次建议。

八

20世纪80年代以来，世界上掀起新技术革命的浪潮。这对我国既是挑战，又是发展我国科学技术、振兴国家的良好机遇。

1986年3月3日，王大珩、王淦昌、杨嘉墀、陈芳允四位科学家上书中央，对跟踪世界战略性高技术发展提出了建议。1986年11月，经过中共中央政治局和国务院批准，具有深远意义的"高技术研究发展计划纲要"（即"863"计划）在我国大地上破土而出。

该计划实施后，已取得一大批重要成果，不少工作进入国际先进行列，在我国高技术发展中起了带头和核心的作用，为国民经济的发展和社会进步做出了直接的贡献。人们将永远铭记王淦昌先生等老一辈科学家为发展我国高技术事业做出的重大贡献。

九

王淦昌先生富有正义感和社会责任感，坚持原则，实事求是，坦率真诚。他为人谦虚质朴，待人平等热诚，不畏邪恶，正气凛然。他热情关怀年轻人的培养与成长，扶掖后进，不遗余力。中国科学院学部委员（院士）中，他的学生和曾经在他指导下得到成长的就有十余位。程开甲、胡济民、吕敏都是他的优秀学生，胡仁宇、唐孝威、丁大钊、王乃彦等都曾在他直接指导下得到成长。不少现在国外的学生，如李政道、汪志馨、冯平观都曾是他的得意门生。

早在1953年，王淦昌先生就兼任原子能所职工夜校校长，组织全所青年工人和见习人员提高文化水平。在日常工作中，他经常与年轻科研人员讨论学术问题。讨论中，他从不因为自己是一位有影响的科学家而有所顾忌，他总是认真地听取年轻人的见解，对于他不熟悉的问题，即使是在学术报告会上，他也会坦率地说："这个问题我不懂，请你再给讲一讲。"对年轻人提出的科学问题，他总是尽其所知,详细地给予解答。

原子能院每年都要组织一次"五四青年学术报告会",只要工作和身体情况允许,王淦昌先生总要出席,并把椅子搬到距离讲台最近的地方,一边听,一边做笔记。对年轻人在报告中提出的新思路、新诀窍,他总是要给予热情赞扬,鼓励他们认真学习,努力工作,大胆探索。

王淦昌热心关注教育事业。1982年,王淦昌因为发现了反西格马负超子,获得了国家自然科学一等奖,并获得3000元奖金,他把全部奖金都捐给了原子能所子弟小学和中学。1996年4月,原子能院成立了王淦昌基础教育奖励基金会,他又先后捐资4万元。

王淦昌先生始终视国家的利益高于一切。他把自己的智慧和精力全部奉献给了祖国和人民,一生勤勤恳恳,鞠躬尽瘁。他拳拳的爱国之心、严谨的工作态度、执著的工作热情、谦和的待人态度,都深深烙印在每个认识他的人的心中。他经常鼓励年轻一代要奋发图强,为国争光;一再强调"皮之不存,毛将焉附,我们要把个人与祖国紧紧地连在一起"。这正是他发自肺腑的心声。

王淦昌先生这位德高望重、科学成就卓越的核物理学家,为核科技事业的发展做出了卓越贡献,立下了汗马功劳。

今天我们纪念王淦昌先生诞辰100周年,就是要以"建设基础性、综合性、世界先进水平的核科技研究基地"和"创造一流业绩,造就一流人才,建设一流核科研基地"为目标,继续发扬王老倡导的"以身许国,敢为人先,严谨求实"的"四〇一"精神,不断深化科技体制改革,为我国核工业和核科学技术的发展再立新功。

注:本文作者系中国原子能科学研究院院长。原载《中国核工业报》2007年5月25日。

王淦昌老师——我国惯性约束聚变研究的开创者与奠基人

——纪念王淦昌老师诞辰100周年

胡仁宇

王淦昌老师是一位杰出的核物理学家。他自幼热爱科学,在近70年的科学研究生涯中,贡献是多方面的。他探索未知世界的基础研究领域有:20世纪40年代初,在国际上第一个提出《关于探测中微子的建议》;20世纪50年代在国内首创并奠定我国宇宙线研究的基础,领导建立了云南落雪山宇宙线实验站,利用多极云雾室研究粒子及其相互作用,获得一大批奇异粒子事例,使我国的宇宙线研究进入当时国际先进行列;20世纪50年代末,在苏联杜布纳联合核子研究所工作时,领导一个小组发现了世界上第一个荷电负超子——反西格马负超子;20世纪60年代初,他参加了我国突破两弹的重大任务,为此立下了不可磨灭的功勋,并开创了我国核武器物理实验研究的新领域,为后来的持续发展创造了条件;20世纪80年代中,根据当时国际形势与发展,他与王大珩、杨嘉墀、陈芳允一起向中央提出发展高技术的建议,很快被采纳并形成了国家高技术研究发展计划,一直延续到今天,对我国高技术的发展起了重大作用。

这里我着重回顾一下王淦昌老师在我国惯性约束聚变研究领域的贡献。王老师是我国这个领域研究的创始者和奠基人。晚年,他对这个领域的研究倾注了大部分精力,可以说是"情有独钟"。1992年5月,在一次会议上,当李政道问到他对自己一生所从事的科研工作中,哪项最为满意时,他的回答有些让人意外,他没有提反西格马负超子的发现,也没有提关于探测中微子的建议,而是认为对1964年提出的激光引发氘核出中子的想法比较满意。原因是,他认为这在当时是一个全新的概念,而且这种想法引出后来成为惯性约束聚变的重要研究领域,第一次有可能在地球的实验室里创造出类似星球内部的高温高压条件,开辟一个崭新的研究领域,有可能使人类实现热核聚变的和平利用。

1964年,诺贝尔物理学奖授予三位对发现激光作出贡献的科学家。当时王老师正在从事原子弹的研制。他注意到激光强度大、方向性强这些特点,心想如果把激光和核物理两者结合起来,应该发生新的有趣的现象。他经过深入思考,撰写了

《利用大能量大功率光激射器产生中子的建议》。1964年年底,王老师刚好遇到中国科学院上海光机所从事高功率激光研究的邓锡铭同志,就把自己的设想告诉邓锡铭,邓锡铭非常高兴,认为"这是实现激光应用的一条重要路子"。王老师指出的研究方向,给上海光机所从事高功率激光器研制的科技人员很大的鼓舞,并很快得到中国科学院副院长、党组书记张劲夫的赞成和支持。这样,在王老师的倡导下,我国激光约束聚变领域的初期预研工作就起步了。当时由于保密原因,我们并不知道外国科学家在这领域做了些什么工作。若干年后,我们才知道,美国和苏联的科学家也在这段时间里提出类似的设想。应该说,王淦昌老师是独立于美苏科学家提出用激光打靶实现核聚变的科学设想并亲自在我国组织力量开展这领域研究的。他是世界激光惯性约束聚变研究的奠基人之一。

遗憾的是"文化大革命"延缓了我国惯性约束聚变研究工作的进度,直到1973年上海光机所才利用 10^{10} W 的单路钕玻璃激光照射氘冰靶产生了中子。20世纪70年代末,上海光机所建成了六路钕玻璃激光系统。

另一方面,1972年,美国科学家 Nuckolls 第一次公开发表惯性约束内爆的论文。20世纪70年代中期,九院科技人员在王淦昌老师和于敏的推动下,开始组织科研人员从理论和实验两方面,探索利用激光惯性约束聚变产生高温高压条件开展极端条件下物理过程研究的可行性。经过一段时间的探索,王老师一方面更清楚地认识到这领域研究的重要性;同时又对国内的现状感到不满意。主要是从事高功率激光研究的上海光机所的科研人员和从事等离子物理理论研究和诊断、实验工作的九院科技人员之间,过去几乎没有联系,对彼此的工作互相不了解,如长此以往,这一领域的研究将遭受重大损失。

1977年12月,王淦昌老师以九院副院长的身份,带领九院从事高能量密度物理研究的一所、二所、九所的科研人员到中科院上海光机所学习,并商谈两个单位合作开展激光惯性约束聚变研究的有关事宜。通过这次交流,九院的科技人员参观了上海光机所的高功率激光实验室,氙灯制备、钕玻璃熔炼加工车间,并听取了有关高功率激光器的学术报告;于敏同志作了有关惯性约束聚变的学术报告。经过学习和讨论,大家认识到激光惯性约束聚变是一项复杂、庞大,要求精密,投资高的大科学工程,它包括驱动器(激光器系统)研制、理论研究、物理实验、诊断技术和靶的制备等多方面工作,需要理论、实验、技术、工程的共同支持。而上海光机所与九院两个单位在这项研究中正好是各有所长,优势互补的。在这次讨论过程中,王老师一再强调两个单位合作的重要性,提出"合则成,分则败"。在近一个月的时间里,科技人员对今后如何开展我国激光惯性约束聚变工作进行了广泛而热烈的讨论。初步拟定在嘉定共同投资建设一台 10^{12} W(2×800 J)的激光器(即后来称为神光Ⅰ号的激光器),利用这台激光器,双方共同开展激光与等离子相互作用的研究。通过这次交流,上海光机所正式启动 10^{12} W 高功率激光器的物理设计,而九院也开始全面部署理论、诊断技术、制靶等各方面工作。

为了使这个领域的工作能得到长期稳定的经费支持,还要得到上级有关部门的批准。为此,1978年夏天,王淦昌老师推动科学院学部在友谊宾馆科学会堂组织有关科学家(包括严济慈、钱三强、彭桓武、王大珩等老一辈著名科学家)召开有关惯性约束聚变的学术讨论会,会上请于敏同志作专题报告。通过讨论,大家一致认为"惯性约束聚变"这个领域研究的意义重大,还有广阔的应用前景。我国当时也已有相当基础,国际上起步时间也不长,我们与当时的国际水平相差不远。应该抓住时机,加强领导,整合各方资源,规划好各方面的工作,很有可能较快地赶上世界先进水平。通过这次会议,这个领域的研究工作很快得到批准,并开始组织实施。

此后,在激光器设计方案的讨论和评审过程中,王淦昌老师和王大珩先生一起,每次都亲自到会组织讨论和指导工作。王老师对九院的有关计划的制订和实施也都亲自过问。为了从组织上加强两单位的合作,1986年中国科学院与中国工程物理研究院共同组建了"高功率激光物理联合实验室",依托在上海光机所,由邓锡铭同志任主任,王世绩同志任副主任,于敏同志任学术委员会主任。还成立了管委会,由双方行政领导及机关工作人员组成,张宏同志(时任中国科学院新技术局局长)任主任。王淦昌、王大珩两位担任联合实验室的科学技术指导。

神光Ⅰ号激光器于1987年建成验收,投入正式运行。与此同时,九院也筹建了物理实验、诊断技术和靶的制备研究室,建成了相应配套的诊断设备(包括可见光、X射线的强度和能谱、中子等),制备出各种实验用靶。神光Ⅰ号从开始运行到1994年退役,先后开展了九轮物理实验,从测量入射和出射的能量平衡实验开始,进行了大量激光与等离子体相互作用的研究和内爆出中子实验。而且就利用这台规模不大的激光器,运用独创的方法开展了X射线激光的研究,获得了类氖锗软X射线(23.2nm,23.6nm)激光的饱和输出,达到了当时该领域的世界先进水平。

1988年4月王淦昌院士与胡仁宇院士(右)讨论工作

1988年,王老师参加了在意大利召开的战争与和平国际会议。在这次会议上,美国宣布了该领域进展的最新情况。他们在Nova激光器上开展了大量实验,同时利用地下核试验作内爆充氘氚靶丸的实验结果,已经推断出利用1MJ的激光能量有可能达到"得失相当"。根据这个推断,美国已开始对建立"点火装置"进行论证。回国以后,王老师即与王大珩、于敏商量,联合向中央写报告,请求国家增加对惯性约束聚变研究的投入,以加快研究进度,争取在世界上占有一席之地。1989年年初,李鹏总理亲自听取了汇报,李鹏总理十分关心惯性约束聚变的前途,提出许多问题,王老师等一一作了回答。1992年"惯性约束聚变"作为一个独立主题列入国家高技术研究发展计划。由陶祖聪为首席专家,贺贤土为秘书长。主题专家组成立后,一直在两位王老的关心和指导下工作。从这时候开始,我国惯性约束聚变研究获得了国家长期稳定的支持,制定了比较长远的规划。在规划中,首先是对神光I号进行升级改造(即神光II号),使基频输出能量从原来的1.6kJ增加了4倍,同时具有三倍频输出的能力。其次,对驱动器所必需的元器件和单元技术(如钕玻璃、氙灯、倍频晶体和镀膜技术等)也制定了逐步提高并发展的计划。除此而外,理论研究、诊断技术和制靶能力的建设都制定了各自发展的阶段目标和工作计划。惯性约束聚变主题研究经过十多年的努力,各个子领域的工作都取得明显的进展,为日后大规模高速度的发展打下了良好的基础。

1996年,由于我们还缺乏这类复杂、精密的大型科学工程的建设经验,在技术和工程方面遇到一些困难,一时神光II的调试工作进展不顺利。为了推动工作的开展,王老师以九十高龄亲自到上海、四川等地检查工作。他一方面对一线工作的科技人员的工作热情和干劲给予充分肯定,鼓励大家要坚定信心、团结一致,以科学态度对待每一项具体工作,同时还对每件工作提出明确具体的指导和严格的要求。但对这项涉及范围很广的工程的组织领导工作并不满意,焦虑之情溢于言表。

对于激光聚变研究的长远目标——热核能的和平利用来说,钕玻璃激光器并不适用。必须寻求能量转换效率高,并能在一定重复频率下长期稳定运行的驱动器。为了尽早开展这方面的探索,20世纪70年代末,王老师在原子能研究所领导建造了强流脉冲电子加速器,并开展了强流电子束和物质相互作用的物理研究工作,根据实验得到的数据,结合国外这方面的研究进展,王老师认为,电子束驱动器热核聚变的技术途径的前景并不乐观。他及时改变技术途径,提出将电子加速器改造成氟化氪激光器的抽运源,利用短波长的氟化氪激光作为热核聚变研究的驱动源。

1990年年底,原子能研究院建成了百焦耳级的氟化氪激光器,经过十多年的努力,激光器稳定运行,光束质量有很大提高,配备了完整的诊断测量仪器设备,并利用它开展了精密物理实验,使这个实验室成为我国氟化氪准分子激光技术及氟化氪激光惯性约束聚变研究的一个重要基地。

从 1964 年王老师第一次提出《利用大能量大功率光激射器产生中子的建议》,到他去世的三十多年间,为在我国开展这个领域的研究呕心沥血,做了大量的宣传组织工作。当这项工作全面启动以后,他已是耄耋之年,仍不辞辛劳,每次重要的技术讨论会都会亲自参加,还经常往返于上海、北京、四川等地,到实验室检查并指导工作。但是"天有不测风云"。1997 年 8 月的一天,王老师刚走出家门外散步,就被自行车撞倒,导致股骨骨折,从此行动不便,再也不能亲自到现场指导工作了。但他仍始终关心这项研究工作的进展情况。每当同志们去探望他时,总要问起这项工作的进展情况和所遇到的问题和困难,他一再叮嘱去探望的同志:"要搞好团结,一定要把神光Ⅱ号做好。"

王老师离开我们已将近十年。这十年当中,随着我国经济的飞速发展,我国惯性约束聚变研究工作也发展得很快。2001 年,神光Ⅱ号建成验收并投入运行,各项性能也在不断提高,2005 年又增添了第九路,使物理实验增加了新的有力工具。到今天为止,已在神光Ⅱ号上开展了多轮实验,并获得了相当精密的结果。当然,要真正实现"聚变点火"的目标还会有很多困难,包括科学技术方面、组织管理方面和队伍状态方面的,真可谓是"任重而道远"。从事惯性约束聚变研究的科技工程人员和组织管理人员都已下定决心,迎接面临的巨大的挑战,团结协作,勤奋工作,在这项集体性极强的科研工作中,充分发挥各自的聪明才智。我们坚信,王淦昌老师当年的设想一定能实现。

注:本文作者系中国科学院院士,中国工程物理研究院原院长。原载《物理》2007 年第 36 卷第 5 期。

条件愈苦,意志愈坚

——记王淦昌早年的科研活动

姚立澄

  1990年10月,在美国石溪的办公室,杨振宁接待了到访的华东师范大学张奠宙先生,就中国现代科学史研究谈了自己的看法。在涉及当代中国物理学者的贡献时,他深有感触地说:"对本国学者取得的科研成就确实应该认真对待,中国前辈科学家在艰苦条件下取得的成果更应该珍视。正因为如此,我想,整理和评价当代中国学者的科学贡献,应当是中国科技史研究的重点之一。"他又说:"日本人对本国学者的科学贡献研究得很透彻,而且'寸土必争'……竭力从中发掘一些积极的东西,我们在这方面做得还不够。"本文中,笔者对王淦昌早期科研工作的描述,力图反映中国前辈科学家脚踏实地、执志若金的奋斗精神,他们在条件极端艰苦的情况下,仍坚持科学研究和教学,并且做出了相当优异的成果;同时,也深感今日中国科研条件和环境,尽管不能说尽善尽美,但与当年战争年代相比,已是天壤之别,更应涌现世界一流的科研成绩,而不是妄自菲薄,无端抱怨。

  物理学家王淦昌是我国核科学研究事业的奠基人和开拓者之一,科研成绩斐然。周恩来总理曾经说过:"王淦昌同志是我们中国人民的'宝贵财富',是我国核事业的希望……"前中国科学院副院长、物理学家吴有训评价王淦昌时称:"王淦昌为一位实验与理论兼长的难得的物理学家"。1949年,竺可桢在日记中记载:"据正之(吴有训——笔者注)云,近美国协会(American Association)出百年来科学大事记,中国人能列名其内者只彭桓武与王淦昌二人而已。"可见王淦昌学术研究贡献之重要。近年王淦昌的工作受到人们的重视并有不少纪念性的文章给予评价,本文从具体的史料出发,着重介绍王淦昌在抗日战争这一特殊历史时期的科研工作特点。

  在1937—1947年期间,我国正处于抗日战争和国民党发动的内战时期,国内科学技术的发展受到灾难性的破坏。国内多所大学被迫中断正常的教学工作,艰难迁移,大学物资匮乏,实验设备短缺,进行正常的物理教学实验极为困难,更不用说从事前沿物理研究工作了。尽管如此,国内仍有许多物理学家排除重重困难,坚持研究,取得了一些一流的科研成绩,王淦昌的工作就属其中一例。时任浙江大学物理系教授的王淦昌,积极了解国外物理学前沿的理论进展以及实验成就。虽然他自己没有条件开展实验,验证自己很多的想法,但在授课讲学之余,为实验物理学家提供建议,成为当时王淦昌颇具特色的一项工作,并取得突出成绩,得到世界物理学界的认可。王淦昌把为别人提供想法,让别人来完成实验的工作,称为"搭桥"性的工作。他说:"物理学的研究工作,除了钻研纯理论和做实验两个方面,还有第三个方面,那就是归纳、分析和判断杂志上所发表的实验方法、数据和结论。这种工作是为理论工作搭桥,是推动实验工作前进的。"显然,这种"搭桥"性的工作,在特殊的环境下,对于王淦昌来说,也是不得已而为之。

二战时期,英国皇家学会会员,当时英国政府挑选赴华担任战时情报和宣传工作的专家李约瑟博士(J. Needham),在考察了中国的科学研究状况之后,曾经感叹说:"我们意识到,许多年来中国人一直处于十分艰苦的条件下,只有理解了这一点,才能真正懂得这些成就的意义。"对于浙江大学来说,抗战期间是最为艰难困苦的一段,也是学术上辉煌灿烂的时期。1944年10月25日和26日,在湄潭,李约瑟出席了中国科学社湄潭社友会和中国物理学会贵州区分会的联合年会,并参观了浙江大学。据当时我国的《科学》杂志报道:"科学消息(本社消息):李约瑟氏返英述职,颇称道浙江大学学术研究之励进,谓可以媲美牛津剑桥而无愧。"可见,湄潭之行,浙江大学师生学习风气、研究水平均留给李约瑟美好的印象。浙江大学物理系在王淦昌、束星北等老师的努力下,教学、研究工作有声有色,硕果累累。对于当时浙江大学物理系的工作,李约瑟也有评价:"在物理学,尤其是核物理、几何光学等等方面,由于设备的缺乏,大部分工作只能侧重于理论的研究;但是,水平显然很高。"

在物理学大师的指导下成长

王淦昌之所以能够在学术领域不断取得高水平的科研成果,一方面,他具有脚踏实地,热爱科学,锲而不舍的探索精神;另一方面,也与他在学生期间,不同的学习阶段,接受不同的著名物理学家的指导有着密不可分的关系。

王淦昌,1907年5月28日生于江苏省常熟县支塘镇西石桥村。父亲王以仁是当地著名中医,母亲宗秀宝为其父的继室。1925年夏,王淦昌考入清华留美预备学校大学部,后改称清华大学,王淦昌成为清华大学第一届学生。初到清华,王淦昌就迷上了化学,当时化学系的实验条件在清华是最好的,王淦昌一走进实验室就异常活跃和机智,常常长时间地待在里面,以至忘了吃饭。王淦昌对化学知识的热爱,为他以后的科学研究打下坚实的基础,也为他的教学工作带来便利。升入二年级后,在叶企孙先生的影响下,王淦昌选择了物理系,从此,物理学研究成为王淦昌一生的追求。王淦昌曾经说过:"是叶师的为人品德,他对学生的厚爱,他的教学像磁石吸铁那样,把我吸引到物理科学事业中去了。"

叶企孙时任清华大学物理系的主任,不仅是一位物理学家,也是一位优秀的教育家。我国许多著名科学家皆出于其或其弟子的门下。叶企孙1918年留学美国,入芝加哥大学物理系学习。1920年转入哈佛大学研究院,师从后来获诺贝尔物理学奖的布里奇曼(P. W. Bridgman)作博士研究生。1921年,叶企孙测定的普朗克常数,被国际科学界公认为当时最精确的值,并一直沿用十几年。叶企孙办学向来采取重质不重量的方针,清华大学物理系淘汰率很高,但物理系提倡学术自由,启发学生好学精神,鼓励学生自动治学,从不强迫学生"读死书",他们的教学目的也非常明确,是为了培养有创造性的,能赶超世界先进水平的人才,这使得王淦昌受益匪浅。王淦昌在入清华大学物理系后,不管在学习上还是在生活和以后的科研上,都受到叶企孙的深深影响。

1928年,吴有训接受叶企孙的邀请到清华大学物理系主持近代物理课程。吴有训1921年到美国留学,入芝加哥大学跟康普顿教授(A. H. Compton)从事物理研究。1923年,吴有训和康普顿一起进行X射线散射谱的研究,在康普顿效应遭到人们质疑的时候,吴有训的实验证明了康普顿效应的普遍性,有力地支持了康普顿效应。1927年,康普顿因此获得诺贝尔物理学奖。在清华大学物理系,吴有训开设近代物理学,他的教学科学性和逻辑性强,说理深入清楚,经常把枯燥抽象的概念、公式生动形象地表述出来。他还经常把近代重要的物理实验和结果给学生介绍,听吴有训的课,对学生们来说不仅增长知识,而且是一种享受。同样,吴有训也对王淦昌的成长产生了重要影响,王淦昌认为:"吴有训老师教我们近代物理,为我日后从事核物理研究打下坚实的基础,尤其是在从事实验物理学的研究领域方面给我极好的培养"。

王淦昌对实验的特殊爱好和操作能力,给吴有训留下了良好印象。1929年6月,王淦昌毕业留校任助教。在吴有训指导下,王淦昌独立承担了"测量清华园周围氡气的强度及每天的变化"的实验工作,这个课题涉及了放射性、气象学等领域的内容和实验方法,在国内尚无人研究。实验前,吴有训带领王淦昌查阅了大量参考文献,选择实验方法。从1929年11月至1930年4月,实验进行了6个月,其间,王淦昌不管刮风下雨,每天都认真测量、记录,总结出北平大气放射性活动的五点结论,为人们准确提供了北平地区大气放射性活动的实验参数。吴有训对王淦昌的工作很满意,论文被吴有训翻译成英文,在清华大学《科学记录》(Science Record)上发表,这是王淦昌第一次发表科学论文。

叶企孙和吴有训不仅是王淦昌物理学启蒙老师,而且是中国近代物理学的先驱。正是在名师的熏陶和锤炼下,王淦昌提高了物理学素养并培养了对于学术的洞察力、欣赏力及至诚的求知态度,为以后在学术研究上取得丰硕成果打下坚实的基础。

为了培养中国优秀物理学家，叶企孙鼓励清华大学物理系毕业生出国深造。根据钱临照教授回忆："清华大学物理系首届毕业生，一个去德国（王淦昌），一个去法国（施士元），一个去美国（周同庆），这可能是叶老的安排"。1930年，王淦昌考取了江苏省官费留学研究生，留学德国。

王淦昌到达德国后，先是在哥廷根大学选修了物理学课程，半年后，在柏林大学威廉皇帝化学研究所放射物理研究室，作奥地利女物理学家迈特纳（L. Meitner）的研究生。迈特纳是一位杰出的实验物理学家，当时，任该研究室主任，爱因斯坦曾称她为"德国的居里夫人"。王淦昌留学期间，迈特纳的工作几乎涵盖了当时全部实验核物理学的领域，当每一个令人惊奇的新发现被宣布时，她都积极筹措适当的设备、资源和组织合作者很快地参与进来，力图跟上当时物理学迅猛前进的步伐。1930年至1934年，正是现代物理学史上的黄金时代，新的理论和新的发现不断出现。王淦昌在这段时间留学德国，并作为一位异常活跃的核物理学家的学生，经常直接面对新理论提出的科学家们，第一时间内接触到最新的物理前沿发展的信息。每一项新进展的消息传来，他都注意老师们的反应，倾听他们对新理论、新发现的看法，从中辨识当代物理学发展的新方向。在留学德国的四年中，王淦昌更加热爱物理学，他除了听课和听讲座外，就是做实验，他进到实验室后常常忘了时间，工作到深夜。这都使王淦昌思考问题、解决问题的能力和研究水平迅速提高。

在迈特纳的建议下，王淦昌对β射线进行研究。在当时，镭E的β谱的测定是当时国际上受人注意的一个重要实验课题，而在人工放射性大量生产之前，作为研究β谱形状的β源，镭E是满足许多实验要求的唯一候选者，因为镭E作β衰变时，并不夹杂γ射线。正像吴健雄教授所说："追随β衰变理论发展的人中没有不对其发展的道路留下深刻的印象……众所周知，β衰变充满了惊奇和微妙，它的明显的反常不止一次地威胁我们放弃一些我们所珍爱的守恒定律。"所谓β衰变的明显反常，是指它的初态能量和末态能量都是确定值，而β粒子的能量则做连续分布，这令许多人困惑。1930年，为了解释这种反常现象，玻尔（N. Bohr）等人提出过放弃能量守恒定律的观点，但泡利（W. Pauli）并不赞同。12月4日，他给正在蒂宾根（Tubingen）召开的物理学会议的物理学家们写了一封公开信，提出了一种新粒子"中子"（后被费米改称"中微子"）的补救办法，而收信人就是盖革（H. Geiger）和王淦昌的指导教授迈特纳女士。

1933年年底，根据泡利的中微子假说和海森伯（W. Heisenberg）的原子核质子和中子构成的结构模型，费米（E. Fermi）提出了β衰变理论，从理论上论证了中微子的存在。在德国留学期间，王淦昌一直进行β谱研究，在实验中，王淦昌自己吹制玻璃，制作盖革计数管，装配盖革-米勒计数器并用它测定镭E的β谱。

1932年年初,他在德国物理学期刊 *Zeitschrift für Physik* 上发表"关于RaE的连续β射线谱的上限"的文章,在实验中,王淦昌得出了明晰的上限。迈特纳对王淦昌很快完成RaE的上限实验颇为赞赏,要他用β谱仪和计数器做更为复杂的Th B+C+C″β谱的上限的测定,并以此作为他的博士论文的题目。据施士元教授回忆,费米建立β衰变理论时参考了当时有关β谱强度的若干测量数据,王淦昌的工作可能对费米的工作有一定的参考价值。因此,中微子问题和β衰变问题,多年来一直为王淦昌所关心,并直接导致他1941年利用轻原子核的K俘获反应来探测中微子的方案的提出,就一点也不奇怪了。

1932年,中子的发现是核物理发展中一个重要的里程碑,对核物理有着巨大而深远的影响。在中子的发现过程中,人们经常为约里奥·居里夫妇(the Joliot-Curies)感到惋惜,他们已经"在事实上发现了"中子,却没有意识到这一点,约里奥·居里夫妇的学生,早年留学巴黎的钱三强曾回忆,约里奥先生事后对他说:"真笨死了!所有的证据都已经摆在那里了,我们怎么会想不到这一点呢!"一位意大利年轻物理学家也说:"真傻,他们已经发现了中性质子,却不认识它!"

科学工作就是这样,当思想没有准备的时候,眼睛是认识不到的。可是当思想上已有准备或有所怀疑,而错过物理上的重大发现,则同样让人扼腕叹息。事实上,在德国留学的王淦昌也与这一重要发现失之交臂,擦肩而过,成为他内心永久的遗憾和没齿不忘的教训。王淦昌在柏林大学的时候,学校每周都要组织一次物理讨论会,主讲都是德国著名的物理学家或刚获得博士学位的青年研究人员,每次讨论会王淦昌都去参加。有两次讨论会是由迈特纳的另一位学生,科斯特斯(Kosters)主讲。根据王淦昌的回忆,我们可以了解当时的情况:

"科斯特斯报告了玻特和他的学生贝克用放射性钋放出的α粒子轰击铍核,发现了很强的贯穿辐射。他们把这种辐射解释为γ辐射。我知道我的导师迈特纳早在1922年就对γ辐射与元素衰变的关系进行实验研究,对γ辐射的性质也作过一系研究。所以科斯特斯的报告给我留下了深刻的印象。报告会后,我脑子里一直在想这个问题,总觉得γ辐射能否具有那么强的贯穿能力值得怀疑。"

王淦昌怀疑玻特和贝克的结论。在实验中,玻特和贝克利用计数器进行探测,王淦昌想,如果改用威尔逊(Wilson)云室重复这个实验,会搞清楚这种贯穿辐射的性质。为此,王淦昌两次向迈特纳请求利用师兄菲利普(K. Philip)的云室研究这种射线,但都被迈特纳拒绝了,显然迈特纳不认为王淦昌的怀疑是合理的。王淦昌此时在柏林大学留学不到半年,刚成为迈特纳的研究生,不便坚持自己的主张与导师发生冲突,只好放弃。1932年查德威克(J. Chadwick)发现中子之后,迈特纳也曾非常懊悔,王淦昌则把它作为一个教训记在心头:应该坚持自己的主张,尽全力去争取导师的支持和实验条件。1985年3月17日国际科学史学会主席、哈佛大学科学史系主任希伯特（E. N. Hilbert）访问了王淦昌，了解上述情况后，他对王淦昌说："目前世界上已经没有第二个人亲生经历了中子发现的过程，你一定要把这段历史的回忆写下来，这是十分珍贵的史料。"从王淦昌这段经历中，我们已经可以看到他正在迅速地成长，具有了成为优秀科学家的基本素质。

1933年12月，王淦昌完成博士论文，并顺利通过了答辩。此时的德国，已是希特勒法西斯统治的天下。1933年4月德国颁布了"内政职务恢复法"，要把"非亚利安"和政治上不需要的人从包括大学在内的一切政府部门清除出去，这年夏季，迈特纳的名字便出现在柏林大学被解职人员的名单上，9月6日，她的授课资格证书被作废，失去了在大学授课、带学生的权利。这种环境让王淦昌感到窒息，他决定回国。在回国之前，王淦昌曾到英国、法国、荷兰、意大利等国旅行，每到一地，他都先去大学和实验室，曾到剑桥大学会见了卢瑟福（E. Rutherford）、查德威克等著名物理学家，了解物理学前沿的发展情况。1934年4月，王淦昌结束四年的留学生活，返回国内。

王淦昌早年科研工作及其特点

1934年，经叶企孙教授的推荐，王淦昌接受山东大学的聘请，任山东大学物理系教授，是山东大学最年轻的教授。1936年秋，因不满山东大学校长赵琦开除20名学生运动的活跃分子，王淦昌辞去山东大学物理系教授的职位。经何增禄推荐，接受浙江大学校长竺可桢的邀请，到浙江大学物理系任教授，同样是浙江大学最年轻的教授，并在那里整整工作了14年。由于王淦昌物理知识广博扎实，具有活泼的性格，受到学生们的爱戴和同事们的好评，并获得了"Baby Professor"的昵称。

1937年7月7日，日军进攻卢沟桥，炮轰宛平城，抗日战争全面爆发。不到4个月，日军已逼近杭州。11月5日，日军在距杭州120千米的金山卫登陆，浙江大学被迫向杭州西南240千米的建德迁移，从此踏上了断断续续4年的艰难迁徙。翌年9月，浙江大学师生行程1000余千米，迁徙四地，安全抵达广西宜山。尽管路途艰辛，但是浙江大学师生并没有放弃教学工作，他们一旦在一地安顿下来，马上复课。为了弥补失去的时间，王淦昌还加大了授课量，并尽可能利用当时的条件，给学生开物理实验课。为了抗战的需要，王淦昌还为学生开设了"军用物理课程"。即使在宜山得到了暂时的安顿，条件也非常差。因为没有桌椅，教师站着讲课，学生也是站着听课。除了吃、住、穿的困难和疾病的威胁外，敌机还时常轰炸宜山。正像钱临照先生所言："浙江大学在抗战中的经历最为艰苦，历经浙江建德……辗转跋涉五千里……他们每到一地，就在会馆、庙宇里甚至在野地里上课，在庙宇的神台上摆出实验仪器，让学生进行实验课，遇上敌机空袭，就分散到田野或树林里躲藏,当发现敌人在逼近时,则再一次收拾书籍及仪器设备匆匆西行。"据许良英回忆:"就在我到校前三天,18架敌机向浙江大学标营校舍(全是茅草盖的)投了118颗炸弹。"从1937年11月到1941年7月至湄潭,王淦昌随浙江大学迁移六次,历时近四年。

王淦昌经常对学生说,"罗马不是一朝一夕建成的",没有长期的、不间断的努力和积累,不可能取得好的科研成果。他不仅这么说,也是这么做的。王淦昌不仅承担教学任务,而且从没有中断过研究工作,同时他还密切关注国际上研究的新情况,掌握物理学界的主要动向。对于科学家来说,没有文献是难以了解情况、开展研究工作的。浙江大学订阅了大量的国外期刊,但由于战争,不能如期抵达。在宜山,国外期刊要绕道海防,从越南进入广西,才能到达学校,往往看到杂志已时隔半年之久,而且一到就是几大包。但是每到此时,王淦昌总是如饥似渴地阅读,不管是物理还是化学期刊,他都从第一页读到最后一页,他始终怀着极大的兴趣寻找新现象。对当时国外杂志上已发表的实验论文中一些重要数据,他都一一清楚地记得,常常脱口而出。他还特别善于通过数量级来判断一个新发表的实验结果是否可靠,一种新实验的设计是否高明。对于文献上提到的一些物理实验,在条件可行的情况下,王淦昌还亲自动手进行实验验证,或者在系里就新的研究方向举办学术报告,在同事之间交流信息,并开阔学生的思路。物理学家束星北就曾经说过:"王先生熟悉文献资料,他那里想法很多,可从他那里得到启发和研究课题。"王淦昌自己也说:"在那个时期,我觉得自己比较成熟了,敢想问题,也想得很多。"

浙江大学迁到遵义、湄潭后,有了一个相对安定的环境。王淦昌开始利用这段时间考虑了许多问题,从1942年至1947年,这五年时间,王淦昌自己单独发表或与人合作发表的文章就有十四五篇。其中,在美国、英国物理刊物《物理评论》(Physical Review)和《自然》(Nature)上发表的文章有7篇,在《科学记录》上发表了3篇。而在这些研究工作中,尤以"搭桥"性的工作,为别人提出实验建议的工作成绩最为显著。在战争岁月里,要钻研前沿问题,缺乏必要的实验条件,只能做"搭桥"工作。可见,这段时期,尽管生活艰苦,王淦昌的学术思想却极为活跃。

对于中微子问题,王淦昌始终给予高度地关注。在湄潭期间,他集中阅读了几年来发表的有关中微子研究论文。上面已经提到,早在20世纪30年代,王淦昌在迈特纳的指导下就接触到β衰变、中微子等问题,他不同意玻尔等人认为β衰变违反能量守恒的论点,相信存在中微子,并且可以测量。王淦昌非常清楚,泡利的假说和费米的理论虽然都很出色,但是假若没有实验来验证中微子的存在,他们两人的工作成果还仅仅是理论预言。然而,中微子没有电荷,不参加强相互作用、电磁作用和引力作用,只参加几率极小的弱相互作用,不易直接用探

测器发现。因此,探测中微子十分困难。王淦昌注意到1939年克兰(Crane)和赫尔彭(Helpern)对过程

$$Cl^{38} \rightarrow Ar^{38} + e^+ + \nu$$

中的反冲效应的研究。1938年和1939年,美国密歇根大学(University of Michigan)的克兰和赫尔彭在回旋加速器上,用氘核轰击NaCl或$MgCl_2$,产生放射性Cl^{38},并用云室测量Cl^{38}放射出的β射线及反冲原子核的动能和能量。通过大量实验,他们只能确定在这个过程中存在第三个粒子,但并没有确凿的证据证实这种粒子就是中微子。王淦昌经过反复思考,认为他们的实验存在缺陷,如果把实验改成用K电子俘获的方法,β衰变的末态的三体就可以转变为二体,有可能探测到中微子。王淦昌写了一篇题为《关于中微子探测的一个建议》(A Suggestion on the Detection of the Neutrino),寄往美国《物理评论》。该刊于1941年10月13日收到王淦昌的论文,并在1942年第1期上发表。王淦昌建议用Be^7来完成实验,Be^7有两种K电子俘获过程:

$$Be^7 + e_K \rightarrow Li^7 + \nu$$
$$Be^7 + e_K \rightarrow (Li^7)^* + \nu$$

只要测量反应后的元素的反冲能量和动量,就很容易找到放射出的中微子的质量和能量。

按照杨振宁的说法,王淦昌给"山穷水尽疑无路"的中微子存在验证,带来了"柳暗花明又一村"的境界。他又说:"这是一篇极有创造性的文章,在确认中微子存在的物理工作中,此文一语道破了问题的关键。"几个月之后,美国堪萨斯学院的阿伦(J. Allen)根据王淦昌提出的建议进行了实验,6月阿伦就发表了他的实验报告,取得了肯定的结果。1943年美国《现代物理评论》(Review of Modern Physics)发表科诺平斯基(E. J. Konopinski)的长篇综述论文"β衰变",高度评价阿伦按王淦昌提出的利用Be^7的K俘获过程测量中微子的实验结果,文中科诺平斯基特别指出"阿伦的工作看来是最接近最后结果的。他的观测是在王淦昌及许多其他人所建议的Be^7上进行的……"

但由于阿伦实验条件不够,未测到Li^7的单能反冲,没有完全实现王淦昌的建议。之后,王淦昌仍不断思考中微子验证问题,1947年在《物理评论》上他再次提出建议,发表了《建议探测中微子的几个方法》(Proposed Methods of Detecting the Neutrino),他说:

"阿伦已经完成了这个实验并获得了肯定的结果。可是,正像一些作者评论的那样,这还不能被认为是中微子存在的决定性的证据,因为这一方法仍然可以做较大的修正。现在,我们提供一些解决问题的新方法。"

文章中,王淦昌根据近几年来新的实验结果和进展,详细地提出了探测中微

子三种不同方法,并在最后提到可以利用介子衰变探测中微子存在的可能性。

第一,王淦昌仍沿用了克兰和赫尔彭原有的实验思路,只是在放射性元素上进行了调整。上面已经提到克兰和赫尔彭实验中用 Cl^{38} 的 β 衰变,他认为 Cl^{38} 的 β 射线能量只有 5MeV,所以反弹核的能量较小,因此会影响探测效果。他说:

"如果让云室充满 C^{13} 和 N^{14} 气体,并用 100MeV 的 X 射线照射,在云室中就会产生 B^{12}。因为 B^{12} 有较大的 β 射线能量(12MeV)和相当小的质量,所以它比用 Cl^{38}(β 射线能量为 5MeV)更容易探测和测量反冲核的动量。"

考虑到 B^{12} 的寿命只有 0.022s 的时间,实验上可能会有困难,所以,王淦昌又提出用寿命为 8s 的放射性元素 N^{16}。他认为这两个放射源均会比 Cl^{38} 效果更好,会有机会观察到中微子。

第二,王淦昌考虑了 Na^{24} 在发射 β 射线之后,再放出 γ 射线和发生内部电子的转换。利用反冲核和放出的粒子的角度探测中微子。他说:

"如果发现 θ 总是 180°,这将表明在 β 衰变中绝没有中微子放出。否则,能够利用守恒定律发现中微子的能量和动量,从统计意义上检验费米理论。"

第三,王淦昌进一步扩展了他在 1942 年首次提出的 K 俘获的实验思想,提出利用像 Be^7,Ca^{41} 和 Cr^{51} 等特定物质的 K 层放射性的特点,通过 K 俘获得到反冲核。

王淦昌的工作无疑为实验物理学家探测中微子开阔了思路,提供了更多选择。正像王淦昌自己所说:这种工作是为理论工作搭桥,是推动实验工作前进的。探测中微子实验方法的建议,在王淦昌早期研究工作中是最为经典,也是最令人瞩目的成就之一。但王淦昌并未就此满足。此外,在思考中微子探测的同时,王淦昌还积极研究其他核物理学的热点问题,并积极提出更多的建议。1945 年,王淦昌在英国科学期刊 *Nature* 上发表《中子的放射性》一文,提出探测中子衰变的方法,他建议让一个强中子源放在石蜡中,用被石蜡减慢速度的中子再轰击装有液态重氢的容器,达到探测中子衰变的目的。1946 年,在 *Nature* 上,他又发表《中子与反质子》一文,就卡皮查(Kapitza)关于宇宙线谱过程中发现了反质子的报道,提出探测反质子存在的建议。

宇宙射线是一种来自地球外的高能量的粒子射线,由于宇宙射线有着巨大的能量,当它进入地球并与大气中的粒子发生碰撞之后,会生成许多新粒子。因此,宇宙射线为科学家研究粒子物理学提供了天然的实验室。为了寻找新粒子,宇宙射线成为王淦昌积极探索的课题之一。

在粒子物理学中,探测技术和手段是研究的必要条件,探测技术的精确程度直接影响着结果分析和判断。20 世纪 40 年代,探测宇宙射线的有效手段有计数器、云室和乳胶底片三种方式。在湄潭,物理系只有一台自制的小云室[①],因此,要对宇宙射线进行探测记录,几乎不可能。王淦昌参考了相关研究文献,充分了解了计数器、云室和乳胶照相三种方法各自的优势和不足之后,试图提出第四种探测宇宙射线的新方法。在1945年第1期《科学记录》上发表了王淦昌《关于适合宇宙射线粒子新实验方法的一个建议》的论文,他说:

"现在提出一种新方法,此方法将具有这些仪器所有的优势但又摒弃其不足。

假设在室温下配制一种化学制品,使它形成一块透明的胶,或者最好是一种像玻璃的固体。当一个带电粒子,如介子、质子或 α 粒子,穿过这一固体块时,由于电离发生化学反应。当一束具有合适波长的光照射它时,粒子的径迹将成为带色的或发出荧光,可以看见。这一原理与 α 射线打在乳胶底片上的反应极为相似,但它们的效果又有些不同,因为此化学块是三维的,而照相底片仅有两维。而且,它既不需要显影,也不需要定影,也不会被可见光干扰。"

尽管王淦昌提出的这一想法非常简单便于操作,但是他没有对这一问题进行更进一步的研究,而只停留在定性而非定量的阶段。即使如此,宇宙射线新实验方法的提出,也充分反映了王淦昌的思维极为活跃,敢于想问题,大胆提问题的闯劲。这同样是王淦昌试图克服在战争年代实验设备短缺的困难,进行"搭桥"工作,力争为物理学发展做出贡献。在湄潭,王淦昌对宇宙射线的研究,也为他1953年领导建立云南落雪山宇宙实验站,利用多板云雾室和磁云室研究基本粒子及其相互作用,使中国宇宙线研究进入当时国际先进行列,奠定了基础。

王淦昌早期科研工作,实际上,也为他今后的科研成就的取得做了准备。1956年,王淦昌赴苏联杜布纳联合原子核研究所工作,在他的领导下,研究组发现了反西格马负超子,成为该所重要的成果。1960年,王淦昌参与了我国原子弹、氢弹原理突破及核武器研制的试验研究和组织领导,是我国核武器研制的主要奠基人之一。

结束语

"前事不忘,后事之师"。尽管事情已经过去了近六十年,但现在回忆中国前辈科学家艰苦环境下研究工作,对目前科研工作仍具有现实的意义。王淦昌不仅是一位物理学家,进行物理学前沿的探索研究,而且他还是一位优秀的教育家,言传身教,为我国培养了大批物理人才,他们同样在科研工作中做出了突出

[①] 此云室为王淦昌自己设计,并利用废旧材料、因陋就简制作起来的。据王淦昌的学生回忆,没有橡皮膜,就找一个破球胆代替。在云室制作成功后,王淦昌非常高兴,还指导学生认识云室中的粒子径迹。关于此云室的情况,可参见胡济民、许良英等编的《王淦昌和他的科学贡献》一书,散见于各回忆文章中。

成就。王淦昌是我国早期科学工作者的突出代表,他们既有严谨的治学态度,又有极强的爱国热忱,在国家处于战争状态,自己和家人的生活,乃至生命都受到威胁的情况下,仍不敢忘忧国。他们痛感祖国科学文化落后,受人欺凌之苦,为发展我国的科学和教育事业而不辞辛苦、呕心沥血,取得了许多成果,充分表现了中国前辈科学家脚踏实地、执志若金的奋斗精神。这些成果并不是在明窗净几、设备先进、资料充足的科学实验室中获得,而是在四处漏风的破庙中、陋室里,夏天多蚊蝇,冬天少煤火的情况下完成的。许多论文都是在油灯下,在粗糙的稿纸上写成。特别是,王淦昌在困难的环境下,结合自身的特点,积极思考,大胆创新,寻找新的研究方法,在理论研究与实验工作之间"搭桥",即使用现在眼光视之,仍不失为科技工作者学习的光辉典范。笔者撰此文回忆和赞扬以王淦昌为代表的中国前辈科学家"苟利国家生死以,岂因祸福避趋之"的忘我的精神,并非崇尚艰苦、简陋的条件,而是认为目前中国科研条件与前辈科学家相比,已不可同日而语。在这样的研究条件下,年轻研究者更应寻找适合自身特点的新方法,争取有所建树,而不是盲目抱怨,为少有优秀科研成绩涌现寻找借口。

注:本文作者系中国科学院自然科学史研究所副研究员。原载《物理》2006年35卷2期。

学者王老　师者王老

顾迈南

我初次遇到著名物理学家王淦昌教授,是1979年的秋天。那天,因采访诺贝尔奖获得者丁肇中,我来到北京科学会堂。采访完毕,丁肇中会见了王淦昌,两位科学家坐在休息室里,便热烈地交谈起来。当时,我也在场。丁肇中对王淦昌在核物理学方面的贡献赞不绝口。

"反西格马负超子的发现是项了不起的重大发现,它是实验中发现的第一个荷电负超子,它的发现填补了'粒子—反粒子'表上的一项重要空白。这个发现,在科学上的意义,仅次于正电子和反质子的发现!"丁肇中笑着对王淦昌说。

谈话间,王淦昌对丁肇中在实验物理上的贡献也推崇备至。

通过这次谈话,我对王淦昌教授产生了深深的敬意。从这以后,便注意积累他的情况,为的是更好地宣传报道他。从20世纪80年代到90年代,我曾多次采访过王淦昌教授,听他的助手们讲述他那非凡的人生经历,以及他的科学成就和他参与带领年轻人研制中国"两弹"的故事。

20世纪80年代中期,我在采访了邓稼先之后,又采访了王淦昌。关于王淦昌教授在中国研制"两弹"的过程中所起的作用,原二机部部长刘杰同志讲过这样一件事。20世纪50年代末60年代初,我国"两弹"的研制工作面临困境时,一位即将撤离回国的苏联专家组的组长,对当时的刘部长说:"不要发愁,我们走了你们也能把原子弹造出来,因为你们有王淦昌、周光召……"

我采访的大量事实说明,那位苏联专家的话不是没有道理。我国"两弹"的研制工作,之所以能走在世界前列,除了毛主席、周总理、聂荣臻元帅等人的坚强领导和全国大协作外,还因为我国有一批饱经忧患、历尽沧桑,了解中国国情,又有强烈爱国心的著名科学家。他们之中,就有王淦昌教授。

有一次,在王淦昌教授的寓所里采访时,我请他谈谈20世纪40年代,他在浙江大学任教时的情景。

王淦昌教授对我详细讲述了他发现后来的诺贝尔奖得主李政道的经过。他回忆说,他在浙江大学任教时,发现有个学生十分勤奋,理解力很强。一天,他对王淦昌说:"王老师,你给我出的题目我都做完了,觉得不够味,你再给我出些题目让我做吧!"王淦昌给他出了一些题目,他总是很快就完成了。他的这位学生,就是如今蜚声国内外物理学界的物理学家李政道。

王淦昌的勤奋好学,对他的学生们也产生了很大的影响。一些年轻人作学术报告时,他总是到场,而且认真地做笔记。年轻人见了感动地说:"王老那么大学问,还来听晚辈的报告,真不愧是一代师表!"王淦昌却说:"能者为师嘛!"

王淦昌教授为我国发展核电事业奔走呼吁的许多往事,也给我留下了深刻印象。他积极倡导创建中国的核电事业,为此写报告、提方案,把一腔为国为民的热忱融入其中。

1986年3月,他和王大珩等四位科学家,联名向党中央提出了关于跟踪外国战略性高技术发展的建议。当时的国家科委主任宋健同志曾讲了这样一番话,他说:"发展高技术,是我们通向未来的桥梁。我们非常感谢四位老一代科学家,适时地提出了发展高技术的建议,他们起到了我们起不到的作用。"

党中央采纳了王淦昌等人的建议,聘请了许多科技专家进行了深入的科学论证,国务院广采博纳,做出了正确决策,"863"计划就这样诞生了。

如今,昔日采访他的许多往事,历历如在眼前。我作为一个记者,感到欣慰的是,1987年,我曾在《瞭望》周刊发表长篇通讯,报道了他非凡的经历;2006年又在《非凡的智慧人生——著名科学家采访记》一书中,撰写了题为《尽一名科学家的本分——记核物理学家王淦昌教授》一文。

作为一个记者,能有幸把这样一位不朽的科学家的杰出事迹记述下来,并留给后人,是值得欣慰的,也是我义不容辞的责任。

正是逝者已去,风范却长存,王老永远值得人们缅怀。

注:本文作者系新华社高级记者。原载《中国核工业报》2007年5月25日。

求是精神的典范

——在纪念王淦昌先生诞辰 100 周年座谈会上的讲话

倪明江

今天,我们怀着十分崇敬的心情,在这里深切纪念著名核物理学家、中国科学院院士、"两弹一星"功勋科学家、原浙江大学教授王淦昌先生诞辰 100 周年。首先,请允许我代表学校向王淦昌先生的家属表示亲切的慰问,向参加这次座谈会的各位领导、来宾和同志们表示热烈的欢迎和衷心的感谢!

王淦昌先生是享誉世界的一流核物理学家,他不仅在粒子物理、核物理方面作出了重大的发现和贡献,而且在我国独立自主发展核武器方面立下了永彪史册的功勋;他不仅是全国科技工作者的光辉典范,也是浙江大学践行"求是"精神的具体楷模。

1936 年,王淦昌先生受浙江大学校长竺可桢的盛情邀聘,担任浙江大学物理系教授,从此与浙江大学结下了不解之缘。直到 1950 年调任中国科学院近代物理研究所研究员,先生在浙江大学整整工作了 16 个年头。16 年中,他兢兢业业、呕心沥血,推进了一系列的重大科研创新,培育了一大批的优秀学子,为国家的科技、教育事业做出了杰出贡献,成为浙江大学 110 年发展历史上的一座高山仰止的丰碑。

1949 年新中国成立后,王淦昌先生成为中国高能核物理研究的创始人之一、世界激光惯性约束核聚变研究的奠基人之一,发现了世界上第一个荷电负超子——反西格马负超子。他隐姓埋名长达 17 年,参与我国原子弹、氢弹原理突破及核武器研制的试验研究和组织领导,为祖国成功爆炸原子弹和氢弹,跻身国际核大国行列,增强国防实力和国际威望作出了突出贡献。

王淦昌先生热爱祖国,乐于奉献,是一位德高望重、功勋卓著的杰出爱国主义者。1934 年,面对饱受凌辱的祖国,在德国完成学业的王淦昌决定返回祖国。他说:"我首先是中国人,我的祖国正遭受苦难,我要回到祖国为她服务。"浙江大学西迁办学期间,他开设军用物理课程,开展先进的炸药引爆试验,通过对军事技术的革新和军事知识的传授,为争取民族解放战争的胜利作出贡献。

王淦昌先生不畏艰苦,锐意创新,始终站在近代物理发展的最新前沿,是一位杰出的科技工作者。在浙江大学遵义湄潭办学时期的艰苦条件下,他于1941年撰写了《关于探测中微子的建议》一文,该文发表在国际权威刊物《物理评论》上,成为国际物理学界具有划时代意义的成果。美国物理学家艾伦就是根据王淦昌先生的建议完成了探索中微子的实验,证实了中微子的存在,成为1942年世界物理学的重要成就之一。以后,美国人莱因斯和考恩用强大的核反应堆做实验,进一步精确地获得了中微子存在的确凿证据,莱因斯因此获得诺贝尔物理学奖。可惜的是,最早提出探测方法的王淦昌先生却由于当时国内实验条件所限制,与诺贝尔奖擦肩而过。此后,先生又连续发表了多篇重要科研成果,其中有一篇成果建议用透明胶质块记录电离粒子的径迹,比鲍威尔(C. F. Powell)发明核乳胶技术还早三年。1944年,英国皇家科学院院士李约瑟博士在参观访问浙大以后,对当时浙大所取得的各项科研成果赞叹不已,称浙江大学为"东方剑桥",并将王淦昌先生的《中子的放射性》等文章带回英国,发表在 Nature 杂志上,进一步提高了中国科学家在国际科学界的学术声誉和重要影响。

先生爱生如子,诲人不倦,在人才培育方面做出了重大贡献,是一个品德崇高、受人爱戴的杰出教育工作者。他为师求真,追求卓越,带领学生始终走在国际学术界的最前沿。他平易近人,热爱学生,曾经动情地鼓励物理系的学生说:"物理是一门很美的科学,大到宇宙,小到基本粒子都是研究对象,寻求其中的规律是十分有趣的事,你们选择了一个很好的专业。"他以身作则,实事求是,善于创新,具有无穷的人格魅力。1946年,在浙大结束西迁办学复员杭州的前夕,正值先生40岁生日,物理系的师生专门为他举行了庆祝会,表达对他的尊崇和敬爱。

同志们,今天我们在这里召开纪念王淦昌先生诞辰100周年座谈会,就是要学习和弘扬他热爱祖国、献身科学、追求真理、锐意创新的求是精神;学习和弘扬他实事求是、艰苦奋斗、严谨治学、追求卓越的科学作风;学习和弘扬他胸怀坦荡、质朴谦逊、清正廉洁、乐于助人的崇高品德。我们要以王淦昌先生为典范,进一步增强使命感、紧迫感和责任感,进一步推进科技创新和理论创新,进一步提升人才培养、科学研究、服务社会的质量和水平,为创建世界一流大学不懈努力,为建设创新型国家做出新的贡献。

王淦昌先生是中国知识分子永远的荣耀,是浙江大学永远的荣耀。我们永远怀念王淦昌先生!

注:本文作者系浙江大学副校长。

王老寄语勉励南华人

凌 球

敬爱的王淦昌老师离开我们已经九年了,但他老人家的音容笑貌却始终留在我的记忆中。他不仅在科学上孜孜不倦,取得了巨大成就,而且还十分关心教育工作。我由于在九院工作过,很早就认识了王老。那时王老是九院主管科研工作的副院长,是我的领导。1983年,我调到原衡阳中南工学院(南华大学的前身)工作后,每次去北京开会或是出差都要去拜见王老,向他汇报学校的工作和我个人的一些情况。王老每次都十分热情地接待我,并一如既往地给予我许多指点和鼓励。正因为这样,我鼓起勇气,代表学校邀请他老人家来视察我们的学校,没想到王老欣然应允。

寄语学校:开拓进取 培育英才

1994年11月的一天,我正在杭州出差,突然接到学校的电话说,王老近日要来我们学校视察。听到这一激动人心的消息,我立即赶回了湖南衡阳。

王老终于来到了我们的校园。此时的王老已87岁高龄了,他的到来,给我们全校师生以巨大的鼓舞。

那个时期,核工业的高等教育因大形势的变化而受到了很大的影响,很多学校的核专业或削弱或取消。在学校,王老听了校领导的工作汇报,不顾疲劳地参观了学校的教学场所及实验室后,热情地鼓励我们说:"大家一定不要气馁,核工业是国防事业的基础,国防力量的强大离不开核科技的发展。你们作为一所有悠久办学历史的学校,要继续发展好核学科,多培养优秀人才,多为国防事业作贡献……"之后,他挥毫泼墨,欣然题写"开拓进取为核事业培育英才"几个大字,以此激励我们办好核学科教育。

在王老的指导下,我校核专业不仅没有削弱,而且得到了很好的发展。原技术物理系力量不断充实,于2000年在全国率先成立了核科学与技术学院。这些成绩的取得与王老对我们的勉励息息相关。

鼓励教师：敢为人先　大胆创新

我在九院工作的时候，跟随王老做过一些科研工作，他经常鼓励我们要敢于向权威挑战，在科研的道路上勇于攀登。后来，我担任行政领导后，他告诫我一定不要放弃科研工作。在他的影响和指导下，我始终致力于核科学技术的研究和教学工作，也取得了一些成绩。

在学校，王老重点视察了氡实验室。当氡实验室的工作人员向他介绍驻极体测氡法（这项技术曾获国家发明三等奖）时，王老仔细倾听，不时询问，并对此项技术给予了充分肯定。他说："你们用最简单的方法，解决了最复杂的问题。"王老还对在场的科研人员说："做科研就要有这种敢为人先的精神，这样才能做出更大的成就。"

教育学生：皮之不存　毛将焉附

在我校视察期间，王老还与学生代表进行了座谈。同学们对王老有着无限敬仰之情，都为能见到一代科学宗师感到荣耀，但同时又非常激动和紧张，因而显得十分拘谨。王老见状后微笑着对同学们说："同学们，我们是同一战线的人……"王老师平易近人、和蔼可亲的话语，一下子消除了同学们的陌生感。

王老生动地讲述了他几十年科研生涯历程，以及在艰苦的环境下搞科学研究的故事……回忆往事，王老无限感慨，他殷殷嘱托同学们："一定要热爱祖国，多为祖国作贡献，要刻苦学习，奋发成才……"最后，王老语重心长地说："皮之不存，毛将焉附！"是啊，如果没有强大的祖国作后盾，我们每个人就会像无根的浮萍一般，哪来扬眉吐气，个人的成功与荣耀又从何谈起？他的一生，始终把祖国和人民利益放在首位，因而成就了事业的辉煌。

在王老辞世后的第二年，即1999年，学校为表达对王老的敬仰与热爱，在获得相关部门同意后，在校园内立起了一座王老的铜像，供后人永久瞻仰和学习。如今，每每看到王老的铜像，我就会想起他老人家的谆谆教导。他虽然离我们远去了，但他永远活在我们南华大学师生们的心中。

（凌球口述　贺才琼执笔）

注：本文作者系南华大学原校长。原载《中国核工业报》2007年5月30日。

回忆王淦昌先生

唐孝威

我最初认识王淦昌先生,是 1952 年我大学毕业到中国科学院近代物理研究所工作的时候。那时王老渊博的学识和平易近人的作风,给我留下很深刻的印象。以后我和王老同在杜布纳联合原子核研究所和二机部(核工业部)第九研究院工作。他不仅在学术上是我的老师,而且他的高尚品德也是我学习的榜样。

1956 年,我被派到杜布纳联合原子核研究所工作。当时王老是联合所中国组组长,后来任联合所副所长。我一到那里,他就考虑要根据国内工作的长远需要来安排我的工作。他对我说,高能物理实验有径迹室和电子学计数器两类实验,我们国内在径迹室方面已有些基础(例如云室、乳胶),但缺少电子学计数器实验的经验。王老考虑到我国将来需要电子学计数器的实验人才,就要我在联合所参加这方面的实验研究。他把我介绍到柯沙达也夫教授的实验组里工作。他虽然不直接指导我的工作,但在业务上常常给予指点。我清楚地记得,刚到联合所时,王老为了帮助我熟悉工作,在宿舍里给我出了一道题目,让我计算:用一定能量的高能质子轰击靶核时,质心系中的有效能量是多少。通过计算这道题目,使我更熟悉了高能反应的洛伦兹变换。

1994 年 6 月 22 日王淦昌(中)与唐孝威院士(左)在北京怀柔

为了发展祖国的科学事业,王老对在杜布纳联合原子核研究所工作的中国年轻科技人员都很关心,并经常鼓励我们要努力工作,为国争光。他对自己要求也非常严格。一次假日,他和我一起到莫斯科看了一场戏。他就对我说,我们要抓紧时间工作,不能再玩了。

在 20 世纪 60 年代初,我国处于经济困难时期,苏联从我国重点建设的项目撤走专家。那时王老从杜布纳联合所回国,到二机部九院工作,他满腔热情地投入国防科研事业。为了研制两弹(原子弹和氢弹),他不顾当时年岁已大,又患高血压,毅然带头离开北京离开家,到生活艰苦的青海研制基地去工作。

青海基地地处高寒地区,冬天很冷,气压低,水煮不开、馒头蒸不熟,年轻力壮的小伙子在那里走快了都要喘,当时已年近六旬的王老,在这样困难的生活条件下却充满朝气、精神抖擞地深入车间、实验室及实验场地去了解情况、指导工作,兴致勃勃地和同志们讨论问题。那时工作常常延续到深夜,他也坚持留在现场,同志们劝他回去休息,他仍不离开。

在基地,在工作处于关键的时候、在关键的地方,李觉同志、吴际霖同志、朱光亚同志和王淦昌先生等,总是身先士卒、亲自指挥;在有危险的情况下,他们不但坚持在现场,而且总是最后撤离现场。由于他们以身作则、精心组织、严格把关,在基地同志中培养了认真细致、一丝不苟的好作风,保证了许多重要实验一次就获得成功,为我国国防事业作出了重要贡献。

"四清运动"时,因为极"左"思潮的冲击,基地领导同志的小食堂和勤杂服务员都被取消了。王老单身在基地生活,也要和年轻人一样,在大食堂排队买饭。他和其他领导同志因为工作繁忙,常常是排在队伍的最后。他的衣服须自己在冰冷刺骨的水中清洗,有时棉衣破了,露出棉花,他不会补,也照样穿在身上。他对生活上的这些艰苦,似乎全然不知,从未听见他有什么怨言,仍是精神抖擞、谈笑风生。

十年浩劫时期,九院遭到极其严重的破坏,许多领导干部、技术人员、工人受到残酷迫害和摧残。王老也未能幸免,受到"批斗"。周恩来总理亲自着手解决九院问题后,他又振作精神,投入工作。在同志们对这场"运动"的怨愤尚未平复时,他已在各所奔走,劝告大家:运动已经过去,不公正的处理也平反了,现在要集中精力去考虑工作。虽然在当时,正常工作是不可能的,但王老这种以人民利益为重的高尚精神和思想境界,在我心中留下了深深的印象。

王老在九院时是一位党外专家,但熟悉他的人却很多。许多技术人员、车间工人、行政人员、警卫员,提起他来都很亲切。因为他平易近人、待人宽厚,和他交谈从不感到拘束。他也很关心别人,警卫员要回家探亲,他就了解他们家中有什么困难,给予帮助。基地生活困难,他对身体不好的同志很关心,并把家里带来的一点食品转送给他们……九院搞"运动"时,在一片恐怖的气氛中,小组会上还有同志说"王院长最老实，待人好"。

后来王老回到北京，担任核工业部原子能研究所所长，我们在北京常常见面。虽然王老年事已高，但他仍和过去一样，对工作十分认真，对科学事业十分关注。我们每次见面时，王老总是兴致勃勃地向我谈他当时领导进行的惯性约束研究和激光研究，并常邀我到他们的实验室去看看。他孜孜不倦的治学精神，使我十分钦佩。

王老很关心我的研究工作，对国外科学技术的新发展也很注意。从20世纪80年代中期起，我在物理学和生物学及医学的交叉研究方面做了一些尝试，得到王老的鼓励。我常到他家去看望他，每次他总要问起我在做哪些生物学及医学方面的工作。他曾风趣地把DNA当成一个英文字来读（发音如"特那"），并问我"特那"究竟是什么。他说，"特那"非常重要。

20世纪90年代初，中国科学院基础局组织攀登计划项目，提出要研究核医学和放射医学的基础问题，得到王老的支持。当时这个项目的建议书就是由王淦昌先生和王世真先生署名的。经各方面专家的多次论证和评审后，国家科委在1994年批准把"核医学和放射治疗中先进技术的基础研究"项目列入国家攀登计划。

王老和生物学也有缘。早在1945年，王老在一篇文章中就曾考虑过生物学方面的问题。那篇文章的题目是《对宇宙线粒子的一个新的实验方法的建议》，是用英文写的。文章主要讨论探测宇宙线粒子的问题，但也讨论了细胞和细胞核。王老在文章的最后一段中说："某些活组织可能也可以用作合适的射线显示器。因为已经知道，蛋白质、酶和染色体都会受到α粒子和X射线的影响。有兴趣注意到，某些组织的细胞核的横截面积近似地和核乳胶中的溴化银（AgBr）颗粒差不多大，而且在组织中相邻的细胞中的细胞核之间的距离，也和核乳胶中相邻的溴化银颗粒的间距差不多大。所以如果粒子对细胞的电离效应和对溴化银颗粒的电离效应是一样大的，就有理由预期，在经过适当的处理以后，生物物质可以用作这些粒子的可视化的显示器。"

20世纪90年代初，有一次我到王老家看望他，王老告诉我，他正在翻译一本生物学方面的小册子。书名是《生命：起源和本质》作者是英国生物学家F. Crick。王老说，他读了这本书，感到很有兴趣，因为书中的讨论涉及一系列有趣的科学知识和问题，诸如宇宙学、天文学、生物学、细胞学、化学、物理学、统计学等领域，甚至涉及工程设计等问题。所以王老在去信征得Crick教授本人的同意后，想把它翻译成中文出版。王老告诉我，Crick在这本书里讨论了生命的性质，特别是生命起源的问题：生命是在地球上开始的，还是在宇宙中不属于太阳系的某个星球上开始的？如果是后者，那么生命的种子是何时以及如何从那个星球上被送到地球上来的？在翻译这本书时，王老花了不少工夫，非常认真，还让我对译稿全文作了审评修改。这本书的中译本是在1993年由科学普及出版社出版的。

不久之后，王老又给我看了F. Crick写的另一本生物学方面的书，书名是《狂热的追求——科学发现之我见》。他问我有没有兴趣把它翻译出来。我觉得这是一本好书，因为通过这本书可以看到Crick对科学真理的执著追求和科研方法上的独到见解，特别是Crick从他自身的成功和失败中总结出的一些宝贵经验，对我国科学工作者很有启发。我和王老商量后，征得Crick教授本人的同意，又找了一位做生物学研究的年轻人，一起把这本书译成中文出版。

在王老百年诞辰之际，以往的一幕幕仍记忆犹新。他对科学真理的执著追求精神以及崇高的为人和科学品格，永远是我学习的榜样。

注：本文作者系中国科学院院士，浙江大学理学院教授。原载《现代物理知识》2007年第19卷第3期。

为了那一声巨响,你十七年隐姓埋名
——给王淦昌

郭日方

从一九六一年春天
王淦昌这个名字　突然从地球上消失了
那位曾经第一个发现反超子的
著名物理学家　为什么一夜之间
销声匿迹了呢　莫非他身染沉疴
或者身陷囹圄　遭遇不幸
猜测　叹息　种种流言蜚语
从地球的每一个角落吹来　在国内外
科学界　刮起了一场十二级台风
十七年的悄无声息
十七年的无影无踪
只有祁连山的白雪知道
只有戈壁滩的黄沙看见
有一位年近花甲的老人
此刻　正手执一根木棒
躬身在黄土高原　那简陋的工棚
徐徐搅拌着核试验的炸药
中国的第一颗原子弹　将从
他的搅拌声中　轰轰烈烈地诞生
四千米的高山　风雪呼啸
八千里的大漠　热浪蒸腾
冰与火的洗礼　锤炼着
攀登者的筋骨
渴与饿的煎熬　考验着

科学家的忠诚

王淦昌的身影

是飘扬的旗帜

王淦昌的笑容

是无声的命令

那小小的工棚

犹如冰山上的雪莲

绽放着王淦昌的理想

那摇曳的油灯

如同暗夜的晨星

燃烧着王淦昌的激情

什么名誉　地位

什么待遇　奖金

统统都被风沙冰雪掩埋

在王淦昌的心中

那小小的原子核里有喜马拉雅山的巍峨

和黄河长江的光荣

他说　祖国的强盛高于一切

我们的中国科学家

要用自己的双手　向全世界证明

中国人不笨　中国人完全有能力

有智慧揭穿原子弹的秘密　最终

将天崩地裂的巨响　抛向天空

啊　一九六四年十月十六日

当午后的骄阳　瞪大眼睛

注视着浩瀚的荒漠　突然

在万里晴空升起一朵

巨大的蘑菇烟云

中国的原子弹爆炸成功了

中国人的梦想实现了

欢呼的声浪　乘着狂风的翅膀

飞遍了五湖四海

有多少手舞足蹈的工程技术人员

此刻　被泪水模糊了眼睛

王淦昌的热泪　从面颊上流淌下来
从帕米尔高原　飘落下来
打湿了沙丘
打湿了整个中国啊
面对无数笑脸和祝福
他竟激动得只有一句话
真高兴　真令人高兴
随即　他又继续隐姓埋名
踏上氢弹研制的征程

啊　一次次的爆炸成功
一次次的天摇地动
当中国巨龙　从沉沉暗夜
冲破五千年混沌　劈波斩浪
一跃而起　我们炎黄子孙
笑看红霞满天　旭日东升
有谁不浮想联翩　心潮汹涌
但是　我们不会忘记　王淦昌
和许多曾经　隐姓埋名的科学家
为了这一天的到来　他们无怨无悔地
献出了自己的一生

注：本诗作者系中国科学院文联主席。原载《民主与科学》2006年4期。

品节卓异　峙于中天

——略述王淦昌先生的谦虚品德与创新思想

常甲辰

知道王淦昌院士的名字,是在南开大学物理系读书的时候。参加工作到了原子能院以后,又在一些学术报告会上见到过王老,对他谦虚好学、平易近人的作风留下了很深的印象。但真正与王老的交往,是在1995年撰写王老的传记以后。虽然王老已经永远地离开了我们,但他的崇高精神和突出科学贡献,如日月经天、江河行地,长留人间。

1996年,原子能出版社组织出版全面反映王老科学成就和生活工作经历的传记。当时,出版社和几位作者都想给传记起一个比较响亮的书名,但都被王老否决了。他说,我是研究核物理的,别的我也不大懂,书名就用《核物理学家王淦昌》吧。他甚至不同意称自己是物理学家。对于自己在清华大学的求学经历,王老说,清华大学淘汰率很高,我是物理系第一届毕业生,不容易了。对于获得德国柏林大学博士的学位论文,王老则认为"测定 β 谱上限的工作属于'锦上添花',但是实在缺乏较大的创新性"。王老的谦虚品德由此可见一斑。至于人们赞誉他是"科学泰斗"、"一代宗师"、"中国原子弹之父",他坚决申明:"不能这样说,这样说完全不对!"现在,我们常常看到报刊上介绍某某人"以优异的成绩毕业于某某大学",真是令人为之汗颜。因为一则成绩是否优异,要由学籍档案证明,成绩优异是很难达到的;二则只要声明大学毕业,就完全可以说明一个人具备的基本学识。

当然,王老绝不是过分地谦虚。对于提出验证中微子存在的实验方案,提出激光打靶出中子的设想,他也申明是自己独立思考所得。

王淦昌在科学研究中取得的突出成就,源于他对物理学前沿问题的深刻洞察和准确把握,源于他汩汩不尽的创新思想。20世纪40年代,在贵州遵义缺少实验条件的情况下,他独辟蹊径,在中微子问题理论与实验之间搭起了一座桥梁。他的《关于探测中微子的一个建议》首开二体反冲实验物理的先河,日后一些物理学家,包括1996年诺贝尔物理奖获得者莱因斯等人的实验,实际上都是这一学术思想的具体实践。1964年,他在了解到激光具有强度大,方向性、单色性和相干性好的特点后,就敏锐地意识到,如果把激光与核物理两者结合起来,应该可以发现新的有趣的现象。他对这个问题进行了深入思考,撰写出《利用大功率激射器产生中子的建议》,在交叉学科领域开辟出新的科学研究天地。1959年,他在苏联杜布纳联合原子核研究所,根据高能加速器的能量优势和探测手段方面存在的问题,指导设计了更为现实的丙烷气泡室探测器,在世界上首先发现了反西格马负超子。这一重大科学发现,体现了一种清晰的物理思想:从事科学研究,要综合考虑技术手段的先进性、成熟性和取得成果的快速性。先进性要建立在成熟性的基础上,先进性是相对的,要以尽快取得研究成果为目的。我们从中可以领略到王老丰富的物理思想和卓越的科学胆略。

今天,为了贯彻落实党中央提出的建设创新型国家的重大战略决策,王淦昌关于利用从国外买来的先进实验设备的一段话有很强的指导意义:"一定要在进行科学实验时把自己独创的科学思想融进去,并通过对设备的二次开发,使对设备的利用从'自发'阶段走向'自在'阶段。只有这样,才能做出有独创性的优秀成果。"

在王淦昌院士诞辰一百周年到来之际,写下上述文字,作为纪念。

注:本文作者系中国核工业建设集团公司党群工作部副主任。原载《中国核工业报》2007年5月25日。

精神　财富　动力

崔建华

王淦昌先生百年诞辰之日,恰逢我校更名五周年之时。在隆重纪念王老百年诞辰的同时,回顾学校更名五年来走过的历程,总结业已取得的成绩,制定新的奋斗目标,力争再上新台阶,这对于我们学校来说,显然有着十分重要的意义。

抓住更名契机,明确办学目标

早在20世纪80年代,出于王老的思乡情结,我们学校已经同王老结下了不解之缘。学校更名的初衷是为了纪念这位为中国科学事业发展作出杰出贡献的科学巨匠,弘扬王老"献身科学,报效祖国"的精神,激励全校师生以王老为楷模,奋发努力,为国出力。而更名时的场景,则超出了许多人的意料:九三学社中央委员会发来了热情洋溢的贺电,远在大洋彼岸的李政道博士在发来贺信的同时,还亲笔为学校书写校牌;时任江苏省委常委、苏州市委书记王珉同志和苏州市人大常委会主任周福元同志都为学校题词。2002年5月28日更名那天,国家高技术准分子研究专题组的科学家们从祖国的四面八方来到了学校,王老的五位子女也在故乡的学校相聚,省市各级领导也来到了学校,常熟市委杨升华书记在会上发表了重要讲话,所有这一切都给全校师生以极大的鼓舞。尤其是那天下午中国核学会理事长王乃彦院士和范滇元院士所作的王淦昌事迹报告,更给全校师生极大的震撼,作为王淦昌中学一员所应有的那种荣誉感、责任感和使命感开始在每个人心中滋长。

学校以此为契机,以此为新起点,把"依托名人,创办名校"作为更名后的办学目标,尽管实现这一目标,不可能一蹴而就,但只要咬定目标不放松,持之以恒为之奋斗,就一定能成功。更名五年来,经过全校师生的共同努力,我们学校无论在精神面貌,还是在教育教学质量方面,都有了长足的进步。

构建特色校园文化,创建和谐校园

如何把学校更名时凝聚起来的集体荣誉感、责任感和使命感进一步强化,使

2007年5月崔建华校长在王淦昌院士百年诞辰纪念会上发言

之成为全校师生奋发努力的强大动力,五年来,一直是学校党支部、校行政着重关注与着手解决的主要课题,在这方面我们也作了不少尝试,并取得了较好的成效。

首先,学校以橱窗、黑板报、校内电视广播以及宣传牌为阵地,宣传王老的业绩和献身科学、报效祖国的精神,在全校师生了解王老的基础上,鼓励师生写心得,谈体会,逐步把学习活动推向深入。其次,学校以各种活动为载体,把学习王老精神和德育教育渗透其中。每届新生入学第一课便是参观王淦昌事迹展览室;新团员入团宣誓,在王老铜像前举行;清明节由每班推派代表为王老夫妇扫墓;学校还要求在主题班会、创建优秀班集体,甚至在文艺会演等各项活动的过程中,同学习王老精神有机结合起来;此外,按照环境育人的新理念,在校园环境布置中,着重突出王老形象。如今,当学生一踏进校门便可瞻仰王老铜像,一览橱窗便可见到王老事迹与名人题词,一跨进教室,就可以看到贴在黑板上方的王老生前最推崇的题词:"业精于勤,勤能补拙"。我们这样做的目的,是要全校每个人时时刻刻都感受到王老就在我们身边,牢牢记住我们每个人都应该担负起的历史使命。

"润物细无声",在这样的氛围中学习、工作、生活,在潜移默化中,都会受到不同程度的影响。有位毕业生这样说道:在这里读书,自己与伟大的物理学家如此接近,耳濡目染他老人家的事迹,心灵被震撼着,思想也得到升华,感悟出许多做人做学问的道理……

引进激励机制,促进良性竞争

我们学校是一所江苏省三星级重点中学,随着改革的不断深入,我们在实践中逐步完善学校管理体系,制定了一整套适合学校实情,促进学校发展的管理制度,同时,本着以德育教育为先导,以经济激励为杠杆,以管理制度为保证,以调动师生积极性为目的的精神,在推进校园内部改革的进程中,逐步引入激励机制,按照能者多劳,优质多酬的原则,对教师、职工分别制定了相应的激励制度,充分发挥教职员工的主观能动性,增强了学校的凝聚力,为学校可持续发展奠定了坚实的基础。

对于学生,我们学校拥有一份以王老姓氏命名的奖学金,这份由王老子女按父亲遗嘱而捐赠的奖学金,再加上常熟市人民政府和支塘镇多名具有远见的企业家为其扩资的王淦昌奖学金,已经远远地超出了其经济本身,它饱含着王淦昌先生对故乡学校的厚爱,饱含着王老对故乡学子所寄予的厚望;也饱含着地方政府和社会各界对王淦昌先生的敬仰,或许还饱含着他们对新一代的期盼,期盼在培育王老这位科学巨匠的热土上,走出更多的为祖国作贡献的英才!

王老的精神和这份含"金"量极高的王淦昌奖学金,对师生的影响力是极为巨大的,有位同学在获得王淦昌奖学金后动情地说:是王老精神鼓舞着我奋发努力,让我获得了这份奖励,当我捧着这份奖金时,更觉得它沉甸甸的分量,觉得在我身上多了一分责任,它将永远陪伴着我去深造、去工作、去为王老争光,为祖国出力……

注重课题研究,探索教育新路

半个多世纪的办学历程,已经为我们学校积淀了较为丰厚的文化底蕴,王淦昌先生献身科学,报效祖国的精神,他所作出的举世瞩目的成就,他高尚的人格魅力和道德风范,他通过书信题词和亲临学校所显现出来的对故乡学校的关爱与厚望,更使这种文化底蕴更为丰富,更为凝重。王淦昌先生为全校师生树立了光辉的典范,他的精神是学校不可多得的宝贵的精神财富。

如何以王老为榜样,弘扬王老精神,学校更名五年来,我们始终把他作为学校工作着重思考和着手解决的主课题,并取得了很好的成效。在学校班子队伍建设中,学校充分发挥党支部的核心作用和党员干部的模范带头作用,推行"以党风建设推动校风建设",在师资队伍建设中,学校在弘扬王老乐于奉献和爱岗敬业的同时,提倡"以情感管理深化行为管理",而且,学校把它纳入江苏省规划办"十五"重点教学研究课题,目前,这一课题已经顺利结题。从2005年开始,学校又把"弘扬王淦昌精神,强势推进学校思想道德建设"作为新的研究课题。事实上,学校以各种活动为载体。已经为这一课题的研究做了大量铺垫,例如,在创建优秀班集体活动中,在主题班会上以及在团队活动的时候,学校着重把这些活动与王老精神联系起来,给学生以很深刻的教育。有个班级,发动全班同学折千纸鹤,清明节把它献到王老墓地。王淦昌先生的精神已经在全校师生的心中烙下了深深的印记。

随着教育研究的逐步深入,我们学校所拥有的独特的校本资源将发挥越来越大的作用,教育改革之路将越走越宽。

学习王老,以"勤"为训,争创一流名校

王淦昌精神的内涵是十分丰富的。在治学方面,他尤其推崇"勤"字,他说:"一个人事业的成功,一是要勤奋,二是要机遇,三是要聪明。勤奋最重要。"最近,我们收到王老女儿王韫明教授寄来的字幅:"业精于勤,勤能补拙"。旁边的小字写道:"先父遗训,愿与王淦昌中学全校师生共勉之"。王老把"勤"字当做传家宝,影响了后辈,作为王老故乡的学校,理当遵循。因此,学校在更名之初,确立"依托名人,创办名校"的办学目标后,修改了校风、学风、教风,把"勤"作为校训。

以"勤"为训,我们绝不仅限于劝勉学生以勤为径,在通往科学的崎岖的山路上勇于攀登。在学校领导班子建设上,要求每个成员要勤于学,敏于思,勇于闯,深入基础第一线,率先垂范作老师学生的榜样。学校中层以上的干部,绝大部分同志职务提升了,课务加重了,从而确保一线师资队伍的质量。在教师队伍建设上,我们要求老师爱岗敬业勤耕耘,为人师表做榜样。

天道酬勤,经过几年的努力,学校声誉日趋扩大,师生精神面貌焕然一新,一支强有力以学科带头人、教学能手为骨干的师资队伍已逐步壮大,副校长陈卫东同志被评为全国模范教师,学校在加强班子建设的同时,已有三位同志被市教育局抽调到兄弟学校担任校长职务。五年来,学校教育质量不断攀升,无论是初中还是高中,都已经跻身于同类学校的前列。学校工作得到了社会的认可和好评,也得到了上级领导的肯定,学校先后被评为江苏省绿色学校、苏州市德育先进示范学校、连续多年被常熟市人民政府评为"文明单位"。

当然,我们清醒地认识到,无论是好评还是荣誉,都离不开领导和社会各界的关心支持,更离不开王老精神给学校带来的巨大的影响;同时,我们也清楚地知道,我们所做的一切,离王老对故乡学校的期盼还相去甚远。好在我们拥有王老赐予我们的宝贵的精神财富,我们将竭尽全力,以这不可多得的精神财富为动力,沿着这位科学大师的足迹,奋力前行!

注:本文作者系王淦昌中学校长。

回忆王公点滴

葛墨林

2007 年是王淦昌先生诞辰 100 周年,全国举办了许多活动。2007 年 5 月 27 日上午,杨国桢、赵世荣等同志和我陪杨振宁先生参观中科院国家图书馆的图片展览。这是中科院数理学部与中科院国家图书馆合办的一个小型图片展,概略而重点地记录了王公的主要活动。当天是星期日,在图书馆报告厅,北京市部分中学生正在听有关王公贡献的科普报告。杨振宁先生也即席讲了话。他曾写过文章,专门介绍王公的有关基本粒子研究的杰出贡献,他对王公的尊重,也感染了我们。回想起我与王公的关系,自然比不得从事核事业的先生们与王公那么密切,而王公在专业上的贡献也只有王乃彦、贺贤土等先生们的讲述。我只是想起往事一幕幕,毕生感激他对我的恩情。

1997 年 1 月 27 日王淦昌与杨振宁(左)、葛墨林(右)合影

我认识王公是在 1972 年,那时我跟随我的老师段一士先生为军委炮兵作些军工研究,遂有机会到北京出差,并得以在空余时间继续做理论物理研究。记得 1972 年我们住在当时的西苑大旅社,住了一个多月。有一天在饭厅用餐时,遇见了王公,他是参加二机部会议的。段先生在杜布纳时是王公属下,相见叙谈,并介绍我给王公。那时我觉得能巧遇这么大的人物非常高兴。因为王公有事,没

有多说，段先生只是简要说了我们工作的大体内容。其后，以为王公已经离开了会议，他很忙，只是偶遇而已。大约一周后，那时是盛夏，住的房间不但无空调，也没有风扇，段先生和我正穿短裤、背心在午休，这时有人敲门。我以为是服务员有事，去开门，谁知一看竟是王公来了。他一直是我崇拜的大物理学家。谁知第一次见面竟会如此狼狈，我们慌忙穿衣，他很和蔼地说，没关系，我在家里也穿背心。他仔细地询问了我们所做的军工科研，非常鼓励，说从原理到成品可不是件容易事，还和段先生谈了些基本粒子研究的事，又问了我读些什么书。自此，每次来北京，只要王公在，段先生总是带我去塔院看望王公，慢慢熟悉起来，谈话也多了，我也不太拘谨。记得1970年我在打扫系资料室时，地上掉了一本物理评论快报，一翻当中有温伯格的文章觉得很有意思，就在晚上仔细读了。以后，见了王公，谈及这篇文章，他很感兴趣，说起了中微子，我很吃惊他极有见解。其后才知道早在20世纪40年代王公就发表了有关中微子的重要文章。王公对人、对事十分认真。他要搬家，都会设法事先通知我们新地址。后来我才知道在"文革"中，他是有压力的。特别是周总理逝世后，他曾送花圈，张春桥找他谈话时，他说我还要去绵阳工作，得上飞机了，就离开了。这种高风亮节的风尚更是让我崇敬不已。

　　大约是1984年，我去他的住处看望王公。他提起宇宙射线试验，并当场让我看了一篇文章，问我的看法。正在谈论时，从里间走出一位学者，我一看竟然是我北京十三中的老同学李铁生。原来他是王公的女婿，王公小女儿王遵明的丈夫。我大喜过望，遂与他谈起来。王公开玩笑地说，铁生不像你研究物理，他尽研究些小虫子。铁生和遵明是南开大学生物系毕业生，作动物学研究，很有成绩。铁生是现在我国研究马蜂的第一人。自此我与王公的关系又近了一层。那时我在兰州大学，每次来京，都要看望王公。记得有一次，王公问我，现在全国有多少学物理的？我当时说至少有一百所大学有物理系，以每校最保守100个人计，也有过万人了。他说，哪里要这么多学物理的，我看有三十个人学得好一点就可以了，多数人毕业了要去做别的事情。最让我感动的事，是在1985年，我去看望王公，汪容先生当时也在王公家中，大家谈起中国博士生的培养问题。我说我没资格谈这个事，王公觉得奇怪。汪容先生说，葛墨林还不是博士生导师，那时博导资格要由国家的学科组评议。王公立刻说，那我推荐你，另一位你找杨振宁。等我回到兰州一段时间，果然收到了王公推荐信的复印件。在两位先生和吴式枢等先生的支持下，我于1986年正式获博导资格。这期间以我的印象，王公对托克马克装置情有独钟，他常说作小一点装置，花钱不多，又训练人才，将来还有用。

　　有一件事，是王公比较遗憾的，是他始终没去成祖国的宝岛台湾。记得那时有一个代表团去台北，并参加吴大猷先生寿辰，但最终不知什么原因，王公未能成行。其后我去台北，拜望吴大猷先生时，他还提到此事，说没见到王淦昌这位老朋友，太遗憾了。每当与王公谈及此事，他很怅然。

王公是个重朋友感情的人。他提起束星北，觉得十分可惜。他还专门给了我一本束星北的遗稿著作，为了郑重，铁生还特意在内页盖上了王公的章。众所周知，王公与李政道先生关系很好，同时与杨振宁先生关系也很好。记得1997年元月，杨振宁先生回国，我去机场接他，他说这次我一定要拜访王先生。元月27日晚，我陪杨先生去王公家。他们谈话甚欢，从物理谈到王公生活，到以前中国物理界的先辈们。那时李铁生摄影，拍得许多珍贵照片。谁知过了几个月王夫人病逝，又竟听到王公患胃癌的消息。大约是9月份，铁生和我去北京医院探望他。他正在病床上与丁大钊先生商谈工作。王公见我，说我胖了。当时，我心中非常酸楚，但只好强颜为王公宽心。他在病中还在关心当时我申报院士的事。我至今一直遗憾的是没有完成王公的南开之行。我曾向王公提出，请他访问南开大学，给学生们作一次报告。他同意去，但提出讲什么？是不是和你们不对口？有没有实效？这件事一直拖了下去，因为王公身体一直很好，以为不着急。谁知道其后发生了一系列事情，每想起来，我心中十分后悔没有抓紧时机。

像王公这样著名的大物理学家，他对国家、对民族做出了重大贡献。他又是一位忠厚长者，对像我这样一个不知名的晚辈，他如此关心，尽力帮助。可想而知，他对他的学生、下属、朋友又该如何友善而倾力相助了。限于篇幅我不可能举更多的事例，核界先生们会列出更生动的事例。王公是我们民族的脊梁，他用他的学识、才能和他独有的人格魅力，竭尽全力为祖国的强盛奋斗。他是大师，提拔后进，又是我们晚辈忘年的朋友。不但我们这辈人，还要让我们的学生、学生的学生记住他。王公，我们怀念你。

注：本文作者系中国科学院院士，南开大学数学研究所研究员。

我所认识的王老

谢家麟

王老离开我们转眼已是十年了。他的音容笑貌一直留在我的心中。

我与王老初识是在 1955 年，我由美回国之初。那时他任中科院近代物理所副所长，主持日常工作。我在美滞留八年之后，回到北京，他了解我在美从事的科研工作和回国后的愿望。我把自己在美的工作作了报告之后，他遇到我总是提出问题，对我所从事的加速器工作感到很大的兴趣。

50 年来，我们每年总要见到几次，从我感受到的他对祖国的奉献、学术上的成就和对人的坦诚，他成为我最为钦佩的一位老一辈的科学家了。

他的为人，虽然身居高位，而心如赤子，热心坦诚，平易近人，对于比他年轻的科技工作者，一方面热心指导、帮助，一方面也提出严格的要求。大家都尊称他王老师，这确切地说明了他在待人接物上，确有良师益友的风范。

他在学术上的成就是众所周知的。我突出的印象，就是他治学领域的广泛和深入，包括了基础与应用，国防与民生。在抗战的艰苦岁月里，他在 1941 年于遵义浙江大学任教时，提出了著名的验证中微子存在的实验方案，在国际物理学界引起了重视，也显示了他在极端困难的物质条件下，能潜心学问的本质。

在王老逝世的前些天，我到医院去看望他，他要我坐在他的床头，把自己一生主要的科研工作，作了简单的剖析，哪件是他最为得意的，从这件事可看出一代学人在他最后的时刻，仍然是严格评价自己的学术成就的，使我深感他的"文章千古事，得失寸心知"的心态。

说到学术成就，我实在觉得他在深度和广度上都是非常突出的，这也是众所周知的。他在基本粒子物理，宇宙线物理，激光聚变物理，高功率脉冲模拟技术以及核物理在国防及各方面的应用等等，可以说对任何新兴事物，他都有强烈的兴趣。在他八十岁生日时，科学界在北京科学会堂举行了学术报告会，以兹庆祝。会议主持者给我安排了一个在会上报告当时兴起不久的自由电子激光，这是王老关心的新兴的科研领域，我也是愿意借此宣传，引起在座科学家的注意，以便在我国推广研制。

王老虽然由于他多方面的成就和贡献，处于学术界尊崇的地位，但他自己却是谦虚和蔼,平易近人,生活上也是勤俭朴素,安于一般。由于他的重大贡献,国家对他在生活上有所照顾,但他总是将收入捐给社会。20世纪50年代末期,他在苏联杜布纳核子研究所任副所长,薪金较高,但他也都捐献给我国政府,而自奉绵薄。

  王老虽然离我们逝去了,但他的爱国情操,治学精神,待人风范,淡泊情怀,却永远是我们缅怀学习的榜样。

  注:本文作者系中国科学院院士,中国科学院高能物理研究所研究员。

我的外公

李末言

  雨刷刷地下着,路上的行人匆匆地走着,那五颜六色的雨伞就像这苍茫世界中的一朵朵小花,犹如那记忆长河中的点点小帆。

  那也是一个雨天,在四川的一条乡间小路上,一位六十多岁的老人背着一个四五岁的小姑娘在慢慢地走着,那就是外公和我。我从小一直跟着外公、外婆,那几年也就随着他们一起来到了四川。当时我们住在乡下,记不清是什么原因我的脚心生了个疮。由于附近没有医院,所以外公每天要背我到几里路外的医院去换药。乡间的小路坎坷不平,特别是雨天就更加泥泞。外公本可以让别人带我去换药,可他却总是乐意亲自带我去。虽然那时外公身体很好,但背着我走几里路也不是件易事。有时我脚疼了,哭闹着不想去换药,外公总是逗逗我,哄哄我,他会给我做个滑稽的鬼脸,或做个可笑的动作,我常常是脸上挂着眼泪就笑着爬到外公背上去了。我们走的路旁是大片稻田和小山,也要经过一些农家的小屋,外公总是指指这儿,指指那儿,来引起我的好奇,这样我就不会总感到脚疼了。现在想起来外公那时唯一的"缺点"就是不会讲故事,但他总是用别的方式来表达他对我们这一代的关怀,跟外公在一起我总感到有一种温暖、一种爱,心里总是甜甜的。

  外公的童年却不是那么幸福,甚至是有些辛酸的。有时我问他:"外公,你讲讲你小时候的事吧!"他就说:"我小时候比你们苦多了,你们现在多么幸福呀!"外公四岁时,父亲就去世了,十三岁时,母亲也由于过度劳累得了肺病故去了。当孤儿的滋味儿真是不好过啊!学校里的有些同学和一些邻近孩子常常欺负他,家里有些亲戚对他也是那么凶。那时只有他的外祖母是最疼他的人,外祖母一直供养他上了中学。外祖母去世后,就由外公的哥哥接济他。外公是在小学毕业后离开家乡常熟的,他和几个同学一起到上海念中学。他不可能像别的一些同学那样,有些零用钱到街上的小店去买些零食或小玩艺儿。外公的口袋里常常是空空的,有一次他终于节省了几个铜板去买他早就想吃的广东小月饼。他买了几个,钱就用完了。后来,他只能趴在柜台旁,望着柜台上玻璃瓶里那一块块对他来讲是那么诱人的月饼流口水,眼巴巴地看着别的同学买了一块又一块,他的口水只能往肚子里咽。不知为什么,每当我一想起这件事或看到了广东月饼,鼻子就发酸。我曾对外公说:"以后再见到有卖广东小月饼的,我给你买好多好多。"可外公现在不像以前那么爱吃了,也许是那时他是个孩子,和别的孩子一样都有些嘴馋。

1987年9月王淦昌访问美国马里兰大学时与在校学习的外孙女李末言合影

外公从小没有得到多少母爱,但他对别人总是那么热情、关心。听妈妈、姨和舅舅讲,外公以前脾气不好,很"凶"。他们小时候总是很怕他。有时外公一回家,他们都不敢大声喧哗,全乖乖地回到自己屋里或从后门溜出去了。现在外公的脾气比以前真是好多了。外公是个直性子人,遇到他认为不对的事,有时急起来也不管对谁,就大吵大说一顿,而事后他仍会那么和气。

记得我小时候,有一次有了一个很漂亮的灯笼,那天我急忙地吃完了晚饭,点上灯笼,准备到楼下去玩。忽然灯笼里的蜡烛倒了,灯笼一下子着了起来,我站在那儿不知所措。这时外公正在吃晚饭,他连筷子也没放下,几步奔过来,一把夺过我的灯笼,扔在地上,抬起脚就踩,那样子真像只大老虎。我一看灯笼全扁了,就急得大哭起来,还喊着让外公赔我灯笼。外公也很凶地对我说:"你怎么不懂呀!房子要着的呀!"同时还在空中挥舞着他那双筷子,那天晚上把我给好说了一顿。可第二天,他真的给我又买了一盏新的灯笼,还说头天晚上他自己太凶了。

外公有什么说什么,对错误的事决不容忍。有一次,我和外公一起在街边的小公园里散步。这里有一块很大的草坪,虽然有块牌子上写着"禁止践踏草坪",但仍有一些人在草坪上走来走去。外公见了后先自言自语地说:"咦!这些人怎么搞的,怎么不讲公共道德。"当时我只当他是自己随便说说,可没想到外公冲着草坪上的那些人大声地喊了起来:"喂!你们怎么搞的,这个草坪是不能踩的呀!

要踩坏的呀！大家要讲公共道德嘛！"路上的行人和草坪上的那些人都用那么一种疑惑的眼光看着外公，他们只不过没有说出来罢了，不过心里会想，这个老头儿真是多管闲事，莫非他是公园的管理员？总之他们觉得有些可笑，只有两个小孩从草坪上出来了，别的人依然故我。外公当时还很气愤地挥了一下拳头自语道："真是可气！我说了也没有用，不说了，没有几个人听呀。"

外公虽然是近八十岁的人了，可他总是精力充沛，很少生病。这主要是因为他十分重视锻炼身体。每天早晨外公五点多就起来，步行一站多路，到河边的小树林里打太极拳或是做健身操，然后再小跑或走回来。每天晚上睡觉前也要打打太极拳，做做操。外公这样已经坚持了几十年。现在外公住在三楼，可他从不坐电梯，每天爬上爬下，他说这样可以锻炼身体。谁要是在上、下楼梯时想搀搀他，他总是把袖子一甩说："不用扶，连这点路都走不了，还得了。"外公从小就喜爱体育，在他上中学时对标枪很感兴趣。每天放学后，他就在学校的操场上投标枪。他说那时他还想将来当个运动员呢！

外公不仅自己爱好体育锻炼，还常常带动家里的人一同去锻炼。有时我们几个小孩子在假日睡懒觉，外公就会一个个把我们叫起来，让我们跟他一起到外面做操。常常是外公在一旁打拳，我们在另一旁打球、跳绳。他还经常对我们说："生命在于运动，只有身体好了，才能把工作、学习搞好。"别人常常说外公看上去一点也不像快八十岁的人，他走起路来总是那么精神抖擞，说话的声音也是那么洪亮。

由于外公有个健康的身体，这就给他的工作带来很大便利。外公常常到外地开会、考察，可他很少感到疲劳。有一次外出开会，由于当地的公路很窄，他坐的车与一辆小驴车相撞翻车了，外公的腿碰破了一块。回北京后，他就住了几天医院，待可以下地走路后，就回家了。那次住院时，医生对他进行了全面检查，除了腿碰破之外，没有别的毛病。伤愈后，外公又精力充沛地投到工作中去了。事后我常常用这件事与外公开玩笑，总说他是个福星，命大，福大。

外公是个性格直爽、平易近人的快乐老人，和他在一起总觉得是那么愉快、幸福。

注：本文原载《王淦昌和他的科学贡献》，科学出版社1987年出版。

纪念亲爱的父亲

王韫明　王遵明

光阴荏苒，今年我们亲爱的父亲离开我们已经 10 周年了，父亲在我们心中的形象永远是高大的、慈祥的、不可忘怀的，总感到他仍和以前一样活生生地站在我们面前，笑眯眯地询问我们的生活、和蔼而亲切地了解我们的学习与工作，并谆谆教导我们要好好学习，努力工作，要为国家多做贡献。现在每年的 4 月 5 日清明节，我们子女们都会来到原子能科学研究院父亲的铜像前，与领导和有关研究人员一起深深地怀念他老人家，并献上鲜花，以寄托我们的哀思。

我们的父亲一生献身于科学、教育事业。在他 70 年的教学科研生涯中始终活跃在科学前沿，取得了多项世界瞩目的科学成就，为祖国科学技术与国防尖端事业的发展奉献了毕生的精力。他对科学事业的追求，总是站在世界科学的前沿，攀登一个又一个高峰。他常说：作为科学工作者眼光要放远，做出的成果不但是国家水平，而且要达到国际水平。他是这样想的，也是这样做的。由于父亲对我国科学技术事业和国防建设的卓越贡献，曾荣获二项国家自然科学一等奖、一项国家科学技术进步特等奖和首届何梁何利基金成就奖等多项重要奖励，并在他去世后荣获了"两弹一星"功勋奖章。父亲不但在科学上取得了卓越的成就，而且还十分重视培养年轻的科学家。中国科学院院士中有 14 位是他的学生或受到过他的指导。

父亲出生在江苏省常熟市支塘镇，祖父王以仁是当地著名的中医。

父亲的大哥年轻时就跟祖父学医，后来在医道上也卓有成就，父亲幼年丧失父母，生活上由外婆照顾，而经济上则完全靠大哥负担。为了使父亲生活上有所照应，在外婆与大哥的撮合下，与当时离支塘镇五六里路远的董浜镇一家与父亲和大哥一样都行医的吴姓人家的闺女——吴月琴结了亲，这就是与父亲相濡以沫生活了 70 多年的我们的母亲。

1920 年，在表兄崔雁冰的带领下，父亲从太仓县沙溪小学来到上海著名的浦东中学学习，这对长期生长在农村的父亲来讲，似乎步入了一个天堂。当父亲从浦东中学考入清华大学后，他说这是步入了一个更漂亮的天堂。1930 年父亲考取了江苏省官费留学研究生，从清华大学去了德国柏林大学留学，这一去就是 4

1997年6月19日王淦昌女儿王韫明(左)与王遵明重返贵州湄潭，
在当年浙大物理系实验室旧址双修寺前两棵桂花树下合影

年。1934年父亲回国后被清华大学父亲的老师叶企孙教授推荐到山东大学物理系任教。在父亲离家求学的十多年间，母亲在家乡辛勤持家，那时慧明、韫明、懋基相继出世。记得母亲常说："那时你们的父亲不在家，我一个人又要做家务，又要照料三个孩子，而生活来源主要靠你们从医的大伯每月三十块大洋生活费，什么都要精打细算，又要注意孩子长身体时的营养，那时真是不容易啊！"所以三个子女在母亲的教诲和影响下，从小就知道勤劳俭朴，常常是母亲做家务时的得力助手，小小年纪就不让母亲操心。父亲身在异国他乡的日子里，知道家中有位贤惠的妻子，着实让他能安心地学习和一心从事他热爱的科学事业。

1936年父亲受浙江大学校长竺可桢之邀，赴浙江大学任教，当时父亲主要考虑浙大在杭州，离家乡常熟较近，这样对家庭也可有个照应，就欣然同意前往了。果然父亲到杭州后不久就将我母亲及全家接到了杭州，这时全家终于团聚在一起。父亲也不再过着单身而孤独的日子了。母亲全身心的照顾家庭，全家过着团聚而宁静的生活，使父亲能更好地教书和从事科研。

正当全家人都沉浸在这太平稳定而安详的日子里时，1937年日本帝国主义对我国发动了侵略战争，抗日战争爆发，不久，日本鬼子的飞机开始轰炸杭州，战争烟雾笼罩了全国。江浙一带成了抗日第一线，由于战火逼近，浙江大学被迫西迁，我们全家也随浙大开始了西迁的艰苦历程。为了保全这一支宝贵的文化大军，竺可桢校长亲自带领全校师生及教职员家属一起分几路向西迁移。我们父亲、母亲及慧明、韫明、懋基姐弟三人跟随学校向杭州西南约240千米的浙江建德迁移。当时母亲正怀着德基、挺着大肚子艰难地随学校迁到建德，德基就在建德诞生了。父亲为了安全起见，决定将不到10岁的韫明及懋基姐弟两人随浙大教授、父亲的好友束星北一起先行。束伯伯把他们带到束伯母姐姐湖南老家安顿。随后父母与慧明带着刚刚出世的德基随浙大其他几位教授家属一起辗转经江西吉安到泰和，后在湖南全家会合。稍事休整一段时间后又于1938年10月抵达广西宜山。宜山是个小城市,我们家就住在城内租用的一处草顶泥墙简陋的民房内。离城市不远处,有许多岩洞。这时敌机频频来轰炸骚扰。浙大也已全面恢复开课,父亲忙于教学实验和研究工作,妈妈就带着我们经常去溶洞躲警报,亲眼见到敌机轰炸不远处浙大的学生宿舍和教室,轰炸后周围一片火海,学生们纷纷外出躲避。虽幸好没有人员伤亡,但衣物等损失十分惨重。听母亲讲有一次空袭警报时我们家晒在外边的白色床单忘了收回,一颗炸弹就炸在了附近,离房子就差几步,真是好险啊!从1937—1941年一路辗转到了贵州省湄潭县,4年间经历了6次迁移,路经浙江、江西、广西、贵州4省,历尽了千辛万苦。1940年到达贵州遵义。

由于一路辛苦以及繁忙的教学任务,父亲的结核病发作了。学校为照顾他的身体,减轻了他的教学任务,让他能得以休息。那时肺结核病尚没有特效药,静养休息是最好的办法。所以这期间父亲在家的时间比较多。我们家住在遵义一座简陋的小楼内,孩子们住在阁楼上,爸爸和妈妈都住在楼下。我们在楼上经常能听到他在楼下的咳嗽声、翻书声,深夜了还能看到透过楼板缝隙的微弱灯光,我们都很为父亲的身体担忧。他利用休养的机会,阅读了大量文献资料,集中思考了他多年探索的关于探测中微子的问题,并完成了一篇短文《关于探测中微子的一个建议》寄到美国《物理学评论》杂志,于1942年1月刊载。他多么想自己来实现这个建议啊!因为这是父亲多年思考又进行系统整理、推论而相应有把握得出的实验途径,但限于当时的各种条件,他只好让别人去做了。后来我们才知道在那时艰难环境条件下诞生的这篇论文,对世界物理学界有着多么重要的影响。

1941年夏,浙大物理系迁往贵州省湄潭县。我们全家又一起搬到了这座离遵义不远的小山城。湄潭是一个幽静、美丽的小城镇。人口不多,风景优美、空气清新,有一条弯曲、清澈的湄江河通过小县城。那时浙大的许多家属小孩经常到河里去捕虾捉蟹、游泳,给我们童年带来不少欢乐。这时父亲的病情稍有好转,但身体还很虚弱。在遵义出生的小妹遵明,由于母亲长期在逃难路上颠簸,营养不良,奶水不足,遵明生下后只能喂以米汤,身体自然也很虚弱。而我们家子女又多,全家生活来源仅靠父亲微薄的薪水维持。为了支援抗日战争,在杭州时父亲怀着一颗国家有难匹夫有责的赤子之心,在母亲的全力支持下,将母亲陪嫁的金银首饰全部捐给了国家。所以这时家里经济十分艰难。母亲为了家里生活,即在自家的后山边开了一小片地,种些菜、养些鸡,使父亲与孩子们能够吃到鸡蛋。又养了三只奶羊,以羊奶代替牛奶,其中两只不幸被狼叼走了,仅留下一只奶羊成了家中的"宝贝"。孩子们轮流在后山坡放羊。父亲工作的物理系双修寺离家约有三里地,那边山坡草质较好,父亲经常在上班时也牵着羊放在那里吃草。

父亲的一生与科研、教学结下了不解之缘,即使在湄潭抗战时的艰苦年代,也孜孜以求。那时的科研条件基本上不具备,但父亲却没有因为实验条件差而放弃自己的追求。相反没有条件创造条件也要坚持实验研究。他常常带领学生做"验电器",用 α 粒子的闪烁计数测半衰期,以及光电管、镭源、威尔逊云室的实验及使用等等。贵州气候潮湿,父亲为了给学生做静电演示,每到晴朗天气就把仪器搬到室外晾晒,使其保持干燥,然后带领学生做演示。有时还把我们也带到他的实验室,让我们看他做的宇宙线及荧光实验,并兴致勃勃地给我们讲起了其中的原理及奥妙。看到父亲兴奋地忙忙碌碌,我们也跟着高兴,在一旁聚精会神地听着,还不时帮点小忙。父亲对科学实验那种执著的精神已深深地铭刻在我们幼年的心里。尽管当时条件非常艰苦,但父亲的思想特别活跃,精神面貌也特别开朗,他承担了好几门基础课,还有前沿课以及原子核物理,后者当时是国内首次开设的课程。父亲还担任了一段系主任工作,十分繁忙。这一阶段物理系的教学、科研很有起色,我们家小小的陋室也热闹起来,经常有他的同事、学生来家里质疑或讨论问题。如正赶上吃饭时父亲总是挽留他们一起用餐,这也是大家最为高兴的事,因为他们都知道王师母做的饭菜可口,能让他们大快朵颐。

每当回忆起这段历史,父亲总是感慨地说:"40 年代在湄潭的这一时期,是我人生最有活力、最富有创造力的时候,出的成果也多。"我们想这和湄潭秀美的自然环境,浙大物理系活跃的学术气氛,宽松和谐的师生关系以及我们母亲的勤俭持家,对父亲精心照顾是分不开的,这段历史是我们全家至今都十分怀念的!

1997 年 6 月为了却我们全家对湄潭第二故乡的思念,以及感谢湄潭人民的养育之恩,韫明及遵明代表父亲及全家特地从北京到遵义、湄潭和永兴旧地重游。在湄潭政协主席洪星同志的陪同下我们参观了文庙西迁历史陈列馆,看望了母校浙大附中,游览了湄江和观音洞以及一望无际的茶园风光,真是心旷神怡,回味无穷!我们还找到了曾经住过的那条小街,尽管我们居住的房屋已经荡然无存了,但弯弯的湄江河依然滔滔流过,它使湄潭县显得如此无限的生机勃勃。我们还受到了湄潭县政府领导和一些老朋友、老同学的热情接待。虽然时隔半个多世纪,友情、亲情还是那么深远而醇厚,这份情谊将永远铭记在我们心中,使我们感慨万千。

1947 年我们全家又随浙大迁回了杭州,那时抗战刚结束,生活还很拮据。为减轻旅途负担,在贵州湄潭时候的家具及一些生活用品,也都相继处理了,因此回到杭州后一切要从头开始。我们记得全家人经常出入旧家具店,以选购一些便宜适用的家具。由于母亲的精打细算和合理安排,日子也还过得去。这时慧明大姐已到上海交大上学,韫明虽在浙大上学,但仍住在家中,自然成了母亲的帮手。母亲分配给她的任务除帮助家务外,还要帮助督促弟妹的学习,母亲时刻不忘对子女的培育之情可见一斑。

父亲一生在我们孩子的印象中总是忙,总是在出差,总是在出访,总是在搞研究，他跟家中孩子的交流实在太少了。父亲是位"严父"，在我们记忆中小时候对父亲都有点"怕"，不太敢亲近他，因为父亲对我们十分"严厉"，如果谁没有完成当天的作业就会受到他的呵斥，所以我们子女都能每天按时完成作业，从不偷懒。韫明还记得除完成作业外还要练习毛笔字和背诵英语、语文。现在韫明的毛笔字写得还不错，真还要归功于那时打下的基础呢！

父亲虽然对我们较"严厉"，但还是挺慈祥的，韫明记得1949年1月父亲从美国回来，她去上海接站，看到父亲带了那么多的仪器，在车站她也跟着父亲小心翼翼地帮着搬，回杭州时坐的是硬座火车，当时正值冬季，天气十分寒冷，韫明坐在父亲的对面，傍着车窗，冷得直跺脚，那时父亲穿着一件大长皮袍，看韫明冻得够呛，就把韫明的双脚塞在他的袍子里焐着，慢慢地两只冻僵的脚才得以缓过来。韫明说："顿时一股暖流涌到心头，这是我又一次感到父亲的温暖，至今还深深留在脑海中。"1968年正值"文革"期间，遵明这年冬季正好坐月子，屋里暖气非常不好，室内温度仅有8℃。不得已家中只好又增加了一个蜂窝煤炉子。当时朝南的屋是父母的卧室，阳光比较好，父亲与母亲看到受冻的遵明母女，二话没说搬到朝北的房子，腾出朝南的大房间让她们母女住，从而平安渡过了严寒的冬季，而父母却挤在小北房熬过了冬天。

我们的父亲自1950年从浙大调到北京中国科学院忙于筹建近代物理研究所，经常外出开会，筹备仪器等，比新中国成立前更忙了，也有了施展他才能的天地。五个孩子也都长大了，在各自的学校或单位学习和工作，但和父亲在一起的时间并不多。这时慧明及韫明已在上海交大和南京师院工作，每逢寒暑假，有时去北京看望两位老人，但父亲在北京的时间有限。韫明回忆说：五六十年代父亲在苏联杜布纳联合原子核研究所工作，后来又参加了核武器的研制长达17年。这时期很少有机会能见到父亲。记得1963年冬父亲已去西北参加核武器研制，我在南京工作，这时父亲也改名叫王京了，我从父亲的信中模糊猜测到他可能在西北某地从事一项重要的国防科研任务，那里一定条件十分艰苦，心中十分牵挂。突然听到父亲及母亲要去广东从化疗养，经过南京时将来看望我们，心中十分高兴。看到父亲身体、精神都很好，尤其感到欣慰。我们陪父母游览了中山陵、玄武湖等处，后来从资料上才知道这次从广东从化疗养回基地后，父亲又紧张地投入到原子弹正式爆炸前进行的一系列缩小尺寸的爆轰实验，并于11月20日获得成功，为我国第一颗原子弹爆炸成功打下了可靠的基础。他没有辜负在疗养时朱德、陈毅、聂荣臻等元帅对他的殷切期望！陈毅外长曾说："希望你们赶快造出来，不然我这个外交部长不好当啊！"

父亲由于全身心地投入到科学事业中，所以从不在生活上有过高的要求。家里一切都十分简朴，在我们印象里，家中从未添置过任何新的家具，父母最爱坐的两把藤椅还是20世纪70年代从四川三线回来时带过来的，由于年代已久加上北方气候干燥,椅子上的藤条早已干缩松动,妈妈就用布条缠起来,每次客人来,父母就坐在这两把藤椅上接待,直至1998年两位老人相继去世为止。父亲对书却情有独钟,桌上、书架上、床头上、家中凡有空隙之处都放满了书,尤其是父亲伏案工作的书桌上总是堆满了各种文件及书籍,我们就提议再买一个书柜,父亲执意不要。后来一位朋友给父亲做了一个书架,架在书桌上,这样既可以放书,又方便查找资料。父亲很满意。父亲虽然对自己和家人在生活上总是低标准要求,但对于同事,他的学生却充满了无微不至的关怀。他待人平等,和蔼可亲,把帮助别人当做是义不容辞的事,不论何人有什么困难来找他帮忙,他总是鼎力相助。记得他在浙大的同事束星北教授,他清华大学的同学钟间以及他的学生许良英,在遭遇困难时父亲都主动向他们伸出援助之手,按月寄给他们生活费,使他们渡过了难关,同时还寄信鼓励他们要相信未来会好起来的,要好好生活下去。尽管当时父亲也正受到"文革"的冲击,精神压力也很大,但父亲还是对未来充满了信心和希望。韫明的爱人在"文革"中被批判为反动学术权威,住进牛棚,广播上还天天批判,使得韫明精神上受到了很大的刺激和压力,感到十分苦恼,韫明寄信告诉了父亲,他回信安慰她,开导她冷静对待,使韫明十分感激,深感父亲胸怀的广阔和温暖,远比自己站得高看得远。

父亲一生淡泊名利,淡泊金钱,他有一颗热爱祖国、报效祖国的赤子之心。曾为了支援抗日战争,父亲与母亲商量,将结婚时的金银首饰积蓄全部捐献给了国家。1960年底从苏联奉命回国前父亲又将他积攒下来的几乎全部工资如数交给我国当时驻苏大使刘晓,希望能为困难时期的祖国出一点绵薄之力。1982年他又将获得的国家自然科学一等奖的3000元人民币奖金全部捐给了原子能科学研究院子弟中学及小学。1986年原子能科学研究院成立了"王淦昌基础教育奖励基金会",父亲又捐了4万元。早在1949年他就曾将获得的第二届范旭东奖金3000美元分送给经济上更困难的或曾帮助过他的老师、同事与学生。父亲常说:"钱够花就行了,应当把它们用到更需要的地方去。"所以父亲生前没有将钱财留给自己的子女。虽然我们大都是学校或研究单位工作的工薪阶层,生活并不富裕,但父亲的良苦用心我们是理解的,他不希望自己的子女过多地依赖父母,应当用自己的劳动去获取。所以父亲去世后我们子女在父亲精神影响下,将他生前所得的何梁何利成就奖中的50万元设立了"王淦昌物理奖",奖励在惯性约束核聚变和粒子物理领域有突出贡献的研究人员;同时为家乡常熟市捐款10万元用以发展当地的教育事业,这也是我们对他的纪念和告慰。2001年家乡支塘中学已正式更名为王淦昌中学并以10万元设立了"王淦昌奖学金。"这是家乡人民对父亲的尊爱。他们以"依托名人,创办名校"为目标,为培养更多建设家乡、为祖国多作贡献的栋梁之才。

父亲平时没有什么特别的业余爱好,偶尔听听京戏,他认为爱好太多会浪费时间,唯有读书是他的最大兴趣。父亲一有空就翻阅多种书刊,除本专业书籍外,其他自然科学的书籍也很有兴趣。如一本《遗传工程》小册子,常被他放在枕边经常翻看。"学习是享受"是他的名言。

父亲很注意锻炼身体。抗战时期因缺乏营养比较消瘦,1947年9月他去美国工作一年多,那里牛奶充足,他没有用其他药物,就是喝牛奶,竟然使长期缠身的肺结核病痊愈了。从此他精神一直很好,在家时每天清晨就到户外去做他自己编的一套太极拳。有时他回来时看见我们还在睡懒觉,就把我们叫起来,要我们也做做操,傍晚时再到户外散散步,一直坚持多年。由于父亲坚持锻炼,所以他的精力特别充沛,他总是以饱满的热情投入到各项工作中去。父亲在20世纪70年代末改革开放刚开始时,就以中国核学会理事长的身份率领代表团访问了加拿大及美国。并参观了许多有名的实验室及核电站,为我国核电事业的发展提供了借鉴,他对我国核电的发展是充满了信心的,并再次态度鲜明地指出发展核电事业是解决能源的正确方向不应有所动摇。20世纪80年代父亲在家的时间的确不多,几乎每年都要到美国、日本、意大利、俄罗斯等国去访问或参加国际会议,回来后又要做出访的报告,向中央写建议等等。九十年代父亲已是90高龄,但他还是每年到香港、四川、上海等地做报告,视察工作,这与他长期坚持锻炼、胸襟坦荡、心境开阔不无关系。

父亲晚年最为关心的是激光惯性约束核聚变的研究工作。为此他呕心沥血,全身心地投入到原子能研究院内亲自创建和领导的准分子激光实验室的工作中。父亲生前20多年来不知多少次往返于房山与北京之间,直到1997年8月父亲被自行车意外撞伤,而刚康复不久就又坐着轮椅在家人陪同下来到原子能研究院氟化氪准分子激光研究室听取汇报。我们以为父亲的腿经过体能锻炼后一定能恢复健康,这样他又可以参与到他钟爱的聚变能项目研究工作中去。但不幸由于医院体检时未能及时发现胃癌病情,以致后来发展到晚期,1998年12月10日敬爱的父亲离我们而去,也永远地离开了与他共同工作多年的集体和同志们。但我们总认为父亲走得太早了,还有许多科研项目等他去完成,他的许多学生也正等待他去指导。父亲直到去世前还在为他钟爱的科研项目继续日夜操劳。他不喜欢"安度晚年"却欣赏"鞠躬尽瘁,死而后已。"

2007年5月在人民大会堂纪念父亲百年诞辰大会上,国务院副总理曾培炎发言说:"两弹元勋王淦昌同志诞辰100周年,追思他为中国核事业发展建立的历史功勋,学习他科学求实,爱国奉献的崇高风范,这对于认真贯彻党中央,国务院关于发展核工业的战略决策,大力弘扬'两弹一星'精神,激励广大核科技工作者同心同德、奋发图强,在新的形势下促进我国核工业持续快速安全发展,具有十分重要的意义。""王淦昌同志对国家和事业的贡献为后人留下了宝贵的精神财富。从青年时代开始,毅然回国服务,在国家需要的时候,隐姓埋名,奔赴青海高原和新疆戈壁,投身于核武器的研制工作,做出卓越贡献。王淦昌同志离开我们已经九年了,他一生致力奋斗的核事业取得了显著进步,我国已成为世界上少数几个拥有完整核工业体系的国家之一。当前,我国核工业发展迎来了新的春天。我们要向王淦昌同志为代表的老一代核科技工作者学习,抓住机遇,乘势而上,推进我国核事业迈出新的步伐。""我们要弘扬王淦昌同志开拓进取的科学精神,不断提高自主创新能力。""我们要学习王淦昌同志甘于奉献的崇高品德,切实履行党和人民赋予的重要使命。热爱祖国、无私奉献、自力更生、艰苦奋斗、大力协同、勇于攀登、把个人志向、人生价值与国家安全、民族振兴的伟大事业统一起来,在兴核强国,服务社会的过程中贡献聪明才智。""我们要发扬王淦昌同志求真务实的优良作风,促进核工业健康发展。"

"我们要紧密团结在以胡锦涛同志为总书记的党中央周围,高举邓小平理论和'三个代表'重要思想伟大旗帜,继承以王淦昌同志为代表的老一代核工业人的优良传统,弘扬'两弹一星'精神,扎实工作,再创辉煌,促进核工业加快发展,为全面建设小康社会做出新的贡献。"

我们子女将永远铭记曾副总理代表党和政府对我们敬爱的父亲的评价与肯定,并以此为动力,激励我们做好本职工作,为祖国为人民做出贡献。

我们要以父亲的一言一行为榜样,并用父亲的事迹教育下一代,使父亲光辉的精神永远传承下去,这也是我们全体子女的共同心愿,也是对父亲在天之灵的最好慰藉。父亲永远活在我们心中。

活在人心即永生

——纪念父亲王淦昌百年诞辰

王慧明　曾仲康[*]

王韫明　王适存[*]

（一）

以身许国苦战斗[1]，两弹元勋凯歌奏。
无私奉献勤耕耘，装点山河添锦绣。

（二）

惯性约束核聚变[2]，解决能源新概念。
反西格马负超子[3]，环球同声赞发现。

（三）

"勤能补拙"千古训[4]，"业精于勤"勉后人。
非常岁月负重任[5]，求真探奥建殊勋。

（四）

德高望重寓一身，活在人心即永生。
太空淦星千秋照[6]，俯瞰神州万象新。

注解：

[1] "以身许国"是父亲当年回答中共中央决定他参加领导原子弹研制工作时的言语。

[2] 1992年5月31日，在"中国当代物理学家联谊会"上，王淦昌回答诺贝尔奖获得者李政道的提问时说："我自己对我在1964年提出的激光引发氘核出中子的想法比较满意，因为这在当时是一个全新的概念，而且这种想法引出了后来成为惯性约束核聚变的重要科研题目，一旦实现，这将使人类彻底解决能源问题。"

[3] 发现第一颗反西格马负超子。获国家自然科学一等奖。诺贝尔奖获得者杨振宁称："苏联联合原子能研究所这台加速器上所做的最值得称道的工作就是王淦昌先生及小组对于反西格马负超子的发现。"

[4] 父亲青年时代，即已崭露非凡才华，在浙江大学任教时，师生戏称为"娃娃教授"，父亲谦笑答曰："勤能补拙，业精于勤，愿以共勉。"

---

[*] 作者均系王淦昌的女儿和女婿。

[5] 在"文革"期间,父亲受命继续负责氢弹的试验研究工作,1967年中国第一颗氢弹爆炸成功之后,又组织领导了三次地下核试验。

[6]《中国老年报》2001年10月15日刊载了国际天文学联合会、小天体提名委员会所阐述的,以五位科学家名字命名小行星之理由称:"王淦昌院士,是中国核物理宇宙射线及基本粒子物理的泰斗。他为中国原子弹和氢弹的研究立下了大功。"

第五部分

附 录

王淦昌传略

常甲辰

翻开20世纪中国的科学技术史册,我们会看到一个闪光的名字——王淦昌。他的科学生涯,和中国科技事业的发展、壮大密切相关;他的科学功绩,深深镌刻在中国科技史上。他是唯一一位以第一获奖人身份两次获得国家自然科学奖一等奖的物理学家;他是既在核物理研究中做出优异成就,又在世界上开辟激光惯性约束聚变研究领域的科学家;他是"两弹一星"功勋奖章获得者。

从常熟少年到柏大博士

一、常熟名医的独生儿子

1907年5月28日(即清光绪三十三年农历四月十七日),王淦昌出生在江苏省常熟县支塘镇枫塘湾的王家宅院。他的父亲是当地一位很有名的中医。王淦昌是王家唯一的亲生儿子。1915年到1920年,在太仓县沙溪镇的新式洋学堂度过了小学时光。1920年9月到1924年夏,在浦东中学接受了现代教育,打下了数学和英语的坚实基础。1925年夏,王淦昌考入了清华学校大学部。

二、清华物理系第一届毕业生

1925年初秋,王淦昌踏进了清华校园。在叶企孙教授的引导下,跨入了物理学的大门。大学四年级时,他跟随吴有训教授学习近代物理学。

吴有训经常身穿粗布工作服,用自己的行动来带动学生努力锻炼动手实验的本领,并常对学生说:"实验物理的学习,要从使用螺丝刀开始。"他手把手地教学生们掌握烧玻璃的火候和吹玻璃的技术,还要求物理系的学生,要选修制图、车钳工工艺、电工学、化学热力学等课程。在教学过程中,吴有训很快就对王淦昌有了良好的印象,尤其是对他在实验中认真观察、一丝不苟地做记录、不放过任何一点细节的精神,很是欣赏。

1929年夏,王淦昌从清华大学物理系毕业后,吴有训就让他留校做自己的研究和教学助手。在此期间,王淦昌在吴有训的指导下完成了实验——《测量清华园周围氡气的强度及每天的变化》。

通过完成这个实验,王淦昌不但锻炼和培养了动手实验的技术和克服实验过程中遇到困难的毅力,也提高了对实验结果进行综合分析的能力。这些都是实验物理学家必须具备的素质。吴有训对王淦昌进行的这项实验非常满意。后来,他还亲自把论文题目改成《大气中的放射性和北平气候》并译成英文,发表在清华大学论文集第一期上。

三、迈特纳唯一的中国学生

1930 年,王淦昌考取了江苏省官费留学研究生,被送到德国柏林大学,跟随导师迈特纳在柏林大学威廉皇家化学研究所放射物理研究室做研究生。

1930 年,德国物理学家玻特和他的学生贝克用钋放出的 α 粒子轰击铍核,发现了很强的贯穿辐射(可以穿透 10cm 厚的铅板而衰减很少)。他们认为是硬 γ 射线(波长极短的电磁波)。王淦昌在听了科斯特斯关于这一问题的报告后,开始进行认真地思索,他对 γ 射线能否具有那么大的贯穿能力表示怀疑。他想,玻特在实验中用的探测器是计数器,如果改用云室作探测器重复玻特的实验,一定会弄清那种很强的贯穿辐射的性质。基于这种设想,王淦昌两次找导师迈特纳提出自己的想法,并建议借用师兄菲利普的云室,研究玻特发现的那种射线。但迈特纳却不感兴趣,她始终没有支持王淦昌提出的建议。

1931 年,约里奥·居里夫妇改做了这个实验,但他们仍把发现的强贯穿辐射称为 γ 辐射。1932 年 2 月,从怀疑 γ 射线不可能有那么大的能量入手,查德威克用不同的探测器——高压电离室、计数器和云室独立地进行了上述实验,证实了很强的贯穿辐射是中性粒子流,这种粒子就是"中子"。他还计算了中子的质量。因为发现中子,查德威克后来获得了 1935 年度的诺贝尔物理学奖。

对错过这次机会,王淦昌并不后悔,他认为问题是自己当时没有坚持主张,没有尽全力争取导师的支持。在以后的教学、科研生涯中,他常以自己和约里奥·居里夫妇在中子问题上的教训引以为戒——决不能认为学生和助手当然比老师幼稚,决不能用主观推测代替科学论断。其实,当时能对玻特·贝克的实验结论表示怀疑,并提出进一步探讨的具体建议,就充分显示出研究生时期的王淦昌已经具备了非凡的科学见解和宽阔的实验思路。

那时,在核物理领域的几团疑云中,最使核物理学家感到困惑的是原子核释放出 β 射线的衰变问题。为解释 β 谱之谜,泡利于 1930 年 12 月提出了中微子假说。根据泡利假说,β 谱应有明晰的上限。因此,对这个假说进行实验检验是很有意义的事情。在迈特纳的指导下,王淦昌在 1931 年就投身到对这一问题的实验探索中。1932 年年初,他在德国《物理学期刊》上发表了论文《关于 RaE(镭-E)的连续 β 射线谱的上限》。

迈特纳对王淦昌很快完成 RaE 的 β 谱上限实验颇为欣赏,要他以用 β 谱仪和计数器测定 ThB+ThC+ThC″ β 谱的上限这个题目来做博士论文。在完成这个实验后,王淦昌不仅较准确地测出相应的β谱的上限,而且由β谱上出现的多个分离的峰值,测定了这些放射性元素的内转换效应(当时称为"内光电效应")。

1933年年底,王淦昌顺利通过了博士论文答辩,获得柏林大学博士学位。1934年4月,他回到了苦难深重的祖国。

教授生涯

一、研究教学型教授

王淦昌回国后,经叶企孙教授推荐,到国立山东大学物理系任教授。

1936年秋,王淦昌转到浙江大学物理系,成为浙江大学最年轻的教授,并工作了近14年。

抗日战争爆发后,浙江大学成了流亡大学,几经辗转迁移,于1940年年初迁到了贵州遵义。一年以后,浙大物理系又迁到了遵义以东75千米的湄潭,物理实验楼盖在县城西门外湄江对岸的双修寺里。1942年,实验楼建成后建立了电磁、光学、近代物理、实验技术等几个实验室,一个修理工场,一个地下暗室和一个图书室,具备了迁校以来最好的教学研究条件。

为了巩固自己的物理理论基础,王淦昌在几年内把物理系的基础课,像电磁学、光学、热力学与统计物理、近代物理等全都教了一遍。此外,他还给化学系的学生开了物理化学课。在课堂上,王淦昌经常插入一些提问或用讨论的形式来提高学生学习的兴趣,并从中发现学生在理解方面容易出现的问题,进行正确引导。对于物理课程中重要的数学推导,他不只是埋头于推导过程,而是着重强调要理解其中的物理意义,启发学生去思考、去钻研。王淦昌通过有限的科学文献紧紧追踪物理学的前沿,坚持教学与科研相结合,培养了像李政道、胡济民、程开甲、叶笃正等优秀的学生。

在湄潭期间,王淦昌做了大量的科学研究工作。概括起来主要有四个方面:一是物理学研究中的"搭桥"工作。就是归纳、分析和判断别人在杂志上发表的实验方法、数据和结论,给理论工作"搭桥",推动实验工作前进;二是研究通过磷光体利用太阳能;三是通过用荧光物质研究宇宙射线;四是做了一些场论方面的研究。

1942年,王淦昌在美国《物理评论》杂志上发表了著名论文《关于探测中微子的一个建议》。1945年在英国《自然》杂志上发表《中子的放射性》一文,提出了一种探测中子衰变的方法。一年后,又在同一杂志上发表了《中子与反质子》短文,注意并反复研究了苏联物理学家卡皮查在分析宇宙线谱过程中发现反质子的报道,并提出了探测反质子存在的建议。其中,《关于探测中微子的一个建议》是王淦昌最令人瞩目、最具科学影响的一项科研成果。

二、探索中微子存在的真谛

在湄潭,王淦昌肺结核加重,学校只让他开一门课。他因而有较多的时间在家里静养。但是,他的科学思维一刻也没有停下来,常常抱病仔细研读辗转送来的美国《物理评论》等杂志。这类杂志尽管是那样的少,那样的残缺不全,而且又来得是那样慢,到得是那样晚,然而在王淦昌的眼中,这些杂志却是无价之宝。他凭着自己扎实的专业基础知识和多年积累的经验,凭着不寻常的思索能力和敏锐的科学目光,从杂志中文章的字里行间搜寻新的科学信息,获取攀登科学高峰的动力。

1940年,在读了美国物理学家克兰和赫尔彭有关探测中微子的文章后,王淦昌仔细分析了他们提出的方案的弱点和不足,坚定了探讨这类实验方案的信心。他阅读了尽可能收集到的有关这一问题的论文,经过反复思索,写出了一篇篇幅很短的论文《关于探测中微子的一个建议》,指出可用铍-7经K壳层电子俘获变成锂-7的实验来探测中微子的存在。

从科学上讲,文章的关键之处,就在于把普通的β衰变中末态的三体问题转变为K俘获中末体的二体问题。如果用公式表示,就是将 $A \rightarrow B + e^+ + v$ 换成了 $A + e^- \rightarrow B + v$(这里A、B表示反应前后的两种元素,$e^+$ 为正电子,e^- 为电子,v 为中微子)。就是这看似数学运算中简单的移项,使得中微子的探测有了可能。比如,测量后一个公式中B的反冲能量,就可以测得中微子的质量。

王淦昌的论文在《物理评论》发表后不过几个月,美国物理学家阿伦就按照他的建议做了铍-7的K电子俘获实验,测量了锂-7的反冲能量,取得了肯定的结果。但由于所用的样品较厚以及孔径效应,他当时没能观察到单能的锂-7反冲。阿伦的这次早期中微子验证实验,于1942年11月发表,成为1942年国际上物理学重要成果之一。在论文中,阿伦称王淦昌的建议是"当时中微子验证实验最有价值的一种途径"。

王淦昌《关于探测中微子的一个建议》对进行确认中微子存在的物理研究工作,作出了重要的贡献。1943年,美国《物理评论》杂志将其评为1942年的最佳论文之一。

1952年,美国物理学家戴维斯精细地做了铍-7的K电子俘获实验,测得了与理论值相符的锂-7的反冲能量,为中微子的存在提供了实验验证。王淦昌提出的建议,十年后终于得到成功的实验验证。

王淦昌首开二体反冲实验物理思想的先河,对日后的一系列反冲实验产生了重要的影响。阿伦、戴维斯等人的实验,实际上是这一学术思想的具体实践。

三、研究 μ 介子的衰变

1947年9月,全国选派12名教授(研究员)到美国进行科学研究。浙江大学选派了数学教授陈建功和物理学教授王淦昌。

王淦昌去了加利福尼亚大学伯克利分校。他到伯克利以后，又在布罗德教授和弗雷透教授的帮助下，与合作者琼斯（主要承担电子线路方面的工作）还争取到了美国海军研究办公室和美国原子能委员会的部分资助。

王淦昌研究的课题是海平面上介子的衰变。不到一年，研究工作取得初步成果。他和琼斯合作写的《关于介子的衰变》论文，发表于1948年《物理评论》第74卷。王淦昌对这个实验不十分满意，他认为没有用磁场，不能确定被 μ 介子击出的粒子的带电性质，只能大概估计 μ 介子的能量。他还认为这个时期的实验是由他自己设计、自己完成的，科学研究能力也比在国内时有了很快的提高。

1949年1月，王淦昌带着他在美国使用的云室和一些电子元器件回到了杭州，继续在浙江大学物理系任教授。

核科学研究的摇篮曲

一、宇宙线研究成果丰硕

1950年5月19日，中国科学院成立了"近代物理研究所"，王淦昌应郭沫若院长聘请，到研究所任研究员。10月17日，在吴有训、钱三强、王淦昌、彭桓武等参加的所务会议上，初步确定以理论物理、原子核物理、宇宙线、放射化学四个主要领域为近代物理所的科研方向。王淦昌主要承担了开创宇宙线研究的工作。

通过对宇宙线的观测，发现新的粒子并研究其性质，是王淦昌多年来的理想。近代物理所成立后，尽管实验条件依然艰苦，但毕竟有萧健那样的好伙伴，又有了一些助手，也可得到其他小组的协助，情况可谓空前好转了。王淦昌首先自己动手制备了计数管，焊接了相应的自控电子线路，配上拍片用的闪光光源，就在一间暗室里开始拍摄宇宙线照片。当时，王淦昌与萧健一起负责宇宙线组的工作。确定的工作目标是寻找具有高能量的奇异粒子（包括当时称为V介子的K介子和质量超过核子的超子）和研究宇宙线与物质的作用。因此，必须研制出新的多板云室和磁云室，并建立和充实一个高山实验站。

1954年，宇宙线组的人员除王淦昌、萧健外，还有胡文琦、郑吉母、霍安祥、郑仁圻、吕敏等。他们分为两个小组，分别由王淦昌和萧健领导开展科研工作。王淦昌指导胡文琦开展了"用直式圆云室做海平面上宇宙线穿透簇射经过不同吸收物之产生情况的研究"。在另一个小组，萧健带领郑吉母、霍安祥全力以赴进行着云室的设计与制造。

从1955年起，王淦昌等有关宇宙线研究的一批成果陆续在《物理学报》和《科学记录》上发表。王淦昌、萧健、郑仁圻、吕敏合作的《一个中性重介子的衰变》在1955年于布达佩斯召开的宇宙线物理会议上引起世界同行们的关注。据美国科学家鲍威尔说："这项工作几乎是与国外经验丰富的科学家同时做出的。"

王淦昌、吕敏、郑仁圻合作的《一个长寿命的带电超子》，堪称在宇宙线中获取奇异粒子事例并对其寿命进行测量的范例。文章分析说"Σ^+超子的平均寿命可能比上述的实验值(0.5×10^{-10}秒)大些"。在后来的基本粒子特性表中，Σ^+的寿命是0.8×10^{-10}秒，与该文预言的情况相符。

1956年，由萧健先生主持研制的体积为$30\text{cm}\times 30\text{cm}\times 10\text{cm}$、磁场为7000高斯的云室在落雪山宇宙线站安装成功，大大丰富了我国宇宙线研究内容。到1957年年底，落雪山宇宙线观测站共获得了700多个奇异粒子事例，包括一些稀有事例。我国的宇宙线研究工作者分析了八个特例及一个衰变后继续有$\pi-\mu$衰变的事例。实验还得到两个能区（3～5GeV 和十几 GeV）产生的 Λ^0 超子和 K_s 介子的数目比随能量的增加而变化，其比值可以增加三倍。这个结果为后来的加速器实验所证实。

可以说，在20世纪50年代，我国的宇宙线研究是与国外交流最多、水平与国际水平相近的项目之一。四五年中，几位年轻的物理学者就取得如此成就，是与王淦昌的直接领导和参加研究分不开的。

二、主持近代物理所（物理所）日常工作

1952年4月，中国科学院任命王淦昌、彭桓武为近代物理所副所长（后经政务院于1953年4月10日正式任命）。由于所长钱三强还兼任中国科学院计划局副局长、学术秘书处秘书长，又先后参加过世界和平大会和反细菌战的工作。因此，近代物理所的组织领导责任就落在了王淦昌和彭桓武的肩上，而王淦昌负了主要责任。

从1952年到1956年，王淦昌在领导宇宙线研究工作的同时，还花了很大的精力关注着研究所的发展与日常领导工作。1951年10月中旬到11月中旬，中国科学院在近代物理所进行民主改革试点，王淦昌积极参加了工作检查讨论会，还担任了工作小组的组长。

通过讨论，提出了让科学在中国生根的口号；明确了科学研究必须理论联系实际；认识到科学研究应有明确目的性，可以有计划而且必须有计划，同时又要考虑科研工作本身的特点；强调为加速发展我国科学事业必须大量培养青年科技人员，打破了一些束缚手脚的旧的培养骨干的框框。这次检查讨论会，加强了全所的团结，明确了近代物理所以发展核科学研究、促进我国原子能应用为主要目标的方向，为制订近代物理所第一个五年计划和推动后来的工作起到了积极作用。

1952年10月，王淦昌主持制订1953—1957年第一个五年计划。计划明确规定了近代物理所的方向和任务，明确了五年内各方面的具体目标。原子核物理方面，"是加速完成粒子加速器和探测器，逐步开展原子核的基本研究，并为原子能的应用进行准备工作"。"完成静电加速器和高压倍加器，并准备好回旋加

速器的主要材料"。"完成各种主要的粒子探测器","完成所需电子线路"。放射化学方面,"为争取早日建成铀堆,前三年集中力量先把铀的精炼问题解决,后两年抽一部分力量投向放射性元素方面工作;在堆用石墨和重水制备方面,三年内完成实验室制备方法,五年内完成中间工厂制备方法"。宇宙线研究"以宇宙线与物理作用为重点","建立和充实一个高山实验站"。理论研究"配合本所实验方面的发展,逐渐展开原子核物理及宇宙线两方面的理论研究","要求理论组多数人了解中子物理"、"原子堆理论及同位素分离理论"。

按照五年规划中关于培养科技干部的要求,近代物理所很重视对分配来所的大学生的培养。几年后,就走出了一条具有近代物理所(物理所)特色的培养科技干部的路子。那些当年的年轻人,不仅为我国核科学事业的创建贡献出了力量,而且日后大多数成为我国发展核科学事业的骨干力量。这期间,王淦昌还亲自安排了从国外回国到所里工作的梅镇岳、谢家麟、肖伦三位博士的工作。

在第一个五年计划方针指导下,近代物理所(物理所)上下思想一致,大家齐心协力,夜以继日地勤奋工作,在不长的一段时间里,全所在实验原子核物理、核探测器、理论物理、宇宙线、放射化学和反应堆材料研制方面,就取得了一批既有相当水平,又有实用价值的科研成果。而且,通过科研工作、系统讲课和开展技术讨论,培养了一批核科学技术人才,为我国核事业发展积蓄了力量,打下了初步的基础。

为反粒子家族添丁

一、确定研究方向和实验方案

1956年,当时世界上能量最大的加速器即将在苏联杜布纳投入运行,苏联政府成立了有12个社会主义国家参加的联合原子核研究所。1956年9月,王淦昌来到了联合所并任研究员。

王淦昌以其准确的科学判断力,根据当时面临的各种前沿课题,结合联合所高能加速器的特点,提出了两个研究方向:

1. 寻找新粒子——包括发现各种超子反粒子;

2. 系统地研究高能核作用下各种基本粒子($\pi, \Lambda^0, K^0 \cdots$)的产生规律。

王淦昌选择的两个研究方向,正好发挥了联合所质子同步稳相加速器的能量优势。

确定研究方向后,研制什么类型的探测器来进行研究是确定实验方案中的第一个要点。王淦昌用云室研究宇宙线多年,深知云室本身的缺点。考虑到反超子是不稳定粒子,寿命在10^{-10}秒的数量级,从产生到衰变飞行的距离很短,王淦昌认为利用能显现粒子径迹的探测器来寻找这类粒子是比较理想的。他选择了放置在磁场内可进行动量分析的大型(这个"大型"是按当年的标准讲的)气泡室作为主探测器,并选择丙烷作为气泡室使用的工作液体。

实验方案中最关键之处是选取什么样的反应系统来作为产生新粒子的"源"。这是关系工作成败的重要抉择。王淦昌为此花了很多时间,反复琢磨这个问题。1957年夏天,王淦昌以一个优秀物理学家的卓识,提出利用 π^- 介子引起核反应来进行研究。

这条技术路线从寻找反超子角度讲,因为实验中其他反应的背景干扰大(本底大)而增加了实验难度,但它却充分发挥了 10GeV 高能加速器的特点,只要物理思想正确,分析细致,应该说是可以较快取得成果的。而且,由于原来的反应系统中并无反重子,因此如果发现反重子,那么这个粒子就是真正"产生"出来的。这种技术路线,也为研究其他奇异粒子及基本粒子产生的系统性质,提供了更广泛的机会。

从对探测器和反应系统的选择上,我们可以看到王淦昌这样一个清晰的物理思想:从事科学研究,要讲究技术手段的先进性、成熟性和取得成果的快速性。先进性要建立在成熟性的基础上,先进性是相对的,要以较快取得物理成果为目的。我们从中可以领略到王淦昌丰富的物理思想和卓越的科学胆略。

二、发现反西格马负超子

王淦昌亲自担任高能实验物理研究组组长,工作安排得一环扣一环,非常紧凑,而且对每个人的工作都有明确的分工与要求。从 1956 年 12 月到 1958 年秋天近两年的时间里,王祝翔和一位苏联人(担任研究组副组长)主要负责 24 升丙烷气泡室的研制,丁大钊和另外两位苏联同事主要负责实验布局和数据处理与分析方法等方面的研究。

经过坚持不懈的努力,24 升丙烷气泡室终于在 1958 年春天建成。在王淦昌的领导和指挥下,1958 年秋天,他们开始了第一批动量为 6.8GeV/c 的 π^- 介子与核作用数据的采集,1959 年春又引出了 8.3GeV/c 的 π^- 介子束,开始新一轮的数据采集。

从 1958 年 9 月到 1960 年春,王淦昌研究组分阶段地总共得到了近 11 万对高能 π^- 介子与气泡室工作液体中的氢和碳核相互作用的照片,包括了几十万个 π^- 介子核反应事例。下阶段工作的主要内容,就是通过对这些含有非常丰富物理信息的照片的观察和分析,把隐藏在几十万个反应事例中的产生反超子的反应找出来。

王淦昌把握着研究课题进程的每一个环节。在大批实验资料开始积累之初,他就根据各种超子的特性,提出了在扫描气泡室照片时选择"有意义"事例(即可能的反超子事例)的视觉标准:

1. 要在气泡室有良好照明的区域内看到该粒子的产生和衰变。
2. 衰变产物与该粒子在视觉内应是"同平面"的,衰变产物径迹有足够的长度,以便进行动量和游离度的分析。

3. 要观察到衰变重产物的核作用(湮没星)。因为反超子衰变的重产物,一定是反质子或反中子,湮没星(其总能量大于该粒子的动能)是鉴别其存在的确切无疑的标准。

根据这些"标准",王淦昌画出了$\widetilde{\Lambda}^0$、$\widetilde{\Sigma}$存在的可能图像。每一位科技工作者都要把这幅图像深深印刻在头脑中,在扫描照片时格外注意与"图像"吻合的事例。1959年秋后发现,并于1960年春发表的第一个反西格马负超子($\widetilde{\Sigma}^-$)事例,其全部图像与预期的完全一致,而且是一个十分完整的反超子"产生"的事例。在反西格马负超子($\widetilde{\Sigma}^-$)的发现中,王淦昌所起的主导作用是显而易见的。

反西格马负超子的发现丰富了人们对基本粒子族的认识,并为粒子－反粒子及由此推广到物质－反物质这一普遍规律提供了新的论据。它是王淦昌研究组众多研究成果中最突出的一个。1982年,王淦昌、丁大钊、王祝翔的"关于反西格马负超子的发现"获得了新中国成立以后我国物理学家获得的第一个最高奖——国家自然科学一等奖。

三、离开杜布纳

在联合所的四年多时间,是王淦昌学术研究活动最集中的一个时期。作为联合所中国组组长,他十分注意用各种业余的学术讨论活动,培养与提高中国青年学者知识水平和科研素质。

在联合所工作期间,王淦昌还于1959年7月参加了在苏联莫斯科召开的世界宇宙线会议和1959年9月在瑞士日内瓦召开的国际高能加速器会议,促进了与国际同行的学术交流,增进了对国际科学进展的了解。

1959年6月,苏联政府将中苏两党在意识形态上的分歧带到了国家之间的关系上,背信弃义,单方面撕毁了在此之前两国间达成的各项《协定》。从1960年起,我国的核工业走上了全面自力更生的道路。调王淦昌回国参加核武器的研制和组织领导工作,就成为一种必然的决策了。

1960年12月22日,王淦昌离开联合所,并于12月24日回到北京。

1965年6月8日,在联合所非常全权代表会议上,中国代表正式声明,我国自1965年7月1日起退出联合所。

以身许国铸长剑

一、领导原子弹爆轰实验研究

1960年12月下旬,王淦昌回到原子能所(物理所已于1958年7月改名原子能所)继续担任副所长,负责高能物理(包括宇宙线)方面的工作。1961年4月1日,二机部部长刘杰和副部长兼原子能所所长钱三强约见王淦昌,向王淦昌传达了中央关于研制核武器的决定,并坚定地说:"有人要卡我们,中国人要争这口气。"王淦昌郑重表示:"愿以身许国。"

第二天,王淦昌更名"王京",来到了核武器研究所(即北京九所)。九所的所长是李觉将军,王淦昌担任副所长,主管实验研究。

要使原子弹发生核爆炸,首先必须想法使其中的核裂变材料受到猛烈的压缩,由次临界状态进入临界状态,从而发生链式核裂变反应,在瞬间释放出威力强大的裂变能。用什么方法压缩核裂变材料呢?这就要靠由炸药驱动的向心爆轰。为了摸清爆轰物理的规律,掌握爆轰实验技术,培养和锻炼队伍,为做好爆轰实验打好基础,王淦昌给参加爆轰实验工作的青年们开设了基础实验课。

理论研究人员确定我国第一颗原子弹采用"内爆法"后,爆轰实验的关键就落在了能否获得符合"内爆"所需的波形。围绕这个问题,王淦昌、陈能宽带领技术人员在特种起爆元件的设计和波形会聚流体力学过程研究方面花费了很大的精力。

在研究高爆速时,固相炸药需要用液相炸药来黏结。实际工作中,遇到了增加固相炸药的含量并使其成型的工艺难题。王淦昌提出采用"真空浇注法",并指导研究人员具体去做。后来的实验证明,这种方法非常有效。工作人员可以按照自己的要求,浇注出各种几何形状的高质量炸药部件。

在研究低爆速时,又遇到了另一个难题。因为需要在液相炸药里加入其他的固相附加物,就出现了因黏度太大而使浇注出来的炸药部件质量不高的问题。在他的具体指导下,经过大家的共同努力,终于研制出了高质量的低爆速炸药浇注部件。

王淦昌学识渊博,站得高,看得远,学术思想活跃,常常提出别具特色的好想法。有的想法和思路,虽然因为当时的条件限制没有被采纳,但在后来的核武器研制中却派上了用场。

在一年多的时间内,爆轰实验队伍研究、设计、制作了多个不同类型的部件,打了大大小小上千发炮,研制出了直径为100mm与200mm的炸药平面透镜,在爆轰波传播规律和高压状态方程的实验研究等方面都取得了重要的成果。与此同时,在王淦昌的指导下,光学测试、电子学测试工作也突破了一个又一个技术难关,掌握了平面波的电测技术、某种过程中点速度的测试技术、动压缩过程中的电探技术,学会了网络、传输、记录系统的设计,为我国的现代爆轰物理学和动高压物理实验研究工作奠定了良好的基础。

1963年3月,在领导、专家们带领下,实验、设计、生产等各方面的工作人员和经中央专委批准增调的又一批技术骨干,陆续进入了大西北核武器研制基地。我国第一颗原子弹的研制工作,进入了总攻阶段。

在核武器研制的试验基地,凡是有爆轰装置的地方,王淦昌都经常去。雷管的质量怎么样,安装得是否全部到位,部件加工的质量如何,他都十分关心,对工作人员一一查问,逐项落实。为了加强对原子弹装置和机载航弹的设计试验工作的技术指导,核武器研究所成立了四个技术委员会。王淦昌、陈能宽担任了冷试验委员会的正、副主任委员。

所谓"冷试验",是指用其他材料代替核材料进行的试验。因为其不产生核辐射和放射性,因而被称为"冷"试验。"冷试验"先从做缩小尺寸的化学炸药爆轰实验开始,目的是看看试验中爆轰实验过程的数据是否满足理论设计的要求。

在金银滩上,爆轰实验在几个相距很远的试验基地进行。王淦昌常冒着寒风,乘着颠簸的吉普车,奔波于车间、工号和实验现场,和大家一起讨论,一起就相关问题大声争论。每一次进行试验,他都要亲临现场。在他和陈能宽的具体指导下,1963年,实验人员做了一系列缩小尺寸的局部聚合爆轰实验。就这样,为了早日研制出中国的第一颗原子弹,实验人员在青海草原打了许多小炮,做了很多次冷试验,对爆轰实验有了较为完整的认识。同时,实验工作也带动了炸药加工工艺、试验部件的装配检验等各种测试技术的研究。

1963年11月20日,缩小尺寸的整体模型爆轰实验取得成功,内爆波和引爆器均达到了理论设计的要求。这次试验成功地解决了原子弹研制的关键技术问题,为我国第一颗原子弹的成功爆炸和核试验测试等工作打下了可靠的基础。

二、铸就"两弹"辉煌

(一)第一颗原子弹爆炸成功

1964年4月11日,周恩来总理主持召开的第八次中央专委会议决定:第一颗原子弹采取塔爆方式,9月10日前做好试验前的一切准备工作,要"保响、保测、保安全,一次成功"。

核爆炸试验是涉及千军万马、庞大而复杂的系统工程。但无论如何,都要做到周总理要求的"严肃认真,周到细致,稳妥可靠,万无一失"。王淦昌感到肩上的担子沉甸甸的。

6月初,第一颗原子弹研制的各个环节的工作,都进入了需要严格把关的"临战"阶段。王淦昌往返奔波于研制基地的各个单位、工号和实验场地。有时,天不亮他就叫醒警卫员起程,一到目的地就下车间、进工号,详细询问技术工作,对有关细节严格检查,发现问题马上组织人员进行论证或想办法解决。

6月6日,第一颗原子弹正式试验之前的全尺寸爆轰模拟实验"测试信号理想,实验圆满成功"。王淦昌暗自判断:离"真玩艺"正式爆炸成功的日子不远了!

第一颗原子弹爆炸试验零时到来之前,为了确保试验成功,测试人员对每台仪器、每个接点、千余条电源线和指令线都做了仔细的检查。为保证正式吊运原子弹的绝对安全,王淦昌和李觉、吴际霖等都亲自坐着吊篮上到塔顶,进行细致的查看。

1964年10月16日15时,原子弹装置按预定时间准时起爆。一道强烈的闪光之后,便是惊天动地的巨响,接着是巨大的火球转为蘑菇云冲天升腾。第一颗原子弹爆炸成功了!王淦昌、彭桓武、郭永怀等都流下了激动的眼泪。

试验结果表明,我国第一颗原子弹的理论、结构设计,各种零部件、组件和引爆系统的设计和制造,以及各种测试方法和设备,都达到了相当高的水平。

(二)第一颗氢弹爆炸成功

第一颗原子弹爆炸成功后,周恩来下令:尽快研制氢弹。把氢弹的理论研究放在首位。1965年1月,毛泽东又明确指出:"原子弹要有,氢弹也要快。"接着,周恩来亲自主持召开中央专委会,审议了二机部的报告,并要求通过1965年和1967年的核试验,尽快完成原子弹的武器化工作,并力争于1968年进行首次氢弹试验。

研制氢弹是一个极为复杂的系统工程。氢弹不仅在理论上比原子弹的难度大,而且核装置本身的核部件系统、非核部件系统以及核测试系统也更为复杂。这不仅对组织管理工作提出了更严格的要求,而且对技术也提出了更高的要求。

为了使试验与理论研究密切结合,以最快的速度研制出中国的氢弹来,王淦昌进行着苦苦的思索:"从原理上讲,只有利用装有真实核材料的装置,进行热试验,才能对氢弹原理进行考核性检验。但是,我们的国家还不富裕,还不能像西方国家那样花费大量的人力、物力和财力进行一次又一次的热试验。""能用不带核反应的冷试验解决的问题,都用冷试验来解决。提高热试验的成功率,尽可能地减少热试验次数。"

1966年1月,在王淦昌等的指导下,实验人员采用不同的代用材料,设计了几种缩小比例的实验方案,开展了一系列的小型爆轰实验。在一次又一次进行冷试验的过程中,引爆弹设计中的关键技术很快就被攻克了。

1966年3月,理论设计人员和测试人员共同就"用什么实测数据来检验氢弹原理,用什么方法来测量这些数据"的问题进行了讨论,并根据试验目的,拟定了测试项目。在王淦昌和实验部副主任胡仁宇的指导下,测试人员认真制定了测试方案,利用实验室的条件,对探测器、传输系统和记录仪器进行反复的调试、校核和标定。5月9日,实验部进行了一次含有热核材料的加强型原子弹试验。试验的测试结果表明,核反应的物理过程与理论预计基本吻合,试验结果为氢弹的理论设计提供了重要数据。而且,这次核试验的理论设计方案既简便,又巧妙,切实可行。

1966年12月28日,我国成功地进行了氢弹原理塔爆试验。这预示着全当量氢弹爆炸已是指日可待。

1967年6月17日8时20分,我国西北大漠腹地的上空,一道强烈的闪光过后,一个巨大的火球托起一朵硕大的蘑菇状烟云。接着,便是一阵雷霆般的轰鸣声。

我国成功地爆炸了第一颗氢弹！而且是空投的全当量氢弹。

三、组织领导三次地下核试验

1963年，美、英、苏三国签订了《关于禁止在大气层、外层空间和水下进行核试验的条约》。同年12月，中央专委要求：将地下核试验作为科研项目安排。1967年10月，王淦昌和他的学生、西北核技术研究所所长程开甲，组织召开了我国首次地下核试验讨论会，对地下核试验测试项目和工程进度做了安排。

1969年年初，按照国家的部署，地下核试验的理论设计工作很快开展起来。

进行地下核试验，是一个崭新的课题。为了保证试验获得成功，王淦昌频繁奔波在核武器研制基地和北京之间，与实验人员和理论设计人员一起对实验方案、测试原理等许多具体问题进行探讨、研究，最后确定了有关武器作用过程物理分解研究的大量实验项目。

然而，"文化大革命"使青海核武器研制基地，出现了十分混乱的局面。幸好王淦昌还没有被打倒。在这危难之际，他毅然站了出来，组织领导科研生产。他还深入到两派组织中，亲自在他们的"司令部"做工作："不能因为'文革'影响工作。""我们要顾全大局，以国家利益为重，团结起来，共同搞好地下核试验。""地下核试验可以进行近区物理测试，能够测到空爆所测不到的数据。我们必须抓紧时间，竭尽全力，千方百计尽快通过地下核试验这一关。否则，就会成为历史罪人！"

研制和测试工作准备完成后，作为第一次地下核试验的总指挥，王淦昌亲自带队前往核试验基地。地下核试验装置的装配工作在一千米深的幽暗的山洞内进行，王淦昌和技术人员、战士，常常一起加班加点。山洞内既阴暗，又潮湿，空气混浊，后来又发现了剂量颇大的放射性物质。听着探测器发出的"啪啪啪"的响声，王淦昌感到问题不简单。"这是怎么回事呢？是产品本身的放射性泄漏了，还是山洞里有贫铀矿？必须尽快查明原因。"

他组织人把产品从山洞里搬了出来，做进一步检测。分析结果表明，产品本身的放射性物质没有泄漏。洞内岩体中也不含贫铀矿。王淦昌穷追不舍，最终查明放射性物质来自洞内的氡气。

1969年9月23日，我国进行了首次地下核试验。

在高兴的同时，王淦昌、于敏等人的心中，又感到有一种深深的遗憾。这是因为，尽管在正式试验之前，大家做了很多工作，想了很多办法，安排的测试项目非常全，测试准备也很细致，但是由于当时对新情况下的电磁干扰认识不足，致使在试验之后，没有能够完全拿到预期的测试结果，仅仅拿到了一部分。

后来，王淦昌和程开甲分别组织工程技术人员在九院和核试验基地做了认真的总结，提出了要加强抗电磁干扰和抗核加固措施，为以后的地下核试验成功地抗干扰、获得重要的近区物理测试数据奠定了基础。

1975年10月,我国进行了第二次地下核试验。这次试验在总结第一次地下核试验的经验教训的基础上,采取了抗电磁干扰等多种有效的技术措施。试验相当成功,拿到了许多预想的测试结果。

1976年10月,王淦昌又在大漠荒山中,成功组织进行了我国第三次地下核试验。这次试验的结果非常理想,不仅彻底解决了抗电磁干扰问题,而且几十个记录系统都有收获,测到了中子、X射线和γ射线的时间谱、能谱、强度等几百个预想的数据,获得"大丰收"。

就这样,仅仅经过三次地下核试验,我国就顺利通过了地下核试验技术关,为核武器的改进和发展创造了良好的条件。

由于技术路线正确,设计技术精湛,测试手段巧妙,科研组织管理得力,理论设计与实验配合默契,我国核武器研制工作做到了少量试验,多方收效。与西方国家和苏联相比,我国的热核试验次数非常少,为国家节省了大量的人力、物力和财力,但却取得了很大的成绩。这是我国核科学家和工程技术人员的骄傲。

四、"一定要研制出大型X光机"

在领导进行爆轰实验的初期,王淦昌就在思考这样的问题:"研制核武器,必须了解包括爆轰压缩在内的物理作用的全过程。但如何知道某一瞬间的速度、温度、压力和其他物理参数呢?如何知道能量、密度的分布情况呢?"他认为,要解决这些问题,必须有能实现闪光照相的设备,以便看到清晰的物理图像。为了实现这个目标,王淦昌曾做了不少尝试,想了不少办法。首先用云雾室检验X光照相的效果,后来又用火花室探测X光。他还想到了像增强器。但因为当时急于着手开展爆轰实验工作,有些部件因国内条件所限又达不到要求,这项工作暂时被放下了。然而,实现理想的闪光X光照相,看到核武器在内爆压缩过程中的物质变化的物理图像,一直是王淦昌梦寐以求的心愿。

为了实现闪光照相,早在1962年,他与朱光亚就主张建造加速器。他们不仅指导研究设计方案,而且仔细修改"任务书",最后,制定了"电子直线加速器方案"和"电子感应加速器方案",并确定分别与原子能所和一机部电器科学研究院协作。

1962年,第一台高能闪光X光机建成,并于1963年投入使用。

1963年,在制成一套闪光机的基础上,又研制了四套。在国外,四套闪光机要用四个碉堡。经过调研,王淦昌带领科研人员,通过对抗干扰技术的研究,大胆地采用了四套闪光机共用一个碉堡的方案。这种方法,后来在突破氢弹原理的工作中发挥了重要作用。

1964年,研制出了更大的闪光X光机,用小发生器作代用品,进行联合充电、放电的实验和制作延时控制计时装置。1965年,新冲击电压发生器和新工号投入使用,在工号里继续调试考核设备。1966年,进行了对一些复杂结构体系的实验观测研究。

"文革"开始后,又用了三年时间,调试出我国第一台大间隙强流电子感应加速器,但它仍然满足不了我国核武器发展对闪光照相技术的要求。1969年,测量压缩度的任务被提上了议程,又制定了利用像增强器的测试方案,以便在实验室进行预研工作。

1975年4月,王淦昌在苏州主持召开了强流脉冲电子束加速器方案论证会。他在会上提示大家,这项工作的关键是绝缘材料、开关技术、二极管物理,并强调"依靠外国人是不行的,要自力更生,自己干"。最终确定,"要集中力量,瞄准一个目标——辐照效应。"

强流脉冲电子束加速器于1982年投入运行,为我国的核武器事业作出了重要贡献。王淦昌非常高兴:"我们终于有了自己研制的大型闪光机!"

后来,在强流脉冲电子束加速器的基础上,又成功地研制出了强流电子直线感应加速器,十兆电子伏电子直线感应加速器。这些设备不仅为我国核武器研制工作的改进,而且在其他高技术领域发挥了重要作用。

重返核科学的摇篮

一、领导原子能所迈上新征途

1978年6月16日,国务院任命王淦昌为二机部副部长。7月20日,国务院又任命王淦昌兼任原子能所所长。"文化大革命"使处于蓬勃发展中的原子能所元气大伤。王淦昌正是在这种情况下担任原子能所所长的。

101研究性重水反应堆的改建,是王淦昌任所长期间,原子能所最突出的成就之一。王淦昌是位核物理学家,对于反应堆工程他不很内行,但他积极支持专家的建议和意见,并特别关心改建后堆旁物理实验工作的开展。在工程进展的每个阶段,他都及时向主管所领导和工程负责同志了解情况,并对做好安全防护工作提出要求。

经过一年零七个月的艰苦努力,1980年6月27日凌晨5时5分,改建后的反应堆试运行安全达到临界。101反应堆的改建成功,不仅使旧堆"返老还童",其技术性能超过老堆设计指标,最高功率提高了50%,达到11700千瓦,热中子通量及活性区内可利用的实验孔道增加了一倍多,而总投资却只有新建一个反应堆的十分之一。这项工程先后获得了国防科工委重大成果奖、国家建委优秀设计奖和国家科学技术进步一等奖。

王淦昌还十分关心在反应堆旁开展堆中子活化分析工作,积极支持成立中子散射应用研究室并支持由原子能所与中国科学院物理所共同与法国原子能总署合作,在101堆旁建造冷中子源,开展凝聚态物理研究工作。

1979年4月14日,国家科委、国防科委批准在原子能所增建从美国引进的一套串列加速器及相应的辅助工程。这是继20世纪50年代重水堆和回旋加速器之后,原子能所最大的一项工程建设,王淦昌也非常关心这台先进设备的利用,他积极支持多安排一些束流管道的主张,并多次到二机部向有关局呼吁增加必要的科研投入。

1986年5月,串列加速器实验室终于在原子能院(原子能所于1984年年底改称"中国原子能科学研究院")建成了。王淦昌亲自主持了有美国、英国、日本、丹麦等11个国家150多位代表参加的北京国际串列物理讨论会。他还与钱三强等倡议成立北京串列加速器核物理国家实验室。利用串列加速器,我国科研人员在重离子核反应、加速器质谱计分析等方面取得了优秀成果,并在国内首先发现了新核素——钌90。1994年,王淦昌又积极支持原子能院申请对串列加速器进行"穿靴戴帽"(即建造一台70MeV强流质子回旋加速器作为前加速器,在串列加速器后面增加一个超导直线加速器作为后加速器)扩建,建设北京放射性核束装置的建议。

1981年3月,二机部与国防科委联席会议提出了"在优先保证军用的前提下,把重点转移到为国民经济利用上来"的"保军转民"的方针。王淦昌指出贯彻核工业"保军转民"方针,要把重点放在核能和核技术的开发利用上,原子能所尤其要把同位素尽快搞上去;要注意在科研工作中安排为国民经济建设和学科发展服务的应用研究和应用基础研究。

1982年4月,为了加快干部队伍年轻化的进程,中央同意王淦昌不再担任二机部副部长,改任二机部科技委副主任。1982年9月,中央同意王淦昌任原子能所名誉所长,免去其原任所长职务。

二、开展电子束束流物理研究

在领导原子能所全面工作的同时,王淦昌还辟出一块"自留地"开展电子束惯性约束聚变研究。他提出建立一台能量为1兆伏、电流80千安、脉冲宽度70纳秒的强流脉冲电子加速器,并亲自领导并参加了物理设计的全过程。

1980年12月5日,强流脉冲电子加速器第一次出束圆满成功。1981年年底,经过调整达到了加速器设计指标。王淦昌在原子能所指导建造的强流脉冲电子加速器,不仅在国内属于首创,在国外同类加速器中也属先进水平。

强流脉冲电子加速器建成后,在王淦昌的直接领导下,立即开始了强流电子束和物质相互作用物理机制的研究工作。开展研究的课题有:①用X射线二极管测量电子束加热靶物质所形成的等离子体温度;②通过离子能谱测量电子在靶中的能量沉积值;③用等离子体光谱测量法测定等离子体温度;④用激光阴影照相法测薄靶后表面的等离子体膨胀速度;⑤用激光反射法测靶后表面的飞散速度,计算冲击波在靶中的平均传播速度。实验测到的能量沉积的研究结果和美国桑地亚实验室的结果相符合,与苏、法等国的结果也一致。

在这期间,王淦昌和王乃彦共同带领研究生在几个方面取得了较为显著的成绩:首次在国内开展了聚焦型强流相对论电子束二极管中电子束箍缩过程的研究,特别是对阴阳极材料及阴阳极等离子体对电子束箍缩影响的研究;用激光阴影照相法测量电子束二极管中阴阳极等离子体的形成及其膨胀过程、膨胀速度;开展了电子束在低压、中性气体传输中空间电荷中和和电流中和的物理机制研究,在气压适当的情况下,可以有效地将50千安的电流传输2米。

心系核电事业

一、核电事业的促进派

1954年,苏联建成了世界上第一座核电站。8月,王淦昌就在《科学通报》上发表了题为《苏联原子能电力站建成的伟大意义》的文章,阐述了原子能的优点和反应堆产生放射性同位素的用途,写道:"原子能应用于和平建设,必定有非常光辉的远大前途。这次第一个原子能电力站的建立,不过是开端而已。"1955年9月,他又发表文章强调,"和平利用原子能的最普遍最有效的方法之一是建立原子能发电站。"

1980年,中央书记处邀请中国科学院专家开设"科学技术知识讲座",为中央书记处和国务院的领导同志讲课。王淦昌负责主讲核能内容。

王淦昌在讲课中从铀资源、队伍、科研基础、工业基础等几个方面分析了我国已具备的发展核电的基本条件。他建议:

(一)开发利用核能是解决我国能源问题的重要途径之一,在我国能源规划中应占有一定位置,到20世纪末应发展到一定规模。

(二)我国发展核能主要为了解决能源资源分布不均匀的问题,建设核电站应从那些缺煤少水的地区开始。

(三)我国发展核能应坚持"自力更生为主,争取外援为辅"的方针,把核电发展规划放在自己力量的基点上,既不妄自菲薄,依赖外援,又不放弃有利条件,积极引进国外的先进技术。

(四)我国核电建设起步已晚于许多国家,应抓紧科学研究和工程研究。对近期的核电站,要搞好中间试验性质的原型堆核电站的设计和建造,借以掌握技术,培养人才,积累经验,也有利于将来吸收消化国外技术。对中期的增殖堆和远期的核聚变电站,应加强基础研究和应用研究,并积极参加国际合作,以加快我国核电发展的步伐。

(五)由于核电站建设周期较长,又涉及许多部门,各项工作必须及早动手,不能长期议而不行。要在中央统一领导下,各部门明确分工,密切协作,共同努力完成这项任务,让核能在实现我国四个现代化中大放异彩。

二、为核电发展尽心尽力

在我国核电发展问题上,从1978年到1982年争论了五年之久的一个问题是"要不要自行建造原型核电站"。王淦昌以其丰富的科学经验和远见卓识,多次在各种场合强调建设原型核电站的重要性,并始终坚持中国发展核电应以自力更生为主、引进外国设备为辅的原则。还为此作了题为《在发展我国核电事业中正确处理引进和坚持自力更生原则的问题》的发言。他一针见血地指出:"我们不能用钱从国外买来一个现代化,而必须自己艰苦奋斗,才能创造出来……我们的头脑必须清醒,设备进口也好,技术引进也好,合作生产也好,这些统统是手段,目的则是为了增强自力更生的能力,促进民族经济的发展。"结合自己从事科学研究研制设备的体会,他多次讲过"百鸟在林,不如一鸟在手"的比喻,强调建设30万千瓦自行设计的秦山核电站的重大意义。

王淦昌不仅关心我国核电事业的起步与发展,而且对核电站的建设和运行也十分重视。

1989年10月11日,他在上海参加"863"计划专家讨论会后,不顾已是82岁高龄,登上60米的高处参观了核电站01、04、05工地,放射化工厂房和引进的表面损伤检验仪及秦山二期核电站工地。10月14日下午,他又召集十多位高级工程师开了个座谈会,谈建设秦山核电站的感想。座谈会上,王淦昌语重心长地告诫大家:"我们这一代人,年纪都大了。中国自己设计建造的核电站,将在你们的手中诞生。这是一个光荣的使命,也是一个艰巨的任务。"针对工程进展的情况,王淦昌强调:"千万不能为了赶进度而对质量有所忽视。搞核电站,一定要保证质量,把安全放在第一位。"王淦昌在座谈会上讲了有一个小时。他对我国核电事业的热爱与关心,使在座的技术人员十分感动。

以后,他还利用机会几次到建成运行的秦山核电站和大亚湾核电站检查了解运行情况。

力促高科技事业

一、担任核学会首任理事长

1980年2月,中国核学会第一次代表大会选举王淦昌为中国核学会第一届理事长。王淦昌为促进学会工作的开展做出了重要贡献。

核工业特别是核电的发展,最大的思想障碍是群众甚至包括一些领导同志的"恐核"心理。因此,加强对全社会的核科学技术的普及宣传是核学会的一项重要工作。1983年,在中国核学会的提议和推动下,由中国科协、国家科委、国防科工委、核工业部联合主办,中国核学会具体承办的"全国原子核科学技术应用展览会"于10月19日至11月13日在北京军事博物馆展出。这次较大规模的综合性原子核科学技术应用展览,展出25天,共接待观众七万人次。一些党和国家领导人也参观了展览,对展览会给予了高度的评价,对核技术在农业、工业、医学和人民生活等方面的广泛应用取得的成果感到高兴,并指示"要挑选一批比较成熟的、真正能够推广的成果,扎扎实实地推广,在推广中发展原子核科学技术"。展览会后来又在郑州、深圳、南京等地巡回举行。为了使一般观众看得懂,专业人员看了又不俗,在展品总体和美术设计、资料和文字的编辑方面,展览会的工作人员是按科学性、技术性、连续性、完整性和艺术性相结合的要求布置展馆的,深入浅出、形象生动。在充实展览内容后,1986年中国核学会再次组织到沈阳、太原、福州、杭州等地展出。展览会先后历时四年,在全国十多个省市和香港地区共展出12次,接待观众达50万人次,较系统地介绍了原子核科学技术在各领域的应用知识和成果,以及核能的和平利用和安全常识。它适应了核工业转为民用和核电发展的需要。

此后,王淦昌还在开拓民间学术交流渠道和指导全国核聚变研究等方面做了大量工作。

二、主张仪器设备国产化

作为一名实验核物理学家,王淦昌特别关注我国的仪器制造工业。1986年4月,他在第六届全国人民代表大会第四次会议上提出了《对立足国内积极发展我国仪器制造工业的建议》。建议中首先批评了近几年我国盲目引进和重复引进中、低档仪器的不良现象,提出了七条建议:

1. 加强仪器进口的宏观管理;
2. 对已进口的仪器要管好用好;
3. 有关部门联合编制科学仪器"七五"规划;
4. 引进样机,加速国产化;
5. 加强基础技术的研究,这是国产化的关键;
6. 运用经济杠杆,加强协调和归口管理;
7. 制定生产合同法,保护用户和生产单位的利益。

对于从国外买来的先进实验设备,王淦昌强调一定要在进行科学实验时把自己独创的科学思想融进去,并通过对设备的二次开发,使对设备的利用从"自发"阶段走向"自在"阶段。只有这样,才能做出有独创性的优秀成果。

三、推动高技术发展

1986年3月3日,王淦昌与王大珩、陈芳允、杨嘉墀等四位科学家联名向中央提出了《关于跟踪研究外国战略性高技术发展的建议》。在邓小平的支持和推动下,中共中央、国务院于1986年11月批准了《高技术研究发展计划纲要》,简称"863"计划。计划中选择了对中国未来经济和社会发展有重大影响的生物技术、航天技术、信息技术、先进防御技术、自动化技术、能源技术和新材料技术的一些领域,作为突破重点,在几个重要的高技术领域跟踪世界水平。

拥有中国自己的高能物理实验研究基地,是王淦昌多年的心愿。1984 年 10 月 7 日,北京正负电子对撞机工程破土动工。在工程进展的关键时刻,1986 年 1 月 3 日,王淦昌向参加对撞机工程的工作人员作了一个半小时的动员讲话,他分析了有利因素和不利因素,号召大家发挥有利条件,克服不利条件。同时,要发扬团结协作的精神,保证对撞机的部件达到高指标,高要求。对原子能院承担的北京正负电子对撞机探测系统的核心部件——北京谱仪大线圈,王淦昌多次要求原子能院领导给予高度重视。

1988 年 10 月 16 日,正负电子对撞成功。10 月 22 日,大型通用探测器也调试成功,首次得到了宇宙线径迹,宣告北京正负电子对撞机建成。利用这一先进的装置,我国科研人员在高能物理研究和应用技术研究方面取得了多项研究成果。

激光聚变情有独钟

一、激光惯性约束聚变的首倡者

1964 年,王淦昌在了解到激光有四个特点,即它的强度特别大,有方向性,单色性和相干性好。作为一位优秀的核物理学家,王淦昌对激光所拥有的强度大和方向性强这两个特点很感兴趣。他想,如果把激光与核物理两者结合起来,应该可以发现新的有趣的现象。他据此撰写了《利用大能量大功率的光激射器产生中子的建议》。他指出,"若能使这种激光器与原子核物理结合起来,发展前途必然相当大。其中比较简单易行的就是使光激射与含氘的物质发生作用,使之产生中子。"王淦昌提出的"用激光打氘化铀靶产生中子"的设想,实际上就是用激光打靶实现惯性约束核聚变的科学概念的雏形。他的这个建议和苏联科学家巴索夫提出的"可利用激光将等离子体加热到引发聚变温度"的设想是很类似的。他们二人几乎是同时各自独立地提出了建议。

在王淦昌的倡导下,我国的激光惯性约束聚变预研工作在 1964 年就开始了,而英国、法国、日本和联邦德国都还没有动手呢!

二、"神光"初照

在一段时间内,中国科学院上海光机所从事激光科学研究的科研人员和二机部九院从事等离子体物理理论研究和诊断、测试工作的科技人员之间缺乏强有力的合作,工作缺乏系统性。王淦昌十分清楚,这样继续下去,两个单位的工作都不会有大的提高,而我国的激光惯性约束聚变研究将会因此而受到重大损失。他决定为改变这种局面奋力一搏。

1977年10月，王淦昌以二机部九院副院长的身份，带领一些从事等离子体物理理论和实验的科技人员，到上海光机所商谈两个单位合作开展激光惯性约束聚变事宜。王淦昌的工作得到了中国科学院和二机部领导的大力支持。

王淦昌一再强调两个单位合作的重要性："合则成，分则败"。王淦昌还用瞎子背瘸子的故事比喻两个单位合作将给激光惯性约束聚变研究带来的好处。后来，王淦昌在多种场合都反复强调："搞激光聚变，我们不应当搞杂牌，而应当搞一个牌子，那就是'中国牌'。"

王淦昌一行在上海光机所待了一个月。以他对一个新的科学技术领域的预见和他巨大的影响力，终于把两方面的科学队伍汇合起来，同时引起了上级领导的重视，变成了大家的行动。在王淦昌的指导与影响下，10^{11}瓦六路钕玻璃激光装置于1980年建成。利用这台装置，科研人员取得了一批激光等离子体物理实验成果。

1987年6月，在王淦昌和王大珩的领导、推动下，功率为10^{12}瓦的激光装置通过国家级鉴定，并被正式命名为"神光"装置。

在"神光"装置研制过程中，王淦昌还经常启发引导邓锡铭等年轻一些的科学家："我们在规模上、数量上没法和美国相比，但我希望在质量上，在创新上有自己的特色。"在王淦昌的启发和鼓励下，我国的"神光"装置研制方案中采用了十多种新技术，并全部得到实现。利用"神光"装置，我国科研人员在激光惯性约束聚变研究方面做出了一批国际一流水平的物理成果。

三、开拓氟化氪激光聚变研究新领域

20世纪80年代初，随着研究的深入开展，王淦昌感到电子束聚变的前景不乐观。经过周密的思考，他提出要开展强流电子束泵浦氟化氪激光的研究工作。激光的产生和激光惯性约束聚变同粒子束的产生和粒子束聚变，属于不同的研究领域，它们之间的差异是很大的。

为了把这项研究开展起来，他和王乃彦带领三名研究生开始研究大面积低电流密度电子束的产生与引出、激光腔的设计和激光束的诊断与测试。终于在1985年年初研制成了一台电子束泵浦的氟化氪激光器，获得13焦耳的激光输出能量，大大超过了国内其他单位的输出能量值。

王淦昌永不满足于已经取得的成就，他亲自参加百焦耳级氟化氪激光器的设计讨论，大量查阅研究文献资料。在王淦昌的领导下，氟化氪准分子激光的输出能量在1990年年底达到了106焦耳，实现了"研制百焦耳级准分子激光器"的"七五"目标。

在新的"863"计划中，氟化氪准分子激光被列入惯性约束聚变项目中。1997年，原子能院的氟化氪准分子激光装置输出能量达到了400焦耳，即达到了国际上中等规模装置水平，但装置的能量传输效率、双向电子束泵浦技术和工作的稳定性都是属于世界先进水平，并不比国外逊色。在晚年，王淦昌和王乃彦一起带领原子能院的科研人员，采用一些包括非线性光学技术在内的先进方法，压缩光束脉冲宽度和改善光束质量，相应地开展物理实验研究，使我国不仅在实验装置上，而且在物理实验方面都跻身于国际先进行列。

1998年9月，王淦昌因胃癌晚期住进了北京医院。在住院期间，每当原子能院惯性约束聚变研究室的科研人员和研究生来看望时，他一再强调，要把研究工作做扎实，把年轻人带好，特别是要形成团结协作能打硬仗的队伍。11月14日，前来探望的科研人员谈到"神光"工程时，王淦昌用清晰的语言说："中国人不应当干得差，靠大家努力。"12月5日，已经十分虚弱的他，吃力地对上海激光联合实验室的同志说："一定能成功。"12月9日下午，当原子能院的科研人员汇报在氟化氪激光装置上，抓紧进行激光束输出能量和系统同步动作调试时，他从被子里伸出扎有输液针头的双手，吃力地合手鼓掌，表示祝贺。

1998年12月10日21时48分，王淦昌带着对核聚变事业的无限牵挂，与世长辞。

注：本文作者系中国核工业建设集团公司党群工作部副主任。

王淦昌年谱

1907年 清光绪三十三年,阴历丁未年四月十七日,阳历五月二十八日生于江苏省常熟县支塘镇枫塘湾。父亲王以仁为当地著名中医。

1911年 清宣统三年,父亲王以仁逝世。

1913年 中华民国二年,入私塾读书。

1915年 入江苏省太仓县沙溪镇小学读书。

1919年 在沙溪镇小学参加了由老师带领的声援北京学生"五四"爱国运动示威游行,第一次接受爱国思想教育。

1920年 春,母亲病逝,由大哥王舜昌和外祖母抚养。

夏,由外祖母做主,娶吴月琴为妻。

秋,赴上海浦东中学读书,得数学老师周翰澜,英语老师盛炎斐、严琬滋培育。

1924年 夏,在上海浦东中学毕业。

秋,进海澜英文专修学校学习英语。

1925年 6月初,参加"五卅"反帝爱国运动,和同学们上街游行,散发传单。

夏,考取清华大学首届本科生,入清华大学理学院。

1926年 3月18日,参加北京学生及各界联合组织的反帝示威游行,目击段祺瑞反动政权及军警对示威群众的血腥镇压。

秋,在清华大学叶企孙教授的影响下,选读物理系。

1928年 秋,在清华大学物理系听吴有训教授讲授近代物理。

1929年 6月,毕业于清华大学,是该校第一届物理系毕业生,留校任助教。

11月,在吴有训教授的指导下,进行"测量清华园周围氡气的强度及每天的变化"实验。

1930年 4月,实验结束,写出实验报告,吴有训教授将它译成英文,并把题目改为《大气中的放射性和北平气候》,在清华大学 Science Report,Series A,1931—1932,第一卷上发表。

夏,考取江苏省官费留学研究生。

秋，到达德国柏林大学，在威廉皇家化学研究所从迈特纳为师。曾在格丁根和柏林大学听过玻恩、米泽斯、海特勒、诺特海姆、弗兰克、薛定谔、德拜等人的课。

1931 年 上半年，在柏林大学听了两次关于博特用 α 粒子轰击铍核产生强贯穿辐射的实验报告。后曾两次向导师迈特纳建议用云室重复这一实验，以弄清这种贯穿辐射的性质。未获同意。

在迈特纳的指导下，用盖革—弥勒计数器研究 RaE 的 β 谱。

1932 年 1 月，将研究论文《关于 RaE 的连续 β 谱的上限》寄往德国《物理学期刊》发表（登载于 1932 年 744 页）。

2 月，查德威克用云室重复了博特的实验，发现中子。迈特纳闻讯，对王淦昌说："这是运气问题"。

1933 年 6 月，与迈特纳共同署名的《γ射线的内光电效应》短讯，发表于 1933 年 7 月的德国《自然》期刊。

12 月，完成博士论文《ThB＋C＋C″的 β 谱》，寄德国《物理学期刊》发表于 1934 年。

通过博士论文答辩，主考人为劳厄，答辩委员有迈特纳、玻登斯坦等教授。

1934 年 1 月，离开德国，去英、法、意、荷等国的几个实验室参观，在卡文迪许实验室见到卢瑟福、查德威克、埃利斯等物理学家。

4 月，回到中国。

7 月，由叶企孙教授推荐，到山东大学物理系任教，讲授近代物理。

1936 年 秋，应浙江大学竺可桢校长的聘请，到杭州浙江大学物理系任教。

1937 年 5 月 23 日至 25 日，玻尔访问浙江大学，王淦昌在陪他游览西湖和送他离杭途中，向他请教并讨论了原子核与宇宙线引起的簇射等问题。

"七·七"事变后，王淦昌积极参加浙江大学的抗日救国行动，除宣传抗日、动员民众进行募捐活动外，还把家中的全部积蓄和结婚时的首饰都捐献出来，其中仅银元就有十多斤重。

11 月 5 日，日本侵略军在杭州湾的金山卫登陆，浙江大学西迁浙江建德。

1938 年 1 月 20 日，浙江大学在江西吉安开课。

2 月 18 日，浙江大学三迁江西泰和。

6 月 30 日至 7 月中旬，与束星北等教授及学生共 20 人组成前线慰劳队,经九江到汉口,去前线慰劳。

8月,浙江大学四迁广西宜山。

11月1日,浙江大学开始在广西宜山开课。王淦昌开近代物理课,还讲授了军用物理。

1939 年 7月,在"物理讨论"课上介绍了由哈恩发现的铀原子核裂变现象。

1940 年 1月,浙江大学第五次迁移到达贵州遵义。

春,因肺结核病加重,系里决定王淦昌只开近代物理课,让他有较多的时间用来静养,他则利用这段时间深入思考中微子问题。

秋,除开近代物理课外,又开了电磁波课。并借老城小学教室作关于核裂变的系统报告,揭示和平利用核能的远景。

1941 年 自贵州遵义寄出《关于探测中微子的一个建议》一文,美国《物理学评论》收到此文时间是 1941 年 10 月 31 日,于 1942 年 1 月发表。

暑期,浙江大学理学院数学、物理、化学三系迁往贵州湄潭县。

1942 年 1月11日,中国物理学会湄潭分会举办"伽利略逝世三百周年纪念会"王淦昌作题为《原子核力场》的报告。

12月,在中国物理学会贵州区分会第十届年会上,王淦昌作题为《用化学方法研究宇宙线及原子物理之展望》的学术讲演,并宣读《关于介子的人工产生》、《寻求 β 射线发射的半衰期与原子序数的尝试》论文两篇。

指导研究生叶笃正作"湄潭近地层大气电位的观测研究"。

1943 年 接替何增禄教授任浙江大学物理系主任。

10月31日,在中国物理学会贵州区分会第十一届年会上宣读《关于硫化锌磷光体》、《γ 射线对化学物质的影响》(与蒋泰龙合作)两篇论文。

12月10日前,先后寄出《关于宇宙线粒子的新实验方法》、《γ 射线对化学物质的影响》,于 1945 年发表于《科学记录》卷1。

1944 年 与曹萱龄合作的《核力与重力的关系》一文,发表于美国《物理学评论》。

10月25日、26日,中国物理学会贵州区分会第十二届年会与中国科学社年会联合举行,竺可桢、李约瑟、毕丹耀等到会作报告。

1945 年 4月,《核力与重力的关系》一文(与曹萱龄合作)又在英国《自然》上发表。

5月,《中子的放射性》一文,在英国《自然》上发表。

8月下旬,作《关于原子弹及其原理》的报告。

10月,在中国物理学会贵州区分会第十三届年会上宣读论文:《关于初级宇宙线的本性》、《一种新的有机活化磷光体》(此文9月10日前寄往《科学记录》,1947年发表)、《基本粒子的五维理论和质子的质量》(与程开甲合作)。

12月,将《中子和反质子》一文,投寄英国《自然》,次年4月发表。

1946年　从1945年开始到1946年上半年,指导忻贤杰完成《用机械方法产生磷光》的实验报告(此论文发表于1947年《中国物理学报》)。

自贵州湄潭将《五维场论》(与程开甲合作)寄往《物理学评论》,10月发表。

6月,物理系师生为王淦昌举行了一次简单而热烈的40寿诞祝贺会。

7月,随浙江大学迁回杭州。

1947年　由吴有训提名,因1942年《关于探测中微子的建议》一文,获第二届范旭东奖金。

3月,将《建议探测中微子的几种方法》寄至《物理学评论》,当年发表。在《科学世界》上发表综述性文章《各种基子之发现及其性能》。

9月,经浙江大学选派,赴美国加州大学伯克利分校物理系做访问学者,与琼斯合作研究介子的衰变。

1948年　9月,完成与琼斯合作进行的《关于介子的衰变》研究,其论文发表于《物理学评论》。在回国前,曾带自己拍的 μ 介子照片和《核力与重力的关系》访问费米。

年底,吴有训告竺可桢,美国科学促进协会出《百年来科学大事记》,中国人能列名其内者只彭桓武、王淦昌二人。

1949年　1月,回到中国,并带回在美国使用的云室。1月16日,杭州市科协召开欢迎会,王淦昌在会上报告了美国原子能研究的近况。

7月,到北平参加第一届全国自然科学工作者大会筹备会。

10月,中国物理学会第十七届年会杭州区分会在浙江大学举行,会上宣布成立杭州分会,王淦昌在会上报告了分会筹备经过,宣读《关于 μ 介子研究》的论文,并作云室表演。

1950年　1月,写范旭东先生纪念奖金的论文,题目是《微中子问题的现阶段》发表于《科学世界》19卷第4期。

4月,奉调到北京中国科学院近代物理研究所任研究员,参加建所工作。

6月24日,与吴有训、恽子强、华罗庚等出席德国国家科学院成立250周年纪念学术讨论会。

10月,参加近代物理所所务会议,决定近期工作分理论物理、原子核物理、宇宙线、放射化学四个领域。王淦昌分工负责宇宙线物理部分。

由严济慈先生介绍,参加中国"九三学社"。

1951年 2月,在《物理通报》第一卷1、2期合刊上发表《中性介子(π^0)的发现及它的性质》。

5月,到四川参加土地改革工作队,9月底回京。

1952年 4月,任近代物理研究所副所长,主持所的日常领导工作。

5月,与吴桓兴、林传骝等赴朝鲜战场工作四个月,探测美军是否投掷了放射性物质。

10月,主持制定近代物理研究所第一个五年计划;与萧健一起,领导设计建造云室。

1953年 年初,开展宇宙线研究。

4月10日,政务院政务会议正式任命王淦昌、彭桓武为近代物理所副所长。

5月,与吴学周一起,参加匈牙利科学院年会。

1954年 物理研究所在云南落雪山建造海拔3185米的高山宇宙线实验室。

8月,在《科学通报》上发表《苏联原子能电力站建成的伟大意义》一文,强调原子能的和平利用。

1955年 被选聘为中国科学院数理化学部的学部委员。

6月,参加中国科学院学部成立大会。

7月,代表中国科学院参加"苏联科学院和平利用原子能的科学技术问题会议"。

9月至11月,与萧健、郑仁圻、吕敏合作的有关宇宙线研究成果,陆续在《物理学报》上发表。其中《一个中性重介子的衰变》一文,在布达佩斯的"宇宙线物理会议"上引起了到会代表的关注。

1956年 5月,寄出《在云室中观察到一个K^-介子的产生及其核俘获》一文(与郑仁圻、吕敏、萧健合作)在《物理学报》7月号上发表。

5月14日至22日,与朱洪元、朱光亚一起出席莫斯科"全苏高能粒子物理会议",在会上报告了宇宙线方面的工作。

主持起草《我国科学技术十二年发展远景规划（和平利用原子能科学部分）》初稿。

9月，去莫斯科参加杜布纳联合原子核研究所成立会议。会后留在杜布纳任该所研究员，是中国任命的联合所第一任学术委员会中的中国委员。

1957年 1月，寄出与吕敏、郑仁圻合作的《一个长寿命带电超子》一文，在1957年《科学记录》第二期发表。

任联合所高能粒子研究室学术委员会委员。

在杜布纳领导王淦昌小组，研制24升丙烷气泡室。

1958年 1月2日，苏联ЖТЭ杂志收到王淦昌等有关《24升丙烷气泡室》的论文。

春，24升丙烷气泡室在杜布纳建成。

秋，王淦昌小组开始6.8GeV/c的介子束与核作用的数据采集。

1959年 1月20日，被选为联合原子核研究所副所长。

3月9日，王淦昌小组在4万张底片中发现了第一个反西格马负超子的事例。

7月9日，参加在莫斯科召开的世界宇宙线会议。

7月15日，参加在基辅召开的世界高能物理会议。

9月，参加在日内瓦召开的国际高能加速器会议。

1960年 王淦昌小组的研究成果（包括《反西格马负超子的发现》）陆续在中国《物理学报》和苏联的《实验与理论物理》期刊上发表。

该组又做出"用动量为7GeV/c和8GeV/c的π^-介子产生超子"的工作。成果在1961年上半年发表。

12月24日，王淦昌离开联合原子核研究所，回到北京。

1961年 4月3日，根据二机部部长刘杰的约请，到二机部九所任副所长，从事核武器研究。更名王京。

11月，和王祝翔合写的《能量在10GeV以下的π—N，P—N和$\tilde{p}$—N相互作用》发表于《物理学报》。

1962年 7月，和丁大钊、王祝翔合写的《奇异粒子的强相互作用》发表于《物理学报》。

建成我国第一台高能闪光X射线机。

1963年 在第一套闪光机研究的基础上，又研制了四套。

3月，到达青海省核武器研制基地，参与领导第一颗原子弹的研制工作。

11月，领导进行缩小尺寸的原子弹模型爆轰试验。

1964 年	2月,九所改为二机部九院,任副院长。
	6月,领导进行一次第一颗原子弹试验之前全尺寸的关键性爆轰试验。
	又研制出了更大的闪光X射线机。
	9月,到戈壁滩准备我国第一颗原子弹爆炸试验。
	10月16日,我国第一颗原子弹爆炸成功。
	向国务院提出《利用大能量大功率的光激射器产生中子的建议》,得到中国科学院副院长张劲夫和光机所邓锡铭的支持,开展激光核聚变的初步研究工作。
1965 年	1月,出席第三届全国人大第一次会议,当选为人大常委。
1966 年	12月28日,在王淦昌领导下,进行多次氢爆冷试验的基础上,成功地进行首次氢弹装置原理试验。
1967 年	6月17日,我国成功地爆炸了第一颗氢弹。
1969 年	春,参加准备第一次地下核试验的技术领导工作。
	9月23日,首次地下核试验成功。
1971 年	九院迁往四川。从此时到1978年初,一直在四川工作。
1975 年	1月,出席第四届全国人大会议,再次当选为人大常委。
	4月,在苏州主持召开强流脉冲电子束加速器方案论证会。
	10月,组织领导进行第二次地下核试验。
1976 年	10月,组织领导进行第三次地下核试验。
1977 年	10月,去上海力促上海光机所和二机部九院建立研究激光惯性约束核聚变的联合实验室。
1978 年	3月,出席第五届全国人大第一次会议,再次当选为人大常委。
	6月,从四川调北京任第二机械工业部副部长。
	7月20日,兼任原子能研究所所长。
	9月,在原子能所作"粒子束惯性约束聚变研究"的报告,引起所内多数科研人员的研究激情,纷纷报名要求参加。
	10月,与二机部其他四位专家联名上书中央领导,提出发展我国核电事业的建议。
	年底,倡议在原子能研究所建立惯性约束聚变研究组。积极组织并参加惯性约束聚变的研究。
1979 年	3月至4月,率核能代表团去美国、加拿大考察。
	10月,在《自然》杂志上发表《勇攀原子能科学技术的新高峰》。
	10月20日,加入中国共产党。
	10月下旬,去杭州参加"浙江大学费巩烈士纪念会"。

1980 年   2月，中国核学会成立，当选为首届理事长。

3月，在北京参加中国科学技术协会第二次全国代表大会和中国科学技术协会第二届全国委员会第一次会议，当选为中国科学技术协会全国委员会副主席。

5月，以王京名义在《原子能参考资料》上发表《带电粒子束惯性约束聚变研究现状》。

8月14日，向中共中央书记处和国务院领导同志作题为《核能——当代重要能源之一》的报告。

9月，向中央领导人报告核电站造价问题。

11月，受聘担任国家科委核聚变研究专业组组长，后到各核聚变研究机构了解并指导工作。

11月至12月，应邀到华盛顿参加美国召开的世界核能问题会议，并作题为《中国核能发展前途》的报告。

和王大珩一起推动、提出联合建造功率为 10^{12} 瓦的激光装置。

1981 年   1月，倡议将原子能研究所原第七研究室的惯性约束聚变研究组扩建为独立的第十四研究室。

为中国核学会创办的一级刊物《核科学与工程》撰写发刊词，呼吁"让核科学在'四化'建设中发挥更大作用"。

5月，在中国科学院第四次学部大会上当选为中国科学院主席团成员。

10月，当选为中共原子能研究所党委会委员。

1982 年   4月，辞去二机部副部长职务，改任二机部科技委副主任。

5月，参加在北戴河召开的惯性约束聚变讨论会，发表《国际上惯性约束核聚变研究情况简介和对我国这方面工作的意见》，分别介绍了激光、轻离子器作为驱动器及聚爆薄膜三种方式。

9月，辞去原子能研究所所长职务，改任名誉所长。

10月，因发现反西格马负超子与丁大钊、王祝翔共同获国家自然科学奖一等奖。

由于原子弹爆轰原理突破（1963年），获国家自然科学奖一等奖。

1983 年   1月，在论证我国核电方针的回龙观会议上，强调正确处理引进和坚持自力更生的关系问题。

在王淦昌领导下，自行设计、研制的强流脉冲电子束加速器通过国家鉴定。

6月，出席第六届全国人大第一次会议，再次当选人大常委。

与王乃彦等合写的《关于相对论性电子束加速器》论文在美国出

版的《第五次国际高功率粒子束会议论文集》上发表。

考虑电子束惯性约束核聚变前景不佳,决定开展强流电子束泵浦氟化氪(KrF)激光聚变的研究。

参加在加拿大召开的第四届太平洋沿海地区核能会议。

11月,与核工业部的10多位专家联名向国务院呈报:《全国上下通力合作,加快原型堆核电站的建设》。

被聘为国际期刊 Nuclear Instrument and Method 的编委。

1984年 3月,赴日本参加"日本原子工业讨论会第十七届年会",作《中国核能发展与国际合作》的报告。

4月,为《核科学与工程》期刊撰写《惯性约束核聚变研究的进展》,介绍黑洞靶的引用、KrF激光及其应用、轻离子束聚变和等离子体聚爆等。

4月18日,在联邦德国驻华使馆接受柏林大学的荣誉证书,以纪念王淦昌在柏林大学获博士学位50周年仍站在科研第一线。

9月,向国家科委主任提出《关于将受控核聚变能源开发列入国家长远规划重大项目》的建议。

在六届人大第二次会议上提出《关于改进我国粒子加速器研制组织工作》的建议。在北京主持召开"强流电子直线感应加速器理论方案论证会"。该加速器建成后,王淦昌又提出再造更大的加速器。

12月,与诸旭辉、王乃彦等人合作撰写的《6焦耳 KrF 激光的产生》,发表于《核科学与工程》1985年3月号。

1985年 1月,参加《中共中央关于科学技术体制改革的决定(草案)》的讨论,强调不能忽视基础研究,在引进外国技术时不要忘了自力更生。

6月,与姜圣阶一起去联邦德国考察核能情况。

为纪念 N. 波尔诞生100周年,在《科学对社会的影响》和《物理通报》上发表两篇纪念文章。

由于氢弹的突破及武器化(1967年)获国家科学技术进步特等奖。

12月,与诸旭辉、王乃彦等人合写的《12.5焦耳电子束泵浦 KrF 激光器》,发表于《应用激光》1986年第2期。

1986年 1月21日,与核工业部若干专家一起被中央领导人胡耀邦等接见,座谈核能的和平利用问题。

3月,与王大珩、陈芳允、杨嘉墀一起,向中央领导人提出了《关于跟踪国外高技术发展的建议》。在邓小平亲自批示和支持下，形成了后来的我国发展高技术的"863"计划。

4月，在《光明日报》发表《开发核能是我国经济发展的重要条件》。

7月，向国务院李鹏副总理提出关于"推广低能加速器辐照技术的建议"。

与诸旭辉、王乃彦等人合作，在《第六届国际高功率粒子束会议论文集》（在日本出版）上发表《强相对论性电子束泵浦的KrF激光器研究》。

1987年 5月28日，首都科技界、教育界在科学会堂举行学术报告会，庆祝王淦昌80华诞，严济慈、周培源、赵忠尧、钱学森、钱三强、朱光亚、周光召、李政道等出席。王淦昌作了题为《准分子KrF和XeF强激光》的学术报告。

6月2日，功率为10^{12}瓦的激光装置通过国家鉴定，被正式命名为"神光"装置。王淦昌参加"神光"激光装置鉴定会。

9月12日至10月8日，到美国马里兰大学、圣地亚哥实验室等地参观访问。

与徐宜志等人在《原子核物理》期刊上发表《闪光—1强流脉冲电子束加速器》。

1988年 3月25日，列席第七届人大第一次全体会议。

8月，与王乃彦、贺贤土到日本考察。

8月18日至25日，赴意大利参加战争与和平国际会议。

9月，任中国核工业总公司科技顾问。

12月12日，与王大珩、于敏一起致信中央领导，建议将"激光核聚变"列入"863"高技术计划。

1989年 1月，任九院高级科学顾问。

1月26日，与王大珩、于敏、邓锡铭、贺贤土到国务院就激光核聚变问题向李鹏总理汇报。

8月7日至22日，赴苏联杜布纳等地访问。

1990年 2月18日，与钱三强、李觉、姜圣阶联名写信给江泽民总书记和李鹏总理，就我国核电发展问题提出建议。

10月3日，被莫斯科大学授予名誉博士学位。

12月，王淦昌领导的氟化氪准分子激光研究取得重要进展，激光输出能量达106焦耳。

1991年 4月，在国家"863"计划会议上，接受大会颁发的荣誉证书。

5月，与王乃彦、贺贤土访问日本大阪大学、名古屋大学等。

5月13日，浙江大学举行隆重仪式，授予王淦昌名誉教授，浙江电视台同时播放大会实况，王淦昌在会上作有关惯性约束聚变的讲话。

1992年 5月31日，在钓鱼台国宾馆芬芳厅出席中国当代物理学家联谊会。在回答李政道的提问中说："最为满意的工作是1964年提出的激光引发氘核出中子的想法。"会后，发表文章《一次难忘的盛会》。

1993年 7月16日，出席清华大学举行的"叶企孙诞辰95周年纪念会"，并发表"深情回忆与叶企孙老师的交往"的讲话。

9月，与李整武、赵仁恺、严陆光等科学家，提出引进核聚变试验装置——轴对称偏滤器实验装置的建议。

11月，惯性约束核聚变作为独立主题列入《"863"中国高技术研究计划》。

1994年 3月，10兆电子伏直线感应加速器通过国家鉴定，王淦昌给中国工程物理研究院写信，提出新的希望。

12月26日，向国家科委就新的"863"计划提出五点意见。

12月，赴深圳到大亚湾核电站检查了解运行情况。

1995年 1月12日，获首届何梁何利基金成就奖。在人民大会堂出席授奖大会并致答谢词。

1月25日，向前来家中看望的温家宝、宋健同志呼吁，对核能的和平利用要给予足够的关注。

1月31日，写信给国家科委领导，就"九五"重大科学项目选项排队提出建议。

4月，与卢嘉锡等20位院士提出振兴中国仪器仪表工业的建议。

1996年 4月，中国原子能科学研究院子弟学校成立王淦昌基础教育奖励基金会，王淦昌捐资4万元。

5月，赴上海嘉定参加"416"会议。

8月，到哈尔滨工业大学激光研究所参观访问。

9月，赴成都参加"四川大学建校100周年纪念会"，并到绵阳中国工程物理研究院（原九院）视察工作。

12月，与袁之尚合作撰写的《惯性约束核聚变》一书由安徽教育出版社出版。

1997年 4月，赴杭州出席"浙江大学建校100周年庆祝大会"。

应何梁何利基金会和香港中文大学的邀请，赴香港访问，并作

"21世纪的能源"的报告。

5月28日,由中国核工业总公司组织举办,首都科技界、教育界参加的"庆祝王淦昌院士从事科技工作68年暨90寿辰学术报告会",中共中央书记处书记温家宝以及吴阶平、朱光亚等领导参加,彭桓武、程开甲、陈佳洱、李政道教授等数百人前往祝贺,王淦昌发表讲话。

8月7日,傍晚,在家附近散步,被骑车人撞倒,造成右腿骨股胫骨骨折。

11月,九三学社召开第七次全国代表大会,被推举为中央名誉主席(因住院未能出席)。

1998年 5月,在《院士思维》一书上撰文《大胆怀疑,小心求证》。

6月,出席"中国科学院第九次院士大会",获首批"资深院士"称号,并接受中央电视台记者采访,就知识创新谈了看法。

9月11日,因肺炎住院。经医生全面检查,发现患胃癌,已属晚期。

12月10日21时48分,心脏停止跳动,与世长辞,享年91岁。

12月25日,首都各界一千多人到八宝山革命公墓礼堂送别王淦昌,参加告别仪式的有:胡锦涛、周光召、丁石孙、宋健、朱光亚、王文元等。江泽民、李鹏、朱镕基等送了花圈。

附注:

1999年 1月,由王淦昌主编的《科学家爷爷谈科学——物质微观世界》一书出版(袁之尚、张美媛著)。

4月,中国物理学会设立"王淦昌物理奖",王淦昌子女遵照父亲意愿,捐资50万元作为基金,后又在故乡常熟支塘中学捐资10万元设立"王淦昌奖"。

9月18日,中共中央、国务院、中央军委隆重召开大会,表彰研制"两弹一星"有突出贡献的科学家。王淦昌被追授"两弹一星功勋奖章"。

2000年 春,王淦昌夫妇骨灰合葬于故乡常熟,叶落归根,一代师表长眠于虞山之巅。

9月26日,王淦昌生前工作时间最长,最热爱的地方,中国核物理的摇篮——中国原子能科学研究院,举行王淦昌铜像揭幕仪式。

2002年 10月,九院一所(即中国工程物理研究院)举行王淦昌雕像落成

	揭幕仪式。
2003 年	9月17日,国家天文台于1997年发现的小行星(国际永久编号为14588)正式命名为"王淦昌星",以表彰王淦昌在核物理、宇宙线、粒子物理以及在核武器方面做出的杰出贡献。
2004 年	8月,《王淦昌全集》出版(河北教育出版社),全书6卷,共150万字。
2005 年	7月,九院八所(即激光聚变中心)举行王淦昌铜像落成揭幕仪式。
2007 年	5月上旬,上海光机所、中国工程物理研究院、中国原子能科学研究院、常熟市政府、中国核学会联合在常熟市举办王淦昌诞辰一百周年纪念会。
	5月中旬,中国科学院举办王淦昌诞辰百年纪念图片展览和报告会,杨振宁参观展览并讲话。
	5月24日,中国核工业集团公司在人民大会堂举办"王淦昌院士诞辰百年学术思想座谈会",国务院副总理曾培炎出席并讲话。
	5月28日,中国原子能科学研究院举行纪念王淦昌百年诞辰,弘扬四〇一精神的纪念大会。
	5月下旬,九三学社举行王淦昌诞辰百年纪念会。九三学社中央副主席邵鸿主持会议并讲话。在会上发言的有:朱良、王德基、汤秀章等。
	5月,浙江大学举办王淦昌诞辰百年纪念会。
	5月,中国物理学会、中国科学院物理研究所主办的《物理》第36卷第5期(2007)组织纪念专题,刊登照片和文章,纪念王淦昌诞辰百年。
	5月,《王淦昌全集》(6卷)荣获国家新闻出版总署"第一届中国出版政府奖图书奖"。

编　　后

　　王淦昌先生离开我们 10 年了，他的学生、同事和亲友们在这长长的 10 年中都非常怀念他。为了继承王老的遗志，发扬他的科学精神和启发教育后人，在中国科协领导的大力支持下，我们搜集了王老的学生、同事、亲友们在各个不同阶段所写的庆贺和怀念王老的文章，出版一部纪念文集，作为对王老永久的纪念。

　　为了尊重历史，并体现在各个不同阶段王老的学生、同事、亲友们对当时情景的回忆、介绍、评价和作者真实心境表达的原貌，我们根据文章的时间段，将全书分为五个部分。

　　第一部分是祝贺王老 80 寿辰的文章，时间是在 20 世纪 80 年代后期。作者中有王老在清华大学的同学、学友，也有工作中的同事，大部分是 20 世纪三四十年代在山东大学和浙江大学的学生对当年学习、生活的回忆，其内容非常生动感人。更为可贵的是王老的学生、诺贝尔物理奖获得者李政道、杨振宁不约而同地先后从美国寄来很有分量的学术论文，以庆贺王淦昌老师的 80 寿辰。这些 20 年前的文章作者，有的已经作古，大部分已是高龄，都是十分值得珍惜的纪念文章。

　　第二部分是庆贺王老 90 华诞的文章，时间是在 20 世纪 90 年代后期。作者大部分是与王老朝夕相处，一起从事科研工作的学生和同事。他们的文章多分散发表在各种报刊杂志上，本文集只收集到 9 篇。

　　第三部分是王老辞世的悼念文章，时间是在 20 世纪末和 21 世纪初，文章也是分散发表在各种报刊杂志中，本文集只收集到 15 篇。

　　第四部分是纪念王老百年诞辰的文章。王老诞辰百年纪念的形式有多种，如中国原子能科学研究院举办了"纪念王老诞辰百年，弘扬'401 精神'座谈会"，核工业集团公司在人民大会堂举行"纪念王淦昌院士诞辰百年学术思想座谈会"，中国科学院举办了"纪念王淦昌院士百年诞辰系列活动"，浙江大学举行了"王淦昌院士百年诞辰纪念会"，王淦昌的家乡也召开了纪念会等。因此，纪念文章较多，本文集共收集到 63 篇。作为例外，王老的子女们的纪念文章，则无论时间早晚，全部编排在文集的第四部分。

　　为了使读者对王老的一生有个概貌性的了解，我们还编写了王淦昌传略和王淦昌年谱，作为附录，编排在第五部分。

本文集得以出版，首先要感谢中国科学技术协会的全力支持,感谢王老家属，为全书所提供的大量照片，也要感谢编委们的热情协助和编辑组的辛勤劳动。衷心感谢中国科学技术出版社的领导和编校人员的真诚合作和付出的辛劳！

编者

2009 年 12 月